Rosario Aguilar (Nicaragua): acercamientos críticos

Rosario Aguilar (Nicaragua): acercamientos críticos
Primera edición, 2016 ©
María Roof, editora.

Serie Escritores Esenciales de la Centroamérica #1
Fotografía de portada: Heleci Ramirez
Diseño de portada: Mario Ramos/Casasola Editores
Diagramación: Oscar Estrada/Casasola Editores
Impreso en Estados Unidos.

ISBN-10:1-942369-21-2
ISBN-13:978-1-942369-21-9

Casasola LLC
1619 1st Street NW Apt. C Washington DC 20001
Apartado 2171, Tegucigalpa, Honduras

casasolaeditores.com
info@casasolaeditores.com

Rosario Aguilar (Nicaragua): acercamientos críticos

María Roof
Editora

www.casasolaeditores.com

ÍNDICE

Agradecimientos / 9

I. Introducción:
"Rosario Aguilar, pionera de un humanismo beligerante"/12

II. Cronología biográfica / 18

III. Publicaciones de Rosario Aguilar / 22
Libros / 22
Cuentos / 23

IV. Resumen de los libros/24

V. Entrevistas /29
"Un relámpago de desafío en los ojos de su marido"
    — Ángela Saballos /30
"Novelista de dramas"
    — Marta Leonor González /40
"Hoja de presentación de Rosario Aguilar al estilo libre del Cuestionario Proust"
    — Ulises Juárez Polanco /45
"Simplemente me tocó ser escritora"
    — Ulises Juárez Polanco /47
"La Malinche o doña Luisa de Rosario Aguilar en la ópera en el Teatro Real de Madrid"
    — Karly Gaitán /54
"'Así fue cambiando mi narrativa': Rosario Aguilar en su 50º aniversario como novelista"
    — María Roof / 61

VI. Discursos / 101

"Lenguaje y novela"
    — Rosario Aguilar / 102
"Rosario Aguilar: la búsqueda del ser interior"
    — Carlos Alemán Ocampo / 112
"Leer o escribir novelas nos vuelve más humanos"
    — Rosario Aguilar /120

VII. Reseñas, notas, estudios /129

"Carta sobre Rosario Aguilar"
    — Ernesto Gutiérrez / 130
"*Primavera sonámbula* de Rosario Aguilar"
    — Mariana Sansón / 133
"Rosario Aguilar: la feminidad y sus circunstancias (panorama y entrevista)"
    — Helena Ramos /135
"*La promesante*: novela y género"
    — Isolda Rodríguez Rosales /145
"Rosario Aguilar: subversiva y serena"
    — Helena Ramos /152
"Crónica de un día histórico: a propósito del sensible fallecimiento de Iván Aguilar, esposo de la escritora Rosario Aguilar"
    — Karly Gaitán / 158
"El mundo narrativo de Rosario Aguilar"
    — Julio Valle-Castillo / 160
"Narradora de primera línea"
    — Sergio Ramírez / 164
"Rosario Aguilar, primera novelista de Nicaragua: su nueva obra huele a flores"
    — Letzira Sevilla Bolaños /166
"Miraflores, como Macondo o Comala: la nueva novela de Rosario Aguilar"
    — Francisco Arellano Oviedo / 169

"*Miraflores,* novela de Rosario Aguilar: un *western* nicaragüense"
  — Nydia Palacios Vivas / 177
"En el cincuentenario de *Primavera sonámbula*"
  — Jorge Eduardo Arellano / 179

VIII. Acercamientos críticos / 181

"La manifestación del deseo: locura y género en la novela *Primavera sonámbula* (1964) de Rosario Aguilar (Nicaragua, 1938)"
  — Milagros Palma / 182
"*Quince barrotes de izquierda a derecha*: novela de liberación de la conciencia opresora"
  — Jorge Chen Sham / 196
"*El guerrillero* y la dinámica del cambio"
  — Raymond D. Souza / 212
"El fracaso del mutuo entendimiento y de la revolución en *Siete relatos sobre el amor y la guerra*"
  — Jorge Chen Sham /226
"La poética del espacio asociada al sujeto femenino en *Siete relatos sobre el amor y la guerra* de Rosario Aguilar"
  — Doris M. Fiallos /245
"Repercusiones de la Revolución Sandinista en la novela nicaragüense: Rosario Aguilar y Conny Palacios"
  — Jorge Chen Sham / 257
"(Re)Visión de la historia en *La niña blanca y los pájaros sin pies*: mujeres notables en la conquista"
  — Nydia Palacios Vivas / 272
"Elementos históricos en *La niña blanca y los pájaros sin pies* de Rosario Aguilar"
  — Isolda Rodríguez Rosales / 307
"(Re)Visiones de la conquista: *La niña blanca y los pájaros sin pies*° de Rosario Aguilar"
  — Ann González / 316
"Una reescritura femenina ¿e indígena? de las crónicas en *La niña blanca y los pájaros sin pies*"
  — Ann Van Camp / 325

"Una niña que, sin pies, volaba: crítica literaria feminista de una novela de Rosario Aguilar"
— Isabel Gamboa /341

"La biografía como representación de una vida en *Soledad: tú eres el enlace* de Rosario Aguilar"
— Nydia Palacios Vivas / 355

"'Las mujeres de mi país': An Introduction to the Feminist Fiction of Rosario Aguilar"
— Ann González / 370

"Evolución de los personajes femeninos: del silencio e imaginación a la construcción de un sujeto beligerante"
— Nydia Palacios Vivas / 382

"Las imágenes femeninas en los relatos de Rosario Aguilar (Nicaragua)"
— Seidy Araya / 420

"Rosario Aguilar y sus aportes a la novela nicaragüense"
— Nydia Palacios Vivas / 445

"Asking Other Questions: Personal Stories and Historical Events in the Fiction of Rosario Aguilar"
— Laura Barbas-Rhoden / 463

"Transculturación en narraciones de autoras centroamericanas: Rosario Aguilar"
— Bárbara Dröscher / 499

IX. Bibliografía sobre Rosario Aguilar / 525

X. Fotografías / 531

Agradecimientos

La gentil colaboración y múltiples contribuciones de Rosario Aguilar hicieron posible esta primera antología de entrevistas y ensayos en torno a sus obras. El contacto con sus hijas, Piedad y Yolanda, y el aporte de importantes materiales como discursos y fotos que obtuvimos gracias a su generosidad han representado un soporte documental único. Rosario Aguilar me brindó horas de conversación en su casa en León, Nicaragua, y le quedo inmensamente agradecida por su buena voluntad y apertura al diálogo.

Les agradezco el permiso para incluir sus entrevistas a Ángela Saballos, Marta Leonor González, Ulises Juárez Polanco y Karly Gaitán. Los distintos ángulos de acercamiento a la novelista revelan diversas facetas de su vida y obra, además de reflexiones sobre su carrera como autora de ficciones.

Colaboraron con la inclusión de sus artículos Carlos Alemán Ocampo, Seidy Araya, Jorge Eduardo Arellano, Jorge Chen Sham, Bárbara Dröscher, Karly Gaitán, Isabel Gamboa, Ann González, Doris M. Fiallos, Milagros Palma, Sergio Ramírez, Helena Ramos, Isolda Rodríguez Rosales, Letzira Sevilla Bolaños, Raymond D. Souza, Julio Valle-Castillo y Ann Van Camp. Quisiera expresar mi especial agradecimiento a la primera crítica que dedicó amplio espacio al estudio de las obras de Rosario Aguilar —Nydia Palacios Vivas—, quien nos permitió reproducir aquí capítulos enteros de sus importantes libros: *Voces femeninas en la narrativa de Rosario Aguilar, Escritoras ejerciendo la palabra: una mirada crítica nicaragüense* y *Estudios de literatura hispanoamericana y nicaragüense.*

Agradezco por otra parte a los autores que aportaron material original, redactado especialmente para su inclusión en este tomo: a Jorge Chen Sham, por su agudo artículo sobre una novela poco estudiada, "*Quince barrotes de izquierda a derecha*: novela de liberación de la conciencia opresora"; a Doris M. Fiallos, por su artículo, "La poética del espacio asociada al sujeto femenino en *Siete relatos sobre el amor y la guerra* de Rosario Aguilar", y a Bárbara Dröscher, por su innovador análisis, "Transculturación en narraciones de autoras centroamericanas: Rosario Aguilar", tomado de su extenso estudio en el libro, *Mujeres letradas* (ver bibliografía).

Agradecemos a los editores y las casas editoriales que autorizaron la reimpresión de textos cuya fuente original se cita al final de cada artículo. Damos gracias a Ivo Buzek, editor de *Études Romanes de Brno* de la República Checa, a la Revista de *Filología y Lingüística de la Universidad de Costa Rica* y a su director, Mario Portilla, y editora, Carolina Marín, por habernos autorizado la inclusión de artículos publicados en sus revistas, así como a la revista *Letras* de la Universidad Nacional de Costa Rica y a su directora, Sherry Gapper Morrow. Gracias a Armando Rivera, de la editorial *Letra Negra* de Guatemala, quien aprobó la inclusión del artículo de Ann González, "(Re)Visiones de la conquista...", publicado en la antología de Amanda Castro, *Otros testimonios: voces de mujeres centroamericanas*. La viuda de la editora, María Arechaga, también nos brindó su aprobación para incluir el artículo aquí y se lo agradecemos. Gracias a la buena voluntad y creatividad de Sally Welch, Acquisitions and Permissions Administrator de la Ohio University Press, logramos incluir un análisis clave, el de Laura Barbas-Rhoden, que forma un extenso capítulo de su libro, *Writing Women in Central America. Gender and the Fictionalization of History*.

En Nicaragua, agradecemos la colaboración del director de la Academia Nicaragüense de la Lengua, Francisco Arellano Oviedo, y el permiso para usar algunos de los artículos de su excelente publicación, *Lengua. Boletín de la Academia Nicaragüense de la Lengua*. El Subdirector Douglas Carcache de *El Nuevo Diario* muy gentilmente autorizó la reimpresión de los artículos que primero se publicaron en el periódico y en el suplemento *Nuevo Amanecer Cultural*. ¡Gracias! La revista en línea *Carátula* nos permitió incluir la entrevista hecha por Karly Gaitán en el momento de la presentación en Madrid de la ópera *The Indian Queen* con música escrita en Inglaterra en el siglo XVII y letra de la novela de Rosario Aguilar, *La niña blanca y los pájaros sin pies*. Agradecemos la ayuda de Antonina Vivas de *Carátula* y la aprobación del director de la revista, Sergio Ramírez. En 2011 la revista literaria del Centro Nicaragüense de Escritores, *El hilo azul*, dedicó un número en "Homenaje a Rosario Aguilar, narradora pionera". Agradecemos al director, Sergio Ramírez, su venia para incluir aquí varios textos publicados en ese número. Y, en especial, yo quisiera manifestarle al entonces-editor Ulises Juárez Polanco mi profundo agradecimiento por su empatía y generosidad al proveerme de una versión digital de los artículos, ventaja que me ahorró horas y horas de tecleo. También le agradezco al fotógrafo "Javier del Real" del Teatro Real de Madrid por su permiso para la inclusión de dos de sus bellas fotografías del estreno de *The Indian Queen*.

El valioso trabajo bibliográfico de Jorge Eduardo Arellano es imprescindible para el comienzo de este tipo de proyecto. Aprecio también los datos reunidos cuidadosamente por Helena Ramos en diversos artículos y notas sobre Rosario Aguilar y su empeño en desenterrar la historia de las antecesoras de las generaciones actuales de escritoras.

Finalmente, muchas personas colaboraron de diversas maneras en la preparación de este volumen. Quisiera darle las gracias a Ángela Saballos por su colaboración en múltiples frentes, especialmente su perspicaz y fiel transcripción de mi entrevista con Rosario Aguilar. Le agradezco a Karly Gaitán sus mil maneras de colaborar en reunir materiales y comprometerse con este proyecto con el mismo empeño que si fuera propio. Por sus generosos aportes les doy mis gracias a: Nydia Palacios Vivas, Erick Aguirre, Magda Zavala, Helen Umaña, Roberto Carlos Pérez, Doris M. Fiallos, Javier Vargas de Luna, Marie Pfaff, Iván Aguilar, Yolanda Aguilar y Piedad Aguilar.

Afortunadamente, en la preparación de este tomo he podido contar también con el apoyo incondicional de mis excelentes asesoras en asuntos lingüísticos, estilísticos, logísticos y literarios: Mercedes Vidal Tibbits, Cynthia Burton, Françoise Pfaff, Amelia Mondragón y Graciela Maglia. ¡Muchas gracias!

María Roof

I. Introducción:
"Rosario Aguilar, pionera de un humanismo beligerante"

Rosario Aguilar (Nicaragua, 1938) es pionera en la exploración de temas tabú soslayados en la narrativa latinoamericana.[1] Sus obras, unánimemente alabadas por los críticos más agudos de su país —Carlos Alemán Ocampo, Francisco Arellano Oviedo, Jorge Eduardo Arellano, Nydia Palacios Vivas[2], Isolda Rodríguez Rosales, Nicasio Urbina, Julio Valle-Castillo—, sufren el mal endémico a la literatura centroamericana: reducida distribución dentro de las fronteras nacionales y casi nula fuera de ellas. Alguna resonancia ha tenido su narrativa en el país vecino de Costa Rica entre críticos como Seidy Araya, Jorge Chen Sham e Isabel Gamboa y en las academias europea y estadounidense, en parte gracias a los loables esfuerzos de Jorge Román-Lagunas, organizador del Congreso Internacional de Literatura Centroamericana (CILCA), respaldado por la Universidad Purdue Northwest, que celebra en 2017 su 25ª reunión anual.

La primera novela de Rosario Aguilar, *Primavera sonámbula* (1964), que ella publicó a la edad de 26 años, cosechó elogios del decano de las letras nicaragüenses, Pablo Antonio Cuadra, por lo novedoso del tema y acercamiento y mereció un prólogo del escritor Sergio Ramírez, quien luego tendría una larga trayectoria en la vida cultural y política de Nicaragua. No es la primera obra literaria en presentar la trama de una mujer recluida en un sanatorio para enfermos mentales —pensemos en *The Yellow Wallpaper* (1913) de Charlotte Perkins Gilman (EE.UU.), por ejemplo, o en las novelas victorianas citadas por Sandra Gilbert y

---

1. Pionera también en el sentido de ser una mujer aparentemente "tradicional" que "vive en León dedicada a su hogar", como apunta la revista *Ventana* en 1984 antes de agregar un detalle esencial, "y a la narración" ("Escritoras" 10). De esta manera resulta ser antecesora de una generación de mujeres escritoras (sobre todo poetas) que rompieron moldes, asumiendo un papel público de activismo en la vida política del país. Mujeres como las retratadas en su novela *Siete relatos sobre el amor y la guerra* (1986).

2. Nydia Palacios Vivas es la primera crítica en profundizar en el análisis de la obra de Rosario Aguilar, más allá de reseñas y notas, para ubicarla en una visión panorámica de la literatura nicaragüense, y es la primera en analizar las obras en términos de las teorías contemporáneas culturales, feministas e historiográficas.

Susan Gubar en *Madwoman in the Attic* (1979). Pero el punto de vista de *Primavera sonámbula* es diferente, interior a la joven protagonista que acepta su reclusión y narra sus dudas, miedos e intentos por parecer y ser "normal". A diferencia de los textos de voz narrativa "doble", con un subtexto que esconde niveles de significado socialmente menos aceptables, los argumentos de Rosario Aguilar ponen en primer plano los temas prohibidos y exploran las consecuencias para los protagonistas, especialmente si son mujeres.

Como una de las primeras voces femeninas en la narrativa nicaragüense, Rosario Aguilar destruye los límites estereotipados impuestos a las mujeres protagónicas al humanizarlas con singularidades inauditas que explican su lucha, generalmente racional y ordenada, contra las circunstancias que viven: el legado pernicioso de abuso sexual transmitido de madre a hija y el asesinato por venganza cometido por una mujer (*Quince barrotes de izquierda a derecha*), el embarazo no deseado que restringe opciones vitales (*Rosa Sarmiento, El guerrillero, Siete relatos sobre el amor y la guerra* y otros), el alcoholismo como escape para la mujer sometida a demandas maternales "imposibles" (*Aquel mar sin fondo ni playa*), el acoso sexual a la mujer soltera desprovista de protección en el patriarcado (*Rosa Sarmiento, El guerrillero*) y el abandono de obligaciones familiares por el varón (*Las doce y veintinueve*), las conflictivas relaciones de género en el marco de una insurrección y sus consecuencias (*Siete relatos*), la instrumentalización de las mujeres por objetivos políticos (*La niña blanca y los pájaros sin pies*), el SIDA como consecuencia inesperada del amor libre (*La promesante, Miraflores*), la relegación de los deseos, sentimientos y pensamientos de las mujeres (*Quince barrotes, Rosa Sarmiento, El guerrillero, Las doce y veintinueve, Siete relatos, La niña blanca, La promesante, Miraflores*), los sentimientos de algunos curas respecto a las mujeres (*Quince barrotes, Miraflores*), y la hipocresía rampante en postulados religiosos y legales (*Miraflores*).

Rosario Aguilar rechaza lo que Nicasio Urbina ha llamado las "grandes tendencias" de la ficcionalización de la América Central —la novela nacionalista, la eurocéntrica y la costumbrista— y se alinea con los escritores que hacia mediados del siglo XX buscaban "crear obras que, superando el localismo provincial, aspiraban a ser novelas más universalistas" ("La literatura centroamericana"). Es muy consciente su decisión de abarcar temas que considera universales: "los dramas humanos son comunes a todos los seres del planeta, no importa la parte del globo en que vivamos" (Aguilar).

Las celebraciones alrededor del quinto centenario de la colonización del Nuevo Mundo por los españoles (1492-1992) provocaron en las Américas nuevas interpretaciones literarias de la historia de la Conquista, especialmente entre las escritoras centroamericanas. Dentro de esta tendencia aparece la novela de Rosario Aguilar *La niña blanca y los pájaros sin pies* (1992), traducida al francés y al inglés y llevada al escenario operístico. Al incorporar en ella las historias silenciadas de mujeres, tanto indígenas como españolas, que habrían vivido el proceso de la conquista de la América Central, Rosario Aguilar cambia la Historia al reescribirla. Logra lo que Fernando Aínsa llama "una relectura desmitificadora del pasado a través de su reescritura [… donde] se dinamitan creencias y valores establecidos" (13). Pero a diferencia de la reescritura grotesca, paródica o irónica de la nueva narrativa histórica, y escrita tal vez a contracorriente del "boom", la reelaboración de Rosario Aguilar se mantiene firmemente anclada en el presente al establecer siempre el nexo entre la Historia (las historias, las "herstories") y el presente. En sus obras el enfoque ni siquiera recae sobre los tradicionales héroes y heroínas, sino que Rosario Aguilar, como otros novelistas de fines del siglo XX y principios del XXI, especialmente las mujeres, crea y recrea sujetos históricos ausentes[3], plasmando lo que María Cristina Pons denomina "memorias del olvido".[4] ¿Falsificación de la Historia? Al contrario, como apunta Aínsa:

> Ésta es la característica más importante de la nueva novela histórica latinoamericana, buscar entre las ruinas de una historia desmantelada por la retórica y la mentira al individuo auténtico perdido detrás de los acontecimientos, descubrir y ensalzar al ser humano en su dimensión más auténtica, aunque parezca inventado, aunque en definitiva lo sea. (30-31)

---

3. Ver Barbas-Rhoden para procesos análogos en otras novelistas.
4. Para Panamá, consultar las revisiones noveladas de la historia en Rosa María Britton y Gloria Guardia. Barbas-Rhoden examina la tendencia paralela de incorporar la presencia y memoria de los afrodescendientes en las obras de Tatiana Lobo, Mauricio Meléndez Obando y Anacristina Rossi, de Costa Rica, entre otros. Respecto a Nicaragua, Sergio Ramírez declara: "La mutilación de nuestra historia para quitar de por medio el componente africano resulta asombrosa" (10).

O, como explica Rosario, "Visité ruinas en México, Guatemala, Panamá, Nicaragua. Trataba de encontrar algo, aunque fuera un indicio de lo que había sucedido quinientos años atrás. Acaso los suspiros, las risas, los llantos de mis protagonistas".

Rosario Aguilar, testigo de su tiempo, cuestiona las interpretaciones superficiales de la coyuntura actual así como también de la Historia y se convierte, como algunas de sus protagonistas, en actor contribuyente a la creación de nuevos discursos más abarcadores y más completos. Como observara Peter Sellars, director de la ópera *The Indian Queen*, con música escrita en Inglaterra en el siglo XVII y letra de *La niña blanca*:

> Vivimos en un tiempo regido por la CNN, en el que lo interpretamos todo literalmente, olvidando que en el siglo XVII en Inglaterra todo es poético, metafórico. Es la metáfora de una colisión cultural, de un corazón herido tanto como el de un continente dividido. Y ciertamente vivimos en un mundo cada vez más mezclado, de ahí que la imagen del G-8, o incluso el G-20, esté ya pasado de moda, porque responde a una forma periclitada de entender el mundo. Para mí, la imagen del siglo XVII fundida con la visión de esta brillante escritora nicaragüense, es exactamente una mezcla de mundos que conectan de hecho, que es lo que amo. La narración escrita por Rosario en medio de la revolución nicaragüense, responde profundamente al momento de la conquista. Lo que une a nuestras historias es más interesante que lo que las separa. (7).

Sus novelas deconstruyen discursos sociales, religiosos y de género totalizadores que tienden hacia la homogeneización de la Historia y de los individuos. Ante todo, las ficciones de Rosario Aguilar cuestionan las suposiciones sociales y políticas tomadas por verídicas y nos muestran aspectos insospechados de experiencias vividas. Además, "En un juego de autorreferencialidad que ha llegado a ser una marca de la novela postmoderna", en el que las protagonistas escriben la historia en la que participan, "no hay duda que con Rosario Aguilar, la novela nicaragüense entra en la modernidad, empieza a explorar el subconsciente y se preocupa por los actos de escritura" (Urbina, *La estructura de la novela nicaragüense* 140).

Estas y otras novedades, como la dirección marcada por la novela

Miraflores (2012) poblada de protagonistas masculinos, son las estudiadas en esta antología de variados acercamientos críticos a la obra de Rosario Aguilar, los cuales reflejan la diversidad de herramientas críticas contemporáneas, posmodernas, necesarias para abordar sus textos.

Un propósito de esta antología es que su distribución a nivel internacional estimule interés en la obra de Rosario Aguilar entre los lectores de otras culturas. Otro objetivo es propulsar nuevos análisis de las obras, incluso de sus ficciones cortas que, según sepamos, no han sido sometidos a la lupa de los críticos. Y creo que una de las venas menos exploradas y potencialmente ricas de sus ficciones es el trasfondo político, que nunca está ausente aunque no aparezca en primer plano en muchas de las historias de vidas a toda vista apolíticas. Como nota Helena Ramos, "Rosario Aguilar: subversiva y serena".

Sobre la antología

Mi larga entrevista con la escritora en 2015 y varios de los análisis críticos aparecen por primera vez aquí. La mayoría de los artículos críticos se publicaron con anterioridad y son incluidos con la venia de los titulares de los derechos de autor; los datos de procedencia del original quedan indicados al final de cada texto. Cualquier divergencia entre nuestra versión de los textos y la versión original responde a correcciones autorizadas por el autor del artículo, obvias erratas de imprenta o retoques menores (puntuación, mayúsculas, formato de referencias) para lograr uniformidad de estilo a lo largo de la antología. Hemos seguido el orden cronológico en las secciones de Entrevistas, Discursos y Reseñas. La sección de Acercamientos críticos contiene, primero, los estudios enfocados en obras específicas según el año de la publicación de las obras y luego, las visiones panorámicas.

Quizás como una representación aproximada de cierta cohibición en el habla, de dudas en cómo expresarse o enunciar pensamientos prohibidos, especialmente en la voz femenina en primera persona, el uso de puntos suspensivos es muy común en las obras de Rosario Aguilar, sobre todo en las primeras. Para distinguir entre aquel uso textual y las elisiones en las citas directas en los análisis críticos, hemos dejado los puntos suspensivos originales tal cual y hemos indicado las elisiones entre corchetes: [...].

El proyecto de este libro nació con el deseo de reunir en un solo volumen las entrevistas y los ensayos más representativos sobre Rosario Aguilar, con el fin de contribuir a un mejor y más profundo conocimiento de su obra.[5]

María Roof, Editora

Obras citadas

Aguilar, Rosario. "Leer o escribir novelas nos vuelve más humanos". Discurso al recibir el Doctorado *Honoris Causa* conferido por la Universidad Nacional Autónoma de Nicaragua, León (UNAN-León). 27 de abril del 2001. (Ver en este tomo.)

Aínsa, Fernando. "La reescritura de la historia en la nueva narrativa latinoamericana". *Cuadernos Americanos* nueva serie 4.28 (1991): 13-31.

Barbas-Rhoden, Laura. *Writing Women in Central America. Gender and the Fictionalization of History.* Ohio University Research in International Studies, Latin America Series 41. Athens, Ohio: Ohio University Press, 2003.

"Escritoras y poetisas". *Ventana* (9 marzo 1984): 10.

Pons, María Cristina. *Memorias del olvido: la novela histórica de fines del siglo XX.* México: Siglo Veintiuno, 1996.

Ramírez, Sergio. *Tambor olvidado.* San José: Aguilar, 2008.

Ramos, Helena. "Rosario Aguilar: subversiva y serena". *Semanario 7 Días* 457 (21-27 febrero 2005). También en *El hilo azul* 2.3 (2011): 43-47. (Incluido en este tomo.)

Sellars, Peter. Entrevista, "La conquista vista por las mujeres: 'The Indian Queen'". *La Revista del Real* (Madrid) 17 (sept-nov. 2013): 1, 7.

Urbina, Nicasio. *La estructura de la novela nicaragüense.* Managua: Anamá, 1995.

Urbina, Nicasio. "La literatura centroamericana". *Istmo: Revista Virtual de Estudios Literarios y Culturales Centroamericanos* 3 (enero-junio 2002).

---

5. Por motivos presupuestales quedaron por incluir dos estudios muy valiosos: "The Presence of Absence" de Ann González y "Hacia la interculturalidad: Rosario Aguilar y *La niña blanca y los pájaros sin pies*" de José María Mantero (ver Bibliografía). Felizmente, ambos son asequibles en Internet.

II. Cronología biográfica

1938 29 enero: Nace Rosario Fiallos Oyanguren en León, Nicaragua, hija del matrimonio Fiallos-Oyanguren: Mariano Fiallos Gil (León, Nicaragua, 1907-1964; abogado) y Soledad Oyanguren y López de Aréchaga (Villareal, Álava, País Vasco, España, 1902-1995). Es la tercera de cinco hermanos, 3 varones y 2 mujeres: Mariano, Marisol, Rosario, Eugenio, Álvaro.

1943 La familia se traslada a Managua al ser nombrado Mariano Fiallos viceministro, y luego, ministro de Instrucción Pública. Rosario asiste al Colegio La Asunción.

1945 Mariano Fiallos renuncia a su cargo en protesta por la reelección de Anastasio Somoza García. Vuelven a León a vivir de las fincas.

1947 Mariano Fiallos es nombrado embajador de Nicaragua en Guatemala por el Presidente Leonardo Argüello, depuesto a los 27 días de su mandato. La familia queda abandonada en Guatemala. Rosario estudia en el Colegio Belga-Guatemalteco.

1950 Soledad y sus 4 hijos menores regresan a León.

1954 Rosario se bachillera en el Colegio La Asunción de León. Se traslada a la Finishing School St. Mary of the Pines, Chataw, Mississippi, donde estudia inglés, historia y cultura.

1955-56 Vive en Dallas con la familia de su hermano mayor, Mariano Fiallos Oyanguren.

1956 Regresa a Nicaragua.

1958 Contrae matrimonio con el ingeniero Iván Aguilar Cassar, empresario leonés, novio desde la secundaria. Rosario adopta como nombre literario "Rosario Aguilar". Cinco hijos: Iván, abogado y notario público, especialista en gerencia general, gestión financiera y administración, con licenciatura en Artes, mención en Administración de Personal y Ciencias Políticas, Universidad de Kansas; licenciatura en Derecho, Universidad Nacional Autónoma de Nicaragua (UNAN); profesor de Filosofía del Derecho de la UNAN-León, Concejal de la Alcaldía de León. Piedad, empresaria, fundadora y gerente general de Piel&Arte/Native, empresa de elaboración de piezas para damas y caballeros a base de cuero. Leonel, biólogo con maestría en acuicultura de la Universidad de Auburn, Alabama, actualmente profesor adjunto de Acuicultura en la UNAN-León y propietario del Ecolodge Quinta Yolanda, León, Nicaragua. Yolanda, terapéuta ocupacional con master y especialidad de la Universidad de Kansas en personas de visión baja y diabetes. Ximena, bióloga con maestría de la Universidad de Kansas en educación en niños con problemas de lectura. Rosario tiene trece nietos.

1964 Publica *Primavera sonámbula*, con prólogo de Sergio Ramírez.

1964 Muere su padre, Mariano Fiallos Gil, destacado intelectual y político liberal, considerado el fundador de la autonomía universitaria en Nicaragua, rector de la Universidad Nacional Autónoma de Nicaragua, León (UNAN-León), apodado con admiración, Rector Magnífico y Padre de la Autonomía Universitaria.

1965 *Quince barrotes de izquierda a derecha.*

1966 *Aquel mar sin fondo ni playa* obtiene Mención Honorífica en novela, Juegos Florales de Quetzaltenango. Publicada en 1970.

1968 *Rosa Sarmiento.*

1970-1974 Toma cursos libres de historia de cultura y arte en la UNAN-León.

1972 Terremoto destruye la capital, Managua.

1972-1992 Trabaja en cargos administrativos en la Tenería Bataan, S.A., propiedad de la familia de su marido.

1975 *Las doce y veintinueve.*

1976 *El guerrillero.*

1976 *Primavera sonámbula*, colección de sus primeras cinco novelas, publicada por EDUCA, San José, Costa Rica. Comprende las novelas: *Primavera sonámbula, Quince barrotes de izquierda a derecha, Rosa Sarmiento, Aquel mar sin fondo ni playa* y *El guerrillero.*

1985-1990 Se muda a Costa Rica con su familia por la tensión vivida en Nicaragua.

1986 *Siete relatos sobre el amor y la guerra.*

1992 *La niña blanca y los pájaros sin pies.*

1994 "El mar estaba calmo", cuento. *Nuevo Amanecer Cultural, El Nuevo Diario* 11 junio.

1995 *Soledad: tú eres el enlace.*

1995 Fallece la madre, Soledad Oyanguren y López de Aréchaga, un mes después de la publicación de *Soledad: tú eres el enlace*.

1996 *Ce mal de vivre: nouvelles*, traducción al francés de *Primavera sonámbula*, colección de sus primeras cinco novelas (1976), por Monique Bonneton y James Feuillet.

1997 "El regreso", cuento. *Revista La Palabra y el Hombre*, No. 1, *Revista de la Universidad Católica Redemptoris Mater*, Managua.

1997 *The Lost Chronicles of Terra Firma*, traducción de *La niña blanca y los pájaros sin pies* por Edward Waters Hood.

1999 Ingresa como miembro de número de la Academia Nicaragüense de la Lengua, siendo la primera mujer con ese rango. Mariana Sansón Argüello (1918-2002) ingresara en 1997 y fue la primera mujer miembro correspondiente. Discurso de incorporación de Rosario, "Lenguaje y novela".

2000 Designada Ciudadana del Siglo de León por la Comisión 2000.

2001 *La petite fille et les oiseaux*, traducción de *La niña blanca y los pájaros sin pies*, por Yves Coleman y Violante Do Canto.

2001 *La promesante*. VI Premio Internacional de Literatura Latinoamericana y del Caribe Gabriela Mistral de la Asociación Côté-femmes (París), el Grupo Mujer y Sociedad de la Universidad Nacional de Colombia y la Feria Internacional del Libro de Bogotá.

2001 Doctorado *honoris causa* conferido por la UNAN-León.

2007 "La abuela", "La celosa", "En el hospital", microcuentos. *La Prensa Literaria*, 10 marzo.

2007 "El temporal", cuento. *Nuevo Amanecer Cultural, El Nuevo Diario* 27 octubre.

2007 Fallece su marido Iván Aguilar Cassar, empresario y dueño de la Tenería Bataan, S.A.

2008 Película, "Locura transitoria" de Rossana Lacayo, cortometraje basado en *Quince barrotes de izquierda a derecha*.

2008 "Las tres Marías", cuento. *La Prensa Literaria*, 22 noviembre.

2009 "El cielo se había puesto oscuro", cuento. La Prensa Literaria, 18 abril.

2010 Recibe la Orden de la Independencia Cultural Rubén Darío.

2010 Declarada Hija Dilecta de la Ciudad de Santiago de los Caballeros de León.

2010 Simposio de Literatura Nicaragüense en homenaje a la obra de Rosario Aguilar, Universidad Nacional Autónoma de Nicaragua,

Managua (UNAN-Managua).

2010 "Día de Mercedes a ritmo mambo rock", cuento: *Revista ANIDE* 9.22 (Junio 2010) 20-21.

2011 *El hilo azul*, revista literaria, le dedica un "Homenaje a Rosario Aguilar".

2012 *Miraflores*.

2013 "El hombre misterioso de la moto" (cuento). *El hilo azul* 4.8 (2013): 186-188.

2013 *The Indian Queen* estrenada, ópera basada en su novela, *La niña blanca y los pájaros sin pies*, con música del británico barroco Henry Purcell, compositor de la "semi ópera" inconclusa, *The Indian Queen* (1695), montada por el director estadounidense Peter Sellars. Se estrena en Perm, Rusia (septiembre 2013) y la Ópera de Perm la presenta en el Teatro Real de Madrid (octubre 2013). Se ofrece en el London Coliseum (febrero-marzo 2015) y se anuncia una gira por los Estados Unidos (Nueva York y Los Ángeles).

2014 "Un hombre piromaníaco", cuento. *La Prensa Literaria*, 11 octubre.

2014 "Un hombre regio", cuento corto. *La Prensa Literaria*, 24 diciembre.

III. Publicaciones de Rosario Aguilar

Libros

Primavera sonámbula. 1964. León: Ediciones Ventana, 1964. Managua: PAVSA, 2010, Col. Primavera Sonámbula.

Quince barrotes de izquierda a derecha. 1965. León: Ediciones Ventana/ Editorial Nicaragüense, 1965.

Aquel mar sin fondo ni playa, 1966/1970. Mención honorífica, Juegos Florales de Quetzaltenango, Guatemala, 1966. León: Editorial Universitaria, 1970.

Rosa Sarmiento. 1968. *El pez y la serpiente* 9 (1968): 55-72. Managua: PAVSA, 2004, Col. *Primavera Sonámbula*. En alemán con el mismo título, Berlín: Verlag Wolk und Welt, 1988. En francés con el mismo título, 1996. Novela basada en la biografía de la madre de Rubén Darío.

Las doce y veintinueve. 1975. *Cuadernos Universitarios* (León) 15 (dic. 1975): 144-185. Separata, León: Editorial Universitaria, 1975. Managua: PAVSA, 2010, Col. Primavera Sonámbula.

El guerrillero. 1976. San José: EDUCA, 1976. Managua: PAVSA, 2010, Col. Primavera Sonámbula.

Primavera sonámbula [cinco novelas]. 1976. San José: EDUCA, 1976. Comprende las novelas: *Primavera sonámbula, Quince barrotes de izquierda a derecha, Rosa Sarmiento, Aquel mar sin fondo ni playa* y *El guerrillero*. Francés: *Ce mal de vivre : nouvelles*. Tr. Monique Bonneton y James Feuillet. París: Indigo y Côté-femmes, 1996.

Siete relatos sobre el amor y la guerra. 1986. San José: EDUCA, 1986, Col. Séptimo Día.

La niña blanca y los pájaros sin pies. 1992. Managua: Nueva Nicaragua, 1992. Managua: Hispamer, 2013. Inglés: *The Lost Chronicles of Terra Firma*. Tr. Edward Waters Hood. Fredonia, NY: White Pine, 1997, Secret Weavers Series 10. Francés: *La petite fille et les oiseaux*. Tr. Yves Coleman y Violante Do Canto. París: Indigo & Côté-femmes, 2001.

Soledad: tú eres el enlace. 1995. Managua: Editora de Arte, 1995. Ensayo biográfico sobre su madre, Soledad Oyanguren y López de Aréchaga.

La promesante. 2001. París: Indigo & Côté-femmes, 2001. Managua: PAVSA, 2004, Col. Primavera Sonámbula 5. Premio Gabriela Mistral 2001 de la Asociación Côté-femmes, París, el Grupo Mujer y Sociedad de la Universidad Nacional de Colombia y la Feria Internacional del Libro de Bogotá.

Miraflores. 2012. Managua: Academia Nicaragüense de la Lengua, 2012.

Cuentos

"El mar estaba calmo", cuento. *Nuevo Amanecer Cultural, El Nuevo Diario* 11 junio 1994.

"Margarita Maradiaga". *Antología de cuentistas hispanoamericanas.* Washington: Literal, 1995. (Episodio de *Siete relatos de amor y de guerra.*)

"El regreso", cuento. *Revista La Palabra y el Hombre*, No. 1, *Revista de la Universidad Católica Redemptoris Mater*, Managua (1997).

"La abuela", "La celosa", "En el hospital", microcuentos. *La Prensa Literaria*, 10 marzo 2007.

"El temporal", cuento. *Nuevo Amanecer Cultural, El Nuevo Diario* 27 octubre 2007.

"Las tres Marías", cuento. *La Prensa Literaria*, 22 noviembre 2008.

"El cielo se había puesto oscuro", cuento. *La Prensa Literaria*, 18 abril 2009. También en: Ramírez, Sergio, ed. *Puertos abiertos. Antología de cuento centroamericano.* México: FCE, 2011. (Episodio de *Aquel mar sin fondo ni playa.*)

"Día de Mercedes a ritmo mambo rock", cuento. *Revista ANIDE* 9.22 (junio 2010): 20-21.

"El hombre misterioso de la moto", cuento. *El hilo azul* 4.8 (2013): 186-188.

"Un hombre piromaníaco", cuento. *La Prensa Literaria*, 11 octubre 2014.

"Un hombre regio", cuento. *La Prensa Literaria*, 24 diciembre 2014.

IV.   Resumen de los libros

Ofrecemos aquí unas indicaciones sobre la trama de cada libro para facilitar la comprensión de las alusiones en las entrevistas y las referencias en los análisis críticos. Al resumir la fábula, la diégesis, la historia narrada, estamos violentando aspectos importantes de la obra de Rosario Aguilar, e.gr., las técnicas narrativas, las voces narradoras, los desfases temporales en la narración ("la ruptura diegética", narración no cronológica), temas filosóficos, tensiones entre ciudad y campo, continuidad y cambio, libertad personal y obligación social y moral (entre otras), idealizaciones, realismos, psicologismos, simbolismos, metáforas, mensajes globales, comentarios políticos, etc. Asumimos esta traición a las obras para complementar las lecturas y así orientar al lector.

Primavera sonámbula (1964) es una reflexión en primera persona sobre impresiones y recuerdos de una joven en tratamiento por enfermedad mental. Repasa su vida, alguna parte de la cual revelará en la historia escrita que le ha pedido su médico, pero no toda. (El título está tomado de un poema, "Canto de guerra de las cosas", del poeta nicaragüense Joaquín Pasos, 1914-1947.)

Quince barrotes de izquierda a derecha (1965) narra en primera persona las retrospecciones en torno a su vida de una joven encarcelada por el homicidio de su padrastro, cuyo monólogo interior busca las causas de su nefasto destino. Recuerda los abusos que sufrió desde niña, su violación y prostitución por el padrastro, la historia conflictiva de su madre y la ayuda de un sacerdote que la concientizó sobre la agresión intrafamiliar y la opresión social. Aunque asesina, ha desarrollado un nuevo sentido de la vida.

Rosa Sarmiento (1968) noveliza un segmento de la vida de la madre del excelso escritor nicaragüense fundador del Modernismo poético en español, Rubén Darío (1867-1916). Pocos datos históricos de ella han quedado registrados. Se narra desde el fin del embarazo hasta su dolorosa decisión de entregar al niño al cuidado de los tíos que la habían acogido a ella cuando quedó huérfana.

Aquel mar sin fondo ni playa (1970) narra en primera persona la historia de la madrastra de un niño discapacitado y enfermo a quien no puede querer, aunque el esposo se lo pide, y duda si debe tener hijos con él. Da a luz a un hijo sano luego muerto por el hijastro. La protagonista se alcoholiza y el matrimonio se disuelve.

Las doce y veintinueve (1975). A las 12:29 de la noche del 23 de diciembre de 1972 sacudió Managua un terremoto que devastó la ciudad, causando la muerte de miles de personas. La novela narra las historias de varios personajes desde los primeros temblores hasta la noche siguiente. (1) Una joven señora despertada por el temblor no puede salvar a su segundo hijo perdido bajo los escombros de la casa, aunque llega su esposo, habiendo abandonado a su querida para acudir a casa. (2) El señor se cree embrujado por la amante a la que no ha podido dejar, pero se apura en llegar a casa sin preocuparse por ella. Al día siguiente sale de la ciudad con su esposa, el niño adoptivo sobreviviente y el cadáver del otro para refugiarse en el pueblo de ella. (3) La querida, costeña, enterrada bajo su casa, rememora sus años al lado de una tía miskita y la muerte de un hermano por culpa suya. (4) La sirvienta de la señora sale con otros pobres a saquear los negocios, urgida por su hombre, quien es baleado por los guardias que, a su vez, les saquean la casa.

El guerrillero (1976) relata la historia de una maestra rural apolítica que cuida a un guerrillero herido, quien la deja preñada cuando reanuda la lucha contra la dictadura. Ella es pretendida después por un sargento de la Guardia Nacional y un juez rural casado, aunque sigue acordándose del guerrillero.

Siete relatos sobre el amor y la guerra (1986). Son siete las mujeres cuyas historias se exponen de modo extenso o breve en dos secciones, "Sobre el amor: Amándola en silencio" y "Sobre la guerra: Adiós para siempre". La acción de la primera empieza con el triunfo de la Revolución Sandinista en 1979 y sigue la historia de varios personajes afectados por las nuevas circunstancias. María Elena y Eddy, recién casados, se trasladan a Miami poco después del triunfo, como otros refugiados adinerados. Ella se adapta, pero se distancia de Eddy, quien viaja frecuentemente a Nicaragua para reclamar las tierras confiscadas, y se liga con Paula, revolucionaria antes clandestina, con la que tiene una hija. María Elena se junta en Miami con un cubano que la ayuda a trabajar con éxito y pide asilo político. Leticia, hermana de Paula, recién graduada de maestra, se une a la Campaña de Alfabetización y la destinan a la Costa Atlántica, donde se enamora de Cristy, un guía miskito, pero al no poder adaptarse a la selva y a la soledad, abandona al hombre y al hijo que tuvo con él.

La segunda parte presenta breves historias de mujeres guerrilleras contra la dictadura de Somoza en el momento de la ofensiva final. María José queda inutilizada por su avanzado embarazo y se refugia en una casa de seguridad donde la cuida Karla. La casa es allanada a metralletas por la Guardia; sólo Karla logra escaparse y recuerda al guerrillero herido que socorrió en 1975. Lucía, combatiente presa, recuerda las torturas que viene sufriendo sin delatar a los compañeros y muere cuando estos incendian el cuartel donde la tienen recluida los guardias. Sonia queda herida de muerte en una pelea callejera. Karla observa con su hijo el desfile de los sandinistas victoriosos en Managua y ve pasar al padre de su hijo, quien ¿la miró o no se fijó? Recuerda cuando le curó las heridas en su pueblo y fueron amantes. Ella volverá a la enseñanza y recuperará su identidad como Margarita Maradiaga. (El lector reconoce que es la maestra rural anónima protagonista de *El guerrillero*.)

La niña blanca y los pájaros sin pies (1992). Novela compuesta de doce secciones que entrelazan distintos momentos históricos, resumida así por Eric Burns en su reseña para el *New York Times*: "En una narrativa nítidamente estructurada en varios planos, Rosario Aguilar cuenta la historia de seis mujeres cuyas vidas reflejan una época: la integración del Nuevo y el Viejo Mundo (siglo XVI). Como trasfondo está la historia de una periodista nicaragüense que se enamora de un colega español que visita Managua para reportar las elecciones que llevaron al poder a Violeta Chamorro [1990]. Mientras la joven periodista viaja con su amante por Nicaragua, va juntando material para una novela acerca de las mujeres que vivieron durante la conquista española y entreteje el relato con escenas históricas de esa época y de la vida contemporánea. [...] En un accidente automovilístico la periodista casi pierde la vista" (traducción nuestra). Los peronajes principales son:

Doña Isabel de Bobadilla, esposa del Gobernador y Capitán General del Darién Pedrarias Dávila, primera mujer española en llegar al Nuevo Mundo con su corte.

Doña Luisa: Hija del Cacique Xicotenga, Gran Señor de Tlaxcala, entregada con otras cuatro doncellas de familias gobernantes a los oficiales españoles como servidoras para aprender si eran dioses u hombres. Hernán Cortés se la da a su teniente Pedro de Alvarado. Tiene con él un hijo y una hija, doña Leonor, cuya historia también se narra.

Doña Beatriz de la Cueva: Segunda esposa española de Pedro de Alvarado (la primera, su hermana, murió al llegar a Tierra Firme), residente en Santiago de los Caballeros, Guatemala, nombrada gobernadora a la muerte del marido.

Doña Leonor: Hija de Pedro de Alvarado y doña Luisa, nieta del Cacique Xicotenga.

Doña Ana: Hija de Taugema, cacique de unos pueblos de la Provincia de Nicaragua, internada en un colegio de monjas en España.

Doña María de Peñalosa, hija de doña Isabel de Bobadilla y Pedrarias Dávila, casada con Rodrigo de Contreras, nuevo gobernador de Nicaragua. La Juana: indígena sirvienta y curandera.

Soledad: tú eres el enlace (1995). Ensayo biográfico sobre su madre, Soledad Oyanguren y López de Aréchaga, montado a base de entrevistas con la señora a los 90 años, cartas y documentos. Nace en Villarreal, de la provincia vascongada de Álava en 1902 y, con la viudez de su madre, viaja con sus dos hermanos y su madre al Nuevo Mundo. Se trasladan varias veces entre España y Nicaragua, siendo las niñas "las españolas" en Nicaragua y "las americanas" en España. La familia radica en León a partir de 1921 con gran vida social de fiestas, teatro y veladas musicales. Soledad, de carácter abierto y alegre, buena cantante y deportista (baloncesto), pronto gana el corazón de un vecino sobrio y estudioso, Mariano Fiallos Gil, de familia gallega arraigada en Centroamérica antes de 1821. Se casan cuando él se recibe de abogado y es nombrado juez. Nacen 5 hijos, entre ellos Rosario. Se trasladan a Managua con el nombramiento de Mariano como viceministro, luego, ministro de Instrucción Pública, al que renuncia por la reelección de Somoza García y así comienzan las "subidas y bajadas al vaivén de la política". Soledad logra volver a León y vivir de los ingresos de una finca; Mariano en el exilio va a El Salvador de periodista y a Washington con un puesto en las Naciones Unidas, luego hace de traductor hasta que el exilio se levanta y puede volver a Nicaragua. Participan en el boom económico del algodón de los años 50. Mariano asume la Rectoría de la Universidad Nacional y consigue la autonomía universitaria.

Gozan de viajes al extranjero. Al enviudar, Soledad decide no moverse más de su casa, aunque los hijos y nietos salgan al exterior durante la lucha contrarrevolucionaria.

La promesante (2001). Narra la historia de Cecilia Ruiz, su medio hermana Amanda Ruiz y madre Vanesa. Las jóvenes recuerdan episodios de su vida, el amorío de Cecilia con Dagoberto Flores, relación no aprobada por el padre, y los años universitarios que pasaron juntas en Costa Rica. Cecilia decide ir a vivir a Nueva York con Vanesa, ya divorciada de su padre. Pronto enferma y le diagnostican SIDA. Ante la inminencia de la muerte, dos veces intenta suicidarse. Finalmente, decide someterse a un tratamiento experimental y tratar de ayudar a otros enfermos.

Miraflores (2012). El terrateniente Crisanto Flores, ya mayor, repasa su vida después de dictar el testamento. Recuerda que en vísperas de su boda con la rica terrateniente, Virginia Zapata, es seducido por la sobrina de una vecina, Eloísa Loásiga Alduvín, prometida de José Ruiz. Huyen los amantes, los cazan y el párroco amigo de Crisanto, padre Eusegio Pinedo López, los casa y gozan de una larga vida juntos con su hija, Rosa Eloísa Flores Loásiga, y nieto (sin padre reconocido), Dagoberto Flores Loásiga. Rosa se muda a Estados Unidos dejando al niño. Dagoberto, peleón y mujeriego como lo había sido su abuelo, mata a un hombre en defensa propia, desatando una serie de venganzas y complots, intrigas y traiciones acompañadas de pleitos legales y disputas por límites de tierra, pero también celebraciones, como la fiesta del Señor de los Milagros. Para sorpresa y dolor de Crisanto, Eloísa muere.

Amanda Ruiz, sobrina de José Ruiz, reclama de Crisanto apoyo económico para su medio hermana Cecilia, recluida en los Estados Unidos y contaminada del virus VIH por sus relaciones con Dagoberto. Crisanto la rechaza. El humilde padre Eusegio revela secretos sobre sus sentimientos románticos. Crisanto considera que tal vez no sea tarde para unir sus propiedades con las de Virginia. (En la historia de Amanda y Cecilia el lector reconoce el cruce con los personajes y la trama de la novela *La promesante*.)

V. Entrevistas

"Un relámpago de desafío en los ojos de su marido"

Ángela Saballos

Un relámpago de desafío en los ojos de su marido la inició como escritora y ya la primera novela de Rosario Aguilar cumplió 46 años

León, Nicaragua, Junio 2010

Rosario Aguilar salió cariñosa a recibirme. Entramos a su casa, que parece un barco bogando en grama verde en el patio delantero, grama verde en el patio de atrás, y me pidió que escogiera dónde sentarnos en el nítido, amplio, austero y luminoso salón de diversos juegos de sillas. Esta es una estancia apropiada para el capitán de un barco, desde donde puede ver, hacia arriba, los balcones de su mando y hacia un lado, la escalera por donde sube para llegar a ellos. Inicialmente me tentó un grupo de mecedoras que después supe era el sitio favorito para recibir a hijas y nietas. Pero ella también mencionó, como una opción, su estudio que parece una cabina naval donde tiene lo preciso y lo conciso. Este es limpio, ordenado, lustrado cada espacio, muebles de madera y paredes con escogidas fotos de familia, varios de sus muchos reconocimientos, sus libros esenciales, presididos por tres gruesos y oficiales diccionarios de nuestra lengua española, una moderna ordenadora (laptop). Fue nuestro refugio para conversar.

"Este es mi cuarto de coser en donde tejo y destejo mis novelas", explicó sonriente en su voz reposada y educada de exalumna de La Asunción, el colegio de monjas donde yo también estudié. Hablamos de la importancia de la computadora y al igual, de nuestro apego a la tinta y al papel. "Es que somos de lápiz y papel. Que no se termine la calidez del papel. A pesar de que se acaban los árboles", me dice, compasiva. Y concluimos que ya habrá una manera de reciclar el papel para seguir aprovechándolo, pues a veces ella garrapatea cuentos a mano en facturas, en recetas, en lo que encuentra.

Cuando va a escribir, a Rosario le gusta que todo esté arreglado y pulcro y que el silencio la rodee. Lo necesario a mano: su cartera, el celular. El diccionario de la lengua bajado aunque no lo consulte hasta que le toque corregir al final. Les ruega, les suplica, a sus dos empleadas que no la llamen, que no la distraigan por nimiedades.

De tranquilo continente, el pelo claro y largo de siempre, delgada, anchas caderas, vestida de negro y blanco, Rosario pareciera intentar ocultarse para no ser vista, o perturbada, pero la delatan sus grandes ojos que han sido captados en sendos retratos al óleo tanto por su marido, como por su padre, los dos hombres más importantes de su vida hasta que llegaron sus hijos. Nadie diría que esta aparentemente sosegada y recatada mujer escandalizó y rompió esquemas en 1964 al publicar su primera novela, *Primavera sonámbula*, toda una poética al cuerpo femenino, a su psiquis, a la pasión, al erotismo. Rosario tenía 26 años.

Su padre decía que usted era formalita y hacendosa, ¿se podrían intercambiar estos adjetivos por equilibrada y tenaz?

Cuando mi papá escribió el poema yo era una niña de cuatro años, y creo que sí, que podríamos ponerlos como sinónimos.

¿Y cuán equilibrada y tenaz?

Eso es difícil. Tenaz he sido con la novela. Ya *Primavera sonámbula* tiene 46 años de publicada. ¡Y sigo! Me vuelvo a ilusionar con cada una que comienzo. Esa es tenacidad, perseverancia, y se requiere una gran formalidad para estar sentada, primero en máquina de escribir mecánica, después eléctrica, ahora computadora, pero tres, cuatro, seis horas, siempre sentada ahí, tejiendo la novela. A veces me llaman para otra cosa y yo estoy en medio de un capítulo, pues no lo dejo. No sé cómo llamarlo, si eso es formalidad o tenacidad. Antes yo escribía de un tirón, hasta siete, ocho horas, sentada. Ahora soy más prudente, porque me duele la espalda, los ojos, más ahora que es en pantalla.

Le pregunto si no se asombró al darse cuenta de que había escrito un escándalo para sus círculos sociales. "Fue inquietante", me responde, "la saqué de un tirón. Después me di cuenta que era inquietante porque es una muchacha que habla desde adentro de sus sensaciones, su sensualidad. Una joven que despierta a su sensualidad".

¿Usted pudo describirla porque era usted la que estaba despertando a su sensualidad?

No, yo ya había despertado, ya estaba casada y tenía hijos, pero me pareció bonita la contradicción que en lo que ella mejora mentalmente, le entra la enorme confusión, pues entra a la pubertad.

Comenta Rosario que ahora esta situación se da menos porque las niñas y las adolescentes tienen una educación que les hace saber sobre biología, anatomía; las hacen conocer de la sexología como algo abierto, ya no son como antes.

Pero en mi tiempo, en el colegio, todo lo disfrazaban. Fui una muchacha que se educó en un colegio de monjas, solo de mujeres. Muchas de mis compañeras se quejan, pero yo pasé contenta porque en mi casa había varones, se hablaba con más libertad en las conversaciones, aunque mi mamá era puritana y muy estricta. ¡Hay contradicción en la vida de una! A mi casa solariega llegaba todo tipo de gente y yo no sentía mucha diferencia. Yo era feliz en ambos lados.

¿Por qué feliz usted y sus protagonistas atormentadas?

Porque yo soy consciente que paralela a mi vida hay otras vidas; porque si hay algo que me ha gustado es escuchar. Yo oía lo que la gente le contaba a mis papás. Llegaban donde doña Soledad, don Mariano y les contaban sus confidencias, y aunque mi mamá me mandaba a jugar, yo me quedaba y seguía escuchando los cuentos. Yo escuchaba con mis ojos, con mis oídos, con mi piel. Me imagino que se me abrían los ojos de asombro. La esposa del mandador de la finca contaba situaciones que ni te imaginás. Yo lo absorbía todo. Desde entonces estuve consciente que había un mundo distinto. También me di cuenta de esto cuando trabajé en la fábrica de mi esposo, yo era la encargada de los préstamos. Los cuentos que oía contrastaban mucho con mi vida. Hay varios submundos que nos rodean, dondequiera que estemos, y hay personas atormentadas por grandes dificultades ya sean morales, económicas, sentimentales.

¿Alguna vez sufre con los dolores de sus personajes?

Creo que no. Definitivamente no. En mi subconsciente ya sé que escribo ficción y que las cosas que pasan dentro de las novelas que escribo no las puedo evitar. O a lo mejor escribo con frialdad. Soy una escritora fría.

Rosario escribe desde la perspectiva interior de sus personajes, hasta ahora mujeres, porque considera que puede lograrlas mejor, profundizar realmente en su psicología. Ella habla de la desigualdad de la mujer y de mujeres que no escogen sus destinos, o sus espacios. En sus diez libros publicados, aún las biografías noveladas, protagonizan las mujeres. En una de ellas escogió a su propia madre, Soledad Oyanguren de Fiallos, y no a su padre, Mariano Fiallos, paradigmático rector de la Universidad Nacional Autónoma de Nicaragua, "Rector de la Autonomía Universitaria", importante personalidad de nuestra historia nacional, escritor y pintor.

Dice que Primavera sonámbula *fue espontánea. ¿Cómo se detuvo de escribir al final?*

No tenía experiencia, no tenía argumento. Surgió como algo espontáneo, a medida que iba escribiendo se me iba viniendo todo lo que la muchacha estaba viviendo. Paré porque tiene un final cuando el doctor le dice que no se detenga. Ya no había más que decir. (*Toma la primera edición del libro y lee el último párrafo*). "Ante mí se extiende un mar profundo y tempestuoso. El doctor me suplica, que me fuerce a echarme a nado, que no me detenga, que no vuelva a ver atrás; aunque me sienta exhausta, aunque me sienta morir. Haré lo que se me pide, aunque naufrague". Ella misma me deja. Hasta aquí. Ya estaba de punto. Ya no había más que decir.

Hay un final ambiguo, abierto, abrupto, como dicen sus críticos que son sus finales.

Sí, porque la vida sigue. En el "aunque" está lo ambiguo, porque puede ser que ella mejore y siga. Los finales son ambiguos porque no es un final en sí. Por ejemplo, en *Quince barrotes de izquierda a derecha* la muchacha está presa, pero no aparece un jurado. Es el lector el que va a juzgar si es condenable su crimen, o no. Me vi tentada a escribir un final feliz, pero ella se devuelve y ahí se le complica la vida, porque su violador la detiene y ella lo mata. Yo la quise salvar, pero ella se devolvió. Fue ella. No yo. Porque hasta sale el sacerdote que la quiso salvar, pero ella dispone regresar (*así habla de sus protagonistas, porque ya tienen vida propia y decisiones personales, ya se distanciaron de ella, como si ella no los hubiese creado*).

Desde hace cuarenta y seis años, sus personajes principales son mujeres, ¿tuvo alguna influencia de Simone de Beauvoir que estaba muy en boga cuando se inició usted?

No la había leído aún. La leí después. También esto sucedió con Kafka. Me han dicho que si me ha influenciado, pero lo leí después de haber escrito mi primera novela. Yo soy una escritora que narra la vida de las mujeres, pero feminista no puedo ser porque he sentido gran admiración por algunos hombres.

¿Cuáles fueron sus lecturas?

Tuve en mis manos las mejores bibliotecas de León. Mi mamá me mandaba donde mi tío, padre Benito Oyanguren, su hermano. Él hacía de bibliotecario: no me entregaba un libro si no había devuelto el anterior. Los libros eran ingenuos con finales felices. Mi mamá era una gran lectora. Siempre estaba leyendo. Tenía su círculo de lectores con nosotros, sus hijos, nuestras amigas. Eran libros escogidos, como *La montaña mágica*. Era moralista. Ella nos ponía en turnos para leer. Yo también leía de la biblioteca del Colegio La Asunción. Por ese tiempo leí *Lo que el viento se llevó*. ¡Tenía una gran caja de *kleenex* al lado! En la lectura fui llevada de la mano por mi mamá y mi tío Benito, y cuando le dije a mi papá que sería escritora, me abrió su biblioteca. Ahí leí a todos los norteamericanos, ingleses, franceses. Eran libros muy fuertes, existencialistas algunos.

En su experiencia, ¿cómo diferencia el arte de novelar con el de escribir cuentos?

Un cuento se hace a sí mismo. Es casi solo que se hace. Es rápido y en pocas páginas ya podés darle sentido. Fluye, vuela y punto: ¡termina el cuento! La novela la vas construyendo; la vas enredando y desenredando, tejiendo y destejiendo, como Penélope. En la novela podés explayarte, hacés párrafos grandes y pequeños, como sintás.

Rosario cuenta que cuando ya está dentro de una novela, o corrigiéndola, escribe por disciplina, con gran dedicación. Si no tiene nada por escribir, pero sí tiempo, lo aprovecha pasando a la computadora los cuentos que escribe a mano detrás de facturas, recetas, hojas de calendario, ¡el papel que encuentra! Acuariana en el horóscopo occidental y búfala en el chino, enamorada del fútbol, que su marido también jugaba, Rosario Aguilar se considera optimista y por lo regular no desconfiada, pues trata en lo posible de ser razonable, aunque tenga que admitir alguna equivocación suya cuando es necesario. Rosario proviene de una familia grande y son cinco sus retoños: tres hijas y dos hijos que le dieron nietas y nietos.

¿Qué tipo de madre es? ¿La sobre protectora? ¿La desprendida?

Cuando eran chiquitos, fui súper protectora. Luego los fui soltando.

Veo que su primogénito, Iván, se siente cómodo platicando con nosotras.

Sí. A él le encanta la polémica. Almuerza conmigo todos los días. Viene a ver por dónde me tienta.

¿Cómo es de abuela?

Yo chateo con mis nietos. Al principio les corregía el lenguaje en Internet. Después me di cuenta que es una especie de taquigrafía, que es una nueva taquigrafía. Y mis nietas de mis diferentes hijas son amigas entre sí y pasan chateando todo el tiempo que pueden. Lo hacen hasta cuando van a misa. Están en comunicación constante. Me visitan mis nietos con mis hijos.

¿Tiene usted sentido del humor y cómo puede calificarlo?

Podría ser cáustico.

¿Es usted apasionada?

Pues (vacila, misteriosa, o pudorosa), yo creo que sí.

¿Cuánto de pasión?

Estuve enamorada de un hombre durante 49 años. No sé si eso da una medida. El amor y la pareja hay que practicarlo todos los días. Cualquier cosa nubla la relación, aún cosas no importantes. Una relación larga hay que trabajarla siempre.

Sobre la arena frente a la playa de su amado Poneloya, gozando con el mar, Rosario es capaz de reconocer que ha tenido una vida privilegiada en gran contraste con muchas personas en Nicaragua, con las heroínas de sus novelas y, sobre todo en el amor, donde marca su constancia de casi cinco décadas de pareja. La muerte del esposo, su novio de la adolescencia, el empresario Iván Aguilar Cassar, es un parteaguas en su vida.

¿Qué sintió en esa parte en la que su marido le pregunta lo que usted quiere ser, usted contesta que escritora, y él le responde regalándole su primera máquina de escribir?

Era joven y me sentí alegrísima. Había máquinas de escribir en la casa de mi papá, en la oficina de mi marido, pero una máquina mía era como una gran ilusión, casi mejor que un anillo, que un collar, para mí. Era una máquina portátil pequeñita, marca Corona.

¿Y la sensación de que su esposo la estaba reconociendo como escritora seria?

Él también era joven y primero, me sentí efervescente, pero también pensé, "está probando". (*Y aquí sale otro aspecto del carácter de Rosario: la capacidad de avizorar y estudiar las diferentes facetas de la psiquis humana*). En el fondo de los ojos de Iván ví, detrás del amor con el que me regaló la primera máquina de escribir de mi vida, en lo más profundo, un brillo de reto. Si ya tenía la máquina de escribir y el papel que me trajo con ella, que le probara que sí podía escribir una novela. Ese relámpago de desafío de un hombre joven a una mujer joven ha perdurado toda mi vida de escritora. Esa misma tarde me senté a escribir frenética. Le quería probar que sí podía ser escritora. Siempre se lo agradecí aunque nunca se lo dije.

¿Es usted solitaria?

Ahorita sí porque me quedé sin Iván, aunque tengo mi propia familia y mi familia extendida, mis amigas, ustedes, las estudiantes. Pero el golpe con Iván me excluyó. O yo misma me excluí. Lloraba día y noche, hasta que mis hijos me dijeron que ya estaba. Ellos hicieron una junta para decirme que debíamos seguir con nuestras vidas. Y yo recordé que cuando se murió mi papá, Iván me respetó mi año de duelo, pero luego me dijo que ya era hora, que ya no, que había que superar, que la gente le preguntaba por mí cuando nos invitaban y yo no iba. Entonces hice lo que me dijo y me vestí, me corté el pelo, salí con él. ¡No fuera a ser que me lo quitaran! Tenés que hacerte una nueva vida. Pero con la muerte de mi papá, no dejé de escribir. Con la de Iván, sí.

Para mis hijos, yo ya estaba exagerando con lo de la muerte de Iván. No para mí. Les hice caso a mis hijos. Ahora, ya volví a escribir. Estoy entusiasmada con mi escritura. Ahora siento, y yo misma me he dicho, que soy una mujer fuerte. ¡Es que no te queda más remedio! Y me pregunto cómo hace la gente sin familia. Tal vez tienen una tienda, una profesión. Para mí mis libros han sido mi fortaleza. Siempre me queda un sedimento de dolor, y mis libros y novelas me llenan, todas ustedes, mis amigas. Y pasión también es empezar una novela y te entran dudas si la estás escribiendo bien porque hay capítulos tremendos en los que sentís que no vas bien, que te estás desviando, pero no te das por vencida. Y yo considero que eso es pasión.

¿Por ejemplo?

Estoy escribiendo: Ya tengo lista mi nueva novela y el último capítulo. Pero hay dos o tres capítulos, antes del último, en que yo siento que hay algo que no está bien. Y no he podido dar. Y aunque los anule, los necesito para que encajen. Pero no tiene que dominarme esta novela. No me doy por vencida, sigo tratando de arreglar los capítulos, hasta que un día me salgan.

¿Así le sucede siempre en sus libros?

No. Sólo en éste me detuve.

Éste, ¿tiene nombre?

Por el momento lo tengo en la computadora como *Vana venganza*.

¿Trata algún tema que le llegue mucho?

Es diferente a todas las demás, porque por primera vez, un hombre que iba a ser secundario, el *supporting actor* que le dicen en Hollywood, ¡se la robó! Ahora es el protagonista principal. En todas mis novelas las protagonistas son mujeres y los hombres actores secundarios. Pero ahora, él entró y se la robó. Y yo me había dicho, el día en que pueda escribir una novela con un hombre como el protagonista principal, ya soy una novelista completa.

¿Qué tipo de novela es?

Un *western* que está situado en el Norte de León. Tiene pistolas y pasiones.

Está asombrada porque por primera vez escribe sobre un hombre; ¿será por la muerte de Iván, su marido?

No, porque ya la tenía bastante adelantada. No le atribuyo a su muerte este cambio. Incluso le había leído algunos capítulos a él. Porque me los oía, era parte de su oficio. Y ahora estoy apasionadamente escribiendo esta novela. Es más larga que las otras, ya llevo más de 400 páginas, pero siempre me pasa igual. Empiezo a pulirla y la voy acortando. Una de mis manías es corregir hasta quedar exhausta.

¿Pero cuántas páginas puede cortar?

Muchas. Empiezo a quitar adjetivos, adverbios, que están de más, que sobran. Cuando me doy cuenta, le estoy cortando en exceso. Yo corrijo tanto que llega el momento en que resumo demasiado. Por esa razón, mi marido me dijo que por cuánto pensaba vender un libro, fue *La niña blanca y los pájaros sin pies*. Le di una cantidad, una cifra, y él me respondió que me lo compraba. Al día siguiente que voy a sentarme de nuevo para continuar puliendo el libro, él me dijo que ya no lo podía corregir porque ese libro ya se lo había vendido como estaba. Así es que ya no lo pude tocar más.

¿En Vana venganza, *usted logra el habla y la actuación de un hombre?*

¡Hablar y actuar como un hombre! Es como una prueba. Es que la gracia es convencer a los lectores. Como ya lo estaba escribiendo cuando murió Iván, más bien me detuve. Creo que se me frustró esa parte que me falta. Pero es un pedazo en que mi vida se cortó, ¿me entendés? ¡Dejé de escribir!

¿Era la primera vez que dejaba de escribir por un período de dos años?

Era la primera vez. Antes era cuando nacían mis hijos y estaba la lactancia, su cuido.

Pero ahora que ya estaban grandes, que nada la detenía.

Ahora que nada me detenía, me detuvo él.

¿Por amor?

Por amor. Es que me parecía como una infidelidad, sentía que era una infidelidad seguir escribiendo.

De: *ANIDE, Revista de la Asociación Nicaragüense de Escritoras*, 9.22 (2010): 27-31.

"Novelista de dramas"

Marta Leonor González

La narradora más persistente de la literatura nicaragüense, desde su debut en los años 60 no ha parado con ficciones donde las mujeres son las protagonistas

Esta semana los aplausos se elevaron para la novelista Rosario Aguilar en el X Simposio de Literatura Nicaragüense 2010, dedicado como un homenaje a su trayectoria artística. Hace 46 años apareció su primera novela *Primavera sonámbula* y desde entonces no ha cesado de escribir, ha sido constante y entusiasta al mostrar mundos paralelos y dramas humanos.

Sus novelas: *Primavera sonámbula* (1964), *Quince barrotes de izquierda a derecha* (1965), *Aquel mar sin fondo ni playa* (1966/1970), *Rosa Sarmiento* (1968), *Las doce y veintinueve* (1975), *El guerrillero* (1976), *Siete relatos sobre el amor y la guerra* (novela corta, 1986), *La niña blanca y los pájaros sin pies* (1992), "El mar estaba calmo" (cuento, 1994), *Soledad: tú eres el enlace* (biografía, 1995), "El regreso" (cuento, 1997) son libros claves en la historia de la enseñanza de la narrativa nicaragüense, pues son consultados en los colegios por jóvenes estudiantes.

En un recorrido por sus novelas, Rosario Aguilar habla de los dramas y lo que los hace parecer entre sí, los conflictos de las mujeres que entran en la ficción pero que sólo es un reflejo de nuestra realidad.

Primavera sonámbula (1964)

Primavera sonámbula, *su primera novela publicada en 1964, ha cumplido 46 años. ¿Cómo valora estos años de trayectoria?*

La novela requiere mucha disciplina, mucha perseverancia, sobre todo en aquella época, cuando se escribía en máquinas de escribir, sobre todo que si una hoja me salía mala, tenía que volver a repetir hasta escribirla mejor. Han sido años de mucho empeño, dedicación y disciplina.

En el caso de Primavera sonámbula, *¿qué le motivó a escribirla?*

Me senté en la máquina, llené la primera página y me vino la historia de una adolescente que sufre una enfermedad mental desde niña, es decir, ya viene el drama y ahora algunos cuando la han leído me dicen que está bien lograda, pero cuando la escribí me salió de un solo. Es una de mis preferidas, tiene frescura e ingenuidad, pero es una novela que si yo quisiera escribirla nuevamente, no podría, porque la joven escritora que se sentó en esa máquina de escribir ya ha cambiado.

El nombre de la novela es un verso de Joaquín Pasos tomado de "Canto de guerra de las cosas". ¿Está presente la poesía?

Sí. Era la primavera de la muchacha, ella está enferma mentalmente y al mismo tiempo la quieren sacar de la clínica, porque creen que está curada, ella despierta y se siente que está en una total confusión. En su momento cuando se publicó fue una novela inquietante, es decir, porque era la primera escritora que tocaba temas que en ese momento no se escribían, sólo teníamos las novelas románticas de finales felices.

¿Qué tal fue recibida la novela? ¿Cuáles eran los comentarios de aquel momento?

Fue todo positivo, Sergio Ramírez escribió el prólogo ya que era el director de Ventana en ese momento, Pablo Antonio Cuadra le dedicó una reseña en *La Prensa Literaria* y me mandó una carta, y Ernesto Gutiérrez que estaba trabajando en Jinotega me mandó desde allá una reseña, fue una novela querida. Publicar en aquel momento fue una decisión difícil, mi padre me lo dijo, publicar es una gran responsabilidad, y me habló de sus consecuencias de publicar y también de lo lindo que era ser escritora, que llevaba responsabilidades y consecuencias, que podía ser criticada y mucha gente dijo no sabía que la Rosario estaba en una clínica psiquiátrica y no comprendieron la ficción, decían que yo no andaba aprendiendo inglés [en Estados Unidos], andaba curándome.

El padre, el esposo

¿Fue importante la presencia de su padre en su carrera de escritora? ¿Compartió muchos borradores con él?

Sí. Sobre todo mi primera novela que se la mostré. Él murió en octubre del año en que la publiqué, las otras ya no las pudo ver.

¿Otro apoyo importante en su carrera de escritora fue su esposo Iván?

Cuando escribí Primavera sonámbula que fue mi primera novela la escribí de un tirón. Recién casada Iván me preguntó qué era lo que deseaba ser y yo le dije que novelista y entonces él fue y me compró una máquina de escribir portátil y me la llevó de regalo y esa tarde comencé a escribir sin parar. Él era un empresario industrial que siempre me dio su apoyo y me incentivó a escribir mis novelas.

Dejó de escribir por unos dos años, la muerte de su esposo la afectó hasta llegar a ese punto. ¿Hoy está recuperada?

Claro que me afectó, la novela ha sido un apoyo, la escritura me ha acompañado a salir de esta situación. Y la vida en la escritura y las organizaciones a las que pertenezco me han servido para salir y compartir en el mundo de las letras con las mujeres escritoras.

Quince barrotes de izquierda a derecha (1965)

Quince barrotes de izquierda a derecha es la historia de una mujer que desde niña es maltratada. ¿Por qué siempre el tema de la violencia y las mujeres como protagonistas?

Sí, en esta novela la mujer es explotada, acosada, violada, es una novela más fuerte que Primavera sonámbula, y esta no era una novela ingenua aunque está escrita en una prosa poética, es decir que contrasta con el tema. Las mujeres pues siempre son las grandes víctimas y las grandes protagonistas.

En Aquel mar sin fondo ni playa, Primavera sonámbula *y* La promesante *están los dramas; ¿se considera una novelista de dramas?*

En los primeros dos son las enfermedades. Casi todas mis novelas tienen dramas apartando *Soledad,* que es la biografía de mi mamá. En el caso de *La promesante* [2001] la protagonista es contagiada de VIH sin darse cuenta y eso cambia su vida totalmente y hasta es amenazada de muerte, y yo diría que casi todas mis novelas tienen enormes tragedias. Así que me considero dentro del círculo de los dramas, es que es la vida sintetizada en tragedias, si te das cuenta donde vas pasando, se va tejiendo un drama y ahí está lo que vive la gente.

¿En La promesante *qué la motivó a tocar el tema del VIH?*

Los temas me persiguen. Fui a visitar a mi hija Yolanda que estaba estudiando en la Universidad de Kansas y estaba haciendo su internado en una clínica y fui a ese lugar. Me presentó a mucha gente y entre ellos a tres muchachos jóvenes recién graduados de la universidad que estaban ciegos, pero lo que yo desconocía era que habían quedado así por el VIH y eso me impactó mucho. Entonces me doy cuenta que los jóvenes están amenazados y que es una enfermedad terrible. Me entra curiosidad y empiezo a investigar sobre la enfermedad y fue así como inicié con el tema.

En Aquel mar sin fondo ni playa *recrea la historia de un niño con síndrome de Down. ¿Esta historia nace de alguna experiencia dramática que le tocó vivir?*

No. La mamá del niño se muere, el padre del niño se casa con otra y él quiere que la esposa quiera al niño, y ella hace los esfuerzos posibles por quererlo, pero no puede. Ahí se teje el drama y la tragedia, siento que me quedó muy fuerte, tal vez porque estaba muy joven.

¿Por qué el síndrome de Down, y la mujer que no puede llegar a quererlo es de alguna manera lo que somos socialmente?

Mi intención era, y siempre me pasa que un personaje se mete en mi novela, era una mujer joven con cuatro hijos, todos sanos, y me propuse escribir un libro que fuera un canto a la maternidad, pero el niño enfermo me estaba esperando. Cuando empecé a escribir me di cuenta que la felicidad no puede llegar a ese lugar porque ella por más de los esfuerzos que hace no puede querer y es donde la novela se convierte en tragedia. A veces me pasa que inicio la novela y un personaje se introduce y toma el control, eso pasó con el niño. Un drama que nos habla y nos toca, algo que muchos viven.

De: *La Prensa Literaria* 24 abril 2010.

"Hoja de presentación de Rosario Aguilar al estilo libre del Cuestionario Proust"

Ulises Juárez Polanco

Mi cuento o novela que más quiero es: Primavera sonámbula (publicada en 1964).
El texto de otro autor que más prefiero es: Cien años de soledad de Gabriel García Márquez.
Mi ideal de felicidad es: mi familia y días tranquilos para escribir.
Tengo mayor indulgencia con faltas como…: por lo regular soy muy indulgente.
Mi pintor favorito es: entre muchos, quizás Gauguin.
Mi músico preferido es: Mozart.
La cualidad que prefiero en el hombre es: la lealtad.
La cualidad que prefiero en la mujer es: la lealtad, en estos tiempos también….
La frase más bella que me han dicho fue: I love you, te quiero, que me la decía mi esposo.
Mi ocupación favorita es: escribir.
El principal rasgo de mi carácter es: ser reservada.
Mi defecto principal es: ser extremadamente puntual. Cuando llego a un acto y espero y espero y espero, me incomodo.
Lo que más aprecio de mis amigos es: la amistad misma.
Lo que más amo de la vida: son mis hijos.
Lo que más detesto: los peligros fuertes.
Mi sueño de felicidad es: seguir con Iván.
Mi palabra favorita es: amor.
Lo que más admiro de la naturaleza es: todo, estamos en un planeta extraordinario.
Mis autores preferidos son: Marcel Proust y tantos otros autores.
Mi personaje histórico que más admiro: podría ser Isabel la Católica, no en su totalidad, pero sí por su decisión de luchar.
El nombre que más me gusta es: Soledad.
Detesto, por sobre todas las cosas: los temblores.
El momento idóneo para escribir es: cualquiera.

Me motiva a escribir: cualquier cosa, los pequeños detalles.
Para escribir se necesita: el don y el sacrificio.
Para escribir narrativa se necesita: más dedicación que con la poesía.
La literatura es: todo.
Mi libro que mejor me representa podría ser: Soledad, *tú eres el enlace*, donde yo misma soy personaje y narro todo.
En esta etapa de mi vida me miro: apurada por escribir más novelas.
Mi lema de vida es: amar y escribir.

"Con una verdadera maestría, nos brinda en sus novelas una prosa pletórica de bellas imágenes, de una musicalidad y ritmo tan armonioso que semejan versos, una prosa poemática".
—Nydia Palacios Vivas

"El mundo narrativo de Rosario Aguilar tiene sus horas solares y sus horas oscuras, más bien tonos sombríos y luces. Quizá se divide en dos partes. Una subjetiva, en primera persona, introspectiva, kafkiana, psicológica; otra, objetiva, anecdótica, autobiográfica, fundamentalmente histórica e historicista".
—Julio Valle-Castillo

De: *El hilo azul* 2.3 (2011): 34-35.

"Simplemente me tocó ser escritora"

Ulises Juárez Polanco

Llegamos a la casa de habitación de Rosario Aguilar sobre la hora pactada. En el camino hasta las afueras de León, donde vive nuestra homenajeada, le comparto a Jorge Mejía Peralta (fotógrafo de esta edición) mis temores sobre la supuesta timidez de la novelista. Es justamente ésa la razón —creo yo— por la que Rosario ha retrasado el encuentro para este homenaje. Pero aquí estamos. Y yo estaba equivocado.

Rosario es una mujer que no aparenta los setenta y tres años, no sólo por su aspecto físico, delgada ella y de rostro fino, pero sobre todo por la vitalidad y simpatía que, detrás de una voz pausada y sin sobresaltos, irradia al conversar. "Usted no tiene nada de tímida", le digo casi al terminar la entrevista. "Usted me la ha sacado", bromea, pero en realidad, el mito de tímida tiene más que ver con su carácter reservado, al vivir apartada no sólo geográficamente de los centros culturales de la capital, sino por voluntad propia. A esto se suma el fallecimiento de su esposo Iván Aguilar —cómplice pasivo de su carrera de escritora, y activo de aventuras— hace un par de años, por el cual Rosario guardó un luto intenso. En esa casa que les vio tanto tiempo juntos, conversamos para EL HILO ÁZUL.

"Para mí la poesía es más personal, sale más del fondo de uno mismo", me señala Rosario. "En cambio, la novela es ficción. Punto". Tal énfasis me recuerda una entrevista reciente en que Ángela Saballos le pregunta si sufre con los dolores de sus personajes y ella responde: "definitivamente que no. En mi subconsciente yo sé que escribo ficción y que las cosas que pasan dentro de las novelas que escribo no las puedo evitar. O a lo mejor escribo con frialdad. Soy una escritora fría". Se lo comparto y me comenta: "Así es. Las cosas van sucediendo en la novela, y la narradora ve venir el peligro, a veces se puede hacer algo, a veces no, entonces, aunque lo vea venir y pueda hacer algo, tiene que mantenerse fría para seguirlo narrando".

¿Usted siente que usted tiene control o siente que la novela lleva control de usted?

A veces la llevo yo, a veces los protagonistas lo llevan...

¿Cómo sabe que es momento de escribir? ¿Escribe por disciplina o inspiración? ¿Cuál es su metodología?

Escribo con lo que tenga a mano. Sea servilletas, colillas de banco. He tenido diferentes procesos. En general me gusta el silencio absoluto, excepto para *La niña blanca y los pájaros sin pies*, que escuchaba cantos gregorianos para ubicarme en el tiempo.

Me gusta el silencio. Pero cuando era muy joven y tenía a mis hijos pequeños escribía en la mesa del comedor, en una máquina de escribir. Mi hijo mayor dice que en el fondo de su niñez solo oye el "tic tic tic de la máquina de escribir de mi mama", y yo nunca había pensado en eso, que los había marcado. Yo iba tic tic tic y los niños jugando. En eso, un grito, y se paraba la máquina, y entonces se paraba todo en la casa, hasta los perros, gatos, con cinco niños. De repente se detenía todo porque la máquina se paraba.

El sonido que guía la casa. Don Mariano Fiallos Gil, su padre, quería que su hija fuera pianista, y sus padres la pusieron a recibir clases de piano toda su vida. Ella dice que aprendió, pero que a falta de práctica lo ha ido olvidando. "Ya cuando me casé y con los niños y todo, ya no me llevé el piano, que era de mi abuela. Lo dejé atrás. Pero me sirvieron para la mecanografía, porque ya mis dedos estaban bien ágiles".

Ella estaba destinada a esa otra música a la que se refiere su hijo, el de las palabras en el teclado. Y así publicó, en 1964, la primera novela de tantas hasta la fecha: *Primavera sonámbula*, que Sergio Ramírez describió como "un testimonio magnífico de la literatura femenina nicaragüense", y en cuyo prólogo refirió:

Tan sólo el aliento tibio de una muchacha va cubriendo estas páginas cortadas en vertical hacia lo profundo, hacia donde el alma se complica ardorosamente, en donde sólo el ojo de la mujer puede descubrir o revelar los miles de secretos, los miles de gritos angustiosos que se revuelven en un éxtasis que a medida que el corte va penetrando se nos va abriendo a la vista.

Cuarenta y siete años han transcurrido desde entonces. Ya no escribe en máquina de escribir, que abandonó por una máquina eléctrica, que era más discreta, y que después cambió por una computadora. "Siempre he ido directamente a la máquina, a la eléctrica, que por ser silenciosa ya no les daba a mis hijos la señal de que yo me iba a levantar e iba a llegar, y ahora me pasé a la computadora. Eso fue con *La niña blanca y los pájaros sin pies*, cuando estaba desesperada porque la novela estaba bien fragmentada y no sabía qué hacer. Mi marido me ayudó", dice, y guarda silencio.

Uno tiene la sensación que su carrera literaria le debe bastante a esa unión y complicidad con su esposo.

Él me dio el espacio. Él era un industrial, un empresario, y me dio el espacio para escribir, mi espacio para escribir. Él era deportista, atlético, la pesca era su pasión. Pero me daba el espacio y le gustaba que yo le leyera fragmentos, o cuentos.

Le gustaba tanto que él mismo le compró un libro que estaba escribiendo...

(Ríe) Él me lo compró, y lo leyó. Sí, es verdad. Es *La niña blanca*... Tenía cuatrocientas y pico de páginas. Él vio que me estaba tardando en ella. Me trajo la computadora, que ya tenía en la oficina en la fábrica, y me dijo que tenía que aprender a usarla para poder armar la novela. Y siempre al final del día me preguntaba, ¿escribiste? ¿Por qué página vas? Lo hacía por genuina curiosidad, nomás. Pero yo empecé a irme para atrás, en vez de decirle 405, 410, le decía 390, 380...

¿Usted es una escritora obsesiva con los detalles?

Sí, en los detalles, pero principalmente porque me gusta que no vaya ni una palabra de menos, ni una de más. Prefiero quitar que poner.

¿Y cómo sabe que ya no puede quitar ni poner más, y que ya es tiempo de poner el punto final?

Bueno, con *La niña blanca*... no sabía, y seguía. La quería tan perfecta que me había excedido. Me arrepiento de cien páginas que se fueron. Y hubiera seguido si él no me la hubiera quitado. (Ríe) Es decir, él no me la quitó, me la compró.

En sus personajes hay una evolución. Los personajes cotidianos, con conflictos internos, evolucionan hacia personajes femeninos más beligerantes.... En realidad, uno mismo va cambiando, evolucionado, y los tiempos también. Entonces los personajes también van cambiando.

¿Anterior a Primavera sonámbula *ya había escrito ficción?*

No, sólo composiciones en el colegio, trabajos de colegio.

Sorprende entonces que Primavera sonámbula *saliera del horno ya lista, y más si fue escrita en un tiempo récord.*

Sí, porque fue como un reto. Publicar en 1964, siendo mujer, fue un logro. Si lo vemos ahora no tiene el mismo significado, pero en 1964 sí fue un golpe de audacia. Decirle a tu marido, al mundo, "quiero ser escritora" era revolucionario. Pero él había estudiado afuera, seis años en EE.UU. y otro en Alemania y eso tiene que ver con su mentalidad. Por ese espacio que él me dio, casi que le debo mi carrera de escritora. Si me hubiera casado con otro hombre no sé qué hubiera pasado, ni siquiera en mente de novelista podría decirlo.

¿Cuando comencé a escribir? Siempre, siempre, siempre, no recuerdo no haber escrito nunca. Mi mamá nos sentaba en la mesa del comedor y nos ponía a escribir cartas a los parientes, si mi papá no estaba, o algo. La hermana de ella daba clases de gramática castellana. Eran españolas, y cuando le escribía a mi papá él me las regresa con las correcciones. Fue una cosa que recuerdo de muy pequeña.

¿Cómo inicia usted un texto?

Casi siempre me gusta comenzar la novela en el punto más conflictivo que está pasando una mujer, y de ahí desarrollar la historia, para atrás o para adelante. En *La promesante* ya cambia un poco. En *Primavera sonámbula* es el momento en que a la joven le dicen que ya está curada y se tiene que ir de la clínica, y a ella le da pánico. En *Quince barrotes...* es cuando la muchacha está presa y tiene que decir si lo hizo, ya cuando el abogado empieza a darle los consejos. Cada uno es diferente.

¿Cuál es el su libro favorito?

Aquel mar sin fondo... es el que más me piden. Vienen aquí los muchachos y lo van a fotocopiar a la UNAN y me traen la fotocopia para que se las autografíe...

¿...y usted no tiene problemas con eso?

Va contra mi propio beneficio, pero no tengo problemas cuando les miro sus rostros de jóvenes. Pero *Aquel mar sin fondo...* está agotado, también. Vienen los muchachos a mi casa y cómo les voy a decir que no, cómo se los voy a negar.

¿Cómo describiría usted sus temáticas?

Son todos los casos existenciales.

Su registro temático es bastante amplio. Salta de temas clásicos a temas contemporáneos, o a una novela colonial, ahora está escribiendo un western... pareciera que quiere abarcar todo.

(Ríe) Me falta ésta, que es un *western*. Pasión y pistolas. Es una nueva etapa.

¿Hay algún momento en que decide ser escritora?

Como dije, desde pequeña mi mamá me ponía a escribir cartas. Crecí en una familia de lectores, que siempre estaban leyendo libros, criticando libros; mi papá y mi mamá eran grandes lectores. Mariano, mi hermano, también. Toda mi familia. Podría decir que las dos bibliotecas privadas más grandes en León eran las de mi tío Benito Oyanguren, el sacerdote hermano de mi mamá, y la de mi papá, que era todo un cuarto de dos pisos con sólo libros. Era inevitable leer, y por tanto, escribir.

Hablando de bibliotecas, ¿cuáles han sido los autores o libros que define como trascendentales en su formación? Lo pregunto porque usted es una escritora autodidacta, que no se formó en literatura...

No formalmente, pero mi casa era una universidad constante. Fíjese, ahí estaba mi papá, del que Sergio [Ramírez], cuando escribió sobre él, dijo que era una deuda que él tenía con un hombre extraordinario. También estaba mi mamá, una gran lectora, mi tío Benito, un primo mío por parte de mi mamá y que se fue a vivir con nosotros, un gran abogado, mi hermano, todos eran lectores. Sólo era sentarse y escuchar. Era una universidad constante.

¿Usted recuerda algún libro su niñez que le haya marcado?

Tanto así, no, pero sí una anécdota. Recuerdo que una vez le dije a mi mamá que estaba aburrida, como de once años, y ella dijo, "no, la persona que sabe leer y escribir no puede estar aburrida", y me mandó a la casa de mi tío Benito a que le prestara un libro, pero él tenía su biblioteca y sus reglas. Le dije que mi mamá me mandaba a prestarle un libro, y caminamos a su biblioteca con sus llaves, y abrió sus enormes vitrinas, y yo sentí el olor de aquellos libros. Sacó *Marianela* de Pérez Galdós. Tenía once años.

Ése fue mi primer libro formal que leí, aparte de lo que a uno le dan a leer en el colegio. Pero no es que influyó en mi lectura o formación, sino que recuerdo que él me tomó en serio, caminó a mi lado, abrió la vitrina, sacó el libro, pero me dijo que cuando se lo llevara de regreso me iba a hacer preguntas para verificar que lo había leído. Si yo no le daba pistas que sí lo había leído no me prestaba otro libro, y como era profesor se sabía todos los trucos de los alumnos.

En lecturas, pasé por la librería de mi tío que estaban todos los autores de esa época. A la de mi papa todavía no había entrado. Hasta que un día, cuando le dije que quería escribir, que me enseñara todo, me dijo: "entonces empezá por leer todo, abarcarlo todo", no sólo la biblioteca de mi tío que era muy española, y ahí entré a otro mundo: ingleses, franceses, norteamericanos. Los libros de mi tío eran del romanticismo español, del Siglo de Oro, del siglo XIX, pero donde mi papa me deslumbraron nuevos autores, Faulkner, Sinclair Lewis, entre otros. Por eso digo que me tocó ser escritora. He sido una escritora privilegiada.

¿Cómo era usted de niña?

Leí que la posición que uno tiene en la familia influye mucho. Soy la tercera de cinco. Creo que me tocó estar observando lo que pasaba. Mis dos hermanos mayores eran excelentes alumnos. Mis dos hermanos menores eran traviesos. A mí me tocó estar observando. Hubo algo también, mi papá nunca decía "los hombres" ni "las mujeres", sino que decía "los mayores" o "los menores".

¿Y usted dónde estaba?

Ahí era donde yo escogía. Tuve acceso a muchos estratos, por así decirlo, de la sociedad. Llegaban a mi casa los campesinos porque mi papá tenia fincas; después mi mamá, como hermana de sacerdote, todo mundo se confesaba con ella y yo siempre estaba escuchando. Yo era una niña. Estos recuerdos se me fueron quedando y los fui cambiando en mi mente.

Y así comenzó escribiendo Rosario, que se define como una mujer de ciudad, pero también ha vivido en el campo, en el mar, dentro y fuera de Nicaragua. "Ahorita estoy bien en mi casa, tranquila, escribiendo. Mientras estuve con Iván, el mar era nuestra pasión".
Cuando días después de nuestro encuentro le recuerdo por correo electrónico la solicitud de material inédito, Rosario responde:

Nunca he hecho eso. Publicar partes de mis novelas que no he terminado. Pero tampoco nunca me han dedicado una revista por lo que le adjunto un fragmento de *Vana venganza* —título tentativo que sé cambiaré al final— y que es como enviar un trozo de mí misma. Porque he entrado a la etapa de corregir, pulir, podar.

Rosario Aguilar está en plenitud creadora, quizás por eso me sorprende aún más cuando agrega: "No me gustaria que este homenaje fuera como un final, porque tengo todavía dos novelas por publicar —la que ya terminé y otra que ya tengo dispersa en libretas, y muchos cuentos también".
Por supuesto que éste no es un final. Acaso, sólo un principio de tantas cosas por venir. Y sobre todo, una celebración.

De: *El hilo azul* 3.2 (2011): 36-42

"La Malinche o doña Luisa de Rosario Aguilar en la ópera en el Teatro Real de Madrid"

Karly Gaitán

2 de diciembre 2013

Rosario Aguilar: "Mi obra está muy acertada con la realidad"

Basada en textos de la novela *La niña blanca y los pájaros sin pies* (1992) de la nicaragüense Rosario Aguilar, se presentó recientemente en el Teatro Real de Madrid una ópera sobre la Malinche o doña Luisa, de la mano de un grupo de famosos personajes de la cultura española y estadounidense, dirigidos por el académico y dramaturgo norteamericano Peter Sellars. Karly Gaitán Morales conversa con Rosario Aguilar sobre este acontecimiento, en el que ella confiesa, segura, que su obra está muy acertada con la realidad.

A Rosario Aguilar se le conoce como la primera narradora nicaragüense porque siendo muy joven, en 1964, publicó su primera novela, *Primavera sonámbula*. Pero no por publicar y por ser joven es que llamó la atención del público inmediatamente, sino por las temáticas que desarrollaba, la crudeza de sus personajes y la forma de mostrar la realidad con verbos, adjetivos y sustantivos nunca antes mencionados en la narrativa de las escritoras nacionales.

Aunque es hija de un intelectual y personaje respetado de León, el rector Mariano Fiallos Gil, publicar no fue un camino fácil, como suele suceder a los hijos de intelectuales que deben cargar sobre sus espaldas la fama y genio de sus padres. Los desafíos los tuvo que enfrentar sola, por atreverse a hablar de temas que nadie, ni su propio padre, incluía en su literatura, como la situación de la mujer en los años sesenta. Pero su obra comenzó a generar comentarios en la prensa de Nicaragua, e incluso la buena crítica de Pablo Antonio Cuadra, por su calidad narrativa antes que todas las cosas, y por aparecer en sus páginas, mucho antes del boom de la rebeldía femenina literaria, expresiones como "hembra en celo", "pezones erectos", "virilidad", "ardor de cuerpos", "explosión de deseos", "gozo", que sus personajes decían, pensaban o la narradora omnisciente ponía de alguna manera en el camino de las mujeres de sus historias.

Uno de estos temas conflictivos que ha trabajado a lo largo de su carrera literaria (50 años escribiendo) es el del papel de una mujer en la historia de la Conquista de América que la ha llevado a la literatura en su novela *La niña blanca y los pájaros sin pies*, aquella niña que a los dieciséis años tuvo que enfrentar un dilema personal y pasar a la Historia como traidora de su pueblo, un ser maldito, el símbolo del vendepatrismo, la "Malinche", que fue nombrada al recibir el bautizo cristiano como doña Luisa, y se convirtió después en la amante de Pedro de Alvarado, primer capitán del terrible Hernán Cortés, el sangriento conquistador de México y Guatemala.

La Malinche o doña Luisa ha sido llevada recientemente a la ópera por un grupo de famosos personajes de la cultura española y estadounidense. La obra está dirigida por el académico y dramaturgo norteamericano Peter Sellars, que a su vez ha montado su adaptación a la ópera *The Indian Queen* del compositor inglés Henry Purcell (1659-1695), quien murió antes de finalizar su obra. El director musical es Teodor Currentzis con su orquesta y coro y el director de escena Gerard Montier, y los textos (tomados de forma literal de su novela) de Rosario Aguilar.

La obra se estrenó en Madrid el pasado 5 de noviembre, con un gran ensayo general el día 3 y el 4, y un coloquio entre el director, el compositor musical y el director de escena junto a la autora ante un público de intelectuales, estudiantes y periodistas de toda Europa. Y de ahí se presentará en los teatros de Londres, Nueva York y Los Ángeles.

Ante el asombro por el giro que ha tomado su novela, Rosario nos recibe en su casa de León en la víspera de su viaje entre preparativos de maletas, para hablarnos, muy conmovida, sobre "este golpe de casualidad" que cualquier autora que cargue con una sencillez natural como la suya, dice la hace sentirse "abrumada", por decir, simplemente, feliz.

Ahora que su novela ha sido llevada a la ópera y antes de esto ha recibido ofrecimientos de llevar al teatro y al cine otras de sus obras ¿cuál es la valoración de su estilo literario? ¿Piensa que de un momento a otro podría iniciar una carrera como libretista o dramaturga?

Mi libro ha tenido un giro inesperado. Podés decir que va a salir una película aquí en Nicaragua o en España, y eso no me asusta mucho porque aquí han venido cineastas y teatristas a decirme que quieren hacer obras de mis novelas. Vienen estudiantes a hacer sus trabajos, maestras que están estudiando mi obra, esta casa es un punto de peregrinación de gente que viene desde el interior de Nicaragua para pedirme un autógrafo o para contarme que lloraron leyendo mis novelas. Cuando me llamaron y me dijeron que mi novela iba a la ópera no lo podía creer, era una broma, lo primero que pensé.

¿Cómo se hizo la selección? ¿Había otros libros de autoras latinoamericanas o españolas sobre este mismo tema de la Conquista en el siglo 16?

Lo que ocurre es que mis libros han sido traducidos al alemán, inglés e italiano. Un compositor norteamericano que se llama Peter Sellars me llamó hace como cinco años para decirme que estaba enamorado de mi personaje doña Luisa y quería saber si podía hacer una adaptación. El es profesor en una universidad de California, me mandó por email su solicitud formal y su currículum. Le dije que sí. Y siempre me llamaba cada año como para darme seguimiento y decirme que estaba trabajando en ello. Me dijo que era una ópera, ¿una ópera? Demasiadas ideas habían en mi cerebro, así que no creí mucho, varios artistas han venido a pedir permisos para adaptar mis obras, ¿por qué? No sé por qué, pero parece que mi literatura es muy fácil de adaptar, tiene un estilo muy atractivo para el teatro. Y muchas veces me piden los permisos, pero no se hace nada al final.

De pronto, hace seis meses, me dice: Rosario..., ya para entonces somos amigos, así que yo le digo también "Peter", imaginate yo tuteando a este famoso compositor que ni conozco en persona, pues me dice que ya la tiene y que la hizo sobre la música que escribió el compositor inglés Henry Purcell. Rodeada de esa música él puso mi texto de doña Luisa en la versión en inglés, que es la que él leyó. Aquí en Nicaragua no tenemos ninguna cultura de ópera, tenemos que ser francos, y yo se lo dije, que ya está lista, me dijo, que la van a preparar y mandármela para que le dé el visto bueno. Yo a todo esto diciendo que sí, pero no creyendo mucho.

¿Usted conocía la música y la obra de este compositor barroco Henry Purcell?

No. Pero dejame que te cuente que entonces se me invita a ir a España para el estreno, con todos los gastos pagados, al mismísimo Teatro Real de Madrid. Pero antes del estreno hay un ensayo general en el que se va a juntar todo para ver si encaja y que entonces me manda el texto para que yo le diga si me gusta o no, si estoy de acuerdo, incluso me manda los dos discos con la música y todo, y yo totalmente sorprendida.

Y mi admiración es cuando me siento y comienzo a leer y veo que no es una adaptación sino que es mi texto exacto montado en la música de este gran compositor barroco que es del tiempo de Shakespeare. Pongo el disco y me encuentro con una música extraordinaria, barroca, interpretada por una gran orquesta, con tambores y coros donde sobresalen tenores, sopranos, ya te imaginarás, una *big band*. Yo no lo podía ni oír, el corazón me palpitaba fuerte, decía que me iba a dar un infarto, tuve que llamar a una de mis hijas para que me acompañara. Sabes que yo soy una mujer sencilla, homenajes y cualquiera de esas cosas me asustan, me dan miedo, me sorprenden, me toman muy fuerte.

¿Qué tan apegado a su novela en general es el resultado final de la obra?

La ópera comienza con la creación de los mayas, la danza de los sacrificios, el prólogo y después mi susto viene cuando comienza el Acto 1 con doña Isabel de Bobadilla, mi doña Isabel, es lo que yo escribí. Salen exactas las primeras líneas de mi libro cuando ella desembarca en Panamá, pero la música va como rodeando mi texto. Es que no hallo ni qué pensar, yo voy a España bastante sorprendida.

Mis personajes están contando la historia de la conquista de América en esta ópera. ¡Mis personajes que soy yo, claro, qué personajes ni nada! Menos mal que me ha dado risa. Porque me dicen, ¿con qué valor vas a España?, pues con el valor que me da mi obra literaria. Yo para escribir investigué mucho, me leí todas las crónicas de Indias y mucho más que eso, la historia de la conquista, todos los poemas y cantos indígenas en unos libros maravillosos que ya no existen, nadie los tiene, las últimas ediciones creo que se hicieron en los años cincuenta y deben haber en las bibliotecas. Yo muchos los tomé de la biblioteca de mi padre, libros de crónicas de Indias editados en el siglo 19 o 18. Así que doña Isabel es la introducción porque es cuando bajan los españoles en Panamá, luego sigue el coro, es un sueño.

Y después en el Acto 3 aparece el casamiento, es exactamente mi "The Indian Queen". Y aquí viene mi doña Luisa y entonces este texto es hablado por una actriz y es doña Luisa que dice "ya no me importa si me dicen si es humano o es dios, porque él es mi dios", ya ella estaba enamorada. Yo entonces me pregunto cómo llegué yo a ser entonces la narradora de la historia de la conquista, ¡cómo terminó mi libro!

En su novela usted entra en el pensamiento y el sentimiento de la Malinche, o sea doña Luisa en su novela, pero ella es un personaje odiado en la historia, sin embargo, su obra nos enseña a amarla, a entenderla, porque es vista desde su punto de vista. ¿Esto no le ha creado conflictos con la crítica?

Mi obra está llena de música, la música barroca con trombones y coros. Y si lo ves es la música perfecta porque entra en el espíritu de mi novela. Esta obra se adapta a la vida de esta muchacha, ella era una niña. La historia ha sido machista por lo que dicen las crónicas de Indias de ella. Tomemos en cuenta que esto fue escrito por hombres y hace muchos siglos, con otra visión de las cosas. Pero yo entro en su historia, claro, es ficción, pero investigué mucho para hacer mi teoría. A ella se le encomienda una misión. Era una muchacha ingenua, preparada para eso; a ella la instruyeron sobre sexo y casamientos, le enseñaron cómo ser esposa, ella no sabía nada. Se ha malinterpretado la historia con su experiencia; ella fue una víctima y en mi novela se enamora, ella sabe su misión y cumple, pero se enamora. Y pierde porque después él se casa con una mujer de su raza, con una española.

Los de su tribu eran guerreros feroces y enemigos de Moctezuma. Eso está en los archivos de Indias, no lo inventé yo. Es decir, la historia es real. Estos indígenas se unieron a los españoles para derrotar a sus enemigos que eran de su misma sangre indígena. Ahora, todo esto de la noche nupcial, lo que piensa doña Luisa, eso ya es mi imaginación.

¿El final de su novela va acorde con el final de la verdadera historia?

Después del intervalo, porque la obra tiene intermedios y todo, viene la parte dramática, donde ella empieza a decepcionarse de él, cuando mira que es atroz como todos los españoles conquistadores. Se da cuenta de que ellos, los indígenas, no son nada a la orilla de la pólvora, los caballos y de la rueda y ellos que vienen con sus lanzas y derrotan a los mexicas y matan a Moctezuma, entonces toman posesión de sus tierras. Ella empieza a sentir que ya no es tan importante para él ni ningún español y la apartan de sus hijos, no les puede enseñar ni su lengua, ni su religión ni su cultura, tiene prohibido meterse con sus hijos y entonces se da cuenta de que él escribió a España porque se va a casar con otra mujer.

Ya eso lo puse yo, lo del drama cuando ella sabe que su hombre se va a casar. Pero es verdad que él se casó con doña Beatriz de la Cueva. Y dice: "encontré las cartas que él escribió a España". Hacé de cuenta que es como los tiempos actuales, ahora viven hallando las muchachas los *chats* y los *emails* en el Facebook y todo. Ya ves que hace quinientos años es el mismo cuento, ella le halló las cartas. Las cosas no han cambiado, ahora es en los celulares, eso es todo, pero es igual la historia. Así ella se dio cuenta de todo, entonces empieza a rogarle a su madre diosa, vuelve a su religión y a pedirle a ella que puede convertirse en águila o culebra que destroce a esa mujer que viene de España.

¿Cuál piensa usted que es la verdadera enseñanza de la Malinche? Popularmente se conoce como una maldición, la cultura de ponerse al lado del extranjero y traicionar a su pueblo.

Mi obra está muy acertada con la realidad. Ella fue una joven preparada para eso por sus propios familiares. La historia es muy injusta. No es solo ella la que se unió a los españoles, sino que era su pueblo.

Henry Purcell estaba escribiendo una ópera justo sobe este tema, pero se murió sin terminarla. El nunca había venido a América ni ninguno de los que trabajaban con él. Entonces no tenían ni idea de lo que era este continente y solo incongruencias puso, incongruencias para nosotros ahora, con animales como dinosaurios y una desfiguración total de lo que éramos los indígenas, no es propiamente una representación nuestra. Peter Sellars lo que quiere es que vaya mi versión americana de lo que fue esa época, porque él quedó enamorado de mi personaje, de mi narrativa y los episodios íntimos, que son pura literatura, lo que yo cuento de cómo fue este encuentro entre este hombre y esta mujer, dos humanos. Ella se comienza a arrepentir de haber aprendido latín, traicionado a su padre, viene la parte dolorosa y ese drama en la Historia no se conoce.

¿Cómo se siente de ver a su personaje amado en esta obra que no es propiamente suya?

Es como cuando se casa una hija, mi doña Luisa ya se me fue, ya la perdí. Son los misterios de la literatura. Hay una cosa que te quiero comentar. Mi abuelo español era tenor y vino a América cantando, yo siento que a mis 74 años esto es como un ciclo, él vino como tenor y yo ahora voy triunfando con mi ópera a conquistar a España.

De: *Carátula* 17 (diciembre 2013-enero 2014).

"'Así fue cambiando mi narrativa': Rosario Aguilar en su 50º aniversario como novelista"

María Roof

Casa de Rosario Aguilar, León, Nicaragua, enero 2015

Rosario, gracias por recibirme de nuevo en tu casa. Has dado entrevistas muy ricas y detalladas sobre tus primeras obras, entonces me gustaría hablar más sobre las últimas novelas: La niña blanca y los pájaros sin pies *(1992), que fue traducida al inglés por Edward Waters Hood con el título de* The Lost Chronicles of Terra Firma, *además de* La promesante *(2001) y* Miraflores *(2012).*

La niña blanca y los pájaros sin pies

Como te mencioné en otra ocasión, incluí The Lost Chronicles *en una clase a nivel graduado en Howard University, y la novela provocó mucha discusión. En especial, las estudiantes afrodescendientes se identificaron profundamente con las mujeres excluidas de la historia oficial y expresaron su indignación por la manera en que fueron tratadas por sus respectivos clanes, tanto el español como el indígena.* The Lost Chronicles *tuvo un gran impacto en su vida y las hizo entender la historia de otra manera. Todavía, años después, me lo mencionan como un texto con el que pudieron relacionarse porque las conmovió profundamente.*

Una no sabe, cuando lo está escribiendo.

La ópera, The Indian Queen, *basada en* The Lost Chronicles, *se estrenó en el Teatro Real de Madrid en noviembre del 2013 y se consideró "una ópera que rompe los esquemas". ¿La presentaron en España con ese título y en inglés?*

Sí. Le iban poniendo dos enormes proyectores donde lo iban traduciendo. Pero la parte mía es en español. En España usaron mi libro en español.

Estuve pensando que si ya tienen montada la obra en inglés, debería llevarse a Estados Unidos. ¿Sabes de algún arreglo para llevar la ópera ahí?

No, no sé; es decir, el arreglo para el que yo di permiso que usaran parte de mi texto era para Perm en Rusia, una ciudad para ensayar la ópera, yo no la conocía. Es una ciudad rusa que dicen que es muy bella y que sólo se compone de teatros. Pero ya la hicieron en invierno, es ahí por la Siberia, pues.

Sería lindo llevarla a Washington, porque ahí tenemos el Kennedy Center, varios salones de ópera, salas de conciertos en las universidades y un público interesado en obras de la América Latina por los esfuerzos del Teatro GALA y el Teatro de la Luna, que son de hispanos. ¿Es una producción muy grande?

¡Claro! ¡Es una ópera! Yo no sabía que una ópera necesitaba tanta gente. Los del coro eran treinta, los de la orquesta eran como quince, o veinte, y los cantantes, o actores y actrices, eran mitad coro y mitad actores. Eran más de cincuenta personas. El que hizo el arreglo, la composición, el dueño del arreglo es norteamericano de California y se llama Peter Sellars. Es decir, todos mis primeros contactos fueron con él, porque él andaba buscando una obra así, y le llevaron el libro y le fascinó. Entonces, estuvimos hablando por teléfono y por correo electrónico. Él tiene su secretaria, su *staff*. Da clases en la Universidad de California. Peter Sellars se dedica a esto de las óperas. Porque la ópera ha pasado de moda, pero ahora está regresando. Y parece que Peter está introduciéndola más en Estados Unidos. Él está empeñado.

Y ahora, que van a presentar la obra en Inglaterra, ¿qué traducción usarán?

No estoy segura, pero creo que la que ya está traducida en inglés de Edward Hood, es la única traducción que yo conozco.

Se me ocurre que se podría interesar Plácido Domingo que tiene vínculos con el Kennedy Center y que se crió en la opereta, en la zarzuela española.

Esta ópera es muy moderna, pero no deja de ser ópera. Es decir, muchas veces la llamaron opereta. La música es de Henry Purcell y es muy mística, muy linda, sobre todo, la parte de doña Luisa, cuando se da cuenta que fue en balde que cambió su religión y entonces los cantos son bellísimos, la música es bellísima.

¿Cantos gregorianos?

Es música hecha totalmente por Henry Purcell. Él escribía esta clase de música un poco mística. Hizo una *Indian Queen* como en 1600, pero nunca había venido a América, ni sabía nada de América. Entonces todo lo que puso en su obra original no tenía nada que ver con América. Peter Sellars usó esa parte de los mayas y de doña Luisa de mi novela. Es muy bella. Bueno, a mí se me salieron las lágrimas, pero claro, yo era en parte la autora. Yo estuve en todos los ensayos y en el estreno en el Teatro Real.

¡Qué bella experiencia!

Peter lo que consiguió fue una mezcla. La música de Henry Purcell, pero él le cambió lo que Purcell había escrito en esta ópera, porque era totalmente ajena a América, pero él la situaba en América. Se llamaba originalmente "The Indian Queen", entonces Peter Sellars, por respeto a Purcell, le mantuvo el nombre. Y él acostumbraba hacer su propia música, mucho usaba la religión, lo místico, le cayó bien la parte mía de doña Luisa. No es que todo lo de la ópera sea mío, solo ciertas partes.

Creo que sería interesante que se presente en Washington y que vengas al estreno. ¿La embajada de Nicaragua apoyaría esta buena idea?

No creo que les interese mucho. En Centroamérica no tenemos cultura de ópera, ni de opereta. No tenemos esa cultura y no creo que el embajador, que está más en política y cosas económicas, tenga interés, pero bueno. Ahí tiene que ser Peter Sellars. Originalmente me pidió permiso de usar mis textos y me dijo que se iba a estrenar en California. Y yo creí que iba a ser en California, pero él trabaja más en Europa, parece, porque tal vez en Estados Unidos tampoco hay la suficiente cultura de ópera. Mientras que en Europa, sí. Y en Rusia. Y ahí la ensayaron. El *premier* y los primeros ensayos fueron en Perm. De ahí se trasladaron a Madrid. Año y medio después, van a Londres, pero ya muchos del coro, que eran rusos, y de la orquesta, ya son diferentes. Debe ser un arreglo extraordinario; Peter es el director escénico; era un trabajo formidable porque con todos, actores, coreógrafos, son como cien personas. No es que se va a mover una obra tan fácil, claro que para mover eso se necesitan cuatro baúles (*risas*). Los vestidos que usan no son de la ópera de los Luises franceses, sino que son del tiempo de los mayas y es una ropa sencilla de manta. La coreografía es muy extraña, y a mí me sorprendió porque, bueno, yo no tengo cultura de ópera porque en nuestro ambiente no la hemos conquistado.

Y se va a presentar en Londres muy pronto, la semana entrante, creo.

En febrero. Yo pensé ir, pero hace mucho frío ahí.

Así que si vienes a Washington tiene que ser en abril, mayo.

Bueno, estoy más acostumbrada a los Estados Unidos que a Londres.

Frío y húmedo.

Y una hija mía vive allá, en Estados Unidos, pero en Londres en febrero hace frío, mucha humedad y entonces, desistí. Me hubiera gustado ir porque el músico es inglés, entonces va a tener mayor acogida.

Las reseñas que salieron en España fueron muy positivas.

Ahora debe haber más reseñas, porque en España, ninguno de los actores o actrices, no sé cómo llamarlos a los de la ópera, eran españoles. Menos yo, que llegué con mi pasaporte nicaragüense, pero en Inglaterra el músico es inglés, y ahí le van a hacer más.

Traslados y viajes

Te criaste aquí en León con cuatro hermanos.

Sí, pero entré al colegio en Managua, donde pasé cuatro años de mi niñez, porque mi padre estaba metido en ese momento en política. Él era abogado y estaba involucrado en política; nos fuimos a vivir Managua porque a él lo habían nombrado viceministro y luego ministro de Instrucción Pública. Después, él renunció por motivos políticos y nos regresamos a León. Después nos fuimos a Guatemala. Parte de mi niñez la pasé, cuatro años en Managua y dos en Guatemala. Ahí en *Soledad: tú eres el enlace* lo explico.

¿Y te parece que estos traslados tuvieron algún efecto en tu manera de percibir el mundo?¿Te afectaron la manera de pensar?

Probablemente, pero cuando una es niña, se deja llevar por los padres. Eran muy dedicados a nosotros. No recuerdo que haya tenido algo especial..., probablemente, porque la mente de una niña va captando todo, pero no lo siento. Los traslados eran asuntos de mis padres, yo iba con ellos.

¿De Guatemala hiciste algunas observaciones de la cultura, o llegaste a observar algo diferente culturalmente?

Sí, era diferente, pero no sé si eso afectó o no mi manera de pensar, porque era una niña de nueve años, pero era totalmente distinto. No tenía que ver mucho con Nicaragua. Los domingos salíamos a los pueblos alrededor de la capital y estaban todos estos indígenas vestidos con sus trajes, con su cultura diferente. Y no me puedo acordar lo que a esa edad yo pensaba, sólo explico ahí lo de doña Beatriz de la Cueva [personaje histórico en *La niña blanca y los pájaros sin pies*]. Que fuimos a Ciudad Antigua; que tuvimos que subir a pie y que ahí nos llevaron a las ruinas que no eran para turismo, pero mi padre quiso llevarnos porque a él le gustaba mucho la historia. Mi madre era española. Con un guía subimos el volcán y llegamos a las ruinas de Ciudad Antigua y lo que no se me olvida es cuando mi madre leyó una placa que está en una de las paredes.... Ahora debe estar mejor, en un lugar hecho para los turistas, pero en esa época los caminos eran de lodo. Sólo recuerdo la niebla, el miedo que sentí, y cuando mi mamá leyó la placa que decía: "Aquí yace doña Beatriz de la Cueva, con todas sus damas". Eso se me quedó grabado.

Esa es parte de la historia que contaste después en La niña blanca y los pájaros sin pies.

Es decir, siempre en mi mente estaba doña Beatriz de la Cueva.

Y aquí en Nicaragua los indígenas no usaban esos trajes.

No. Es decir, al lado del Pacífico no, al lado del Atlántico, sí. Nunca los he visto, pero sí están, hablan sus lenguas y todavía tienen su cultura que cada vez se pierde más. Yo he ido mucho a la Costa Atlántica, pero no hasta los lugares donde están ellos.

¿Dónde has ido en la Costa Atlántica, o Costa Caribe, como se conoce también?

En Bluefields, en Laguna de Perlas, en todos los pobladitos que quedan alrededor de Laguna de Perlas. Fui para escribir *Siete relatos sobre el amor y la guerra*.

¿Fuiste ahí a alguna casa de retiro?

Fui en viaje de turista para tomar notas. Y también visité mientras escribía *La niña blanca*. Mi esposo y yo éramos amantes de las ruinas de México, ya habíamos visitado varios lugares, en Guatemala estuvimos en el Petén, como para orientarme más, en Honduras, en Copán, aquí en León, las ruinas de León Viejo.

Tempranas lecturas

Has hablado mucho de que la familia era muy lectora, que tú leías constantemente, que leías más que los hermanos, o igual que ellos, que todos leían.

Todos leían. Mis dos hermanos mayores leían más. Leían más rápido y tenían mejor memoria.

Y las bibliotecas de tu padre y del tío, el padre Benito Oyanguren, ¿qué tipo de libros tenían? ¿Libros clásicos, me imagino, por el sacerdote español?

Sí, los clásicos españoles.

Y he leído que en la biblioteca de tu padre había libros en inglés. En la entrevista de El hizo azul *(2011) mencionas que tenía libros de William Faulkner, Sinclair Lewis...*

Bueno, estaban traducidos al español.

¿Y sentías atracción por esos autores, esos novelistas?

Bueno, eso fue un salto. Pasé de la biblioteca de mi tío Benito, que era un sacerdote español, a la biblioteca de mi padre, que mi padre era liberal, tenía todo. Entonces tuve acceso a otra información, a los autores franceses, ingleses, hombres y mujeres.

¿Y leías en esas bibliotecas novelas, cuentos?

Novelas, novelas.

Siempre la novela. ¿Poesía?

No. Creo que nunca saqué un libro de poesía.

¿Vives en la tierra de Rubén Darío y de poeta no tienes nada?

¡No! (*Risas*).

¿Leían poesía en la casa?

La que se sabía muchos poemas era mi madre. Y constantemente los estaba repitiendo en estrofas. Poemas españoles.

¿Y ella tuvo mucha conciencia de estar en la tierra de Darío?

Me imagino que sí, esa pregunta no se la hice, porque mi padre era admirador de Darío.

¿Él recitaba la poesía de Darío en la casa?

Tanto como recitarla, no, pero era admirador, uno de sus libros de cabecera era Rubén Darío.

¿A qué edad leíste Romeo y Julieta? *Porque veo que tuvo un gran impacto en tu conciencia de escritora; sale a flote esa historia y también algo relacionado en varios textos. En* La promesante *es obvio, y además, el texto que Cecilia tiene que aprender en inglés, en la escuela en Nueva York, es un trozo de* Romeo y Julieta *—nada práctico, desde luego.*

No la leí tan joven.

¿Pero te impactó?

Me impactó, pero desde un punto estético, como una cosa muy bella. Comprendí que era una historia de ficción.

Dos jóvenes que no pueden unirse por la enemistad de los padres, ¿es una bella historia?

Es una bella historia.

¿En qué sentido es bella esa historia? ¿No es una tragedia?

Más que todo es una tragedia. Es el lenguaje de Shakespeare. Lo vi desde una manera estética, poética. Me impactaron más otros. De dieciocho años leí a Pearl Buck, la autora norteamericana. Me gustó muchísimo. Por un tiempo fue mi escritora predilecta, porque uno va cambiando. Te gusta en una época un escritor, una escritora, después ya la leíste y pasás con otro.

¿Alguna lectura de Zola, o de los naturalistas franceses?

Sí, pero ya más de los existencialistas.

Porque yo noto muchas veces, especialmente en las dos últimas novelas, que el hombre y la mujer actúan como animales, que está muy claro que tú pones ahí que el hombre es como un perro o un caballo, que la mujer, como cualquier hembra. Como esa idea de la bestia humana venía de la época de Zola, me preguntaba si se te había quedado algo de esas lecturas, o simplemente es una manera de explicar ciertas decisiones.

Sí, una manera de explicar ciertas decisiones. En realidad no fui influida por este movimiento. De los franceses leí más a la época de Camus y todos estos.

¿Simone de Beauvoir, me imagino, Sartre?

Sí, los leí, pero tampoco siento la influencia de ellos. Tiene que estar, porque uno no es nuevo, uno va captando de los viejos escritores.

¿Entonces no tienes conciencia de estar reflejando una versión moderna de esas ideas?

No. Es decir, eso me va saliendo a mí de adentro, pero no sé en qué fondo está, ni de dónde lo cogí.

Conversaciones en casa abierta

En Soledad: tú eres el enlace *mencionas que llegaban personas de las fincas, que venían a sentarse con tu madre, a veces personas muy humildes.*

Sí, en la casa, como había fincas, venían los mandadores, digamos, los empleados. A veces venían ellas solas, a veces venían con sus compañeros, o esposos, porque a veces no eran ni casados, ahí supe que había parejas que no se habían casado, y como mi mamá era hermana de sacerdote, seguramente tenía cierta atracción para que la gente le contara sus problemas. Ella lo llevaba en sí. Es decir, todo el mundo entraba, y ella las sentaba y pasaba horas platicando con ellas.

¿Buscaban soluciones con ella, le pedían algo?

Le pedían consejos. Y era una casa donde cuando entraban, se les daba un refresco, o comida, porque venían de largo, de las fincas. Y yo me acostumbré a oírles sus historias. Cada estrato social tiene una diferente manera de enfrentar la vida y diferentes problemas.

¿Y se te quedó grabado eso, en algún rincón?

En los rincones de la mente, no porque yo siendo niña lo captara para un propósito posterior, pero se me fue quedando en los recovecos de la mente.

Por eso te decía ayer que tú tienes buena memoria, pero me dijiste que no.

No, no siento que la tengo, pero cuando quiero buscar algo, lo encuentro.

Lo encuentras ahí escondido. Por un lado entraba ese grupo de personas, y por otro, todos los intelectuales de la universidad y de la ciudad.

Llegaban a visitar a mi padre. Sí, discutían cuestiones políticas y académicas; él era muy abierto y la casa se mantenía abierta todo el día.

Y me dijiste que les hablaba a los hijos de política.

De política no, pero compartía sus inquietudes. No es que nos quisiera concientizar, sino que si había un problema, él era extrovertido y lo hablaba.

Y entre los conocidos que llegaban a la casa, habría escritores, me imagino.

Sí, mi padre era escritor; escribía cuentos y escribía ensayos porque él era un intelectual; mi hermano Mariano también. Pero más que todo, cosas académicas, ensayos, escribían. Mi papá lo hacía como un *hobby*, una diversión, escribía muchos cuentos.

Conciencia de ser mujer

¿Recuerdas cuando eras joven, en tu tiempo libre de adolescente, qué hacías? ¿Recuerdas tu primera conciencia de ser mujer?

No tan fija porque, ya lo he dicho otras veces, en la casa nuestra, en mi casa solariega no nos separaban por sexo, sino que por edad. Claro que tuve conciencia de ser mujer, cuando alcancé la pubertad, cuando ya una empieza a crecer y se empieza a enamorar, pero no recuerdo que haya sido un impacto, o que me haya sentido diferente en la familia.

¿No hubo un choque repentino?

No hubo un choque especial. Simplemente de manera natural uno va creciendo y de manera natural va cambiando.

Es interesante porque muchos de tus personajes reciben esos cambios como choques. Pero en tu vida personal, no fue así.

No, de una manera natural.

Cuando estuviste en el Colegio La Asunción, que te bachilleraste en el año 54, esa enseñanza era religiosa, me imagino, muy sólida, muy buena preparación.

Sólida y muy buena preparación.

¿Y desarrollaron una conciencia social, o conciencia de las diferencias sociales, de clase?

No en esa época. Es decir, no era parte de la educación que recibíamos.

¿No iban a los barrios pobres a hacer obras de caridad, por ejemplo?

No, las madres —les decíamos madres a las religiosas— junto al colegio de las niñas que pagábamos, teníamos un enorme colegio de niñas —porque sólo era de mujeres, no era mixto— niñas de escasos recursos y de vez en cuando nos juntábamos, pero no era costumbre. Yo no lo sentí como un propósito.

Porque después, parece que las graduadas de La Asunción, por lo menos de Managua, sentían que les habían inculcado una conciencia social.

Pero en esa época, como diez años antes, la educación sería diferente.

No, no había. El colegio fue cambiando paulatinamente, junto con el Vaticano.

Estudios en Estados Unidos, matrimonio, maternidad, primeros escritos

Cuándo terminaste los estudios en La Asunción, ¿no quisiste ir a la universidad? Las mujeres podían estudiar en esa época en la universidad, ¿no?

Sí, perfectamente, aquí en Nicaragua, sí.

¿Y no te interesaba?

Sí, pero se me presentó la oportunidad de ir a Estados Unidos a aprender inglés y otras cosas, y eso me atrajo más. Entonces, mi padre y mi madre me dieron gusto y me interesaba mucho ir a conocer, salir de León, bueno, ya había vivido en Guatemala, en Managua, pero quería salir.

¿Y era la edad apropiada?

Era la edad, y quería aprender inglés y era otra época.

¿Y por qué fuiste a una escuela de Mississippi, la Finishing School Saint Mary of the Pines en Chatawa, Mississippi?

Porque ahí tenían unos cursos muy buenos de inglés para las muchachas latinas. Bueno, latinas no, de habla hispana, y fue excelente.

¿Y las compañeras eran todas hispanas?

Las que recibían el curso, sí. El primer año fue de inglés, y al segundo ya nos incorporaron a los cursos académicos donde tomábamos historia y cosas que tomaban las otras niñas norteamericanas, porque era un internado católico.

Así que había niñas norteamericanas también. ¿Todavía existe esa escuela?

Ahora está convertida en un lugar de retiros; cerraron la escuela, porque era sólo de niñas, no era mixta, y como han cerrado tanto los internados, ya no están de moda, entonces, ahora es un lugar para retiros.

Me imagino que ahí no te sentiste extranjera porque estabas con niñas hispanas.

Sí, niñas hispanas.

Y me dijiste que fuiste a Texas porque tu hermano Mariano estaba ahí.

Sí, estaba sacando su maestría.

Y ahí tampoco te sentiste extranjera.

No me he sentido ni extranjera, ni excluida.

Estabas en familia.

Sí, también, no fui criada con prejuicios raciales. Mi madre era española, eso hizo un gran cambio.

Me imagino. ¿Y cómo conociste a Iván Aguilar? ¿Fue un amor de secundaria?

Sí, aquí en León.

Y después él se fue, que era un poco mayor que tú.

Él se fue a estudiar a Estados Unidos, y yo me fui a Saint Mary of the Pines, que estuve dos años, después un año en Dallas. Él después se fue a Alemania para estudiar química, producción de artículos de cuero, maquinaria de fabricación.

¿Y se cartearon en ese tiempo, mantenían el contacto?

No continuo. Es decir, no era una correspondencia que iba la carta y otra venía.

Pero mantenían el contacto.

Manteníamos el contacto. Pero él llevando su vida de estudiante, y yo mi vida de estudiante.

Y te casaste en el 58. ¿Y te sentías cómoda? ¿Feliz con el rol social normal para las mujeres, las muchachas, porque era una cosa normal, en esa época, casarse, establecer la familia?

Sí. Estaba en nuestra cultura en esa época, no sé si en todo el mundo, pero en Nicaragua, sí. Era lo normal.

¿Cómo experimentaste la maternidad? Tuviste cinco hijos. ¿Era normal entre las amigas tener tantos hijos?

Sí, casi todas las compañeras de colegio de aquí de La Asunción, cuando regresé ya a León, casi todas tuvieron lo mismo, cuatro, cinco, tres hijos. La época, era la época.

No había control de natalidad permitido por la iglesia.

No había control de natalidad.

Y has dicho en otra parte que tú escribías tiquitiqui con los niños saltando alrededor. No disponías de cuarto propio.

Porque mi esposo y yo estábamos comenzando y teníamos una casa pequeña. Entonces, yo me acomodaba en la mesa del comedor.

¿Y tenías en la casa ayuda con los niños? ¿Una señora? ¿Te involucrabas en asuntos del colegio de los niños? ¿Participabas?

Sí, tenía ayuda y yo era la que me involucraba. Y en la salud, porque, como mi esposo vivía ocupadísimo, yo me involucraba, iba a las reuniones de los colegios, si se enfermaban, era la que los llevaba donde el doctor, donde el pediatra, la que los cuidaba en cierta manera.

¿Y te identificaste con uno de los hijos, más que con los otros? Uno por ser el primero, otra por ser el bebé, el tercero por ser el de en medio.

Como es natural, a medida que iban naciendo.

¿Y te llevas bien con ellos, ahora?

Me llevo bien.

¿No resienten ese tiempo robado para escribir?

No, lo han comprendido bien. Era mi trabajo y lo comprendieron así.

¿Y con los primeros escritos, cambiaron las relaciones con el esposo, o con los hijos?

No. Todo ha seguido su camino. Es decir, era mi trabajo. Como Iván me dio el espacio para escribir, yo lo consideraba mi trabajo, mi parte. Al mismo tiempo, era mi entretenimiento, mi momento de descanso, de solaz. Cuando ellos empezaron a ir al colegio, era mi momento de descanso, de escribir.

Y después trabajaste como veinte años en la empresa Tenería Bataan. ¿Pero por qué trabajabas afuera? ¿Necesidad económica?

Porque en parte ya los hijos habían crecido algo y aquí el ambiente político del país, se veía que todo estaba revuelto ya. Entonces, esta fábrica era también de la familia de mi esposo, y ellos se fueron del país y lo dejaron solo con todo. Entonces, él me dijo, Rosario, necesito ayuda. Y entonces, yo empecé a trabajar afuera, y ya los niños estaban en el colegio. Había dos turnos, y después me gustó salir a trabajar.

¿Hacías administración, principalmente?

Administración.

Y me contaste ayer que llegaban las señoras a conversar. ¡Qué lindo! ¡Un enriquecimiento! ¿Y eran las obreras?

Había obreras, administradoras, eran de diferentes, lo que hay en una fábrica, hay de administración, las que están haciendo los trabajos. Cuando yo estaba sola en la oficina, porque Iván tenía que viajar mucho a Managua, también viajaba mucho por Centroamérica y yo me quedaba hecha cargo. Entonces yo estaba en la oficina, y me decían que si podían entrar.

¿A conversar con la jefa?

Con la jefa (*risas*).

¿Y cómo cuántos trabajadores tendrían en esa fábrica?

Hubo una época en la que hubo ochenta.

¡Grande!

Sí. Y más cuando estalló la revolución

La política

En una entrevista dijiste que se ausentaron Uds. de Nicaragua en 1985 para radicarse en Costa Rica hasta 1990, "por el ambiente tenso en el país". ¿Temías por tu propia seguridad?

De los hijos. Por el Servicio Militar Obligatorio. Los saqué del país. Mi marido tenía familia ahí.

Tu vida ha sido afectada, obviamente, por la política, pero no te has sentido nunca atraída hacia la política, el activismo. ¿Te piden pronunciamientos, opiniones sobre la política, por ejemplo ahora, sobre la construcción del canal? ¿Llegan a pedir una opinión?

Hasta el momento nadie me ha preguntado.

He notado en la novela Miraflores *que hay una parte que podría leerse como una referencia exacta al tema actual de la construcción del canal.*

Eso pensé yo cuando comenzó lo del canal. Cuando van a construir el ferrocarril para el Atlántico. Y dije yo: siempre me le adelanto a la historia (*risas*). Entonces está pasando lo que pasó ahí, que les están confiscando las tierras a todos los que van a quedar a la orilla de la línea férrea. Y la gente, entonces, unos se ponen en contra, y otros venden y se van. Y eso es lo que está pasando ahorita.

Y lo que se dice ahí es que entre los terratenientes, surgió un nuevo enemigo, el Estado. Eso me ha parecido clarividencia.

No es la primera vez que se quiere hacer el canal por Nicaragua.

Que fue la idea original para el canal a través de la América Central.

Sí, la idea original. Pero yo lo puse en *Miraflores* como parte de las venganzas que había en la región, y cuando comenzó lo del canal, y comencé a leer las noticias, cómo andan protestando porque les están quitando sus tierras, yo dije: ¡Vaya, qué ocurrencia la mía!

Yo creo que sí, que los escritores se adelantan a la historia, y por eso a veces la crítica queda a la zaga porque no comprende.

Sí, en *El guerrillero*, casi todo lo que escribí, sucedió después.

Te adelantaste.

Me adelanté. En 1974 hasta creyeron que yo había sido una guerrillera clandestina, por todo lo que escribí. Pero no.

¿Y cómo te informaste para ese libro El guerrillero*?*

En León fue la lucha, la guerra. Aquí en León fue donde se peleó más. Entonces, los estudiantes se tomaban los colegios, se tomaban las iglesias, todos los días era eso. Pasamos un año en toque de queda, sin que fuera el toque de queda. Entonces, no era oficial, pero de hecho, sí. Ya a las seis de la tarde, nadie podía salir. Entonces, yo conversé sobre todo con muchas maestras y con los estudiantes, y estaba viviendo en

León y me lo imaginé así. En ese tiempo, yo quería escribir la historia de una maestra rural.

Que es la que sale en el libro...

Sí, es la protagonista principal, la que cuenta la historia, porque me parecen sus vidas demasiado sacrificadas, y cuando íbamos a las fincas, veía pasar a las maestras rurales por los caminos. Caminando frente a la casa de las haciendas. Y no sé, siempre vi a una maestra rural que iba caminando por un camino de tierra, y siempre quise escribir una historia sobre una maestra rural. Entonces, cuando comenzó el momento, se me ocurrió que qué bonito era juntar a un guerrillero que anda huyendo, herido, con la maestra rural que está cuidando su escuela. Y la gente creyó que yo había estado involucrada en la revolución, o clandestina.

¿Y se atrevieron a interrogarte al respecto?

No, esa novela me la publicaron en Costa Rica, en Educa. Pero no.

Pero se dijo que a lo mejor habías andado en la clandestinidad.

Se dijo, pero no pasó a más. No estaba inscrita en ningún partido, ni en ningún movimiento, simplemente era una historia de amor. Mi idea fue una historia de amor entre la maestra rural que yo veía pasar por el camino, y ya los guerrilleros que se estaban escondiendo, y tenían que ir a la montaña.

Parece que juntas dos mundos que no tienen vínculos. Conclusión, entonces, ¡por ahí anduviste!

Por ahí. Y entonces, lo lógico es que se enamoraran y ella lo añora toda la vida.

Es Romeo y Julieta *pero de otra manera.*

Toda pareja joven que se enamora es *Romeo y Julieta* en alguna forma.

Escribir es un oficio

¿Ahora haces tiempo para leer, o cuando tienes tiempo más bien escribes?

Lo que me preocupa es que me estoy habituando a leer en mi Ipad. Y a mí me gustan más los libros impresos, pero como me operaron el año pasado de cataratas en los dos ojos, ahí puedo poner una letra más grande. ¡Yo adoro a los libros! Pero me sale más cómodo leer en el Ipad.

Y hay millones de libros disponibles en el Ipad. ¿Y lees preferentemente en español?, porque lees el inglés perfectamente.

Sí, leo en inglés, pero preferentemente en español.

¿Algún autor contemporáneo? Mencionaste una vez a García Márquez, que todos leemos. ¿Isabel Allende?

Sí, la he leído bastante. Algunos de sus libros me gustan, otros no.

Gioconda Belli, supongo, nicaragüense.

Sí, la he leído, pero prefiero su poesía.

¿Vargas Llosa?

También bastante.

Yo encuentro en algunos de sus libros acercamientos similares a los tuyos. Creo que puede ser por el acercamiento detallado a la historia: descubrir los detalles de una historia y hacer una nueva interpretación a partir de ellos. En ese sentido, veo cierta semejanza en tu narrativa y la de Vargas Llosa.

Sí, aunque él se ha vuelto muy político, bueno, a mi modo de ver.

En ti, lo político es menos evidente, a excepción de El guerrillero *y* Siete relatos, *pero está. Yo quisiera que alguien hiciera un estudio de la política oculta en las obras de Rosario Aguilar, porque ahí está en el trasfondo.*

De todas mis críticas, nadie ha sentido la política, sos la primera, pero yo sé, yo sé, que tiene que estar, de todas maneras, todos en alguna forma, somos políticos y yo me crié en una familia política.

Y lo natural es que hubieras salido política, diputada, candidata, miembra de algún partido... y no.

No, no, no. No era.

Mejor así, porque has enriquecido la literatura, la cultura del país.

Me pareció que no podía una escritora de novelas meterse en política, porque ya entonces sus novelas no iban a estar libres para que las leyera cualquier público. Y tal vez en el fondo de mí, hay algo..., está la educación política que yo conocí en mi casa, pero yo por encima, no soy política. He visto demasiadas caídas y subidas. No me apasiona la política.

Y además, así llevas una vida más estable, ¿no?

Para escribir la necesito.

Sí, espacio tranquilo. ¿Y tienes un régimen para escribir, ahora? ¿Todos los días, de siete a once, por ejemplo?

Sí, estoy un poco descuidada, la muerte de mi hermano me afectó, pero espero recuperarme.

¿Y a trabajar con rigurosidad? Decía Sergio Ramírez que los narradores debían tomarlo como un oficio, que los poetas podían esperar la inspiración para escribir, pero que los narradores, no.

Es un oficio, sí, y requiere paciencia.

¿Retocas mucho los libros?, porque hablamos ayer de La niña blanca, *que se fue achicando, achicando, hasta que te la compró tu marido. Pero normalmente, ¿te sale de un tirón?*

Por lo regular no sale de un tirón. *La niña blanca*, como era histórico, aunque no parezca, pasé tres años leyendo a los cronistas, a los cronistas españoles, a los cronistas indígenas, a todos los que se vieron involucrados en la conquista y en la colonización. Entonces, ahí debajo, así como has encontrado la política en los otros libros como un trasfondo, aquí está la historia. No me la tienen catalogada como histórica, pero la historia está. Todo es verdad. Yo lo que hice fue darle voz a las mujeres que participaron.

Es algo que vienen haciendo recientemente otras escritoras centroamericanas: reescribir la Historia oficial. Y son las mujeres que perciben el silenciamiento de la voz de la mujer, tanto de la indígena, de la afrodescendiente, como de la metropolitana, y reescriben la historia.

Sí, las mujeres no fueron tomadas en cuenta en la conquista y en la colonización. Entonces, yo tenía el campo abierto para darles el escenario.

Sí, divina la obra. Y ahora, cuando escribes, por ejemplo, La promesante *y* Miraflores, *¿te sale así de bien la primera versión, el primer borrador? ¿Lo tienes que retocar mucho o lo dejas?*

No, no, lo releo un par de veces para ver qué palabras sobran. No me gustan muchos los adjetivos, los adverbios, esos los voy eliminando.

Noté en Miraflores *mucho diálogo, y también en* La promesante, *lo que me hizo preguntarme si habías escrito drama. Que yo sepa no, pero hay un elemento cinematográfico, o teatral, en tantos diálogos y tan bien hechos; son conversaciones muy convincentes y cuando no es un diálogo entre personajes, es un diálogo interior. Se suele hablar del monólogo interior de un personaje, pero tú estableces diálogos interiores.*

Sí, la persona habla consigo misma. Si hay alguna influencia, es del cine, porque he visto más cine que teatro.

Yo creo que sí, que hay episodios que parecen ser de películas, y lo dicen los personajes mismos en algún momento: "¡Esto parece una película!"

Más cine que teatro. También que en Nicaragua hay muy poco teatro y en Centroamérica.

¿Vas mucho al cine, o ibas?

Iba. Ahora, más que todo lo veo aquí en la casa.

¿Películas nuevas?

Sí, pero me está costando acostumbrarme a las nuevas, no me gustan, porque tienen mucha violencia.

¿Alguna película que te gustó mucho, de las clásicas, por ejemplo?

¿De las clásicas? En mi juventud, Lo que el viento se llevó. La vi como diez veces.

A todos nos afectó.

La promesante

La promesante es del año 2001 y creo que es una de las primeras novelas que habla del SIDA, tema que tal vez haya influido en su recepción, un tema difícil de explorar, y te quería preguntar algo sobre la técnica. Se nota primero un narrador en tercera persona, y después, Amanda habla, luego el narrador en tercera persona, después, cartas de Cecilia, y luego habla Cecilia en primera persona. Es una técnica que me gusta mucho, porque no es el narrador en tercera persona que lo vaya controlando todo, sino que son las voces mismas. ¿Por qué lo escribiste de esa manera? Porque más fácil es narrarlo todo en tercera persona: "él dijo, ella hizo, ellos pensaron". Y ahí no. Cambiaste la perspectiva varias veces. ¿Para ti, qué agregó?

Si te fijás, esa técnica ya la he usado en ciertos relatos y en La niña blanca y los pájaros sin pies, porque aunque unas partes se narran en tercera persona, otras son ellas las que hablan. La narradora escogió esa voz y aquí, pues, no hice más que seguir lo que ya había iniciado en otro relato, y así llego a La promesante, porque cada una me lo pide, ellas, las que tienen que hablar.

Entonces, tú en algún momento sientes que te dicen, "aquí esto tiene que narrarse en primera persona".

Al cambiar el capítulo, sale la voz, y a veces es en tercera persona, a veces, no.

¿Y tú oyes esa voz, o cómo tú decides? ¿O no decides?

No, no decido; ellas deciden. Yo siento que eso es lo apropiado para esa persona, o para el momento, o para lo que está pasando.

Pues me interesó mucho y aquí también tenemos ese motivo de Romeo y Julieta, *otra vez, de la desdicha de las historias de amor que no terminan felizmente en* La promesante. *Y está en otros textos, es como una deconstrucción de ese mito de* Romeo y Julieta, *otra versión.*

En cierta manera tenés razón, porque tarde o temprano terminan, ya sea porque se acabó el amor, o, porque terminan con la muerte.

Ah, en ese sentido, porque tu propia experiencia con el marido no sería así.

No era así, pero terminó con su muerte; fue una tragedia, es decir, tarde o temprano... Eso lo que hizo fue apresurar... Esa frase es de Ernesto Sábato, que todos los amores son trágicos porque todos terminan con la muerte: "El amor ansía lo absoluto, causa por la cual todos los grandes amores son trágicos y de alguna manera terminan con la muerte".

Y el SIDA también apresura, ¿no?

Sí.

Entonces, parece que estos personajes que has creado en La promesante *tienen tantos sueños, tantas ilusiones, y después se tienen que enfrentar a una realidad que tú misma, ahí en la novela, llamas "cruel", es decir, tanta fantasía, tanta imaginación y la realidad siempre es deficiente. Estos personajes viven una vida trágica, hasta cierto punto, porque sus ilusiones, sus sueños, pocas veces se realizan.*

Sí, el fin es cruel. Es que en la vida real, en la mayoría de los casos, sucede así.

¿Es lo que has querido retratar?

Bueno, a propósito no, es decir, ahorita que me lo estás preguntando, lo pienso, pero cuando escribí la novela, no. Ahorita me lo preguntás como la autora y yo te contesto basado ya en lo que escribí. Pero no lo hice a propósito; es que así se fueron desarrollando las historias.

Parece ahí, con esa misma idea, un gran cuestionamiento de la vida, porque los personajes varias veces preguntan, "¿Con qué fin nos encontramos?" Cecilia pregunta, "¿Por qué a mí?" cuando descubre que tiene HIV... ¿para qué, con qué fin? Y termina asumiendo una misión heroica de promesante, ¿no? Me parece una novela muy filosófica porque está planteando una cuestión existencial. Estos no son personajes simples, sino que siempre preguntan ¿por qué?, y más importante, ¿para qué?, ¿quién controla ese destino?, buscando un significado que a veces no encuentran.

No, yo sí encuentro, porque yo he oído mucho a la gente preguntarse, digamos, cuando hay un funeral: "¿por qué?" Lo he oído. Y me pareció pues, que una cosa así que le pasa a una muchacha joven, lo lógico es que se preguntara, "¿pero por qué a mí" y "¿para qué?"

¿Como por desorientación?

Es algo que le trunca la vida a ella, sus planes, su futuro.

Es una visión muy trágica de la vida, ¿no?

Bueno, es grave lo que le pasa.

Que no tiene remedio y en Miraflores *tampoco, pero tal vez en la tercera novela que estará por salir...*

Sí. (*Risas*) Vamos a ver. Por lo regular es algo que yo he oído que muchos se preguntan en sus momentos trágicos: "¿por qué a mí?", "¿para qué?"

¿Y leíste a Unamuno, me imagino.

Bueno, sí, pero no tanto. Era demasiado elevado.

¿Querías en La promesante *retratar la hipocresía de algunas personas religiosas? Me llamó mucho la atención cuando están en la misa en el momento del abrazo de la paz y algunos lo dan y otros no, y el narrador dice: "en esta iglesia hay todo menos paz". Me pregunto si quisiste mostrar la hipocresía entre las personas que se dicen o se creen religiosas, pero en el momento de abrazarse...*

Algunos se abrazan y otros no. Yo creo que cuando estás en la iglesia, el abrazo de la paz es muy lindo porque te abrazás, saludás a todos los que están en tu banca, a los lados, a los de atrás; hay unos que se levantan y van a saludar, pero ahí siempre están las personas que por alguna razón no se han llevado bien, y no se saludan. Yo he estado en misa donde le he oído decir a una persona: "¡Eh, yo no la saludo!" Entonces yo capto eso.

¿Y no es hipocresía?

Pues, no la saluda, simplemente; pero he estado en misa donde he oído esa frase. No, no la saluda, para mí es una rencilla antigua, vieja.

¿Y se lo dicen a la cara así?

No, no, se lo dicen a los vecinos, y como yo lo he oído, lo he captado: no todo mundo se está dando ese abrazo de la paz.

Tienes como una grabadora en la cabeza, me parece, que vas oyendo y captando...

Ja, ja, no todo, sólo esa frase: "Yo no la saludo", que no se acerque a mí, no la quiero saludar. Entonces yo lo capto para algún personaje. También con la frase "¿por qué?, ¿por qué a mí?" Entonces capto la frase y la guardo. No sé si la voy a poner a una persona igual a la que la dijo, pero sí la voy a usar en los personajes.

¿Porque expresa una emoción sincera?

Es decir, es algo que le salió del alma, del corazón en ese momento. Así somos los seres humanos.

Me parece que una de las preguntas básicas que la novela plantea es: ¿Qué es ser madre? Desde el principio se habla de los papeles de las madres de las dos jóvenes, lo que es ser madre, y cuando Cecilia enferma, son los hijos sin nacer que le hablan, los hijos que no va a tener. Maravilloso el diálogo en el que no está claro si es el narrador el que está diciendo eso, o si es un diálogo interior de Cecilia.

¡Ah! Que me gusta que te hayas fijado porque para mí es lindo eso. Sus óvulos le dicen, "Somos tus hijos que no vamos a nacer, que no nos vas a conocer, que no vamos a tener nombre".

Son los hijos que no van a nacer que se lo dicen a la madre que no va a ser madre. Es extraordinario.

Sí, es verdad. A mí me parece extraordinario, pero a nadie le ha llamado la atención. Es decir, cuando yo la llevo a ese punto en el que de ella depende hundirse o no [mientras va nadando en el lago], lo único que se me ocurrió, que en medio de su soledad, los únicos que le podían hablar eran sus hijos que no iban a nacer.

Hijos que no le van a nacer, si se salva o no se salva.

Se salva o no se salva. No, dicen, nunca vamos a tener nombre. Ella está nadando y por un momento le entra el deseo de dejarse morir, se le acabaron las fuerzas, se le acabó la voluntad de seguir luchando, entonces yo la veo rodeada de agua todita, el cielo arriba, y entonces ya agotada, los únicos que la acompañan en este momento, los únicos que la acompañan, son esos óvulos que podrían tener vida, pero que no van a tener. Yo sentí que ellos le hablaban. Podrían ahora hacerlo in vitro, pero no se lo van a hacer a los de una muchacha que tiene SIDA. Todavía están vivos, todavía podrían, pero no van a nacer, a vivir.

Pero existen, esos óvulos tienen la posibilidad, la ilusión, la esperanza de poder vivir.

Están vivos. Es decir, todavía podrían, si ella no tuviera SIDA, si no se supiera que tiene SIDA. Pero ya los exámenes le han confirmado SIDA. Porque cuántas personas no andarán por el mundo, y lo tienen sin saberlo, porque es un examen que no te lo hacen de rutina. Hay que tener mucho cuidado por muchísimas cosas y por estas enfermedades también.

Me llamó mucho la atención esa escena relacionada con una constante en la novela, que es la cuestión de qué es ser buena madre, porque Vanessa, la madre de Cecilia, continuamente se pregunta, ¿he sido buena madre? Entonces, se plantea la pregunta: ¿en qué consiste ser buena madre?, ¿qué significa y en qué circunstancias es bueno hacer lo que hago?

Una se pregunta si ha sido buena madre y, cuando el hijo falla, ¿en qué fallé? ¿Dónde ha sido mi error?

Se echa a sí misma la culpa.

Sí. ¿De qué sirve la manera de educarlos? ¿En qué fallé? ¿Dónde estuvo la falla? Es decir, me puse a ver los puntos álgidos... Eso de los óvulos nadie me lo había dicho.

Es una escena extraordinaria.

Me pareció, cuando va nadando en la soledad del lago y ya se va a dejar morir, ¿qué hay dentro de ella? Estos óvulos que podrían haber vivido y los sentí y los oí y, claro, yo voy tecleando y no me detengo.

Y que sea parte de ese diálogo interior que te ha funcionado tan bien.

Yo en ese momento no lo hago a propósito, me quedo con el dedo en una tecla y mi cerebro sigue funcionando...

Fluyendo.

Fluyendo. Y eso es lo que siento.

Y no lo programaste, simplemente te salió así.

Increíble, porque así sucedió.

¡Dónde y cuándo alguien ha dado voz a los óvulos de una mujer! (Risas.)

Seguramente ahora alguien que leyó mi libro.
Lo van a imitar.

Mucho me imitan, pero ¿qué puedo hacer?

Pues es la mayor alabanza, ¿no?, la imitación sincera.

Esa parte todavía no me la he encontrado, pero a veces digo, "Ah, si esta frase es mía", en el libro de otras.

Y la muchacha Cecilia, se presenta como una muchacha muy inocente, muy egoísta, muy mimada, muy pagada de sí. Y constantemente en la novela dice, "yo..., yo..., yo..., ¿por qué me pasó esto a mí?", no concientizada.

No, pero claro, en el fondo yo sabía que era la que tenía la tragedia mayor.

Entonces, para compensar la hiciste parecer inocente.

Sí, más ingenua, mayor la tragedia. No sé, son cosas que cuando una está escribiendo la novela, salen del interior de la escritora.

Y no es un plan anterior de desarrollar el texto de tal manera, sino que empiezas a escribir...

Y es una protagonista nueva, en nuevas circunstancias, con una nueva tragedia.

¿Y tú oyes a veces las voces?

¿Oírlas? ¿Porque las oigo de afuera para adentro? No. Es cuando estoy escribiendo con los dedos en las teclas, como yo más que todo, escribí en máquina de escribir, siempre tengo un teclado, ahora en computadora, porque estoy acostumbrada a pensar al ritmo de mis dedos.

Chica moderna.

Sí, desde un principio.

Para algo te sirvieron las lecciones de piano.

De piano y después de mecanografía. Entonces, siempre tengo un teclado, porque llevo el ritmo..., mis dedos llevan el compás de mi cabeza.

Miraflores

Me dijiste en otro momento que cuando falleció Iván, tu adorado esposo, una manera de sobreponerte era escribiendo, con la fuerza de voluntad de escribir. ¿Estabas escribiendo Miraflores *entonces?*

Ya la tenía empezada. Entonces, me obligué a escribir, aunque fuera una hora, dos horas, hasta que volví a coger el ritmo de siempre.

¿Cómo autoterapia?

Como autoterapia.

Y fue precisamente esta novela, Miraflores, *la primera tuya con un hombre de protagonista, pero que no tiene nada que ver con la manera de ser de tu marido.*

Nada que ver.

Parte de la trama de Miraflores *coincide con* La promesante, *entonces, se me ocurre una posibilidad: al fin de* Miraflores, *en el epílogo, el protagonista está pensando que, de haberse casado con la novia a la que rechazó, ahora tendrían los terrenos unidos. El texto reza así: "pensó en la finca de Virginia Zapata, que era una extensa y bella propiedad muy bien cuidada y bien trabajada y que casi le había pertenecido y la había perdido al dejar plantada a Virginia en las puertas del altar. Al recordarlo en estos momentos le dominó el deseo incontrolable y feroz de recuperarla y que le perteneciera de una vez por todas para añadirla a sus dominios". Con este fin de la novela, me pregunto si no hay en el tintero un tercer libro relacionado con los mismos temas o personajes.*

Casi nunca he hecho nada que sale una segunda parte.

Pero ahora lo has hecho, ¿no? Primero, La promesante *y luego,* Miraflores *es como la segunda parte que continúa la historia.*

Continúa la historia de *La promesante*. Ahí explico qué fue lo que pasó con Cecilia.

Exactamente. Y en Miraflores *se le llama a Dagoberto, "el promesante". Así que aparecen los dos textos relacionados de modo obvio. Por eso yo me pregunto si no habrá un tercer texto para formar una trilogía, con los hijos, los nietos…*

No, no lo he pensado. O tal vez lo piense… (risas).

Y seguramente puede surgir algún nieto… otro nieto, otra nieta…

¿Quién sabe?

Me llamó la atención en Miraflores, *la paternidad irresponsable de los hombres, que está muy bien retratada y parece ser una plaga. Supongo que lo sigue siendo.*

Yo creo que sí. Ahora es más difícil por el ADN, pero en los tiempos de *Miraflores* era más fácil negar la paternidad.

Y ahora conlleva ciertas responsabilidades, ¿no?

Bastantes.

Si se hace respetar.

Bueno, sí, las leyes son muy fuertes.

Miraflores salió en el 2012. Y ya te pregunté si iba a haber una tercera novela con este grupo de personajes y me dijiste que tal vez.

Tal vez, pero bueno… Ya que Crisanto y Virginia están sin pasiones, tienen aceptado que ya están asentados, tendrían que ser otros. Ya el padre Eusegio, Crisanto, Virginia, todos ellos ya llegaron al ocaso. Los fui llevando al ocaso.

Dijiste en una entrevista que cuando empiezas a escribir, comienzas con el punto de mayor conflictividad, o en el punto de mayor interés para ti. Después lo desarrollas y pones lo que la historia necesita como preparación. Me parece estupendo como método narrativo. Empezar con "quiero escribir esto" y después lo desarrollas y creas la preparación. En La promesante *y* Miraflores, *¿cuál fue ese núcleo que primero escribiste?*

Bueno, en *La promesante* es cuando regresa su madre a recogerla a la isla porque le había prometido que iba a regresar.

Es decir, el principio de la trama de la historia.

Y de ahí, va y viene. Esa está menos fragmentada. Está un poquito cronológica. Para Crisanto es el momento en que le avisan que Dagoberto va a regresar y pone a toda la finca en alerta. Y pasa todas las noches con su escopeta esperando, vigilando.

¿Hiciste investigación para escribir de esas usanzas del campo? Jamás he visto las carreras a caballo que describes. ¿Tuviste que hacer investigación, o ya te sabías todo eso?

Ya me lo sabía.

¿Cómo?

La vi aquí en León.

¿Esas carreras?

Sí, cuando era niña. A mi papá le gustaban mucho los caballos y entonces nos llevó una vez a ver unas carreras de caballos y fueron así, entonces yo pregunté, le pregunté a mi hermano mayor que todo sabía, cómo habían sido esas carreras y él me explicó que van emparejados así, propiamente agarrados de la nuca, el brazo de él en el hombro, y el brazo del otro en el hombro, y corren a ver quién se cae primero, y no sé, me entró curiosidad por ponerlas, porque me pareció que era propias de la región. Fui varias veces al lugar donde está situada la novela.

¿Para hacer investigación de campo?

Para ver a la gente, cómo era la gente, ir a las misas, el 15 de enero, ir al Señor de los Milagros. Fui cuatro años seguidos, me puse en las filas de los que van a comulgar, de los que van a ver los milagros que ponen. Me sorprendió ver que casi todo el mundo era ojos grises, un color similar de ojo, pues, porque son nicaragüenses, pero es el norte de León. Y entonces, durante cuatro años fui en enero y me quedé ahí en un hotelito y participé en la misa, participé en la procesión, me puse en fila, oí todo de la misa.

¿Y hablabas con los vecinos?

Si había oportunidad, sí. Y entonces me fui imaginando y colocando mis personajes en sus lugares, como que estaba dirigiendo algo escénico.

¿De teatro?

Sí.

¡Y dices que no escribes teatro! ¿Cómo pudiste crear ese tipo de relación entre familias que parece tan verdadera, de rencores, de permanente sospecha? La fianza de paz que firman, saben que ellos mismos la van a irrespetar. ¿Cómo te enteraste, cómo pudiste saber que ese era un retrato fiel? Supongo que es fiel.

Sí, bueno, algo de ficción debe de tener, pero mi papá era abogado y en un tiempo ejerció y entonces llegaban las personas con esos pleitos.

Entonces, esa imagen bucólica que tenemos del campo como paraíso, no es fiel a la realidad.

En cierta manera no, porque siempre está la tierra de por medio...

La posesión.

La posesión.

Puede ser más bien un "antiparaíso", como dices en Miraflores. Los protagonistas, los amantes, aunque comprometidos con otros, desafiaron las costumbres, lo establecido, entonces él sabía que iba a ser un antiparaíso para ellos.

Para ella sobre todo, que no la iban a aceptar.

Entonces, ¿no hay ninguna posibilidad de cambio, de mejora? Si uno va contra lo establecido, ¿va a encontrar hostilidad por todas partes?

Bueno, en la novela, sí. No sé pues, ya ahora, ya tenemos otra mentalidad, pero es más o menos en los años 50 cuando eso sucedió y por lo regular, sí, eso pasa.

Rosario, estoy intrigada por un comentario al principio de la novela. ¿Cómo pudiste saber, siendo tú quien eres, que los criminales se excitan hablando de sus crímenes en la euforia de la pasión? Este detalle lo pones en la mente de Crisanto, que está seguro que así saldrá la verdad, entonces él pagó a todas las prostitutas de la zona, porque creía que alguien se delataría a sí mismo durante el acto sexual. ¿Cómo te enteraste de esto? ¿Te lo inventaste, o lo encontraste en algún lado?

(Risas). Seguramente en ese momento lo inventé. Él está buscando la manera de hallar al culpable y entonces lo inventé, pero luego, ya lo debo haber tenido en mi cabeza en algún momento. He leído mucho. Ya ni sé.

¿O lo adivinaste?

He visto mucho cine, he leído mucho, y nada es nuevo en este mundo.

Me reí cuando leí eso, porque si hubiese sido de un novelista hombre, yo diría, "bueno, su padre se lo comentó, su hermano mayor", pero viniendo de Rosario Aguilar, francamente me sorprendió.

Sí. Hasta ahora me sorprendo yo (risas).

¿Y con el personaje de Crisanto estás definiendo el machismo del hombre del campo de ese período, ¿no?

De ese período y creo que del actual.

¿Y su mentalidad se debe no tanto a su carácter individual, sino a la sociedad, a las condiciones de su vida?

Es del grupo de los alrededores de su finca. Y es que yo todo me lo fui imaginando. Fui cuatro años, como te digo, en enero que son las fiestas de ese lugar y lo ponía a cada uno en un pilar, a cada uno así, con sus armas y a los que estaban ahí me los imaginaba en mi novela.

¿No viste muchas películas del lejano oeste, de niña?

De niña sí, porque estuvieron de moda.

Hopalong Cassidy, Roy Rogers...

Sí, algunas.

Pero son diferentes. Este ambiente de campo es distinto. No es de pistoleros.

No, son propietarios y lo han sido desde hace años. Sobre todo, la gente no sabe por qué y de dónde cojo estas cosas, pero ni yo sé. Después yo me río.

Es muy fuerte en ese ambiente el papel del azar, o de la suerte, que parece una contradicción casi, porque estos son señores de un grupo de terratenientes que, si no lo controlan todo, casi todo, pero en cada momento dicen: "hay que echarla a la suerte", o "es la suerte", o "es el azar". Entonces parece que hay como una contradicción porque ellos controlan bastantes fuerzas, pero sus vidas son afectadas...

Por la suerte.

Es decir, que es imposible que lo controlen todo.

Y así es.

En tus libros tiene un fuerte papel el azar, la suerte.

Me pareció que así debía ser la novela. La gente del campo es muy supersticiosa.

¿Y lo sienten así, que las cosas ocurren por azar, más que por la voluntad de Dios?

Sí.

Y eso entra en rivalidad con la voluntad del personaje, ¿no? Su control...

Sí, es decir, todo estaba establecido, todo estaba ya marcado para el casamiento de Virginia con Crisanto, Eloísa con José, y se cruzó el amor.

¡Zas! ¡El relámpago! El rayo del relámpago que aparece frecuentemente en tus relatos.

Sí.

¿Cómo te inventaste las historias secundarias, por ejemplo, la historia del cura que ocupa bastante espacio en la novela?

¡Ah! Porque él es parte de la novela. Y yo quería sorprender a los lectores, y la sorpresa fue que el lector nunca se imaginó que el santo padre en el fondo estaba enamorado.

Los personajes que creas nunca son estereotipos —este es el terrateniente, esta es la hija del terrateniente— sino que tienen unas historias muy complicadas, y el señor cura, que tendría que...

Ser el ejemplo (*riéndose*). Pero nadie se dio cuenta.

El cura guarda un secreto, dialoga consigo mismo, dialoga con Dios.

Sí, y es el único que sabe su pecado. Ni siquiera a Crisanto se lo ha dicho; que era un hombre tan celoso.

¿Y cómo se te ocurrió eso?

Quería sorprender al lector, y qué más sorpresa que ésa, que el más serio, el más santo, tenía su amor escondido. Me parece que así es la vida, ¿no?

Más fácil no ver la vida así. No ver a los otros así. La lección de esta novela, en parte, es que cada uno tiene su historia, una historia complicada...

Cada uno y tiene mucho que ver el amor.

Evolución en la narrativa

Ya han pasado cincuenta años en tu trayectoria de novelista, entonces como tú misma dices, hay evolución en tu narrativa y seguramente tu primera obra no es como la última, ha habido un desarrollo, una evolución.

Una evolución, porque los seres humanos —en este caso soy yo, la escritora— vamos cambiando, evolucionando, y las circunstancias que nos rodean, también. Por ejemplo, en mi vida, hubo circunstancias externas tanto generales, como decir, el terremoto de Managua, como la revolución, la guerra; son cosas generales que cambian todas las circunstancias a tu alrededor y uno va cambiando con casos que le da el vivir. No soy la misma.

Y en *Primavera sonámbula* se quedó captada, encerrada mi juventud; la frescura que tiene esa novela, la ingenuidad, es de la edad, que eso se va perdiendo con los años, porque ya has gozado, o has sufrido; viene la época en que se te empiezan a morir las personas que querías y tenés que enfrentarte a ese momento y eso te hace cambiar tu perspectiva y las cosas que suceden a tu alrededor, también las circunstancias, entonces así fue cambiando mi narrativa.

Después de escribir las tres primeras que llevan el mismo ritmo, me pasé a *Rosa Sarmiento*, que es diferente. Rosa Sarmiento creo que la escribo en tercera persona, ya no está en primera persona. Entonces es la primera grada que subo, o bajo, no sé. Pero ya esas mujeres de *Quince barrotes de izquierda a derecha* y *Aquel mar sin fondo ni playa*, *Primavera sonámbula*, ya esas mujeres en el mundo real están evolucionando y *Rosa Sarmiento*, la escribí así, porque me pasó con ella lo mismo que lo de *La niña blanca*. En la biografía de Rubén Darío no sale nunca Rosa Sarmiento [su madre], nadie la tomó en cuenta, como que no existió. Y yo dije, bueno, ¡si su óvulo fue de ella! ¡Era la madre! Era una muchacha muy joven, muy hermosa, entonces escribí algo sobre ella, Rosa Sarmiento. Me cambié.

Y después me mantengo así y llego a *Siete relatos*, pero ya la revolución, la guerra, la insurrección, ya tocó la vida de esta escritora, y las mujeres con la revolución, con la insurrección, cambiaron. Yo me fijé que fueron ellas las que tomaron la decisión de irse de Nicaragua, de los que se iban a ir. Los esposos las siguieron después y cuando llegaron al exilio, las que primero buscaron un trabajo, y las que primero se integraron, fueron ellas, y entre las que quedaron aquí, pues hubo muchas que lucharon, y yo las vi con sus ametralladoras, sus pañuelos rojinegros, las vi luchando, y eran jovencitas. Las mujeres, después de ese momento que vivió Nicaragua, no son las mismas. No puedo seguir escribiendo la muchacha de *Primavera*, ni la de *Quince barrotes* y *Aquel mar sin fondo ni playa*, aunque los casos se sigan repitiendo. Las mujeres de jóvenes ya no son así. Como que estaban tomando decisiones y decisiones fuertes, luchar o no luchar, irse del país o quedarse. Si fueron las mujeres las que más tomaron decisiones en ese sentido.

Primera vez que oigo eso.

Sí. Entonces, ese momento, esos diez años que vivió Nicaragua fue como que precipitó la evolución de las mujeres porque ellas al ver destruida su vida, fueron las primeras que reaccionaron, que se adaptaron. Entonces, yo ya no puedo seguir con los mismos relatos. Eso lo pienso ahora, pero en el momento lo hice porque así sucedió.

Lo hiciste inconsciente de esa observación.

Sí, ya no puedo seguir escribiendo las mismas.

Así lo pensaste.

No lo pensé, lo hice.

¿Y ahora seguirás escribiendo, ahora que celebraste los cincuenta años, con tanta alegría, con tanta celebración?

Me hicieron muchos homenajes. Y ahora me pregunté, ¿vale la pena seguir?

¿Y qué piensas? ¿Te has contestado?

Sí. ¡Tengo que seguir! Pero me he preguntado, la novela, ¿no será mejor cerrar aquí ese capítulo, ponerle el punto final?, porque cincuenta años es bastante. En cierto momento los escritores, las escritoras podemos empezar a repetirnos.

Pues hasta ahora no has repetido nada, al contrario, has abierto un camino nuevo.

Un camino nuevo.

Y a mí me gusta esta novela del campo.

¡Ah! ¿Te gustó?

Enormemente y quiero leer las que seguirán...

Voy a ver si puedo.

¿Te levantas por la mañana ahora con ilusión, te pones a escribir contenta de estar escribiendo?

Estoy como en un *impasse*. Tengo muchos apuntes, muchos cuadernos, pero no me decido por ninguno. También escribí cuentos. Que cuando estaban hablando de las nuevas leyes, me acordé de uno; se llama "Un hombre regio" y me lo publicaron en *La Prensa*. Tenía que ver con la Comisaría de la Mujer, por eso me estaba riendo cuando lo estaba oyendo. ¡Mujeres que se van a quejar a la Comisaría de la Mujer!

¡Se te ocurre cada cosa! ¿Es más llevadero el cuento, tal vez requiere menos horas?

Es rápido. O te sale de un tirón, o ya no podés estarlo corrigiendo, corrigiendo como una novela. Tiene que salir rápido.

Entonces tal vez sea la época de más cuentos.

Sí, tengo muchos, pensados y en el mismo archivo de la computadora. Podría hacer un libro de cuentos porque ya lo tengo, sólo es darle una repasada y cambiarle tal vez el título, pero estoy en un *impasse* porque también tengo otros apuntes que quiero ver.

¿De novelas, o ensayos? ¿Autobiografía?

No, de ensayos y autobiografía, no, novelas. Una un poco testimonial, pero no de mi vida, no biografía. Vamos a ver por dónde me salgo. He dado tantas entrevistas, que ya está casi todo. Y en *Soledad: tú eres el enlace* hablo bastante de mi niñez, entonces, no creo que haga falta.

Pues, que sigas escribiendo, si es lo que te satisface. Las tuyas son obras que gustan y las celebraciones de tus cincuenta años de novelista confirman el renombre y la adoración bien merecidos que tu obra te ha ganado a través de los años. ¡Felicidades!

VI. Discursos

"Lenguaje y novela"

Discurso de incorporación a la Academia Nicaragüense de la Lengua, 1999

Rosario Aguilar

Honorables Miembros de la Academia Nicaragüense de la Lengua,
Excelentísimas autoridades de los Poderes del Estado,
Representantes del Cuerpo Diplomático y Rectores de las Universidades Estatales y Privadas,
Distinguidas personas de la Banca y Organizaciones del Sector Privado,
Invitadas e invitados especiales, amigas y amigos, familiares.

Es un gran honor para mí incorporarme el día de hoy como miembro de número de la Academia Nicaragüense de la Lengua. Le agradezco a toda la Corporación el haberme elegido, y sobre todo, la confianza depositada en mí.

A don Pablo Antonio Cuadra, Director de la Academia, le agradezco en especial, porque durante todos estos años me animó a seguir escribiendo al comentar mis novelas con frases bellas, poéticas y oportunas.

En este acto solemne y de tanta significación para mí, siento el vacío de las tres personas de quienes heredé mi amor por la literatura: mi madre, Soledad Oyanguren Aréchaga, gran lectora y conversadora. Mi padre, Mariano Fiallos Gil, agricultor, poeta, cuentista, crítico, político y sobre todo, educador. Mi tío, Benito Oyanguren Aréchaga, sacerdote español, gramático y profesor de raíces griegas y latinas, a quien tuve la fortuna de haber tenido como maestro.

Antes de continuar, quiero evocar la memoria de don Rodrigo Sánchez y don Julio Linares, quienes ocuparon antes que yo, la silla M en esta ilustre Corporación.

Quiero citar con especial cariño a Mariana Sansón Argüello y repetir con convicción propia las palabras que dijo cuando en diciembre de 1997, agradeció el haber sido electa miembro correspondiente de la Academia Nicaragüense de la Lengua: "...quiero encontrar por sobre todo, en vosotros, un acto de justicia y de noble reparación a la mujer nicaragüense, al abrir conmigo de par en par las puertas de esta Academia que hasta hoy permanecían cerradas para nosotras". Mariana Sansón Argüello, la que escribió:

Los huesos de los emperadores huelen a mármol duro.
Los huesos de mis caciques huelen a plumas suaves.
¡Soy una india americana por las calles de Roma!

Por mi parte, deseo en este día rendir homenaje a todas las mujeres de Nicaragua, cuyos sueños, ambiciones, sufrimientos y luchas han inspirado la mayoría de los temas de mis novelas. Saludar en especial a las mujeres que dedican su vida a estudiar y enseñar nuestra lengua.

¡Hay tantas mujeres que se levantan cada día a trabajar, a luchar, a cumplir con su deber! Yo solamente he tratado de describir en mis relatos, con el mayor acierto posible, sus temores, sus deseos y sus esperanzas.

Mi vida, dedicada actualmente a escribir en mi ciudad natal, se vio conmovida al recibir la carta del Secretario de la Academia Nicaragüense de la Lengua, Don Julio Ycaza Tigerino, en la que me comunicaba que en sesión del siete de agosto de 1998, la Academia me había elegido miembro de número. En la misma carta, me decía que debía presentar un discurso de incorporación. Los que me conocen saben que me preocupé. Me puse nerviosa y comencé a decirme: "¡Ah! Ilustres señores. ¿Cómo desearía que en lugar de tener que incorporarme con un discurso se me permitiera hacerlo con una novela? No es lo mismo escribir novelas que hacer un discurso solemne con carácter de investidura académica".

No soy en realidad más que una observadora de lo que ocurre a mi alrededor, una oyente y una lectora de lo que dicen y escriben los demás, una narradora de las cosas que imagino, entonces no me parece que pueda contribuir mucho esforzándome por hacer lo que no he hecho ni creo poder hacer nunca: un ensayo de teoría o crítica literaria, o de lingüística. O sobre lo poético.

Creo que mi mejor aporte en esta trascendental oportunidad, trascendental para mí, es la de contarles un poco sobre mis experiencias como lectora y escritora. Hablarles, sobre lenguaje y novela. Esto me parece lo más apropiado, porque en la actualidad, la novela está en auge en Nicaragua, y la lengua es la materia prima con la que se construye toda novela, sea buena o mala. Mario Vargas Llosa lo sintetiza bien al decir: "Una novela está compuesta de palabras. La novela es forma —palabra y orden— antes que anécdota".

Cuando un día me acerqué a mi padre para decirle que quería dedicar mi vida a escribir y que me enseñara cómo hacerlo, me dijo que para aprender a escribir lo mejor era leer, y leer mucho. A los grandes, medianos y pequeños escritores y escritoras. Y me dio una serie de títulos, de acuerdo a su criterio.

En la biblioteca paterna estaban los clásicos... los novelistas franceses, ingleses, alemanes, italianos, suramericanos y norteamericanos en boga. Los escritores nicaragüenses, casi todos los centroamericanos, de los que mi padre se enorgullecía tanto. Al alcance de la mano tenía muchos maestros y maestras.

Mientras leía con dedicación, con afán de aprender, encontré el consejo que el autor de más éxito de la lengua castellana se dio a sí mismo hace 400 años en el prólogo de *El Quijote*:

> ... procurar que a la llana, con palabras insignificantes, honestas y bien colocadas, salga vuestra oración y período sonoro y festivo, pintando, en todo lo que alcanzareis y fuere posible, vuestra intención; dando a entender vuestros conceptos sin intrincarlos ni oscurecerlos. Procurad también que, leyendo vuestra historia, el melancólico se mueva a risa, el risueño la acreciente, el simple no se enfade, el discreto se admire de la invención, el grave no la desprecie, y el prudente no deje de alabarla.

Nuestra lengua es sustancialmente la misma en la que escribió Cervantes. Y hoy como ayer este consejo sigue siendo válido.

En la biblioteca de mi tío Benito, compuesta en su mayoría de autores españoles, conocí a las más famosas poetisas de la lengua castellana. A Santa Teresa de Jesús, a quien los críticos consideran la mujer más grande de cuantas han manejado la pluma. Santa Teresa, la de:

> No me mueve, mi Dios, para quererte,
> El cielo que me tienes prometido,
> Ni me mueve el infierno tan temido,
> Para dejar por eso de ofenderte....

Muchos críticos famosos dicen que el soneto "Cristo Crucificado" es anónimo, o que lo escribió San Ignacio de Loyola o San Francisco Xavier. A mí me gusta creer que solamente Santa Teresa, con su fervor tan grande y su estilo tan perfecto, pudo haberlo escrito.

Leí a Sor Juana Inés de la Cruz, la primera mujer de América a quien se le publicaron sus obras, y que un siglo después de Santa Teresa, escribiendo, desafiaba a su medio. Sor Juana Inés, la de la famosa *Respuesta* a Sor Filotea que no era otro que el Obispo de Puebla, y la de:

Hombres necios que acusáis a la mujer sin razón,
sin ver que sois la ocasión de lo mismo que culpáis...

En la lista de títulos que me había dado mi padre estaban las obras de las escritoras escogidas de Premio Nobel. Recuerdo las de la sueca Selma Lagerlöf, premiada en 1909. Las de la italiana Grazia Deledda, en 1926; las de la noruega Sigrid Undset, 1928. Gabriela Mistral, en 1945, que aunque no es novelista, no quiero omitir.

Y Pearl Buck, que se convirtió desde entonces en una de mis novelistas preferidas. Porque ella logró, con la precisión de su lenguaje, trasladarme de León de Nicaragua a compartir la vida de unos campesinos en una provincia de China y me hizo sentir ternura, aflicción, impotencia, ante las cosas que les sucedían a los campesinos chinos protagonistas de *La buena tierra*. Así, leyendo, comprendí que los dramas humanos son comunes a todos los seres del planeta, no importa la parte del globo en que vivamos. Pearl Buck dijo en su discurso pronunciado el 12 de diciembre de 1938 ante la Academia Sueca:

Para el novelista el único elemento es la vida humana, tal y como la encuentra dentro o fuera de sí mismo. La piedra de toque de su trabajo es que su energía se traduzca o no en un incremento de esa vida. ¿Tienen vida sus criaturas? Esa es la única pregunta. ¿Y quién se la puede contestar? ¿Quién si no los seres humanos vivos, los lectores?

Las obras de las autoras más famosas me demostraron que una mujer, cualquier mujer, puede dedicarse al oficio de escribir. No tiene que incurrir en gastos extraordinarios. En realidad un aprendiz de novelista no necesita mucho. Una mesa. Cualquier mesa. Papel, cualquier papel. Pluma. Lápiz.

Con todo esto en mente, un día, decidida, me senté frente a la mesa del comedor con una página blanca en el rodillo de una máquina portátil de escribir. Estaba dispuesta a entrenar mi habilidad. ¡Yo quería, como las grandes novelistas que había leído y que me habían conmovido hasta las lágrimas, convertirme, igual que ellas, en una prestidigitadora de la palabra!

Como los grandes maestros y maestras, quería mezclar la realidad y la ficción para conmover a los lectores. Deseaba con mi lenguaje evocar, sugerir, cortar la respiración de los que me leyeran, hacerlos parpadear de sorpresa. Alejarlos de sus propios conflictos y sufrimientos.

Ansiaba, más que todo, escribir novelas, y que en ellas desfilaran las mujeres de mi país como protagonistas, unas veces atormentadas por sus propios conflictos, luchas, dudas. Otras veces desnudando sus pecados o destacando sus virtudes. O revelando sus pasiones, sus amores, sus ambiciones.

Mi entusiasmo era tal que comencé a escribir para un archivo ficticio:

Al Dr. K. Para su archivo personal:
Una empleada me ha preguntado si quiero que me encienda la luz. La obscuridad se ha vuelto casi absoluta. Le he dicho que no. Estoy bien así, tratando de encontrar algo de mí; una razón, un por qué me ha sucedido todo esto.

Así como este atardecer han sido todos mis días. La luz abandona el dormitorio. Huye por la ventana abierta, y los objetos: mis libros, la silla, mi cuerpo, flotan en la hora incierta. Miro con firmeza una mesa: pero flota, está y no está, como si cambiara de lugar, como si ni siquiera existiera.

No sé cuándo he comenzado a pensar. Cómo han transcurrido todos estos días que no sé cuántos son. Mi mente es como un atardecer.

Las ideas no están claras en mí, huyen como la luz.

Había llenado la primera página. Pero eso no era lo más importante. Con mis palabras, como una varita de virtud... con mi lenguaje, le había dado vida a una protagonista. Era una adolescente que padecía una enfermedad mental. Existía, respiraba, pensaba, sufría. Me había convencido a mí misma de su enfermedad y comencé a sumergirme, por momentos, en su propia angustia. Y mientras escribía, sentía su temor, su miedo, sus ansias. Las dudas que la atormentan cuando mejora de su agorafobia y al mismo tiempo despierta a la pubertad. Y ya no pude detenerme hasta llegar al final, cuando la joven exclama:

> Ante mí se extiende un mar profundo y tempestuoso. El doctor me suplica, que me fuerce a echarme a nado, que no me detenga, que no vuelva a ver atrás; aunque me sienta exhausta, aunque me sienta morir.
> Haré lo que se me pide, aunque naufrague.

Y quedé yo también exhausta...
Pero me faltaba pasar la mayor prueba. Si me había convencido a mí misma de la existencia atormentada de la protagonista, tenía que conseguir, con aquellas palabras que había escogido y dispuesto, con las que había llenado varias páginas, transmitirle también a los lectores, los anhelos y temores de la muchacha adolescente.

Así, con la historia de la joven enferma, me inicié en el género de la novela. El mismo de Cervantes, salvando la distancia por supuesto. En *El Quijote*, la novela más famosa de la literatura occidental, Cervantes comienza diciendo: "En un lugar de la Mancha, de cuyo nombre no quiero acordarme...", enfatizando claramente en esta frase, desde el principio, que toda la historia que nos va a narrar es una obra de ficción. Porque hay otra manera de narrar, contando, como la de Bernal Díaz del Castillo, el más grande cronista de la lengua castellana, y quizás de todas las lenguas. Pero esta manera de narrar es una crónica.

Según Vargas Llosa: "El novelista llega indirectamente a la inteligencia del lector, después de haberlo contaminado con la vitalidad artificial de su mundo imaginario y haberlo hecho vivir, en el paréntesis mágico de la lectura, la mentira como verdad y la verdad como mentira". El arte de narrar consiste en usar con destreza el lenguaje, escoger bien cada palabra, porque cada palabra cuenta. Pero yo creo que para hacer bien el trabajo, los novelistas no podemos apegarnos estrictamente a la gramática, ni obsesionarnos con las reglas porque entonces, sufre la narración. Y la narración es lo primero para todo novelista.

Entonces... ¿cómo dar con el lenguaje exacto, equilibrado? ¿Cómo no propasarse ni quedarse corto? ¿Cómo disponer las palabras? En esto consiste la habilidad. Y aquí cito a Rubén Darío: "Y el arte de la ordenación de las palabras no deberá estar sujeto a imposición de yugos puesto que acaba de nacer la verdad que dice: 'El arte no es un conjunto de reglas sino una armonía de caprichos'".

Una novela casi siempre gira sobre los preceptos biológicos comunes a todos los seres humanos de nacer, crecer, reproducirse y morir. Cada autor tiene su propio lenguaje para describir estos temas, tan naturales en la vida real y tan difíciles de abordar en una página limpia. No hay que olvidar que cada palabra cuenta. "Cada palabra tiene un alma", dice Rubén en *La historia de mis libros*. Por consiguiente una escena en apariencia simple puede constituir una trampa en la que fácilmente el escritor resbala y cae con sólo escoger una palabra equivocada.

Hay dos temas casi imprescindibles en toda novela. Son los temas del amor y de la muerte. ¡Ah! El amor es esencial en toda gran novela. "Románticos somos... ¿Quién que Es, no es romántico?", canta Rubén en *La canción de los pinos*. ¿Quién entre nosotros no ha llorado alguna vez por amores desgraciados o consumados en la literatura? ¿Con o por algún protagonista? ¿O por varios? ¿Por Ana Karenina? ¿Por Romeo y Julieta? ¿Por Efraín y María?

Si leo de nuevo *María*, de Jorge Isaacs, todavía se me humedecen los ojos al recordar el amor frustrado de los dos adolescentes hispanoamericanos. En la penúltima carta que María le escribe a Efraín, al comienzo le dice: "Vente, ven pronto, o me moriré sin decirte adiós". Y se despide: "Si vienes, yo me alentaré, si vuelvo a oír tu voz; si tus ojos me dicen un solo instante lo que ellos solos sabían decirme, yo viviré y volveré a ser como antes era. Yo no quiero morirme; yo no puedo morirme y dejarte solo para siempre". ¡Qué bello el lenguaje de esta carta de amor! ¡Cómo mueren una y mil veces de amor los amantes en las novelas románticas!

Pero ya pasó el tiempo de las escenas como las describían los escritores del siglo XIX y comienzos del XX, en el lenguaje del romanticismo literario. Ellos podían usar unas pocas palabras para sugerirlo todo. Escribir solamente "amor" y sugerir el resto. "Amor" y era suficiente para que se forjaran ensueños, se removieran ilusiones, y se produjeran efectos de magia en la vida de los amantes.

Ahora, todos, lectores, escritores, críticos, demandamos un lenguaje más explícito. El cine y la televisión han contribuido mucho a ello. En estos tiempos encontrar el lenguaje preciso para describir el amor se vuelve cada día más difícil porque los conceptos sobre el amor cambian día a día, evolucionan... ya se ha llegado incluso, al amor virtual. Sin embargo, el amor sigue siendo parte muy importante de la vida, y por consiguiente, está presente en todas las novelas.

Al contrario del de Efraín y María, el amor entre Úrsula Iguarán y José Arcadio Buendía en *Cien años de soledad* triunfa, se impone temporalmente a la adversidad. En el lenguaje garciamarquino podemos leer: "Era una buena noche de junio, fresca y con luna, y estuvieron despiertos y retozando en la cama hasta el amanecer, indiferentes al viento que pasaba por el dormitorio, cargado con el llanto de los parientes de Prudencio Aguilar".

En *El escritor y sus fantasmas*, Ernesto Sábato nos dice de Romeo y Julieta: "El amor de Romeo y Julieta está eternizado en la obra de arte como en una estatua: para siempre será el mismo, inmune al Tiempo, a sus poderes trágicamente destructivos". Y el mismo Sábato nos recuerda: "El amor ansía lo absoluto, causa por la cual todos los grandes amores son trágicos y de alguna manera terminan con la muerte".

Como en la vida, siempre hay alguien que muere en las novelas. Cada novelista describe las escenas de la muerte en su propio estilo. Recurro de nuevo a Cervantes. Él, que nos hace sonreír con las aventuras del Ingenioso Hidalgo, usa un lenguaje sencillo, natural, se podría decir simple, cuando le llega el fin a Don Quijote:

En fin, llegó el último de don Quijote, después de recibidos los sacramentos y después de haber abominado con muchas y eficaces razones de los libros de caballerías. Hallóse el escribano presente, y dijo que nunca había leído en ningún libro de caballerías que algún caballero andante hubiese muerto en su lecho tan sosegadamente y tan cristiano como don Quijote; el cual entre compasiones y lágrimas de los que allí se hallaron, dio su espíritu, quiero decir, que se murió.

Gabriel García Márquez, para narrar la muerte de sus protagonistas principales en *Cien años de soledad*, escoge y dispone las palabras con su lenguaje garciamarquino y nos narra así la muerte de Úrsula Iguarán:

Amaneció muerta el jueves santo. La última vez que la habían ayudado a sacar la cuenta de su edad, por los tiempos de la compañía bananera, la había calculado entre los ciento quince y los ciento veintidós años. La enterraron en una cajita que era apenas más grande que la canastilla en que fue llevado Aureliano, y muy poca gente asistió al entierro, en parte porque no eran muchos quienes se acordaban de ella, y en parte porque ese mediodía hubo tanto calor que los pájaros desorientados se estrellaban como perdigones contra las paredes y rompían las mallas metálicas de las ventanas para morirse en los dormitorios.

Así murió Úrsula Iguarán según el gran escritor colombiano. Él consigue, con la magia de su lenguaje, que la trama, la acción, los personajes, cobren realidad, adquieran vida y permanezcan inmunes al tiempo. A mí me dio un gran pesar que Úrsula se muriera. Ella caracteriza para mí no solamente el personaje femenino más importante de *Cien años de soledad*, sino que a la mujer latinoamericana que sostiene su casa en todas las adversidades. Úrsula lucha toda su vida contra la insensatez y el sino solitario que parece perseguir a todos los de su familia.

Con la práctica me fui dando cuenta que leer mucho no lo es todo. La vocación es muy importante. Con vocación se sufre y se goza para poder escribir una novela hasta el final. Porque se puede empezar y no seguir, o llegar hasta la mitad y dejarla allí. Pero para terminarla se requiere mucha paciencia, disciplina y perseverancia.

¡Qué perfectos esos días en que nos sentamos en nuestra mesa de trabajo y el lenguaje corre fluidamente, sin diques, sin tropiezos! Probablemente a días así se refería el escritor norteamericano Ernest Hemingway —a quien hoy recordamos en el centenario de su nacimiento— al decir: "Escribe una frase tan verídica como sepas. El resto llegará".

¡Porque es terrible cuando el lenguaje se nos rebela como las olas de una mar embravecida! ¡Qué frustración! ¡Qué vacía y grande se nos presenta la página en blanco!

Como el único artífice de una novela, sea buena o mala, es el escritor con su lenguaje, con su palabra, mañana, ya en León, cuando ponga de nuevo los pies en el suelo, volveré a buscar anhelante —como hacen todos los escritores del mundo casi todos los días de su vida— las palabras más acertadas, más exactas, más descriptivas, para transmitir con sencillez a los lectores, las creencias y sentimientos de los personajes en la forma más convincente posible, y así lograr apartarlos, por un rato, de sus propios conflictos y angustias. Es por esta razón que la novela tiene su lugar en la vida humana.

¿Quién no ha gozado alguna vez con una buena novela? Si lo único que da pesar es cuando las páginas que faltan ya son pocas y se acerca el desenlace. ¡El final!

Miembros de la Academia Nicaragüense de la Lengua, invitadas e invitados especiales, amigos y amigas, familiares, con esta breve exposición he compartido con ustedes los principios esenciales que han mantenido todos estos años mi pasión por la literatura.

"Quien ha hecho suya esta hermosa y absorbente vocación no escribe para vivir, vive para escribir", dice Vargas Llosa.

Ser miembro de número de la Academia Nicaragüense de la Lengua es un gran honor, pero es también una gran responsabilidad. Nada une o separa más a los seres humanos que el lenguaje.

Muchas gracias.

De: *Lengua. Boletín de la Academia Nicaragüense de la Lengua* 20 (septiembre 1999): 76-88.

"Rosario Aguilar: la búsqueda del ser interior"

Ensayo de recepción de Rosario Aguilar en la Academia Nicaragüense de la Lengua, 1999

Carlos Alemán Ocampo

Honorable Subdirector de la Academia Nicaragüense de la Lengua don Jorge Eduardo Arellano,
Honorable Secretario Ejecutivo don Francisco Arellano Oviedo,
Honorable Tesorero don Carlos Mántica,
Honorable Censor don Edgardo Buitrago,
Honorable Bibliotecario don Guillermo Rothschuh,
Honorables señores miembros de número de la Academia Nicaragüense de la Lengua,
Autoridades, miembros del cuerpo diplomático, señores rectores, directores de empresa, invitados especiales, amigos y amigas.

Cuando recibí la designación del director de la Academia Nicaragüense de la Lengua, don Pablo Antonio Cuadra, me sentí un tanto confuso y halagado; era un privilegio tener la oportunidad de contestar el discurso de ingreso a la Academia a Rosario Aguilar, con quien nunca he conversado personalmente en la vida, pero a quien he venido siguiendo paso a paso desde los años sesenta y con quien me he venido identificando en el proceso creador de la nueva literatura nicaragüense, específicamente de la nueva narrativa.

Por otro lado se me cargó la mente de recuerdos de mis años de estudiante y de la figura inspiradora de Mariano Fiallos Gil, quien junto con Pablo Antonio Cuadra forman los dos polos fundamentales del humanismo en Nicaragua. Pablo Antonio con el humanismo cristiano y Mariano Fiallos con lo que él llamó el Humanismo Beligerante. Esa influencia sobre la juventud de los años sesenta, tanto de Mariano Fiallos como de Pablo Antonio Cuadra, no ha sido lo suficientemente medida o meditada, lo suficientemente analizada y valorada. Pero es indudable que fueron las dos grandes fuentes que impulsaron a la última generación literaria, sucesión generacional que se limitó a los años sesenta, para cerrarse después por diferentes circunstancias que indicaban hacia otras valoraciones, ajenas al fenómeno literario o filosófico, y que afectaron en forma terminante la secuencia.

Rosario Aguilar, Rosario Fiallos Oyanguren, viene de la fuente directa del Humanismo Beligerante. Ese impulso la condujo a la apropiación de la razón fundamental de su búsqueda constante de la profundidad del ser, de las entrañas del ser humano en la plenitud de sus dimensiones y posibilidades.

El otro elemento que me cargó la ansiedad fue la responsabilidad de la contestación de un discurso a una mujer, a la primera mujer admitida como miembro de número en la Academia, al sentido feminista que se le pudiera dar a su ingreso, mención inevitable en los tiempos que corren; pero de hacerlo así se corría el riesgo de plantear una perspectiva limitada, injusta si nos inclinábamos a enaltecer el hecho de la feminidad frente al hecho de la creación literaria, creadora y elaboradora de un lenguaje narrativo con aportes reales a la literatura nicaragüense. En este sentido, Rosario ofrece múltiples razones para que esta Academia se sienta honrada con su presencia, para que se sienta un poco más crecida con su ingreso. Con el ingreso de la hija de Soledad y de Mariano. Hija de dos fuentes portentosas, enlace de dos mundos, aportadora de una nueva voz en la narrativa nacional, el producto de dos seres de refinada y sólida formación y de perdurable proyección en la cultura nacional.

Rosario Aguilar nace a la literatura en los años sesenta con *Primavera sonámbula* (1964); la atmósfera y el lenguaje vienen de Joaquín Pasos y más precisamente del "Canto de guerra de las cosas", el poema de los presagios, de los desalientos y de la negación del ser y de la búsqueda del ser, de la disyuntiva del ser y la nada, "cuando lleguéis a viejos, si es que llegáis a viejos". Es la solemnidad de la destrucción, "Respetaréis la piedra, si es que para entonces quedó alguna piedra". Pero *Primavera sonámbula* no se limita al lenguaje y a una atmósfera tremenda y trepidante, donde se derriten los metales y crujen de desolación los soldados de plomo, es la búsqueda de la intimidad del ser, es la lucha del ser frente a la existencia. Son los años en que la juventud europea, y desde Nicaragua, Joaquín Pasos premonitorio, se preguntan, ¿Quién soy?, ¿Por qué existo? ¿Cuál es la razón de ser? ¿Existo o soy? La edad de la razón son los años del influjo de Jean Paul Sartre, de Albert Camus, del neorrealismo italiano, Alberto Moravia, Petrolini, Giorgio Bassani, Cesare Pavese retomado del suicidio, autores que indudablemente no han sido ajenos a Rosario Aguilar. Son los tiempos del reencuentro de la *Búsqueda del tiempo perdido* de Marcel Proust. Este es el ambiente literario de la juventud de los sesenta. Para nuestra generación que descubría a los escritores de América, entre los argentinos nos deslumbraba Jorge Luis Borges, pero Ernesto Sábato estuvo más cerca de nosotros.

Rosario Aguilar rompe, desde León de Nicaragua, la tradición de una narrativa que, en nuestro país, incluidos los escritores jóvenes de ese momento, sigue una prosa, un abordaje, una temática inscrita en una secuencia narrativa que procede de la novela europea del siglo XIX. En *Primavera sonámbula* no se trata de una niña que descubre el sexo como culminación de la razón; es todo un proceso de penetración del ser, la búsqueda y justificación de su existencia. Es la impronta de Sigmund Freud, recién descubierto y recién valorado por la juventud de Nicaragua; el psicoanálisis como fenómeno literario, el psicoanálisis como fenómeno generacional que abre las puertas del mundo interior, de las intimidades del ser. Rosario Aguilar encontró la ruta de su expresión a través de Joaquín Pasos para reelaborar un nuevo lenguaje narrativo, nuevo en expresión, sentido, forma y contenido. Considero que en el aspecto experimental, es un libro que todavía no ha sido superado por los viejos y nuevos narradores. Sobre todo por los más nuevos que surgieron cansados, sin pasar por etapas experimentales, probatorias de la fuerza intelectual que impulsó al experimento de *Primavera sonámbula*.

Con relación a esa lucha por la identidad del ser, Rosario dice:

... quieren prepararme bien antes de abrirme las puertas de la jaula... como a un pájaro, que siendo débil, quieren dejarlo libre, abrirle las puertas...

Me duermo. ¿Podrán resistir mis débiles alas?... (*Primavera sonámbula*)

Ese ser íntimo que en Hermann Hesse rompe el huevo para poder volar, aquí es un ser en conflictos con su propia identidad y su posibilidad de volar; sin embargo el mismo ser es capaz de percibir un mundo bello al ver "los cañaverales florecidos. Son como ejércitos de estandartes victoriosos...", un mundo de implicaciones estéticas, con las posibilidades de los estandartes victoriosos, son los preludios del encuentro con el verdadero ser; "Desde que sé que puedo escribir lo que oculto, me siento mejor", el verdadero ser no es un ser necesariamente sexual, es el ser intelectual, inteligente y reflexivo: "El Dr. no sabe que a lo mejor ha inventado un método, en siquiatría"; "Ahora me ha gustado. Me tranquiliza más escribir, que tomar las famosas pastillas"; es el ser que se encuentra y se define a sí mismo: "Sólo mi propia fuerza mental puede controlarme... Debo vivir hoy. Saturarme de la vida mientras estoy viva. El cuerpo sólo, sin mente, está prematuramente muerto". Es el mismo ser que vive el hoy, *sic transit gloria mundi, carpe diem, let it be*, cada quien en su nota, la nota es el estado de la conciencia del momento, pero es un ser intelectual, es la generación de los años sesenta, la del existencialismo que clama, "... si a tiempo me hubieran tratado, no mi cuerpo, sino mi siquis". Es la conciencia de la desolación frente a un mundo que se deshumaniza y que encuentra la consolación y remedio a su soledad dentro de su propio ser.

Su siguiente novela, *Quince barrotes de izquierda a derecha* (1965), es una continuidad del mismo conflicto en cuanto a la búsqueda del ser. Pero este es un ser más complejo que se desdobla en lucha permanente entre el bien y el mal: el mal que sobrevive contando los barrotes y el bien que se anula; es la búsqueda de la afirmación del ser por encima de los traumas del hecho mismo de haber nacido y haber llegado a los límites de la inmundicia humana, la inmundicia moral, pero que se rescata a través de la venganza. No hay nada que surja de la más profunda intimidad como el permanente deseo de la venganza. Hasta que deshace el origen de los conflictos para obtener la paz, pero no la consigue: "Continuamente me persigue en forma de gavilán o de fiera en mis sueños, y mi corazón tiembla y se acelera al sólo sospechar su contacto...".

Esta novela es una continuidad de la búsqueda del ser, sin perder la precisión del lenguaje; con una lograda economía del uso del lenguaje, incluso cuando elabora las recreaciones poéticas del momento:

> Me entretenía observando en ciertas épocas del año, los cientos de golondrinas que por las tardes revoloteaban por las torres de la iglesia. Algunas tenían las colas largas y en forma de tijeras. Cuando me adelantaba, podía ver todavía los últimos rayos del sol, dorados, sobre las altas torres.
>
> Las golondrinas parecían entretenerse, dándose zambullidas de

luz. Volaban hasta donde el sol, no era más que una ilusión de oro, y deteniéndose en su vuelo, se sostenían y se dejaban caer, con sus alas cerradas, piando y llenas de eternidad.

Imagen que inevitable nos conduce a la "Ventana" de Alfonso Cortés, es decir a la cada vez más firme convicción del narrador intelectual.

En *Rosa Sarmiento* (1968), a pesar de su intento biográfico, es una ruta distinta de la búsqueda del ser. Es el ser que huye de un ambiente tras la búsqueda de su identidad, de su paz interior; es la liberación del ser, cautivo espiritualmente, a través del amor.

De *Aquel mar sin fondo ni playa* (1970), Nydia Palacios Vivas describe magistralmente el conflicto existencial de la mujer protagonista de la historia: "Convertida en una alcohólica e incapaz de valerse por sí misma, la protagonista contempla el suicidio como única salida. En su enajenación sentimental y existencial, no busca otras opciones. Descarta toda posibilidad de integrarse al mundo del trabajo después de separarse de Luis. Está segura que él siempre le pasará una pensión. Justifica su dependencia alegando haber olvidado lo que aprendió".* Es un ser que ha perdido el sentido de la identidad.

Ese mismo sentido, la búsqueda de la identidad, concurre al rescate en los tres personajes de *Las doce y veintinueve* (1975). Son las inmensas soledades de la vida que, para poder encontrar la ruta hacia su propia verdad, tiene que ocurrir un terremoto, el juicio final, la destrucción total del pasado para poder encontrar la ruta hacia su propia individualidad, hacia su propio ser. Todos los protagonistas llevaban una vida falsa, todos vivían fuera de sí. Seres falsos, falsos como los trucos para retener a los hombres. La mujer que agoniza encuentra en la muerte su liberación de la vida y de sus traumas, el peso de la conciencia que la persiguió a lo largo de su existencia y que nunca le permitió ser auténtica: su autenticidad la encontró en la muerte. Este relato es uno de los más extraordinarios testimonios sobre el terremoto que se han producido en este país. Con un lenguaje preciso, tremendo, tan tremendo como la circunstancia que describe. A su vez, constituye la demostración de su madurez y el manejo de la trama en diferentes

---

* Nota de editor: Nydia Palacios Vivas, *Voces femeninas en la narrativa de Rosario Aguilar* (Managua: PAVSA, 1998), pág. 177. La cita proviene del ensayo incluido en este tomo, "Evolución de los personajes femeninos: del silencio e imaginación a la construcción de un sujeto beligerante".

planos, con personajes que tienen un proceso de formación de un ser preciso, seres que evolucionan a lo largo del relato. Situación que se vislumbra en *El guerrillero* (1976), pero todavía es un solo personaje el punto de vista desde donde transcurren los acontecimientos y pasan los hechos aunque participen varios protagonistas.

Siete relatos sobre el amor y la guerra (1986) es la trama a través de diferentes personajes de un solo protagonista: la Revolución Sandinista que provoca el dislocamiento personal, el trastorno de la vida; las eventualidades del ser urbano que se transforma en ser rural con todas sus consecuencias, la lucha por sobrevivir; el ciudadano corriente que se vuelve emigrante como consecuencia de las divergencias políticas; en fin, son las diferentes facetas de un mismo personaje. Maneja el mismo lenguaje preciso que la caracteriza y se convierte en momentos poético: no hay nada más preciso que la poesía.

Pero toda la experiencia narrativa, y para retomar el camino de la experimentación con el relato, ya no tras la búsqueda de la identificación del ser existencial, sino de la identidad como nación, como raza, como nuevo mundo, como destino hemisférico, surge en una narración extraordinaria, *La niña blanca y los pájaros sin pies* (1992). Otro aporte importante y fundamental a la narrativa latinoamericana, que también se impone por encima de los otros discursos narrativos que tratan de tomar la historia como personaje, pero que no trascienden ni superan el discurso narrativo del siglo XIX. Este relato es un permanente juego de protagonistas, con un discurso definido y preciso. A lo largo de cinco siglos el relato muestra la formación de un sentido de identidad nacional, una identidad que se recupera simbólicamente con la recuperación de la visión sicológicamente perdida. La estructura de la novela viene conformada a través de las voces de mujeres protagonistas del proceso de la conquista y la colonización; tres voces fundamentales: lo español, lo indígena y lo mestizo. El hilo conductor está integrado por el personaje que investiga, que hurga la historia y que se va encontrando a sí misma a través del encuentro de las mujeres de la historia. De las mujeres que fueran la base y el sustento de la nacionalidad, del sentido de ser americano, de ser nicaragüense.

Uno de los experimentos más importantes de esta novela es el manejo del lenguaje narrativo; cada personaje habla con un vocabulario y con una sintaxis propia de su época y de su condición. Por ejemplo, el uso de las estructuras de las lenguas indígenas cuando habla doña Luisa:

"Una educación esmerada tengo. Bella y de gran alcurnia soy". El verbo al final de la estructura oracional, lo que exige la formación de frases cortas y yuxtapuestas. Formas que todavía se encuentran en el habla nicaragüense de todos los días, es lo que Carlos Mántica ha calificado como el náhual oculto. Esa estructura gramatical de las lenguas indígenas que sobrevive, que dicho sea no es exclusiva del náhual, también se da en el miskito y en el sumo-mayagna, lenguas indígenas todavía vivas y de uso corriente en buena parte del territorio nacional. La estructura oracional sujeto-predicado-verbo, tanto en nuestras lenguas indígenas como en las lenguas orientales, se diferencia de la estructura de las lenguas indogermánicas de sujeto-verbo-predicado.

En esta novela, la plasticidad del manejo sintáctico del lenguaje provoca que el mismo se convierta en un personaje más, en un elemento enriquecedor de los concurrentes simbólicos que participan en la conformación de la nacionalidad, de la identidad nacional.

La contraposición de la espiritualidad, los dos mundos expresados a través de los cantos gregorianos y a través de los textos de la poesía indígena que tiene también carácter religioso, latín y náhual, Europa y América en las lenguas de su esencia espiritual, constituyen un elemento original y revelador en forma sincrética de la apreciación de la espiritualidad de las dos culturas que se enfrentan, de las dos culturas que se funden, de las dos culturas que se encuentran para dar salida a las posibilidades de una nueva cultura, de un nuevo mundo, de una identidad que tiene diferentes raíces pero un tronco que se hace común y se valora por sí mismo. Como reza el lema de nuestra Academia citando a Rubén Darío: "En espíritu unidos - en espíritu y ansias y lengua".

Con la narración de *Soledad: tú eres el enlace* (1995) Rosario Aguilar demuestra la madurez del narrador que va construyendo una historia a partir del supuesto o verdadero relato de una anciana que transita a través de sus recuerdos. Usa la técnica del retrato de familia para construir una historia en donde se involucran personajes de diferente índole, carácter y sentido de la vida, para culminar con un sólido núcleo familiar que por virtud del amor se convierte en un único elemento: la familia cohesionada. Este es su primer libro donde no fluyen los conflictos sicológicos o de identidad de los personajes; todos están predefinidos por una narradora omnisciente que la escritora va perfilando con una personalidad firme, llena de cantos y de risas, de amarguras y desencantos a lo largo de su vida. Con ciertas dosis de suspenso que se diluyen tras las sonrisas de Soledad. Secretos que ha venido guardando y que, a medias, son soltados, son revelados, lo necesario para infundirle coherencia al relato.

La crítica sobre Rosario Aguilar es abundante y de primera calidad, como la mención que hace de ella Nicasio Urbina o el intenso trabajo que le ha dedicado Nydia Palacios Vivas, o los señalamientos de Jorge Eduardo Arellano, entre otros. "Rosario Aguilar —dice Jorge Eduardo Arellano— es considerada por diversos críticos latinoamericanos dueña de una voz polifónica y de un profundo conocimiento de la psicología femenina; es la primera mujer de la narrativa nicaragüense".

En nombre de esta su nueva casa, la Academia Nicaragüense de la Lengua, le doy la bienvenida, para que su aporte al estudio y a la ciencia del lenguaje sea más permanente y directo, para que nuestra hermosa lengua española siga aumentando su caudal y su riqueza expresiva con la participación de los creadores de la talla de nuestra colega, Rosario Aguilar.

De: *Lengua. Boletín de la Academia Nicaragüense de la Lengua* 20 (septiembre 1999): 89-97.

"Leer o escribir novelas nos vuelve más humanos"

Discurso al recibir el Doctorado *Honoris Causa* conferido por la Universidad Nacional Autónoma de Nicaragua, León, el 27 de abril del 2001

Rosario Aguilar

Honorable Consejo Universitario presidido por el Rector Dr. Ernesto Medina Sandino. Distinguidos Miembros de la Orden "Mariano Fiallos Gil". Profesores, estudiantes. Invitados e invitadas especiales. Miembros de la Academia Nicaragüense de la Lengua. Críticas y críticos literarios, amigos y amigas, periodistas, familiares.

Es para mí un gran honor y un privilegio recibir esta noche el Doctorado *Honoris Causa*. Lo recibo con júbilo y emoción. Bajo el óleo de mi padre, Mariano Fiallos Gil.

Hoy siento como nunca su ausencia. Siento también el vacío de las otras dos personas de quienes heredé mi amor por la literatura: Mi madre Soledad Oyanguren Aréchaga, gran lectora y conversadora, y mi tío Benito Oyanguren Aréchaga, sacerdote español, gramático y profesor de raíces griegas y latinas. Muchos de los que estamos aquí fuimos sus discípulos.

Quiero evocar la memoria de dos mujeres nicaragüenses que recibieron de esta Universidad el Doctorado *Honoris Causa*: la profesora Josefa Toledo de Aguerrí y la doctora Concepción Palacios. Que me hayan precedido me honra mucho. Mujeres como ellas son las que han inspirado la mayoría de los temas de mis novelas. Ya que en ellas he querido describir, de la manera más acertada posible, sus sueños, ambiciones, sufrimientos y luchas.

Quiero rendirle homenaje a todas las mujeres y hombres de Nicaragua que dedican su vida a enseñar. En las aulas universitarias, en los institutos y en las escuelas; en los preescolares, donde, siguiendo las palabras de mi padre: "silenciosamente, se ocupan de este dulce oficio de abrir ojos y oídos de párvulos".

Educación y literatura se complementa. Permítanme referirme a dos grandes mujeres hispanoamericanas que me han inspirado siempre, y que supieron combinar la educación y la literatura a la perfección. Ellas son Juana Inés Ramírez de Santillana, que no era otra que Sor Juana Inés de la Cruz. Y Lucila Godoy Alcayaga, la maestra de primaria a quien conocemos como Gabriela Mistral.

Sor Juana Inés de la Cruz, el exponente lírico de la literatura hispanoamericana, comparable tan sólo con Santa Teresa de Ávila, dedicó parte de su energía a luchar para que las mujeres tuviéramos acceso a la educación. Fue un calvario para ella su ansia, su deseo de estudiar, de aprender. Tuvo que hacerlo por sí sola exponiéndose a castigos que ella misma describió así:

Yo confieso —nos dice Sor Juana— que me hallo muy distante de los términos de la sabiduría que he deseado seguir. Porque todo me ha acercado al fuego de la persecución, al crisol del tormento, con tal extremo que han llegado a solicitar que se me prohíba el estudio...

Una vez lo consiguieron, con una prelada muy santa que creyó que el estudio era cosa de la Inquisición y me mandó que no estudiase...

...volví; proseguí, digo, a la estudiosa tarea de leer y más leer, de estudiar y más estudiar, sin más maestro que los mismos libros. Cuan duro es estudiar en aquellos caracteres sin alma, careciendo de la voz viva y explicación del maestro, pues todo este trabajo sufría yo muy gustosa por amor a las letras...

Así se quejó Sor Juana en el siglo XVII. Si ella hubiera sabido que en esta Casa de Estudios, como probablemente en otras en Nicaragua, y alrededor del mundo, actualmente el número de mujeres matriculadas excede al de los varones. Y que son ellas, con frecuencia, las que más se destacan y perseveran para llegar a coronar sus carreras, Sor Juana podría justificarse ante los inquisidores que le dificultaron sus estudios. Les diría con firmeza que su único error fue adelantarse cuatro siglos a su época.

Tres siglos después de Sor Juana Inés de la Cruz, autodidacta como ella, el caso de Lucila Godoy Alcayala fue diferente. Debido a la pobreza de su familia no pudo hacer estudios formales, y a los dieciséis años tuvo que comenzar a trabajar empíricamente como maestra de primaria. Fue por esto que le dedicó su amor a los niños escribiendo para ellos canciones de cuna y cuentos de hadas. Con el seudónimo de Gabriela Mistral publicó sus primeros poemas hasta convertirse en la poetisa más importante de habla hispana cuando alcanzó en 1945 el primer premio Nobel para América Latina. Y el único concedido a una mujer latinoamericana hasta la fecha.

A lo mejor ustedes dirán o pensarán que mi discurso no es muy convencional. Que esperaban de mí un ensayo de teoría o crítica literaria, o de lingüística. Les pido su comprensión. Tendría que hacer un gran esfuerzo para hablarles de algo que no es mi especialidad y que no he hecho ni creo poder hacer.

Como narradora que soy, paso casi todos los días de mi vida buscando palabras para construir frases. Elaborando párrafos para llenar páginas en blanco. Reconstruyendo vidas enteras en capítulos, para entretener un rato a los lectores. Para conseguir trasladarlos a un lugar, a un paisaje, a un tiempo, muy distinto o distante de su presente. Esto no es nada extraordinario. Así lo hacen todos los narradores del mundo casi todos los días de su vida.

Por eso pensé que mi mejor aporte esta noche —ya que no se vería bien que me pusiera simplemente a leer fragmentos de mis novelas—, es la de contarles un poco sobre mis experiencias como escritora. Exponerles algunas experiencias acerca de la pasión que se apoderó de mí al escribir *La niña blanca y los pájaros sin pies*, que tanto los críticos nacionales como extranjeros han calificado como mi mejor trabajo.

Fue en 1989 que sentí la inexplicable urgencia de escribir esta novela tomando como base el personaje de doña Beatriz de la Cueva, esposa española de Pedro de Alvarado, adelantado y primer gobernador de Guatemala. Situándola en el momento de los primeros cincuenta años de la colonización española.

Antes de empezarla ya me había dado cuenta que una novela basada en hechos históricos resulta muy difícil de escribir, consume mucho tiempo. Y que es imprescindible recopilar datos y papeles. Sabía que tenía que trabajar duro, correr muchos riesgos. Pero con gran entusiasmo me puse a investigar. A leer las crónicas indígenas y las españolas. Las de los defensores de indios. Los documentos históricos referentes a Nicaragua guardados por cinco siglos en el Archivo de Indias en Sevilla.

Con sorpresa me iba dando cuenta que los grandes cronistas españoles e indígenas no habían registrado las vidas de las mujeres de los tiempos de la conquista. No les habían dado ninguna importancia a esas mujeres que fueron claves en los primeros cincuenta años de la colonización española.

Entonces un nuevo reto se presentó a mis ojos. Mi meta ya no era solamente escribir una novela basada en hechos históricos, sino escribir una visión propia del encuentro entre el mundo europeo y el mundo indígena visto a través de los ojos de siete protagonistas. Darles voz a estas mujeres silenciadas por cinco siglos.

Llevada por una extraña pasión comencé a escribir. Visité ruinas en México, Guatemala, Panamá, Nicaragua. Trataba de encontrar algo, aunque fuera un indicio, de lo que había sucedido quinientos años atrás. Acaso los suspiros, las risas, los llantos de mis protagonistas. De este afán surgió el epígrafe de la novela:

"No, no quedaron fotos de ellas, ni videos. Sus risas y llantos, los suspiros y anhelos, quedaron rondando en el viento".

En las ciudades construidas por los españoles, y en las ruinas reconstruidas de la civilización destruida, ya todo estaba en silencio. Sobre todo lo concerniente a las mujeres indígenas.

A comienzos de 1990 había completado las secciones de doña Isabel de Bobadilla, doña Beatriz de la Cueva y doña María de Peñalosa. Al llegar a este punto me di cuenta que cada una de las secciones era un relato independiente en sí, pero que necesitaba algo o alguien que los enlazara.

Así surgió Juana, la esclava de Pedrarías. Había sido escogida por mí para narrar, para enlazar la novela. Ella era hasta ese momento la única protagonista de ficción que había aparecido. Pero Juana se me rebeló. No me hacía caso. Siempre se salía con la suya. Como no era seria, la tuve que dejar como personaje secundario.

Un día, de los muchos que visité León Viejo durante esos años, mientras estaba sentada sobre el cúmulo donde estuvo la fortaleza, vi pasar un avión de pasajeros haciendo su patrón de aproximación hacia el aeropuerto de Managua. Me pareció un fenómeno extraño porque mi mente se encontraba en ese momento en el siglo XVI.

Pero el fenómeno extraño, fue una revelación. En ese mismo instante se me ocurrió que la protagonista de ficción que yo buscaba sería una periodista contemporánea que mientras anda tomando notas porque quiere escribir una novela histórica con personajes del siglo XVI, nos comienza a narrar lo que le va sucediendo a ella y a un moderno cronista español, con quien se encuentra en 1989, y que viene a Nicaragua a cubrir el proceso electoral que culminó con la elección de doña Violeta. Fue una decisión difícil. Después de todo la periodista contemporánea representaría en la novela a la raza hispanoamericana del siglo XX.

Comencé entonces la tarea difícil de trazar los caracteres de las protagonistas indígenas. No había encontrado vestigios de ellas por ningún lado. Fue en el Popol Vuh, en la literatura náhuatl, maya y quiché, donde encontré lo que buscaba. Los poetas indígenas habían dejado en hermosos poemas de amor, poemas religiosos y poemas de guerra, la esencia, la filosofía, el espíritu de las razas nativas que vivían a este lado del mar-océano antes que los españoles arribaran.

Las dimensiones de mis protagonistas naturales de estas partes comenzaron a crecer. Sus voces se me hicieron perfectamente audibles. Sus espacios se ensanchaban. Logré plasmar, de acuerdo a mi criterio, a doña Luisa, hija de Xicotenga, Gran Señor de Tlaxcala; a doña Ana, hija de Taugema, cacique indígena nicaragüense, y a doña Leonor, hija mestiza de Pedro de Alvarado y doña Luisa.

Cito fragmentos de dos bellos poemas náhuatl que usé para realzar la personalidad de la princesa Jicotencal, bautizada como doña Luisa, cuando se enamora de don Pedro de Alvarado y dice: "Y es entonces cuando más le amo... y le canto en mi lengua: 'Yo guacamaya amarilla y roja sobre la tierra volaba: embriagó mi corazón'".

Y cuando doña Luisa, ya decepcionada, traicionada, desairada, herida en su amor propio porque don Pedro de Alvarado ha regresado a España, a casarse con una mujer de su raza, muy bella, y nos confiesa:

"Me obligó a recurrir de nuevo a los dioses míos, a los que ya casi había olvidado: a los que ellos llaman dioses paganos..."

"Escondida le cantaba a mi Diosa Madre:

'Amarillas flores abrieron la corola.
¡Es Nuestra Madre, la del rostro con máscara!
Iréis hacia el rumbo de donde la muerte viene
también en tierra de estepas habréis de lanzar los dardos
azul águila, azul tigre, azul serpiente,
azul conejo y azul ciervo"'.

Perdonen que me apasione tanto cuando hablo de novelas. Sólo una gran pasión me ha sostenido por cuarenta años para continuar escribiendo. Para no darme por vencida. Para perseverar.

La novela está de moda en Nicaragua. Muchos jóvenes quieren dedicarse a escribir. Yo les daría el consejo que mi padre me dio a mí, cuando, siendo adolescente, le dije que quería dedicar mi vida a escribir. Él me dijo que lo mejor era leer. Leer mucho. A los grandes, medianos, y pequeños escritores y escritoras. A los clásicos, modernos, contemporáneos. A los novelistas centroamericanos, suramericanos, norteamericanos. A los europeos.

Después supe que leyendo a muchos y diversos autores es como se comprende que los dramas humanos son comunes a todos los seres del planeta, no importa la parte del globo en que vivamos. Y que la mayor enseñanza se puede sacar de los dos grandes maestros de la literatura castellana. Del autor de más éxito de nuestra lengua en los últimos cuatrocientos años: don Miguel de Cervantes. Y el más grande autor contemporáneo: Gabriel García Márquez.

Todo lo que pasa en sus novelas es realidad hecha fantasía. El producto de la experiencia e imaginación de cada uno de ellos. Pero son los recursos sutiles, subliminales, el instinto e ingenio, los que les hacen inigualables. Los que constituyen el quid del oficio.

En *El Quijote* Cervantes comienza, como ya todos sabemos: "En un lugar de la Mancha, de cuyo nombre no quiero acordarme...". Y en esta frase, desde el principio ya nos da a entender, claramente, que toda la historia que nos va a narrar es una obra de ficción. Pero se necesita ser un don Miguel de Cervantes para encontrar una frase tan genial para un comienzo así, y escribir una novela tan humana que ha perdurado por cuatro siglos en el amplio mundo de habla hispana. Y más allá. Tan humana que no hay quien no se haya sentido en algún momento Quijote o Sancho Panza, o idealizada Dulcinea.

El otro gran autor de nuestra lengua, Gabriel García Márquez, nos anuncia en el primer párrafo de su novela más famosa, algo que nunca se lleva a cabo, el fusilamiento del coronel Aureliano Buendía. Comienza diciendo: "Muchos años después, frente al pelotón de fusilamiento, el coronel Aureliano Buendía había de recordar aquella tarde remota en que su padre lo llevó a conocer el hielo".

A *Cien años de soledad* García Márquez la hace girar con fluidez sobre los preceptos biológicos comunes a todos los seres humanos de nacer, crecer, reproducirse y morir. Y con el lenguaje típicamente suyo, con su estilo garciamarquino, nos va narrando la historia de varias generaciones de la familia Buendía como si todo lo que pasa entre los Buendía es muy lógico y natural. Son cosas comunes, cotidianas.

Y extrañamente, no hay quien no se haya sentido identificado con alguno de ellos. O con sus experiencias. Deja en el centro al personaje más fascinante: Úrsula Iguarán, que caracteriza para mí, no solamente el personaje femenino más importante de *Cien años de soledad*, sino que a la mujer latinoamericana que sostiene su casa en todas las adversidades. Úrsula lucha toda su vida contra la insensatez y el sino solitario que parece perseguir a todos los de su familia.

Salvando la distancia, de estos escritores geniales de la lengua castellana, a quienes no podía dejar de mencionar, y que son únicos, les recomendaría a los jóvenes que desean escribir novelas históricas, leer a los cronistas indígenas y españoles. Porque hay otra forma de narrar, contando, como por ejemplo la de Bernal Díaz del Castillo, el más grande cronista de la lengua castellana, y quizás de todas las lenguas, que narró en la *Historia verdadera de la Conquista de la Nueva España*, de una manera que parece traspasar la fantasía de cualquier narrador de ficción, lo que estaba sucediendo ante sus propios ojos. Y es que todo lo que se iba encontrando al desembarcar en América, eran cosas nunca antes vistas por sus ojos.

....

El alma del nicaragüense es la de un artista y es un hecho que la novela está en auge en Nicaragua. Día a día surgen novelistas. Poetas, cuentistas, narradores, historiadores, ensayistas, ahora prefieren expresarse en esta forma. A lo mejor se debe a que los nicaragüenses queremos en la actualidad refugiarnos inconscientemente en la ficción. Evadirnos con la imaginación a un lugar más seguro que la dura realidad.

¡Qué maravilloso! Que la literatura nos brinde este espacio. Que nos permita un lugar donde podamos estar juntos sin tratar de irnos arriba unos a otros, ni menoscabar a los adversarios.

Y es porque creo que leer o escribir novelas nos vuelve más humanos. Los personajes de las novelas, con todas sus pasiones, pecados o virtudes, nos enseñan a ser más compresivos y tolerantes. Por esto la novela va adquiriendo en la actualidad un lugar muy importante en la vida del país.

....

Miembros del Consejo Universitario, gracias, de nuevo, por haberme concedido con tanta benevolencia el honor más grande que esta Universidad confiere.

Mi agradecimiento muy especial a las Mujeres Universitarias que apoyaron con entusiasmo esta distinción.

A todos ustedes por acompañarme esta noche. También a los que no están presentes, y que en el transcurso de estos 38 años que tengo de que me publiquen, lean y critiquen, me han animado a seguir escribiendo. En febrero de 1964 se publicó por primera vez *Primavera sonámbula*. Este año serán 40, desde aquella mañana remota —como diría García Márquez— en que me senté en la mesa del comedor con una máquina de escribir portátil decidida a entrenar mi habilidad.

Con la experiencia que tengo ahora puedo decir que el papel del artista en la sociedad es una manera de humanismo beligerante. Del humanismo beligerante de Mariano Fiallos Gil, quien nos dejara un legado de enormes proporciones. Él dijo alto y claro: "el humanismo debe ser una beligerancia permanente e infiltrarse por todas partes". Gracias.

Discurso publicado bajo el título "La literatura nos hace más humanos", *Nuevo Amanecer Cultural, El Nuevo Diario* 21.1070 (5 mayo 2001): 1 y 4. Esta versión proviene del documento personal de la autora.

VII. Reseñas, notas, estudios

"Carta sobre Rosario Aguilar"

Ernesto Gutiérrez

Jinoteca, 4, marzo de 1964

Sr. Sergio Ramírez
Universidad
León

Estimado Sergio:

Recibí "Primavera Sonámbula" al caer la tarde de uno de estos días, y antes de dormir, comencé a hojearla, con un poco de desconfianza ante el desconocido nombre de Rosario Aguilar, pero atraído por ese rostro interesante de muchacha inteligente y sensual, de profunda mirada, expresión garbosa y de peinado audaz, un poco a lo Jean Seberg (esa artista franco-americana de la actualidad). Y me adentré en la obra, leí la primera, la segunda, la tercera página… y me incorporé sobre la almohada para hacer más cuidadosa la lectura y mejor asir el contenido de esas hojas. Verdaderamente sorprendido y poseído por el texto, ya no intenté dormir, sino hasta llegar con un auténtico estremecimiento a la última letra del seductor librito. Luego, con la mente sobrexitada y llena de resonancias la cabeza, no podía recobrar la calma suficiente para conciliar el sueño; y a medianoche desperté angustiado, batiéndome en el pecho aterrado el corazón, perseguido por el mismo monstruo que hizo Sonámbula esa Primavera. Esta breve y maravillosa obra hace daño como la "Metamorfosis" de Kafka, leerla al acostarse; es mejor buscar una mañana llena de sol para iniciar su lectura, y por la tarde salir a tomar un poco de aire libre para recobrar la paz y el equilibrio interior que son tan necesarios para el sueño.

Desde que empecé a leer el pequeño libro, mi interrogante era (parodiando a "El Cantar de los Cantares"): ¿Quién es esa que sube del desierto como columnita de humo, como humo de mirra e incienso y de todos los perfumes exquisitos? ¿Qué fenómeno es este de nacer madura, de no ser transitoriamente pueril ni adolescente, sino de una sola vez núbil doncella? Que alguien se presente con su primera obra, poseyendo ya la virtud de la exacta expresión, y la técnica de mantener

—siempre aleteante— el interés a través del texto, llena de sabiduría de la vida, haciendo reflexiones profundas y haciendo una dramática crítica ambiental, es algo que desconcierta, y lo lleva a uno al recelo, a la admiración, al fervor.

"Primavera Sonámbula", de raíz Kafkiana, tiene la hondura de una Leda Valladares o de un Vallejo (que es decir igual); está escrita con acierto y sagacidad artística. Sorprende la fineza con que están expuestas situaciones anímicas tan complejas y tan delicadas, que toca las más profundas reconditeces del alma, "la fibra védica de mi fin final", como diría Vallejo. Su alma "sentimental, sensible, sensitiva" es una noble cariátide soportando el entablamento de un mundo cruel, vasto, pesado y contrahecho. Y yo me olvido de la ficción literaria a veces, identifico y confundo a la actora con la autora; pues me inclino a pensar que no es dable una obra tan sensibilizada, con esa casi exaltación de la divinidad de estar poéticamente loco, sin haber sido vivida y sufrida al menos en un alto porcentaje; ¡pouvre Lelian!

Su prosa alcanza a menudo niveles de poesía, con bellas y precisas observaciones tanto de la naturaleza como de la vida introspectiva: "Así como este atardecer han sido todos mis días. [...] Hay impresiones que se detienen más que otras. Cosas que inexplicablemente han quedado en mí para siempre, y hasta ahora encuentro y uno".

Y cuando leo en Rosario Aguilar: "No sé a qué ojos corresponden las miradas; no sé a qué boca corresponden las sonrisas que recuerdo, las voces", yo recuerdo a Leda Valladares en su poema "Ojos de la Poesía":

No he dicho aún por qué nace tu mirada
en qué se nutre para derramar lo extraño
para encender el secreto del mundo.

Y Rosario Aguilar, verdaderamente enciende, alumbra, descendiendo en el alma humana a profundidades abismales, el secreto del mundo. "Mis raíces se introducen en lo desconocido", ella misma nos dice.

Y "pálida... con la cara sumergida entre los cabellos" (para usar sus mismas palabras), Rosario Aguilar ha entrado a través de un propíleo de oro, a la acrópolis de la literatura nicaragüense.

"Dios mío, qué sola estoy... quiero ahogarme entre las sábanas, abrazarme a las almohadas, desnudarme,... sí, desnudarme". Este grito de Rosario me lleva a recordar, por el tono doliente y desmedido, el otro de Leda:

Dios mío:
yo soy una alma atroz.
un silencio de bárbara tristeza,
una ternura hecha pedazos contra el pecho,
un pánico de amor.

Y luego, qué dulcemente conmovedora Rosario Aguilar nos dice: "Mi felicidad no es como la de la mayoría. Es seria y triste. La gozo sola como he vivido". ¡Ay! —es mi comentario.

Sergio, pensé escribir una crítica sobre este libro que tantos merecimientos tiene; pero no puedo, me exalto de sobremanera, no puedo controlarme, su lectura pone a repicar todo mi cuerpo; por eso decidí mejor escribirte esta carta, para descargarme, para desahogarme un poco. Te agradezco mucho el envío.

Te saluda afectuosamente,

Ernesto Gutiérrez G-

De: *Ventana/Cuadernos Universitarios* 1 (2º trimestre 1964): 127-131.

"*Primavera sonámbula* de Rosario Aguilar"

Mariana Sansón

No pretendo hacer una crítica del libro de Rosario Fiallos de Aguilar. No me siento autorizada para ello. Quiero decir solamente lo que en mí despierta su libro, lo que como mujer-poeta, nicaragüense y leonesa, puedo sentir de admiración hacia esa niña que creció ante mis ojos con el cariño que me inspiraron siempre Mariano y Soledad; ese algo entre las mismas cosas comunes, las casas familiares, León, sus calles, el medio y hasta el mar.

Rosario se comunica, —y va comunicando—, lo que los poetas de altura leoneses han sufrido: el entenderse entre el yo, la naturaleza y los sentidos, la fecunda, nueva, auténtica imaginación intemporal, así mismo como puede sentirse [más] loca que normal: paralítica, enferma del corazón, todo es situarse para que Rosario responda con franqueza de sentidos humanos.

En *Primavera sonámbula* —su primer ensayo novelista—, descubre prosa poética y abismal que golpea fuerte. No se esconde dentro de mojigaterías provincianas. Se libera del medio y va a la auténtica realidad. Como los enfermos mentales de hacer los estados anímicos propios, sentirse cosas y a veces vegetal, como cuando dice: "como una hierba he existido, me he alimentado...". Lo vegetal sospecha el existir en su ser, pero no lo realza. (Momentos en la humanidad que pasan por el trayecto de su naturaleza constituida sin o percatándose de ello).

El olor de las cosas —como en Alfonso— la identifican con ella y con los sentimientos. El jabón, el alcohol, justamente tienen su olor, pero, para Rosario, también sus padres lo tienen. El cariño de ellos tiene su olor, y así dice: "al aspirarlo me he vuelto a sentir niña de nuevo". Las personas tienen el peculiar olor de su oficio, como cuando describe a la cocinera. Da vida a lo inanimado. Los soldaditos "se ríen y hablan". Sueña despierta como deben soñar los anormales; y también los normales. ¡Difícil es saberse cuando no se está!

En su relato hay retazos de la común sencillez infantil. El "miedo" por el recuerdo de los cuentos, de las "chinas", o lo que se oculta en las sombras. Porque es la hora de no poder distinguir. De no querer comunicar las inquietudes, porque no nos van a entender. No se nos va a oír. Luego la adolescencia. Y el otro "miedo": el despertar a ser mujer que va adivinándose sin saberse. Dice ella: "¿Qué significan todas estas cosas?". Eso que está en el estremecerse al contacto de un pensamiento o unas manos, en la curiosidad al oído, el deseo tomando forma de algo, dibujándose en la mente como un esbozo, metido en los libros o en una conversación en voz baja.

En su protagonista la maternidad está plenamente sentida como una mujer y madre: En la presencia del hombre despertando y los sentidos prontos a responder al llamado. Ella se pregunta: "¿Será esto un sentimiento común a todas las mujeres?" Sí, es la afirmación orgánica del existir-mujer.

"El desnudarse", que grita muchas veces, es la fraternidad con la naturaleza. Desnuda la hoja es más hermana. Desnuda te cobija el cielo entero. Desnuda, sin convencionalismos, eres tú misma.

Los doctores son los espectadores que pone frente a ella para contarles cosas.

La anormalidad de la joven es el pretexto de escudarse en algo para que tenga cuerpo, para poder decirse y decir lo que quiera y no se le tomará en cuenta.

Ella y el amado es la vida rasgada por el miedo. El mundo naciendo dentro de ellos. La naturaleza triunfando para identificarse una vez más con las cosas y el universo. Su curación fue en el amor. "La ley de la gravedad" le daba la certeza a su propio yo.

De: *La Prensa*, Sección "Libros de Nicaragua", Página Literaria, 14 junio 1964.

"Rosario Aguilar: la feminidad y sus circunstancias (panorama y entrevista)"

Helena Ramos

Su biografía es intangible. Casi parece restringirse a un cuestionario. Hija de Mariano Fiallos Gil (1907-1964) y Soledad Oyanguren y López de Aréchaga (1902-1995)... Nació en León el 29 de enero de 1938... Estudió inglés en Mississippi... Vive en la metrópoli consagrada a su hogar y la narrativa... Algo así bien podría decirse de una damisela dedicada al ejercicio ligero de la pluma y no de alguien que sigilosamente se había perfilado como una novelista de escala continental, a quien el eminente crítico estadounidense Raymond D. Souza llamó "uno de los secretos mejor guardados de la ficción hispanoamericana".

Dicen —y con razón— que la escritura es andrógina; pero las escritoras somos mujeres. Paradójicamente, la universalidad de la obra de Aguilar se patentiza en reflejar las experiencias inconfundiblemente femeninas, traducir el silencio. Sus protagonistas son personas corrientes, ligadas —a veces de manera apenas perceptible, pero eficaz— a su tiempo y entorno. Mas las circunstancias que las rodean —siempre dramáticas, extraordinarias— ponen a prueba el axioma de ser mujer. En las primeras novelas, ni siquiera tienen nombres propios ("Nunca me los pidieron", explica Rosario). Son arquetípicas en su singularidad.

Prisioneras de la desventura

En *Primavera sonámbula*, escrita en 1963 y publicada un año más tarde, una joven que ha pasado parte su vida en un sanatorio para enfermos mentales se enfrenta a la normalidad, el deseo y el amor. *Quince barrotes de izquierda a derecha* (1965) es una especie de confesión de una niña prostituida que se enamora de un sacerdote y apuñala al rufián que la había esclavizado.

Aquel mar sin fondo ni playa, que en 1966 obtuvo una mención honorífica en los Juegos Florales de Quezaltenango y fue publicado en 1970, toca temas tan espinosos como el control natal, el aborto, la eutanasia, el alcoholismo femenino y la adicción afectiva, un complejo padecimiento que en aquel entonces ni siquiera ha sido descrito por los psicólogos. Una vez más, el arte se adelantó a la ciencia y la intuición, a la práctica. La filóloga Ann González califica la historia de "escalofriante" —¡en efecto lo es!— y dice que el final es "ambiguamente optimista", pues la protagonista decide volver con su esposo, a pesar de las terribles vivencias que los habían alejado: "Debo comprender e inclinarme a mi destino, a mi deber". Sin embargo, esta desaforada entrega femenina, lejos de ser una virtud, representa un síntoma de grave desorden emocional que encadena a tantas mujeres a sus parejas: maltratadores, insensibles, irresponsables e incluso, asesinos. Aguilar describe la dinámica de esta patología con prodigiosa precisión.

Rosa Sarmiento (1968) narra episodios fundamentales de la biografía de la madre de Rubén Darío, que abandonó a su pequeño impulsada por un anhelo desesperado y audaz de amar y ser amada...

Y ha llegado el viento

La novela corta *Las doce y veintinueve* (1975) recoge vivencias de tres mujeres afectadas de diferentes maneras por el terremoto de Managua acontecido en 1972. Es una pieza más bien experimental, donde por primera vez aparece la polifonía.

Pero, quizás, el ejemplo más extraordinario de una intuición clarividente es *El guerrillero*, escrito en el 74 y publicado en el 76. ¡Qué diferencia! Como si por fin se han abierto las puertas de una habitación donde se había estancado el efluvio de la obsesión: dulce o violento, jazmín, medicamentos, aquel olor indefinible e inquietante que deja en la estancia un largo arder de una candela... desconsuelo... insomnio. Aquí, todo distinto: ha entrado el viento de la calle, trayendo nuevos olores: a polvo, lluvia, gallo pinto, basura... También a sangre. En esta epopeya lírica Rosario Aguilar predijo sin saberlo la multidimensional tragedia de la relación entre Nicaragua y el Frente Sandinista de Liberación Nacional.

Siete relatos sobre el amor y la guerra (1986) recoge y entrelaza varias breves biografías femeninas, enmarcadas y marcadas por la Revolución Popular Sandinista. *La niña blanca y los pájaros sin pies* (1992) nos hace llegar, a través de la narración de una periodista nicaragüense de los años 80, las voces de las mujeres de la primera etapa de la colonia, el período menos idílico de nuestra nada idílica historia.

Soledad: tú eres el enlace (1995), una íntima crónica familiar, es una especie de pausa en el asiduo dramatismo de la novelista, pero aun allí soplan los vientos huracanados de la época.

Primavera sonámbula

¿De dónde proviene en la obra de Rosario Aguilar esta vehemencia latente, casi involuntaria? El rostro de la autora —sereno, amable, candoroso, de una maestra comprensiva que nunca termina de aprender— no da la respuesta. Ella misma dice que había escrito las primeras novelas con todos sus hijos "brincando al lado". ¿Cómo se enteró, desde su cómoda casa llena de libros y sólidos muebles cariñosos, de aquellos destinos despeñados, estremecedores?

Su biografía —pero vista casi con lupa, sin limitarse a las exterioridades— sí contiene algunas indicaciones. Lo que más recuerda de su infancia es la "sensación de unión, de protección que hubo en la familia". Tuvieron que viajar mucho: de León a Managua, otra vez a León, después a Guatemala, de regreso a Nicaragua... La carrera diplomática y política de Mariano Fiallos, llena de altibajos, en ocasiones imponía a la familia una existencia azarosa... Sin embargo, el empacar las cosas le parecía a Rosario una bella aventura, nunca tuvo miedo al cambio, quizá porque su madre —una viajera consumada— sabía muy bien hacer las maletas y transmitía la confianza a sus cinco hijos.

Cuando estaban viviendo en Guatemala, la muchacha escuchó por primera vez la historia de doña Beatriz de la Cueva (1510-1541), esposa de don Pedro de Alvarado (1485-1541), que luego se convirtió en una de las protagonistas de *La niña blanca*:

> Yo tenía unos nueve años cuando hicimos un paseo a Antigua Guatemala; llegamos en un automóvil que no era muy bueno para subir la carretera de puro lodo, lo dejamos y subimos a pie. Caminábamos adentro de la historia, así lo sentí yo. Y mi papá nos iba diciendo: "Aquí es la calle principal..., aquí la catedral...". Llegamos hasta donde estaba la capilla en ruinas... Ahí hay una leyenda y mi mamá la leyó en voz alta, era española y con su acento... en ese momento me imaginé a doña Beatriz corriendo desesperada cuando le traen la noticia de la muerte de don Pedro y los caballos y... Creo que esa memoria es la que plasmé; y fue el personaje que escribí primero, monté toda la novela alrededor de doña Beatriz.

La definición

¿Cómo surgió su interés por la literatura?

Mi papá era escritor, mi tío Ernesto Oyanguren (1880-1933) también, y en la casa siempre hubo un ambiente de intelectualidad, estaban discutiendo autores, novelas... Esto abonó en cierta manera mi vocación. Desde pequeña yo escribía a todos los parientes cartas muy largas, donde contaba cosas muy dramatizadas. Como a los 16 años dispuse que iba a ser escritora.

Don Mariano, aunque "un poquito preocupado" por la decisión de su hija, no intentó disuadirla sino que le recomendó leer todo lo que había en dos monumentales bibliotecas: la suya y la del padre Benito Oyanguren (1890-1960), otro tío materno de Rosario. Como ella era, según la definición paternal, "formalita y hacendosa", devoró una increíble cantidad de libros: "autores modernos, clásicos, mediocres, excelentes, buenos, malos...".

"El amor es un arte"

En 1954 la joven viajó a los Estados Unidos a estudiar idiomas, historia y cultura; dos años después retornó a Nicaragua y en 1958 se casó con el empresario leonés Iván Aguilar, cuyo apellido posteriormente adoptó como seudónimo artístico: "Nos enamoramos cuando éramos estudiantes de secundaria, yo tenía unos trece años y él, dieciséis, pero Iván se bachilleró y se fue del país, yo también estuve fuera, nuestros regresos coincidieron y nos volvimos a gustar". Ella dice que ambos son "muy independientes y determinados", pero supieron hallar el equilibrio de complementación: "El amor es un arte, hay que practicarlo, es de cada día un ceder, no ceder, es una disciplina y ha funcionado". Pensándolo bien, la felicidad es más misteriosa que el infortunio. Y a veces igualmente peligrosa, porque es capaz de aletargar. Rosario había resistido la tentación de "reducir el mundo a un hogar".

¿Cómo se gestó Primavera sonámbula?

Yo quería escribirla desde antes de casarme, pero no estaba

preparada... Cuando ya tenía como cinco años de casada un día le comenté a mi esposo: "Lo que más deseo en el mundo es escribir una novela"; él es un hombre de acción, no dijo nada y simplemente me regaló una máquina de escribir, era muy elocuente.

Regalos singulares

Rosario cuenta que el apoyo del marido ha sido decisivo para su trabajo literario:

Iván no me iba regalando joyas sino máquinas de escribir, pasé de una portátil a otra más grande, luego a una eléctrica.... Cuando estaba escribiendo *La niña blanca*, se me iba acabando el tiempo y yo todavía no podía armar bien a mis personajes, porque tenía que repetir cada página si cometía un error. Entonces, Iván trató de convencerme de que probara trabajar en la computadora, pero yo decía "no y no" hasta que él me regaló una. Entonces, como estaba desesperada por cumplir con el plazo, aprendí el programa que necesitaba y la novela pudo salir en 1992.

La osadía

La autora manifiesta que el argumento de *Primavera sonámbula*, aparentemente tan ajeno a su experiencia, se debe a la lectura de un manual de psiquiatría. Sin embargo, en algunas frases de la protagonista se refleja la negación muy personal —serena pero inquebrantable— de una existencia fútil: "Tengo que estar constantemente mudándome y arreglándome el cabello. Eso no es vida". A Rosario le gustaban las fiestas y los paseos, pero sabía que eso no era todo.
En *Quince barrotes* aborda otro asunto inmencionable para una "mujer decente": la prostitución.

Yo siempre tenía la inquietud de que en la ciudad había muchachas de mi edad que estaban siendo maltratadas, que en contraposición al orden de mi mundo existía otro paralelo, de dolor y rechazo.

¿No tenía miedo a que los lectores iban a malinterpretar su obra?

¡Ah, cómo no! Muchas personas incluso me preguntaron cuándo yo he estado en una clínica mental o cómo había sabido la historia de la prostituta, pero no me cohibieron las preguntas, yo estaba determinada a seguir adelante con mis temas. Mis personajes son mujeres que luchan, que sufren. Las vidas que me interesan son vidas conflictivas.

Abierta al dolor

La protagonista de Aquel mar sin fondo ni playa *rememora con añoranza: "Yo nací para ser feliz. Y de pequeña, jugaba todo el día a las muñecas. Y nada me preocupaba, nada me importaba. Nada". Muchas personas se las ingenian para pasar toda la vida jugando a las muñecas. ¿Cómo se dio cuenta de que al lado de su casa había prisiones y prostíbulos?*

Primero, dicen que los escritores somos personas con una sensibilidad especial, que por eso escribimos. Después, siempre escucho, a mi casa paterna llegaban los campesinos, cada uno con su drama, a mi mamá le encantaba conversar con ellos y yo siempre estaba por ahí, asustada, oyendo lo que decían...

Después de casarme, por 20 años trabajé con mi esposo en su fábrica, la tenería Bataan. En cierto momento yo estaba a cargo del programa social de la empresa, en comunicación con los trabajadores, la gente nunca es aburrida, siempre tiene algo que contar... Al mismo tiempo, tenía acceso a todo lo que estaba pasando en la universidad... He estado rodeada de personas interesantes, he ido captando todo este vivir.

El derecho de no amar

Las novelas de Rosario Aguilar tienen finales abruptos y abiertos. El drama se impone incluso en contra de la voluntad de la creadora. Ella planeaba dar a *Quince barrotes* un desenlace menos trágico, pero la obra misma lo rechazó. En vez de irse tranquilamente a otra ciudad y empezar una nueva vida, la protagonista regresa por sus cosas y mata al dueño del burdel que trata de retenerla.

En *Aquel mar sin fondo ni playa* el niño enfermo "apareció de la nada en contraposición a la maternidad feliz real", llevando el conflicto al extremo y cuestionando un tema intocable: el límite del amor. Vissarión Belinski (1811-1848), uno de los críticos literarios más penetrantes del siglo XIX y defensor de la emancipación femenina, dijo no obstante en su reseña "Obra escogida de Zeneída R-va"* (1843): "A una mujer nunca, nada le impide amar" y acto seguido hizo una totalitaria apología del amor maternal, casi al tono de "lo tuyo es capricho, pura vanidad, lo de ella es cariño, cariño verdad...".

Hasta la fecha, los hombres creen tener derecho a exigir a las mujeres entrega y ternura como una axiomática obligación. La protagonista de *Aquel mar* sufre calladamente porque no se siente capaz de amar a un niño con grave retardo mental, mientras su esposo considera que este afecto es tan solo un deber. Por miedo de perder el amor del cónyuge, la joven nunca se atreve a ser ella misma. A ninguno se le ocurre discutir el tema, exactamente como sucede en la vida, donde los asuntos más complejos y dolorosos a menudo no se debaten, sino que él (padre, esposo, tío, jefe, etc.) toma la decisión y ella se tiene que amoldar al arbitrio masculino. Rosario hizo el diagnóstico sin sugerir remedios; ella nunca ensaya utopías, sus mujeres nacen y se nutren de la realidad de género de su época.

Ríos profundos

Cuando en 1967 Nicaragua celebró el centenario del nacimiento de Rubén Darío, Rosario sintió como una grave injusticia el hecho que nadie mencionó a Rosa Sarmiento (1843-1895) —"como si jamás hubiera existido"— y escribió su biografía novelada explosivamente cuestionadora, a pesar de evidentes desaciertos, originados más que todo por una melindrosa eufemística. Luego, en *El guerrillero* enfrentó a los lectores a una realidad cotidiana, pero oculta, clandestina y despiadada.

---

* Seudónimo de la escritora rusa Elena Gahn, nacida Elena Fadéeva (1814-1842), autora de varias novelas valoradas positivamente por la crítica y madre de Helena Blavatsky (1831-1891), escritora, ocultista y teósofa, y de la novelista y cuentista Vera Zhelijóvskaya (1835-1896).

¿Cómo había logrado captar estas corrientes subterráneas de la Nicaragua de los 70?

En parte por intuición, en parte porque a mí me gusta escuchar. En León se gestaron muchas cosas, vivíamos a una cuadra de la universidad, siempre las huelgas, las protestas, lo que hablaban los trabajadores en la fábrica... Todo eso me fue dando un panorama de lo que estaba pasando por debajo...

Pero la situación parecía normal y muchos no se daban cuenta de lo que sucedía.

Hay gente que no se dio cuenta ni el 17 de julio... En León ya teníamos una insurrección total y una llegaba a Managua y las personas seguían viviendo su vida normal.

Maternidad sin afeites

La novela muestra el lado oscuro, difícil de la maternidad. ¿Cómo lo descubrió?

No pongo la maternidad como algo ideal que hace a una mujer absolutamente feliz, porque creo que es una responsabilidad demasiado grande. Tengo cinco hijos, yo personalmente los amamanté... Con esa levantada a medianoche o en la madrugada yo pensaba: "¿Y si tuviera que levantarme luego a las cinco de la mañana para ir a dar clases a una escuela rural?". A veces me vi en una situación difícil: la empleada se había ido, los niños enfermos, había que llevarlos donde el doctor, esto y lo otro... Y yo me decía: "La empleada va a volver, eso es transitorio, pero ¿si fuera definitivo?". Tal vez, de estas preguntas nació mi protagonista de *El guerrillero*.

Rosario-Casandra

¿Cómo vivió la revolución del 79?

Mi casa estuvo en la zona más conflictiva de León, los bombardeos, el miedo... Procuré mantener la calma, ser objetiva... Mi esposo y yo nos quedamos trabajando en Nicaragua, pero después la situación, sobre todo para los adolescentes, se iba poniendo más dura, en el 85 nos fuimos a Costa Rica y regresamos en el 90. No estamos involucrados mucho en la política, pero tampoco podés ser una isla.

En Siete relatos sobre el amor y la guerra *la maestra de* El guerrillero *vuelve a aparecer, tiene por fin un nombre —Margarita Maradiaga—, encuentra a su héroe que no la reconoce entre la multitud y reza por él: "Virgen Santísima, ayudalo para que el triunfo no le suba a la cabeza, para que no se vuelva creído, para que no traicione sus ideales juveniles". En los 80 esta plegaria sonaba como un atrevimiento. Y había rogado de balde, él no le hizo caso... Con aquellas palabras tan sentidas, ¿usted pretendía dar una señal de alerta?*

Sí... tal vez...

¿Está trabajando ahora en otra novela?

Sí, estoy escribiendo sobre dos mujeres que van como en un dúo, cada una narrando su versión de los hechos. Es de actualidad, voy a darme un descanso de la historia porque me resultó de bastante trabajo escribir *La niña blanca*.

Los pormenores

¿Cuál es su palabra más sagrada?

Lealtad...

Si tuviera la oportunidad de conversar con cualquier personaje del pasado, ¿a quién quisiera conocer?

A Isabel la Católica (1451-1504), para preguntarle qué sintió cuando tomó la decisión de apoyar a Colón.

¿Cree que ellos tuvieron un romance?

A mí me parece inverosímil, ella tenía demasiadas cosas que hacer.

¿Le ha sorprendido el éxito internacional de sus novelas?

Es una gran satisfacción, ahora están traducidas al inglés, francés y alemán; *La niña blanca* fue escogida para su edición por el Consejo del Arte de Nueva York y la Fundación Nacional para las Artes de los Estados Unidos... Es más de lo que yo esperaba.

Había escrito tanto sobre mujeres. ¿Qué es la feminidad?

No sé cómo describirla. Es indefinible.

De: *Revista El País* [Managua] (diciembre 1997-enero 1998): 66-70.

"*La promesante*: novela y género"

Isolda Rodríguez Rosales

La primera vez que tuve un acercamiento literario con la escritora Rosario Aguilar fue allá por los años setenta. Recién concluía mis estudios de Letras y el profesor Guillermo Rothschuh Tablada, quien me orientó en mi búsqueda por la narrativa nicaragüense, me aconsejó trabajar con la novela *Aquel mar sin fondo ni playa* (Mención Honorífica, Juegos de Quetzaltenango, 1966); su lectura me produjo un fuerte impacto por el tema que aborda. Desde entonces he seguido de cerca su obra y admirado su trabajo disciplinado, constante, que abrió rutas nuevas a la narrativa escrita por mujeres.

En *Aquel mar sin fondo ni playa*, como en sus novelas anteriores, Rosario Aguilar presenta el rol femenino desde una perspectiva sicológica. Describe los sufrimientos de una madre que ve morir a su hijo estrangulado por su hijastro, un muchacho con síndrome de Down. La narradora permite al lector conocer sus pensamientos angustiosos, dudas acerca de su maternidad, por medio del empleo del monólogo interior, una de las técnicas recurrentes en la autora.

Rosario ya había escrito *Primavera sonámbula* (1964), luego traducida al francés y publicada en París, que también tiene como protagonista una joven con problemas mentales. En 1992, en ocasión del Quinto Centenario de la llegada de los españoles a América, publica *La niña blanca y los pájaros sin pies*, novela con un trasfondo histórico, en tanto muchos de sus personajes son tomados de las crónicas de la conquista.[*] Tal es el caso de Pedro de Alvarado, Beatriz de la Cueva, Vasco Núñez de Balboa, Hernán Cortés, entre otros. Sin embargo, los personajes centrales son doña Leonor, doña Ana, doña Luisa, doña Isabel y doña María. Son mujeres que cuentan sus propias historias de atropellos y vejaciones. La elección de personajes femeninos representa el deseo de la narradora de rescatar la figura femenina invisibilizada en la historiografía.

Es la perspectiva de la "otredad", porque las mujeres, dentro de la sociedad patriarcal, representan al "Otro", ya que la mujer, como cualquier grupo minoritario, se ha visto forzada a adoptar patrones

---

[*] Ver mi ensayo, "Elementos históricos en *La niña blanca y los pájaros sin pies*" (incluido en esta antología).

estéticos hegemónicos, que no satisfacen en su totalidad la expresión de una visión del mundo diferente a la plasmada por las formas artísticas dominantes.

Lucía Guerra-Cunningham señala acertadamente que el hecho de que los valores y vivencias de la mujer no hayan encontrado resonancia en el ámbito de la ideología dominante implica una situación de marginalidad que se refleja en la obra artística.

Novela femenina

La novela más reciente de Rosario Aguilar, *La promesante* (2001), se inscribe en la llamada novela femenina, porque ofrece una visión de la mujer frente al mundo, con la problemática propia de la mujer. Se hace necesario establecer las categorías atribuidas a lo femenino y lo masculino (sistema sexo-género) porque estos conceptos son parte de una ideología dominante y no atributos biológicos.

En los países latinoamericanos la mujer se ha concebido como un ser pasivo, dócil, débil, sentimental e intuitivo. Ser mujer significaba poseer una intuición misteriosa, irracional, centrar cada acto en los sentimientos y la emoción, contemplar la naturaleza sin afán de lucro o de dominio y buscar como única meta de la existencia el matrimonio o la maternidad, señala Guerra.

La promesante narra la historia de tres mujeres: Vanesa, Cecilia y Amanda, las dos últimas hermanas por la línea paterna. Vanesa es una mujer independiente que rompe los cánones establecidos: se divorcia del padre de Cecilia y se va a vivir a New York donde tiene amores esporádicos y lleva una vida de mujer moderna y desenvuelta. Regresa a Nicaragua, concretamente, a Ometepe, para ver a su hija Cecilia, a quien le había hecho la promesa de llegar para su cumpleaños. La visita de Vanesa al antiguo hogar representa un enorme desafío a la autoridad patriarcal y conlleva el enfrentamiento con su antiguo esposo, quien no ve con agrado su visita.

Cecilia, por su parte, desafía también la superioridad paterna y toma la decisión de irse con su madre a vivir a New York. Al contrario de sus novelas anteriores, con excepción de *Siete relatos sobre el amor y la guerra*, en las que los personajes femeninos permanecen en el hogar, Cecilia es una muchacha que viaja al exterior, rompiendo así con el rol asignado a la condición femenina de permanecer en espacios cerrados.

Al llegar a la gran metrópoli se aprecia el deslumbramiento de la muchacha por un mundo ajeno a la vida apacible de Ometepe. Madre e hija recorren Nueva York: la catedral de San Patricio, el Rockefeller Center, el Central Park, y el Times Square, donde asisten a la fiesta para esperar el año 2000.

La otra mujer es Amanda, medio hermana de Cecilia que tiene un rol de ayuda en el discurso narratológico. La voz de Amanda permite conocer ese papel: "Cuidarla más allá de lo que era mi deber como hermana. [...] No podía concentrarme en mis estudios cuando ella salía. Me la imaginaba caminando sola por las calles de la ciudad. En lo oscuro. En la noche. Indefensa. A la deriva" (*La promesante* 52). También ella se rebela ante la negativa paterna: Amanda le pide que la apoye para estudiar la carrera de leyes, a lo que él le responde: "si quieres estudiar en la universidad, yo te ayudaré, [...] pero tienes que estudiar una carrera que yo te escoja y que sea apropiada para una mujer. Leyes, no" (49). Es sabido que en nuestras sociedades ciertas carreras fueron vedadas para las mujeres, quienes sólo podían elegir lo que la sociedad patriarcal había denominado "carreras femeninas", como secretariado y magisterio, entre otras. Aún en nuestros días, hay profesiones que no son bien vistas por los hombres y Amanda es víctima de ese prejuicio.

La historia de la novela se sintetiza como la de una muchacha (Cecilia) que viaja a Nueva York para vivir el llamado sueño americano, pero poco después de la fiesta de fin de año, comienza a manifestar malestares que, después de realizarse las pruebas, revelan la presencia de SIDA. Lo demás será la angustia de esta joven mujer que ve ante sus ojos la inminencia de la muerte. Dos veces intenta suicidarse, primero se toma unos somníferos y en otra oportunidad, intenta ahogarse en el lago. Finalmente, saca la fuerza necesaria y decide someterse a un tratamiento experimental.

Con *La promesante* asistimos al inicio de un nuevo milenio. La novela transcurre entre los años 1999 y 2000. La narradora aborda temas posmodernos como el tan temido efecto Y2K que dejaría paralizados los sistemas computarizados y con ello, las grandes metrópolis caerían en el caos, pero que para alivio de todos/as, después del conteo regresivo, y marcar el reloj el año 2000, "Todos los que portan teléfonos celulares los prueban, los que llevaban beepers, también. Los que celebran en sus casas, se aseguran que todos los aparatos electrónicos funcionan. Que los televisores, computadoras, microondas, y hasta las alarmas funcionen normalmente" (65).

Cecilia se comunica con Amanda por medio de la computadora y varios de estos mensajes aparecen en una suerte de *collage* en el discurso narratológico, imprimiéndole al relato un estilo novedoso y que incorpora los avances tecnológicos de nuestros tiempos:

> Mi amiga Marielos me sugirió que le escribiera en su correo electrónico. Me explicó que en los e-mail debe usarse un lenguaje breve y conciso. [...] A través del e-mail no corría el peligro de equivocarme con muchas palabras:
> *To: Cecilia*
> *From: Amanda*
> *Subject: tu carta del 15* (90)

Otros elementos de la "posmodernidad" están referidos al avance de la ciencia, pese a lo cual, no se ha encontrado la cura de la terrible enfermedad que Cecilia ha contraído. Un narrador extradiegético habla de los viajes del hombre al espacio, la llegada de vehículos a Marte, de satélites puestos en órbita alrededor de Júpiter.

La autora deja entrever una actitud crítica muy sutil cuando señala: "Se gastaba millones en eso [la guerra de las galaxias], sin preocuparse por lo que pasaba realmente en su propio planeta" (91). Asimismo, alude con ironía que gastaron millones para evitar el efecto de los virus electrónicos, pero no han podido con el mortal virus HIV (VIH). "Será este mismo hombre capaz de vencer a ese diminuto virus? Está designado también por tres siglas, HIV, y viaja, se traslada en la sangre de millones de seres humanos, tratando de destruirlo por dentro" (91).

Lenguaje y estilo

Con un estilo más sencillo que sus novelas citadas anteriormente, *La promesante* presenta un desarrollo de la historia más lineal. No obstante la relación de Cecilia con Dagoberto se conoce por medio del empleo de las evocaciones de ella. Asimismo, las circunstancias en que el padre de la muchacha la obliga a renunciar a Dagoberto. Una vez más, el poder del hombre queda de manifiesto como denuncia del abuso patriarcal.

La autora recurre con frecuencia a la técnica llamada "fluir de la conciencia", que permite al lector conocer los pensamientos de Cecilia, sus angustias, miedos, y el terror ante la posibilidad de una muerte inexorable. Las cartas y correos electrónicos que envía a su hermana Amanda es otro recurso que recuerda las novelas epistolares y que le imprime al relato cierto grado de intimidad, como si estuviésemos abriendo la correspondencia privada entre dos hermanas que comparten sus confidencias.

El discurso narratológico inicia con un/a narrador/a extradiegético/a o narradora omnisciente, que sabe todo lo que ocurre a la llegada de Cecilia a Ometepe. Sus deseos de marchar a Nueva York, la alegría de la llegada, que se transformará luego en desesperación y sufrimiento. Pero la voz del narrador extradiegético van cediendo paso a la voz de Amanda, que cuenta el encuentro con el padre en la ciudad de León y su visita a la isla de Ometepe. Posteriormente, es a través de la voz de Amanda que se sabe que Cecilia anduvo saliendo con unos "hippies". Este puede ser un indicio que permita suponer cómo contrajo la terrible enfermedad.

Casi al final del relato, el punto de vista narrativo cambia y Cecilia asume la narración indirecta, porque ella comienza a evocar su relación con Dagoberto. En este segmento, el lector percibe la voz de Cecilia, en primera persona, monologando consigo misma. Es a través de esta evocación que puede inferirse que quizás fue Dagoberto el que le transmitió el virus:

> En realidad nuestro encuentro fue meramente producto del destino. Circunstancial. Fui empujada a él por casualidad. Pero ahora sé que hubiera sido mejor no conocerlo.
> ¡Cómo lo iba a saber entonces! ¿Cómo iba a adivinar que su amor me causaría un mal tan grande? (113)

Uno de los aciertos de la narrativa de Rosario Aguilar es su capacidad para profundizar en la sicología de los personajes femeninos. La voz de Cecilia aparece a lo largo del relato, atormentada por la certidumbre de estar infectada por un virus mortal: "¿Cómo fue que nadie me previno de esta terrible epidemia? ¿Por qué nadie me previno?" (109), o dolida por la arbitrariedad del padre de separarla de Dagoberto, medida que reafirma el rol tradicional del padre que toma las decisiones por su hija: "¿Por qué me lo quitaste papá? ¿Por qué te inmiscuiste entre él y yo? ¿Por *qué no me dejaste vivir mi propia historia de amor?"* (127).

El lenguaje es sencillo, sorprende el empleo de abundantes anglicismos como: *lipstick, make-up, eyeshadow, clean-up, room and board,* etc., posiblemente usados por la autora para crear un ambiente cercano al escenario norteamericano, donde transcurre la segunda parte del relato.

Hay hermosas descripciones de la isla de Ometepe, de León, sus fiestas, del lago, la gente que viaja en las lanchas, las frutas tropicales en contraste con la pintura de la vida agitada de los "neuyorkinos" que se pelean por tomar un taxi, las gélidas actitudes en el hospital, donde los médicos le dan a conocer el resultado de los análisis sin asomo de compasión.

Esta es una novela que pretende sensibilizar al lector hacia miles de personas que hoy sufren el síndrome de inmunodeficiencia adquirida. Es un llamado a los jóvenes a conocer más de esta terrible enfermedad y, ¿por qué no?, a tomar las medidas preventivas para evitarla. El final ofrece una salida altruista, de amor al prójimo, ya que Cecilia se ofrece voluntaria para brindar conferencias con el fin de dar a conocer detalles del virus. Después admite ser sometida a un programa de experimentación. Sabe que la cura ya no llegará para ella, pero espera que la generación venidera tenga una solución a tan terrible flagelo.

La narradora presenta dos mundos antagónicos: Nueva York, que representa el avance tecnológico, médico y científico, pero frío e inhumano; Ometepe, primitivo, como pintura *naif,* cálido, fértil. El lago y la tierra natal plasman la visión arquetípica de la mujer concebida como un ser ligado al ámbito natural, libre y elemental.

Con esta novela, Rosario Aguilar, incursiona en el mundo posmoderno, con sus teléfonos celulares, fax, e-mail, drogas, virus de computadoras y humanos. Al mismo tiempo, demuestra una enorme solidaridad con la humanidad, un gran compromiso como escritora, sensible ante el sufrimiento de miles y miles en todo el mundo.

La promesante abre al lector los ojos ante una realidad que muchos pretendemos ignorar, y abre una ventana de esperanza, con el anhelo de quizás un día no lejano, los científicos encuentren la cura y alivio al sufrimiento de la humanidad.

Managua, octubre, 2001

Referencias

Aguilar, Rosario. *La promesante*. París: Indigo & Côté-femmes, 2001.

Rodríguez Rosales, Isolda. "Elementos históricos en *La niña blanca y los pájaros sin pies* de Rosario Aguilar". *Una década en la narrativa nicaragüense y otros ensayos*. Managua: Centro Nicaragüense de Escritores, 1999. Págs. 91-104. También incluido en este tomo.

De: *En el país de las alegorías: ensayos sobre literatura nicaragüense*. Managua: Centro Nicaragüense de Escritores, 2006. Págs. 177-183.

"Rosario Aguilar: subversiva y serena"

Helena Ramos

Rosario Aguilar (León, 29 de enero de 1938) es tal vez la narradora más persistente de la literatura nicaragüense. Debutó en los años 60 y desde entonces ha publicado 10 títulos. Trabaja conforme a su ritmo interior, sin estar sujeta a compromisos con casas editoriales. Suele permanecer un tanto apartada de los círculos literarios, pero tampoco los rehuye. En su trato personal, ella es sosegada, afable, candorosa, y su cálida serenidad contrasta con los destinos despeñados y estremecedores de sus protagonistas.

En Nicaragua los orígenes de una persona suelen incidir mucho en su identidad. Rosario es oriunda de León, una de las ciudades más antiguas de Nicaragua, fundada en 1524, que todavía conserva un remoto, vehemente, legendario encanto colonial; ciudad de siete poetas y de fantasmas, de Purísimas sin igual, de espantos, de calores, de glorias pasadas, de iglesias y olvidos y de una persistente, añeja aristocracia local, a la cual Rosario Aguilar pertenece por nacimiento, sin compartir con ella ni lugares comunes, ni preferencias.

Historia familiar

Es la tercera de cinco hermanos (tres varones y dos mujeres), nacidos del matrimonio entre Soledad Oyanguren y López de Aréchaga (1902-1995) y Mariano Fiallos Gil (1907-1964). Soledad era de ascendencia vasca; su familia se estableció en Nicaragua apenas en 1921. Alegre y serena, práctica y entrañable, amaba la poesía, la música, el canto —y ella misma tenía una voz muy bella. Su influencia anímica (para no abusar de la palabra "espiritual") ha sido decisiva para Rosario. Uno de los libros de la autora —*Soledad: tú eres el enlace*— tiene como base la biografía de su madre.

El doctor Mariano Fiallos —llamado con frecuencia el Magnífico Rector— eximio intelectual y político liberal de signo progresista, es conocido antes que nada como prócer de la autonomía universitaria, labor que opaca, pero no desmerece, su aporte a la narrativa.

Los Fiallos-Oyanguren vivieron en León hasta 1943, año en que la familia se trasladó a Managua, porque Mariano fue nombrado viceministro, y luego, ministro de Instrucción Pública. En la capital Rosario asistió al Colegio La Asunción, donde compartía el pupitre con otra futura escritora, Mercedes Gordillo.

En el 45 tuvieron que regresar a León "a vivir de las fincas", ya que el padre de Rosario renunció a su cargo en protesta por la reelección de Anastasio Somoza García (1896-1956). En 1947 Mariano Fiallos fue designado Embajador de Nicaragua en Guatemala por el efímero presidente de la República Leonardo Argüello (1875-1947), quien, siendo al inicio una creatura de Somoza, se le rebeló y fue depuesto después de tan sólo 27 días de mandato. Como consecuencia, el doctor Fiallos se quedó sin cargo, sin sueldo y sin posibilidad de volver a Nicaragua.

Pese a las vicisitudes, Rosario recuerda aquellos tiempos como "muy felices": "¡Alegres paseos por toda Guatemala! ¡Paisajes románticos entre pinos y montañas!" (*Soledad: tú eres el enlace* 138). En uno de esos paseos escuchó por primera vez la historia de doña Beatriz de la Cueva (1510-1541), esposa de don Pedro de Alvarado (1485-1541), que luego se convirtió en una de las protagonistas de su novela *La niña blanca y los pájaros sin pies*. "Fue el personaje que escribí primero, monté toda la novela alrededor de doña Beatriz".

Durante su residencia en Guatemala Rosario estudió en el Colegio Belga-Guatemalteco y pasó bien. En 1950 doña Soledad con sus cuatro hijos menores obtuvo el permiso de Somoza para regresar a León. La finca propiedad de la familia "estaba en el suelo" (139). El sacerdote Benito Oyanguren (1890-1960), hermano mayor de doña Soledad, le ayudó a "sobrellevar el exilio de su marido y la pobreza de esos días. Con él fue al colegio La Asunción —de donde ella era exalumna— y al de los Hermanos Cristianos —donde Benito era capellán y profesor—, a explicar su situación, por lo que en ambos colegios, ese año, tuvieron a los niños gratis" (140).

Los Fiallos-Oyanguren habían regresado con un extraño acento entre guatemalteco y español, y en los colegios de Nicaragua los otros niños les decían "los españolitos". Cuando ellos se quejaban a su madre, ella les decía que eso no tenía importancia.

"Soledad llevó sus hermosos y elegantes sombreros de embajadora a un zapatero de Zaragoza para que les hiciera zapatos a los niños. Eran unos zapatos de gamuza de diversos colores —material para sombreros que no se usaba para zapatos— por lo que las demás personas los quedaban viendo cuando iban a misa los domingos o a pasear por el parque, lo que no inmutó en absoluto a la madre" (141). Quizás, fue entonces cuando Rosario empezó a aprender a no hacer caso al qué dirán y seguir en sus trece con una dignidad muy serena, silenciosa, inquebrantable.

La juventud

"Desde pequeña yo escribía a todos mis parientes cartas muy largas, donde contaba cosas muy dramatizadas. Como a los 16 años dispuse que iba a ser escritora". Su padre, aunque "un poquito preocupado" por la decisión de su hija, no intentó disuadirla sino que le recomendó leer todo lo que había en dos monumentales bibliotecas: la suya y la del padre Benito Oyanguren. Como Rosario era, según la definición paterna, "formalita y hacendosa", devoró una increíble cantidad de libros: "autores modernos, clásicos, mediocres, excelentes, buenos, malos". En 1954 la joven se bachilleró en el Colegio La Asunción de León y aquel mismo año viajó a los EE.UU., donde ingresó a Finishing School St. Mary of the Pines (Chatawa, Mississippi) para estudiar idiomas, historia y cultura. Luego vivió un año en Dallas, con la familia de su hermano mayor Mariano Fiallos Oyanguren. "Fui adquiriendo habilidades de secretaria bilingüe estudiando y practicando por mi cuenta. Tomé cursos libres aquí y allá: mecanografía, taquigrafía, contabilidad, etc.".

En 1956 retornó a Nicaragua y en 1958 se casó con Iván Aguilar Cassar, empresario leonés. "Nos enamoramos cuando éramos estudiantes de secundaria, yo tenía unos 13 años y él, 16. Iván se bachilleró y se fue del país, yo también estuve fuera, nuestros regresos coincidieron y nos volvimos a gustar. Ambos somos muy independientes y determinados, pero el amor es un arte, hay que practicarlo, es de cada día un ceder, no ceder, es una disciplina y ha funcionado". Tienen cinco hijos: Iván, Piedad, Leonel, Yolanda y Ximena. Rosario suele mencionar el hecho que había escrito sus novelas con todos sus vástagos "brincando al lado".

Durante unos 20 años —hasta 1992— trabajó en la Tenería Bataan, S.A., propiedad de su marido, en cargos administrativos. De 1970 a 1974 hizo cursos libres de historia de la cultura y del arte en la Universidad Nacional Autónoma de Nicaragua (UNAN-León).

La obra

Escribió su primera novela, *Primavera sonámbula*, en 1963. Como escritora, ha sido "descubierta" y presentada por el Frente Ventana (un grupo artístico de orientación izquierdista, fundado en 1960 por Fernando Gordillo, 1941-1967, y Sergio Ramírez Mercado, nacido en 1942). Este último prologó *Primavera sonámbula* cuando se publicó en 1964. En 1966 su novela *Aquel mar sin fondo ni playa* obtuvo una mención honorífica en el ramo de novela en los Juegos Florales de Quetzaltenango.

Los escritos de Rosario Aguilar siempre son dramáticos, con finales abruptos y abiertos, muy distintos de su calmosa experiencia personal. Rosario explica esta aparente contradicción de la siguiente manera: "No encuentro mejor medio para conocer el dolor humano que la vida diaria en Nicaragua. No hablo de terremotos, maremotos, inundaciones, erupciones volcánicas, desastres que lo hacen más intenso, sino de lo cotidiano. Si una va a una clínica, al hospital, a una farmacia, allí están latentes el dolor y la desesperación. En los mercados, terminales de buses, semáforos, se mira palpable la lucha por sobrevivir, aunque sea un día más, una semana más".

Rosario no tuvo participación directa en la lucha antisomocista (otros miembros de su familia, sí), pero la obra de ella evidencia su criterio político. Y, aun con toda la simpatía que sentía por el Frente Sandinista de Liberación Nacional, fue capaz de percibir y reflejar en sus libros (*El guerrillero*, *Siete relatos sobre el amor y la guerra*) las tendencias autoritarias y machistas que se patentizaban dentro del partido.

En 1985 se marchó con su familia a Costa Rica porque el ambiente en Nicaragua se había vuelto muy tenso. Retornó en 1990.

Reconocimientos

Reside en León. Pese a su imagen "hogareña", es una viajera consumada. Ha visitado todos los países de Centroamérica, México, Estados Unidos, Canadá, Brasil, Gran Bretaña, Alemania, Francia, Suiza, Italia y España. Ha impartido conferencias y realizado lecturas de su obra en diversas universidades, tanto nacionales como extranjeras.

En julio de 1999 ingresó a la Academia Nicaragüense de la Lengua como miembro de número. Es la primera mujer que accede a este honor. Fue designada por la Comisión 2000 Ciudadana del Siglo de León. En el 2001 obtuvo el VI Premio Internacional de Literatura Latinoamericana y del Caribe Gabriela Mistral. El 27 de abril del 2001 la Universidad Nacional Autónoma de Nicaragua (UNAN-León) le confirió el doctorado *honoris causa* (es apenas la tercera mujer que recibe este honor; la primera ha sido Josefa Toledo de Aguerrí). Es integrante de la Asociación Nicaragüense de Escritoras (ANIDE).

Feminismo sin proclamas

Rosario no suele definir a sí misma como feminista, asociando esta palabra con una militancia partidaria y programática. Sin embargo, la situación y las vivencias de las mujeres son un tema permanente de su narrativa. La filóloga estadounidense Ann González señala que Aguilar "demuestra una aguda percepción de las fuertes relaciones (de poder) que definen las experiencias de las mujeres"[1] y afirma que la ficción de Aguilar sí es feminista, con lo cual estoy totalmente de acuerdo.

En su ensayo "'Las mujeres de mi país': introducción a la ficción feminista de Rosario Aguilar", Ann González dice sobre la escritora: "Ella trata de una forma natural, los temas más controversiales: el control de la natalidad, el aborto, el deseo de no tener hijos, el ceder a un hijo, y la terrible soledad de las mujeres cuando toman decisiones socialmente inaceptables, como el rechazo a la maternidad. El hecho que Aguilar mencione estos temas en un país donde el aborto es ilegal, la Iglesia se opone al control natal, y de la mujer se espera que sea madre (casada o no), constituye un poco menos que un acto subversivo".[2]

---

[1] "[...] demonstrates an acute awareness of the power relationships which define women's experience".
[2] "She deals in a matter-of-fact tone with taboo subjects: birth control, abortion, the desire not to have children, giving up one's child, and the utter isolation of women who make socially unacceptable decisions, that is, who reject maternity. In a country where abortion is illegal, where birth control is opposed by the Church, and the social expectation of women is to become mothers (wives or not), Aguilar's exploration of these issues constitutes little less than a subversive act".

Referencias

Aguilar, Rosario. *Soledad: tú eres el enlace*. Managua: Editora de Arte, 1995
González, Ann. "'Las mujeres de mi país': An Introduction to the Feminist Fiction of Rosario Aguilar". *Revista/Review Interamericana* 23.1-2 (Spring-Summer 1993): 63-72. (También en este tomo.)

De: *Semanario 7 Días* [Managua] 457 (21-27 febrero 2005). También en *El hilo azul* 2.3 (2011): 43-47.

"Crónica de un día histórico: a propósito del sensible fallecimiento de Iván Aguilar, esposo de la escritora Rosario Aguilar"

Karly Gaitán

Mi amistad con Rosario Aguilar es más bien tímida y epistolar. Su personalidad discreta y mi modo algo escurridizo nos permiten desarrollar un diálogo imantado y lejano, que nos une en su cortesía y mi admiración hacia su literatura, en una combinación humana y semejante, hermana, abrazante, siempre todo con belleza delicada. Ella es una escritora muy creativa y rigurosa en la calidad de sus escritos e investigaciones y se puede observar esto en la trayectoria de sus novelas, sus premios literarios y humanísticos, las traducciones de sus obras al francés e inglés.

Wilmor López y yo viajamos a León un domingo en la mañana. Vamos a la casa de Rosario Aguilar, cargados con cámara, libros, lápices, muchas ideas. Tengo la misión de conversar con la escritora sobre su novela *Quince barrotes de izquierda a derecha*, que la cineasta nicaragüense Rossana Lacayo llevará a la pantalla grande con el nombre de *Locura transitoria,* por ser más cinematográfico ese nombre. Entrevisté meses antes a Rossana Lacayo sobre el guion, la novela y la planificación de realización del filme y escribí un reportaje. Rosario y yo tenemos muchas ideas y vamos a conversar sobre ello en ese encuentro para una nueva pieza periodística que escribiré. Wilmor lleva una agenda trazada, grabará a Rosario leyendo algunas páginas de su novela *Rosa Sarmiento*, imágenes que pertenecerán a un documental sobre lectura y escritores nicaragüenses.

La entrevistamos ante la cámara con la intención de que ese material sea un capítulo del programa televisivo *Diálogo Cultural,* que Wilmor aún construye en sus archivos y prepara con antelación, las mismas imágenes tendrán la utilidad para *Un orgullo nicaragüense,* corto documental de un minuto que Wilmor pretende realizar para un canal de televisión nacional. Rosario opina que es un acto exagerado, "de las personas grandes", hablamos entonces de quiénes están en la lista de *Un orgullo nicaragüense*: Tino López Guerra, Hugo Hernández Oviedo, Otto de la Rocha. Ella se resiste, le parece que no es lo correcto, "soy una escritora en plena creación, no creo que sea lo mejor escogerme para eso, pero estaría muy honrada". Iván Aguilar, su esposo, sonríe y la abraza, conversa con Wilmor sobre cuánto es cierta cantidad de pies de 16 mm en cinta de cine, cuánto es en segundos o minutos, sobre pases de cine a vídeo VHS o a vídeo digital. Nosotras hablamos de cine y literatura, del filme de Rossana Lacayo. Las palabras giran de un lado a otro en ese ámbito, una rueda de conversación en su sala en la casa de León, se acaba el maní, bebemos soda, comemos pasas, panecillos, conversamos todos durante muchos minutos más, más bien horas.

En el patio de su casa Rosario lee entonces para la cámara. Iván Aguilar escucha atento y observa de lejos, está ahí acompañándola aquel sensible esposo que vivió con ella todos los procesos de la vida misma, la vida madura, la vida normal y del crecimiento humano en todos sus procesos naturales, siempre llena de realidad, y la vida literaria, siempre compartida con fantasías y fantasmas. Y vio también él a la escritora sumergida en la creación de su novela *La niña blanca y los pájaros sin pies*, en 1992, cuando estaba ella en la agitación terrible de dar por terminada una obra, entonces le dice él: "Rosario, mi amor, véndeme esta novela, ya es mía, seré yo el dueño a partir de ahora". Y la escritora entendió que debía poner punto final desde ese momento, la novela ya no era suya, debía sacarla de su taller de creación y lanzarla a sus lectores, a las librerías, al mundo.

Era éste no un matrimonio de 49 años, sino un amor que cumpliría pronto medio siglo de fuego y ternura, de compañía, de humanismo puro y sincero. He colgado el teléfono en este momento, hablamos Rosario y yo entre silencios y muchos pensamientos. Nuestra conversación ha sido muy íntima. Su noticia me ha dejado consternada. ¿Qué es la vida, la presencia, la existencia, la ausencia, el pasado, el futuro, mi querida Rosario? "Si en realidad tan sólo pasamos por la vida para irnos un día", como escribió usted dulcemente y en un contexto narrativo doloroso de su novela *La niña blanca y los pájaros sin pies*.

Managua, 11 de junio, 2007

De: *Nuevo Amanecer Cultural, El Nuevo Diario*, 23 junio 2007.

"El mundo narrativo de Rosario Aguilar"

Julio Valle-Castillo

Modesta, tímida, como recluida en ese conventual y a su vez liberal León de Nicaragua, casi apartada del mundanal ruido, de nuestro medio artístico tan controversial, Rosario Fiallos Oyanguren de Aguilar (29 de enero de 1938) ha venido construyendo su mundo verbal a través de la narrativa, cuento y novela.

Un mundo decente. Uso el vocablo "decente" en su varia acepción: Pudor, decoro en la calidad, en la ejecución. Buenos modales. Correcto comportamiento. Acaso uno de los primeros mundos narrativos en la literatura nicaragüense escrita por mujer; después vendrán los géneros feministas y su problemática, reivindicativos, exaltativos de la mujer, eróticas o confesionales, fantásticas, misteriosas, de género: Gioconda Belli (1948), Claribel Alegría (1924), quizá la única autora mujer del boom con *Cenizas del Izalco*; Irma Prego (1933-2000), Gloria Guardia (1940), Milagros Palma (1949), Isolda Rodríguez (1947), Mercedes Gordillo (1938), María Gallo (1954), Gloria Elena Espinoza (1948)... Rosario Aguilar data de los sesentas; se dejó oír a la vera de la lucha por la autonomía universitaria. Ventana fue su primer sello editorial.

El mundo narrativo de Rosario Aguilar tiene sus horas solares y sus horas oscuras, más bien tonos sombríos y luces. Quizá se divide en dos partes. Una subjetiva, en primera persona, introspectiva, kafkiana, psicológica, en la ficción de fines clínicos, compleja, que va de *Primavera sonámbula* (1964) a *Aquel mar sin fondo ni playa* (1970), pasando por *Quince barrotes de izquierda a derecha* (1965). Otra, objetiva, anecdótica, autobiográfica, fundamentalmente histórica e historicista, más despejada, que va de *Rosa Sarmiento* (1968), la madre de Darío, y *Las doce y veintinueve* (1975) a *La niña blanca y los pájaros sin pies* (1992), pasando por *El guerrillero* (1976), los *Siete relatos sobre el amor y la guerra* (1986) y unas espléndidas memorias noveladas y veraces de su madre, *Soledad: tú eres el enlace* (1995). Narradora omnisciente o extradiegética, e intradiegética.

La niña blanca y los pájaros sin pies, con más de cinco ediciones, recientemente reeditada por Hispamer, es acaso la novela más ambiciosa y lograda de este lado o polo de su mundo. Su temática histórica la ubica en uno de los círculos del actual novelar latinoamericano. La historia y sus protagonistas ofrecen una veta que se presta para indagar y revelar el ser colectivo latinoamericano: Bolívar en *El general y su laberinto* (1989) de García Márquez, Fray Servando Teresa de Mier Noriega y Guerra, Pancho Villa, Ambrose Bierce y la Revolución Mexicana en *Gringo viejo* (1985) de Carlos Fuentes, el Emperador Maximiliano y la Emperatriz Carlota en *Noticias del imperio* (1987) de Fernando del Paso, Cristóbal Colón y sus amores con doña Isabel La Católica en *El arpa y la sombra* (1979) de Alejo Carpentier o el mismo Almirante en *Vigilia del Almirante* (1992) de Augusto Roa Bastos. William Walker, el predestinado de ojos azules espera su novelista entre nosotros. Sergio Ramírez ha hecho lo suyo, la crítica, la carnavalización, con el material, incluso, familiar, conspiraciones centroamericanas, la dictadura de los Somoza García, y algunos próceres, como el poeta nacional Rubén Darío y el sabio doctor y científico Luis H. Debayle, el periodista magnicida Rigoberto López Pérez, el galán envenenador Oliverio Castañeda y los peloteros: *De tropeles y tropelías* (1972), *¿Te dio miedo la sangre?* (1977), *Castigo divino* (1988), *Margarita, está linda la mar* (1998), *Baile de máscaras* (1995), *Sombras nada más* (2002), sin faltar la biografía y el testimonio, *Mariano Fiallos Gil* (1971), padre de la narradora, y *La marca del Zorro* (1989), sobre Rubén o Francisco Rivera, el mítico guerrillero que participó en todas las tomas de Estelí. Historias tomadas y retomadas, elaboradas, releídas o interpretadas tanto para crear una literatura y sus propios arquetipos, como para definir, fijar, o sea, para crear o inventar una identidad siempre asediada.

Si *La niña blanca y los pájaros sin pies* se hace a la historia también, es con una doble intención: desentrañar la presencia femenina en dos períodos cruciales, la Conquista y la Colonia, que tienen un signo cerradamente varonil, heroicos y aventureros, blanca, occidental, católica e imperial, y crear o asumir un múltiple personaje femenino, con franca voluntad de ser mujer y expresarse como tal. En este sentido, *La niña blanca y los pájaros sin pies* se incorpora con derecho propio al conjunto de obras narrativas escritas por mujeres y sobre mujeres que han sido heroínas novelables. Pienso en *Querido Diego, te abraza Quela* de Elena Poniatowska, *Frida Kahlo: autorretrato de una mujer* de Rauda Jamis y *Primero las damas* de Guadalupe Loaeza, esta última una colección de cuentos sobre Natalia Sedova, la mujer de Trotsky, y Frida Kahlo, la pintora surrealista esposa del muralista Diego Rivera, muy del realismo socialista, efímera amante de Trotsky y luego stalinista, para sólo citar tres títulos mexicanos. Entre ellos, la nicaragüense no desmerece ni está a la zaga. Se distingue. Aún más, se arriesga o remonta a épocas y culturas que demandan un trabajo de investigación arduo para inventar el intertexto (bibliografía y documentos coloniales, cantares indígenas) y suficiente capacidad imaginativa para localizarse en España del siglo XVI, Castilla del Oro, Panamá Vieja, La Antigua Guatemala, la Gran Tenochtitlán o México, León Viejo, la España y el México DF actuales.

De aquí que *La niña blanca y los pájaros sin pies* plantee juegos y lecturas donde el tan llevado y traído anacronismo no se malversa y recupera encanto. Resulta que el periodista español —claro, tenía que serlo— es, visto en nostálgica perspectiva, como una suerte de cronista de Indias. Especie de Bernales, Oviedos, Herreras, Mártires de Angleria, que no escriben cartas de relación sino despachos vía internet, fax o cable hacia capitales hegemónicas, que no vienen armados de espadas y yelmos sino de computadoras, cámaras fotográficas y grabadoras. La veloz o fulminante asociación seduce. Ayer como ahora, en el siglo XVI como en los siglos XX y XXI, los cronistas, los periodistas que cubrían y a veces, se identifican con nuestra vida: terremotos, maremotos, erupciones, dictadores, insurrecciones, invasiones y elecciones. Y hasta la visita de los reyes de España, Juan Carlos de Borbón y Sofía de Grecia, con quinientos años de retraso, todo lo cual si no es real maravilloso o realismo mágico, es irreal o brutal. El periodista y/o cronista es el pretexto, para que la joven periodista nicaragüense, al contacto de un espacio fantasmal, mágico, se torne en un personaje múltiple, intradiegético y extradiegénico: Ella es todas: Isabel Bobadilla y Peñalosa, Beatriz de la Cueva, María Peñalosa, que son doña Luisa, doña Ana o la niña blanca.

Pero lo más interesante en esta galería de mujeres del siglo XVI tanto de España como de Las Indias, es que la autora y/o cronista o periodista nicaragüense, con ascendientes vascos, hija de una Oyanguren y López de Aréchaga, los personajes que asume con mayor prioridad y concreta mejor verbalmente son las mujeres indígenas. Doña Luisa, la única hija hembra del Cacique Xicotenga, es quizás la clave de un destino, un destino trágico: querida o amante burlada, abandonada, "chingada" como en México, del conquistador, encomendero, y generadora de hijos mestizos en la inestabilidad material e inseguridad legal del bastardazgo que ha marcado nuestra vida. Luchas y proezas en muchos casos. Ni indio, ni español, ni criollo. Hay en el tratamiento de este personaje una identificación y conmiseración femenina con respecto a las indias que tuvieron que ser mujeres violadas o deslumbradas de los conquistadores, verdaderamente desgarrador. Es más conflictiva y dramática la personalidad de doña Luisa que la de la misma doña Isabel Bobadilla y Peñalosa, madre de doña María de Peñalosa y mujer de Pedrarias Dávila, cuando deja su corte y la Península. Doña Ana, hija de Taugema, cacique de los pueblos mazatega y tecolotega, y su búsqueda de la libertad en su tierra, es más patética que la misma doña Beatriz La Sin Ventura, cuya locura y viudez en el estallido del volcán del agua son estremecedoras (tema, al parecer, muy querido en nuestra literatura; véase *El estrecho dudoso* de Cardenal). Doña Leonor es la niña blanca que provoca la magia en el relato, ella, según la crónica indígena guatemalteca o maya, ante quien caían en tierra los que la veían y a quien rodeaban los pájaros sin pies.

Otra vez la literatura opera por contradicción. Una española —claro está mestiza culturalmente hablando— asume o cala a la mujer indígena. Novela de personajes femeninos de suyo marginales, aunque sean españoles, y de los personajes femeninos más marginales en tanto indígenas. En este particular, esta novela aborda el discurso indígena, no indigenista, de nuestra literatura y con acierto y novedad. Se ha dicho que el realismo mágico tiene una fuente occidental o renacentista en las cartas de relación, crónica y naufragios, pero nunca se había señalado como en esta novela corta y a su vez aprovechado su fuente o prefiguración indígena. Esos pájaros sin pies pertenecen al universo cosmogónico prehispánico. Novela corta, como casi todo lo de su autora, que en el uso y abuso de los puntos suspensivos, sugiere, hace sobre entender, lo dicho, su decir decoroso, pudoroso, que nos aproxima al misterio. Se calla lo que bien se sabe, no lo que ignora. La sonrisa tímida, cómplice de la inteligencia.

Managua, noviembre de 2010

De: *Nuevo Amanecer Cultural. El Nuevo Diario* 17 diciembre 2010.

"Narradora de primera línea"

Sergio Ramírez

Este tercer número de EL HILO AZUL viene dedicado a la narradora Rosario Aguilar, dueña ya de una amplia obra y de una voz propia ejemplar que la hace indispensable en nuestras letras. He escogido párrafos del texto que escribí sobre ella en 1964, bajo el título de *Primavera sonámbula*, nombre de su primer libro, junto con otros que constituyeron todos un homenaje a su padre, Mariano Fiallos Gil (1907-1964), mi maestro en todos los sentidos. Estos textos se publicaron al año siguiente en un pequeño volumen titulado *Mis días con el rector*.

Primavera sonámbula fue el libro que más quiso en su vida. Una tarde me llamó para darme unos originales escritos a máquina, con correcciones al margen. "Es un trabajo que me han llevado —explicó—, leélo y me das tu opinión; no te quiero todavía decir de quién es, pero a mí me gusta. Esta muchacha que me lo llevó ya antes me había dado otras cosas que no eran buenas, pero ha mejorado mucho. Le he dado también a leer libros, principalmente novelas, y yo creo que al fin ha escrito esto que vale la pena".

Cuando volví con los originales, que a quienes los leímos nos parecieron estupendos, una cosa extraordinaria, le expresé mi opinión de que deberían publicarse en las ediciones Ventana que estábamos comenzando.

—Ahora te voy a decir quién es: es mi hija Rosario —dijo con alegría. Su sonrisa era más expresiva y elocuente aquella vez que ninguna otra. Habló luego largo rato sobre el libro con amor y ternura juntos, de nuevo sobre los primeros intentos de la autora y sobre lo que seguiría escribiendo. Convenimos en titular la obra *Primavera sonámbula*, frase sacada de la última parte del poema "Canto de guerra de las cosas" de Joaquín Pasos, título que se ajustaba perfectamente al contenido.

He dicho que fue el libro que más quiso en su vida, porque las críticas publicadas en periódicos de Suramérica, España y otros lugares, todas ellas señalando el nacimiento de una buena y verdadera escritora, le colmaban de júbilo y él mismo escribía las dedicatorias del libro, presentando a la autora a los intelectuales amigos suyos de todas partes del continente.

Después me presentó un segundo trabajo, más intenso y con mayor carga poética que el primero. *Quince barrotes de izquierda a derecha*, una historia magnífica, llena de símbolos e imágenes que aventajaba en mucho a *Primavera sonámbula*, y que habría de colocar a Rosario entre las primeras escritoras de Centroamérica, y aún otra, sin título todavía, de la cual me habló en una carta que poco tiempo antes de morir me escribió a San José, y que él consideraba según sus palabras "la más extraordinaria de todas".

Los temas de las novelas de Rosario son duros y tiernos a la vez. Temas extraídos sin limitaciones de ninguna clase de la propia cepa de la vida, relatos que solo la total ausencia de prejuicios y un concepto alto del papel de escritor, obligado a escribir lo que ve y siente sin convenciones, pueden hacer posible el escribirlos.

Mi opinión juvenil de entonces no ha variado, sino para hacerse más firme, y cada nuevo libro suyo ha venido a demostrar su excelencia. Una narradora de primera línea.

De: *El hilo azul* 2.3 (2011): 4-5.

"Rosario Aguilar, primera novelista de Nicaragua: su nueva obra huele a flores"

Letzira Sevilla Bolaños

Un hombre de carácter. Quizás un monstruo, un avaro o simplemente un terrateniente capaz de lo que fuera con tal de mantener sus propiedades. Crisanto Flores González, dueño de la finca Miraflores, rompecorazones, el burlador de su novia de toda la vida, el que se casó con la novia de un pariente, el que fingió la muerte de su nieto, el que usaba a su amigo sacerdote buscando absoluciones a su conveniencia, es en realidad un personaje enigmático, con un grado de perversión fascinante y al final ingenuo como nadie lo esperó.

Y por qué no decirlo, Crisanto Flores González es el hombre que llegó a perturbar la mente de Rosario Aguilar, la primera novelista de Nicaragua, quien dice que tuvo la suerte de nacer en una casa donde se lee, "mi madre era española y leía mucho, mi padre también lo hacía, tenía un tío sacerdote dueño de una biblioteca inmensa, así que me crié en ese ambiente al que se sumó la vida de la intelectualidad leonesa".

Sin saberlo, la pequeña Rosario se inició en la ficción a través de cartas que escribía a parientes de su familia materna que vivían en España y que actuaban como una serie de personajes de novela, porque a pesar de que no los conocía, entablaba por las misivas una relación de cercanía increíble.

"Mi mamá nos ponía a escribir cartas a los parientes de España que por supuesto no conocíamos, pero había que inventar esas cartas y la que más escribía a esos parientes era yo. Creo que ahí ya me gustó lo de la escritura. A ellos les contaba cuentos de Nicaragua que hacían gozar a mi padre. Al entrar al colegio mi mejor nota era en composiciones, así que como que fui guiada", aseveró.

A los 26 años, Rosario Aguilar publicó su primera novela bajo el título *Primavera sonámbula*, "publiqué y gustó mucho, sobre todo porque era 1964 y el tema de la novela queda fuera de lo que se venía escribiendo, porque pongo la historia de una adolescente que había tenido problemas psicológicos, padece de agorafobia, y cuando ya puede regresar a su casa, viene despertando la pubertad y le entra pánico de salir al mundo y ya hay un juego en el que no sabe cómo va a relacionarse con los demás". Según Aguilar, cuyo nombre de pila es Rosario Fiallos Oyanguren, desde la publicación de esa obra ha seguido escribiendo, a veces por hobby y ahora quizás por compañía.

Como temática predominante en sus escritos reconoce los temas que atañen a la mujer, "pero no desde la óptica de denuncia sino referidos a la mujer en momentos de conflicto, en los que tiene que tomar una decisión que forma parte de su ser y de sus relaciones".

"Mi papá y mi mamá dejaron que escribiera". Cuando ya estaba casada, su esposo la animó a seguirlo haciendo, "luego mis hijos se fueron acostumbrando a que ese era mi trabajo. Y como comencé con máquina de escribir mecánica, uno de ellos dice que él se crió con el sonido de la máquina de escribir de fondo", sostuvo.

Hace cinco años la escritora sufrió el fallecimiento de su esposo y pasó mucho tiempo sin escribir. Hoy considera que cambió su estilo: "Cuando me senté otra vez ya me sentí cambiada". Y entre esos cambios resulta que de sus primeras novelas, que son una especie de monólogos, prácticamente no quedan rastros en su nueva obra.

Llegados a este punto de la conversación, Crisanto Flores González salta como un tema inevitable, pues en los últimos años se dedicó a asecharla a tal grado que logró seducirla y adueñarse de sus noches de insomnio hasta que se apoderó del papel principal de su nueva creación, *Miraflores*, que presenta hoy en el Instituto Nicaragüense de Cultura Hispánica.

"*Miraflores* es la primera obra que tiene un protagonista varón, es mi novela número 11 y ahora espero poder llegar a escribir la docena. Este varón se adueñó de la novela, yo fui víctima de él", confesó mientras sonreía y apretaba con firmeza el ejemplar que tenía en sus manos.

En cuanto a este título, que dice es oloroso a flores, manifestó que en su niñez recuerda una finca que su papá tenía al norte de León que se llamaba Santa Rosa de Miraflores, "entonces, como hay tantas pasiones y vendettas y quería un lugar que tuviera un toque ficticio de ello hice Santa Rosa la finca del protagonista y Miraflores el pueblo donde se desarrolla".

En el proceso creador, Aguilar dice que fue varias veces a la finca porque andaba con la idea: "Visité esas ciudades del norte para más o menos ubicarme y ver la vegetación, los ruidos, cómo vive la gente, y ante mi asombro encontré que ahí viven los ganaderos y agricultores y fui tomando apuntes y cuando vi, ya me había enredado con el personaje que creo es parte de un proceso de evolución, el que me llevó hasta él como protagonista".

Después de la presentación, la hábil novelista se separará por completo de estos personajes de *Miraflores* para concentrarse en el nuevo proyecto que ya tiene en apuntes.

Esta mujer, que también fue la primera del género en entrar a la Academia Nicaragüense de la Lengua, cerró la conversación afirmando que "muchas cosas se necesitan para escribir y las principales son audacia y humildad, pero el peor enemigo de un escritor es la vanidad".

De: *El Nuevo Diario* 16 octubre 2012.

"Miraflores, como Macondo o Comala: la nueva novela de Rosario Aguilar"

Francisco Arellano Oviedo

Al iniciar la lectura de *Miraflores* es posible que el lector se interrogue ¿por qué Miraflores? o desee ubicar las coordenadas precisas de longitud y latitud para situar el país y la región que sirven de escenarios a los hechos de esta novela. Los textos nos hablan de la ciudad de Miraflores, las haciendas que llevan el nombre de Santa Rosa, San Ildefonso, Santa Francisca, San Luis y lugares como el cerro del Mal Paso, Piedras Negras, la quinta de Buenavista, la mina El Jabalí, Filadelfia, la Universidad de Costa Rica...; con excepción de los últimos tres lugares, todos los nombres pertenecen a la ficción y no a la geografía ni a la historia. Existe una antigua estación del tren de Managua-León llamada Miraflores que estaba entre Managua y Mateare, que nada tiene que ver con la ciudad descrita en la novela.

En la obra no se menciona Nicaragua ni ninguna de sus ciudades; y aunque no es regla, la nacionalidad de la autora nos podría inducir a pensar que esta realidad de su experiencia constituye el marco referencial de los hechos. Algunos elementos consignados en la novela que nos ocupa apoyan esta consideración: el ambiente y paisaje; tradiciones y cultura; el habla e idiosincrasia de los personajes. Así, el ambiente descrito es rural con el avance y comodidades de nuestros días. *Miraflores*, aunque pertenece al trópico y se ubica en un sector semirrural, no es una novela costumbrista como *Cosmapa* o como *Horizonte quebrado*, obra de prosa y verso, sino una novela que aborda los problemas sociales de las clases pudientes y no la problemática de los sectores marginados del campo. *Miraflores* se enmarca en la línea de la novelística contemporánea que aborda los problemas universales, como el amor y las pasiones que este arrastra; el poder económico y las secuelas que desata: desconfianza, envidia, temor, aislamiento, intrigas, etc.; la muerte y sus efectos de dolor y soledad.

Miraflores es una ciudad pequeña con plaza, iglesia catedralicia, gasolineras, restaurantes, rodeada de fincas y haciendas ganaderas, acondicionadas con modernas tecnologías para la producción, en verano o tiempo de sequía, de maíz, arroz, sorgo, caña de azúcar y pastizales; algunos hacendados son criadores de caballos y yeguas pura sangre; además del rubro de la ganadería y granos básicos, se produce madera y se explotan minas de oro, plata y cobre. En San Ildefonso, existe hipódromo y son famosas las cuadras de caballos pura sangre. Santa Rosa es una hacienda de 2500 hectáreas, fundada en 1880. La entrada está flanqueada por un portón que custodia un vigilante con escopeta recortada; de la entrada a la casa-hacienda el camino está poblado de una alameda de árboles de robles que propician sombra y verdor al paisaje; rosas, begonias, orquídeas y coludos pertenecen al jardín de la casa.

El protagonista de la obra tiene su residencia en Santa Rosa, allí cuenta con todas las comodidades y seguridades: vehículos modernos con instalaciones de radiocomunicación, el personal de seguridad interna está bien entrenado y goza de la confianza del patrón, tiene perros amaestrados, que son como sensores de los movimientos del amo; existen unidades de aire acondicionado en los cuartos y oficina, muebles de caoba, refrigeradora para mantener los alimentos y refrescos para las visitas. El dueño explota algunas minas de oro y otros metales; los caballos más destacados de la hacienda son el Bambeado y el Manchado.

La riqueza y el poder constituyen la manzana de la discordia; un cerco desviado de sus mojones que un hacendado levanta, un caballo carretonero que se mete a la propiedad de otro y preña las yeguas pura sangre del vecino, el ganado que rompe los cercos y daña los siembros de otro hacendado, un historial secular de pleitos y muertes en defensa de las propiedades, una infidelidad conyugal y otros similares constituyen la problemática de los personajes de *Miraflores*.

Por las festividades del Señor de los Milagros, por la descripción de los apellidos de los personajes (Flores, Casco, Loáisiga, Alduvín, Pinedo, Zapata, Gámez, Abarca, Urrutia…), por la estación de Banderas, donde tomaban el tren cuando estudiantes Francisco Gámez, Eusegio Pinedo López y Crisanto Flores (el médico, el cura y el dueño de Santa Rosa, respectivamente), por el sector de minas, y por el tiempo aproximado, dos horas, que tarda un vehículo en ir de Santa Rosa a la casa de Amanda Ruiz, ubicada en la dirección que sita "del Teatro Municipal 4 cuadras al sur, en una casa pintada de color flamingo, casi al llegar a la esquina, a mano derecha", considero que esta ciudad es León, porque solo en Nicaragua se dan de esa forma las direcciones y por lo del Teatro

Municipal; considero que esta ciudad es León, pero el escenario no es León, podría ser la región comprendida entre Malpaisillo y El Sauce; en el primero de estos lugares existió una estación de Banderas en la vía férrea del tren que viajaba de Achuapa a León; en el otro extremo que era El Sauce, se celebra la fiesta patronal del Señor de Esquipulas el 15 de enero, la cual coincide con la fiesta del Señor de los Milagros que se narra en la novela. Entre Malpaisillo y El Sauce se encuentran las minas de oro, las haciendas ganaderas o productoras de arroz y sorgo. En El Sauce son comunes los apellidos mencionados, el tipo de gente de tez blanca y ojos de color y no son pocos los hacendados que disfrutan de sus caballos pura sangre y toros sementales.

Apoyan la supuesta ubicación del escenario de los hechos en la región mencionada, las tradiciones culturales. Señalo dos de estas: las fiestas patronales que suelen iniciar con una vigilia y en las que tienen lugar las celebraciones religiosas y las populares amenizadas con música, comidas típicas y acompañadas de licor, juegos y otras diversiones; las que se describen en la novela coinciden con las que se celebran en El Sauce; una segunda tradición, muy propia de Occidente, son las apuestas de aparejados, que consiste en la carrera que emprenden dos jinetes en sendos caballos agarrado cada uno del cuello por el brazo del otro; gana quien es capaz de sacar de su cabalgadura a su adversario. En León se realizaban este tipo de competencias en la calle Real, ahora calle Rubén Darío, en ocasión de las festividades de san Pedro y san Pablo, el 29 de junio, y en Miraflores, según la novela, el 14 de enero, víspera del Señor de los Milagros.

En las históricas carreras de aparejados de León brilló la maestría, en ese arte, de Mariano Fiallos Gil y la de Ramón Romero Alonso, conocido éste desde aquellos años como el Torito y quien fuera más tarde el ilustre rector fundador de la Universidad Americana. En la novela, fue famosa la carrera en la que compitieron el protagonista, Crisanto Flores González, y José Ruiz, abogado *in fieri*; tres veces corrieron cambiando cada vez de posición y las tres veces terminaron ambos en sus sillas de montar y, por tanto, la competencia se dio por empatada; el vencedor fue definido a través del cara o sol de la moneda nicaragüense lanzada al aire.

Otro elemento que apoya nuestro supuesto es la lengua de los hablantes. Así, es particularmente notorio el uso de términos y significados que identifican al nicaragüense. En un diálogo entre el protagonista y su ahijado Bichillo, este narra el incidente de la poza:

—"Otro parapetado detrás de un tronco disparó alocadamente contra Dagoberto. Él lo localizó y disparó dos veces más, yo creo que lo hirió. Usted sabe que Dagoberto era rápido para disparar. Pero, quedó expuesto un momentito y otro hijueputa que estaba atrás, algo largo, y que hasta el momento el cabrón no había hecho ruido ni se había movido, disparó también y salió a toda verga. Dagoberto cayó de un solo. Pegado. Y se le zafó la escopeta de las manos. El mismo jodido salido de quién sabe dónde disparó otra vez. Yo había aprovechado mientras Dagoberto los tenía a raya antes de caer para correr hasta el caballo y tomar mi escopeta". (64-65)

En otro texto, el padre Eusegio, tan humilde, tan sufrido, tan bondadoso, visto como ingenuo por unos y como un santo por otros, a través de un diálogo interior —cuando viaja en su vieja camioneta en una trocha— confesándose con Dios, utilizando las palabras que un ángel podría pronunciar, rezando y dialogando con él, reconociendo sus faltas de pensamiento y de omisión, y mientras va con la mente por encima de las nubes y el pie derecho que le pesa sobre el acelerador, no advierte que la camioneta se va recalentando y desesperado ante lo improvisto exclama: "¡Puta! ¡Mierda! Ahora voy a llegar tarde a celebrar la misa. Solo eso me faltaba" (153).

Pablo Antonio Cuadra calificó al nicaragüense como malhablado, imaginativo y extrovertido. El uso de las palabras malsonantes, en todas las clases sociales de Nicaragua, se confirma con las citas anteriores, pero lo importante no es comprobar la presencia de lo que en Nicaragua hemos llamado "malas palabras", sino advertir la expresividad y singularidad de términos que aquí tienen significados especiales, véase: parapetarse, matonear, cabrón, salir a toda verga, caer de un solo y estar pegado, que tiene muchas acepciones. No abunda la novela *Miraflores* en dichos, pero he aquí el siguiente: "La noticia se regó como fuego en guate seco" (120). Me llama la atención esta expresión popular, usada para describir la noticia de la fuga de los dos protagonistas.

En relación con la idiosincrasia extrovertida del nicaragüense, anotada por Pablo Antonio Cuadra, el lector encontrará una nota muy característica de aquel pueblo de Miraflores, pues queriendo saber quiénes eran los ejecutores y autores intelectuales del asalto a su nieto, de Crisanto Flores —que ha puesto espías en las cantinas— el narrador dice lo siguiente: "Sabía que vivía en un país de extrovertidos, donde no se guardan secretos. Por eso le extrañaba que nadie le hubiera soplado nada, a pesar de haber ofrecido tantas recompensas" (74).

Finalmente, otro dato lingüístico que representa la identidad nicaragüense de la novela es el voseo de los personajes; este rasgo de la lengua diferencial es particularmente importante porque el voseo de Nicaragua es el elemento más característico y diferenciador de los hablantes de la región:

> El padre Eusegio Pinedo López reclama al protagonista por su falsa devoción: "¿Devoto vos, Crisanto?, ¿Creyente vos? Ponete la mano en la conciencia que yo ya te conozco bien" (40).
>
> En otro relato, Crisanto interroga a su ahijado con las palabras siguientes: "Vení para acá, Bichillo, quiero que me contés paso a paso lo de la emboscada. ¿Qué pasó? ¿Cómo fue todo?" (62)
>
> Después de subir a la Ranger a su nieto herido, Crisanto Flores le ordena a Bichillo: "Traelo, amarralo detrás del Manchado y te llevás los dos a Santa Rosa. Vos conocés bien por aquí. No te vayás por el camino principal, andate en medio de la montaña. Cuando pasés por lo más montoso desensillá ese caballo, lo soltás, le das un riendazo y te llevás la albarda" (30-31).

Un buen lector identificará fácilmente que los hablantes son nicaragüenses.

En la novela *Miraflores*, el narrador está fuera de la acción y habla en tercera persona, otras veces se identifica con alguno de los personajes y, por participar de la acción, habla en primera persona. En la obra se narran, ya lo hemos sugerido, los problemas universales del hombre vistos bajo la óptica de una autora nicaragüense en personajes cuyo lenguaje, idiosincrasia y cultura son los de este país.

El tiempo no es lineal; así como en una película o en un noticiero donde primero adelantan los hechos y después se regresa para presentar los detalles o comentarlos, la autora procura atrapar la atención de los lectores despertando su curiosidad desde el inicio de los diferentes episodios que contiene la novela. En la narración la escritora introduce diferentes tipos de textos, algunos de tipo legal como el testamento con que comienza la novela, testimonios o escrituras, denuncias, alegatos jurídicos; otros textos son cartas, diagnósticos médicos, fragmentos de canciones, oraciones y soliloquios con el Señor. El léxico, según los casos, se vuelve especializado en materia jurídica, en el campo de la medicina, en asuntos religiosos, en la práctica de la galantería y los oficios de aquel personaje de Zorrilla, cuyo apellido es Tenorio.

Los personajes pertenecen en su mayoría a la clase adinerada de Miraflores y personifican valores y vicios del ser humano de todos los tiempos. Así, Crisanto Flores González, el protagonista de la obra, descrito repetidas veces como un felino, como un tigre, como un hombre fuerte adicto a los peligros, como un hombre machista, infiel en el amor y traidor de la hospitalidad, no es un hombre rústico, es un profesional del derecho; mide 1.90 m, de contextura recia y fornida, cuidadoso en el vestir, usa guayabera crema de lino, lleva botas bien lustradas de montar, del mejor cuero, con polainas de bronce, ama y da la vida por los pocos miembros de su familia, ambiciona el poder y los bienes de la tierra, cuida extremadamente su seguridad porque sabe que es blanco de envidias y deseos de venganza de otros productores.

Eloísa Loáisiga Alduvín, mujer bella y seductora, educada en refinados colegios nacionales y extranjeros, víctima de su propio sex appeal y capacidad de seducir a los hombres, es obligada a casarse encañonada por una escopeta calibre 12 recortada con la que la amenaza la propia tía Angélica Alduvín. Ella tiene voz de solista para el canto religioso, su confesor pone las manos al fuego por ella.

El padre Eusegio Pinedo López, después del bachillerato, decide hacerse cura para huir de la jurisdicción de Miraflores donde las familias pelean y se matan por la posesión y explotación de las minas y las tierras; después de sus estudios y ordenación en Roma, regresa al lugar de sus familiares, en principio por un período muy corto, pero al final lo dejan toda una vida. Para él es incómodo tener entre sus feligreses a su antigua novia Magdalena Zapata y escuchar a su padre que lo detesta por haberse hecho cura.

Virginia Zapata, la novia dejada con el vestido comprado y con las invitaciones regadas para la boda; la muchacha que sabía de ganado, caballos, tractores y gallos de pelea; era de pelo castaño, de caderas amplias y abultadas, de senos pesados como dos ásperos mameyes o dos toronjas, era alta, un tanto musculosa, con carácter fuerte, luchó toda una vida por tener al hombre que consideró que le pertenecía.

Amanda Ruiz, psicóloga, hija de Antonio Ruiz y sobrina de José Ruiz, es una dama calculadora y fría, que se presenta en Santa Rosa para obtener ayuda del dueño, pero solo despierta en este el enojo y el desprecio.

Dagoberto Flores Loáisiga, nieto y no hijo del protagonista, joven mujeriego, simpático y valiente, mata a tres de los personajes en defensa propia y detrás de su tragedia se tejen venganzas, intrigas, temores, conspiraciones y remordimientos de conciencia.

En la novela *Miraflores* la disposición de lo narrado y descrito es admirable. Los diferentes relatos aparecen coordinados perfectamente como las innumerables y multiformes piezas de esos relojes polifacéticos que se colocaban en las torres de los antiguos edificios o iglesias para ser vistos desde lejos y desde los cuatro puntos cardinales. Dentro de esta admirable articulación y como piezas internas de esa máquina estupenda que contiene ruedas dentadas, de variados tamaños —que giran en uno y otro sentido— la autora ha distribuido el relato de la ficción que pone en movimiento a través de personajes portadores de los sentimientos de amor y odio: alegría, temor, dolor, soledad; ellos son actores de las intrigas, de crímenes, traiciones....

En la novela, el fuego es un símbolo importante, en sentido metafórico representa el amor avivado por las miradas, la empatía y roce de los cuerpos; físicamente el fuego es símbolo de odio y destrucción, lo avivan el viento, la vegetación seca, los calores del verano. Amor y odio son caras de la misma moneda. Esta advertencia se repite una y otra vez, así como se recuerda los efectos del fuego como fuente de unión y como instrumento de destrucción que avanza de monte en monte. Del lado del amor, las escenas de erotismo se sugieren y se describen repetidamente; los actos de odio culminan con el insomnio, la frustración, el reproche de la propia conciencia.

El erotismo está presente en toda la novela y no solo en el capítulo 50, que podríamos llamar el capítulo de la seducción; así el erotismo es manifiesto en los textos que nos dicen que los garañones son capaces de descubrir el celo de una yegua a kilómetros de distancia o cuando nos dicen que aquellos perros amaestrados, que uno parecía clon del otro y que eran como los sensores del movimiento del amo, perdían todas sus cualidades cuando el instinto de la especie les hacía percibir, a gran distancia, el celo de una hembra; ese erotismo se despierta también ante la mirada de cuerpos guapos, fuertes y masculinos, en las muchachas jóvenes y solteras y en las no muy jóvenes y no solteras.

Miraflores es una novela representativa de la narrativa femenina latinoamericana y digna de la fundadora del arte de contar de la mujer en Nicaragua. El lenguaje poético, la fuerza psicológica registrada en la personalidad y actuar de los personajes y la estupenda erudición sobre diversas materias hacen de esta novela una pieza única y de gran interés para los lectores.

¡Felicitaciones a su autora!

Referencia: Aguilar, Rosario. *Miraflores*. Managua: Academia Nicaragüense de la Lengua, 2012.

De: *Nuevo Amanecer Cultural. El Nuevo Diario* 26 octubre 2012.

"*Miraflores*, novela de Rosario Aguilar: un *western* nicaragüense"

Nydia Palacios Vivas

Rosario Aguilar, pionera de la novela femenina nicaragüense, es una caja de sorpresas. Su nueva creación narrativa es la novela *Miraflores*, cuya trama se focaliza en la ciudad de León y sus comarcas fácilmente identificables por las direcciones que suelen emplear los nicaragüenses. Es la tercera novela con personajes masculinos: a *Miraflores* le han precedido *Las doce y veintinueve* que nos recuerda la destrucción de Managua por el terremoto de 1972 y *La promesante* protagonizada por Dagoberto que vuelve a aparecer en *Miraflores*. El pivote central alrededor del cual gira la trama es la de un mundo lleno de conflictos protagonizados por ricos terratenientes que resuelven sus rencillas a balazos por la posesión de la tierra. En el cosmos narrativo sobresale Crisanto Flores, muy buen mozo y de armas tomar. Es la primera novela que Rosario aborda un tema tipo *western* al estilo nicaragüense.

La novelista leonesa conoce muy bien los conflictos de tierra donde priva la ley del más fuerte. El hilo conductor es la rivalidad de Crisanto Flores con José Ruiz, odio signado por la pasión que despierta una bella joven, Eloísa, en Crisanto; ambos empujados por el deseo dejan plantados el día de la boda a sus respectivas parejas: Virginia y José. Esta escena de la huida nos recuerda la tragedia lorquiana *Bodas de sangre* cuando Eloísa, como la Adela de García Lorca, huye descalza a la hacienda del hombre que ama y reta a Crisanto a que la posea, que demuestre "que es hombre de pelo en pecho".

El desenlace es diferente a la obra de Lorca, pues el escondite de la pareja es descubierto por un perro del mismo Crisanto. Son obligados a casarse por el sacerdote del pueblo, Eusegio, para no vivir en pecado. Esta escena pletórica de erotismo constituye una página muy lograda de la desaforada entrega de los amantes, con la cual Aguilar demuestra su gran habilidad en el conocimiento de las pasiones humanas como en *Primavera sonámbula* y en *La niña blanca y los pájaros sin pies*. Desde entonces, la traición de ambos suscita una lucha a muerte. Crisanto y Eloísa despiertan el odio de la novia burlada, Virginia, quien por despecho, persigue a Crisanto implacablemente dejando que las yeguas purasangres de él sean preñadas por caballos enclenques, quitando los mojones de las tierras, etc.

Muchos años después, a la muerte de Eloísa, Crisanto, viudo, focaliza su amor en el nieto Dagoberto, balaceado en un camino, ataque del cual resulta paralítico. En esa emboscada, él mata a su padre biológico sin saberlo, pues la hija de Crisanto y Eloísa, Rosa Eloísa, tuvo amores con un trabajador de la finca Miraflores. A lo largo del discurso narratológico, la venganza constituye la mayor parte de la novela con un desenlace sorprendente: Eloísa no era tan pura como aparentaba, pues ya había tenido amores con un estudiante cuando ella era una adolescente. Además, Dagoberto es enviado por su abuelo a Estados Unidos y es por una carta que nos enteramos que está enfermo de SIDA, revelación dolorosa de parte de Rosa Eloísa, radicada en el país del norte. En el mundo representado, Rosario Aguilar hace gala de recursos narrativos a base de interrogaciones, monólogos, estilo indirecto libre, narratario, etc., que demuestra un hábil manejo del tiempo y el mundo interior de los personajes al penetrar en la sicología de los protagonistas, hombres y mujeres, para darnos un perfil sicológico de muy buena factura.

La novela comienza *in medias res* con el testamento de Crisanto, quien le hereda a su hijo de crianza, Benito; a la muerte de éste, su hija Rosa Eloísa Flores heredará todas sus posesiones dejando de albacea al sacerdote. Vendettas, celebraciones religiosas, odio, amores, emboscadas, erotismo y traiciones, conforman el cosmos narrativo de la novela en un mundo rural que no guarda ninguna semejanza con las novelas y cuentos regionalistas. *Miraflores*, escrita por la leonesa Rosario Aguilar, constituye un aporte muy valioso para la novelística nacional, confirmando, una vez más, la gran calidad de su narrativa, por lo que ocupa un primerísimo lugar en la historia de la literatura nicaragüense.

Masaya, 7 de noviembre de 2012

De: *Nuevo Amanecer Cultural. El Nuevo Diario* 8 diciembre 2012.

"En el cincuentenario de *Primavera sonámbula*"

Jorge Eduardo Arellano

El 9 de febrero de 1964 —hace cincuenta años— se terminó de imprimir en la editorial Hospicio de su ciudad natal, el primer título narrativo de Rosario Fiallos de Aguilar (León, 29 de enero, 1938). Como se sabe, Rosario sería la primera mujer en ser incorporada a la Academia Nicaragüense de la Lengua —el 21 de julio de 1999— como miembro de número. Yo la presenté con una breve semblanza, "El secreto mejor guardado de la narrativa hispanoamericana". Ella leyó el ensayo "Lenguaje y novela". Carlos Alemán Ocampo, le respondió con el suyo: "Rosario Aguilar: la búsqueda del ser interior".

La impronta de Sigmund Freud —recién descubierto por la juventud de Nicaragua— se advierte en esa pionera novela corta; pionera en el sentido de abordar el psicoanálisis como fenómeno literario —señala CAO. Tomado del "Canto de guerra de las cosas" de Joaquín Pasos (1914-1947), su título ilustraba muy bien el caso de una paciente, expuesto en un informe a su médico psiquiatra.

Por primera vez la disciplina científica de la psiquiatría figuraba en la narrativa nacional. También por primera vez, una autora acometía un monólogo interior que significaba, al mismo tiempo, ruptura y apertura; ruptura formal y de contenido con la narrativa femenina del país y apertura a la modernidad, a la introversión y al desgarro psicológico.

Una joven frustrada y solitaria se debate entre un mundo de luz y sombra, de lucidez y locura. Residiendo en una clínica del extranjero, padece de agorafobia —miedo a los espacios abiertos o públicos— la cual le evita la negación de enfrentarse a su realidad. Pero el doctor K. ("hombre maduro, pequeño, vigoroso; tan seguro de sí y tan feo que resulta atractivo"), le pide que relate sus recuerdos y ella obedece tomando en serio su papel de narradora. "En realidad, me alivia descargarme de esta forma. No conozco a mis semejantes. No puedo confiarle a nadie mis pensamientos. Solo hay un ser que conozco plenamente; sé lo que piensa, lo que quiere: es mi propio yo. De los otros desconfío. Ni sé si lograrían comprenderme".

De esta manera, descubre su propio cuerpo y se encuentra a sí misma.

Liberándose del código moral que le obligaba a reprimir su erotismo, la protagonista decide lanzarse al "mar profundo y tempestuoso" —imagen de la existencia—, como le indica su psiquiatra. "Haré lo que me pide, aunque naufrague" —concluye *Primavera sonámbula*, logrando crear una atmósfera onírica y un sostenido personaje femenino de gran hondura.

Sergio Ramírez, el prologuista, apadrinó *Primavera sonámbula*. Las ediciones Ventana —escribió— llevaban al público esa novela corta "como un testimonio magnífico de la literatura femenina nicaragüense. El paisaje, el amor, la vida y el tormentoso yo de una muchacha se dan aquí, en una combinación honda, en una juntura sin luces". Por lo demás, dicha edición tuvo favorable recepción.

Mariana Sansón le dedicó una reseña. Ernesto Gutiérrez la comentó en un extenso texto: "De raíz kafkiana, tiene la hondura de una Leda Valladares o de un Vallejo [...]. Está escrita con acierto y sagacidad artística. Sorprende la firmeza con que se exponen situaciones anímicas tan complejas y tan delicadas, que toca las más profundas reconditeces del alma [...]. Su prosa alcanza, a menudo, niveles de poesía, con bellas y precisas observaciones tanto de la naturaleza como de la vida introspectiva [...]. Rosario Aguilar verdaderamente enciende, alumbra, descendiendo en el alma humana, a profundidades abismales, el secreto del mundo".

Y Pablo Antonio Cuadra escribió entonces, una elogiosa carta a su autora: "He leído su libro de un tirón y he vuelto a leerlo sin que disminuya mi sorpresa. No sé qué decirle. Es una revelación. Usted ha entrado al camino de la novela y el relato por el camino real. No se detenga. Es una gran alegría que esto suceda en Nicaragua y en nuestro tiempo".

Primavera sonámbula se tradujo al francés con otras cuatro obras de Rosario. Llevaron a cabo esa versión Monique Bonneton y James Feuillet, *Ce mal de vivre* (París: Indigo & Côté-femmes éditions, 1996).

Managua. 15 marzo 2014

De: *El Nuevo Diario* 15 marzo 2014.

VIII. Acercamientos críticos

"La manifestación del deseo: locura y género en la novela *Primavera sonámbula* (1964) de Rosario Aguilar (Nicaragua, 1938)"

Milagros Palma

Introducción

La escritora nicaragüense Rosario Aguilar (León, 1938) proviene de una familia de altos recursos económicos (Ramos). Hija de Mariano Fallos Gil (1907-1964), de origen criollo, diplomático y político. Durante sus últimos años de vida su padre fue rector de la Universidad Nacional Autónoma de Nicaragua y opositor al régimen de Somoza. Su madre Soledad Oyanguren y López de Aréchaga (1902-1995), inmigrante vasca, era ama de casa. La autora la define como "una viajera consumada, sabía muy bien hacer las maletas y transmitía la confianza a sus cinco hijos" (Ramos). Rosario, de niña, vive un tiempo en Guatemala. En 1954, a la edad de dieciséis años, viaja a los Estados Unidos a estudiar inglés. Dos años después regresa a su país y en 1958, a la edad de veinte años, se casa con el industrial Iván Aguilar. Tuvo cinco hijos.

La escritura de Rosario Aguilar como vocación

Rosario Aguilar se inscribe en la continuidad de su filiación paterna. Su padre, escritor que ocupa un espacio importante en el medio intelectual del país, motiva su afición por la lectura: "Mi papá era escritor, mi tío también, y en la casa siempre hubo un ambiente de intelectualidad, estaban discutiendo de autores, novelas. Eso abonó en cierta manera mi vocación. Desde pequeña yo escribía a todos los parientes cartas muy largas, donde contaba cosas muy dramatizadas. Como a los 16 años dispuse que iba a ser escritora". Su padre, aunque "un poquito preocupado" por la opción de su hija por la escritura, no intentó disuadirla sino que le recomendó leer todo lo que había en su biblioteca y la de su tío materno. Es axial como nace la vocación de la escritora.

Su carrera de escritora comienza a los veintiséis años con su primer relato, *Primavera sonámbula* (1964), seguido de *Quince barrotes de izquierda a derecha* (1965), *Rosa Sarmiento* (1968), *Aquel mar sin fondo ni playa* (1970) y *Las doce y veintinueve* (1975). En 1976, publica una colección con cinco relatos en la cual figura *El guerrillero*, hasta entonces inédito, bajo el título de su primer relato, *Primavera sonámbula*. Diez años más tarde, en la Nicaragua sandinista, edita *Siete relatos sobre el amor y la guerra* (1986).[1] En 1992, año de la conmemoración del quinto centenario del descubrimiento de América, la autora lanza su novela histórica *La niña blanca y los pájaros sin pies* (1992). Tres años después publica una biografía de su madre: *Soledad: tú eres el enlace* (1995). Su novela *La promesante* (2001) es editada en París en ediciones Indigo.

La recepción

El contexto social e histórico en el que se inscribe la obra de Rosario Aguilar permite entender su recepción. Nicaragua es uno de los países con los niveles más altos de pobreza y de analfabetismo de América Latina. Y no existe aún una tradición editorial como en los demás países de la región de Centroamericana.[2] Sin embargo, su primer relato, *Primavera sonámbula* (1964), aparece publicado en la revista *Ventana*. El prólogo del escritor Sergio Ramírez, a la vez que introduce a la autora en el pequeño medio intelectual nicaragüense, le da legitimidad. Con *Aquel mar sin fondo ni playa*, Aguilar obtiene la mención honorífica en los Juegos Florales de Quezaltenango, Guatemala, 1966.

En 1976, la obra de Aguilar aparece repertoriada en *Panorama de la literatura nicaragüense* en la sección "Testimonios e intentos": "son

---

1. En la colección *Siete relatos sobre el amor y de guerra* Rosario Aguilar continúa con el tema del compromiso social: el aislamiento físico o sociológico de las mujeres en el contexto de la Revolución Sandinista. Se trata de mujeres torturadas, de mujeres que dan a luz en condiciones infrahumanas. La muerte no es un ejemplo de liberación de la mujer. Su vinculación a la lucha armada posterga el proceso de emancipación de la mujer. El ejemplo más elocuente de ello es la representación literaria y el compromiso político de poetas y escritoras en la década 70-80. Muchas escritoras desplegaron un activismo militar sin precedente. La cultura estaba al servicio de un proyecto político. Ver al respecto Michèle Najlis (*El viento armado*, 1969), Rosario Murillo (*Amar es combatir*, 1982) y Gioconda Belli (*Línea de fuego*, 1978, Premio Casa de las Américas), entre otras.
2. Ver al respecto la entrevista al dirigente de *Vanguardia* y otros responsables de editoriales en Centroamérica. *Livres ouverts/Libros abiertos* [París], n° 8 (diciembre 1997).

testimonios narrativos apreciables o simples intentos novelísticos" (Arellano 113). A pesar de la descalificación a la cual alude el término "intentos", los relatos de la autora encajan normalmente en las categorías canónicas. Al finalizar la década de los ochenta, en plena Revolución Sandinista, el crítico literario Raymond D. Souza descubre la obra de Aguilar y le dedica un estudio a la nueva colección, *Siete relatos sobre el amor y de guerra*, en su libro *La historia en la novela hispanoamericana moderna*.

Con todo el interés académico que despiertan los textos de Aguilar, su obra tiene poca difusión dentro y fuera del país como lo constata Ann González en 1996:

> Su obra es apenas conocida. La falta de circulación de sus textos se debe a los limitados recursos para publicar libros en Centroamérica. De su primera novela, por ejemplo, sólo se publicaron 500 ejemplares. Al poco acceso de su trabajo a otros foros, se debe agregar la tendencia general de la crítica de ignorar a las escritoras mujeres. Por ejemplo, la ficción de Aguilar apenas es mencionada en la introducción de la colección *Cuento nicaragüense* (1976, 1981, 1986), de Sergio Ramírez, aunque incluye dos cuentos escritos por el padre, Mariano Fiallos Gil. De hecho no hay escritoras representadas en la colección. ("La presence de l'absence" 7; mi traducción)

En 1994, Edward Waters Hood constata una vez más esta falta de atención de la que adolecen sus textos. Además, durante el régimen sandinista, Rosario Aguilar no es figura oficial y su obra tampoco es promovida: "no disfrutó de la atención que recibieron los escritores nicaragüenses, principalmente sandinistas, dentro y fuera del país, durante el llamado boom en la literatura nicaragüense durante los años de gobierno revolucionario". En efecto, como lo constatan estos estudiosos, Rosario Aguilar nunca se preocupó por una participación política sobre la cual se construye la fama de algunos escritores.

En 1995 en el estudio *La estructura de la novela nicaragüense: análisis narrativo lógico*, el profesor nicaragüense Nicasio Urbina analiza aspectos narratológicos básicos en varias novelas de Aguilar (79-82).

En 1996 su colección *Primavera sonámbula* es editada en francés por ediciones Indigo.[3] Dos años más tarde, Nydia Palacios Vivas publica su tesis doctoral sobre la obra de Aguilar con el título de *Voces femeninas en la narrativa de Rosario Aguilar* (1998), en la cual demuestra el uso recurrente del hipertexto y la influencia de autores ilustres como Rubén Darío, Joaquín Pasos, Pablo Neruda y de los textos fundadores de la cultura mestiza en América Latina: la Biblia, crónicas de Indias, entre otros.

En 1999 Rosario Aguilar es nombrada miembro de la Academia Nicaragüense de la Lengua y en el 2001 su novela *La niña blanca y los pájaros sin pies* es publicada en francés. Con una nueva novela inédita, *La promesante*, recibe el premio Gabriela Mistral 2001 de la Editorial Côté-femmes, Paris.[4]

Los temas

Con su narrativa Rosario Aguilar introduce, en la literatura nicaragüense de mediados de los 60, el tema de la regulación del género femenino.[5] En sus relatos aborda aspectos importantes de la relación

---

3. Descubrí la obra de Aguilar entre los libros que se presentaron al Segundo Concurso Internacional de América Latina y del Caribe Sor Juana Inés de la Cruz, creado por la Asociación Côté-femmes, París en 1992, después del Segundo Simposio de Escritura de Mujeres de América Latina, que organicé en la Unesco, enero 1992. Para el premio obtuve que se entregara en la Feria Internacional del Libro en Guadalajara, Méjico. Además obtuve el apoyo de la Sogem y del Club de Lectoras de Guadalajara.
4. Este evento es una réplica del de Guadalajara. Mi objetivo es poner en escena a autoras del pasado como lo he venido haciendo con la colección Des Femmes dans l'Histoire con las ediciones Côté-femmes (1986-2006). Mi objetivo es la construcción de una filiación literaria femenina en América Latina. Este proyecto se pone en marcha en colaboración con el Grupo Mujer y Sociedad de la Universidad Nacional de Colombia y la Feria Internacional del Libro de Bogotá. *La promesante* es publicada en la colección Indigo, París, 2001.
5. Ya explorado en Centroamérica desde finales del siglo XIX con la hondureña Lucila Gamero y su *Adriana y Margarita* (1897), *Betina* (1941), *Aída* (1948), *La secretaria* (1954), *Amor exótico* (1954), *El dolor de amar* (1955). Su temática femenina que se inspira de la escritora francesa George Sand es balbuciente, por los rodeos y los eufemismos para nombrar el acoso sexual del cura, pero se pueden entender los problemas vitales de las mujeres en sus respectivos países. Lucila Gamero a los veinte años pone en escena la tímida rebeldía de la mujer a través de sus personajes y como señala Eva Thais en su libro *Personalidades y valores femeninos de Honduras; Ensayos biográficos, 1970-1975*, "adelantándose a los escritores de su generación va a evidenciar en sus escritos la defensa abiertamente de la mujer" (10) y sobre

madre/hija, punto de partida de la construcción de la feminidad: la indiferencia (*Rosa Sarmiento*, 1968)[6], la incomunicación, la ignorancia, el impedimento del reconocimiento del deseo (*Primavera sonámbula*, 1964). También trata el tema de la paternidad, la ausencia del padre y el incesto de primer tipo (*Quince barrotes de izquierda a derecha*, 1965), la actividad sexual de la mujer doméstica: el "deber conyugal" (trabajo sexual obligatorio), o la violación sexual institucionalizada (*Aquel mar sin fondo ni playa*, 1970), la canalización del deseo femenino en el trabajo reproductor (*El guerrillero*, 1976). En sus relatos Aguilar pone en escena los mecanismos disuasivos, sicológicos y físicos, por medio de los cuales se les impone a las niñas un comportamiento femenino basado en la domesticación del deseo.

---

todo por la puesta en escena de la problemática de la socialización del deseo y de la construcción de una identidad sexuada. La deconstrucción del discurso tradicional que legitima la opresión femenina se da con *Poemas de la izquierda erótica* (1973) de la poeta y narradora guatemalteca Ana María Rodas (1937) de la misma generación de Rosario Aguilar (1938). Hoy eso es casi imposible porque, como lo señala Pierre Bourdieu, el imaginario se encuentra interiorizado, funciona de manera inconsciente y automática. Y a pesar de todo hay algunas escritoras que dan cuenta de la rebeldía con respecto a las normas impuestas a los sujetos de sexo femenino.

6. En *Rosa Sarmiento* se pone en escena la lucha de una joven que no se resigna a la frustración sexual. Un narrador omnisciente narra el viacrucis de Rosa Sarmiento que queda embarazada sin la legitimación que otorga la institución matrimonial. Sus padres adoptivos, su tía y su futuro marido la envían lejos de la ciudad de León, para ocultar la deshonra familiar. Cuando la joven regresa con su niño, la tía la casa con el genitor para regularizar su situación y se encarga de inculcarle los valores religiosos de la vida social que contribuye a invertir la energía pulsional en el trabajo maternal. Pero Rosa queda de nuevo embarazada. Nace una niña que muere rápidamente frente a la indiferencia de la joven acosada por el deseo y que apenas puede con su vida: "No puede [...] desperdiciar la juventud, la hermosura" (29), dice el narrador omnisciente que empatiza hasta cierto punto con el personaje, puesto que nos dice que el deseo no se puede retener, contener: "Hay diques que no resisten la presión del agua. Es vano el resistir más" (34).

Sin embargo, el deseo no logra canalizarse en su función social de productora y reproductora. Rosa escapa con un nuevo amante más joven que su esposo, creyendo que con la juventud va a encontrar el placer. Pero en su huida, el padre adoptivo de Rosa le arrebata al hijo. Con esta escena se legitima el papel biológico de la mujer y el papel social de la paternidad, en este caso la del abuelo adoptivo. Con el dolor de su alma Rosa ve desaparecer a su hijo para bien del futuro vate nicaragüense: Rubén Darío.

Los personajes

A través de sus personajes, anónimos por lo general, Rosario Aguilar establece una suerte de memorial en el cual se registran hechos memorables en el sentido de inolvidables, hechos que el cuerpo memoriza. Su traza indeleble se podría comparar con la marca que se obtiene con hierro candente en el cuerpo de los esclavos o el de los animales. Es a partir de esta memoria que se puede comprender la supuesta "tendencia al sufrimiento", o "la constitución masoquista", "la inhibición normal" a las que alude la psicóloga freudiana Hélène Deutsch en su célebre libro sobre la psicología de la mujer, *La psychologie des femmes*, publicado en 1949 (189). Rosario Aguilar recuerda en varias entrevistas la especificidad de sus protagonistas: "mis personajes son mujeres que luchan y sufren" (Ramos).

Además de no tener nombre, sus personajes con frecuencia representan un estrato social alto. Cuando el estrato social es bajo, como en *El guerrillero*, los personajes son nombrados por su función: la maestra de escuela. Las protagonistas viven en silencio la soledad, la desvalorización a la cual son sometidas durante sus primeros años de infancia: "una hierba a la orilla de un camino transitado" (*Primavera sonámbula* 15). La niña vegetal asiste a su degradación y muere ante la total indiferencia de su madre (*Rosa Sarmiento*). Durante la adolescencia las protagonistas se encuentran totalmente inhibidas, "no se atreven a ser ellas mismas". Cuando llegan a la edad adulta, "el sufrimiento y la lucha" continúan siendo parte de su *modus vivendi* (Ramos).

En la narrativa de Rosario Aguilar la indiferencia, la soledad y la insignificancia del género femenino son estados propicios para el cumplimiento de la función biológica productora y reproductora. Los individuos que se rebelan contra esta norma de género son marginalizados por la sociedad y condenados por el orden divino. Estos relatos se caracterizan por la falta de empatía por parte del narrador con sus personajes. Además, no se plantea ninguna salida para la liberación, como quiere ver Ann González en su artículo "'Las mujeres de mi país': An Introduction to the Feminist Fiction of Rosario Aguilar" (1993). En los relatos de Aguilar la mujer es un eslabón, una prolongación de la naturaleza y del deseo del varón.

En el contexto político de los años setenta las protagonistas se ven arrastradas en una suerte de fanatismo fundamentalista: el martirologio con el desenlace dramático ya conocido (*El guerrillero, Siete relatos sobre el amor y de guerra*). La mujer aparece actuando en el espacio público de manera irracional, al servicio de la ideología patriarcal. Sin embargo, las protagonistas de Aguilar, niñas, adolescentes y adultas, al contrario de lo que se piensa (Souza, por ejemplo), no sufren por sufrir. Sufren porque no se les reconoce su humanidad, ya que son educadas a través de un proceso violento para perpetuar la especie. Su vida entera debe estar al servicio del varón, lo cual les impide ser como ellas lo desearan: "nunca se atreve a ser ella misma" (Ramos). Esta imposibilidad de ser es el eje en torno al cual gira la voz poética: "yo no soy como siento" (*Primavera sonámbula* 28). Los personajes luchan por la supervivencia física, contra la indiferencia de su medio, contra el deseo, para ser conformes con la norma social que les exige disponibilidad y entrega total. Este malestar existencial se vuelve lancinante en las protagonistas de Aguilar. En *Primavera sonámbula*: "Si todos fingimos, si nadie hace ni dice lo que realmente desea, para no parecer anormal, entonces... pertenezco a la mayoría" (29); "Fingiría siempre para que no dudaran de mí" (32); "Debo fingir ahora que estoy loca, fingir todo lo contrario" (34).

El peso de las convenciones sociales es tal que hasta soñar les es prohibido; las protagonistas no tienen espacios de libertad, su cuerpo mismo ha interiorizado los mecanismos de sometimiento. La escritura de Rosario Aguilar alcanza con el dolor de sus protagonistas una elaboración magistral de la estética del sufrimiento, de la degradación, de la desvalorización y deshumanización del sujeto femenino que termina desapareciendo o bien convertido en vegetal. El sufrimiento se convierte en algo constitutivo del ser femenino.

La manifestación del deseo:
género y locura en *Primavera sonámbula* (1964)

El título

El título es una suerte de desafío poético, ya alude a la temática del deseo. En su texto Rosario Aguilar expone el proceso de imposición e incorporación de las normas del género por parte de la protagonista. El título de *Primavera sonámbula* es tomado de un verso del poema

"Canto de guerra de las cosas" del poeta nicaragüense Joaquín Pasos. En ese poema la voz poética lamenta la desolación de la guerra que todo lo trastorna: "y hasta los insectos se equivocan en esta primavera sonámbula sin sentido".

La guerra no es sólo sinónimo de muerte. También pone en peligro la vida en sus manifestaciones más elementales. Sin las flores de las plantas el trabajo elemental de fecundación de la naturaleza se perturba profundamente. Sin esta fuente de alimentación los insectos dejan de llevar a cabo su trabajo de polinización. El orden biológico se trastorna sin la fecundación. En el verso de Pasos el insecto simboliza la función primordial de la naturaleza biológica a la cual contribuyen en la sociedad las normas de género. La pareja de oposiciones insecto/planta, animal/vegetal, animado/inanimado, masculino/femenino aluden a la función que deben cumplir los individuos sexuados en la sociedad. Es decir que gracias a un sistema de oposiciones con valor diferenciativo, se construye la heterosexualidad humana cuyo objetivo primordial, el mismo que tiene el mundo biológico, es la continuidad de la especie (ver Palacios Vivas, "La intertextualidad como estrategia narrativa" 98).

El título *Primavera sonámbula* da cuenta de manera simbólica del proceso regresivo de la protagonista: su destrucción psicológica en el proceso de regulación del deseo. Las connotaciones de ambos términos *primavera* y *sonámbula* permiten comprender esta dimensión. La palabra *primavera* es muy común en expresiones populares que aluden a la primera juventud, como en la estrofa de una canción que comienza con el verso "Primavera de mis quince años". En el diccionario el término *primavera*, además de denominar la estación del año en la cual la naturaleza renace con gran vigor, también connota su belleza: "tiempo en que está una cosa más hermosa" (*Pequeño Larousse ilustrado*). El poeta nicaragüense Rubén Darío utiliza esta palabra en el sentido figurado de sensualidad, voluptuosidad, placer, júbilo.[7] En el poema "Canción de otoño en primavera" la voz poética evoca con nostalgia la fugacidad del goce sensual como lo es también el placer que procura la naturaleza primaveral en que la vida explota con sus más variados colores, formas y fragancias embriagantes: "Sin pensar que la Primavera y la carne acaban también" (*Nuestro Rubén Darío* 119). En

---

7. Hay en versos de Darío la expresión "divina primavera" en el poema "Allá lejos" que figura en la antología *Nuestro Rubén Darío* (184).

el verso del poema "Dezir" también aparece la idea de la intensidad del instante en el que irrumpe el deseo: "y al llegar la primavera" (81).

La palabra *primavera* alude al deseo y al ímpetu del goce que procura su irrupción. Con esta metáfora el yo poético celebra ese momento fundacional de la humanidad: la manifestación del deseo y la práctica del placer independiente del orden biológico del instinto. En la adolescencia, en el cuerpo femenino se instalan los ciclos biológicos hormonales ligados a la función reproductora. La adolescencia femenina es el momento en que la pulsión es ligada por la cultura al orden biológico cuyo objetivo único en el mundo biológico es asegurar la perpetuación de la especie. Con esta regulación se deshumaniza la pulsión humana que es ante todo principio de placer y, como lo recuerda Freud, es independiente de la reproducción biológica y de cualquier objeto preformado.[8]

La palabra *sonámbula* que califica a *Primavera* en el paratexto de Aguilar alude a la relación que entretienen el sueño y el inconsciente. En efecto la palabra *sonámbula* define "los movimientos automáticos que se producen durante el sueño y que provienen del inconsciente". El sonambulismo es considerado como una enfermedad. Para Freud esos movimientos son la manifestación del deseo liberado de la censura de la consciencia durante la vigilia. El deseo que reside en el inconsciente se comporta como un delincuente, que actúa contra la norma, contra la ley, un asocial, por eso actúa de noche cuando cesa la vigilia. La primavera es el deseo sonámbulo que se expresa de noche, de manera clandestina porque no tiene reconocimiento social.

En el relato *Primavera sonámbula* es el deseo de la adolescente-protagonista el que se expresa. Pero la norma del género le impone al deseo un objeto preformado. Mientras la niña no lo asocie con un objeto masculino su deseo se encuentra fuera de ley. El deseo de la niña

8. Como lo constata la psicoanalista española Silvia Tubert en *La sexualidad femenina y su construcción imaginaria*: "Lo que diferencia a la pulsión del instinto animal es la labilidad del objeto. La pulsión no tiene un objeto dado, natural; ninguna relación de determinación necesaria la une a él: el objeto se encuentra radicalmente cuestionado en su especificidad. Si lo sexual es reprimido, es precisamente porque la pulsión no le facilita la determinación del objeto. Tampoco el fin de la pulsión es fijo y estereotipado, como sucede en el caso del instinto animal. No hay un fin único de la pulsión, sino una diversificación de fines parciales, múltiples, fragmentarios, que se vinculan, a su vez, con diversos partes del cuerpo: las zonas erógenas; estas no se limitan, por otra parte a los órganos genitales" (22).

del cuento infantil "La bella durmiente" es conforme con las normas del género porque no sólo hay una asociación automática entre deseo y objeto heterosexual sino que además esta asociación le otorga nobleza a lo femenino desvalorizado puesto que se somete a los intereses de la especie. En "La bella durmiente" el beso simboliza el pacto heterosexual cuyo objetivo es la reproducción de la especie.[9] La canalización del deseo femenino hacia un objeto preformado masculino es el resultado de un trabajo cultural al cual contribuye el imaginario conformado de mitos, cuentos y leyendas, y las instituciones sociales entre las cuales figuran: la familia, la iglesia, el estado, etc.

El deseo de la protagonista de *Primavera sonámbula* es independiente por muy poco tiempo, como lo es la primavera del objeto heterosexual. El deseo se manifiesta a pesar de la censura que pesa sobre él. El deseo anda en búsqueda de reconocimiento y de realización: el placer. El deseo de la niña que es diabolizado, la destruye. Con la adolescencia el deseo que se despierta, que la joven no sabe ni siquiera reconocer y aún menos nombrar, es canalizado hacia el trabajo reproductor.

El epígrafe

La dedicatoria "Al Dr. K." que figura antes del inicio del relato *Primavera sonámbula* traduce el profundo agradecimiento de la paciente-protagonista, y muestra la importancia de la institución médica en la regulación del deseo femenino. El Dr. K. juega un papel importante en la integración de la joven en la vida normal. Gracias a sus órdenes, la joven reconstruye y relata por escrito el origen de su malestar. En efecto el personaje pone en escena su síntoma. Esta distancia le permite aceptar las normas que regulan al deseo femenino para ser aceptada socialmente y volver a la normalidad.

En efecto en *Primavera sonámbula* la muerte simbólica de la niña tiene un origen y una historia como su mismo nacimiento que va de par con el proceso de domesticación del deseo al cual está sometida desde los primeros años de su infancia.[10]

---

9. Es lo que Freud suele llamar la humillación de la "inferioridad genital orgánica de la mujer". Ver al respecto Deutsch 164.
10. La antropóloga italiana Paola Tabet constata la manipulación sociológica para hacer funcionar la sexualidad femenina de acuerdo con el orden estrictamente

El deseo de la madre que es diabolizado se vuelve destructor en la niña que busca su realización y que ella asocia a algo diabólico; la niña cae en la inconsciencia. Hasta que con la vigorosa ayuda del Dr. K. termina asociándolo con la maternidad. El matrimonio es en *Primavera sonámbula* la primera etapa necesaria del camino trazado de antemano para el individuo de sexo femenino.

Género y locura

En este relato, *Primavera sonámbula*, en primera persona, de una adolescente que se encuentra encerrada en una clínica siquiátrica, la protagonista comienza *in medias res* dando cuenta de su estado de confusión, el terror y el deseo de muerte que oscila entre locura y normalidad. La escritura, cuyo motivo es la narración de su síntoma, se vuelve un antídoto contra la angustia, la ansiedad: "Me tranquiliza más escribir que tomar las famosas pastillas" (26). Es así como la niña descubre el placer progresivamente. Los sentidos, el olfato, la vista, el oído, el tacto la inician de nuevo en el placer que le procuran las pulsiones parciales, según la terminología de Freud: "Siento placeres y goces de cosas pequeñas" (22).

Estas sensaciones corresponden a lo que la psicóloga Silvia Tubert define como "una multiplicidad de pulsiones parciales que buscan el placer independientemente una de otras y que remiten a las diversas fuentes de la sexualidad" (27). Es así como el personaje va aceptando el placer que sabiamente dosificado se impone progresivamente, para terminar con la descarga de la pulsión total: "Es esta primavera, no de la estación, sino de mi cuerpo, la que me urge a algo, y me mantiene en un estado de embriaguez" (28). Pero la embriaguez alterna con un sentimiento profundo de angustia, de inestabilidad: "lo tengo todo menos la seguridad" (29). El placer que desencadena un recién nacido que busca su pecho le permite asociar el placer con el trabajo maternal: "en mi pecho sentí como un estallido de placer cuando le tomé en mis brazos" (28).

---

biológico dominado por el instinto del cual se aleja la humanidad con la pérdida del estro o estímulo sexual ordenado por el instinto reproductor. En el individuo de sexo masculino hay un reconocimiento social y una promoción del placer que procura la pérdida de la tensión libidinal mientras que en el individuo de sexo femenino hay una institucionalización de la heterosexualidad canalizando la pulsión hacia la estricta reproducción.

La protagonista descubre el interés del objeto en su vida, de lo cual nadie le había informado: "Sí, ahora comprendo el porqué de la existencia de los hombres" (28). El encuentro con un joven le da sentido a su existencia: "no es un príncipe soñado; no" (29). Y aunque carece de la nobleza a la cual alude la metáfora " príncipe azul" con la cual se promueve el objeto heterosexual en los cuentos infantiles, este sujeto le permite una cierta seguridad y un sentimiento de pertenencia: "Yo hasta ahora existo" (31).

En este relato la escritura es una terapia para la adolescente que sufre. Su siquiatra, el Dr. K., la salva del sufrimiento que le procura la socialización del deseo según las normas de la heterosexualidad. Pero la norma supone un profundo control, una lucha permanente entre lo que se es y lo que se desea ser para estar conforme con las expectativas de la sociedad. La cordura, sinónimo de normalidad no es definitiva y supone un control permanente. De ahí la insistencia del siquiatra para que no pierda su control que consiste en no abandonarse, no soñar y sobre todo acatar sus órdenes estrictas:

> Me suplica que deje de pensar en mí, que de ahora en adelante me entregue a los demás. Que viva una nueva etapa, no sola sino en compañía.
> Ante mí se extiende un mar profundo y tempestuoso. El doctor me suplica que me fuerce a echarme a nado, que no me detenga, que no vuelva atrás; aunque me sienta exhausta, aunque me sienta morir.
> Haré lo que se me pide, aunque naufrague. (35)

En efecto ante la presión del doctor K. la joven se entrega en cuerpo y alma a su pareja: "No es tanto mi felicidad la que me importa… sino la de él" (32). El bienestar de la protagonista tiene un precio: el servicio incondicional y la disponibilidad hacia su objeto.

En este relato, el final feliz es el resultado de la aceptación de las normas que le proscriben el abandono, el sueño. De la adolescente sin nombre de *Primavera sonámbula* no sabremos más pero el lector lo puede intuir. Sus demás protagonistas comienzan actuando según las normas de género: como mujeres hechas y derechas que luchan y que sufren como lo recuerda la autora: "Yo no es que quiera denunciar nada, no se puede denunciar la vida" (citada en Souza 156). La autora en realidad no denuncia la vida, sin embargo, su aporte es fundamental porque, aunque muestre reticencia de asociarse al discurso feminista, su contribución es muy importante porque con su introspección muestra cómo funciona la imposición y el control de las normativas de género en el individuo de sexo femenino.

Referencias

Aguilar, Rosario. *Primavera sonámbula* [cinco novelas]. San José: EDUCA, 1976.
Aguilar, Rosario. *Rosa Sarmiento*. 1968. Managua: PAVSA, 2004.
Arellano, Jorge Eduardo. *Panorama de la literatura nicaragüense*. 3ª ed. rev y aum. Managua: Nueva Nicaragua, 1977.
Deutsch, Hélène. *La psychologie des femmes*. 1949. Paris: PUF: 1997.
González, Ann. "La presence de l'absence: La lecture des espaces dans 'Le guérillero' de Rosario Aguilar". *Livres Ouverts/Libros Abiertos* 4 (juillet/décembre 1996): 13-20.
González, Ann. "'Las mujeres de mi país': An Introducción to the Feminist Fiction of Rosario Aguilar". *Revista/Review Interamericana* 23.1-2 (Spring-Summer 1993): 63-72. (Incluido en este tomo.)
Hood, Edward Waters. "Búsqueda de identidad histórico-literaria en *La niña blanca y los pájaros sin pies* (1992) de Rosario Fiallos de Aguilar: una respuesta centroamericana al quinto centenario". Segundo Congreso Internacional de Literatura Centroamericana, Tegucigalpa, Honduras (22-25 de febrero de 1994). Ensayo inédito.
Nuestro Rubén Darío. Introducción de Ernesto Mejía Sánchez. Managua: Ministerio de Cultura, 1982.
Palacios Vivas, Nydia. "La intertextualidad como estrategia narrativa en el discurso de Aguilar". *Voces femeninas en la narrativa de Rosario Aguilar*. Managua: PAVSA, 1998. Págs. 95-150.
Pequeño Larousse ilustrado. México: Larousse, 1983
Ramos, Helena. "Rosario Aguilar, la feminidad y sus circunstancias". *Revista El País* [Managua] (diciembre 1997-enero 1998): 66-70. (Incluido en esta antología.)
Souza, Raymond D. *La historia en la novela hispanoamericana moderna*. Bogotá: Tercer Mundo Editores, 1988.
Tabet, Paola. "Fertilité naturelle, reproduction forcée". *L'arraisonnement des femmes: essais en Anthropologie des sexes*. Ed. Nicole-Claude

Mathieu. Paris: Cahiers de l'Homme, Ethnologie-Géographie-Linguistique, Ecoles des Hautes Etudes en Sciences Sociales, 1985. Págs. 61-146.
Thais, Eva. *Personalidades y valores femeninos de Honduras: ensayos biográficos, 1970-1975*. Tegucigalpa: Alin, 1999.
Tubert, Silvia. *La sexualidad femenina y su construcción imaginaria*. Madrid: El Arquero, 1988.
Urbina, Nicasio. *La estructura de la novela nicaragüense*. Managua, Anamá, 1995.

De: *Le texte et ses liens II*. Ed. Milagros Ezquerro y Julien Roger. *Les Ateliers du Séminaire Amérique Latine* 1 (París: Université París-Sorbonne, 2007).

"Quince barrotes de izquierda a derecha: novela de liberación de la conciencia opresora"

Jorge Chen Sham

En el orden de aparición, *Quince barrotes de izquierda a derecha* constituye la segunda novela de Rosario Aguilar, aparecida en 1965. Su técnica llamó la atención desde el principio de su publicación, por cuanto domina un yo femenino que traza las vicisitudes de su encarcelamiento y, desde el espacio cerrado de la cárcel, hace que fluya el discurso autobiográfico con el fin de lograr la autoconciencia liberadora. Tal y como indica Nydia Palacios, Aguilar "inaugura en Nicaragua la corriente sicológica en la novela y es la primera escritora que hace de la mujer sujeto y no objeto del discurso" (17). Esta observación tan pertinente, que plantea Palacios, es el punto de partida de este trabajo sobre una novela que, aunque es fundamental en la narrativa aguilariana, no ha sido estudiada por la crítica con su debida pertinencia y desarrollo. Porque la primacía de la primera persona implica un punto de vista intimista y de retrospección, el sujeto femenino, a la vez personaje y narrador, conduce a que el punto de vista de la narración sea el suyo; de esta manera, la mujer es actora de su propia historia y la cuenta desde su ángulo personal. Por otra parte, la brevedad de la novela, sus párrafos sencillos y bien cuidados, su remisión a la primera persona y a imágenes de gran dramatismo y peso poético, hacen que la aparición de esta narración intimista y retrospectiva deba ser analizada con atención.

1. La secuencia inicial de la novela y la influencia de la madre

Para estos efectos, es necesario abordar las condiciones internas de enunciación para acercarnos a las innovaciones discursivas que enumerábamos más arriba. Estas condiciones se instituyen en el mismo acto de escritura a partir de la aparición de una instancia discursiva fuerte y creíble que asume el acto de narración en tanto "proceso de recapitulación" de la existencia hasta ese momento en donde se escribe. Jean Starobinski señala la importancia capital de que una narración autobiográfica es una "autointerpretación" (67), pero que se hace desde un lugar y desde un punto de vista focal. El lugar no se identifica al inicio; pero a la segunda responde el inicio de la novela, cuando se expone el proceso de retrospección en relación con un "tú" femenino en la imitación de un modelo y la instancia narrativa se presenta también como femenina:

> No puedo negar que durante algún tiempo, hice todo lo posible para imitarla, por parecerme a ella. Durante algún tiempo constituyó mi ideal. Cuando estaba sola, trataba de imitar su modo de reír, su gesto al cruzar una pierna sobre la otra. Pero eso fue al principio, cuando yo no podía medir la diferencia que existía entre su pelo rubio y sus ojos verdes, y mi pelo negro con mis ojos amarillos. (7)

Observemos cómo esta relación no se quiere o no se puede precisar explícitamente, por cuanto siempre queda la duda de quién es la persona a la que se hace referencia con el pronombre "ella", cuando no se expone su nombre o se agregan otras informaciones. Hay un vacío que crea una expectativa y un enigma que debe dilucidarse acerca de esta persona a la quiso imitar y parecerse la protagonista en sus inicios. Porque se trata de su pasado, con la conciencia de que "la diferencia" se ha impuesto entre ellas, las características físicas aluden aquí a cuestiones fenotípicas que esbozan razones insalvables para expresar el tiempo que transcurre desde que ella era el modelo por imitar a la decepción actual. De esta manera, de las relaciones ideales del pasado (la admiración) pasamos a las relaciones problemáticas del presente (el rechazo); el redescubrimiento de las diferencias físicas anula la etapa anterior de la búsqueda del "ideal", del parecerse a "ella" tanto en los gestos como en movimientos corporales, lo cual acarrea el reconocimiento de las ingratas diferencias. El primer párrafo o *incipit* de la novela plantea unas relaciones tirantes y conflictivas entre el yo y el tú femeninos, de la siguiente manera, de las similitudes asumidas en el pasado a las diferencias reconocidas en el presente:

Pasado	Presente
"mi ideal"	x
"imitarla"	x
x	"la diferencia"

Por consiguiente, en el presente el yo femenino no ve en el tú ni un "ideal" ni alguien que se pueda o se quiera "imitar". Se trata de la caída del modelo, de su rechazo pero confiesa que no se atreve a juzgarla; eso lo indica en el siguiente párrafo de sus reflexiones, de manera que estas relaciones se plantean dentro de la acuciante y candente complejidad humana:

Realmente, no la conocí, y por lo tanto no me atrevería a juzgarla. Supe por otros, y ya muy tarde, su historia. Nunca se detuvo a explicarme los motivos de su vida. No sé si fue culpable, por lo suyo y por lo mío. O si fue a su vez víctima. Creo lo que logro recordar; de lo que me cuentan, no puedo creerlo ni dar fe, y sobre todo no me interesa. (7)

Dos cosas son importantes en este párrafo: primero, la aparición de la dicotomía víctima/victimario que hace surgir la noción de culpabilidad; segundo, la emergencia del recuerdo en tanto posibilidad no solo de calificar la versión que posee sobre la historia personal de "ella", sino también de ponderar la primacía de los recuerdos en la reconstrucción del pasado. Por lo pronto, observemos cómo el sujeto se ve imposibilitado a reconocer la culpabilidad en extremos tajantes ("No sé si fue culpable, por lo suyo y por lo mío. O si fue a su vez víctima"); eso sí, desde una perspectiva muy particular que se enuncia en la afirmación anterior ("Nunca se detuvo a explicarme los motivos de su vida"), para que la culpabilidad se exprese en relación con su biografía personal y los errores/aciertos de la existencia. A la luz anterior, se explica con pertinencia el hecho de que se aluda a su carácter de "víctima", como si se quisieran sopesar ciertas circunstancias que no se explicitan pero que expresan cierta comprensión justificatoria. Para Rafael Ángel Herra, ello nos hace entrar en el terreno de la desculpabilización de la conciencia moral frente al "valor positivo y coherente con nuestros intereses" (34), a causa de lo cual se remite al valor de la fiabilidad de los recuerdos de su niñez frente al rumor y a las habladurías de las gentes. La instancia narrativa quiere ponderar su ángulo personal y privado sobre el ámbito público en el que la apariencia y la falsedad dominan la sociedad. En este sentido, en el párrafo siguiente se ataca al silencio social (tal vez por decencia y el qué dirán) como el responsable de crear una imagen ausente de esa persona a la que se veneraba y ahora rechaza:

Si nadie se hubiera molestado en decirme lo de ella como nadie se molestó en tratar de que yo no lo fuera[,] todavía la admiraría, continuaría siendo mi ideal. Pero así fue. Nadie se detuvo para tratar de apartarme de todo aquello. Se detenían sólo para contármelo, eso, eso que yo no necesitaba saber. (8)

El relato se construye con lagunas de información, eso es claro para quien encuentra que hay cosas que permanecen implícitas y que deben leerse entre líneas. Por lo pronto, veamos la manera en que se identifica y se compara el sujeto femenino; se parte de una similitud que ellas comparten, como si una arrastrara a la otra:

Ella: "Si nadie se hubiera molestado en decirme lo de ella"
Yo: "como nadie se molestó en tratar de que yo no lo fuera"

Lo que más le duele entonces al yo que reflexiona es que, ya sea a causa de la naturaleza determinista, ya sea del destino, inconscientemente fue actuando y pareciendo a "ella". Censura duramente la indiferencia de la gente; más arriba, hablaba de la "soledad", de modo que no tuvo ni el sabio consejo ni la voz amiga que la guiara. Así, el verbo "molestarse" es sintomático de este abandono social y familiar, de manera que el ambiente se deduce como hostil y poco hospitalario para crecer, en una infancia que dejará traumas en la adulta que es actualmente. La actitud ambivalente y ambigua en relación con la dicotomía víctima/victimario ahora se lleva al terreno personal, para que el inicio de la confesión tenga el carácter exculpatorio; continúa así en el siguiente párrafo:

Los que ahora me juzgan, fueron tan audaces al juzgarla. Se empeñan en que confiese que no soy más que su víctima. No, pero eso no puedo hacerlo, no puedo juzgarla.
Para tratar de encontrar al culpable, tendríamos que comenzar desde el principio. No, no es ella; no fueron las anteriores a ella. Todo me parece que viene de más lejos. (8)

La noción de culpabilidad/inocencia que veíamos planteada anteriormente nos conduce en esta nueva afirmación, que ahora implica un reconocimiento de la similitud. La frase "Los que ahora me juzgan, fueron tan audaces al juzgarla" conlleva a que todo el peso social recaiga sobre ellas para, en primer lugar, compararlas y, en segundo, reconocer el estatuto de victimario de la otra; sin embargo, el sujeto no puede reconocer abiertamente su culpabilidad, de tal modo que volvemos a aquello que las reúne, las semejanzas. En tanto resultado, han actuado de tal manera para que se las sancione con el mismo estatuto y se las califique a ambas de "culpables". No queda claro de qué se trata. A lo largo de estos párrafos la problemática que va tomando forma es la identidad del sujeto femenino y las relaciones de semejanza/diferencia entre el yo y el tú, para que surja lo que se ha reprimido hasta ahora; la exteriorización de los componentes funcionales y temáticos que revisten ambos pronombres dentro de la comunicación. Dicho de otro modo, hay que saber, en las relaciones actanciales, qué tipo de funciones y de esferas recubre a los actores del discurso (López-Casanova 26) y esto se explicita únicamente a continuación:

> Todavía, a veces, cuando me pongo a recordar instintivamente deseo imitarla. No sé, pero hubo tiempos en que llegué a dudar incluso de su maternidad. Nunca se atrasó para decirme: "Eres mi hija" o "soy tu madre" que da igual.
> Como todos suponían, la mía era una suposición también. Alguien debió enseñarme a llamarle "Madre"; pero ni a mí, ni a nadie más, le constaba la verdad.
> Nunca se negó, tampoco. Me dejó llamarle así mientras vivió.
> Más tarde, pude constatar que legalmente, era en verdad mi madre; pero ya entonces, me era indiferente. Había dejado de recordarla; ya no me importaba. (8-9)

La posición es ambigua y dubitativa. Se plantea ahora el componente funcional:

Yo   Tú
Hija   Madre

Mientras que el temático recubre tres niveles:

Público: social en donde están las otras personas y la sociedad.
Familiar: privado, en donde se construyen las relaciones entre la

madre y la hija.

Vivencial: íntimo en donde estas relaciones generan consecuencias en la estima personal, en lo que piensa el sujeto de sí mismo.

Tanto para el lector como para la protagonista este momento de la narración, del acto de retrospección, es crucial, porque por primera vez se precisa esa relación con el "tú", a través de su implicatura y el esbozo de estas relaciones, que conducirían no solo la aceptación sino también el reconocimiento deseados ("Nunca se atrasó para decirme: 'Eres mi hija' o 'soy tu madre' que da igual"). No hay ningún apego, ningún cariño o atención que la madre muestre por su hija, para que la indiferencia sea la marca de la inexistencia de afecto y de comunicación entre ellas. De manera que estas relaciones se producen en el nivel del rechazo y de la ausencia, con lo cual afectan su reconstrucción en los tres ámbitos esbozados anteriormente: a) la relación con la sociedad y lo que piensa esta tanto de la madre como la hija, b) propiamente la relación madre/hija en tanto no asumida y negada, y c) la relación de la protagonista consigo misma, su estima y su identidad individual. Por lo tanto, la relación madre/hija se construye en un desinterés que se explicaría en el desbalance que está en el origen del estatuto de la maternidad según Caroline Eliacheff y Nathalie Heinich, ya que ella "se trouve confrontée à deux modèles d'accomplissement, correspondant à des aspirations le plus contradictoires : soit mère, soit femme ; soit maillon d'un lignée familiale, soit individu doté d'une personnalité spécifique" (18).

La certeza de la relación entre madre/hija es un "carbón caliente" que quema, si se me permite esta metáfora de lo que se calla/se dice. Así que cuando la verdad aflora, la construcción del afecto es algo inexistente para que la distancia y el olvido surjan ahora. Tiene razón Paul Ricoeur cuando explica que la huella de recuerdo se ejecuta como una reminiscencia que afecta y repercute, para que se active el recuerdo como tal (Ricoeur 22) y es, sin duda, el recuerdo de la madre el que desencadena el acto de narración/reconstrucción del sujeto femenino en *Quince barrotes de izquierda a derecha*. Su influencia es tal que la madre constituye esa encrucijada que desencadena todo el *pathos* de la novela, entendiendo este último como afectos que desempeñan "un papel primordial en la configuración de la subjetividad" (Trigo 39). Aquí la niña elabora su propia imagen en la identificación constitutiva de parecerse a la madre en sus gestos como veíamos atrás, pero también en la imitación confesada también de su "sonrisa" (9) o en su manera de fumar y tomar un cigarrillo entre sus dedos, cuando ella recuerda que "[f]umaba de una manera fascinadora" (12). Esta identificación constitutiva corresponde a la simbiosis y búsqueda de "la imagen materna que desearía ser" (Trigo 40), antes de que se produzca la escisión fundante hacia la vida de adulto y se produzca la novela del neurótico.[1]

2. La retrospección culpable y el acto de narración en tanto "proceso"

Frente a este estadio primitivo o inicial, a través del proceso de memoria la novela desarrolla la separación de madre e hija, para que su fundamento sea una identificación constituida, que el sujeto va interiorizando y asumiendo con arreglo a la vida adulta y las imposiciones sociales; se trata de un punto de vista que "coincide no con lo que el individuo ve, ni con la manera en que los otros lo ven, sino con la manera en que el individuo se ve *en la mira de los otros*" (Trigo 40, la cursiva es nuestra). La expresión "en la mira", utilizada por Abril Trigo, nos parece capital en la novela de Rosario Aguilar. Bajo la observación de los otros o en el objetivo de la mirada de los otros, el sujeto femenino "está en la mira", para que la culpabilidad se decante ahora en el terreno de la hija. Por lo tanto, el esbozo de esta relación conflictiva con la madre desencadena el repliegue sobre sí misma. Se explicitan las condiciones del acto de escritura, para que se expongan las condiciones desde las cuales se hace la recapitulación en la novela:

> En casi todos los periódicos sale a diario mi foto. Se aprovechan de mí, de mi tragedia, para vender sus números. Es admirable como las personas son atraídas por las noticias trágicas.
> Ahora quieren complicar la cosa. Todos los que me conocen y han llamado a declarar coinciden en lo mismo.
> Todos dicen que desde niña fui anormal. Uno se atrevió a decir, que

---

1. Lamentablemente este elemento que tiene que ver con la imagen de separación de la madre no se podrá plantear en la brevedad de este trabajo; baste recordar que la novela del neurótico desarrolla la idea de que el niño/niña mata al progenitor del mismo sexo cuando descubre el desfase entre la imagen ideal y la real, con lo cual llega a odiarlo y a asesinarlo "simbólicamente hablando".

yo nací idiota. Ahora todos dicen que con sólo fijarse en mis ojos se descubre la verdad. (13)

La exposición de lo personal se materializa con las "fotos" con las que bombardea la prensa, para que el derecho a la privacidad sea negado dentro de lo que Helena Béjar denomina "una esfera libre de coerción, de invasión, de intervención" (39) y, por lo tanto, "hace referencia a una zona de retiro y de apartamiento, a un *ámbito* donde los demás le dejan a uno en paz, un *recinto* de tranquilidad para actuar o pensar" (Béjar 42, las cursivas son del texto). La amenaza y el peligro de estar expuesta, "en la mira", están problematizados cuando este espacio o lugar de la privacidad se viola o se transgrede. Ahora bien, sus consecuencias serían las que Béjar esgrime atrás en su artículo, cuando habla de "de coerción, de invasión, de intervención". La "invasión" se interpreta aquí como esa exposición mediática a la que está sometida la protagonista con su "foto" que aparece a diario, mientras la "intervención" se crea con los llamados de la prensa a "declarar" sobre los antecedentes familiares y su infancia: la presentan como una "niña" arrastrada por las circunstancias y sin ningún tipo de inteligencia. Con ello, la opinión pública pretende desculpabilizarla de un acto que no se nombra todavía en la novela; se crea el suspense del enigma, como ya habíamos visto desde el principio, para que el lector vaya construyendo el relato en la medida en que el sujeto va autoexplicándose las cosas. Queda claro que el rumor social y la opinión pública funcionan, entonces, como una forma de "coerción", volviendo a Helena Béjar, para que el sentido de abandono y de una lucha personal no cobren su función en tanto una forma de descargo personal, como una nebulosa de confusión y de sentimientos encontrados:

Todo parece estar tan confundido, que quisiera dar a conocer la verdad por medio de unas cuantas líneas. No quiero que se juzgue a nadie sin razón, ni que se llegue a culpar a alguien.
No quisiera defenderme ni acusarme. No sé ni siquiera cuál es mi grado de culpabilidad; ni hasta qué punto soy inocente. Es como una larga, larga cadena. Un eslabón detrás de otros. Entre los eslabones malos, hay algunos buenos. Sí, unos y otros, todos continuándose. (15)

La culpabilidad/inocencia no se imputa a algo espiritual o a la condición humana. Todo lo contrario, vamos uniendo las piezas de un relato con lagunas:

a. La exposición de los periódicos y el caso al que se refieren, si bien no se expone, nos hace pensar que la presión y la coerción de la sociedad se realizan para que ella cuente su propia versión de las cosas.
b. La relación conflictiva con la madre y la remisión a la infancia en todos los que intervienen en los periódicos subrayan la importancia y la significación de la madre aquí.
c. La protagonista ha cometido algo que es sancionado por la sociedad, o al menos ha transgredido una norma social que implica condena y castigo. No sabemos aún exactamente de qué tipo es y de qué grado es para que amerite una pena de castigo.
d. Tampoco ella reafirma su inocencia, lo que implicaría esa lucha interior en el teatro de la conciencia para que ella llegue a una conclusión; la única posible es que su existencia corresponde a una "larga cadena", cuyos eslabones no se explican de forma maniquea o de forma determinista.

A la luz de lo anterior, *Quince barrotes de izquierda a derecha* se presenta como una narración que apela a una perspectiva muy personal e intimista, para que se descubra ese mundo rico e interior de contradicciones y de dudas; se presenta ella como un personaje indeciso y confrontado a sus fantasmas que provienen de la infancia; podemos así atribuirle la siguiente afirmación de Andrés Amorós: "Detrás de ellos [se refiere a personajes dudosos y contradictorios], en lo hondo, yace el misterio de su personalidad" (43), que apenas empieza a escarbar y a pergueñar la protagonista. La remisión a la infancia y a los primeros recuerdos de la niñez proyecta esa relevancia de lo que se reprime; ella se atisba atravesando las calles de un pueblo que tampoco tiene referencias toponómicas, la vista se detiene en las casuchas a ambos lados, mientras que, hacia arriba, "el cielo azul" (16) resplandece y llega a un muro imaginado por ella: "El lugar quedaba en medio, entre dos esquinas; en las cuales había dos pulperías. Hasta allí llegaba yo. No avanzaba más" (16). Delante de ella está la parte del pueblo que no explora como si se le impusiera un límite, al tiempo que nos confiesa que iba a la escuela por su propia cuenta y sufría las bromas y las risas de sus compañeritos: "Era más lo que sufría. Los niños son instintivamente crueles. Tienen un sexto sentido... una como sutileza para decir lo que ofende" (16). Los recuerdos de una infancia con dolor y sufrimiento se imponen dentro de un mundo infantil nada bucólico ni halagüeño. Si como explica Morton Schatzman, el niño es el cuerpo de su pasado y este se halla impreso en su memoria, para el niño agredido su cuerpo "conserva recuerdos de lo que le hizo su [madre, en este caso] siendo niño" (56). Por lo tanto, a simple vista pareciera que los recuerdos afloran en un proceso algo caótico y fragmentario, se escapan al significado o a la función, por cuanto su negación es la consecuencia misma de una cierta amnesia o de una imposibilidad para recordar. Ello explica las razones por las cuales vuelve ahora, en la sintagmática del relato, a su situación presente: "Me han puesto como defensor a un abogado demasiado joven. Me hace gracia ver su embarazo. No encuentra la manera de tratarme, de dirigirse a mí. Ni siquiera encuentra los argumentos para la defensa" (16).

En este momento, solamente para el lector se aclara el contexto, el lugar desde donde se enuncia la narración retrospectiva de *Quince barrotes de izquierda a derecha*. La mención del abogado defensor y toda la confusión sobre la culpabilidad exponen la significación de un posible crimen cometido (pero, aún no sabemos contra quién ni sus razones), aunque podría dudarse del lugar en donde se encuentre. Ahora bien, el lector no puede olvidarse del título de la novela, que habla de "barrotes", por lo que podemos conjeturar de que se encuentra en el espacio de la cárcel, encerrada mientras se la juzga y por eso posee un abogado defensor, cuya inexperiencia y trato embarazoso ella misma observa. Es en este momento en donde subraya las versiones de la prensa, los esfuerzos de su abogado para construir a duras penas una defensa adecuada, los argumentos que se utilizan para justificar su descargo y es cuando apunta una de las claves más importantes para comprender el proceso de escritura de la novela:

Quisiera apresurarme, para poder aclarar bien las cosas. Si tuviera tiempo, escribiría en orden todo lo que pasó. Pero el tiempo apremia. Pronto será el jurado, y tal vez lo que escriba sirva para aclarar en algo, o para defenderme. No sé, pero para algo pudiera servir. Y aunque no sirva. Quiero que lo añadan al expediente.

La verdad tiene que salir. La verdad tiene por fuerza que encontrarse algún día. Al declarar culpable a mi madre, o a aquel hombre terrible, no se sacaría nada en claro. Se acabaría el juicio, y pronto, muy pronto, todo se olvidaría. No quiero que se olvide. No hay un culpable, ni dos, ni tres. Son más de lo que todos se imaginan. (18-19)

La cita es extremadamente larga pero no he podido cortarla por tres razones. La primera es en relación con el proceso de retrospección y con el descargo que acomete la protagonista; la segunda se refiere a la factura del relato y a las claves de metaficcionalidad; la tercera aborda las intenciones para postergar el juicio y la afirmación de la culpabilidad colectiva que esgrime aquí. Con la primera razón, en la medida en que va reflexionando y se impone el teatro de la conciencia, la novela se "escribe"; ella lo hace con la premura del tiempo perentorio, de modo que su finalidad se enuncia en la acción de "aclarar bien las cosas". Pero hemos visto sus lagunas, las torpezas de un estilo ambiguo y nada preciso, para que ella misma aclare que no lo está escribiendo "en orden todo lo que pasó"; la segunda razón aborda la factura de un relato disperso, fragmentario, nada lógico. De esta manera, la pregunta que se impone es la siguiente, ¿cómo puede servir como descargo al "expediente", cuando falta el orden y la rigurosidad en su relato? Por supuesto que las dudas surgen con el fin de polemizar si tal relato servirá "para aclarar en algo, o para defender[la]". La tercera tiene que ver con la colaboración en el proceso de defensa, sus silencios ante el abogado y su confesado entorpecimiento a que se haga justicia cumplida, porque ella confiesa que no quiere acabar tan rápido con el juicio, porque atribuye la culpa a una colectividad. En este sentido, agrega a la madre, un tercer posible culpable en la persona del "hombre terrible" que no identifica y del que parece no querer hablar, al menos hasta este momento.

A la luz de lo anterior, la historia de *Quince barrotes de izquierda a derecha* supone la narración de un caso judicial y de un proceso que asume la escritura en forma de un descargo personal, eso es cierto. En efecto, Teresa Bolet Rodríguez indica en relación con la culpabilidad que esta manifiesta "[la] necesidad y la acción de enjuiciar los actos humanos" (7) en tanto violación de una norma o de leyes, lo cual conlleva que sea el elemento estructurador de un proceso jurídico o de un proceso de exculpación/defensa del individuo, que un texto asumirá. Toda la narración retrospectiva, la reconstrucción de los recuerdos, la evocación de la infancia y de la existencia misma tendrán este input, con el fin de que por medio de la escritura la protagonista tome conciencia, se libere en un proceso conflictivo con ella misma, su madre y la sociedad. La escritura de la novela está allí para que desencadene la toma de conciencia y sirva de experiencia ejemplarizante, tal y como se expone al final del Cap. I:

> Yo, ya alcancé este extremo; pero hay miles como yo fui. Miles de muchachas, que no tienen en este preciso instante, un lugar al cual llegar; por el cual ilusionarse. [...]
> Sí, hay muchas que se ilusionaron y que ahora... no encuentran un camino, un lugar.
> Conozco el problema... y eso que yo no me dejé enganchar seducida. En mí, no hay remordimiento. Nací enganchada. Quisiera poder ayudar... quisiera que en el país, alguien tuviera un lugar, un regreso... un pedazo de cielo azul. (19-20)

Entonces, si no ha querido ni declararse culpable ni inocente, si ha entorpecido con su silencio el trabajo de su abogado, es porque hay un poderoso motivo que se esgrime en este final de capítulo para proceder de esta manera tan ambivalente y en contra de sus propios intereses. Su relato tiene que servir de testimonio a "[m]iles de muchachas" con su misma situación y caso; Renato Prada Oropeza ha subrayado en este sentido, que el caso paradigmático y la amplificación del testimonio se relacionan con el valor colectivo de quien vive el mismo dolor y las mismas injusticias (37-38), que aquí la propia protagonista valora; su finalidad política podría ser la concientización del "sujeto femenino relegado a la esfera doméstica" (Palacios Vivas 17), con una luz de esperanza que se anuncia con "un pedazo de cielo azul".

3. La conciencia liberadora y la intertextualidad con Alfonso Cortés

Con José Enrique Martínez Fernández, recordemos que la intertextualidad y sus grados dependen de que esta sea perceptible o no en los procesos de producción/recepción del nuevo texto (38). En el caso que nos ocupa, la frase con la que se cierra el Cap. I de *Quince barrotes de izquierda a derecha* corresponde a una cita no literal de Alfonso Cortés. Se trata del famoso poema "Un detalle", de la Segunda Parte "Almas Sucias":

Un trozo de azul tiene mayor
intensidad que todo el cielo,
yo siento que allí vive, a flor
de éxtasis feliz, mi anhelo.

Un viento de espíritus, pasa
muy lejos, desde mi ventana,
dando un aire en que despedaza
su carne una angélica diana. (68)

"Un trozo de azul" (v. 1), en tanto metonimia del cielo, establece la importancia de la mirada, la cual se ha transformado en el procedimiento semiótico/perceptivo que utiliza Alfonso Cortés para modelar su experiencia poética de la inmensidad (Chen 33-34). El yo lírico experimenta esa sensación de profundidad y de vivir un acto extraordinario gracias a esa capacidad cognoscitiva y estética que le ofrece la posibilidad de mirar "desde [su] ventana" (*Quince barrotes* 6). Tiene razón José Varela-Ibarra, en su fundamental *La poesía de Alfonso Cortés*, en plantear la importancia del "inmenso cielo reducido a un trozo azul [del] rectángulo celeste enmarcado en la ventana" (61), pues la concentración de la percepción obliga a significar el marco óptico, el lente personal desde el cual se mira ("desde mi ventana"). Se trata de un punto de vista interior que se desborda hacia el exterior y lo inunda proporcionándole sentido a la existencia ("mi anhelo") y a su trabajo poético ("flor"). Pero la lectura que se realiza tradicionalmente de esta ventana es la del artefacto semiótico que posibilita el ansia de libertad: a través de la ventana se explora la inmensidad y la libertad creadora, tal y como sucede en la reinterpretación de Rosario Aguilar en el Cap. II, cuando se explicita, por primera vez y en forma contundente, el lugar en donde está encerrada la protagonista:

En la celda, he como captado la grandeza del universo. Al descongelarse el corazón, me he hecho sensible de nuevo, al amor, a la belleza, a la maldad.
Permanezco con todos mis poros abiertos, alertas.
Por la ventana alta de la celda, se muestra un trozo del derroche de la noche; palpitante con todas las luces.

Me parece que he vuelto a soñar de nuevo.
Entre las rejas de la ventana, se miran las joyas más bellas. Parece como una vitrina; como un lujoso escaparate de joyería. (36-37)

De nuevo no he podido sustraerme a la bella estilística de este párrafo, que se reclama por cierto de la intencionalidad y medios expresivos de la prosa poética,[2] porque está al servicio de la ensoñación y de la imaginación poética que le permite a la protagonista liberarse y trascender ese espacio cerrado de la cárcel. La "ventana alta de la celda" se presenta como artefacto semiótico para contemplar las maravillas del cielo, aquí descrito y caracterizado con el símil, "como un lujoso escaparate de una joyería". Pero al igual que en Alfonso Cortés, la percepción tiene su origen en la visión íntima y personal, que aquí se expresa como conciencia integradora gracias a la "ventana". Veamos, en este sentido, cómo el horizonte se anuncia de dos maneras, y las dos, con la evocación del poema de Cortés, establecen una equivalencia metonímica:

Aguilar	Cortés
"un pedazo de cielo azul"	"Un trozo de azul tiene mayor
"un trozo del derroche de la noche"	intensidad que todo el cielo"

Se trata de una "individualización subjetiva", tal y como ya vi en Cortés (34), para que, con Cortés, también la protagonista de Rosario Aguilar advierta esa posibilidad de salirse de la carne y experimentar las formas del espíritu aéreo. Se proyecta aquí esa necesidad de trascender el espacio cerrado de la cárcel, para que, absorta y con el cansancio de la carne después de haber llevado ese esfuerzo cósmico de ascender y volar por el universo, vuelva a su triste realidad y se explicite por completo la referencia al título de la novela: "Me siento cansada. Absorbo como un secante todo lo que sucede. Cada ruido. Cada transformación de luz. Estoy sedienta. He contado los barrotes de la ventana. He llegado a la conclusión de que son quince" (38).

De manera que el éxtasis, ese salirse de sí misma, termina por traerla

---

2. Se trata de un desarrollo que no se puede realizar en este trabajo, pero desde nuestro punto de vista, la eficacia de la comunicación en esta novela depende de un lenguaje sinestésico, de eufonías y de equivalencias, además de ritmos internos, muy propios de la prosa poética. Véase Paraíso de Leal (87 -90).

a la triste realidad del encarcelamiento, el cual se manifiesta con la imagen de los "barrotes de la ventana". La ventana es el lugar, así, de la dicotomía interior/exterior, de modo que el texto multiplica las posibilidades de salirse de la conciencia opresora que no permite ni la libertad ni el discernimiento, a las cuales se abocará el proceso de narración en el resto de la novela, con el fin de encontrar esas respuestas y esas verdades no tan tranquilizadoras para el sujeto. Por lo tanto, las huellas del intertexto cortesiano se circunscribe al procedimiento textual perceptible y buscado en la evocación o del "trozo azul del cielo", con el fin de que el deseo de libertad y las ansias de trascendencia delineen el rumbo por seguir de un pasado del cual pretende liberarse la protagonista de la novela, y desencadenar ese proceso catártico que le asegure saldar las cuentas con su pasado. El reconocimiento de los "quince barrotes de izquierda a derecha" plantea, con el conteo de los obstáculos que limitan su espacio, el proceso narrativo.

Obras Citadas

Aguilar, Rosario. *Quince barrotes de izquierda a derecha*. 1965. Managua: Editora del Arte, 1990.

Amorós, Andrés. *Introducción a la novela contemporánea*. Salamanca: Anaya, 1966.

Béjar, Helena. "Individualismo, privacidad e intimidad: precisiones y andaduras". *De la intimidad*. Ed. Carlos Castilla del Pino. Barcelona: Crítica, 1989. Págs. 33-57.

Bolet Rodríguez, Teresa. *Modalidades del caso y del proceso jurídico en el drama hispanoamericano*. Miami: Universal, 1990.

Chen Sham, Jorge. "De la mirada intimista y reflexiva al 'éxtasis crepuscular' en Alfonso Cortés". "Un trozo de azul tiene mayor intensidad". *Actas del III Simposio Internacional de Poesía Nicaragüense del Siglo XX* (Homenaje a Alfonso Cortés). Ed. Jorge Chen Sham. León: Editorial Universitaria UNAN-León, 2013. Págs. 33-55.

Cortés, Alfonso. *Poesías*. Managua: Imprenta Nacional, 1931.

Eliacheff, Caroline y Nathalie Heinich. *Mères-filles: Une relation à trois*. París: Albin Michel, 2002.

Herra, Rafael Ángel. *Autoengaño: palabras para todos y sobre cada cual*. San José: Universidad de Costa Rica, 2007.

López-Casanova, Arcadio. *El texto poético: teoría y metodología*.

Salamanca: Colegio de España, 1994.

Martínez Fernández, José Enrique. *La intertextualidad literaria (Base teórica y práctica textual)*. Madrid: Cátedra, 2001.

Palacios Vivas, Nydia. *Voces femeninas en la narrativa de Rosario Aguilar*. Managua: PAVSA, 1998.

Paraíso de Leal, Isabel. *Teoría del ritmo de la prosa: aplicada a la hispánica moderna*. Barcelona: Planeta, 1976.

Prada Oropeza, Renato. "Constitución y configuración del sujeto en el discurso testimonio". *Casa de las Américas* 30.180 (1990): 29-44.

Ricoeur, Paul. *La mémoire, l'histoire, l'`oubli*. París: Seuil, 2000.

Schatzman, Morton. *El asesinato del alma: la persecución del niño en la familia autoritaria*. 17ª ed. México, D. F.: Siglo Veintiuno, 2003.

Starobinski, Jean. *La relación crítica (Psicoanálisis y Literatura)*. Madrid: Taurus, 1974.

Trigo, Abril. "La función de los afectos en la economía político-libidinal". *El lenguaje de las emociones: afecto y cultura en América Latina*. Ed. Mabel Moraña e Ignacio Sánchez Prado. Madrid/Frankfurt am Main: Iberoamericana/Vervuert, 2012. Págs. 39-53.

Varela-Ibarra, José. *La poesía de Alfonso Cortés*. León: UNAN, 1976.

"*El guerrillero* y la dinámica del cambio"

Raymond D. Souza

En Nicaragua la escritura creativa comúnmente se asocia con ser poeta y habitualmente se presume que la poesía es la forma preferida de expresión. En Nicaragua predomina tanto la poesía que hasta hay un dicho nicaragüense, según el cual "si alguien busca algo en la bolsa del pecho, va por un poema, no por un arma. La defensa de usted es llegar a su bolsa del pecho y sacar *su* poema" (Martin 6). Para la mayoría de los nicaragüenses, literatura es sinónimo de poesía, lo cual es en parte un indicio de la sombra imponente de Rubén Darío. Darío fue una fuerza influyente y alentadora en las letras latinoamericanas, y mucho fue lo que hizo por remozar el lenguaje poético en todo el mundo hispánico durante el gran período modernista. Sin embargo, Darío fue tanto un producto de su contexto cultural como un innovador que lo transformó.[1] Recibió la influencia de una sociedad que observa la realidad en términos metafóricos, es decir, una sociedad en la que la analogía es utilizada para expresar la espontánea cercanía de la experiencia, sin importar el tiempo y el espacio ni una fiel reproducción de fuentes. Por supuesto, existen dos Daríos, el poeta del escapismo estético que obra grandemente en un estilo metafórico, y el observador socialmente consciente que ya muy avanzada su carrera comenzó a desplazarse hacia un estilo metonímico de causa y efecto. Los sandinistas han preferido poner énfasis en el segundo Darío, sin negar el prestigio del primero, en parte para dar legitimidad a su movimiento, del mismo modo como José Martí fue utilizado en Cuba.

Aunque la poesía es la forma literaria predominante en Nicaragua, existe una importante tradición de narraciones de historias orales, y una reciente pero importante formación de una tradición novelística. Fernando Silva, Lizandro Chávez Alfaro, actual director de la Biblioteca Nacional, y Sergio Ramírez Mercado, el vicepresidente de la Junta de Gobierno, son algunos de los más reconocidos narradores de Nicaragua.[2] Un talento excepcional escasamente conocido fuera

---

1. Un interesante estudio sobre este particular está en Arrom, "El oro, la pluma y la piedra preciosa: indagaciones sobre el trasfondo indígena de la poesía de Darío".
2. Ver, por ejemplo, la "Introducción" de Sergio Ramírez a *Cuento Nicaragüense*. También Ramón Luis Acevedo, *La novela centroamericana*.

de Nicaragua es Rosario Aguilar. Este no es un hecho extraño en Latinoamérica. Hay muchos buenos escritores poco reconocidos en el exterior y, en algunos casos, hay escritores cuyas obras son apreciadas únicamente por pequeños círculos de amigos y especialistas en sus propios países.

Nacida en León, Nicaragua, en 1938, Rosario Fiallos de Aguilar ha producido un modesto pero impresionante cuerpo literario. Ella prefiere la novela corta y sus trabajos publicados incluyen siete novelas cortas y un cuento. Rosario Aguilar es una escritora ordenada que gusta de trabajar en su taller todos los días, pero no ha intentado cultivar una carrera profesional. Rosario Aguilar escribe por el placer que le proporciona la creatividad estética, y poco se ha preocupado por adquirir fama. Algunos miembros de su familia han reconocido correctamente la calidad de su trabajo, y en respuesta a esas muestras de aliento ella ha publicado tantos trabajos como para satisfacer cualquier necesidad interna. Su marido, Iván Aguilar, y un hermano, Mariano Fiallos, el exrector de la Universidad Nacional en León y presidente de la comisión electoral en 1984, han sido estrechos colaboradores.

La tradición poética de Nicaragua ha ejercido una enorme influencia en la novelística de Rosario Aguilar, sobre todo en la forma cómo la realidad es concebida e interpretada, y su estilo es frecuentemente lírico. El título de su primera publicación, *Primavera sonámbula*, está tomado de un poema, "Canto de guerra de las cosas", del poeta nicaragüense Joaquín Pasos (1914-1947). Publicada en León en 1964, *Primavera sonámbula* tuvo una edición limitada de solo quinientos ejemplares.[3] Afortunadamente fue reimpresa en 1976 en un volumen que contiene otros cuatro trabajos de Rosario Aguilar, por la Editorial Universitaria Centroamericana (EDUCA), en Costa Rica. La segunda publicación tuvo una edición más grande, unos tres mil volúmenes,

---

3. *Primavera sonámbula*, León, Nicaragua, Ediciones Ventana, 1964. Habrá citas de esta edición y se anotan en el texto. Las publicaciones de Rosario Aguilar, en orden cronológico, incluyen: *Quince barrotes de izquierda a derecha*, León, Ediciones Ventana, 1965; *Aquel mar sin fondo ni playa*, León, Editorial Universitaria. 1970; "Rosa Sarmiento", en *El Pez y la Serpiente*, No. 9, 1968; *Las doce y veintinueve*, León, Separata de *Cuadernos Universitarios*, No. 15, 1975; *Primavera sonámbula*, San José, Costa Rica, EDUCA, 1976; *Siete relatos sobre el amor y la guerra*, San José, EDUCA, 1986. La edición EDUCA de *Primavera sonámbula* contiene *Primavera sonámbula*, *Quince barrotes de izquierda a derecha*, *Aquel mar sin fondo ni playa*, *Rosa Sarmiento* y *El guerrillero*.

pero se halla agotada.

Primavera sonámbula cuenta los esfuerzos de una muchacha por dominar una enfermedad mental y reconocer su feminidad. Narrada en primera persona del singular, y presentada como un documento para el archivo de su médico, la narradora intenta organizar su existencia escribiendo la historia de su vida. Emprende esta obra a sugerencia de su siquiatra, quien sospecha que la muchacha es, en parte, víctima de una imaginación hiperactiva. La narradora mira la realidad en términos metafóricos, y cuando inicia su historia, compara su vida con la luz menguante de principios del atardecer en su cuarto de una clínica siquiátrica. "Así como este atardecer han sido todos mis días. La luz abandona el dormitorio. Huye por la ventana abierta, y los objetos: mis libros, la silla, mi cuerpo, flotan en la hora incierta. Miro con firmeza una mesa; pero flota, está y no está como si cambiara de lugar, como si ni siquiera existiera" (8).

En esta escena la narradora está describiendo un período de transición, un momento en que es difícil distinguir una etapa del día de otra. Su incapacidad de enfocar los objetos comunica la imprecisión emocional de su vida y su imposibilidad de comprender lo que está ocurriendo. Está pasando por un período de titubeos y dudas, semejante a la transición de la luz a la oscuridad en su cuarto. Cuando la narradora indica que se siente más cómoda en la oscuridad, el lector se da cuenta de que ella le teme a la realidad simbolizada por la luz.

Primavera sonámbula describe la fluctuación de una joven entre la enfermedad mental y la salud, y su gradual retorno al mundo de la normalidad. Su salida de las tinieblas de su mente coincide con el despertar sexual y con el hecho de que ella se da cuenta de que la vida es una empresa temeraria y llena de peligros. Termina su narración comparando el futuro con el mar, y expresa su determinación de participar plenamente en la vida. "Ante mí se extiende un mar profundo y tempestuoso. El doctor me suplica que me fuerce a echarme a nado, que no me detenga, que no vuelva a ver atrás; aunque me sienta exhausta, aunque me sienta morir. Haré lo que se me pide, aunque naufrague" (54).

En las narraciones de Rosario Aguilar aparecen a menudo importantes elementos. En *Primavera sonámbula*, por ejemplo, encontramos el énfasis en lo sensorial, la asociación de personajes con aspectos de la naturaleza, y una predilección por narrar en primera persona. Como la estrategia retórica en *Primavera sonámbula* es ante todo metafórica, la narradora tiende a unirse con la naturaleza, pero no hasta el punto de perder su identidad o su autonomía individual. Aunque se halla presente un deseo de entender la causa de su enfermedad, el énfasis consiste en determinar cómo se relacionará ella con el mundo ahora y en el futuro. El pasado es vencido y exorcizado, pero no hasta el punto de ser entendido en una forma completa y mecanicista. Un tema de menor importancia en *Primavera sonámbula* reside en cómo empezará la protagonista a relacionarse con el orden social una vez que empiece a mejorar. Su vuelta a la salud va acompañada por observaciones sobre la superficialidad e hipocresía de la sociedad organizada. La interacción entre individuos y sociedad es una preocupación que se intensifica lentamente en sus narraciones. Sin embargo, en *Primavera sonámbula* la lucha más importante es la que sostiene la narradora con su propia mente, y la familia y los conflictos sociales son solo temas menores.

En su relato siguiente, la protagonista-narradora es claramente víctima del orden social, más que la paciente mental financieramente acomodada de *Primavera sonámbula*; en *Quince barrotes de izquierda a derecha*, de 1965, una joven prostituta pasa revista a su vida desde la prisión, cuando se enfrenta a la acusación de homicidio. Surge un ambiente de enigma cuando ella trata de aclarar qué es lo que la ha conducido hasta ese extremo y se esfuerza por determinar hasta qué punto es víctima de otros o de sus propias acciones. Aunque finge indiferencia respecto a su destino e intenta proyectar una actitud de falta de interés, el lector reconoce que éstos son simples mecanismos de defensa que ella ha adquirido para sobrevivir.

Tratando de desenredar su pasado, la narradora empieza considerando la relación amor-odio que ha sostenido con su madre. "Para tratar de encontrar al culpable tendríamos que comenzar desde el principio. No, no es ella; no fueron las anteriores a ella. Todo me parece que viene de más lejos. —Aunque se buscara mucho, no creo se lograría encontrar al verdadero culpable. Todo comenzó, seguramente, cuando no había a quien culpar. Dicen que al principio, no existían más que los animales" (*Quince barrotes* 11). La alusión de la narradora al culpable, que se origina en un pasado remoto, primordial, comunica su cansancio espiritual así como ciertos ecos de la teología católica.

Por medio de la inesperada aparición de la hermana de su madre, la narradora descubre que su madre fue víctima de una infortunada situación de familia y que su único camino de rebeldía era su sexualidad. A la postre su madre se convirtió en una prostituta que no hizo la menor tentativa por proteger a su hija contra las crudas realidades de la profesión que ella, la madre, había escogido. La narradora cuenta un episodio de su niñez, cuando su progenitora, en una extraña demostración de afecto, la apretó en sus brazos. Sin embargo, la madre fue vencida por el sueño y estando dormida quemó gravemente a su hija con un cigarrillo. El suceso funciona como una metáfora en cuanto a la índole de las relaciones entre las dos mujeres. En cierta ocasión, después que la narradora misma se prostituyó, intenta escapar de tan sórdida existencia con la ayuda de un sacerdote. Cuando un rufián busca oponerse a los esfuerzos de la mujer, toda una vida de aceptación pasiva se transforma de una manera súbita y ella mata al hombre.

El asunto de la responsabilidad es tocado en forma indirecta, pero significativa. Hablando de los muchos clientes, la narradora comenta: "No pensaban que si me hubiera puesto a escoger, entre mi vida y la otra, hubiera escogido cualquier cosa menos aquello. Ni los que parecían más inteligentes, más civilizados. No admirarían más que mi cuerpo blando y redondo. Sin tratar de penetrar detrás... adentro... que era un camino árido, sin árboles ni hierba. Completamente devastado por aquella continua humillación" (55-56).

Como los clientes de la mujer vienen de un mundo en el que se puede escoger, son incapaces de imaginarse que ella no esté allí por su propia voluntad. Ella comenta que habiendo crecido en un medio pernicioso, todo le parecía natural y predestinado, y confiesa que su ignorancia fue su peor enemigo. En un poético vuelo de la fantasía, especula sobre lo que habría hecho si se le hubiera presentado la oportunidad de escoger. "Si me hubieran puesto en la alternativa de escoger. De escoger entre ser yo, o ser la princesa de un palacio, donde se podía dormir sola, sin que nadie molestara. Pero no" (56).

La palabra "princesa" se refiere a la principal figura femenina en la bien conocida "Sonatina" de Rubén Darío. La asociación es parte de un código cultural y resulta irónica, puesto que la princesa en la obra de Darío desea con ansia un amante. El tropo está marcado por la oposición semántica, puesto que la princesa de Darío y la narradora en la obra de Rosario Aguilar desean metas contrarias. Una busca contacto humano íntimo y la otra está tratando de evitarlo. Pero ambas guardan también importantes semejanzas, porque las dos desean ser rescatadas de su condición. El tropo está marcado simultáneamente en un nivel semántico por la oposición y la similitud y ello produce un efecto irónico (Rice y Schofer 31). En este caso, el significado se mueve en dos direcciones al mismo tiempo. Las dos mujeres se hallan también enlazadas por otras semejanzas y oposiciones semánticas. La princesa en "Sonatina" sufre de descontento melancólico por más que está rendida por exóticas posesiones materiales, en tanto que la narradora de la obra de Rosario Aguilar está abrumada por la abundancia de contacto físico. Sin embargo, en ambos casos la materialidad no satisface las necesidades de ninguna.

Es precisamente en este nivel semántico de escoger o de no tener de dónde escoger que las cuestiones y las responsabilidades sociales entran en la exposición de Rosario Aguilar. Uno de los principales intereses en su producción literaria es el papel de la mujer en la sociedad nicaragüense, y en sus primeras tres novelas la narradora deja ver esa preocupación. La protagonista de *Primavera sonámbula* pertenece a la clase alta, en tanto que la infortunada prostituta de *Quince barrotes de izquierda a derecha* ocupa el otro extremo de la escala social. El personaje principal de su siguiente novela corta, *Aquel mar sin fondo ni playa*, de 1970, está casado cómodamente pero es víctima de valores y actitudes sociales. En lo que atañe a sus producciones, Rosario Aguilar ha explicado: "Son las mujeres de mi país a las que quiero describir desde sus diferentes estratos sociales... Y no es que quiera denunciar nada. No se puede denunciar la vida".[4] Sus comentarios sobre la denuncia son particularmente apropiados porque la comunicación de la experiencia humana es la esencia de su arte. Aunque su más reciente obra trata de las realidades sociales de su país, Rosario Aguilar no escribe con intención política o propagandística.

La publicación de la novela corta *Rosa Sarmiento*, en 1968, y *Las doce y veintinueve*, en 1975, marcan un sutil desvío de la técnica narrativa en la obra de Rosario Aguilar. *Rosa Sarmiento* se basa en la vida de la madre de Rubén Darío y *Las doce y veintinueve* en el terremoto que devastó a Managua y que causó la muerte de varios miles de personas el 23 de diciembre de 1972. A la inversa de la presentación interior en primera persona de sus tres primeras novelas cortas, tales obras fluctúan entre las presentaciones exteriores e interiores de los acontecimientos y de los personajes. La imagen de las circunstancias

---

4. Carta a Raymond D. Souza. 6 de mayo de 1983.

sociales es también más clara que en sus previas publicaciones. Los personajes en todas estas obras, o bien han perdido el control de sus vidas, o se sienten desvalidos para contener las fuerzas destructoras en sus existencias. El enfoque, sin embargo, cambia con la publicación de la novela corta *El guerrillero,* en 1976. En este notable estudio, Rosario Aguilar considera la significación de los cambios que afligieron a su país durante la lucha contra la dictadura de Somoza, y en su obra se incorpora el conocimiento de la historia.

Al transformar la historia de *El guerrillero* en el texto que leemos, Rosario Aguilar ha dividido hábilmente la línea histórica en diecinueve unidades narrativas mayores.[5] Estamos hablando aquí de la diferencia entre el arreglo de los contenidos de la narración tal como se encontraron en el texto y su nuevo arreglo en orden cronológico. Tal segmentación fragmenta la cronología de la historia y permite que la narración avance y retroceda entre el presente y el pasado. Rosario Aguilar echa mano de esta estrategia en muchas de sus obras, pero sus narraciones se mueven fácilmente y capturan de inmediato el interés del lector. Generalmente, la longitud de sus novelas varía entre 10 mil y 35 mil palabras. Su estilo tiende a ser lírico y alegórico. Ninguno de los personajes de *El guerrillero,* por ejemplo, es mencionado por nombre alguno. Los principales protagonistas son bien desarrollados y delineados y muestran un amplio espectro de fortaleza y debilidad.

Cuando principia *El guerrillero* con una trasmisión de la radio que anuncia la captura de varios revolucionarios, se han producido ya importantes acontecimientos. La novela se centra en la vida de la maestra de escuela rural que descubre a un revolucionario herido oculto en la escuela donde ella da clases. Al reconocerlo como un exlíder estudiantil de los días en que ella estudiaba en la universidad, la maestra decide darle refugio y atenderlo para que recobre la salud, sin importarle el peligro político. Durante la estancia del revolucionario, ella y él se hacen amantes. Cuando finalmente él se va para reunirse con las fuerzas revolucionarias, la maestra está encinta.

Tiene el hijo, cuida de su madre inválida y continúa su trabajo de educadora. Como podría esperarse, hay muchas conjeturas en la

---

5. Para una discusión de la diferente terminología usada en el estudio de la transformación de historia en argumento, ver Raymond D. Souza, *The Poetic Fiction of José Lezama Lima,* 54-56.

comunidad respecto a la identidad del padre de la criatura, pero ella no da satisfacción alguna para acabar con los chismes. Prefiere dejarlos que se ahoguen en su propia curiosidad. Al trascurrir el tiempo, idealiza más y más a su examante y esto se revela en parte por la repetición de una línea de su poema favorito: "Cómo no haber amado sus grandes ojos fijos" (220). La alusión intertextual al "Poema 20" de Pablo Neruda hace resaltar el tema de la ambivalencia en *El guerrillero*. La joven espera y a la vez teme que su examante vuelva. Idealmente desea renovar la relación, pero ella es suficientemente práctica para darse cuenta de que si tal cosa llegare a ocurrir se producirían enormes y peligrosas complicaciones. Al continuar la historia, la renuencia de la muchacha a comprometerse socialmente es finalmente vencida. En la semántica de *El guerrillero*, la ambivalencia se ve poco a poco remplazada por la idealización de un individuo y el compromiso con las necesidades sociales.

Cuando se entera por la radio de la muerte de algunos revolucionarios en Managua, decide visitar el depósito de cadáveres para ver si uno de los muertos es su antiguo amante. Aunque sabe que la aventura es peligrosa y desaconsejable, no puede resistir la idea. Su visita al depósito es uno de los episodios más impresionantes en *El guerrillero*. Consumida por el temor de su propia seguridad, por un contradictorio deseo de hallar y no hallar a su amante, y por el ansia de encontrarse de una vez con toda la angustia de una relación idealizada y no recíproca, ella se somete al horror de ver los cadáveres mutilados. "El cuerpo parece mucho más largo y delgado. Inmensamente más largo y delgado. Sus pies han quedado ajustados, fijos y trasparentes... parecieran entrar, penetrar más allá de la pared. Flacos como los de un Cristo sin cruz" (266). Su estado emocional se colige por la descripción de los pies, que son "inmensamente más largos y más delgados". La referencia a que el cuerpo es como el de "un Cristo sin cruz" asocia al muerto con el martirio religioso. Esta figura expresa la esencia de una nación que se está destruyendo a sí misma en la crucifixión del conflicto político. Aunque el texto contiene signos contradictorios acerca de la identidad del cadáver con el objeto de dar idea de la confusión emocional de la maestra, ella sale convencida de que no se trata de su antiguo amante.

En el curso de la novela *El guerrillero*, la maestra de escuela mantiene relaciones íntimas con tres hombres en diferentes ocasiones. Además del revolucionario, hay un sargento de la Guardia Nacional y un juez rural que es casado. Aunque su relación con el sargento comienza como un arreglo de mutua conveniencia, ella decide comprometerse permanentemente con él. Sin embargo, es trasferido a otro lugar precisamente cuando la mujer ha tomado su decisión y ella comprende que sería demasiado riesgoso seguirlo y abandonar su empleo de maestra. Instintivamente se resiste a la idea de llegar a ser totalmente dependiente de un solo hombre.

El amorío con el juez es iniciado por éste y ella finalmente accede a sus insinuaciones, guiada por su soledad más que por cualquier otra razón. La relación se pone al descubierto cuando queda preñada, y él, insensible, le ofrece una suma de dinero para que aborte. A la postre ella decide hacerlo así, pero la determinación es difícil y la maestra se siente culpable. La horrible elección la atormenta, hasta en los momentos en que imparte enseñanza a sus alumnos.

El sol ilumina la tierra. Sin su luz la tierra sería una noche oscura, así me siento, oscura, no puedo tener este hijo, no debo. No veríamos nada, chocaríamos contra las paredes, contra las sillas, como si estuviéramos ciegos. Me siento ciega, como una mula que se mete por su gusto en un horrible atolladero. No veríamos nada, ni la hermosura del cielo ni la belleza de las flores. No puedo tenerlo, tengo que hacer algo y pronto, con ese niño quedaría unida, atada a ese hombre. Los planetas giran alrededor del sol y no tienen luz propia. Como un planeta quedaría yo si tengo a ese hijo, girando a su persona mientras tenga vida, vida oscura, sin luz, a su disposición, a su voluntad, prostituida. No podría nunca más ver la hermosura del cielo ni la belleza de las flores. Niños, por favor, silencio y pongan atención. (251)

Sus vacilaciones se manifiestan en la forma en que usa alternadamente los términos "este hijo" y "ese niño", como intentando alejarse de la vida de la criatura que lleva en sus entrañas. El aborto sería un cambio sicológico radical para ella, porque en toda la novela *El guerrillero* habitualmente protege de la muerte a alguien: su madre, el revolucionario, el hijo que tuvo con el guerrillero. En un episodio, se apresura a ir a Managua para salvar a su hijo de una súbita y peligrosa enfermedad, y este hecho contrasta con la idea del aborto que ocurre en la misma ciudad.

En *El guerrillero*, Managua funciona como dador y tomador de vida. La visita de la mujer al depósito de cadáveres, y el aborto tienen por escenario esa ciudad, pero su hijo es salvado por la atención médica que recibe en la capital. El viaje desesperado pero efectivo que hace al hospital con su hijo es contrastado con la llegada de una jovencita con un infante moribundo. Aunque el personal médico lucha por salvar al niño, ya es demasiado tarde y fracasan. Los doctores parecen abrumados por las necesidades que están tratando de atender, y se deja al lector con la viva impresión de las consecuencias de un inadecuado servicio médico. Estos sucesos son indicativos de la influencia creativa y destructiva que ejerce la ciudad sobre la vida nacional.

La maestra de escuela es víctima del donjuanesco juez que aprovecha su posición de autoridad para bravear y entrar en su casa. Ella casi pierde la vida después del aborto ilegal, practicado en condiciones insalubres y malolientes, y a consecuencia de este suceso queda sicológica y físicamente afectada. Al igual que el joven revolucionario herido, al que ella dio refugio, la maestra ha sido literal y figurativamente lesionada por los que están en el poder; las lesiones que les fueron inferidas son signos de las fuerzas divididas que operan en Nicaragua y de las lesiones que se están infligiendo al cuerpo de la sociedad. Al igual que el hombre muerto que es asociado con Cristo, las heridas de la maestra y del revolucionario significan no solo su papel de sacrificio, sino también los desgarramientos que se producen en el tejido social. Dentro de la exposición narrativa en conjunto, ellos vienen a ser revelaciones sinecdóquicas de todos aquéllos que están sufriendo el abuso y el abandono.

Después del aborto traumático, la maestra da por terminadas sus relaciones con el juez y se niega a abrirle la puerta, aunque él intenta ponerla en aprietos para que lo deje entrar. Ella no abriga ya el temor que antes sentía de provocar un escándalo al rechazarlo abiertamente. Su puerta cerrada es una demostración de que ella se rehúsa a ser parte de una relación que ya no aprueba. Inspirada en el ejemplo que le había dado el revolucionario idealizado, ella decide que en lo sucesivo será la dueña de su propio destino, y que ya no aceptará pasivamente ningún otro tipo de vida. Su cambio queda demostrado cuando se da cuenta de que es parte importante de la comunidad. "Sería mejor que barriera también su patio y su pedazo de calle para que las vecinas no se sientan defraudadas, tristes. Debe formar parte de la comunidad que es el pueblo y de la que ella es y debe sentirse parte muy importante" (269). Ella se ha vuelto cerrada para ciertos elementos de la sociedad y abierta para otros. El acto de asear la acera es una metáfora de su decisión de barrer el pasado.

La novela *El guerrillero* deja al lector con la impresión de que la maestra rural ha decidido transformar su vida y asumir un papel más activo en los acontecimientos que están cambiando la sociedad. Este modo de sentir queda reconfirmado cuando el mismo personaje reaparece en la obra recién publicada, *Siete relatos sobre el amor y la guerra* (1986), esta vez como líder de una célula revolucionaria. La historia se desarrolla inmediatamente antes y después de la caída de Somoza, y los horrores de la lucha se contrarrestan con la esperanza o la fe en el futuro. Su nombre en clave como revolucionaria es Karla, pero en la última línea de la novela aparece su verdadero nombre, Margarita Maradiaga. Esta es la primera vez en ambas novelas en que este personaje es identificado por su nombre propio.

Durante el desfile de la victoria de las fuerzas sandinistas, Margarita ve a su antiguo amante pero se da cuenta de que él le perteneció solo en sus románticos pensamientos y que sus vidas jamás volverán a cruzarse. Uno de los últimos pensamientos que ella le dedicó es una plegaria para que el triunfo del muchacho no se le suba a la cabeza y lo induzca a poner en entredicho sus ideales revolucionarios. Margarita está bien enterada de los peligros y la arrogancia del poder. Por lo que respecta a su propio porvenir, ella proyecta participar activamente en el proceso revolucionario por medio de sus enseñanzas.

Siete relatos sobre el amor y la guerra se refiere a las decisiones que las mujeres tienen que hacer en la sociedad nicaragüense revolucionaria. La colección contiene dos novelas cortas, *Amándola en silencio*, de aproximadamente 35 mil palabras, y *Adiós para siempre*, de unas 18 mil. Cada novela vuelve a los procedimientos narrativos de *El guerrillero*, y la idealización fluctúa entre los personajes principales y la narradora.

En uno de los fragmentos de *Amándola en silencio*, una joven profesora, Leticia, participa en la campaña contra el analfabetismo en la remota región selvática de la costa del Atlántico. Ella se enamora de un muchacho, Cristy, que trabaja como guía, y decide vivir con él en la selva, en vista de que él se niega a residir en las zonas urbanas. La historia se centra principalmente en el cambio mental de Leticia, de un amor de éxtasis a una tranquila desesperación, cuando ella se da cuenta, poco a poco, de que no puede adaptarse a vivir en la manigua. Cuando tiene un sueño en el cual apunta con una escopeta a la espalda de Cristy, comprende que debe marcharse. "Hemos nacido en dos mundos lejanos. Nuestros orígenes, nuestra educación, los paisajes que han rodeado nuestra niñez, todo es diferente, pero sobre todo nuestros anhelos, las ilusiones" (107). Cristy es hombre de la selva, formado en su ambiente y en sus costumbres miskito, tan a gusto en los ríos de la selva como Leticia en su aula escolar. Cuando ella decide marcharse, el idealismo romántico es remplazado por el realismo crudo.

La relación de Leticia con Cristy marcha paralela con el compromiso de ella con la revolución, en el sentido de que se llega al convencimiento práctico acerca de lo que puede y de lo que no puede haberse realizado. En la primera parte de la novela, la participación de la muchacha en la campaña alfabetizadora es descrita en términos de utopía: "Una utopía que era al mismo tiempo su sueño, su reto" (18). Y entre Cristy y el trabajo de ella existe una fuerte asociación: "Una historia de amor que comenzó inocentemente al mismo tiempo que la Campaña de Alfabetización, cuando ella, maestra recién graduada, sintió una extraña sensación de amor por la Campaña, ilusión por la Campaña" (18). Cuando ella se enamora y se traslada a la selva, percibe todo a su alrededor como una especie de paraíso. Las descripciones líricas que hace la joven de la lujuriante vegetación son reminiscentes de la imagen de la selva en *Los pasos perdidos*, de Alejo Carpentier.

Cuando decide partir de la selva, Leticia se percata de que una parte de sí misma se quedará allí para siempre, y de que ella será en adelante un ser incompleto. Cristy la deja marcharse, pero sin el niño que ambos han tenido. El infante viene a ser como una metáfora del sacrificio que ella hace. En ese momento de la vida de la muchacha, brota una anticipada nostalgia hacia el futuro y hacia el pasado, en una expresión dialéctica de esperanza, de lamentada fragmentación y de ansiada unidad. Aquí y allá, el ahora y el entonces, vienen juntos en esta revelación de un ser hecho astillas. El texto de Rosario Aguilar es no solo una articulación poética de una historia de amor, sino también una expresión de las paradojas de la experiencia revolucionaria, de sus sueños para el futuro y de las limitaciones de los cambios que pueden lograrse. En *Primavera sonámbula* la sociedad representaba lo artificial y lo pretensioso en tanto que la naturaleza representaba lo auténtico y lo libre. La dicotomía es menos clara en sus obras más recientes: la sociedad ofrece una alternativa más esperanzadora. Este es uno de los muchos indicios de un iluminado conocimiento en las obras de Rosario Aguilar.

Los trabajos de Rosario Aguilar se caracterizan por un proceso analítico, y su estilo es predominantemente metafórico. Su manera de ver el mundo oscila entre los polos formístico y mecanicista, con un decidido predominio del formismo. En ciertos aspectos esta dicotomía y la tensión que genera pueden considerarse como un reflejo de la oposición entre dos temas culturales que, en el caso de Nicaragua, pueden ser membreteados como catolicismo y marxismo en un nivel, y como libertad e igualdad en otro nivel. Aunque los personajes-narradores de sus novelas intentan descubrir las razones fundamentales de los acontecimientos siguiendo una serie de relaciones de causa y efecto para llegar a una conclusión lógica, las narraciones generalmente identifican las entidades en el campo histórico o social, y luego simplemente las comparan. En virtud de que su estilo es básicamente metafórico, sus obras pueden mostrar una cualidad dispersiva, sobre todo cuando presenta panoramas sociales; por esta razón, las novelas cortas que se concentran en unos cuantos personajes principales son sus obras más gratificantes.

Sus narraciones reflejan, en una forma sutil y artística, la trayectoria de la experiencia revolucionaria en Nicaragua, sobre todo el desarrollo entre su interés en la causa y su compromiso con ésta. Su perspectiva es generalmente más optimista que la de Carlos Fuentes en *La muerte de Artemio Cruz*, o de Alvarez Gardeazábal en *Pepe Botellas*, y esto explica el uso más frecuente de la sátira y la ironía en la última de las novelas mencionadas. Las experiencias de sus personajes en sus producciones más recientes muestran cierta semejanza con las experiencias de los personajes de Alejo Carpentier en *El siglo de las luces* antes del viaje a Francia. Sin embargo, sus protagonistas no son auténticos creyentes, y se acercan más a Esteban que a Sofía. Con excepción del revolucionario en *El guerrillero*, pocos actúan sin ciertas reservas, a despecho de haberse comprometido a cambiar. Esto explica por qué el revolucionario viene a ser una figura remota, muy distante de la vida diaria de la maestra de escuela después de su primera relación. Él se asemeja más estrechamente a César Moreira en *La guerra del fin del mundo*, por su tendencia a realizar la utopía en esta existencia, cualquiera que sea el costo. En resumen, los personajes de Rosario Aguilar tienden a aparecer introspectivos y atormentados por las selecciones que deben hacer. No hay caminos fáciles para el cambio social en sus escritos, y sus narraciones reflejan en alto grado las angustiosas alternativas a las cuales se enfrenta Nicaragua.

Referencias

Acevedo, Ramón Luis Acevedo. *La novela centroamericana: desde el Popol-Vuh hasta los umbrales de la novela actual.* Río Piedras, PR: Editorial Universitaria, 1982.
Aguilar, Rosario. *El guerrillero.* En: Aguilar, *Primavera sonámbula* [cinco novelas]. San José: EDUCA, 1976.
Aguilar, Rosario. *Primavera sonámbula.* León: Ventana, 1964.
Aguilar, Rosario. *Quince barrotes de izquierda a derecha*, León: Ventana, 1965.
Aguilar, Rosario. *Siete relatos sobre el mar y la guerra.* San José: EDUCA, 1986.
Arrom. José Juan. "El oro, la pluma y la piedra preciosa: indagaciones sobre el trasfondo indígena de la poesía de Darío". *Hispania* 50.4 (dic. 1967): 971-995.
Martin, Roger. "After the Revolutions". *Explore,* Office of University Relations, University of Kansas (Spring 1983): 5-8.
Ramírez, Sergio. Introducción. *Cuento Nicaragüense.* Managua: Nueva Nicaragua, 1981. Págs. 7-16.
Rice, Donald and Peter Schofer. *Rhetorical Poetics: Theory and Practice of Figural and Symbolic Reading in Modern French Literature.* Madison: University of Wisconsin Press, 1983.
Souza, Raymond D. *The Poetic Fiction of José Lezama Lima.* Columbia: University of Missouri Press, 1983.

De: "*El guerrillero* y la dinámica del cambio". Capítulo 6 de: Raymond D. Souza. *La historia en la novela hispanoamericana moderna.* Bogotá: Tercer Mundo Editores, 1988. Páginas 149-164.

"El fracaso del mutuo entendimiento y de la revolución en *Siete relatos sobre el amor y la guerra*"[1]

Jorge Chen Sham

Resumen

La ruptura espacio-temporal y diegética existente entre las dos partes de la novela *Siete relatos sobre el amor y la guerra* (1986) obliga a tomar en consideración que su Segunda Parte, "Sobre la guerra", narra acontecimientos anteriores a la Primera Parte, "Sobre el amor". La novela aparece estructurada en forma de un díptico; se trata de un gran retablo en dos cuadros que hace un balance de los alcances de la Revolución Sandinista. Las historias de mujeres que nos presenta esta novela no tienen un desenlace completamente eufórico; plantean el desfase entre el proyecto de construcción nacional y las dificultades para realizarse en un mundo machista. He ahí el gran fracaso que Rosario Aguilar quiere testimoniar en *Siete relatos*; ello no se logra automáticamente con tomar las mismas armas codo a codo con los hombres, ni asumir juntos la reconstrucción del país. La revolución por hacer está en el plano de los afectos y de la comprensión de las diferencias biológicas y de género.

Abstract

The diegetic and space-time rupture between the two parts of the novel *Siete relatos sobre el amor y la guerra* [Seven Tales of Love and War] (1986) obliges us to take into consideration that the second part, "About War," narrates events that occurred before the events in the first part, "About Love." The novel appears to be structured in the form of a diptych, a grand display of paintings on two panels that assesses the achievements of the Sandinista revolution. The women's stories presented in the novel do not have a completely euphoric ending. They

---

[1]. Este artículo surgió del seminario "El sujeto femenino en el relato de escritoras centroamericanas" que dicté en la Justus Liebig Universitat-Giessen, durante enero y febrero del 2003. Agradezco al Servicio Alemán de Intercambio Académico (DAAD) la beca que me otorgó durante ese periodo, la cual hizo posible escribir este trabajo.

postulate an imbalance between the national reconstruction project and the difficulties in accomplishing it in a male chauvinistic world. This is the great failure that Rosario Aguilar wants to portray in *Siete relatos:* success is not automatically accomplished by bearing the same weapons shoulder to shoulder with men, or by assuming together responsibility for the reconstruction of the country. The revolution that is needed requires consideration of affects and understanding of biological and gender-based differences.

Rosario Aguilar publica en 1986 sus *Siete relatos sobre el amor y la guerra* en un momento en el que la Revolución Sandinista se había aquilatado y había mostrado, al mundo y a los nicaragüenses, sus logros y fracasos, por lo que, al referirse tanto a la etapa de sublevación e insurrección final contra el dictador Anastasio Somoza, así como a la posterior implantación del FSLN en el poder, la novela de Aguilar nos ofrece un balance del proyecto de la Revolución Sandinista. Muy acertadamente observó Nydia Palacios, en su fundamental libro *Voces femeninas en la narrativa de Rosario Aguilar*, que esta novela continúa el tema de la revolución comenzado en 1976 con *El guerrillero*, en la que los "personajes femeninos son conscientes del papel protagónico en la construcción del gran proyecto nacional acorde con los cambios sociales que se están dando en América Latina en esos años" (182-83).

Las protagonistas de *Siete relatos* no son ajenas al vaivén político que vive Nicaragua en los últimos años de la década de los 70;[2] es más, toman partido y todas ellas se unen a la revolución en marcha, salvo una de ellas, María Elena.[3] Con ello, Aguilar pone a las mujeres en esa toma de conciencia que significa abrirse al espacio exterior, dejar sus familias y sus hogares, para militar en la esfera pública y construir los destinos de la nación. Hasta aquí, todo parece indicar una interpretación positiva y exultante del papel de las mujeres en *Siete relatos*; pero hay algo que llama la atención en cuanto a la estructura y a la organización del texto que merece nuestra atención, además de un común denominador que encontramos en las siete historias de mujeres que narra la novela. Veamos.

---

2. Simplifico el título de la novela de ahora en adelante por razones obvias.
3. María Elena, personaje de extracción burguesa, no participa de la revolución, pues huye a Miami. La importancia que recubre su historia en la Primera Parte de la novela, el tipo de desenlace que nos presenta (insatisfecha con su matrimonio, toma un amante y un empleo) y la importancia narrativa de su relato en primera persona, lo cual hablaría de su autonomía narrativa, impiden analizarla en este estudio.

Señalaba ya Nydia Palacios la ruptura espacio-temporal y diegética que existe entre las dos partes de la novela (188). La Segunda Parte de *Siete relatos*, "Sobre la guerra", trae el subtítulo "Adiós para siempre" y narra acontecimientos anteriores a la Primera Parte, "Sobre el amor". Se dedica a contarnos las historias de María José, Lucía, Sonia y Karla, cuatro mujeres que se deciden por la guerrilla, presentándonos el mundo de la lucha armada, la resistencia popular y la respuesta del régimen dictatorial a la sublevación.

La novela aparece estructurada en forma de un díptico; se trata de un gran retablo en dos cuadros que hace un balance de los alcances de la Revolución Sandinista. Desde el punto de vista estructural, la ruptura entre las dos partes de la novela es llamativa y si está ahí, posee un sentido. No está contada la historia de forma cronológica dentro de una organización ordenada de la diégesis en lo que se refiere a causa y a efecto, pues la movilización de la guerrilla hacia la insurrección final es anterior al triunfo del sandinismo y a la posterior instauración del régimen de izquierdas (Salamanca). La ruptura está ahí para que comprendamos el vacío existente entre las grandes expectativas y los proyectos que generó la Revolución Sandinista y su posterior implantación en el plano de las relaciones humanas. Dicho de otra manera, la ruptura debe comprenderse como la puesta en evidencia del proyecto humanista y de reivindicación de los derechos humanos que significó el nuevo régimen y su acción concreta en la esfera de las relaciones entre hombres y mujeres. A eso me refiero cuando hablo de fracaso del mutuo entendimiento y de los ideales que la revolución pregonaba en materia de equidad de género y de comprensión entre los sexos. En 1991, Daisy Zamora hace un balance de sus alcances de la siguiente manera:[4] "La obra no está concluida, pero las mujeres de Nicaragua hemos vislumbrado nuestra humanidad, hemos vislumbrado nuestro futuro a través de propios y accidentados y sorprendentes caminos. Todas las mujeres tienen que buscar los suyos propios" (958).

Magistralmente, Rosario Aguilar lo intenta ya muy tempranamente, en 1986, en pleno régimen sandinista. *Siete relatos* nos introduce en el espacio de las luchas político-sociales y en la búsqueda de realización amorosa en el espacio privado. La pregunta obligada es si ambos espacios son compatibles, si pueden conjugarse en la esfera de un entendimiento entre los dos sexos.

---

4. El artículo se publica en un número monográfico que dedica la *Revista Iberoamericana* a la literatura nicaragüense.

Corresponde la novela de Aguilar a la primera etapa de la interpretación de los movimientos guerrilleros por parte de la literatura latinoamericana, que he esbozado en otro lugar (Chen Sham, "Tres momentos de los movimientos revolucionarios vistos en la literatura latinoamericana"). La organización de la guerrilla con su cuestionamiento de la realidad[5] desemboca en la movilización de la sociedad civil, por medio de la decisión valerosa y consciente de muchos de sus actores de ingresar en el movimiento sandinista. Se trata de observar la concientización en sectores populares que ingresan a formar parte de los grupos que, bajo el ideario del general Sandino, se aglutinan con el proyecto de liberar a Nicaragua de la dictadura somocista y del imperialismo yanqui.

Las aspiraciones de cambio del Frente Sandinista de Liberación Nacional deben interpretarse dentro de la lógica de los movimientos revolucionarios populares que aparecen en América Latina a partir de la Revolución Cubana; su objetivo es "la incorporación de todos los sectores populares a la lucha liberadora" (Rubio Cordón 355), aunque también involucró a clases medias e intelectuales, con un apoyo abierto y franco de todos ellos, excepto de la oligarquía nicaragüense. Es aquí en donde debemos situar la participación de las mujeres aguilarianas en la lucha revolucionaria: ellas responden a la toma de conciencia que significa enrolarse en la guerrilla, lo cual significa estar codo a codo y mano con mano a la par de los hombres.

De manera que si el proyecto del FSLN era incorporar a todos en la movilización, que fuera de todos los sectores sociales y genéricos, las historias de mujeres que nos narra *Siete relatos* no hablan de esa igualdad que resulta de combatir al mismo enemigo, ni tomar las mismas armas, ni recorrer los mismos caminos. Está bien que se busque el apoyo y la solidaridad de las mujeres; pero ello no significa que el entendimiento y la igualdad se logren automáticamente. Ello es patente en el divorcio o la separación que se establecerá entre el espacio público y el privado, cuando se tome en cuenta la realidad de las diferencias biológicas y de género; esto es evidente en todas las historias que conforman *Siete relatos*, salvo en el caso de María Elena.

---

5. Al respecto comenta María de las Nieves Pinillos: "Básicamente, los puntos programáticos de las guerrillas vienen a ser:
   * Luchar contra la miseria, la injusticia y la opresión.
   * Buscar una organización social más justa; que no haya explotación del hombre por el hombre.
   * Oponerse al imperialismo norteamericano" (176).

Ahora bien, para efectos de nuestro análisis, como la novela se presenta como un díptico, hemos seleccionado en cada parte de la novela dos historias a manera de retratos femeninos. El primer caso es el de María José; ella debe enfrentarse sola a la experiencia de la maternidad:

> Siente un gran desamparo. Miedo de la noche. Miedo de regresar a la ciudad, a la clandestinidad. [...] La inmensa soledad que experimenta al reconocer que tiene que enfrentarse completamente sola, a la terrible y desconocida experiencia de tener ¡por primera vez! un hijo. ¡Y en qué adversas circunstancias! Sin compañero para compartir la responsabilidad. Sin madre que la acompañe y asista. (113)

La incertidumbre se apodera de María José; el sentimiento de desamparo es concomitante a la carencialidad de las relaciones humanas que se expone en esta historia;[6] de ahí que subraye el texto tanto la ausencia del compañero, es decir, su pareja, y, aún más crítico, la ausencia de la madre. Los sentimientos que embargan a María José están dominados por esa tremenda soledad, la cual es el precio que ha debido pagar por querer romper con el pasado y renunciar a su familia. Ahora, tiene que dejar el campamento de las montañas porque es inminente la insurrección final; por ello, tampoco es útil a la causa por su estado de preñez y no puede regresar más a las montañas. En esa confusión de sentimientos contradictorios, María José realiza una equiparación ideológica que no es nada inocente. No solo su destino no tiene marcha atrás, tampoco la revolución que tomará las ciudades; su embarazo, como el ataque final, está a punto de suceder:

> A pesar de tantos factores que se oponen, la ofensiva final para junio de 79, es ya un hecho. Un proceso irreversible. Nadie puede detenerla. Ha entrado en su fase final, al conteo regresivo. Como su embarazo. Nadie, tampoco, puede detenerlo, impedirlo. Ha comenzado su última etapa, y como un hecho natural, inevitable, tiene que llegar a su término. (113-114)

Contigüidad obliga, la asociación entre el fruto de su embarazo, el hijo por nacer y el producto de la ofensiva final, la caída del dictador, entran en una connivencia contradictoria. Ambos son actos irreversibles. El

---

6. Valga la pena decir que no es la única, sino la tónica general en la novela.

primero nunca lo quiso, fue su desliz y ahora debe pagar el precio del ostracismo y de la separación; el segundo, la anhelada "ofensiva final", por la cual ha luchado ostensiblemente, se hará sin su participación. La maternidad es un estorbo y un error pero no hay marcha atrás. Ello explica los sentimientos de amor/odio que expresa María José hacia la criatura que lleva en su vientre. Siente coraje y rabia de no poder ser testigo activo de lo que empezará en lo inmediato: "Así de simple. Ella bajando de la montaña para poder parir. Y todos saben que en las ciudades y en los pueblos y los campos, de un momento a otro, estallará la guerra. Bajando de la montaña para poder parir [...]" (115).

La incompatibilidad entre la maternidad y la guerra es evidente en todo el texto. Apoyándose en una mirada retrospectiva, a raíz del cuero reluciente del automóvil de lujo que transporta a María José, el narrador omnisciente repasa la vida anterior de la futura madre para justificar su ofuscación presente. Los recuerdos la invaden y la narración adopta la forma de un relato de vida que muestra la conversión guerrillera de María José, hija de buena familia, ahora viviendo en la clandestinidad de la guerrilla. Ello implica tomar una decisión responsable y cortar los lazos familiares, lo que, ahora, en la vivencia de esta experiencia límite, justifica su vacilación y el recuerdo de la madre la inunda como posibilidad de un *regressus ad uterum*, en donde pueda hallar la paz y la tranquilidad necesaria para dar a luz sin las molestias y el desamparo de los suyos en este momento crucial: "Desea de manera primitiva un lugar seguro y acogedor donde esconderse y parir. En paz, como cualquier hembra, del reino animal. Sin fuga. sin persecución" (118).

Pero como ha cortado los lazos con su familia, como es una guerrillera y puede ser que la busquen los guardias somocistas, no puede regresar. La confusión y los recuerdos se suceden en su mente; de nuevo la respuesta de su cuerpo a la maternidad avanzada crea una atmósfera necesaria a la intriga y al desarrollo posterior de los acontecimientos. El malestar que siente María José a raíz de ese sentimiento de abandono y de indefensión total prepara al lector, en el plano de lo intuitivo, para que juzgue que algo extraño o insólito está por suceder. Rosario Aguilar saca provecho de lo somático y el trastorno anímico que experimenta María José se reproduce en su cuerpo:

Por fuera... porque se siente aterrorizada ante la inminencia de su parto clandestino. Primeriza. Escondida. "Sin nada listo. Si[n][7] saber

---
7. Corrijo lo que me parece una errata del texto.

si el corazón casi se le detiene, débil, disparejo, por falta de aire dentro de sus pulmones comprimidos, o por los ruidos desconocidos que vienen del exterior, de la carretera, de los pueblos por los que pasan a cien kilómetros por hora, de la obscuridad, de la noche. (118)

Aunque, como indica el narrador, su respiración irregular y la taquicardia pueden deberse a su embarazo, María José no solo ha somatizado la angustia y la soledad de su actual situación, sino que también responde a ese miedo y al horror de imaginar las atrocidades de la guerra y a los vejámenes de la dictadura. Una imagen es aquí redundante; "puede ser sinónimo de muerte" (118), dice ella, ese ruido ensordecedor que inunda las calles de Nicaragua, pero la oscuridad de la noche es síntoma de algo más, de un futuro incierto que se traduce más adelante en el texto, con ese miedo de morir en cualquier retén del camino o, en el peor de los casos, morir ella misma: "Tiene miedo. Miedo por primera vez en cuatro años. Miedo de morir, miedo a parir entre desconocidos" (121).

Además, el *leitmotiv* recurrente de la soledad toma un nuevo giro cuando María José recuerda su entrenamiento en la guerrilla, la vida clandestina y perentoria que llevaba y, sobre todo, la necesidad de guardarse los sentimientos y reprimir los afectos. No es inocente la correlación entre la vida de los campos guerrilleros y la carencialidad afectiva. Aquí la historia de María José se agrieta para mostrarnos su lado humano: "Sin embargo un guerrillero necesita también momentos de ternura. Por muy fuerte y duro que sea, o que se crea" (119). Los encuentros furtivos con uno de sus camaradas, oficial de rango superior, terminan por despertar el lado romántico de la relación de pareja; la naturaleza que acompaña a los amantes y la retórica de la aurora se convierten en los tópicos para expresar las ilusiones de enamorada que posee María José; pero la realidad vuelve a su curso con la cruda constatación de que no hay marcha atrás ni para la revolución en marcha ni para mostrar afectos en tiempos bélicos, cuando le ordenan que abandone el campamento y se dirija a la ciudad para parir. Es cuando ella se da cuenta de que, en realidad, no ha habido de parte de su compañero verdadero afecto y que en cualquier momento el hombre de su vida, el padre de su hijo, puede morir:

La relación terminó con el adiós. Los vínculos se rompieron. La seguridad de los dos. Adiós para siempre. Tenía que ser así.

Y no debía de dolerle, no. Su corazón ya debería de haberse endurecido con tantos años... de saber que un amor en la montaña puede desbaratarse en menos del instante que tarda un disparo. (122)

No solo se trata de la posibilidad de que su compañero muera, sino también de lo efímero de la relación amorosa que los une y de que la muerte la encuentre a la vuelta de la próxima esquina. En este momento en el que ella misma se conmina a no ablandarse, surge el sentimiento de frustración asociado a su ascenso en el mando de la guerrilla y los problemas que tuvo para demostrar a los compañeros de lucha "su vocación guerrillera" (122). Ello no es de ninguna manera inocente. El embarazo aparece como un obstáculo que no le permitirá continuar en la guerrilla, ni participar en la insurrección definitiva; eso es lo obvio en el texto. Pero el embarazo la obliga a repensar su condición genérica y las diferencias biológicas, pues por más "causa revolucionaria" (122) a la que ha entregado alma y vida, se impone la realidad: "Incluso, había renunciado totalmente y por la causa, a todo afecto... pero, ¡cómo desearía, por ahora, ser amada!" (123).

La conjunción adversativa "pero" resume excelentemente la contradicción de la que venimos hablando. Como guerrillera no puede mostrarse con sensiblerías, es decir, débil de carácter; sin embargo, su situación de desamparo y la experiencia límite que vive la conducen a buscar el afecto y anhelar la relación de pareja. Esto es radicalmente imposible e inaceptable en el código de la guerrilla, pues la aparta del ansiado triunfo y la excluye de ese mundo "masculino" que se ha forjado. Ahora bien, el desenlace de lo que le sucede a María José se posterga hasta el capítulo siguiente, dedicado a Karla, con la que estará indisolublemente ligado su destino.

Karla representa a la guerrillera que cumple funciones de enlace y de espía. Pinillos habla de dos tipos de estrategia de la guerrilla, dependiendo de si su radio de acción es el campo o la ciudad.[8] En la ciudad, en la primera fase de la estrategia revolucionaria, su objetivo es la espectacularidad, ser visibles e infundir la sensación de que el gobierno no controla la situación (178); en la segunda fase de la estrategia urbana, hay que dedicarse a buscar casas que sirvan de

---

[8]. En el campo "se espera que su presencia en una zona actúe de catalizador de la colaboración popular. [...] También se realiza un rigur[o]so entrenamiento militar que sirve, entre otras cosas, para ejecutar emboscadas y mantener una labor de hostigamiento" (Pinillos 178).

refugio para los guerrilleros, procurar suministros e información. Esto es lo que realiza Karla con miras de que se produzca el asalto final de la ciudad de León. Karla debe buscarle refugio temporal a María José, ocultarla en una casa-relevo en la que pueda dar a luz. Ella está muy preocupada por el estado en que recibe a la joven parturienta; la encuentra muy desmejorada y desaliñada, como si no aguantase más el embarazo, lo cual parece indicar que comenzará pronto las labores de parto. Aquí lo que llama la atención es la comparación que realiza el narrador entre el comentario de Karla, reproducido en forma de discurso directo, y sus apreciaciones sobre el asalto a la ciudad de León: "Y la ciudad cargada, más aún que la embarazada. Llevando sobre sus edificios, sobre sus habitantes, sobre cada una de sus calles, la inminente y dolorosa explosión de algo terrible. Del desenlace de la larga tragedia" (126).

De nuevo, la contigüidad crea una atmósfera que anuncia el desenlace tanto de la guerra contra el dictador como de la historia personal de María José; la sangre derramada y la "inminente y terrible explosión" es también la placenta de la parturienta reventada, como veremos a continuación. Como las labores de parto comienzan, Karla busca una partera y prepara el alumbramiento hirviendo sábanas en las que envolverá al recién nacido. Mientras ella está en el lavadero, divisa a unas patrullas que se apuestan frente a su casa. Los han delatado y los guardias irrumpen a ritmo de ametralladoras; las ráfagas son estridentes. Cuando se marchan después de haber cumplido su misión, Karla entra temblorosa en la casa para descubrir el cuadro de horror; parece que todos los ocupantes han muerto y su visión se va ocupando de cada uno hasta llegar a María José:

Pero lo peor no es eso. La María José. En el baño. Todavía viva. Da gritos desesperados y angustiosos. Desgarradores. [...] La María José con su vientre reventado como un mango maduro. "Gimiendo y llorando en este valle de lágrimas". Su dolor es intenso... porque no proviene tan sólo de su muerte, del desgarramiento físico de su cuerpo, sino y también, del dolor del parto... ya era la hora. (128)

La escena es espeluznante; denuncia no solo la brutalidad de la represión, sino las atrocidades que cualquier conflicto bélico produce en los seres humanos. El espectáculo es de una gran crueldad para quien se presenta desde ahora como una víctima de la guerra. Pero no hay tiempo para llorar a los caídos por la causa, a Karla la han delatado y debe huir para ocultarse en la primera casa en la que la dejan entrar. Unos momentos de respiro y los pensamientos se suceden rápidamente en su mente a causa de "la masacre" (130) que acaba de presenciar, su respiración es errática y es cuando se da cuenta de lo que ha ocurrido; el choque emocional es tremendo: "Su voz enmudecida. Sus piernas sin vigor. Se siente mareada. Quisiera vomitar. Quisiera llorar eternamente" (131). Ante el dolor que experimenta, debe actuar con entereza; el protocolo de la guerrilla la obliga a escapar, seguir las instrucciones, de ello depende la supervivencia. Para lograrlo se obliga a sí misma a pensar en sus seres queridos, el hijo y la madre que la esperan: "Motivar a su cerebro para que funcione. A ver si se acordaba de cuando daba sus clases allá en su pueblo. De la cara de su mamita. Del rostro de su hijito. El color de sus ojos. Su voz. Su voz llamándola: 'mamita'" (131).

El mayor aliciente para continuar con vida es su familia; al fin y al cabo lo que vale en la existencia son los afectos humanos; ello neutraliza las imágenes de muerte y la violencia que la guerra engendra. La historia de Karla continúa en el capítulo final de la novela, cuando descubrimos justo en la última línea del texto la verdadera identidad de Karla; ella es "Margarita Maradiaga. Maestra rural" (154).[9] La recuperación del nombre tiene un significado positivo: quien se esconde bajo la identidad ficticia de "Karla", su nombre de guerrillera, recobra ahora su vida y anuncia su determinación de cerrar un capítulo de su biografía personal. Justamente este capítulo VI nos sitúa en el día del triunfo definitivo, el 20 de julio del 79, cuando los guerrilleros entran en Managua para celebrar el derrocamiento del régimen somocista. Acompañada de su hijo, ella es testigo activo del triunfo de la revolución y partícipe como otros muchos nicaragüenses, con sus gritos, vítores y cánticos, de ese momento histórico en la historia reciente de Nicaragua. En la caravana de guerrilleros que marchan por las calles, atisba al padre de su hijo, el antiguo dirigente estudiantil que curó en el 75 (130) y de quien se había enamorado:

---

9. Coincidencias obligan, el tema de la maestra que esconde a un guerrillero se encuentra en una novela anterior de Aguilar *El guerrillero* (1976). Al respecto señala Nydia Palacios: "Rosario Aguilar, al escribir *El guerrillero* asumía un compromiso político al denunciar el horror de un país que vivía bajo la represión [de la dictadura]" ("*El guerrillero*" 340).

Ella quiere "señalarle su héroe al niño"... y de pronto, como sintiendo un destello, reconoce a sus amados ojos infinitos... que parecen al pasar, posarse en ella. [...]

Pero se posan sobre ella tan sólo por un instante. El suficiente para reconocerle. ¡Cómo no reconocerle! Cuando tantas y tantas noches ha pasado su descripción por su cerebro. De memoria. Repetidamente. (152)

Ante la mirada pasiva e impávida del hombre de su vida, que no parece reconocerla, Margarita comprende la realidad de su relación; para él tal vez no significó nada esa entrega de su cuerpo y de la que nació un hijo; para ella representa todo, diferencia sustancial en el plano de los afectos. "Es tan sólo una ilusión" (153) como fenómeno óptico de una mirada fortuita, acota ella, con la resignación de quien descubre la triste verdad. Es más, el triunfo de la revolución y la construcción del país se ven como una empresa que lo alejarán hasta separar sus caminos para siempre: "Va comprendiendo que la corriente del cambio lo llevará navegando sobre aguas y lo arrastrará a riberas que jamás lo acercarán a ella... así, así había sido antes" (153). Las esferas de acción los separan; él se dedicará a una empresa que, en el contexto, se ve como natural de lo masculino, "y, por ende, le corresponde gobernar" (Guerra-Cunningham 17) en esa lógica que aparta a las mujeres del espacio público, pues ella volverá a su trabajo de maestra rural. Hay un desfase. Margarita se enroló en la guerrilla, tomó las armas y luchó a la par de sus compañeros varones; eso le cuesta casi el pellejo y, sin embargo, ella no es participante activa del desfile del triunfo; es una simple espectadora. A eso me refería cuando hablaba, al principio, del fracaso del mutuo entendimiento y de los ideales que la revolución pregonaba en materia de equidad de género y de comprensión entre los sexos.

Por eso, una vez que la revolución triunfe y comience la reconstrucción del país, *Siete relatos* nos pone, en la pareja de hermanas Leticia y Paula, el ejemplo contundente de la incomunicación entre hombres y mujeres. Son el prototipo de las mujeres que, abrazando los ideales revolucionarios, se entregan a la causa. El caso de Leticia es paradigmático. En tanto maestra recién graduada, joven con grandes ilusiones de servir a la patria, siente la necesidad imperiosa de participar en la gran campaña de alfabetización nacional que lanza el Gobierno Sandinista a principios de los 80, una cruzada que se enmarca en el programa de reconstrucción que movió a las izquierdas del orbe y permitió la llegada de varios miles de internacionalistas. La novela pondera los proyectos juveniles, la ingenuidad y la pureza de espíritu en Leticia, comparándola con "la novia recatada y luminosa cuando sale de la iglesia y se despide" (18). Ello no es casual. Un mundo de esperanzas y de sueños se le abre a Leticia: el descubrimiento de la geografía del país y el orgullo de participación en la construcción nacional son elementos que marcan su historia y la caracterizan como un relato de aventuras. El viaje la conducirá al otro lado de Nicaragua, a la Costa Atlántica, tan diferente y exótica a sus ojos, en la que conoce a un misquito de nombre Cristy, del cual se enamora apasionadamente y deja todo por él,[10] a pesar de que la razón le dictase la opinión contraria: "aunque su mente le razonó que ella no podría habituarse al mundo de él, aunque los parientes y amigos trataron de detenerla. [...] Fue insensata y le siguió" (44). Del amor apasionado del principio de la relación pasamos a la decepción amorosa. Las palabras iniciales del capítulo II de la Primera Parte son reveladoras de la transformación operada en Leticia y crea, estratégicamente, esa atmósfera que muy bien sabe sugerir Rosario Aguilar:

> Y su gran entusiasmo del principio se ha convertido ahora en desesperación...
> [...]
> Repentinamente se siente prisionera y totalmente aplastada por aquella exhuberante naturaleza que, en medio de su desesperación, se le asemeja a una trampa mortal en la que por amar ha caído.
> Por amarle, por seguirle. (17)

La desilusión, la soledad y el agobio la embargan. Más adelante nos enteramos de que Leticia está en la última etapa de su embarazo y que espera a que regrese Cristy en una noche que se hace larguísima y en la que pasa revista a su vida. Al igual que María José tiene miedo, miedo de dar a luz sola en esos parajes tan aislados de la civilización, en donde la naturaleza lo invade todo y representa también un peligro; de ahí el miedo que siente estando sola a punto de parir; está expuesta y se siente vulnerable: "Tiene miedo. Miedo a estar completamente sola y

---

10. Es curioso que esta decisión de Leticia de dejar su casa y su carrera se explique como una renuncia de parte de Leticia. Claro está, no es del mismo calibre que la renuncia que hace María José o Sonia en la Segunda Parte de la novela.

rodeada de aquella selva espesa y ya casi para cumplir los nueve meses de embarazo..." (39-40). Ello explicaría las razones por las cuales siente que la selva es su prisión. Sin embargo, anuncia algo más, el malestar y la crisis existencial por la que atraviesa Leticia y que se expone de forma indirecta aquí con su incapacidad para reconocer la geografía de los parajes en donde habita: "es algo distinto, no lograría descifrar las vueltas del río ni los posibles senderos en las selvas. [...] Los foráneos se extravían y navegan hacia otros ríos que no son los que precisamente buscan y que no se dirigen a ninguna salida, sino que se adentran hacia lagunas más alejadas" (20).

¿Qué no puede interpretar ni entender? "[L]as vueltas del río [y] los posibles senderos en las selvas" aparecen como la sinécdoque de Cristy, pues ellos representan su mundo. Es decir, Leticia se siente extranjera en ese mundo de Cristy; no ha logrado descifrar las claves de su mundo; de ahí la extrañeza, el sentirse en un espacio que no es el propio. Siempre volviendo al comentario sobre la geografía, la frase siguiente es aún más significativa del estado de su ánimo, ¿cómo no interpretar también la pérdida del rumbo en el río al que se refiere Leticia en su sentido metafórico? Ella también se ha extraviado, ha perdido su rumbo y no encuentra una salida a su universo existencial. Más adelante se aclara esta equivalencia entre espacio natural y hombre, cuando Leticia se refiere a la selva como el lugar propio de Cristy, su circunstancia: "El amor la ha arrancado de sus paisajes de casas, volcanes, carreteras, campos de algodón; para vivir su propia historia de amor. En donde nadie los aguarde, en el mundo de Cristy, cercano y lejano al de ella, separados ambos por una cortina de árboles y ríos" (26).

Llama poderosamente la atención el verbo "arrancar"; implica que la separación ha sido violenta o abrupta, que no ha sido una decisión libre o meditada tal vez. La razón se halla en la frase siguiente; si bien es cierto alude a la orografía que separa el paisaje de ambas costas nicaragüenses, la distancia y el muro infranqueable, que se erigen, no son solo geográficos, sino también metafóricos al implicar la incomunicación de la pareja y las diferencias que son ahora insalvables. La comunión con la naturaleza es ahora imposible; Leticia siente la hostilidad y extrañeza ante esa selva que, al principio, mira con sorpresa y trastornada de encanto, intentando adaptarse a este lugar que le parece paradisíaco.¹¹ El embarazo y el niño recién nacido agudizan y acrecientan estas diferencias; se percata primeramente de que, como Eva en el Edén, se encuentra sola, y con su hijo, en la inmensidad de la selva, lejos de una civilización que implica comodidades y seguridad; paulatinamente, madura la decisión inevitable ante esa soledad e incomunicación físicas, pero también espirituales:

> En el fondo de su cerebro va naciendo día a día la idea de irse, de huir. De alejarse con el niño de esos parajes húmedos y sombríos.
> Regresar a su mundo. Se sabe rodeada de agua y cree no tener el valor de planteárselo a Cristy, de llevarse sola al niño.
> En su rostro, antes luminoso, no se refleja ya la luz. Rostro sombrío y callado. (72)

No lo hace solamente por su hijo. Las relaciones de pareja se han deteriorado y la comunicación es imposible; la carencia de afecto es sintomática. Insiste Rosario Aguilar en la ausencia de un lenguaje corporal que haga dialogar a la pareja, en las miradas esquivas, en los silencios profundos, en la rutina del "matrimonio"¹² que carcome.¹³ Cristy sospecha y abiertamente se lo espeta en la cara: "El niño le pertenece a él, a sus selvas. Nadie le tocará ni se lo llevará lejos" (74). Leticia sabe que Cristy la perseguirá hasta el último confín del mundo. Temerosa en un primer momento transige, pero no aguanta más su situación ni quiere cumplir desde ahora su papel de esposa sumisa y pasiva a los designios del macho; se rebela: "Su cuerpo comenzó a negarse repentinamente al amor" (97). La liberación tiene un precio y empieza por la puesta en escena del principio autobiográfico; se trata

---

11. Por ejemplo, se podría ver esto como la iniciación de Leticia; véanse las páginas de 77 a 81 de la novela. Al respecto, la escena final de ese capítulo responde perfectamente al tópico edénico con la fecundación/posesión de Leticia: "Quedaron embriagados de felicidad y, con las semanas, el vientre de la hembra comenzó a hincharse y él a sentir una ternura fiera y ancestral, posesiva" (81).
12. Ponemos matrimonio entre comillas porque, en ninguna parte de la novela, se dice abiertamente que estén casados.
13. No olvidemos que la estructuración del relato va contrastando y complementando las historias de Leticia, su hermana Paula y la de María Elena. Justamente en el capítulo siguiente, el XII, María Elena nos relata el fracaso de su matrimonio y el deterioro de las relaciones de pareja: "Cuando nuestro amor comenzó a enfriarse, aunque todavía nos queríamos y nos hacíamos el amor, era cada vez más obvio que su mente, su corazón, estaban lejos. [...] Hasta entonces mi vida la había llenado él. Cuando me dejaba sola me quedaba vacía" (75). ¡Qué coincidencias!

de un examen de conciencia que la obliga a examinar el espacio de lo vivido con el fin de hacer un balance; contrasta así el desfase existente entre ese fuego ardoroso del principio del amor, en donde la naturaleza indómita comulga con la pareja y los acompaña en sus ritos amorosos casi salvajes,[14] y la situación presente. El idilio edénico es aparente, de manera que contrasta con la sensación de aprisionamiento, de desolación, de una selva que ahoga espiritualmente a Leticia.

Comprendemos que Leticia, al contrario de lo que indica su onomástica, no es feliz en esos parajes. El desengaño amoroso surge como un eje estructurante que impide la realización personal y conduce al fracaso vital de lo que llama María Amoretti el ansia de transcendencia. Por ello, Leticia sabe que si se queda todo acabará mal; un sueño premonitorio en el que ella asesina a Cristy la obliga a tomar la fatal decisión:

> Aquel sueño es una revelación. Debe dejar al niño antes de que la leche se agote, se seque en sus pechos.
> Irse.
> No volver a ver atrás como hizo la esposa de Lot.
> Huir [...] antes de que sus cuerpos exploten en llamas ardientes y rojas de pasión y de odio. Quemantes. Arrastrándoles al infierno. (107)

Su determinación significa hacer el sacrificio del hijo; una parte de ella queda en Sunnie Lagoon, con la maternidad frustrada e incompleta que se desarrolla en todas las historias de *Siete relatos,* salvo en la de Margarita Maradiaga.

El desengaño amoroso y los problemas propios de maternidad son también los ejes estructurantes de la historia de Paula, la hermana de Leticia. Con Paula se narra el caso de la típica joven que, habiendo abrazado la causa de la guerrilla, ahora se dedica al trabajo administrativo propio de la burocracia. La reconstrucción del país requiere que los antiguos combatientes se dediquen a labores de oficina, que Paula hace con devoción, "pues daría su vida por la causa" (23), dice el texto, destacando su responsabilidad política y el amor con el

---

14. Por ejemplo: "Sintió un éxtasis. Un deseo de abrirse gozosa y generosa al ímpetu de aquella naturaleza y de aquel ser de quien ya nunca, jamás, se volvería a separar... Remarían eternamente por aquellos ríos. Vivirían felices. Se instalarían más al Oeste de Sunnie Lagoon, y verían el sol transformar cada día en mil matices... sí, serían felices para siempre" (99).

que hace su trabajo en una oficina que hace trámites de reclamaciones de propiedades y de tierras confiscadas. Allí es donde conoce a Eddy, el esposo de María Elena, a quien su familia en el exilio de Miami ha encargado el asunto de la devolución de su patrimonio. Desde el inicio, a Paula le llama la atención el joven buen mozo, atractivo, bien vestido y con gestos que delatan su origen burgués, pues Eddy contrasta en un ambiente en el que, a Paula, los muebles y los compañeros de la oficina se ven burdos, sin distinción y armonía. En este contexto surge la contradicción entre su credo político y el concepto de matrimonio: "Quería, si algún día se encontraba al hombre apropiado, casarse en ceremonia religiosa, con vestido blanco, velo y azahares... entregarse únicamente por amor, y que los hombres la respetaran" (23-24).

El idealismo del matrimonio burgués debe interpretarse a la luz del melodrama que Rosario Aguilar empieza a montar entre Paula y Eddy. Este último corteja y halaga a Paula con miras de que lo ayude con sus papeles y que su expediente llegue a la Procuraduría de la República. Frente al interés personal y a la utilización que hará Eddy de su relación con Paula, se encuentran las ilusiones del amor perfecto que la joven muchacha se forja. Esto claramente se delimita desde la primera invitación para almorzar, cuando Paula justifica en forma de pregunta las razones para salir con Eddy: "¿Por qué no podía ella aceptar una invitación a almorzar con un amigo del jefe, tan guapo y decente, que al parecer salía de una de las novelas de Corín Tellado?" (25). La comparación entre Eddy y el típico protagonista de la novela rosa no es inocente; inconscientemente, Paula busca a su héroe y un amor de novela, un idilio con grandes emociones y una relación basada en sentimientos y pasiones de película romántica; las típicas ilusiones de un matrimonio con un galán surgen cuando las atenciones de Eddy se vuelven insistentes, como cuando la trae o la lleva en su automóvil: "Se sentía como en una carroza, y él era para ella como el príncipe rubio y soñado" (46).

De manera que las aspiraciones de Paula no coinciden con los ideales revolucionarios ni con la construcción de una sociedad igualitaria; ella prefiere un valor que ataca el nuevo orden vigente, que se supone ella defiende. Se encuentra en una situación delicada, entre sus ideales de izquierda y la confrontación en la lucha de clases, por un lado, y la boda de blanco por otro, siendo una muchacha que soñaba "con velo, corona y azahares" pero "criticaba tanto a la burguesía" (46). Los sentimientos de culpabilidad surgen después de que regresan de un perfecto fin de semana en Pochomil, con playa, paseos y atardeceres: "Lloró y sufrió un shock emocional, un arrepentimiento... no debía ser así, era como traicionar a los héroes y mártires de la revolución que tanto admiraba, con quienes luchó y sufrió" (47).

La "autocrítica", como la denomina el narrador (47), se confunde con una serie de explicaciones, proporcionadas con el fin de exculparla; se exponen a continuación ciertos detalles de la vida de Paula que sirven para justificar, en gran parte, las razones por las cuales empieza a tomar a Eddy como un verdadero pretendiente: una adolescencia y una juventud de "[s]acrificios y renunciamiento" (47), de carencialidades afectivas porque queda huérfana siendo adolescente o de entrega a una causa revolucionaria que nunca le dejó el tiempo para socializar. Ello hace más difícil la experiencia límite en la que se debate Paula, seguir los dictados de su corazón ahora que ha encontrado un hombre que parece quererla, o mantener incólume sus ideales antiburgueses. Hay en Paula confusión, pero que Eddy sabe despejar con sus regalos, galanterías y visitas, a medida en que ella va cediendo y se va aislando del mundo revolucionario. Por ejemplo, en la nueva oficina en la que trabaja, dependencia del Ministerio del Interior, sus compañeros (camaradas) de trabajo se apartan cuando se enteran de que sale con un "burgués"; agrega el narrador: "Tal vez era el precio que estaba pagando por enamorarse de un burgués y sus compañeros lo resentían. Se alejaban de ella mientras iba cayendo, sin poder evitarlo, en aquel vértigo luminoso, delicioso, bello" (67).

Paula cede por encima de sus ideales revolucionarios y se deja llevar por el idilio amoroso que culmina, muy lógico en este contexto, con el embarazo y nacimiento de una niña, la cual desde los primeros meses tiene una salud frágil. La novela de nuevo pone de manifiesto la ausencia del compañero en esos meses en los que Paula se arregla como puede. Cuando regresa a Nicaragua, Eddy le pide perdón por el abandono y, aunque se ocupa económicamente de la niña, no demuestra verdadero cariño. A la niña le descubren una grave enfermedad de los riñones y Paula se enfrenta a la dura prueba, a la situación límite de velar por una niña que necesita un tratamiento médico especial. La enfermedad de su hija hace que Paula aterrice en su dura y triste realidad: "Pero de golpe aterrizó en su mundo, en su realidad, en su posición. No soñaría más" (103). El idilio y su sueño romántico han terminado y ahora debe recurrir a su jefe para conseguirle a su hija un tratamiento médico en Cuba. De alguna manera, sobre Paula cae la sanción moral y un castigo;

al alejarse de su compromiso revolucionario, al ceder a una relación sentimental con un burgués, Paula se ha equivocado. Dicho de otra manera, ha cometido un error que proviene de su mal juicio, porque, en contra de su ideario político, se ha abandonado a la búsqueda de una satisfacción amorosa imposible dentro de la tipología del relato sentimental (Chen, "Sanción moral y castigo" 175).

Por lo tanto, las historias de mujeres, que nos presenta *Siete relatos*,[15] no tienen un desenlace completamente eufórico: plantean el desfase entre el proyecto de construcción nacional y las dificultades que, por ejemplo, Paula o Leticia encuentran para realizarse en un mundo machista. Hay mucho por hacer todavía para lograr el entendimiento y la igualdad entre hombres y mujeres. La revolución es también, como dice María Amoretti, de los sujetos. He ahí el gran fracaso que Rosario Aguilar quiere testimoniar en *Siete relatos*; ello no se logra automáticamente con tomar las mismas armas codo a codo con los hombres, ni asumir juntos la reconstrucción del país. La revolución por hacer está en el plano de los afectos y de la comprensión de las diferencias biológicas y de género. Me parece que Aguilar no disimila ni oculta cuál ha sido la verdadera contradicción de la Revolución Sandinista en el ámbito de las subjetividades;[16] sus promesas en materia de género no llegan a materializarse del todo,[17] aunque su intento ha sido loable y merece nuestro respeto.

Bibliografía

Aguilar, Rosario. *Siete relatos sobre el amor y la guerra*. San José: EDUCA, 1986.

Amoretti, María. "La morada interior y sus espectros". *Protestas, interrogantes y agonías en la obra de Rima de Vallbona*. Ed. Juana A. Arancibia y Luis Jiménez. San José: Instituto Literario y Cultural Hispánico-Ediciones de Perro Azul, 1997. Págs. 275-300.

Chen Sham, Jorge. "Sanción moral y castigo: contradicciones ideológicas en la narrativa de Ana Roqué". *La voz de la mujer en la literatura hispanoamericana fin-de-siglo*. Comp. Luis A. Jiménez. San

---

15. Salvo en el caso de María Elena, la única que, rompiendo con Nicaragua, rehace su vida privada y profesionalmente.
16. Claro está, ello deriva no tanto de lo que dice, sino de lo que debemos inferir en la novela. No hace un simple panfleto político.
17. Opinión que asume Pilar Moyano en un penetrante artículo que revisa esto mismo en la poesía de Gioconda Belli (321).

José: Editorial de la Universidad de Costa Rica, 1999. Págs. 167-180.

Chen Sham, Jorge. "Tres momentos de los movimientos revolucionarios vistos en la literatura latinoamericana: Benedetti, Argueta y Vargas Llosa". *Revista de Filología y Lingüística de la Universidad de Costa Rica* 28.2 (2002): 51-62.

Guerra-Cunningham, Lucía. *La mujer fragmentada: historias de un signo*. Santiago: Cuarto Propio, 1995.

Moyano, Pilar. "La transformación de la mujer y la nación en la poesía comprometida de Gioconda Belli". *Revista Canadiense de Estudios Hispánicos* 17.2 (1993): 319-331.

Palacios Vivas, Nydia. "*El guerrillero* de Rosario Aguilar: la mujer en la Revolución Nicaragüense en la década de los sesenta". *Alba de América*. 19.35-36 (2002): 339-345.

Palacios Vivas, Nydia. *Voces femeninas en la narrativa de Rosario Aguilar*. Managua: PAVSA, 1998.

Pinillos, María de las Nieves. "La novela de la guerrilla iberoamericana". *Cuadernos Hispanoamericanos* 400 (1983): 174-182.

Rubio Cordón, José Luis. "Los movimientos vertebradores, populistas y revolucionarios en Iberoamérica". *Cuadernos Hispanoamericanos* 398 (1983): 343-357.

Salamanca, Douglas. "Literatura, sandinismo y compromiso". *Revista Iberoamericana* 157 (1991): 843-859.

Zamora, Daisy. "La mujer nicaragüense en la poesía". *Revista Iberoamericana* 157 (1991): 933-958.

De: *Revista de Filología y Lingüística de la Universidad de Costa Rica* 31.1 (2005): 9-22.

"La poética del espacio asociada al sujeto femenino en *Siete relatos sobre el amor y la guerra* de Rosario Aguilar"

Doris M. Fiallos

Para el filósofo Gaston Bachelard, la poética del espacio supone una metafísica del espacio vivido, la cual está asociada a toda representación metafórica de la imaginación, considerándola como un cosmos de protección, de intimidad y de grandeza. Según Bachelard, la poética del espacio va más allá de la dialéctica de lo grande y lo pequeño, puesto que los espacios pueden considerarse como recreadores del lenguaje y creadores de nuevas imágenes poéticas, una forma de explorar nuevas zonas de influencia y reflexión (Bachelard 8-37). En *Siete relatos sobre el amor y la guerra*, Rosario Aguilar crea distintas poéticas del espacio para explorar cambiantes procesos de sujetos femeninos. En el presente texto analizaremos las historias de dos mujeres, María Elena y Leticia, dos de las protagonistas de las siete retratadas en la obra, cuya identidad se define en términos espaciales.

Las historias de Leticia y María Elena y la relación de cada una con el "mundo verde" de la naturaleza nos transporta inmediatamente a una fenomenología de lo poético. En efecto, para Leticia la inmensidad del mundo salvaje se convierte en una fuerza adversa a los espacios amados, en este caso, la ciudad y lo urbano. La selva se convierte para ella en un espacio de hostilidad y sufrimiento. La protagonista adhiere valores imaginados a la naturaleza que amenazan su estabilidad emocional; dichos valores son, según Bachelard, "valores dominantes" (22). A su vez, la naturaleza se convierte en un espacio de odio, de un combate con tintes "apocalípticos" (22). En cambio, para María Elena, exiliada en Miami, la naturaleza es, como puntualiza Bauchelard, "la imagen del espacio feliz, [...] un espacio ensalzado, con valor de protección que puede ser positivo" (Bachelard 20).

Las dos partes que conforman *Siete relatos* se encuentran en un orden cronológico invertido. La primera parte nos cuenta el periodo postsandinista, aquel que siguió al triunfo de 1979. La segunda parte está dedicada al desarrollo de historias anteriores a dicho periodo y la guerra que culmina el 19 de julio de 1979. La narración de ambas partes se realiza con tiempos gramaticales del presente. Así, el lector se ubica en tiempo y espacio en medio de la acción de los acontecimientos y no en el recuerdo de ellos. La primera parte titulada "Sobre el amor: Amándola en silencio", contiene la historia de tres mujeres relacionadas entre sí. Aunque la trama de las historias no se entrecruza, existe un entretejido estructural de historias al nivel de capítulos, o de secciones en un mismo capítulo. De igual forma, la línea de tiempo "real" o actual se ve saturada de recuerdos que le dan cuerpo a cada historia. A Leticia y a Paula las une el parentesco: son hermanas. El puente entre María Elena y Paula es Eddy, esposo de la primera y amante de la segunda.

El título doble de la primera parte de la novela nos remite al tema del amor: el primero, "Sobre el amor", nos da a entender que se refiere al amor de pareja. El segundo también; "Amándola en silencio" está incluido en la narración omnisciente del capítulo XI, en la historia de Leticia: "Cristy encontró siempre la forma de alentarla. Remando. Tal vez amándola en silencio" (71).

A principios de la década de los setenta, cada vez más nicaragüenses se unieron al Frente Sandinista mientras otros se marchaban al extranjero como resultado del conflicto bélico en el país. Este es el caso de María Elena que, a raíz del triunfo sandinista y por razones de seguridad, se vio forzada a huir de Nicaragua hacia Miami, junto a su esposo, Eddy. Para María Elena, la naturaleza verde y fructífera está asociada específicamente con su tierra natal, Nicaragua, añorada desde su exilio en espacios urbanos. Para esta protagonista la topografía y el paisaje de su país son los elementos que definen la esencia de su patria, el espacio deseado en donde ella quisiera estar. En *Siete relatos* el paisaje se consagra como presencia central y como elemento estrechamente ligado con la nación y lo nicaragüense. Podemos pensar que el segundo título de la primera parte de la historia, "Amándola en silencio", hace referencia al amor por la patria "perdida", si tomamos en cuenta que el periodo al que se hace referencia en esta parte es después del triunfo de 1979 y durante el gobierno sandinista.

Una vez en el exilio de Miami, María Elena pasará por un proceso de adaptación, mayormente sin la presencia de su esposo, quien regresa a menudo a Nicaragua para resolver asuntos familiares. La vida de María Elena transcurre entre la nostalgia que siente por haber dejado su país, el no poder volver y las ansias de triunfar en un mundo diferente al suyo. La exiliada atraviesa por diferentes sacudidas emocionales tales como la muerte de su mamá, un aborto inesperado, la infidelidad de Eddy con Paula y la llegada de un nuevo amor a su vida, Jorge.

Los sentimientos de felicidad y tristeza forman parte de la vida de María Elena, debido al recuerdo empapado de nostalgia que le produce el no estar en Nicaragua. La protagonista recuerda la naturaleza y los momentos vividos en su tierra natal, y los asocia con su relación amorosa con Eddy:

> Repaso a menudo las anécdotas... como ahora que el cielo azul con el ventanal abierto, los narcisos florecidos, y nuestras caricias, me trajeron de golpe a mi memoria aquel otro ventanal en la casa de mis suegros, en Managua, Nicaragua, en junio de 79 cuando estaba recién casada. Sí. Por el ventanal abierto veíamos Eddy y yo el cielo azul de Nicaragua. (12)

María Elena se transporta en el tiempo y en el espacio por medio de una misma imagen (el ventanal y el cielo azul) que funciona como portal del tiempo. En este pasaje nos damos cuenta de que la traslación de lugar y tiempo al pretérito continúa a lo largo de la historia, "observo lo bonito que es el aeropuerto de Tampa. [...] Cómo no recordar la última vez que estuve en el aeropuerto de mi patria, cuando todavía se llamaba Las Mercedes" (35).

La historia de María Elena nos aproxima a una perspectiva propuesta por Rosario Aguilar respecto a uno de los protagonistas históricos y geográficos de esta obra: los Estados Unidos. Se compara este país con Nicaragua, el uno asociado a lo tormentoso que puede ser para un inmigrante vivir en el exilio y el otro relacionado al paraíso. Las muchas comparaciones hechas por María Elena explican y comprueban que no ha perdido su identidad. Se percata de la inautenticidad del mundo que la rodea y compara ambos lugares y la sensación que le producen: "en mis sueños hay un gran desierto con serpientes, alacranes, tarántulas; al otro lado hay verdor, agua, pájaros y mariposas" (89).

El subconsciente de la joven contrasta estos dos mundos: Nicaragua es el "Edén" y los Estados Unidos, el infierno. Evidentemente, María Elena extraña con nostalgia la naturaleza de su patria y considera su tierra natal como un paraíso verde. Al hacer el amor con su esposo recién regresado de un viaje a Managua, comenta: "me parecía que me restregaba en la piel de Nicaragua... en su zacate verde... que me revolcaba en su arena... me zambullía en sus aguas... porque sentía [...] el olor inconfundible de mi patria... de océano a océano..." (54).

El recuerdo de su patria y el arrepentimiento la acompañarán al parecer para siempre. Aunque desconectada espacialmente de su tierra, ésta subsiste en la forma de una fantasía frondosa y verde. Frédérique Rolland-Mills lo define como una especie de "Neverland" inalcanzable (20) cuando María Elena narra cómo la transportaba su imaginación:

> Yo era como Peter Pan y como él, volaba sobre el triángulo verde y brillante de mi tierra natal, era como un mapa de relieve tan real, que en mi vuelo rozaba los bellos volcanes, las copas de los árboles de cenízaros, guanacaste, madroño. Me salpicaba de la brisa de los lagos y podía aspirar el olor de la tierra húmeda a la que había caído el primer aguacero del invierno. (106-107)

Estas descripciones táctiles, olfativas y visuales que ella ofrece de su país testifican la relación carnal que tiene con su tierra-patria, una relación física con el paisaje nicaragüense que la identifica con sus orígenes y con la naturaleza de una forma nostálgica, pero que rescata su identidad.

María Elena sabe que el haberse ido de Nicaragua fue un gran error y lo atribuye al amor que sentía por Eddy, sentimiento "incauto" que la orilló a alejarse de su patria por el deber o necesidad de estar con él, y también a ser engañada posteriormente: "Cuando amé de verdad, hasta el sacrificio de renunciar a mi patria, fui traicionada, desairada" (91). De hecho, la naturaleza le sirve de punto de referencia y de comparación entre el presente y el pasado, entre un espacio y otro. Las diferentes referencias a las frutas exóticas y los árboles simbolizan la generosidad de su tierra natal, las cuales contrastan con la artificialidad que, según ella, caracteriza a su país de adopción.

Aunque está muy triste por no poder volver a su tierra natal y comenta lo lindo y auténtico que es Nicaragua, María Elena nunca realiza un comentario crítico respecto a la guerra. Comenta lo estático, el trasfondo paisajista, no la actividad política. De hecho, en contraste con otras mujeres en *Siete relatos* que Nydia Palacios señala como indicios de un nuevo perfil del sujeto femenino activo, "heroínas épicas que participan en el quehacer histórico de su país" (137), María Elena no participa en los actos históricos ni los comenta, sino que huye de ellos. Al guardar silencio, se presiente fuera e indiferente a los hechos históricos que vive Nicaragua. Por otro lado, su relación con Eddy, un burgués, le hace pensar en la guerra como un hecho de muy poco interés para ambos: "No, nada de aquello nos concernía. Nosotros no éramos políticos, ni militares. No nos metíamos en nada" (13).

A pesar de la nostalgia que María Elena siente por la tierra que la vio nacer, el texto nos ilustra su adaptación al mundo cosmopolita donde ahora vive. Con las vivencias de este personaje, Rosario Aguilar representa a los Estados Unidos como un lugar de avaricia, lujuria y soberbia, medio en el cual, sin embargo, María Elena logra triunfos profesionales que la hacen sentirse realizada en el exilio. Aguilar no solamente ubica a María Elena en un lugar que ella considera inauténtico, en rotunda oposición a Nicaragua, sino que además la coloca en una posición en la que trabaja como vendedora y (luego) demostradora regional de cosméticos. De esta forma ambos espacios se oponen: la venta de cosméticos es un mundo artificial, lleno de falsedad y superficialidad en comparación con su país natal. Y la señora burguesa que es decide trabajar, aunque no en una fábrica, tampoco como mesera, sino como representante de ese mundo "inauténtico", pero tan suyo, del maquillaje. Si antes se identificaba sensualmente con los olores de la naturaleza nicaragüense, expresa algo muy parecido en el nuevo ambiente al conseguir la independencia económica: "Y la embriaguez que experimento cada vez que entro a estas tiendas saturadas con los finos olores de la casa que me ha contratado. Los olores son representativos del mundo lujoso al que he entrado. [...] Al aspirar por mi sentido del olfato todo ese mundo de los cosméticos, siento un despertar, una sensualidad creciente en todos mis restantes sentidos..." (51-52).

María Elena alude a Rubén Darío al encarar el nuevo mundo estadounidense que le brinda oportunidades. Entre sus recuerdos no se destaca ningún otro elemento que pueda definir mejor a su tierra: "Como diría Rubén: 'moderno, audaz, cosmopolita'. Pero detrás del brillo, de las luces... la encrucijada de nuevo" (91). La encrucijada, "la tentación... la invitación a entrar a este mundo de luces de colores, que gira, que bulle, que permanece en continua efervescencia" (91). Nydia Palacios afirma que es perceptible la analogía que se sugiere al comparar el éxito que Darío tuvo internacionalmente con la independencia que María Elena alcanza en otro país (20). Rolland-

Mills tiene una perspectiva diferente y piensa en la cita de Darío en términos de descripciones que "caracterizan al país adoptivo que ofrece una fachada atractiva que, en fin, permanece sin sustancia" (104).

La exiliada reconoce que lo único que la une a su esposo Eddy, del cual ella está separada, es la patria: "Sin embargo, me he dado cuenta, que con Eddy me une un interés común por la patria. Nicaragua es de nosotros. La compartimos. Le pertenecemos" (106). Para Palacios, María Elena es un "personaje anti-heroico [...], una joven burguesa que se exilia y que se ve acosada por el remordimiento de haber abandonado Nicaragua en un momento trascendental para su historia" (30). Para Rolland-Mills, la protagonista se identifica plenamente con su patria Nicaragua, por medio de la naturaleza, indicando que "para María Elena, la naturaleza nicaragüense sirve de contrapunto a un mundo enajenador, *high tech*, moderno y artificial que quiere asimilarla y aniquilar su esencia nicaragüense" (106).

Rosario Aguilar nos ofrece un personaje indefinido, tal vez algo simple. En ocasiones, sin embargo, a pesar de la simplicidad y del antiheroísmo que irradia el personaje de María Elena, ella es capaz de tener un pensamiento crítico y analizar su situación en el exilio: el mundo en el que vive es artificial y se percata de la inautenticidad del espacio en el que se desarrolla: "Si me aceptan... ya veremos... esas personas tan sólo piensan en el negocio, no les interesan mis problemas personales ni mi status migratorio. Me valorarán de una sola ojeada, de un solo golpe; mi figura, mi personalidad, mis atributos. Si sirven o no para demostrar los productos. Nada más" (34). Las muchas comparaciones hechas por María Elena entre los dos espacios en los que ella ha vivido, Nicaragua y Miami, nos hacen indudablemente admitir que no ha perdido su identidad nicaragüense.

La situación de María Elena, el exilio, es un proceso difícil por el que muchos nicaragüenses atravesaron durante el período de la guerra civil. Rosario Aguilar, mediante este personaje, nos transmite lo que muchos ciudadanos vivieron durante los enfrentamientos bélicos en Nicaragua. La protagonista es el ejemplo de muchos otros nicaragüenses, quienes padecieron la incertidumbre de tener que dejar su país natal y buscar un futuro mejor en otros horizontes.

De alguna manera, este aspecto de la narración apela al ejercicio de la nostalgia —dentro y fuera del texto de Rosario Aguilar. El libro parece sugerir que la memoria del país natal está presente en el individuo, y que dicho recuerdo primigenio se potencia en el exilio. Asimismo, es muy lúcida la estrategia de Aguilar al privilegiar el ejercicio de la "patria externa", es decir, al vincular la identidad nicaragüense con paisajes, el verdor de la naturaleza y la inmensidad de ríos y lagos. De este sentimiento nostálgico, María Elena nos hace partícipes a lo largo de dicha obra.

La narración que se dedica a otra protagonista, Leticia, ofrece una perspectiva de la naturaleza nicaragüense muy distinta de la de María Elena. En esta historia Aguilar tampoco involucra a la mujer en una situación de conflicto bélico, por el contrario, la desplaza a la selva atlántica nicaragüense, lugar al que Leticia se dirige desde Managua para trabajar en el proyecto sandinista de alfabetización.

Leticia, maestra recién graduada, se enamora de Cristy, guía de la misión educativa, indígena de origen miskito. La frase inicial del Capítulo II aparenta resumir la historia de la heroína: "y su gran entusiasmo del principio se ha convertido ahora en desesperación..." (17). La evolución de sus emociones se relaciona, de cierta forma, con el amor que siente por su pareja que la lleva a seguirle en medio de la selva donde viven felices en ese paisaje paradisíaco. En efecto, los amantes se ubican en un mundo mágico, risueño, florido y aislado de la civilización.

La historia de Leticia la conocemos por medio de una voz narrativa en tercera persona. Sin embargo, sus pensamientos más íntimos se presentan mayormente en su propia voz. En cambio, Cristy nunca expresa sus pensamientos y llegamos a conocerlo sólo por sus acciones y por medio de las introspecciones de Leticia. En el relato sobre Leticia, el mundo natural se transforma en una selva primero idílica, pero después laberíntica que, sin embargo, sigue siendo un territorio masculino. En efecto, el bosque que retrata Aguilar, según Rolland-Mills, "llega a transformarse como en los cuentos de Quiroga en una naturaleza violenta que amenaza al individuo que subestima su poder" (107).

La naturaleza que circunda a los enamorados al comienzo refleja a la perfección el amor que sienten el uno por el otro: "un mundo que se asemeja a los principios de la creación" (56), indica el narrador sobre la primera imagen de Leticia ante Cristy. Su percepción de Cristy está llena de elementos sensuales, tales como olores y observaciones hacia el cuerpo del hombre. En este sentido, es relevante lo que Elaine

Showalter señala acerca del modelo biológico de análisis feminista en la literatura escrita por mujeres: "The biological [model] emphasizes how the female body marks itself upon a text by providing a host of literary images and a personal, intimate tone" (citado en Chumpitaz-Furlan 33).

No obstante, la atmósfera idílica se deforma, reflejando el desencanto de la protagonista en medio de un espacio que no es el suyo. Sin duda, estos acontecimientos que viven los amantes obligan a encontrar ecos y a realizar paralelos (aunque a la inversa) en *Siete relatos* de *La vorágine* de José Eustasio Rivera. En la obra del colombiano, la naturaleza se presenta como una realidad de valores femeninos, ya que el personaje de Alicia incursiona y vive en la selva amazónica; en contraste Leticia sólo busca escapar de la selva atlántica. Aunque no se siente adaptada al ambiente selvático, al principio se acomoda por la presencia y el amor que le brinda Cristy. Sin embargo, los desacuerdos surgen en un tiempo previo al alumbramiento de Leticia, pues ella, "mujer civilizada", necesita y desea dar a luz en la ciudad.

Aguilar no sólo establece una discrepancia entre la ciudad y la selva, sino que también anuncia lo funesta que será la situación política de Nicaragua después de la guerra civil, así como lo que provocará: "La asustan varios pájaros negros y raros que se posan en las ramas de los árboles de atrás, por la carbonera. Con sus alas negras y abiertas parecieran presagiar algo funesto, trágico, triste" (40). Es decir, introduce una imagen de la guerra contrarrevolucionaria y posteriormente la caída del régimen sandinista que gobernaba el área del Océano Pacífico. Esta última afirmación está mejor ilustrada cuando Leticia, esperando a Cristy en medio de su angustia, dolor e impotencia, se siente observada por toda la selva: "Amenazantes, vigilantes, mortales. Esperando que ella, venida del Pacífico, cometa un solo error. Un error. Esperando" (26). De esta manera Leticia, en su cambiante relación con Cristy, presenta una perspectiva novedosa de uno de los protagonistas de los hechos pasados nicaragüenses — los indígenas miskitos, y con ellos, otras etnias de la Costa Atlántica, como los sumos y ramas— resistentes a la incorporación al imaginario sandinista homogeneizador.

El episodio del alumbramiento es trágico y violento, no sólo por el dolor físico, sino también por la soledad y el temor que rodean a la parturienta. El paisaje verde que Leticia tanto disfrutaba y la hacía sentir dichosa, se transforma en un espacio del cual necesita escapar y no puede: "Repentinamente se siente prisionera y totalmente aplastada por aquella exuberante naturaleza que, en medio de su desesperación, se le asemeja a una trampa mortal en la que por amar ha caído" (17). La desesperación de la muchacha por librarse del dolor que la atormenta alcanza su máxima expresión en el encierro del cual se siente víctima: "laberintos verdes de los que no existe salida para un extraño" (25). La decisión inicial de vivir libremente con Cristy en la jungla ha cambiado de manera drástica; el sentimiento de Leticia, ahora, es el de que haber caído en una trampa, en una "prisión bella y macabra" (86), donde está "enterrada en vida" (86).

De acuerdo con Rolland-Mills, el espacio "verde" en el que se desarrolla esta parte de *Siete relatos* no corresponde a "un espacio femenino utópico, sino que simboliza el territorio nacional sobre el cual la guerrilla lucha por el poder" (96), y añade por tanto que las mujeres "no tienen una relación privilegiada con la naturaleza" (101). Rolland-Mills cita como apoyo a Ileana Rodríguez, quien afirma que la selva se ha convertido en aquel espacio masculino en que las guerrillas desfilan "como fantasmas" (97). Según la visión de Leticia, las mujeres en esta naturaleza hostil encuentran una prisión y son excluidas del paisaje selvático.

La situación de incomprensión y disgusto entre Cristy y Leticia es parcialmente análoga a la que vivirían los sandinistas y los miskitos, debido a la diferente evolución que tuvieron ambos grupos hasta su choque por el "desconocimiento recíproco de los modos de vida, tradiciones, estructuración social" (Jenkins Molieri 3). Aunque pareciera a primera vista tratarse sólo de una historia de amor y desamor, el énfasis en el origen geográfico de estos dos personajes y el fracaso del Pacífico en el intento de imponerse, o por lo menos sobrevivir, en el Atlántico sugieren claras resonancias políticas.

El desencanto de la protagonista está atribuido a su origen en la región más industrializada de Nicaragua. El mundo selvático no puede satisfacer a la maestra, mujer profesional, que ha estado involucrada en el proceso histórico de su país en su participación en la campaña de alfabetización. La que propone llevar la luz de la educación a las zonas oscuras del país para mejorarlas fracasa porque no puede cambiar las condiciones ni adaptarse a ellas, ni tiene gran funcionalidad su tipo de educación ahí. La educación no le ha enseñado lo que necesita saber para sobrevivir. En contraste, el indígena no posee el conocimiento científico de la maestra, pero cuenta con la sabiduría práctica, popular y la experiencia de vivir en un mundo salvaje. El narrador, o Leticia, reconoce de ella: "Es verdad que sabe matemáticas, sociales y lenguaje y está capacitada para enseñar a leer y escribir a los que no saben y sin embargo, es algo distinto, no lograría descifrar las vueltas del río ni los posibles senderos en las selvas. Conoce la geografía en el mapa, pero una cosa es el mapa, en donde parece una empresa fácil, y otra la realidad" (20).

En este caso, la protagonista no posee conexión alguna con la naturaleza, por el contrario, se siente totalmente perdida, desencantada por el aislamiento y no se ubica ni en el tiempo ni en el espacio: "el lugar exacto en donde se encuentra realmente está fuera del tiempo, de la geografía e incluso de la imaginación" (20).

La llegada del bebé a la vida de ambos personajes, sumada a la experiencia angustiosa del alumbramiento, lleva a Leticia a desarrollar sentimientos de rencor hacia la naturaleza que la rodea y considera a su pareja el responsable de sus tragedias. A pesar de los esfuerzos de Cristy por mejorar las condiciones de Leticia, brindándole comodidades, para ella es claro que aquel no es "su mundo" ni su espacio, y que necesita liberarse. Se siente desesperada y desea irse a la ciudad, y el indígena la dejará ir bajo la condición de no llevarse al hijo. Esta postura concuerda con un punto de vista sumamente tradicional descrito así por Charles Bressler: "Man is the subject, the one who defines meanings; woman is the object, having her existence defined and determined by the male" (189).

Por un lado, Leticia se encuentra en una situación de dominio y sumisión, y la demanda de Cristy implica un gran sacrificio para ella. La maestra se sentía útil al servicio del nuevo proceso revolucionario, participando activamente en la cruzada de alfabetización: "su regocijo, su alegría cuando la inscribieron en las escuadras roji-negras" (18). ¿Cómo puede aceptar una vida doméstica y primitiva en medio de la selva? La que experimentó "un sentimiento cariñoso y protector" hacia Cristy, quien podía "convertirse en un ser infantil, primitivo, ignorante y libre" (70), luego, al cumplir ella la función biológica femenina de dar a luz, se halla dominada por la voluntad del varón. Esta imagen puede ser equiparada con lo sucedido durante el intento de unificación nacional por parte del gobierno sandinista: la supuesta superioridad del foráneo cuestionada e invalidada por el indígena.

La identificación de Leticia con la idea de "patria" se ve demostrada en sus expresiones de amor a la naturaleza, admiración por la majestuosidad de la selva aún inexplorada y por el compromiso de querer colaborar con el progreso de su sociedad. La identificación consigo misma como mujer y madre se presenta aún en proceso hasta el final del relato: retirarse a la ciudad y dejar a su hijo, al menos por un tiempo, o sacrificar sus planes de realización y quedarse con un hombre al que ya no admira tanto. En ella perduran nuevos valores femeninos que le han permitido sobrevivir en la selva, pero no contempla la idea de vivir en un régimen patriarcal y en un mundo al que no pertenece. Al contrario, pretende colaborar con el progreso de la sociedad y tener una participación directa en la historia de la nación nicaragüense.

En conclusión, para María Elena, exiliada en Miami, recordar su patria la hace feliz; en el extranjero se siente perdida en un mundo ajeno a ella, pero se adapta y logra el éxito económico y gran satisfacción personal. Ha considerado la naturaleza nicaragüense su esencia misma, su identidad. La exiliada describe a su país atestiguando la relación carnal que tiene con su patria. Establece un contraste entre su tierra natal y su país de adopción, donde Nicaragua es el "Edén", y los Estados Unidos, el infierno. Sin embargo, los recuerdos y la nostalgia no le satisfacen. Mujer nueva, pero de otra manera, rechaza la dependencia económica del macho como válido estilo de vida y empieza a decidir por sí misma.

En la historia de Leticia, la naturaleza se torna violenta en un laberinto verde que amenaza la estabilidad emocional de la heroína. La atmosfera idílica que parecía reinar en el bosque se deforma, reflejando el desencanto de la joven en medio de un espacio que no es el suyo. La selva nicaragüense, como espacio, toma entonces formas hostiles, puesto que Leticia es una mujer urbana que no se adapta a la naturaleza salvaje. Ni por amor al hombre, ni por amor al hijo. Otro modelo de mujer nueva.

También constatamos que por medio de la ilustración del discurso femenino, usualmente marginado, Rosario Aguilar abarca problemas que aquejaban a las mujeres de su país durante la revolución en su fase bélica y en la posterior, sandinista. Las situaciones que cada protagonista vivió y el discurso femenino registran historias no consignadas en los libros de Historia. Reescribir la Historia es enriquecerla y Rosario Aguilar aquí elude asociaciones fáciles tradicionales para plantear relaciones novedosas entre las nuevas mujeres y los espacios que ocupan en sus narraciones.

Bibliografía

Aguilar, Rosario. *Siete relatos sobre el amor y la guerra.* San José: EDUCA, 1986.

Bachelard, Gastón. *La poética del espacio.* Tr. Ernestina de Champourcin. Buenos Aires: FCE Argentina, 2000.

Bressler, Charles E. *Literary Criticism: An Introduction to Theory and Practice.* Upper Saddle River: Prentice Hall, 1999.

Chumpitaz-Furlan, Pamela M. "Diferentes mujeres para diferentes entornos: voz y rol femenino en *7 relatos sobre el amor y la guerra* de Rosario Aguilar". Tesis de maestría. Miami University (Ohio), dir. Mario A. Ortiz, 2003.

Jenkins Molieri, Jorge. *El desafío indígena en Nicaragua: el caso de los miskitos.* México: Katún, 1986.

Palacios, Nydia. "La representación de las mujeres en la narrativa de la escritora nicaragüense Rosario Aguilar". Tesis doctoral. Tulane University, dir. Nicasio Urbina, 1995.

Rodríguez, Ileana. *Women, Guerrillas and Love.* Minneapolis: Minnesota University Press, 1996.

Rolland-Mills, Frédérique. "Evolución de los modelos femeninos nicaragüenses en la novela de Rosario Aguilar, Gioconda Belli y Mónica Zalquett". Tesis doctoral. University of Kentucky, dir. Susan Carvalho, 2000.

"Repercusiones de la Revolución Sandinista en la novela nicaragüense: Rosario Aguilar y Conny Palacios"

Jorge Chen Sham

Los eventos históricos, que son comprendidos como traumáticos en la conciencia colectiva y en la historia nacional, repercuten en la literatura de una manera que debemos siempre estar atentos a analizar; entre estos destacan los conflictos bélicos y las revoluciones que de ellos se siguen. Para el caso de Centroamérica, el advenimiento del Acuerdo de Paz de Esquipulas de los años 80, la desmovilización de las guerrillas y la crisis de la Revolución Sandinista desatan lo que Beatriz Cortez denominó como "sensibilidad de posguerra", pues la producción estética "ya no expresa[ba] esperanza ni fe en los proyectos revolucionarios utópicos e idealistas que circularon en toda Centroamérica durante la mayor parte de la segunda mitad del siglo XX" (25). Se impone una crítica a estos proyectos utópicos y revolucionarios que, en la especificidad literaria, se materializa de una manera que debe tomar en cuenta lo estético. Así, ¿de qué manera incide la guerra de liberación y la Revolución Sandinista en la experiencia cotidiana y estética? ¿Cuáles son sus huellas y sus consecuencias?

El acercamiento, por supuesto, no se hará desde lo político, pues debe tomarse en cuenta la especificidad estética de la producción literaria y su propuesta de aprehender "le domaine de l'appropriation du passé" (Robin 47) y la percepción del tiempo vivido, lo que en francés se denomina con el término "la durée", porque contar siempre ha tenido un valor eminentemente temporal y, en este caso, se narran acontecimientos ahora ubicados en el pasado reciente. Desde Aristóteles la memoria se relaciona con el pasado y conlleva "la distinction entre l'avant et l'après" (Ricoeur 19), así percibida por la conciencia humana y grabada sobre la memoria que la moldea en tanto inscripción y referencia. Tratándose de la acción de recordarse, Aristóteles distingue el simple recuerdo que se produce por una afección y la búsqueda activa del recuerdo; de esta manera, acordarse del pasado plantea el problema de la distancia temporal:

> [...] l'acte de se souvenir (*mnemoneuein*) se produit lorsque du temps s'est écoulé (*prin kronistithenai*). Et c'est cet intervalle de temps, entre l'impression première et son retour, que le rappel parcourt. En ce sens, le temps reste bien l'enjeu commun à la mémoire-passion et au rappel-action. Cet enjeu, il est vrai, est quelque peu perdu de vue dans le détail de l'analyse du rappel. (Ricoeur 22)

La importancia de esta distinción corresponde a la toma de conciencia del tiempo en el sujeto, y el propio Aristóteles menciona otra manera de recordarse en la que las pasiones toman su papel protagónico y hacen resurgir el pasado vivido. Habrá que esperar hasta el siglo XX para que teorías como la fenomenología o el psicoanálisis revelen la significación del imaginario (el carácter fantasmagórico e intuitivo de las imágenes) y de lo reprimido (la relación entre recuerdo y síntoma), con el fin de comprender la pertinencia de la "mémoire-passion"; su funcionamiento releva no tanto de un trabajo racional y metódico de la conciencia, sino más bien de la herida y del traumatismo que la hace emerger.

Nuestra intención es relacionar esta *memoria-pasión* con "la durée", pues, situándose en el corto término, la memoria no alcanza a tomar la distancia necesaria con el fin de poder desencadenar un proceso de comprensión distanciado que conduzca a la puesta en marcha de mecanismos cuya finalidad sea la responsabilidad de esclarecer la verdad en el acto de recordar. Para este caso concreto, Paul Ricoeur nos habla del abuso de la memoria y de la necesidad de plantear la pregunta sobre el olvido (83), toda vez que es consciente de que se encuentra ya en el punto de vista ético-terapéutico de los recuerdos traumáticos. Así, en las novelas por analizar, el conflicto bélico y la guerra están tan cercanos, históricamente hablando, que el acto de recordar se produce desde esta memoria-pasión, en donde surge como choque y trauma. Este acercamiento de la memoria obliga a realizar un trabajo hermenéutico en el que las alteraciones y los obstáculos resurgen de una manera sugestiva. A la luz de lo anterior, debemos interrogarnos sobre el sentimiento de impotencia o de abandono que se impone a los seres humanos, cuando los acontecimientos desbordan lo que el individuo vive como dolor y desgracia; de esta manera, ¿cómo un evento histórico de primera línea, la Revolución Sandinista, ha trastocado la conciencia colectiva nicaragüense del último tercio del siglo XX y se inscribe en la literatura?

En 1986, la escritora Rosario Aguilar publica *Siete relatos sobre el amor y la guerra*. Para este momento, la Revolución Sandinista estaba en marcha y se confrontaba a numerosos problemas en su construcción de un proyecto nacional de izquierdas, bajo el ideal de la lucha insurreccional contra la dictadura de Somoza y el arribo del FSLN al poder. Así la novela de Aguilar nos ofrece un balance, muy tempranero por cierto desde el punto de vista histórico, sobre los resultados de un proceso histórico aún en marcha y que no había sido aún concluido. Dicho de otra manera, la Revolución estaba tan cercana de la conciencia colectiva que demandaba, desde el punto de vista histórico, una distancia crítica. Sin embargo, esto no puede ocurrir en el caso de Aguilar y ella nos plantea un análisis comprensivo que apunta a descubrir una significación de la Revolución Sandinista en el plano de las relaciones entre hombres y mujeres, de suerte que la transformación política debe extenderse al terreno de la igualdad sexual y de género. Pero, ¿se trata de una utopía o de una realidad en ciernes?

Retomemos la estructura de los *Siete relatos sobre el amor y la guerra*. Existe una ruptura diegética entre las dos partes de la novela: La Segunda Parte, "Sobre la guerra"[1] es anterior a la Primera Parte, "Sobre el amor". Por lo tanto, la diégesis no está narrada de manera cronológica, puesto que la Segunda Parte se inicia en pleno movimiento de la guerrilla y presenta el mundo de la resistencia popular, la lucha armada contra el régimen y la represión somocista, mientras que la Primera Parte, ubicada en el momento en el que la Revolución ha vencido y se pone en marcha, hace efectivamente emerger los estereotipos del amor sentimental, las relaciones de pareja y los conflictos que pueden plantearse en una sociedad machista y falocrática, a pesar de las ideas revolucionarias. La linearidad y lo cronológico se difuminan para hacer perceptible un problema de lógica estructural y diegética, de causa-efecto. ¿A qué se debe este desfase temporal?, ¿por qué ocurre este desajuste temporal que primeramente desarrolla los resultados y los obstáculos en la vida cotidiana de las mujeres al servicio de la Revolución, para después ubicarlas en el teatro de la guerra por la libertad? En este sentido, la Primera Parte, "Sobre el amor", cuenta la historia de Leticia, joven maestra de primaria lanzada a la Gran Campaña de Alfabetización del

---

1. Es Nydia Palacios la primera en subrayar este desfase temporal de la novela (188).

Gobierno Sandinista, cuyo viaje la conducirá a la Costa Atlántica de su país para enamorarse de un indio misquito, Cristy, cuando deviene la decepción amorosa:

> Y su gran entusiasmo del principio se ha convertido ahora en desesperación...
> [...] Repentinamente se siente prisionera y totalmente aplastada por aquella exhuberante naturaleza que, en medio de su desesperación, se le asemeja a una trampa mortal en la que por amar ha caído.
> Por amarle, por seguirle. (17)

Cristy se convierte en sinécdoque del proyecto de nación; Leticia ha dejado todo para ir al otro lado del país por convicción política y por amor. La frase final de la cita "Por amarle, por seguirle" se transforma, de esta manera, en evidencia del desencanto en el nivel privado pero también político, ya que el sentimiento de incomunicación y una vida de pareja mal asumida asfixian a Leticia. La misma historia se repite con Paula, joven guerrillera y hermana de Leticia, quien, después de la Revolución, trabaja en una oficina de la administración pública; ella está dispuesta a morir por la causa revolucionaria: "pero ahora no le quedaba más remedio que continuar el sacrificio empezado para cambiar las cosas que andaban mal" (23). A pesar de los años pasados en la montaña con la guerrilla, una vida difícil según sus camaradas masculinos, surge la contradicción cuando las ideas revolucionarias se confrontan con la noción de matrimonio burgués al que aspiraba ahora la joven: "Pero eso no era lo que Paula anhelaba. Quería, si algún día se encontraba al hombre apropiado, casarse en ceremonia religiosa, con vestido blanco, velo, azahares... entregarse únicamente por amor, y que los hombres la respetaran" (23-24).

Una vez más, otro personaje femenino de Rosario Aguilar ve *l'amour en rose*; la opción de Paula es de contribuir a construir su país y, desde el punto de vista personal, casarse con traje de novia blanco. Paula vivirá entonces el idilio amoroso, cuando un latifundista, Eddy, reclama las tierras confiscadas por el régimen y ella sueña con su príncipe de cuento de hadas que ahora se materializa para cortejarla: "Se sentía como en una carroza, y él era para ella como el príncipe rubio y soñado" (46). Como su hermana mayor, Paula siente el hastío de su vida espiritual y la culpabilidad la ahoga ante la escena tópica de la caída del sol en

Pochomil, una de las playas más bellas del Pacífico nicaragüense:

> Lloró y sufrió un shock emocional, un arrepentimiento... no debía ser así, era como traicionar a los héroes y mártires de la revolución que tanto admiraba, con quienes luchó y sufrió.
> Era como defraudar a Leticia.
> Y en la autocrítica se preguntaba qué, en él, la había atraído tanto, seducido... si era algo simplemente biológico o si era a causa de su juventud solitaria, ardiente y ahora enamorada. (47)

La "autocrítica", como ella misma la llama, la invade y a pesar de los comentarios de desaprobación y condena de sus colegas de oficina que expone aquí, abandona sus ideales revolucionarios; su desenlace lógico en el contexto del melodrama será el nacimiento de una niña con una salud precaria, enferma de un mal congénito, y Paula debe enfrentarse a la dura realidad de ser madre soltera cuando Eddy desaparece: "Pero de golpe aterrizó en su mundo, en su realidad, en su posición. No soñaría más" (103). Es decir, ya no soñará más con una sociedad justa y de equidad de género. El fracaso en el ámbito personal, la desilusión frente a relaciones más solidarias entre hombres y mujeres difumina la posibilidad de una revolución que llega apenas al espacio de las relaciones intersubjetivas.

Es de esta manera que debemos comprender el desfase temporal y la ruptura diegética que, en la Segunda Parte de la novela, expone las historias de sacrificio y de lucha en contra de la dictadura somocista; las mujeres valientes y aguerridas como María José, Lucía, Sonia y Karla. El último relato, el de Karla, es paradigmático en este sentido. En el final de la novela, el narrador revela el verdadero nombre de Karla, la guerrillera, quien ahora viene a recuperar su identidad de "Margarita Maradiaga. Maestra rural" (154), al explicar su determinación de clausurar este capítulo de su biografía personal, justamente el 20 de julio de 1979, el día en el que el FSLN entra victorioso en Managua para celebrar el triunfo de la Revolución. En la caravana, ella observa al padre de su hijo, antiguo dirigente del movimiento de estudiantes en el que participaron ambos; pero él no la reconoce, aunque tal vez le ha echado una breve mirada; entonces Margarita se pregunta: "Es tan sólo una ilusión... ¿o es en realidad que aquellos ojos se han posado en ella? Pero no. Sin demostrar amor, ni nada. Una mirada producto de las circunstancias increíbles de la victoria… pero para ella, nada en especial" (153).

Desplazamientos obligan, el fracaso de la relación sentimental y el hecho de que, aunque ella haya luchado como guerrillera, no participe del cortejo del triunfo, es síntoma de algo inquietante. Para Margarita, las relaciones entre ellos fueron tan efímeras, frágiles, una especie de ilusión como si fuera un fenómeno óptico. Por añadidura, el triunfo de la Revolución y la construcción del país son dos empresas que separarán sus propios caminos como el movimiento del agua en un largo río: "la corriente del cambio lo llevará navegando sobre aguas y lo arrastrará a riberas que jamás lo acercarán a ella… así, así había sido antes" (153). El dominio de la acción separará al hombre de la mujer, ya que él solamente se consagrará al ejercicio del poder, mientras ella vuelve a su antigua ocupación. La imagen final es de tal contundencia que se impone una interpretación en materia del proyecto de nación; Margarita ha luchado junto a sus camaradas masculinos pero ella no está en primer plano en el desfile que anuncia el acceso al poder de los vencedores; es más bien una simple espectadora. La Revolución pregonaba promesas de cambio y un nuevo entendimiento, pero trae en su lugar decepciones.

Si uno de los rasgos fundadores de la novela contemporánea de la América Central, según la crítica más autorizada, es el "desencanto",[2] la ilusión perdida y el hastío de los personajes predominan en *Siete relatos sobre el amor y la guerra*. La novela estremece con este alegato tan temprano contra la Revolución y socava la búsqueda liberadora en las relaciones humanas, tan pregonadas por la utopía socialista. La memoria colectiva traduce el traumatismo de este fracaso y el desengaño se traduce en la ruptura en el nivel de las estructuras narrativas; el desfase temporal y el relato fragmentario expresan la impotencia y los traumatismos que son reprimidos por personajes encerrados en sus caparazones y en la angustia de la traición política, de la falta moral, de la decepción amorosa, cuando la realidad los desborda y las contradicciones entre la política y la vida privada no se concilian.

Los acontecimientos históricos no pueden detenerse, menos aún

---

[2] Véanse los párrafos que José Ángel Vargas consagra a este respecto en su libro *La novela contemporánea centroamericana: la obra de Sergio Ramírez Mercado* (págs. 62-71).

sus implicaciones; la experiencia de una revolución inacabada es tan perceptible en la novela que se manifiesta por medio de una simultaneidad de relatos dentro de cada parte de la novela. Y esta simultaneidad hace posible un mosaico narrativo que no puede dar de ninguna manera cuenta de una totalidad y más bien se decanta por una conciencia fragmentaria de ideales y sueños traicionados. Por esta razón, la contradicción entre la vida cotidiana y la praxis política es tan llamativa que Rosario Aguilar responde de esta manera. Cuando se pierden el sentimiento de pertenencia del individuo y el sentido de la historicidad de una sociedad, amenazados por el ruido excesivo de los eslóganes político-partidistas y su maquinaria de propaganda, las promesas se derrumban con regímenes que atacan las libertades o que no satisfacen los requerimientos de sus ciudadanos. Se impone, entonces, una especie de narrativa que olvida (porque no puede) toda comprensión totalizante y más bien se vuelve parcial y caótica.

Por su parte, en 1994 aparece *En carne viva*, escrita por Conny Palacios. Esta novela se caracteriza también por una visión fragmentaria que desajusta y desorganiza una vez más las estructuras narrativas y, desde este punto de vista, participa de la misma memoria dislocada y traumática que problematiza la capacidad de dar sentido a la guerra y a una revolución. Porque la contienda bélica deja tales secuelas en la conciencia de la protagonista, una madre sin nombre, que el dolor se transmuta en la historia de su familia separada por los odios y los rencores, eso sí, a través de una narración contada con lagunas y vacíos. Se trata de la historia que acarrea toda guerra y sus ajustes de cuenta entre vencedores y vencidos. La protagonista está en el bando de los vencidos; su esposo es perseguido, como indica una voz acusadora en la novela, "Por esbirro somocista, por contrarrevolucionario" (36); de ahí sus temores y su posterior crisis de locura. Tal vez por ello ha perdido su identidad, lo cual se manifiesta en la ausencia de nombre en la novela. Así, *En carne viva* narra la experiencia dolorosa de su calvario: del asesinato de su esposo, de su familia separada por los odios y por el revanchismo de una lucha fratricida, como ella misma enuncia casi al final del texto con estas palabras: "Hermanos a hermanas se harán la guerra, perderán los débiles, ganarán los malos, hembra y macho serán como perro y perra. Siempre estarán divididos" (64). Contra esta "guerra" y sus irradiaciones posteriores, el testamento que deja a José Gerson, su hijo, tendrá la función de contar "su" verdad, para que sepa calibrar el verdadero valor de su trágica historia.

Como en el caso de los *Siete relatos sobre el amor* y la guerra, existe también aquí un desfase temporal entre las dos partes de las que se compone la novela. La "Primera Parte", narrada en primera persona y más breve,[3] la introduce José Gerson, a quien una amiga de su madre encuentra en Costa Rica y le ha entregado "unos rollos de papel amarillento" (6), en los que ella, en tanto confidente y "amanuense",[4] ha reproducido el testamento más íntimo de la madre. Se trata de unos apuntes sueltos que dirige al hijo ausente, en un tono que suena a "canción de cuna", porque:

> [...] funciona[n] en un doble plano. Primero, para hacerle dormir al niño, tiene una melodía rítmica que puede seguir el mecer de la cuna o el cuerpo meciendo al niño. El segundo plano funciona como mecanismo de catarsis para la madre, conjurando sus penas para expurgarlas. La canción puede empezar con una fórmula expresando cariño hacia el niño y luego puede continuar expresando frustración y enojo, expresión que muchas veces enlaza el mundo de la realidad con el sueño. (Bridges 108)

Así, la madre busca el contacto con su niño ausente consolidando los dos rasgos propios, según Castilla del Pino, del vínculo afectivo maternal: las funciones apelativa y comunicacional (69). Con la primera se busca interactuar y llamar la atención del destinatario, con la segunda mantener el canal de la comunicación. El tiempo de la narración es el presente, con el fin de subrayar el soliloquio de la madre, reproducido tal cual por la amiga, a lo que se agregan interrupciones, ya sea de la madre, ya sea de la amiga, para que produzca el segundo nivel de la canción de cuna, en forma de una autorreflexión de la madre sobre su estado emocional y psíquico. Veamos el siguiente ejemplo del inicio de la novela:

> Me dices que te cuente un cuento. Cierra tus ojitos y sube conmigo por la columna del aire. ¿Lo sientes? Su fuerza nos empuja y subimos

---

3. Va desde la página 3 a la 30.
4. Y decimos "amanuense" porque esta amiga posee un doble valor en la novela: en primer lugar transcribe lo que la madre le va dictando como si fuera un albacea, y por otro lado, sirve de testimonio y garante del testimonio ofrecido.

más y más. ¿Sientes cómo nos crecen las alas? ¿Percibes el efluvio de rosas siderales?

   El dolor me atenaza. Punzadas como clavos ardientes me taladran las sienes... ¡Mi cabeza!... ¡Mi cabeza! Amiga. Ven por favor, apágame la luz. No quiero ver esos números rojos parpadeantes. Me enloquecen. Sé que son las 8:00, la misma hora cuando tuve los dolores de parto hace cinco años. (9)

Los dos niveles narrativos están claramente establecidos en la distinción de los destinatarios (el niño y la amiga); su estructuración resulta de esa necesidad de mantener la cercanía y la simultaneidad narrativas en un afán por desplegar un relato que se juega entre el soliloquio y la confesión. De esta manera, el recurso del apóstrofe lírico, con esas preguntas dirigidas al niño, invita al ensueño y a la imaginación en ascenso ("columna del aire" - "subimos" - "las alas" - "rosas siderales"); pero inmediatamente caemos en la triste realidad del "dolor", comparado con "clavos ardientes", que desemboca en la terrible jaqueca de la madre. De esta manera, el relato transcribe esa oscilación entre el afecto tierno y la poesía ensoñadora con las que se describe el vínculo maternal y, por otro, la desoladora situación del debilitamiento psíquico que padece la protagonista de la novela y que ella misma califica de "estado de hiperestesia" (11). Así constantemente alude a los síntomas corporales, por lo que comprendemos claramente que estamos viviendo con ella su *transitus mortis*, en los que los recuerdos, temores y pensamientos inundan su relato:

   ¡Mi cabeza! ¡Qué dolor más agudo tengo! No lo soporto. Tengo frío. Por favor, necesito otra colcha. Todo me da vueltas (9).
   Tengo frío, mucho frío. Mi fuego se extingue. Moriré sin remedio. Dame una colcha y otra y otra, hasta hacer una montaña de ellas. Quiero morir calientita. Alzaré mis brazos y arañaré el espacio en busca de Él o de Ella (23).
   Las sienes me laten. Tengo frío. Me castañean los dientes. No puedo ni siquiera moverme. Todo gira a mi alrededor. Son las 7 de la mañana, la hora en que mi hijo nació. (27)

Lo interesante es que este proceso de agonía lo asocia la misma protagonista con las labores de parto y dura de las 8 de la noche a las 7 de la mañana del día siguiente, con el fin de subrayar, con el paso de la noche al alba, el tiempo del nocturno y de la vigilia de la conciencia. Estas son líneas de una prosa poética en la que los recuerdos y los pensamientos se suceden y se impone un relato que desgarra porque el sujeto explora el ámbito más íntimo de su sufrimiento personal. Responde, además, a la necesidad o a la pregunta sobre el olvido (Ricoeur 83), toda vez que ella es consciente de que debe legarle a su hijo sus recuerdos y la verdad de su familia: "Tú serás mi memoria y construiré en ti un nido para todos mis pájaros huérfanos de abrigo" (8). De ahí, el valor ético-terapéutico de la escritura, los recuerdos traumáticos salen entonces para que, como "pájaros huérfanos", se aniden en la memoria del hijo, mientras la amiga termina de cumplir con su promesa y también pueda, en primer lugar, hacer su propia confesión catártica en la que insistirá en sus remordimientos de conciencia y cómo tal relación de amistad ha afectado su existencia:

Desde entonces no la volví a ver... Fue mía la culpa, no debí dejarla... Indagué con sus hermanas, pero ellas la negaron. Dijeron que no la conocían, que no tenían ninguna hermana con ese nombre. que yo estaba loca, que yo la había inventado.
La angustia de no saber de ella me ha perseguido todos estos años. Después de aquella noche una extraña opresión en el pecho me hizo abandonarlo todo: mi hogar, mi trabajo, mis parientes. (30)

Luego continuará con la declaración de que existen otros papeles escritos por la madre, como indica José Gerson en ese gesto que él interpreta de liberación de la conciencia y de promesa cumplida: "Mete la mano en su sucia bolsa buscando los otros papeles que según ella mi madre me diera. Los encuentra y con un gesto triunfal me los entrega. Percibo un brillo de ternura en sus ojos, y cosa rara ya no huele a algas marinas en descomposición, sino a lavanda" (30). La mirada de ternura y el perfume de lavanda no son inocentes en este final, pues el olor a viejo de estos primeros papeles contrastará con la lavanda en los que están impregnados los segundos, usada por cierto para preservar lo guardado en armarios y gavetas, es decir, para salvaguardar lo que se debe atesorar simbólicamente en la memoria.

Esta reivindicación de la memoria se conecta con la "Segunda Parte",[5]

---

5. Se trata de la parte más extensa de la novela.

pues se inicia con una dedicatoria que destaca su papel y la necesidad de esclarecer el legado ancestral: *"En memoria de mis muertos/ de los tuyos/ de los nuestros/ cuyas voces gravitan sobre/ la faz de la tierra/ y cuyos rostros cenizos/ he visto en claridad lunar"* (33, las cursivas son del texto), al tiempo que insiste en la misma identidad narrativa de quien ha legado los papeles: la madre. Sin embargo, en esta "Segunda Parte" ya no hay ni una instancia narrativa que los introduzca ni interrupciones que correspondan al proceso de enunciación, de esos momentos en que la madre conversaba con su amiga y esta copiaba sus palabras. Desde el punto de vista temporal es anterior a la "Primera Parte", ya que el relato explica las razones por las cuales la madre se enferma, como también la separación familiar; comienza justificando la necesidad de contar la verdad del sujeto: "Desgarraré mi carne y gritaré la verdad a los cuatro vientos. Es imposible vivir con este escozor que lacera. No puedo, no quiero ser un río de aguas estancadas, putrefactas; sólo para darle satisfacción a los demás. No soy un objeto. No soy un número más, engrosador de filas. ¡Defenderé mi verdad!" (35).

Los verbos utilizados entran en una equivalencia semántica: *desgarrar* y *lacerar* hablan del dolor y del sufrimiento que se incrusta en la conciencia enferma de la protagonista y explicarían el título de la novela: "la carne viva" está expuesta y por lo tanto no puede sanar. Sin embargo, quisiéramos insistir en la metáfora empleada por Conny Palacios en la cita, pues esas "aguas estancadas", aguas putrefactas, que rechaza encarecidamente la protagonista, representan en su repugnancia el símbolo del mal y de la muerte (Bachelard 211-212) y ella desea vaciarse para que su conciencia fluya y se devele lo que ha reprimido. En este sentido, desperdigado a lo largo del texto, el lector debe realizar un verdadero ejercicio de analista y entrar, al igual que lo hace el hijo, en la conciencia de su madre. El relato es fragmentario, sin lógica lineal y desordenado; hay recuerdos dolorosos que sobrevienen constantemente para convertirse en *leitmotivs* en la novela:

1. La persecución, aprisionamiento y desaparición de su esposo, simple guardia somocista. El recuerdo se impone en los diálogos entrecortados que sobrevienen para que el teatro de la conciencia los integre yuxtaponiendo eventos sin precisión temporal; ejemplos son el diálogo entre su esposo y sus victimarios antes de morir, las recriminaciones de los sandinistas y la identidad del asesino:

— Te tocó tu turno.
—¡Alístate! Vas a echar un viajecito a Costa Rica.
— Por favor, ¡déjenme!... No me maten...
— Dale una patada. ¡Cachimbealo!
— Pobrecita mujer de ojos agrandados por el miedo. Ha negado tres veces que su marido fuera guardia.
¡Ay que frío! Estoy descobijada. Con razón tengo frío en la noche donde pululan los quiebraplatas, los luceros, los quejidos, los lamentos, los ayes.
— Me lo contó Blas, apenas pasó. Me lo dijo Chencho, Quencho. Se lo oí a Juancho, Pancho. Lo repitió Luis, Anís, Codorniz, Beatriz, que el responsable fue el Gurrión [sic], el que a todo el mundo llevaba al panteón. (41)

2. Las atrocidades cometidas por los revolucionarios contra los guardias somocistas y sus familias en un ajuste de cuentas; se narran varios casos, como el del guardia que huye con su mujer y niña y acribillan a los dos cónyuges sin miramientos (40) o la desaparición de personas por revanchismo político, como le sucede al esposo de una de sus conocidas:

— Si no abrís la puerta a las buenas, te la abrimos a patadas.
Eran cinco encapuchados vestidos de civil. No había necesidad de preguntar. Eran el ojo y oído de la Revolución. La Marta se pegó a su marido llorando, suplicando: ¡No se lo lleven! Su llanto desgarró la noche y los mil ruidos nocturnos se apagaron inquietos.
—¡Pasá, hijo de la gran puta!
— Amarrálo y vendálo, vos Juan.
No tuvo tiempo de ponerse los zapatos, ni siquiera la camisa. Salió con el pecho descubierto. Era otra bandera que caía. Sus pies descalzos, ciegos, iniciaron el camino sin retorno. (43)

Y este desencadenamiento de recuerdos propios o de terceros se realiza bajo un proceso de rememoración caracterizado por lo que denomina Jean Starobinski como recapitulación significativa gracias a la cual la vida adquiere otro sentido (67-72) y se tejen sus relaciones dentro de un testimonio amplificado (Prada Oropeza 36-37) en el que al caso del marido desaparecido, guardia somocista, se suman otros que la voz narrativa expone para hacer más grande su tragedia, el bando de los perdedores de la Revolución Sandinista, los vencidos en la contienda civil. Amplificar de esta manera su sufrimiento desemboca en esos fantasmas que constantemente la invaden durante las horas de insomnio; no es casual que en cada uno de los breves capítulos de esta "Segunda Parte" se explicite, en forma cansina, el momento determinado en el que se produce el insomnio y la reflexión de la madre, siempre alrededor de las 3 de la madrugada; se trata de ese tiempo pertinente para que la angustia y la desesperación carcoman su conciencia y revelen su alma atormentada:

¡Ay, cómo me atormentan! Quiero dormir... Las 3:00 A.M. de nuevo. Este ciclo odioso, repetitivo, eterno... Me esclaviza, me enferma. La pared blanca y lisa de mi cuarto me habla. Puedo ver su boca enorme. Quiere engullirme, tragarme, digerirme, exprimirme, estrujarme. Y los fantasmas ya no se contentan con habitarme sólo a mí. Habitan mis sábanas, mis zapatos, mis vestidos, mis carteras, mis cojines. (45)

Encerrada en ese *huis clos* que significa su habitación, la protagonista se enfrenta a su pasado y a esos fantasmas que la conducen en la cita a una difracción óptica de un espacio que la quiere engullir y cobra vida, con lo cual la culpabilidad moral y la crisis psicológica de una parte, y de otra parte la incomunicación y la angustia aparecen aquí. Las exacciones de los vencedores de la Revolución Sandinista desencadenan unos recuerdos traumáticos que surgen para hablar del desgarre y de la separación familiar. La falta de un orden cronológico y el desfase temporal entre las dos partes están de nuevo al servicio de ese choque traumático que se refleja en este desajuste de los recuerdos, de una memoria fragmentada otra vez.

Y lo es de esta manera porque *En carne viva* hace, de este ejercicio de memoria para no olvidar y atestiguar la verdad, el centro neurálgico de la narración, a través de un hijo que redescubre al final su origen familiar; se revela un drama que, más que tener un balance político en el sentido de saldar las cuentas con el pasado histórico, plantea en su desenlace el conflicto existencial de la condición humana:

Cuando levanté mis ojos de aquellos papeles, ya casi no se veía. Yo era sólo un punto frente al mar. Ella ya no estaba, no sentí cuando se marchó... [...]

Yo, José Gerson, nacido de padres extranjeros, estoy solo, y todos los hombres estamos solos frente al mar. Yo y todos los hombres somos uno solo con la misma angustia de todos los tiempos, con el mismo llanto seco en los ojos. (65)

La develación de la verdad perturba y deja también secuelas en José Gerson, hijo de la guerra y de la separación, lo cual lo arrastra a una confrontación a nivel psíquico frente a la inmensidad del mar y del horizonte, cuando se ha encontrado frente a frente con el pasado de su familia y con la historia de Nicaragua.

En conclusión, *Siete relatos sobre el amor y la guerra* y *En carne viva* plantean los traumatismos de la conciencia fragmentaria frente a los horrores de la guerra, en una versión histórica en la que no debe haber ni vencedores ni vencidos. Muy tempranamente, en 1986, Rosario Aguilar planteó un balance poco halagüeño sobre la igualdad de los sexos dentro de la utopía socialista, en donde las mujeres se confrontaban a esa necesidad de reconciliar el espacio político y sus proyectos personales. Más tarde, en 1994, Conny Palacios insiste en seguir los destinos rotos de los vencidos por el régimen sandinista a través de una madre enferma y perturbada mentalmente que, en su lecho de muerte, quiere contar su historia personal. Ambas escritoras publican sendas novelas en el extranjero: la primera en San José de Costa Rica, la segunda en Miami, tal vez por pensar que sus conciudadanos no estarían listos para tal visión de la historia reciente nicaragüense.

También observemos cómo el cuestionamiento de la Revolución Sandinista no se produce desde el punto de la novela histórica, que ha dominado la producción literaria de la América Central desde finales de los años 80, alimentando un debate "que reflexiona sobre las bases epistemológicas del conocimiento histórico" (Grinberg Pla 19). La nueva novela histórica reafirma una conciencia del lenguaje y la utilización de estrategias enunciativas a la hora de describir/narrar (el género), puesto que la escritura de la Historia supone la tentativa de "entender el pasado para aprender de él y así comprender los procesos que contribuyeron a formar las sociedades actuales" (Grinberg Pla 35). Todo lo contrario, en los casos de Rosario Aguilar y Conny Palacios la narración historiográfica no es pertinente en tanto metadiscurso ni hace referencia a acontecimientos históricos dentro de un desarrollo sistemático; más bien se trata de otra tentativa para saldar las cuentas con aquellos que han sido relegados (las mujeres) y también olvidados (los vencidos) en la versión oficial de la Revolución Sandinista, mientras ensayan construir de una manera alternativa la memoria traumática.

Bibliografía

Aguilar, Rosario. *Siete relatos sobre el amor y la guerra*. San José: EDUCA, 1986.
Bachelard, Gaston. *El agua y los sueños: ensayo sobre la imaginación de la materia*. México: Fondo de Cultura Económica, 2003.
Bridges, Christine M. E. "La primera manifestación de la poesía femenina: la canción de cuna". *Letras Femeninas* 25.1-2 (1999): 107-113.
Castilla del Pino, Carlos. *Teoría de los sentimientos*. 3ª ed. Barcelona: Tusquets, 2000.
Cortez, Beatriz. *Estética del cinismo: pasión y desencanto en la literatura centroamericana de posguerra*. Ciudad de Guatemala: F & G, 2009.
Grinberg Pla, Valeria. "La novela histórica de las últimas décadas y las nuevas corrientes historiográficas". *Historia y ficción en la novela centroamericana contemporánea*. Ed. Werner Mackenbach, Rolando Sierra Fonseca y Magda Zavala. Tegucigalpa: Subirana, 2008. Págs. 13-48.
Palacios, Conny. *En carne viva*. Coral Gables, Florida: La Torre de Papel, 1994.
Palacios Vivas, Nydia. *Voces femeninas en la narrativa de Rosario Aguilar*. Managua: PAVSA, 1998.
Prada Oropeza, Renato. "Constitución y configuración del sujeto en el discurso-testimonio". *Casa de las Américas* 30.180 (1990): 29-44.
Ricoeur, Paul. *La mémoire, l'histoire, l'oubli*. Paris: Seuil, 2000.
Robin, Régine. *Le roman mémoriel: de l'histoire à l'écriture du hors-lieu*. Longueuil, Québec: Préambule, 1989.
Starobinski, Jean. *La relación crítica (Psicoanálisis y Literatura)*. Madrid: Taurus, 1974.
Vargas, José Ángel. *La novela contemporánea centroamericana: la obra de Sergio Ramírez Mercado*. San José: Perro Azul, 2006.

De: *Études Romanes de Brno* 33.2 (2012): 121-132.

"(Re)Visión de la historia en *La niña blanca y los pájaros sin pies*: mujeres notables en la conquista"

Nydia Palacios Vivas

> *Y sin en tan antiguos reinos, a donde sobran hombres, y hombres que llaman grandes, gobernaron mujeres tan altas, ¿Qué mucho que en Goathemala, reino recién fundado, gobernara una mujer que no era de la menor esfera?[...] Y, en fin, a veces es mejor ser gobernado de una mujer heroica, que de un hombre cobarde y flaco.*
>
> —Francisco Antonio de Fuentes y Guzmán
> *Historia de Guatemala o Recordación Florida*

Con el personaje periodista y escritora de su última novela, *La niña blanca y los pájaros sin pies*, se cierra el ciclo evolutivo de la representación femenina en la narrativa de Rosario Aguilar. La protagonista, reportera nicaragüense, tiene a su cargo dos importantes eventos: cubrir las elecciones presidenciales de 1990, que culminaron con la derrota del Frente Sandinista, y la escritura de una novela en vísperas del quinto centenario del descubrimiento de América.

La creación de los personajes femeninos y el proceso escritural de la novela conforman el mundo narrativo de *La niña blanca*. La periodista, ante la ausencia de la voz de la mujer en las crónicas de Gómara, Fernández de Oviedo y otros escritores, se propone rescatar del olvido la valiosa participación de mujeres notables, como doña Beatriz de la Cueva. Esta gobernadora mereció el elogio de Francisco Antonio de Fuentes y Guzmán, historiador guatemalteco, como podemos comprobar en el epígrafe con que iniciamos este capítulo. Además de emitir un juicio imparcial sobre la figura de doña Beatriz, pondera la habilidad y la capacidad de algunas mujeres para regir los destinos de un país como en el caso de las monarquías europeas.

En la novela que nos ocupa, *La niña blanca y los pájaros sin pies*, Rosario Aguilar recrea los personajes tomando como punto de partida sus experiencias como madres, esposas e hijas, en una época tan turbulenta como lo fue la conquista y colonización. Ellas enfrentan el choque de la transculturación y la pérdida de la identidad histórica y cultural o se sienten parte de los dos mundos sin saber a cual pertenecen, como es el caso de doña Leonor, la mestiza hija del Adelantado Pedro de Alvarado. Salvo doña Ana, muy segura de sus raíces indígenas y orgullosa de la grandeza de su raza, cada una de las protagonistas enfrenta dilemas existenciales. Aguilar escribe esa página en blanco de la historia, asumiendo cuáles fueron sus pensamientos, pasiones y sentimientos, porque como reza el epígrafe de la sección protagonizada por doña Isabel: "*No, no quedaron fotos de ellas, ni videos. Sus risas y llantos, los suspiros y anhelos, quedaron rondando en el viento*" (13).

Visión, lectura y escritura femenina

La novela se estructura a través de una gran metáfora: la pérdida y la recuperación de la visión de la periodista-personaje, quien diseña a sus protagonistas de acuerdo con su propia perspectiva de la historia. La autora, en la creación de este personaje, ha querido representar a una mujer nueva, muy segura de sí misma, orgullosa de su ser americano. Como mujer profesional, ella ejemplifica la mujer evolucionada de la última década del milenio. Pese a su relación sentimental con el cronista español, lo más importante es su trabajo como reportera. A raíz del accidente en que pierde la vista, siente que no hay razón para vivir: "¡Cuánto miedo sentía! Si iba a quedar ciega, así, joven y con mi profesión de periodista que apenas comenzaba... para qué vivir. ¡Ay! qué quedaría de mí en un túnel sin tiempo... aprendiendo a caminar, a escribir. ¿Cómo terminaría mi libro?" (87).

La periodista responde a un nuevo tipo de mujer cuya meta es el ejercicio de su profesión. Trabaja para un periódico que le ha encargado la elaboración de un reportaje sobre las elecciones presidenciales en las que triunfó Violeta Barrios de Chamorro, la primera mujer en Nicaragua en ocupar la Primera Magistratura de la nación. Doña Violeta y la protagonista son un ejemplo de la mujer del presente. En oposición al pasado, en el cual se le negó a la mujer el acceso a la escritura en las crónicas, ahora, en ocasión del quinto centenario del descubrimiento de América, la protagonista se propone escribir su novela que rescate del olvido la participación de la mujer. En esta nueva visión los personajes femeninos se descubren a sí mismos y afirman su identidad histórica y cultural. De esta manera, Aguilar ofrece perfiles de mujeres quienes desde su posición de marginadas, subvierten calladamente la autoridad y se valoran positivamente en una evolución que las sitúa como ser beligerante y sujeto de su propio destino.

La nueva perspectiva de la conquista, recreada por la periodista y encarnada en sus personajes de ficción, se opone abiertamente a la visión masculina de su novio español. Ella ha regresado de México y Guatemala y lo que ha leído en las crónicas no le satisface. El diseño de sus protagonistas estará marcado por ese encuentro con el pasado. La periodista cuestiona ese pasado que margina a la mujer. Siente la urgencia de perfilar personajes de acuerdo con su propia perspectiva. Para ella su carrera y terminar su novela constituyen el propósito de su existencia. Este intento se ve amenazado al tener un accidente en el que pierde la vista, lo que significa un golpe mortal para su hermoso proyecto: "Y en lo más profundo comenzó a preocuparme el dejarla inconclusa, que nadie tuviera la oportunidad de leerla" (87). Su ceguera no es física, sino sicológica. El diagnóstico de los médicos nicaragüenses y españoles es el mismo: sufre de "Amaurosis Histérica" (temor de quedar ciega), una especie de trauma que sufre la persona que en su subconsciente no quiere ver.

La recuperación de la vista se expresa a través de la metáfora de la mirada, que más tarde, cuando la protagonista parte al Viejo Mundo, le permitirá constatar que los españoles no tienen nada de extraordinario. El derrumbe del mito de la superioridad de la raza europea, le permite valorar en toda su dimensión su identidad mestiza. Al mismo tiempo, volver a ver le da la oportunidad de escudriñar en los archivos de Sevilla. Su encuentro con los documentos, cédulas y crónicas, le confirman la ausencia de la mujer en los discursos oficiales. Llenar ese vacío se convertirá en una obsesión para la periodista. Por esta razón, ella no acepta el punto de vista del moderno cronista español:

Había logrado dos capítulos muy importantes. [...] Discutíamos... El me sugería una protagonista sin mezcla de culturas. Una india pura, auténtica. [...] Extrañamente, él insistía en que ese personaje debería odiar a muerte a los españoles —lo que me parecía un poco masoquista de su parte—. Pensaba, y se lo decía, que yo misma, aunque él me hiciera daño, no podría odiarle. Que genéticamente nuestra raza americana no estaba hecha para el odio. (84)

En esta cita se nos presentan ambas visiones. Como hombre y como europeo, su novio español sugiere su propia perspectiva en el diseño de los personajes. En cambio, la periodista nicaragüense como mujer, y como mestiza, tiene una perspectiva diferente. Su encuentro con las crónicas ha sido sumamente positivo: se ha percatado que la versión que de ellas dejaron las plumas oficiales obedece a modelos androcéntricos. Ella cuestiona estos discursos que encarnan la voz de la autoridad masculina. La protagonista se resiste a ser "la lectora hembra" que se enfrenta a la lectura con una actitud de aceptación. Este tipo de lectora todo lo digiere, su mente es penetrada (como la hembra) por el punto de vista del escritor masculino que orienta, dirige y manipula a la lectora que no cuestiona nada y que todo lo acepta.

Sobre este aspecto, creemos muy importante discutir algunas ideas que ha propuesto la crítica feminista y que considero esenciales en el proceso de creación del cosmos narrativo de *La niña blanca*. Anterior a la escritura de su mundo de ficción, la periodista ha sido, primero que todo, lectora que ha impugnado el canon masculino. Aquí se comprueba el hecho de que la mujer escritora involucra a la mujer lectora. Para las estudiosas feministas, el género de la persona que escribe es tan vital como el género de la persona que lee. La respuesta del lector no puede refugiarse en la objetividad del texto, ni en la aparente neutralidad del género. Para la crítica feminista la cuestión de cómo las mujeres leen está indisolublemente ligado con la pregunta de qué es lo que las mujeres leen (Schweickart 532). La actividad de la lectura debe comenzar con la comprensión de que el canon literario es androcéntrico y que esto daña profundamente a las mujeres lectoras.

En su teoría de la recepción, Wolfgang Iser, aunque reconoce el rol creativo del lector, considera que el texto es la fuerza dominante. George Poulet por su parte, afirma que la lectura "no sólo es una manera de dar imágenes e ideas a palabras ajenas, sino también al muy ajeno principio que las expresa y usa. [...] Yo estoy en préstamo con otro y ese otro piensa, siente, sufre y actúa dentro de mí" (citado en Schweickart 529).[1] Por ello, una lectura feminista debe erosionar lo androcéntrico que ha pasado como lo universal: sugerir una hermenéutica que desmantele la complicidad del texto con la ideología patriarcal. La mujer no sólo ha hecho suyos los textos escritos por hombres, sino que también

---

1. "is a way of giving images and ideas, not only to a host of alien words, but also to the very alien principle which utters and shelters them. [...] I am on loan to another, and this other thinks, feels, suffers and acts within me". Toda traducción del inglés es mía.

ha asimilado valores y estrategias androcéntricas. De acuerdo con Schweickart:

> Un canon androcéntrico genera estrategias interpretativas androcéntricas, lo que favorece a su vez la incorporación al canon de los textos androcéntricos y la marginación de los ginocéntricos [escritos por mujeres]. Para romper este ciclo, la crítica feminista debe luchar en dos frentes: primero, la revisión del canon para incluir un cuerpo significante de obras escritas por mujeres, y segundo, el desarrollo de estrategias de lectura que concuerden con las preocupaciones, experiencias y técnicas literarias que conforman estos textos. (536)[2]

La lectora feminista concuerda con Stanley Fish en que la producción de significado de un texto está mediatizado por la comunidad interpretativa en la cual la actividad de la lectura está situada. De esta manera, el significado de un texto depende de la estrategia de lectura que se aplique y la selección de esa estrategia está regulada explícita o implícitamente por el canon de aceptación que gobierna la comunidad interpretativa (Fish 147-180). De acuerdo con los postulados de la teoría de la recepción, no debe perderse de vista que la lectora debe estar consciente de que las reglas de esa comunidad interpretativa son androcéntricas. Sobre este aspecto Judith Fetterley expresa de una manera convincente esta dinámica de la mujer lectora al encuentro de un texto androcéntrico:

> La realidad cultural no es la emasculación del hombre por la mujer, sino todo lo contrario, la "enmasculación" de las mujeres. Como lectoras, profesoras e intelectuales, a las mujeres se les ha enseñado a pensar como hombres, a identificarse con un punto de vista masculino y aceptarlo como normal. Además han aprendido a legitimar un sistema masculino de valores, uno de los cuales es la misoginia.

---

2. "An androcentric canon generates androcentric interpretative strategies, which in turn favor the canonization of androcentric texts and the marginalization of gynocentric ones. To break this cycle, feminist critics must fight on two fronts: for the revision of the canon to include a significant body of works by women, and the development of the reading strategies consonant with the concerns, experience, and formal devices that constitute these texts".

(citado en Schweickart, 532)[3]

Si bien es cierto, como apunta Fetterley, que la mujer ha internalizado el punto de vista masculino, la mujer debe ser "la lectora resistente" (534), guardando la distancia crítica. En *La niña blanca*, la periodista, como investigadora y lectora de las crónicas y de la historia, no sólo invalida los textos androcéntricos, sino que se opone al punto de vista masculino del moderno cronista que, como los del pasado, intenta imponer su propia perspectiva en el diseño de los personajes de la novela. Como corolario, también se presenta el proceso de creación femenina. La periodista afirma: "No podía figurarme a la protagonista que él me sugería con ese rencor, esa enemistad. Acaso debido a mis propios sentimientos" (84). Vemos que ella quiere partir de sus "sentimientos", es decir, crear una escritura que parta de su experiencia, de ser mujer latinoamericana, con una concepción del mundo marcada por estas dos perspectivas.

En esta novela el proceso de lectura-escritura se cimienta en esta doble vía. De aquí resulta conveniente discutir los diversos planteamientos que se han propuesto sobre si existe o no una escritura femenina. El más debatido es el criterio biológico sumamente peligroso que hace que el texto se mimetice con la sexualidad del que escribe. ¿Qué significa escribir como mujer? Esta polémica que la crítica feminista ha planteado parece no tener fin. La crítica francesa pondera el cuerpo femenino como fuente de la escritura, tesis de las escritoras francesas Hélène Cixous y Lucy Irigaray. Cixous en su clásico ensayo "La risa de la medusa" afirma que la mujer escribe con "tinta blanca", aludiendo a la leche de los pechos. En oposición al padre progenitor, poseedor del falo, ella emplea la metáfora de la leche materna como fuente de creación. Dice Cixous:

> Tú no eriges paredes alrededor de ti misma; no sacrificas el placer tan "prudentemente" como él. Aunque la mistificación fálica generalmente ha contaminado las buenas relaciones, una mujer nunca está lejos de su función de "madre" (quiero decir, de ese papel que se le ha asignado: esa madre sin nombre y como fuente de bienes).

---

3. "The cultural reality is not the emasculation of men by women, but the inmasculation of women by men. As readers and teachers and scholars, women are taught to think as men, to identify with a male point of view, and to accept as normal and legitimate a male system of values, one of whose central principles is misogyny".

Hay siempre dentro de ella por lo menos un poco de buena leche de madre. Ella escribe con tinta blanca. (881)[4]

La escuela psicoanalítica francesa lacaniana se cimienta en el complejo de castración que sufre la mujer en la fase edípica. Lacan teoriza que la adquisición del lenguaje y la entrada en el orden simbólico ocurren en esta fase en que el niño/a acepta su identidad. Este postulado afecta la aprehensión y conceptualización que la mujer tiene de la realidad. Además de la carencia de falo, el condicionamiento histórico también ha determinado formas de comportamiento y modos de autopercepción, donde la mujer resulta ser la depositaria de las emociones y sentimientos.

Este modelo que hace énfasis en el cuerpo como fuente de la escritura femenina, obedece a un esencialismo, un determinismo biológico que pretende universalizar la identidad femenina, lo que resulta muy cuestionable.[5] Escritoras como Cixous, Irigaray, Kristeva y otras forman parte de un grupo privilegiado en las sociedades europeas, cuyas ideologías de clase hacen imposible establecer un parámetro unificado de la identidad femenina "como algo visible, fijo, constante y siempre igual a sí mismo" (Castro-Klarén 45). Entre las múltiples críticas que se han hecho a esta teoría, concordamos con Nancy Miller, quien afirma que: "La diferencia de la práctica literaria de la mujer debe verse en el cuerpo de su escritura, y no en la escritura de su cuerpo" (citado en Showalter 338).[6]

---

4. "You don't build walls around yourself; you don't forego pleasure as 'wisely' as he. Even if phallic mystification has generally contaminated good relationships, a woman is never far from 'mother' (I mean outside her role functions: the mother as nonname and as source of goods). There is always within her at least a little of that good mother's milk. She writes in white ink".

5. La escritora puertorriqueña Rosario Ferré opina sobre la escritura femenina: "Sospecho, en fin, que el interminable debate sobre si la escritura femenina existe o no existe es hoy un debate insustancial y vano. Lo importante no es determinar si las mujeres deben escribir con una estructura abierta o una estructura cerrada, con un lenguaje poético o un lenguaje obsceno, con la cabeza o con el corazón. Lo importante es aplicar esa lección fundamental que aprendimos de nuestras madres, las primeras, después de todo, en enseñarnos a bregar con el fuego: el secreto de la escritura no tiene que ver absolutamente nada con el sexo, sino con la sabiduría con que se combinan los ingredientes" (33).

6. "The difference of woman's literary practice must be sought in the body of her writing and not the writing of her body".

La doble negatividad: ser madre y mestiza

Volviendo a nuestra protagonista de *La niña blanca*, como mujer-escritora-mestiza se enfrenta a lo que Sara Castro-Klarén llama una doble negatividad en la escritora hispanoamericana: la de ser mujer y la de ser mestiza. Castro-Klarén establece una comparación de la opresión sexual presencia/ausencia del sexo con la opresión racial basada en los rasgos faciales y en la ausencia/presencia de la razón como factor de la exclusión del poder. La crítica peruana afirma:

> La retórica de la opresión sexual tiene su paralelo en la retórica de la opresión racial o mejor dicho La Retórica de la Opresión que se ha practicado a través de la historia contra muchos y varios grupos.
> La ideología patrista se funda en la presencia/ausencia del sexo para negarle a la mujer un lugar en el círculo de poder. (40)

De acuerdo con esta ideología, el indígena no podía ser "gente de razón". Sus rasgos faciales y el color de la piel eran signos de alteridad. Castro-Klarén agrega: "Fue la capacidad de ser 'racial', es decir, de articular en más de un nivel el lenguaje del grupo dominante, lo que se puso en juego casi inmediatamente después de la llegada de los europeos al Nuevo Mundo" (40). No cabe duda de que la postulación de Castro-Klarén tiene basamentos muy sólidos, pero sólo plantea el problema, no ahonda en una teoría feminista latinoamericana que ofrezca puntos de partida para llevar a cabo la lucha de ambos grupos. Si creemos que hay una escritura femenina, tendríamos que aceptar que hay una arquitectura femenina, o una pintura femenina. El fondo del problema estriba en que la ideología burguesa ha organizado epistemológicamente un sistema jerárquico, en base a unas categorías maniqueas en el cual la mujer se considera inferior. La mujer ha sido excluida del mundo exterior y no le quedó sino, como último recurso, refugiarse en su mundo interior, como dice Cristina Peri Rossi (citada en González 85). Creemos que lo más importante no está en invertir la jerarquía, sino en desmantelar el discurso hegemónico tradicional que privilegia el discurso masculino. Compartimos el criterio de Beatriz González cuando afirma:

> Hay que avanzar hacia una perspectiva no androcéntrica, y poder

reflexionar desde las márgenes de los excluidos y valorar positivamente lo negado; esto permite clasificar el sujeto histórico —el arquetipo viril— que aparece en el centro del discurso, y así poder indagar cada vez la realidad histórica silenciada y determinar las relaciones que median entre centro/periferia. Una perspectiva no céntrica se sitúa en forma equidistante de cualquier posible "centrismo" y puede asegurar una comprensión totalizadora de la vida social y de sus productos culturales. (91)

Creemos que desde este punto de vista, lo que propone González es explorar las relaciones de poder. El/la que escribe desde el momento en que inicia su ejercicio escritural encara el problema de la autoridad textual. Jean Franco mantiene que: "No hay UNA escritura femenina, pero sí que la intertextualidad es forzosamente un terreno de lucha donde la mujer se enfrenta con las exclusiones y las marginaciones del pasado" (41).

En esta novela, nos parece que Aguilar aborda el problema de la escritura en la periodista como mujer mestiza, que impugna la visión del europeo. De ahí que la intertextualidad de *La niña blanca* se convierte en terreno de lucha donde se ventilan problemas, como el mestizaje, la barbarie de la conquista, la transculturación, la religión y la lengua como instrumentos de poder y sobre todo, la negación de la mujer al aparecer sólo tangencialmente como mujeres de los conquistadores. La periodista se enfrenta con los textos del pasado, los subvierte y los reescribe. Como latinoamericana su dilema de identidad se resuelve al visitar España; como escritora mestiza, retrocediendo en el tiempo, transfiere a doña Luisa y a su hija Leonor su propio dilema, asumiendo el profundo drama histórico de las mujeres a raíz de la llegada de los españoles. Ella es la periodista del año 1992 que no tiene dudas sobre su identidad y que se propone escribir la tragedia de sus protagonistas en un intento de juzgar y valorar el pasado desde el presente.

Representación de la mujer indígena y la mestiza

El epígrafe que inicia el relato dedicado a doña Luisa corresponde a una frase del Cantar de los Cantares: *"Nigra sum sed formosa"* (Negra soy pero hermosa), e introduce a la hija del Cacique Xicotenga, Señor de Tlaxcala. La princesa india es de piel oscura, rasgo étnico signo de alteridad para los españoles, pues se juzgó al indígena de acuerdo con el patrón europeo de la superioridad de la raza blanca. El color fue signo de "otredad", señal de inferioridad, como la piel oscura de los moros.[7] Ella fue seleccionada por su belleza para conocer a los españoles en la intimidad, para averiguar si eran simples mortales o dioses. De lo que vea y descubra doña Luisa en el cuerpo de Alvarado, dependerá su vulnerabilidad o su superioridad: "Debo averiguar, antes que nada, su condición: si divina o humana. Examinarlo cuidadosamente, analizarlo, como me han examinado a mí sus sacerdotes. Grabar en mi mente los detalles" (58).

Se pone de relieve la metáfora de la vista, elemento esencial en la estructura de la novela. La narradora enfatiza la visión a través de todo el texto. En este trozo, en oposición a la mirada de doña Luisa, está la falta de vista de su padre, evidencia que simboliza la imprudencia del cacique quien, cegado por el odio hacia Moctezuma, entró en una alianza mortal para su pueblo. Hernán Cortés eligió a Pedro de Alvarado para sellar la alianza por medio del matrimonio. La voz narrativa enfatiza que el Cacique Xicotenga "está ciego". El pacto fue sellado y así el Cacique Xicotenga entregó a su hija a los extranjeros. Una vez más se comprueba que para consolidar y fortalecer los patrimonios familiares y las alianzas políticas, los matrimonios se efectuaban sin el consentimiento de la mujer. Doris Sommer, en su importante estudio sobre la novela del siglo XIX, afirma que estos matrimonios obedecieron al proyecto de nación en el marco de la burguesía emergente.[8] De acuerdo con esta ideología, el microcosmo familiar es el modelo a imitar que la nueva clase lleva a la literatura

---

7. Según Rolena Adorno, los europeos del siglo XVI, percibían al indio no en términos de seres distintos a ellos, es decir, no se preguntaban si "la nueva humanidad se ubicaba fuera de los esquemas antropológicos escolásticos sino dónde se encontraba dentro de ellos. El modelo epistemológico era la similitud, y consciente o inconscientemente, los europeos cronistas, poetas, escritores, misioneros y tratadistas teológico-jurídicos elaboraban modelos y marcos compartidos al tratar de reconocer, comprender y clasificar la humanidad americana. Aparte de la semejanza, otro modelo relacional era el de la oposición; la antítesis se utilizaba como un modo significativo de conceptualización y conocimiento" (55).

8. Sommer afirma: "Romantic novels go hand in hand with patriotic history in Latin America. The book fueled a desire for domestic happiness that runs over into dreams of national prosperity; and nation-building projects invested private passion with public purpose. [...] A variety of novel national ideals are ostensibly grounded in 'natural' heterosexual love and in marriage that provide a figure for apparently nonviolent consolidation during internecine conflicts at midcentury" (6-7).

del siglo pasado. De igual manera, el dato histórico referencial de la conquista de México, que Aguilar ventila en su novela, confirma que la mujer, por su sexo y su belleza, se usó como objeto de intercambio: "Con estos dioses guerreros había que buscar una alianza en contra de los aztecas. [...] Fui escogida con cuatro doncellas como una estrategia de guerra. Un pacto entre los caciques y poderosos señores extranjeros" (51).

Vemos a la mujer usada como botín de guerra, desde la esclava Briseida dada a Aquiles, e Ifigenia, sacrificada por su padre, hasta doña Luisa, la princesa mexicana, anulada, reconociéndose sólo como elemento reproductor, siempre dispuesta a complacer al conquistador, enamorada, sumisa y temerosa. No obstante, la periodista enfatiza que la princesa doña Luisa no tuvo opción y que si bien no traicionó a Alvarado, nunca perdió la perspectiva de su identidad histórica y cultural:

> Mi nombre de nacimiento, mi identidad, quedaron guardados en lo más profundo de mi mente y de mi corazón... [...]
> Me llamo desde mi bautizo: "D-o-ñ-a   L-u-i-s-a" y tengo que comenzar por aprender a pronunciarlo...
> Soy cristiana... qué simple...
> Mi historia y mi identidad han comenzado un nuevo recorrido. (53)

Hay en ella una resistencia a lo impuesto. En lo más recóndito de su ser conserva intactas sus creencias. El proceso doloroso de transculturación comienza en la protagonista con la aparente renuncia de sus creencias y costumbres. Adoptar una nueva religión la confunde y la desorienta. Le prohíben hablarles a sus hijos en su lengua.

El dilema de doña Luisa es muy profundo, pero, poco a poco ante los actos sanguinarios de Alvarado, en ella comienza a germinar el rencor. La desconcierta ver en él una conducta diametralmente opuesta a los principios de su religión. Doña Luisa se da cuenta que sólo ha sido un instrumento más en manos de su padre y de los suyos, una pieza más en el juego de la política, y ahora se ve menospreciada por su hija mestiza y abandonada por su marido. Su sufrimiento es doble: "¡Dios mío! he sido usada por todos... Qué clase de amor el de mi padre, incomprensible, antepuso las conveniencias de su reino a mi felicidad..." (78). Al final de la sección dedicada a doña Luisa, la narradora extradiegética heterodiegética, nos la describe confinada en sus aposentos, tratada como loca, pero recuperando su identidad: "Oía expresiones como: 'Jesús, Jesús, Jesús'. Ella no sabía lo que significaban, no entendía nada. [...] No era su lengua, ni su religión. Eso sí, estaba consciente que moría y ansiaba los ritos de Tlaxcala..." (80).

La locura no es más que la máscara tras la cual se encubre lo que doña Luisa siempre mantuvo vivo: su lengua, su religión, su raza y sus costumbres. La descripción de ella parada en la puerta, con un "morral de ropa vieja" (119) es la metáfora del regreso a sus verdaderas raíces. Ese viaje es imposible en el tiempo cronológico, pero no en el tiempo interior de doña Luisa. Ella había vivido con un disfraz, pero su verdadero traje, "el viejo", aún lo conserva. Con él volverá a vestirse para realizar su viaje al interior de sí misma donde se encuentra con su verdadera identidad. Doña Luisa ha vuelto a su paraíso perdido. En la cita arriba transcrita, apreciamos cómo la voz narrativa socava los dos pilares sobre los que descansó la conquista y la colonización: la lengua y la religión. Con la famosa "cruzada de evangelización", se justificó el exterminio y la esclavitud de los indígenas; con la imposición del castellano como lengua del imperio, se corrobora una vez más que la lengua es un instrumento político al servicio del grupo dominante. Estos son los criterios que ha perpetuado el discurso masculino oficial.

En la novela que nos ocupa, la narradora que aparece en los intermedios subvierte ese discurso. Ella traslada a su personaje su resistencia a ese poder. Hasta el final de la historia de doña Luisa, y en unas cortas líneas, se produce un cambio en los niveles de narración. Desde el comienzo de esta sección, doña Luisa nos ha estado contando su propia historia. De pronto, hay un viraje en el punto de vista y surge una narradora extradiegética heterodiegética que afirma que doña Luisa ni entiende, ni escucha las oraciones cristianas. Esta narradora que interviene y establece su propio juicio sobre la religión y la lengua que facilitaron la dominación del indígena desmitifica y hace visible el ardid que legisla el pensamiento jerárquico. El dialecto y los ritos de Tlaxcala estaban en el subconsciente de doña Luisa, y se mantuvieron latentes frente a las creencias que le eran extrañas.

En el personaje de doña Luisa percibimos una mujer, que aunque sometida, socava el poder con su silencio, al negarse a hablar el castellano que tan bien había aprendido y a no entender una religión que le era ajena. En su discurso, Aguilar revela la naturaleza de toda ideología, desmantela las dos poderosas armas del discurso masculino hegemónico, presente en la historia y las crónicas de la conquista y colonización de América.

La mestiza Leonor afronta el mismo problema de identidad de su madre, pero de otra manera. Si doña Luisa recuperó su identidad, Leonor ha quedado en la encrucijada. ¿Cuál es su verdadera identidad? ¿La verían con recelo los parientes de su madre por ser hija del conquistador? Aún recuerda cuando su padre la llevaba después de las batallas y los indios se postraban ante ella, como si fuera una aparición: "y así que veían a esta niña luego caían en tierra y no se podían levantar del suelo, y luego venían muchos pájaros sin pies, y estos pájaros sin pies tenían rodeada a esta niña" (114), dice el historiador Adrián Recinos,[9] frases que sirven de título a la novela y al epígrafe de la sección dedicada a Leonor. Se demuestra una vez más cómo la narradora enfatiza la mirada: los indios veían a Leonor como una aparición celestial, la confundían con la Virgen. Para los naturales, Leonor simbolizaba el misterio. En su mente supersticiosa, aquella niña, nacida de un ayuntamiento forzoso, era un ejemplo vivo del cruce de dos razas.

Símbolo de este misterio son los pájaros sin pies, un fenómeno nunca visto, pero cuya mutilación connota lo raro, lo indescifrable, lo que para la mente del indígena sólo encuentra explicación en el campo del mito. Estas aves imperfectas simbolizan la pérdida que sufrieron los indígenas: las de sus creencias y su lengua. Un impedimento físico, la carencia de pies de los pájaros, se asocia metonímicamente a estos indios fragmentados, incompletos, sin identidad, representados por los pájaros que revolotean alrededor de Leonor. En la niña blanca hay vestigios de sangre india, que aunque mezclada, aún pervive. Estos pájaros, aunque imposibilitados de ponerse en pie, se niegan a morir. Leonor y ellos encarnan el espíritu de una raza en agonía, que lucha por sobrevivir: "Revoloteaban sobre ella y la seguían... cientos de pájaros de diversos colores. [...] Le abrían paso aún los más fieros enemigos. La protegían. Amazona-niña y diosa... [...] Algo lindo, misterio, místico" (114-115).

Para los indios Leonor es una nueva visión, maravillosa. Consciente de ello Alvarado usaba a la niña como talismán para amedrentar a los indígenas. Después de la muerte de su padre, la de su madrastra doña

---

9- El fragmento aparece en *Crónicas indígenas de Guatemala*, pág. 67.

Beatriz y la de sus hermanas en la avalancha de piedra y lodo que las sepultó vivas, Leonor afronta sola a sus parientes indios, de quienes se avergüenza. Ella medita que al menos ellos, aunque habían perdido su mundo, compartían su mismo origen, su mismo color de piel, hablaban la misma lengua, una lengua que para ella era misteriosa e indescifrable. Ella se sabe distinta, tanto que en España don Bernal Díaz del Castillo tuvo que atestiguar que era hija verdadera de Alvarado. Se sintió humillada en la corte española por ser mujer y por ser mestiza pero ¿quién era ella?: "Leonor ese día los sintió lejanos, extraños... hablando una lengua ininteligible. ¡Y pensar que eran también su gente! y que aquella había sido también su derrota, su dolor. Porque sin conquista, ella hubiera nacido princesa de verdad..." (120).

La voz narrativa enfatiza de nuevo cómo la lengua y la religión se entronizan en los individuos, los transforma y los hace partícipes de la ideología del grupo dominante. Leonor ya no entiende el dialecto de los suyos y también ha adoptado un nuevo credo religioso. Su escisión es doble. La narradora ahonda en el núcleo de su dilema existencial. Ya Leonor es una persona con nuevas creencias, con una percepción diferente del mundo. Física y culturalmente no es pura, está contaminada. Los espejos traídos de España por su madrastra, doña Beatriz, le proyectan una imagen distinta. Se contempla en ellos y no encuentra respuesta. Su escisión es completa. No logra conciliar sus dos mitades. La imagen que el espejo le devuelve, la muestra de piel clara, ni india, ni española: "Su piel más clara que morena... Su cuerpo altivo... su extraña hermosura de la que hablaban todos. Devolvía la imagen el espejo... Surgía, se adelantaba, rompía el espacio y el tiempo, ¿abría acaso el camino de una raza?" (121).

Esta imagen del espejo significa que la protagonista está atrapada dentro de sí misma. Todo se confunde en la mente de Leonor. En la iglesia, postrada de rodillas, los cantos gregorianos se amalgaman con los cantos indígenas que muy quedo repetía su madre, a escondidas, sin haber renunciado a su esencia indígena. En ambos intertextos se establecen las relaciones de dominación y de subordinación, y en este enfrentamiento, se abandona la referencia a un centro, a una referencia privilegiada. En el discurso de Aguilar se ponen en juego lo autorizado y lo marginal. El espacio de la novela es la arena donde ambas fuerzas se equilibran. Mientras el coro dice: "Gloria in excelsis Deo. Et in terra pax hominibus" (115), Leonor mentalmente repite el canto en lengua náhuatl de su madre:

"Aún el jade se rompe,
aún el oro se quiebra,
aún el plumaje del quetzal se rasga...
No se vive para siempre en la tierra:
sólo aquí un breve instante perduramos..." (121)

La presencia de ambos cantos traduce el drama íntimo del personaje representativo de la raza mestiza, dilema que la periodista-escritora narradora vive en carne propia al acercarse el quinto centenario del descubrimiento. Si doña Luisa rescata su identidad, mirando al interior de sí misma, Leonor, al verse en el espejo (insistencia en la mirada), descubre en ella algo que la hace diferente. Su piel, "más blanca que morena", anuncia el surgimiento de una nueva raza. Por medio de ambos personajes, la periodista ha representado su propio drama.

Defensa de la cultura indígena

Hasta ahora hemos abordado a dos personajes femeninos de gran importancia en la conquista de México y Guatemala por estar íntimamente ligados a la figura de Alvarado: doña Luisa y doña Leonor, mujeres de linaje, que aunque india y mestiza respectivamente, eran miembros de la clase alta dentro de la jerarquía indígena, hija la primera y nieta la segunda del gran Señor de Tlaxcala. Pero encontramos dos mujeres de ficción que representan la otra cara de la moneda. Ellas son la india doña Ana, que ocupa una sección entera en la estructura de la novela y Juana, la sirvienta de doña Maria de Peñaloza. Ambas representan el estrato innominado de la población indígena, la voz del otro, del sector oprimido, entes de ficción que dialogan con sus superiores de tú a tú. Estos personajes femeninos se muestran orgullosos de su raza. En ningún momento se sienten humilladas ni marginadas. Estas protagonistas constituyen un punto de equilibrio entre los personajes históricos de abolengo y los pertenecientes a los estratos más bajos de la sociedad de la época.

Aguilar rescata del silencio y de la muerte (el silencio se iguala con la muerte) a estas mujeres humildes, que expresan su total rechazo a una cultura extraña y a una conquista violenta que significó el genocidio de una raza. La escritora nicaragüense, al incorporar a estas mujeres, asume los pensamientos y sentimientos de estas dos representantes de la baja jerarquía indígena. Tanto doña Ana y Juana, mujeres del pueblo, como doña Luisa y doña Leonor, mujeres de abolengo, idealizan su tierra y su pasado. Defienden con valentía sus creencias y costumbres como Juana, la curandera-bruja y como doña Ana, inconforme y descontenta con la vida que lleva en España.

La aplicación del "dialogismo" bajtiniano en esta sección del discurso de Aguilar, resulta esencial, ya que el teórico ruso plantea su postulado desde la perspectiva de las clases sociales. Hemos visto que el feminismo ha aprovechado sus planteamientos en términos de la opresión masculina y de las relaciones de género. En el caso específico de doña Ana, hija del Cacique Taugema, y de la sirvienta Juana, tratándose de relación entre mujeres, los destacaremos como ejemplos fehacientes de la voz concedida al ser considerado como inferior, como lo ilustra excelentemente el discurso de Aguilar.

La sección dedicada a doña Ana, constituye un verdadero logro de la escritora al concebir un personaje femenino, que como sirvienta ocupa el último peldaño en la escala social, pero que sin embargo horizontaliza sus relaciones con la reina, Isabel la Católica, borrando los límites de rango, clase y raza, entre ellas. Doña Ana no soporta la vida que lleva en España y anhela regresar a su tierra. Opone los grises olivares de Castilla a lo verde del paisaje tropical. Le escribe una cédula a la reina en la que le solicita su permiso para regresar. Por medio de un recurso que Heinrich Plett ha llamado seudo-intertextualidad (referencia a falsos intertextos),[10] Aguilar nos refiere a una fuente inexistente. La cédula real es producto de la ficción en contraposición a otras cédulas verdaderas tomadas de la historia de Nicaragua.[11] Doña Ana, en un gesto sorpresivo, subvierte la jerarquía y trata a Su Majestad de mujer a mujer. Ella le expone las razones por las que anhela volver. Se siente humillada porque las monjas la ven con desconfianza; no resiste más el encierro y la soledad del convento. Frente a este cautiverio forzoso, opone las casas de Nicaragua cuyas puertas y ventanas siempre están

---

10. Plett, refiriéndose al amplio campo de la intertextualidad, con componentes tales como literatura, arquitectura, film, etc., nos dice: "As the climax of the fashion may be regarded pseudo-intertextuality, which means a text referring to another text that simply does not exist (e.g., Jorge Luis Borges's *Ficciones*)" (26).

11. La carta verdadera enviada por el funcionario Francisco de Castañeda, gobernador interino de Nicaragua a la muerte de Pedrarias Dávila, y recogida en el Archivo General de Indias, puede leerse en Andrés Vega Bolaños, III, 275.

abiertas. Se subraya así el conjunto de oposiciones, el motivo de la dualidad entre la luz y la oscuridad, el frío y el calor, lo ceniciento y lo demasiado verde del nuevo mundo. Se transparenta en el discurso la sofocación y la desesperación producidas por el espacio hermético del convento y la libertad de que se goza en el ámbito natural. Doña Ana quiere ser una mujer libre. Es una mujer valiente y decidida, beligerante, que no quiere que le impongan una manera de vivir. En el discurso de doble voz han desaparecido las barreras que separan reina y súbdita como enfatiza la teoría de Bajtín:

> La heteroglosia, una vez incorporada en la novela, es el discurso de otro en el lenguaje de otro, que sirve para expresar las intenciones autoriales, pero en una forma refleja. Tal discurso constituye un tipo especial de discurso de "doble voz". Sirve a dos hablantes al mismo tiempo que expresan simultáneamente dos intenciones diferentes: la intención directa del personaje que está hablando y la subyacente intención del autor. En el discurso hay dos voces, dos significados y dos expresiones. (324)[12]

Como afirma el teórico ruso, vemos que en el discurso de doña Ana el significado no es creado por una simple voz, sino por una interacción de voces. Se elimina la línea divisoria entre la que representa el poder y la ley y la marginal que opone resistencia a la autoridad. En la carta de doña Ana se repite el recurso de la carta del Lazarillo de Tormes, escribiéndole a Su Merced para darle cuenta del "caso" y al mismo tiempo, desenmascarando la hipocresía y la ambición de los clérigos y desmitificando el famoso "honor castellano", representado en la figura del hambriento escudero.[13] De la misma manera, doña Ana, la humilde sierva, usa igual estrategia, y por medio de la carta, se permite darle

---

12. "Heteroglossia, once incorporated into the novel, is another speech in another language, serving to express authorial intentions but in a refracted way. Such speech constitutes a special type of double-voiced discourse. It serves two speakers at the same time that express simultaneously two different intentions: the direct intention of the character who is speaking, and the refracted intention of the author. In such discourse there are two voices, two meanings and two expressions".

13. Recordemos que la historia de Lázaro, un anti-héroe, cuya miserable vida no podría interesar a nadie, es conocida por medio de la carta que le envía a una anónima autoridad, Su Merced, a quien explica el porqué de las habladurías en contra de su mujer. Esto justifica la selección del punto de vista narrativo que le permite contar sus adversidades y que justifica la existencia de la carta misma. (Véase el libro de Francisco Rico sobre la novela picaresca.)

cuenta a la reina de la grandeza de su tierra y la destrucción de ella por los españoles. Doña Ana aprovecha la oportunidad para describir la belleza de América, las costumbres ancestrales, sus ritos, la fertilidad de la tierra y la variedad de la flora y la fauna: "Teníamos gusto de vivir. Teníamos cantos. Las milpas verdes. Jugábamos en las plazas, nos bañábamos en los ríos. Íbamos a los mercados y allí toda clase de frutas [...]. Abundaban las cosas. La vida tranquila, suave" (134-135).

Se trata de todo un discurso de la fecundidad, América como una cornucopia antes de la llegada de los conquistadores. Al mismo tiempo que se filtra la voz de la india en su petición personal, pero representativa de todo un pueblo oprimido, se desvela el disfraz religioso que encubrió los métodos que se usaron para someterlos por la fuerza, un motivo recurrente en *La niña blanca*:

> Primero querían paz. Enseñarnos su Dios. Después quisieron otras cosas, no solamente el bautismo de todos. Quisieron nuestra tierra, esclavos para las minas, para las sementeras... [...]
> Aceptamos su religión. [...] Nos gusta. Está bien. Nos parece que podrían vivir juntos en el cielo, nuestros dioses y Dios Misericordioso y su madrecita, tan linda, tan buena... Nos parece que a los que ustedes mandan, predican todas las cosas hermosas de su religión, pero no las cumplen... ¡Son a veces tan rudos, tan violentos! (135-136)

En esta cita se expone toda una declaración de principios del uso de la religión como estandarte que encubre, en nombre del Dios cristiano, los verdaderos motivos de la conquista española. Doña Ana, en una ruptura total con la jerarquía, al final de su carta, se permite sugerir a la Reina Isabel, la reforma de las leyes vigentes. Desea hablarle a sus majestades, viajar a Roma para hablar con el Santo Padre: "Porque hay que reformar las leyes y la religión que nos han enseñado" (137)

Las razones de peso expuestas por doña Ana, india, se expresan en un español sencillo, coloquial, pero respetuoso. No encontramos ningún signo que indique inferioridad o falsa modestia. Expone sus argumentos con franqueza, en forma familiar, como si se tratara de una amiga: "Todo se complicó querida Reina. Nunca volveremos a ser iguales, ni ustedes ni nosotros. A vivir igual. Nunca" (137). Contrasta este estilo llano y directo con el estilo de la Cédula Real enviada por el rey. La retórica propia de este tipo de documentos es imitada con gran habilidad por la escritora nicaragüense, quien en reciente entrevista nos aclaró que el modelo de la cédula fue tomado de la *Historia de Nicaragua,* pero que el contenido es ficticio.[14]

El otro personaje que comparte escena con doña María de Peñalosa es la india Juana, su criada de confianza. Al igual que doña Ana, Juana socava la jerarquía. Lo bajo, lo carnavalesco, aflora en la voz de Juana, la vieja cocinera que se ha burlado de los encopetados señores invitados de doña María, preparándoles iguana, en vez de gallina: "Pero es que a ratos me da por allí. He quedado medio tocada de la cabeza" (74). Juana se escuda en una falsa locura para reírse de los españoles que se hubieran horrorizado al saber la clase de alimento que habían consumido.

La sirvienta india por medio de este gesto, además de una venganza personal, afirma un aspecto muy importante de todas las culturas de los pueblos. Me refiero a las prácticas culinarias mantenidas a través de las generaciones. De esta manera, Juana se regocija de haberles preparado a los señores españoles un guiso de iguana, plato típico, exótico, que significa una resistencia a la gastronomía ajena. Ella quiere mantener a toda costa lo genuino de la cocina nicaragüense, signo de una cultura que se niega a desaparecer.

Juana tiene también fama de hechicera, que es otra de las imágenes con que se suele representar a la mujer en la literatura. Las brujas y las sibilas tradicionalmente se han asociado con lo diabólico, lo oculto, lo misterioso. A Juana recurrió Pedrarias para que aliviara sus dolores. El soberbio Pedrarias solicitó sus servicios a base de hierbas y polvos misteriosos. Ella desautoriza el conocimiento científico europeo. Es una forma de resistencia a la práctica médica de la época. Contra este saber considerado superior, ella afirma su saber empírico heredado de sus ancestros. La inversión de los papeles es doble. Por una parte, lo mágico sustituyendo la creencia cristiana en los milagros y por otra parte, el poder oficial dependiendo de los poderes de una curandera india: "Pero todo se hizo en secreto ya que lo relacionado con nuestro conocimiento está prohibido por la religión católica, por la fe" (175).

El orgullo de Juana se traduce en la siguiente cita donde ella se jacta de ser superior a todos por sus facultades: "Y fue a través de mi padre que aprendí los secretos del corazón y de la carne, a conocer las hierbas

---

14. Entrevista inédita que tuvo lugar en la visita de Rosario Aguilar a la Universidad de Tulane donde leyó fragmentos de sus novelas el 26 y 27 de octubre de 1994.

medicinales, los tintes para teñir o dibujar. Me han ido dejando aquí en la casa porque yo soy 'la que sé', todas las criadas españolas y las indias me han consultado por muchos años" (175). En la frase "yo soy 'la que sé'" se evidencia el orgullo del individuo marginado que subvierte la jerarquía al poseer facultades extraordinarias que lo elevan por encima de los que sustentan el poder. Juana se jacta de sus poderes ante doña María y siente satisfacción en subrayar la nefasta presencia de los españoles en la tierra americana. Juana la presintió como una enfermedad, como una plaga que dejaría muchos millares de muertos: "Le voy a contar de mis presentimientos, mis adivinaciones… No hay corazón traicionero. Un día desde que me levanté sentí algo feo, como si me iba a enfermar… ya ve, doñita, y era la venida de ustedes a nuestra tierra" (176).

Aunque la voz de doña María es la que prevalece en el discurso, al mismo tiempo se filtra la voz de Juana, subvirtiendo lo oficial, lo canonizado, lo institucionalizado. La voz de la sirvienta es la del personaje marginal con su habla rústica, campechana, franca y humorística, repleta de expresiones de una persona del pueblo, con toda clase de inflexiones, repeticiones, comparaciones y diminutivos, propios de ese nivel de lenguaje. Señalamos algunas ocurrencias de este vocabulario bajo, popular, en los ejemplos siguientes: "doñita", "aguadito", "una lindura de hombre", "estaba agualatosa, parecía fruta madura, madurita estaba", "me pusieron Juana por la Reina Doña Juana, la que dicen que está loquita". Las numerosas expresiones y modismos populares afirman la identidad cultural de Juana. Frente al rancio castellano ella ofrece la frescura, variedad y riqueza del habla nicaragüense. Se trata de una resistencia a la pureza del idioma impuesto, una ruptura de la norma, una manera de conservar intactos los coloquialismos y giros de la lengua del pueblo en oposición a la rigidez de la lengua oficial. Esta descripción y las anteriores expresiones refuerzan la heteroglosia del discurso que se muestra con toda la ingenuidad y sencillez del habla coloquial que permea el discurso oficial, borrando los límites de raza y de clase.

Al final de esta sección, y continuando la metáfora de la visión, el gran recurso estilístico y simbólico del discurso de Aguilar, Juana aconseja a doña María que se vaya, porque "adivina", "ve" el futuro adverso de la gobernadora y de sus hijos. Sin ambages, de tú a tú, con la mayor franqueza, como si no hubiera diferencia de raza, ni de rango, le vaticina su desgraciado destino.

Las palabras de Juana serían más tarde avaladas por la historia con el desgraciado fin de los hermanos Contreras, de triste recordación en Nicaragua. Los hijos de doña María de Peñalosa, Hernando y Pedro Contreras, se rebelaron contra la corona española. Uno de ellos, Hernando, asesinó al obispo de León, Monseñor Antonio Valdivieso, agudo crítico de la familia del extinto Pedrarias. Posteriormente, ambos hermanos fueron hechos prisioneros y ejecutados en Panamá en 1550. La voz profética de Juana señala el final de la gloria de una familia española, que además de todos los despojos, injusticias y crímenes cometidos contra los indios, se atrevieron a desafiar los dos poderes sobre los que se asentó la conquista: la Corona y la Iglesia.

Hemos visto el diseño de las protagonistas, indias y mestizas desde la perspectiva de la periodista que ha transferido su propio drama a sus entes ficticios, reescribiendo la historia en forma crítica y paródica. El personaje más logrado de estas secciones es el de doña Ana, cuyo discurso es toda una exaltación de la pródiga tierra americana, paraíso perdido a la llegada de los españoles.

La visión de las protagonistas españolas: mujeres audaces

Las secciones dedicadas a las españolas doña Beatriz de la Cueva, doña Isabel de Bobadilla y su hija doña María de Peñalosa, son muy ricas en datos históricos. Hay momentos en que no sabemos dónde termina la historia y dónde comienza la ficción. Se trata de un hábil juego de intertextualidades narrativas, una manera de percibir la realidad por diferentes caminos. La ficción juega con la mutabilidad de la historia. La gran riqueza textual de la novela le agrega complejidad al cosmos narrativo. Trozos de las crónicas son (re)visados en su doble enfoque de cuestionamiento de la autoridad masculina y nueva visión de la escritora mestiza. De esta manera, se enfatiza la metáfora de la mirada, estrategia retórica esencial en el cosmos narrativo de *La niña blanca*.

En esta reescritura de la historia, Aguilar ofrece, desde el presente, una nueva visión a través de las tres protagonistas españolas que acompañaron a sus maridos al Nuevo Mundo. Estas protagonistas sometidas a la voluntad del esposo y prisioneras de los férreos códigos basados en la moral cristiana, responden a la época del siglo XVI, cuando resultaban perjudiciales las teorías igualitarias de Erasmo, quien argüía a favor de la educación de las mujeres. El tema fue ampliamente discutido, desatándose la conocida controversia del Siglo de Oro.[15] Ana Navarro sugiere que: "Humanismo, Reforma y Contrarreforma son los tres grandes movimientos ideológicos que plantearon el tema clásico de la querella sobre la mujer" (22).

A estos movimientos emancipadores y dignificadores de la mujer, se oponían los antifeministas recalcitrantes. Estos defendían el arquetipo de la mujer recatada, preconizada por una sociedad reaccionaria, muy estricta. Esta sociedad erigía como estandarte la imagen de la "perfecta casada" de Fray Luis de León[16] que se prolonga hasta el día de hoy. Queremos destacar que estos cambios propuestos sobre la educación de la mujer sólo se concebían para aquellas que pertenecían a la aristocracia. Hubo mujeres brillantes como María de Zayas, Isabel de Liaño, Luisa Sigea, Florencia Pinar, Ana Caro y sobre todo, Santa Teresa de Jesús.

Pero la participación de la mujer intelectual, se circunscribía a una élite.[17] En oposición a esta mujer emancipada, que gozaba de gran libertad, estaba la inmensa mayoría de las mujeres en las que privaba la imagen de la mujer virtuosa. Esta mujer, sujeto pasivo, yacía prisionera por esquemas ancestrales y su vida transcurría en el seno del hogar

---

15. Frente a Cristóbal de Castillejo, furibundo antifeminista, autor de *Diálogo que habla de las condiciones de las mujeres,* surge la voz de Cristóbal de Acosta con su tratado *Loor de las mujeres y de la Castidad, Honestidad, Constancia, Silencio y Justicia,* y Luis Vives con su *De institutione feminae christianae* (1514). Este último continúa la línea del pensamiento erasmista en defensa de la inteligencia y la educación de las mujeres. (Véase María del Pilar Oñate, *El feminismo en la literatura española.*)

16. El ideal de la mujer virtuosa propuesto por Fray Luis de León en *La perfecta casada* se resume en este párrafo: "Y pues no las dotó Dios ni del ingenio que piden los negocios mayores ni de fuerzas las que son menester para la guerra y para el campo, mídase con lo que son y conténtense con lo que es de su suerte, y entiendan en su casa, y anden en ella, pues las hizo para ella sola". (Véase Navarro 25).

17. Una escritora aristócrata, María de Zayas (1590-¿1661?), es considerada la abanderada del feminismo en España. Su postura, clara y enérgica, se transparenta en el siguiente trozo: "Las almas ni son hombres, ni son mujeres: ¿qué razón para que ellos sean sabios y presuman que nosotras no podemos serlo? Esto no tiene a mi parecer más respuesta que su impiedad o tiranía en encerrarnos, y no darnos maestros; y así, la verdadera causa de no ser mujeres doctas, no es defecto del caudal, sino falta de la aplicación, porque si en nuestra crianza como nos ponen el Cambray en las almohadillas y los dibujos en el bastidor, nos dieran libros y preceptores, fuéramos tan aptas para los puestos y para las cátedras como los hombres, y quizás más agudas" (21-22).

en su papel de esposa y madre, con una educación muy elemental. En cambio se ponía mucho énfasis en la educación religiosa. Navarro arguye:

> Dentro de la organización social española de los siglos de Oro, la mundanalidad de la mujer rica, que ejercía su forma de señorío, controlando la vida cultural y social de la urbe, contrastaba fuertemente con la mujer de baja burguesía, del artesanado y del campesinado. Los preceptos de *El cortesano*, conforme a los cuales se organizaba la vida de la corte, y la libertad social de la mujer privilegiada, que la situaban en igualdad con el hombre, son ajenos a la evolución de los grupos sociales mencionados. Si acaso, su repercusión en ellos se advierte en una mayor dignificación de la condición femenina. No obstante, el freno de este espíritu emancipador lo ofrecía, a menudo, la propia mujer, reacia a desasirse de los esquemas impuestos durante muchos siglos por las instituciones de la Iglesia unidos a las influencias orientales, heredadas de la Edad Media. (121)

En este contexto histórico cultural ubicamos a las protagonistas españolas, mujeres privilegiadas, miembros de la corte que desafían la voluntad de los maridos, que no se resignan a esperar su regreso y se embarcan en viajes a un continente desconocido lleno de penurias y dificultades. En ellas anida el mismo espíritu aventurero de sus esposos, retan su autoridad y pasan a desempeñar importantes cargos de gobernadoras como doña Beatriz de la Cueva, doña Isabel de Bobadilla y María de Peñalosa, esposa del gobernador de León, Rodrigo de Contreras. Ellas comparten algo en común: todas son gobernadoras, pertenecen a la aristocracia, y gozan de mucha libertad. Son mujeres audaces, decididas, de carácter enérgico, valientes, que no se resignan al papel de Penélope. La narradora las presenta apasionadas e impulsivas, pero obligadas a reprimirse debido a la férrea moral cristiana. Ellas oponen resistencia y prefieren las inconveniencias de las grandes travesías, a quedarse recluidas en conventos o a esperar inútilmente el regreso del esposo.

Abordaremos primero a doña Beatriz de la Cueva,[18] la esposa española de Pedro de Alvarado. La periodista recrea un momento crucial en

---

18. Francisco López de Gómara opina sobre la figura de doña Beatriz de la Cueva en el episodio de su trágica muerte: "Hizo Doña Beatriz grandes extremos, y aun dijo cosas de loca, cuando supo la muerte de su marido. Tiñó su casa de negro por dentro y fuera. Lloraba mucho; no comía, no dormía, no quería consuelo ninguno; y así diz que respondía a quien la consolaba que ya Dios no tenía más mal que hacerle; palabra de blasfemia, y creo que dicha sin corazón y sin sentido" (286).

su vida: la inútil espera del regreso de Alvarado y la muerte de ella, sus hijas españolas y sus damas en la avalancha de lodo y piedras, catástrofe ocurrida en Ciudad Antigua de Guatemala en septiembre de 1541. Aguilar se atiene a los hechos recogidos en las crónicas que sobre la muerte de doña Beatriz, como personaje histórico, narran Francisco Antonio de Fuentes y Guzmán, Francisco López de Gómara y otros cronistas.

De acuerdo con la versión histórica, el aluvión destruyó la ciudad como castigo a la blasfemia y a la falta de resignación cristiana de doña Beatriz. Alrededor de este hecho se ha tejido todo un mito en el que la gobernadora española es la causante de la desgracia. En el discurso masculino en general, en la Biblia, en la literatura griega y latina y en la historia de México y Guatemala en particular, la representación de la mujer se vincula al pecado, a la maldad y a la fatalidad. En el Génesis es Eva la culpable de la caída del hombre; en la literatura griega, Elena es la manzana de la discordia entre griegos y troyanos; en la historia de México la Malinche encarna a la traidora que facilitó la conquista de su país. El caso se repite en la historia de Guatemala. Las plumas oficiales de entonces y las de hoy, como las de los escritores John y Jeannette Varner, enfatizan la culpa de doña Beatriz que provocó la ira del cielo a raíz de la muerte de Alvarado: "Esta afligida mujer, abordada por un sacerdote con palabras de consolación, irrumpió con blasfemia contra Dios. Cuando en la noche siguiente una gran inundación la llevó a ella y seiscientos otros a su muerte, muchos la culparon de la catástrofe por su profanación" (78).[19]

Aguilar presenta a doña Beatriz atravesando un momento de zozobra, angustiada, aguardando inútilmente el regreso del marido. Ante la noticia de su muerte, decide ocupar su lugar convirtiéndose en gobernadora de Ciudad Antigua de los Caballeros de Guatemala. Este hecho confirma que en el siglo XVI, las mujeres de alcurnia tuvieron a su cargo los destinos de sus países, como en el caso de Isabel la Católica. Fuentes y Guzmán menciona y compara la gobernación de Guatemala por doña Beatriz con las monarquías europeas:

---

19. "This grief-stricken woman, approached by a priest with the words of consolation, broke into blasphemy against God. When on the following night a great flood swept her and six hundred others to their death, many blamed the catastrophe on her profanation" (78).

Y más que México y Lima tendrá Goathemala que contar entre sus blasones, lo que las monarquías de Francia, Inglaterra, España y Flandes, a quienes gobernó y mantuvo gobierno de mujeres; siendo ejemplar en nuestras indias occidentales, este accidente glorioso de Goathemala que, desde el principio de su infancia, empezó a correr parejas con las mayores monarquías de Europa. (163-164)

Este hecho de mujeres reinas o gobernadoras de sus países se recoge en la historia del siglo XVI y XVII al referirse a mujeres notables como Isabel la Católica e Isabel I de Inglaterra. Durante los reinados de ambas soberanas, sus imperios se vieron fortalecidos económica y militarmente. La grandeza de ambos imperios, el español y el británico, se debe en gran medida a la habilidad política de estas mujeres, quienes en la práctica demostraron ser capaces de regir naciones tan poderosas en momentos cruciales de su historia. Estos hechos parecen contradecir el ideal de Fray Luis de León. De acuerdo con la doctrina del gran poeta lírico español, la mujer incapacitada por su "naturaleza" para desempeñar otros papeles, no debía tener acceso a la educación. De allí que la reclusión de la mujer simbolizada en la reja del hogar o confinada en la cárcel del convento, se presenta como las únicas opciones para la mujer recatada y honesta: "Así como a la mujer buena y honesta la naturaleza no la hizo para el estudio de las ciencias, ni para los negocios de dificultades, sino para un oficio simple y doméstico, así les limitó el entender, y, por consiguiente, les tasó las palabras y las razones" (Navarro 106).

Este pensamiento ultra conservador se cimienta en un sistema de valores que consideraba inferior a la mujer, sólo destinada al matrimonio o la toma del velo conventual. En los casos de las gobernadoras españolas estos esquemas se rompen, pues tanto doña Beatriz como doña Isabel de Bobadilla y doña María, son mujeres ambiciosas, que desean tener su propia corte en el Nuevo Mundo. No las arredra el peligro, ni las enfermedades, ni los largos viajes extenuantes. Las tres son mujeres prominentes que han asimilado las costumbres y han adquirido una nueva identidad en su contacto con el Nuevo Mundo.

Si la valoración de doña Beatriz, conocida como La Sin Ventura, es negativa, la de doña Isabel de Bobadilla, esposa de Pedro Arias de Ávila, gobernador de Panamá y de Nicaragua, es muy positiva. Cronistas y escritores modernos como Ricardo Majó[20] y Soledad Acosta de Samper[21] nos describen a doña Isabel como mujer de carácter, valiente y hábil mediadora en los conflictos de su despótico esposo. Fray Bartolomé de las Casas la llama "matrona varonil" (3:33).[22] Su firme decisión de acompañar a Pedrarias a Tierra Firme denota a una mujer poco común. Una carta a su esposo revela el espíritu indomable de doña Isabel:

Amado esposo, ...Adonde quiera que te lleve la suerte, ya entre las furiosas ondas del océano, ya en horribles peligros de tierra, sábete que te he de acompañar yo. Ningún peligro puede amenazarme tan atroz, ningún género de muerte puede sobrevenirme que no sea para mí mucho más llevadero que el vivir separada de ti por tan inmensa distancia.

Es preferible morir de una vez y que me echen al mar para que me coman los peces o a la tierra de los caníbales para que me devoren, que no consumirme en luto continuo y perpetua tristeza, esperando, no al marido, sino a sus cartas. Esta es mi resolución, no tomada temerariamente, ni por el momento, ni por arrebato mujeril, sino maduramente pensada. Escoge una de las dos cosas: o me cortas el cuello con la espada, o consientes en lo que te pido. (citado en Ortega Martínez 20)

Esta carta denota una mujer de temple, de firmes decisiones, dispuesta

---

20. Ricardo Majó se refiere al nombramiento de Pedrarias de esta manera: "Pedrarias logró ir allá por capitán y gobernador gracias a sus viejas amistades en la Corte; a ser conocido en la Corte de muy antiguo con el mote de Justador y a estar casado con la Bobadilla" (2, 188).

21. La novelista y ensayista colombiana Soledad Acosta de Samper hace un panegírico de doña Isabel: "Ninguna penalidad la arredraba y su grande espíritu supo amoldarse a todas las circunstancias. Aquella dama criada en la corte de los Reyes de España, supo sufrir, sin quejarse, un clima mortal, y grandes escaseces; más aún daba ejemplos a las demás mujeres y aun a los soldados, que a veces desesperaban, guardando hambres, sustos, epidemias —durante las cuales morían centenares de españoles—, peligros en mar y tierra y sobre todo las plagas características de aquellos países en que el hombre blanco no puede vivir con tranquilidad. Con razón el historiador Herrera dice que la llamaban La Excelente" (150).

22. Fray Bartolomé de las Casas expresa sobre Isabel de Bobadilla: "Así que la dicha Isabel de Bobadilla, determinado Pedrarias de hacer aquel viaje sin ella, ella, como matrona varonil, no quiso por ninguna manera quedar sino seguir por mar y por tierra a su marido" (3, 33).

a todo, inclusive la muerte. Es en este contexto que Aguilar diseña a sus protagonistas españolas. Destaca en su discurso el firme propósito que las animaba de compartir con sus maridos la misma suerte, la misma ambición de riqueza y de poder. Ellas se resisten a quedarse en España. No se resignan a recluirse en un convento. En el epígrafe de la sección dedicada a doña Isabel y compartida por su hija doña María de Peñalosa, la voz narrativa señala el vacío, la voz ausente de las mujeres gobernadoras cuya actuación tan importante sólo ha llegado hasta nosotros a través de los discursos masculinos autorizados.

Doña Isabel está dispuesta a superar todos los obstáculos que se le presenten: "No, no se amilanó, ni se postró; tampoco se lamentó como lo hicieron muchos [...]. Ella se hizo una promesa a sí misma: no se dejaría vencer" (20). La ambición de riqueza que animó a todos los españoles y los lanzó a la aventura también forma parte de sus planes: "Sí; decidió adaptarse al lugar. Si este le ofrecía oro, pues conseguiría oro; si las perlas abundaban también las recogería" (21); "¡Cómo había disfrutado siendo la gobernadora, la mujer más importante de Tierra Firme! Mandar, ser como la dueña y la reina" (152).

Nuestra protagonista, ya en la senectud, siente sobre sus espaldas el peso de los dos mundos en que le había tocado vivir. En León, casi ciega, se pregunta por el destino de sus descendientes en esta tierra poblada por esos seres tan misteriosos: "Ella todavía tenía sus dudas de si eran completamente humanos, pero segura sí, estaba, que mejores eran que muchos cristianos..." (161). Al final del apartado número tres, su transformación es completa. Ha asimilado las costumbres indígenas: "¡No quedaban en su casa ni vestigios de la Corte!" (163). En sus remembranzas, ya senil, no distingue los olivos de su tierra natal de los árboles cargados de frutas de esta tierra, tan pródiga que consideraba la suya. Ambos paisajes se confunden. Duda si está en Tierra Firme o preparándose para emprender el viaje. En su mente los límites se han borrado. Desconoce su identidad. Doña Isabel se arraigó y murió en la alucinante tierra americana. En su último viaje a España, ella había cambiado tanto, que los españoles la apodaban "la indiana" y ella, por su parte, los encontró pedantes: "Nunca se había sentido más aislada que en la Corte, entre los estirados que ayudaban a gobernar desde allí a los nuevos y lejanos mundos, creyéndose dueños de Dios y del único y verdadero idioma" (153).

Las últimas frases de esta cita refuerzan una vez más la ironía que permea el discurso de Aguilar. Para Janklevitch la ironía debe escapar a la comprensión directa. En el discurso irónico "hay una voluntad expresa de conocimiento y de comunicación" (citado en Miranda 96). De acuerdo con este criterio, este tipo de discurso encierra un propósito, una intención, en otras palabras, el discurso irónico es militante. Se caracteriza por la finalidad de persuadir y convertir a alguien. La ironía no está semánticamente marcada porque no hay incompatibilidad semántica entre el microtexto y el macrocontexto. No hay violación del código semántico, sin embargo, yendo más allá y consultando el macrocontexto, el lector descubre el verdadero significado. En los ejemplos siguientes subyace la verdadera intención y entendemos la crítica a la avaricia, la religión y la crueldad, constantes en el discurso de *La niña blanca*: "No quería dejar a la lora que rezaba el avemaría en latín y en nahuatl" (174); "habían abierto la caja real de tres llaves tomando el oro de su Majestad... ¡el oro de su Majestad!" (166); "se oficiaba misa y responso por el descanso eterno de su difunto esposo. ¡Y cuántas oraciones debía estar necesitando su alma" (160). En su reescritura de la historia, observamos en su visión del mundo un cuestionamiento permanente de la religión y la lengua como instrumentos de poder. Hay un constante señalamiento de la imposición por la fuerza del cristianismo y del castellano, las dos columnas sobre las que se edificó y se justificó la empresa de la conquista. En el quinto centenario de la llegada de los españoles a América, la escritora elabora un nuevo discurso. Aguilar endereza su crítica a un suceso tan trascendental para los vencedores, que aumentaron su poderío. En cambio, para los vencidos significó la destrucción de su mundo.

Por otra parte, el epígrafe de la penúltima sección compartida con doña María enfatiza sus dudas sobre el destino de sus descendientes aclimatados ya en América, interrogantes que subrayan el transplante definitivo de los europeos: "¿A qué cielo se asomarán sus ojos por extrañas ventanas? ¿Qué clase de pájaros lo cruzarán? ¿Bajo qué clima, bajo qué sol?" (163).

Se repite la metáfora de la mirada, la visión distinta de algo nuevo, nunca visto, que deslumbró a los españoles. Ojos ávidos de percibir lo diferente, de experimentar sensaciones nuevas: explorar lo ignoto, descubrir, ampliar el horizonte en su aspecto físico, real, y en el espacio interior, hacia el descubrimiento del verdadero yo. Así doña María, de temperamento impulsivo y apasionado, prisionera en el convento, ante la muerte de su prometido, quiere huir con el primero que se lo proponga. Ansiaba que los ojos de Vasco Núñez de Balboa, ahora sin vista, mandado a decapitar por su padre, descubrieran su cuerpo virgen: "Sus ojos secos y rígidos [...] ¡Ay!, tampoco se posarán en ella, ni la descubrirán ni conquistarán... como le había prometido en sus cartas" (31).

El perfil que nos diseña la narradora de doña María es la de una mujer rebelde y soberbia. Su madre piensa en sus hijas pequeñas, pero en especial en María, en su carácter fuerte: "¿Tendrá siempre María sus cabellos rebeldes?" (37). Por desplazamiento metonímico (la parte por el todo) el detalle del cabello se hace extensivo a la personalidad de María. En el convento, no lograron domeñarla: "La Madre Superiora la castigó muchas veces por sostener la mirada. La obligaba a bajarla en señal de obediencia y humildad" (167). El personaje de doña María apoya la teoría de un sujeto femenino beligerante. Ya en Nicaragua, la mirada de María es una mirada de codicia y ambición, pues sus ojos descubren la riqueza de las nuevas tierras que aumentarían su poderío:

> No le temía al Nuevo Mundo. No se inmutaba ante los peligros ni le importaba la distancia, el largo camino que había de aquí a los reinos de España... ¡Mejor! ¡Cuánto más largo de la Corte y del Real Consejo de Indias, mejor! [...] Extendía su mirada por el paisaje celeste del lago... Eran sus dominios y nadie se los arrebataría, no lo permitiría... (157)

Vemos en el diseño del personaje a una mujer enérgica, valiente, ambiciosa, que desafió el poder del Obispo Valdivieso, quien sancionaba la conducta de sus hijos: "¡Cualquier cosa para contrariarla! Hasta que ella decidió no arrodillarse y besarle el anillo cuando se encontraban, ni hacerle ninguna reverencia..." (168). También, ante la actitud de su marido pusilánime, incapaz de reclamar sus derechos, María se enfrenta en la corte al rey para defender la gobernación de Nicaragua: "Desde niña había soñado con llegar a dominar y conquistar" (157). Encontramos elaboraciones recurrentes en esta novela como el énfasis en la mirada, la oposición de la oscuridad y de la luz, representados por el sol que fecunda la tierra americana y el calor exacerbado que representa la libido. Como contraste, el color ceniza y negro del paisaje español, aunado al silencio y frialdad del convento: María "odia sus paredes, la humedad de los pasillos" (31). Estos representan la esterilidad y la represión de los instintos frente a los espacios abiertos de Nicaragua, símbolo de la libertad física y de la libre expresión de las pasiones: "Tan sólo estaban aquellas naturales, las que a ella y sus damas, venidas de una corte de gran austeridad y recato, les parecían descaradas, sinvergüenzas, algunas ni siquiera se cubrían [...] con las tetas al aire" (19-20). Las connotaciones simbólicas se hacen evidentes en el siguiente trozo donde, frente al silencio y el recato al que estuvo sometida doña María por años en el claustro, se opone la luminosidad de la mañana y el sol como elemento masculino reproductor. Asimismo, aparece el agua como elemento fecundador,[23] lo dinámico natural, en consonancia con el calor de su temperamento apasionado que se agudiza en el contacto con la nueva tierra:

¡Y cuán asombrada queda cuando advierte que todas las indias que sirven en la casa, se bañan y lavan la ropa descubiertas de la cintura para arriba! ¡Qué descaro! [...]
No quiere regañarlas esa mañana luminosa y alegre. Porque además, en el fondo de su ser... siente el deseo de bañarse también así, sin cuidados ni remordimientos... Gozar la tibieza del agua...
Nunca en su vida ha podido hacer cosas así [...]. ¡Es el sol tan ardiente y es una tentación bañarse así, casi desnudas en el agua...! (158-59)

Observamos el violento contraste de la férrea moral española que ha coartado los instintos vitales de doña María. El agua, los sonidos, la risa, el calor frente al frío, la oscuridad y el silencio. Palabras como "descaro", "luminosa", "alegre", "mañana", "fondo", "deseo", "ardiente", "tentación" y "desnuda", subrayan la sensualidad y el ardor pasional que María enmascara. María es una mujer vital. Es notorio en la novela

---

23. Según Eduardo Cirlot, para muchos pueblos el cielo es símbolo activo (asimilado al sexo masculino y al espíritu), mientras la tierra simboliza el principio pasivo (femenino y materia). El carácter heroico y llameante había de situarlo en clara correspondencia con el principio activo; mientras que la pálida y delicada condición de la luz lunar y su relación con las aguas (y el ritmo de la mujer) había de designarla en el grupo femenino. La determinación más amplia y valedera determina que el sol es el reducto cósmico de la fuerza masculina y la luna la femenina. Esto implica que las facultades activas (reflexión, juicio y voluntad) son solares, mientras las pasivas (imaginación, sentimiento, percepción) son femeninas (429-430).

la imagen del convento como una especie de tumba, muerte en vida para la mujer española que no lograba un matrimonio ventajoso. Tanto doña Isabel como doña María prefieren la vida llena de peligros e incomodidades de las tierras desconocidas de América que vivir prisionera en las celdas del claustro. Sobre este aspecto resultan muy interesantes las opiniones de Electa Arenal y Jean Franco, quienes sostienen que el convento fue un medio que le permitía a las mujeres solteras o casadas gozar de relativa libertad, vivir en comunidad y tener cierto grado de independencia. El claustro les brindaba la oportunidad de estudiar, de desarrollar sus talentos, algo imposible en el mundo exterior donde prevalecía la cultura masculina. Arenal sostiene que:

> El convento era un catalizador para la autonomía. Es irónico que la mayor desigualdad para las mujeres en la cultura hispánica, resultado en parte de la fuerza y omnipresencia de la Iglesia, hiciera de la fuente de las restricciones un medio de escape para mejor expresión libre. En efecto, las monjas hallaron una manera de ser importantes en el mundo por escoger vivir afuera de él. (149)[24]

Mujeres de diferentes estratos sociales podían profesar de acuerdo con la dote que se les exigía. Las que carecían de ella ocupaban el lugar más bajo de la jerarquía. Arenal nos menciona el caso de la española Madre Isabel de Jesús, que entró como sirvienta en un convento, ante la amenaza de verse casada de nuevo contra su voluntad. Esta campesina fue obligada a casarse a los quince años de edad con un anciano decrépito, siempre enfermo. Su martirio duró veinte y cuatro años y a la muerte de su marido, buscó refugio en el convento, horrorizada de la experiencia de su vida de casada. Un caso opuesto lo constituye Sor Juana Inés de la Cruz, quien en contraste con la humilde labradora, fue un cerebro de su tiempo como es de sobra conocido. Ella eligió la vida del convento, "a room of her own", por su rechazo al matrimonio y por el desarrollo de su vida intelectual, que se consideraba territorio absoluto de los hombres. Ella enfatiza que su decisión se debió a su afán de "vivir sola; de no tener preocupación obligatoria que embarazase la libertad de mi estudio…, el sosegado silencio de mis libros" (Arenal

---

24. "The convent was a catalyst for autonomy. It is ironic that the greater inequality of women in Hispanic culture, a result in part of the strength and pervasiveness of the Church, made the very source of restrictions an outlet for freer expression. In effect, nuns found a way of being important in the world by choosing to live outside it".

169). Desde el claustro, Sor Juana abogó por el derecho de las mujeres de aprender. Las mismas monjas la criticaban porque, desde sus perspectivas, escribir era cosa de hombres.

El ejemplo de estas dos mujeres, la Madre Isabel, iletrada y mística, y de Sor Juana, erudita y gran poeta, nos indica que tomar los hábitos le brindaba la opción a la mujer española de los siglos XVI y XVII de llevar una vida intelectual, de mutua ayuda entre las hermanas de la comunidad y una forma de librarse de los matrimonios forzosos arreglados por las familias.

En el caso de las protagonistas de *La niña blanca*, la voz narrativa, desde otra óptica, considera el convento como un espacio donde las mujeres se marchitaban. Las monjas a pesar de aceptar a Cristo como su Esposo, en lo más íntimo de su ser, desean a un esposo verdadero, no simbólico, como el que imponía las reglas del claustro. Para los personajes femeninos de esta novela, todo es preferible a tener que vivir en la cárcel conventual. En el caso de doña María se patentiza con gran vigor su rechazo a los hábitos enmohecidos por el encierro, llevar una vida falsa de piedad y recogimiento, cuando las pasiones arden por dentro: "Ya no se imagina a Jesucristo arrebatándola de la capilla, sino al Adelantado, de pie, en el momento del descubrimiento del otro mar" (25). De igual manera, doña Luisa se refiere a la represión de lo instintivo y lo erótico de las españolas: "Porque aquellas rígidas españolas que yo conocía, eran frías por fuera, en apariencias, pero de pasiones profundas por dentro" (77).

Las tres protagonistas españolas son mujeres vitales, ávidas de aventura y de poder. Doña Beatriz, doña Isabel y doña María también comparten el problema de identidad histórica y cultural. Al asentarse en tierras americanas, imperceptiblemente, al contacto con el Nuevo Mundo, asimilaron otras costumbres que las diferenciaban en gran manera de las españolas que vivían en la península. Al igual que su madre, María ya no es la misma. Se siente parte del suelo americano: "Nunca sabría qué la había cambiado tanto. [...] Quizás la cercanía con los seres misteriosos, mansos en apariencia, que la habían servido tantos años" (174).

La última sección de esta novela enlaza los acontecimientos pretéritos con la llegada a Nicaragua de los reyes de España, don Juan Carlos y doña Sofía, en 1991 "una cita con cinco siglos de retraso" nos dice la periodista-narradora (183). Hay en esta frase un claro cuestionamiento de la actitud apática de los reyes españoles que sólo se limitaron a recibir el quinto real, autorizar expediciones y jamás pusieron un pie en América para constatar el proceder de sus súbditos que dio pie a la "leyenda negra" de la conquista.

Por otra parte, la historia de las mujeres gobernadoras ofrece un paralelo entre la gobernación de Nicaragua por doña Isabel y doña María de Peñalosa hace quinientos años y la de la Presidenta Violeta Chamorro. Si en el siglo XVI el destino de este país estuvo en manos de mujeres, ahora, en la última década del siglo XX, también una mujer está al frente de la magistratura de la nación. En ambas épocas, el ejercicio de la escritura deja constancia de los eventos trascendentales que constituyen la historia de los pueblos. Si en el pasado, desde una perspectiva exclusivamente masculina se asentaron los hechos de los conquistadores, en el presente, desde una perspectiva feminista, la periodista escribe un reportaje que recoge un momento trascendental en la historia de Nicaragua. El destino de este país descansa en las manos de una mujer escogida por el voto popular.

Hemos visto cómo la pérdida y recuperación de la vista de la periodista constituye la metáfora esencial que cohesiona el cosmos narrativo. Su ceguera sicológica desaparece en su visita a España, lo que le permite descubrir su identidad. Se le cae la venda de los ojos y así logra el encuentro consigo misma, de autoconocimiento, la anagnórisis de una meta largamente ansiada. Ella es la heroína viajera que regresa triunfal a Nicaragua.

En esta última novela de Aguilar, los personajes femeninos, mujeres notables de la historia, se equiparan con sus maridos aventureros ansiosos de fama y de riquezas. Ellas, aunque no realizaron hazañas bélicas, ni fundaron ciudades, tampoco se resignaron a quedarse en sus casas esperando el regreso de sus hombres. Descartaron la idea de encerrarse en los conventos resignadas a una vida de silencio y soledad. Aguilar recrea a sus protagonistas desde una perspectiva que las presenta como mujeres audaces, valientes, apasionadas, impulsivas, de decisiones firmes, dispuestas a afrontar todo tipo de calamidades y de luchar contra las adversidades en las tierras recién conquistadas.

Aguilar se ajusta a los hechos históricos que le sirven de marco de referencia. Sin embargo, al concederles voz, penetra en sus laberintos interiores, imaginando sus más secretos anhelos, sus sufrimientos e ilusiones, sus triunfos y sus fracasos. El problema del rescate de la identidad en unas, del cambio de identidad en otras, constituye el pivote central alrededor del cual Aguilar ha construido este mundo narrativo en el que se borran los límites de la historia y la ficción. De esta manera, la escritora nicaragüense nos ofrece un ejemplo muy logrado de metaficción historiográfica en la que predominan la parodia y la ironía. *La niña blanca y los pájaros sin pies* es la primera novela de la posmodernidad que se ha escrito en Nicaragua. Este hecho convierte a Rosario Aguilar en la mejor novelista de su país.

Referencias

Acosta de Samper, Soledad. "Las esposas de los conquistadores". *Boletín de la Academia del Valle del Cauca* 25.108 (1957): 140-154.
Adorno, Rolena. "La construcción cultural de la alteridad". *Revista de Crítica Literaria Latinoamericana* 14.28 (1968): 53-64.
Aguilar, Rosario. *La niña blanca y los pájaros sin pies*. Managua: Nueva Nicaragua, 1992.
Arenal, Electa. "The Convent as Catalyst for Autonomy: Two Hispanic Nuns of the XVIIth Century". *Women in Hispanic Literature: Icons and Fallen Idols*. Ed. Beth Miller. Berkeley: University of California Press, 1983. Págs. 147-183.
Bajtín, Mijail. *The Dialogic Imagination*. Tr. Caryl Emerson and Michael Holquist. Austin: Texas University Press, 1981.
Castro-Klarén, Sara. "La crítica literaria feminista y la escritora en América Latina". *La sartén por el mango*. Ed. Patricia Elena González y Eliana Ortega. Río Piedras, PR: Huracán, 1984. Págs. 27-45.
Cirlot, Eduardo. *Diccionario de símbolos*. Barcelona: Labor, 1969.
Cixous, Hélène. "The Laugh of the Medusa". Tr. Keith Cohen and Paula Cohen. *Signs* 1.4 (1976): 875-893.
Ferré, Rosario. *Sitio a Eros*. México: Joaquín Mortiz, 1986.
Fish, Stanley. *Is There a Text in this Class?* Cambridge: Harvard University Press, 1982.
Franco, Jean. "Apuntes sobre la crítica feminista y la literatura hispanoamericana". *Hispamérica* 15.45 (1986): 31-43.
Fuentes y Guzmán, Francisco Antonio de. *Historia de Guatemala o Recordación Florida*. 1690-1699. Madrid: Luis Navarro, 1883.
González, Beatriz. "No sólo para mujeres: el sexismo en los estudios literarios". *Dispositio* 15.40 (1990): 83-94.
Las Casas, Bartolomé de. *Historia de las Indias*. 1527-1561. 3 vols. México: Fondo de Cultura Económica, 1965.
López de Gómara, Francisco. *Historia general de las Indias*. 1552.

Biblioteca de Autores Españoles 22. Madrid: Atlas, 1946.

Luis de León. *La perfecta casada*. 1583. Madrid: Espasa Calpe, 1980.

Majó, Ricardo. *Vida de los navegantes conquistadores y colonizadores españoles*. 3 vols. Madrid: Aguilar, 1963.

Miranda, Alicia. *Novela, discurso y sociedad*. San José: Mesén, 1985.

Navarro, Ana. *Antología de poetas de los siglos XVI y XVII*. Madrid: Castalia. 1989.

Oñate, María del Pilar. *El feminismo en la literatura española*. Madrid: Espasa Calpe, 1938.

Ortega Martínez, Ana María. *Mujeres españolas en la conquista de México*. México: Vargas Rea, 1945.

Plett, Heinrich F. "Intertextualities". *Intertextuality*. Ed. Heinrich F. Plett. Berlín: Walter de Gruyter, 1993. Págs. 3-29.

Recinos, Adrián. *Crónicas indígenas de Guatemala*. Guatemala: Academia de Geografía e Historia, 1984.

Rico, Francisco. *La novela picaresca y el punto de vista*. Barcelona: Seix Barral, 1973.

Schweickart, Patrocinio P. "Reading Ourselves". *Feminisms: An Anthology of Literary Theory and Criticism*. Ed. Robyn Warhol and Diane Price-Herndl. Brunswick, NJ: Rutgers University Press, 1991. Pp. 525-550.

Showalter, Elaine. "Feminist Criticism in the Wilderness". *Modern Criticism and Theory*. Ed. David Lodge. New York: Longman, 1991. Pp. 331-353.

Sommer, Doris. *Foundational Fictions*. Berkeley: University of California Press, 1991.

Varner, John Grier and Jeannette Johnson Varner. *Dogs of the Conquest*. Norman: University of Oklahoma Press, 1983.

Vega Bolaños, Andrés. *Documentos para la historia de Nicaragua*. III. Colección Somoza. Madrid: Juan Bravo, 1955.

Zayas, María de. *Novelas amorosas y ejemplares*. 1637. Madrid: Real Academia Española, 1978.

De: Palacios, Nydia. *Voces femeninas en la narrativa de Rosario Aguilar*. Managua: PAVSA, 1998. Págs. 203-245.

"Elementos históricos en *La niña blanca y los pájaros sin pies* de Rosario Aguilar"

Isolda Rodríguez Rosales

> *Sabemos ahora que los métodos de un historiador no son muy distintos de los que aplica el escritor de novelística.*
> –J. Mellard

El novelista y el historiador comparten una forma similar de trabajo. Cuando su obra arraiga en las experiencias personales, los textos, tanto históricos como literarios, pueden adquirir su propia jerarquía ontológica, porque ambas narraciones comienzan como modos del saber, pero terminan como modos del "ser". Según Northrop Fyre (*Anatomía de la crítica*) la novela es una forma narrativa típica de un modo histórico específico. Dentro de este contexto, de un momento histórico concreto, los quinientos años de la llegada de los españoles a nuestras tierras, aparece la novela de Rosario Aguilar *La niña blanca y los pájaros sin pies*, relato que pretende rescatar las voces de las mujeres invisibilizadas en la historiografía tradicional.

La obra consta de doce secciones; seis relatan las historias de igual número de personajes femeninos, y los restantes constituyen el hilo conductor del relato, en el que la autora presenta a una escritora-periodista que acompaña a un español que viene a cubrir los acontecimientos electorales de 1990. Interesante el recurso de la escritora-periodista, con quien Rosario Aguilar parece identificarse, porque a través de su narración se puede palpar el proceso de creación de la novela. La protagonista inicial expresa que ha escrito dos capítulos de su novela que pueden constituir historias separadas, pero: "yo quería que estuvieran unidos en una sola" (84). El periodista español le sugiere un personaje, una india auténtica, obviamente en alusión al personaje doña Luisa. Entonces, la escritora confiesa que se ha documentado en las crónicas y libros de historia.

El relato se inicia con una "autodiégesis", esto es, una protagonista que narra su propia historia: "Fue una de las primeras cosas que me preguntó cuando vino a Nicaragua y nos conocimos" (9). Seguidamente, aparece el relato de doña Isabel; concluida esta historia, hay un Intermedio en que la narradora hace alusión al periodista catalán en el contexto de la contienda electoral del 25 de febrero de 1990. La siguiente historia es la doña Luisa, y nuevamente, otro Intermedio, y así sucesivamente, de tal suerte que las historias nucleares aparecen yuxtapuestas.

La obra está estructurada como una serie de escenas que recuerda la técnica cinética. Estos "cortes" aparecen enlazados por el recurso o pretexto de la voz protagónica de la periodista que acompaña en su recorrido al extranjero que llega quinientos años después que lo hicieran sus coterráneos, como una suerte de cronista finisecular.

El discurso narratológico tiene una focalización variable, puesto que hay varios personajes que aportan la visualización del relato. En la mayoría de los casos, la focalización es externa, en tanto se ve a los personajes desde fuera.

Niveles narrativos

Afirma Genette que muchas veces un relato implica diferentes historias que pueden nacer unas de otras y con diferentes narradores. Dentro de un relato pueden darse cambios de situaciones narrativas, lo que crea diferentes niveles de inserción de unas narraciones en otras (238-243). En la estructura de niveles narrativos el más amplio es el "extradiegético", aunque aparezca en primera persona, y es el que inicia la narración. Dentro de ésta, nacen los otros relatos subordinados, que Genette llama "metadiegéticos". S. Rimmon-Kenan llama "hipodiegético" al relato en segundo grado, que depende de una narración. En *La niña blanca y los pájaros sin pies* hay un narrador primario (la periodista) que produce un relato, en cuya diégesis se encuentran los personajes con voces intradiegéticas, como en las historias de doña Luisa y doña Ana; heterodiegéticas, las demás.

La narradora presenta una mujer que "cuenta" en forma intradiegética las otras historias: las de doña Isabel, doña Luisa, doña Beatriz, doña Leonor, doña Ana y doña María, que son a su vez, narradoras intradiegéticas y heterodiegéticas. Estas voces son intradiegéticas en tanto narran su propia historia, en primera persona; doña Luisa: "Una educación esmerada tengo. Bella y de gran alcurnia soy. Heredera y Señora de muchos vasallos que me acatan y me traen presentes" (49); "Mi padre me ha destinado para esposa del Gran Señor [...]. Y yo he consentido" (51). Nótese el uso repetitivo del dativo, para enfatizar la alusión a la persona que habla.

En la historia de doña Isabel aparece una heterodiégesis, en tanto la voz narrativa se origina desde fuera: "Sintió de nuevo en la brisa el olor de esa mar como el primer recuerdo que le había quedado en la memoria de su llegada al Darién" (16). El mismo enfoque se encuentra en doña Beatriz, con un narrador que habla de ella: "Su mirada perdida huye por la ventana... ¡Y qué extraña le parece la noche! ¡Cómo brillan con la luna las hojas de los árboles del patio…!" (91); "Fue por esa promesa que ella se decidió y vino de España" (93). Igual sucede con la historia de doña María: "Con cuánto afán y anhelos doña María de Peñalosa navegó el mar océano por primera vez" (155).

En la historia de doña Ana se encuentran dos niveles narrativos: la heterodiégesis, esto es, un narrador externo que presenta al personaje, una indígena que vive en España; pero inmediatamente se da una intradiégesis, a través del recurso de una carta que doña Ana escribe a la reina. Esa carta es el medio que la autora emplea para que el lector conozca el estado anímico de esta mujer que no se aclimata en una tierra fría y triste, con una cultura diferente; ella añora las costumbres, el calor, la alegría de su gente. La carta es también un pretexto para dar a conocer a la reina todo el trauma ocasionado por el atropello de los conquistadores: "Primero querían la paz. Enseñarnos su Dios. Después, quisieron otras cosas, no solamente el bautismo de todos. Quisieron nuestra tierra, esclavos para las minas, para las sementeras..." (135). Barthes señala:

> La mejor manera de imaginar un plural clásico es [...] escuchar el texto como un intercambio tornasolado de múltiples voces, posadas sobre ondas diferentes y sorprendidas en algunos momentos por un brusco *fading* cuya brecha permite a la enunciación emigrar de un punto de vista a otro sin prevenir: la escritura se establece a través de esta inestabilidad tonal. (33)

En *La niña blanca y los pájaros sin pies,* las diversas historias, narradas desde niveles diferentes, le imprimen una modalidad polifónica al relato en el que se encuentra una clara distinción entre el lenguaje de la narradora inicial y el de las protagonistas de las microhistorias. En el texto narratológico aparecen múltiples voces, de variados tonos que conforman un todo.

Personajes y hechos históricos

Una de las características más interesantes de *La niña blanca y los pájaros sin pies* es la aparición de diversas heroínas, algunas de ellas con referentes históricos concretos; pero estos personajes son introducidos en el mundo de la ficción con naturalidad; además, aparecen mezclados con personajes ficticios, lo que pone en el mismo nivel la novela y la historia. Estas mujeres entran en la novela de forma suave, sin efectos abruptos, y le imprimen al relato un efecto de realidad. Junto con Vasco Núñez de Balboa y Pedrarias Dávila, aparece María de Peñalosa. Al lado de Hernán Cortés, doña Luisa; Pedro de Alvarado y doña Beatriz de la Cueva.

Son personajes históricos doña Ana y su padre el Cacique Taugema, de los pueblos mazatega y tecolotega. Hay una cédula, citada por Aguilar, por la cual se concede a doña Ana permiso para regresar a su tierra y también se prohibe que se le dé en encomienda. Doña Ana, según los datos históricos, realmente estuvo en España y regresó a Nicaragua. Personaje de la historia es la mujer de Pedrarias, doña María, sus hijos e hijas, mencionados también por la autora.

Históricos los personajes como el Rey don Fernando, la Reina doña Juana, el Emperador don Carlos (V de Alemania, I de España) que aparecen como figuras irrisorias, encumbradas en un mundo lleno de intrigas palaciegas. En contraste, la sabiduría del Cacique Xicotenga, la dulzura de doña Luisa, el mundo sencillo, la vida tranquila de doña Ana: "Cuando yo era niña vivíamos contentos. Yo era hija de familia principal, de Cacique. Todo era alegría, fiesta. Teníamos gusto de vivir. Teníamos cantos. Las milpas verdes. Jugábamos en las plazas, nos bañábamos en los ríos" (134).

La autora siente la añoranza de un mundo que fue destruido por la codicia, por la aparición del invasor: "Hasta el día que vinieron los cristianos todo estaba feliz: el agua corría libre y limpia por los ríos. Las milpas daban sus mazorcas, el cacao, sus pepitas" (135). Con este señalamiento da la impresión que todo se detuvo, ya que "nunca volveremos a ser iguales, ni ustedes ni nosotros" (137), después de "el enfrentamiento con el Nuevo Mundo, donde los hombres al llegar cambiaban tanto" (169).

Hay un rescate del mundo indígena, de los pueblos mazatega y tecolotega, los mexicas, aztecas, el mundo de Tlaxcala. Los ritos y ceremonias aparecen recreados con un lenguaje musical, armonioso: "Despacio, cuidadosamente. Purificándome, refrescándome. Preparándome para lo que pueda ocurrir durante la noche" (55).

Mezclados con la ficción aparecen hechos históricos de la época de la conquista, recreados con habilidad: la fundación de la ciudad de León en 1524 por Hernández de Córdoba, la rivalidad entre Pedrarias y Nuñez de Balboa, el asesinato del Obispo Valdivieso a manos de los hermanos Contreras, el tráfico de indígenas hacia Perú, donde eran vendidos como esclavos: "¿Cuántos habían muerto en las travesías cuando se los llevaban al Perú para venderlos?"; la conquista de México y Guatemala, la destrucción de Tenochtitlán, el exterminio de los indígenas: "'Los indios de esta Provincia se acaban... Sé de cierto que hay un hombre que en esta demora que se coja oro se le han muerto de su repartimiento doscientos indios [...], si V.M., presto, no provee con mandarlo remediar, [...] los naturales de la tierra todos perecerán'" (128).

Este es el fragmento de una carta enviada por el licenciado Francisco de Castañeda, gobernador provisional de Nicaragua, y que está en el Archivo General de Indias en Sevilla. Es un personaje histórico y el documento también lo es. La autora se apoya en estos documentos para darle mayor veracidad al relato; asimismo, intercala cédulas reales, crónicas indígenas, escritos de los cronistas y cartas, todos de carácter histórico.

No podían faltar las referencias al Padre de las Casas, quien intercedía por los indígenas ante la Corte, y después, desde el púlpito se refería a la crueldad de Pedrarias: "'si oviesse de dezir en particular sus crueldades, hiziesse un gran libro que al mundo espantasse'" (96).

Desde el inicio, la periodista-escritora señala que "estaba interesada en escribir un relato histórico" y que el periodista citó al cronista Oviedo: "'En la costa del Sur o Mar Austral, a diez grados de la línea equinoccial, a la margen de la laguna y frente al humeante volcán'" (9). En efecto, el relato tiene un componente histórico, pero, y esto es lo importante, no abusa de los datos históricos, sino que se recrean con un estilo ameno y de calidad literaria.

Tiempo del relato

El relato se mueve básicamente en dos tiempos: 1990, año de la asunción al gobierno de la Presidenta Violeta Barrios de Chamorro, momento en que viene el periodista catalán a "cubrir" el evento. Luego hay una enorme anacronía de quinientos años, y en una analepsis la autora se remonta a los años mil quinientos, y unas fechas aparecen mencionadas varias veces "en el año de Nuestro Señor de mil y quinientos catorce"; es la época de la conquista. El movimiento anacrónico permanece a lo largo del relato, porque después de la historia de doña Isabel, hay una prolepsis, o salto hacia adelante, y de nuevo se ubica en 1990, con la voz de la periodista-escritora, que asiste el 25 de febrero a las elecciones que llevaron a la presidencia a la primera mujer nicaragüense.

La historia siguiente es la de doña Luisa, ubicada históricamente en el período de la conquista de Guatemala y México: "Se supo de los extranjeros cuando atacaron por el lado de Tabasco, venciendo a los que gobernaban allí" (49); "Y es increíble el daño que mi amado, solo, en sus acometidas, logra entre los aztecas" (64). Una nueva prolepsis presenta a los periodistas en la toma de posesión de la Presidenta Barrios de Chamorro, visitando León Viejo, Granada y luego el accidente en que ella pierde temporalmente la vista.

Otra analepsis, y el relato se localiza en Guatemala, cuando el volcán de Agua inundó la ciudad y en la catástrofe muere doña Beatriz de la Cueva, La Sin Ventura, esposa de Pedro de Alvarado. Continúa en el mismo tiempo con la historia de doña Leonor, hija de Alvarado, la niña blanca. Después, la anacronía y en otro Intermedio ubica a la escritora en España, en 1991. La historia de doña Ana es de 1537; la de doña María concluye en "el mes de mayo del año del Nacimiento de Nuestro Señor Jesucristo de mil y quinientos cincuenta" (181). En el epílogo, el relato salta otra vez al año 1991.

Puede decirse que hay dos líneas paralelas en el tiempo entre las cuales la narradora se mueve con habilidad, rompiendo completamente el relato lineal. No obstante, es preciso señalar que los diferentes movimientos e historias guardan nexos sutiles entre sí.

Lenguaje y estilo

Hay en el texto narratológico una mixtura de lenguajes y voces. Como hay un constante movimiento temporal, la autora maneja con mucha destreza vocablos propios del siglo XVI, tanto castizos como indígenas, y voces usuales de las dos últimas décadas. Junto a las voces Cuacihuatl, Cuahuicihuatl, Yoacihauatl, Tzitzimicihuatl, de origen náhuatl, se encuentran abundantes expresiones latinas, especialmente de uso litúrgico: *"Ave, María, gratia plena, / Dominus tecum: / benedicta tu in mulieribus. / Alleluia"* (24). O la primera parte del Pater noster, para retomar más adelante un canto en lengua maya-quiché: *"O anqui ye oncan Tlaxcalla Ayahue / chalchiuh tetzitlaca cuicatoque"* (79).

Y es que el texto narratológico está construido con poemas, canciones, cédulas reales, cartas, crónicas de los españoles e indígenas. En la historia de doña Luisa, la narradora incorpora un relato quiché, en el que aparecen nuevas voces: "Eran tantos los indios que mataron, que se hizo un río de sangre, que viene a ser el Olintepeque; por eso le quedó el nombre de Quiquel" (73). Dentro del bolsón de cuero de doña Luisa, su hija encontró un misal con una hoja bíblica, donde se remarca la frase: *"Nigra sum sed formosa"* (120).

Es que Rosario Aguilar se ha documentado en las crónicas indígenas de Guatemala; precisamente, de una de ellas, muy hermosa y poética, toma el nombre de esta novela:

"[...] así que veían a esta niña blanca luego caían en tierra y no se podían levantar del suelo, y luego venían muchos pájaros sin pies, y estos pájaros tenían rodeada a esta niña, y querían los indios matar a la niña y estos pájaros sin pies la defendían y les quitaban la vista. No podían matar a Tonatiuh que tenía la niña con los pájaros sin pies". (114)

La descripción de trajes, lugares, está muy bien lograda. Se habla de jubones, yelmos, corazas, mallas, como parte del atuendo de los conquistadores. Las damas vestían capas púrpura de seda de Flandes, vestidos de paño de Castilla, trajes de terciopelo, damasco, sedas de Brujas. Los religiosos visten con telas gruesas y oscuras, mientras las indígenas usan cotonas y mantos bordados, sandalias, bellas plumas y joyas de oro. El vestuario y atuendos no aparecen de forma casual, se aprecia un riguroso estudio y documentación de la autora para establecer claramente la diferencia de trajes entre una y otra raza, entre una y otra clase, dentro de un contexto histórico concreto.

El ambiente de la escritora-periodista está muy bien delimitado. Ella se define como producto de una generación marcada por diez años de guerra. Se habla del servicio militar, la Contra, el racionamiento, los heridos en la guerra, los mensajes del FSLN y la UNO, las manifestaciones de cierre de campaña, las consignas. Posteriormente, la guerra del Golfo Pérsico, la visita de los reyes de España, "una cita con cinco siglos de retraso" (183). Es otro lenguaje, otros códigos, pero que no se contraponen con los de las microhistorias centrales.

El estilo es conciso, con un tono a veces poético. Abundan los párrafos cortos, ágiles, las oraciones breves y abundantes signos de puntuación. Todo esto imprime al relato claridad y hace que su lectura sea fácil y amena. Este manejo de la frase breve constituye uno de los mayores aciertos estilísticos, porque permite una mejor comprensión del relato.

Las canciones que aparecen yuxtapuestas en la narración le confieren al texto una calidad poética, tierna y llena de dulzura: "Y es entonces cuando yo más le amo... y le canto en mi lengua: '*Yo guacamaya amarilla y roja sobre la tierra volaba: embriagó mi corazón*'" (63).

Estas canciones, rezos y poemas suavizan las crónicas y relatos de las crueldades de la conquista, como el episodio de los indios destrozados por los perros de Pedrarias, hechos sangrientos que la narradora remarca, para que no se olviden nunca.

Conclusiones

Con esta novela, Rosario Aguilar se inserta en la narrativa histórica que parte de fuentes documentadas, pero retomadas con habilidad creadora. La autora emplea en forma reiterada las crónicas tanto de españoles como las indígenas. El texto narratológico está construido en una suerte de *collage*, en el que se yuxtaponen cartas, canciones, documentos históricos y textos litúrgicos en latín. Al mismo tiempo, los diferentes episodios imprimen al discurso un carácter cinematográfico, en tanto las microhistorias tienen una estructura propia.

El lenguaje es rico y variado; el estilo preciso y conciso, casi cortado, con enunciados breves y bien estructurados. No obstante, hay una diferencia entre el estilo de las microhistorias y el de los Intermedios, de tal suerte que en éstos se percibe un lenguaje más cotidiano y sencillo.

Uno de los aspectos valiosos de la obra es el rescate del mestizaje, representado por doña Leonor. Hay en ella una búsqueda de su identidad, de negación y aceptación de la herencia indígena y española. Esta misma búsqueda se percibe en la escritora-periodista, quien, al regresar de España, percibe en forma más clara su "ser americano".

La autora denuncia los atropellos de la conquista, en el contexto de los quinientos años del mal llamado "descubrimiento de América", pero al mismo tiempo, retoma los valores y herencia española, que considera dignos de rescate, especialmente, la religión.

En el tratamiento del tema indígena, se percibe la idealización de ese mundo, en contraposición con las costumbres agresivas de los españoles. Hay cierta resistencia manifiesta en el personaje de doña Luisa, quien en sus últimos años retoma su propia lengua y cultura, de la que se había sentido despojada.

La elección de personajes femeninos representa el deseo de la narradora de rescatar la figura femenina que la historia invisibiliza de manera sistemática. No es fortuito que destaque a Violeta Barrios de Chamorro, presidenta de Nicaragua, primera mujer centroamericana que ostenta ese cargo. Rosario Aguilar recoge las voces de mujeres ignoradas, maltratadas, humilladas, en el contexto de la conquista española.

La niña blanca y los pájaros sin pies constituye una forma de conocer nuestras raíces, a través de una lectura amena, dinámica, ágil, en la que se mezclan la rabia, la impotencia, la ternura, el amor, la rebeldía y la sumisión. Todo ello entretejido con un lenguaje poético y con un marco histórico real, concreto y muy nuestro.

Managua, 1996

Referencias

Aguilar, Rosario. *La niña blanca y los pájaros sin pies*. Managua: Nueva Nicaragua, 1992.
Barthes, Roland. S/Z (*Crítica literaria*). 1970. México: Siglo XXI, 1980.
Frye, Northrop. *Anatomía de la crítica*. 1957. Caracas: Monte Ávila, 1977.
Genette, Gérard. *Figuras III*. 1972. Barcelona: Lumen, 1989.
Mellard, James. *La desintegración de la forma en la novela moderna*. Buenos Aires: Fraterna, 1985.
Rimmon-Kenan, Shlomith. *Narrative Fiction. Contemporary Poetics*. 1983. London: Routledge, 1994.

De: Rodríguez Rosales, Isolda. *Una década en la narrativa nicaragüense y otros ensayos*. Managua: Centro Nicaragüense de Escritores, 1999. Págs. 93-104.

"(Re)Visiones de la conquista: *La niña blanca y los pájaros sin pies* de Rosario Aguilar"

Ann González

Uno de los retos esenciales de la mujer latinoamericana, de acuerdo a Kemy Oyarzún, es "realizar una relectura feminista de la Colonia y de las civilizaciones precolombinas" (592). Tal tarea se complica por el hecho de que las crónicas y otros documentos históricos fueron, de hecho, escritos por hombres acerca de una historia masculina. El testimonio femenino de la conquista brilla por su ausencia. En este contexto, recordamos la observación de Carlos Fuentes de que la novela latinoamericana tiene una larga tradición de proveer un espacio importante para las voces marginales (12). La narrativa nos puede ofrecer no sólo una relectura de la historia desde la perspectiva del marginado, sino también una reescritura de un pasado que el registro oficial ha ignorado o activamente borrado. El trabajo de formular un cuadro más completo del siglo quince requiere del/a novelista un reestudio de los escasos documentos históricos que existan, igual que una recreación imaginaria de lo que debería haber existido. Es un trabajo de llenar los espacios, de proveer puntos de vista que faltan, y de imaginar lo que está ausente en base a lo que sí está presente. Esta doble función de investigador/a-inventor/a, historiador/a-creador/a, requiere la visión bifocal del/a objetivo/a recolector/a de datos y la del/a literato/a creador/a de imágenes.

Esta fue precisamente la labor de la reconocida novelista nicaragüense Rosario Aguilar en su proyecto de recrear las mudas voces femeninas de la Conquista en su novela *La niña blanca y los pájaros sin pies* (1992). En preparación para tal delicada tarea, Aguilar hubo de consultar más de cuarenta fuentes históricas además de adquirir un conocimiento íntimo de la antigua ciudad de León —ahora León Viejo— escenario de mucha de la acción de la novela. Consecuentemente, su novela ofrece una fiel referencia de la historia junto con la reanimación de las perdidas voces femeninas de las indias, españolas, y mestizas de la Conquista y colonización centroamericana.

Su obra, sin embargo, no para ahí. Junto a su narrativa histórica/imaginaria de los eventos traumáticos del siglo quince, Aguilar teje otra narrativa contemporánea de una mujer, periodista de profesión, que tiene el mismo proyecto de escribir una novela de las mujeres de la Conquista. Esta personaje/alter ego de Aguilar cumple al menos dos funciones narrativas y psicológicas. Primero, enfatiza la enormidad y complejidad de la tarea de la mujer de reconstruir su historia ausente. Segundo, establece un motivo importante de abarcar tal proyecto, que es entender mejor el presente a través de los vínculos con el pasado. En este proceso Aguilar crea una visión de la Conquista vista a través de seis testimonios ficcionalizados de mujeres reales mencionadas brevemente en crónicas y referencias históricas. Entremezclado en la novela fluye el testimonio de la narradora, quien asume el proyecto estético de recrear y representar dichas voces, mientras confronta su propio reto existencial de auto-identificación como nicaragüense, cuyas raíces son tanto indígenas como españolas.

La metáfora que refleja la angustia de la narradora por encontrar su pasado tanto como su presente, es el contraste entre la facultad de ver (la vista) y la ausencia de ésta (la ceguera). Como Edipo, la narradora se encuentra ciega literal y simbólicamente cuando intenta ver su propia historia y entender su propia persona en el presente: "Con mis ojos quería traspasar el tiempo, lo ignoto" (9). La protagonista tiene la tarea de ser anfitriona de un periodista español que ha venido a Nicaragua para documentar las últimas elecciones presidenciales. La relación de amor/odio que se desarrolla entre estos dos culmina en un accidente automovilístico causado por el español, choque que deja a la protagonista ciega y gravemente herida, "sentía como si las sombras cubrieran mi vida igual que en un eclipse total" (11). En el subtexto se lee la analogía entre esta colisión y la colisión cultural entre los españoles y los indios de la Conquista, un choque que también se encontró acompañado por la ceguera. Esta incapacidad de ver ejemplifica lo que anota Jo Anne Engelbert acerca del pueblo indígena centroamericano: "un pueblo tan separado de su propio pasado y que siente tanto rechazo por lo mismo que ya no puede reconocerse en su propia historia" (xiv, traducción mía). La tragedia representada aquí, sin embargo, no es del pueblo indígena, sino del pueblo ladino contemporáneo centroamericano que visceralmente rechaza todo vínculo ontológico con su pasado ya sea indígena o español.

De modo que esta ceguera, como en el caso de la protagonista, resulta menos que una imposibilidad física o médica de ver sino una falta de voluntad: "Amaurosis Histérica" como diagnostica el médico de la narradora. Paradójicamente, entre más cerca llega la protagonista a la comprensión de su pasado a través de la novela que escribe, más difícil es para ella ver; antes del accidente, "veía, asustada, pasar todo vertiginosamente" (85) y en el choque mismo, símbolo paralelo de los eventos de la Conquista que pasa demasiado rápido y cerca para entenderlos: "En fracciones de segundos vi pasar invertido el mundo" (85). La ceguera física de la narradora, resultado del trauma del accidente, implica su temor epistemológico: "En realidad veía pero en mi subsconciencia no quería ver" (125). Esta conexión entre la habilidad de ver y la posibilidad de saber se nota claramente en el grito petrificado del novio español: "¡Que no quiero verla!" (85).

La inhabilidad de ver obstaculiza peligrosamente su búsqueda de identidad: "Nada veía... Inútil mi tanteo, inútil mi vivir..." (86). Su ceguera refleja la profunda dificultad de explorar su relación con el pasado y su significado en el presente: "qué quedaría de mí en un túnel sin tiempo..." (87). Sin el entendimiento de su propio ser como una persona situada históricamente, ella duda que haya un motivo para vivir: "Si iba a quedar ciega, [...] para qué vivir" (87). Su necesidad de saber, sin embargo, es superior a su miedo de saber, y así la narradora empieza a ver luces y sombras con un ojo, aunque con el otro todavía no puede. Esta visión parcial "medio ciega, acaso para siempre" (88) simboliza la visión obstaculizada del pasado que sufre toda mujer — pasado recontado por hombres que ignoran, censuran, o imponen una interpretación masculina a la experiencia femenina. Su "pérdida" (88) también refleja una historia contada por la clase dominante, los conquistadores españoles, que imponen su visión en el texto histórico. En un paralelo contemporáneo, el novio de la narradora intenta imponer sus visiones españolas de la Conquista en su novela. Él quiere que ella cree un personaje femenino iberofóbico; la narradora por otro lado no puede encontrar un modelo de tal odio, ni en las crónicas ni en su propia personalidad y experiencia: "No podía figúrame a la protagonista que él me sugería con ese rencor, esa enemistad" (84). Ella rechaza la visión del español igual que rechaza la visión patriarcal de los cronistas e historiadores.

Su insistencia en ver la totalidad del pasado se plasma al final en la recuperación total de la vista: "Veía por mí misma..." (126). Como su personaje indígena doña Ana que viajó a España hace cinco siglos, la narradora también calca el mismo viaje en su esfuerzo por entender a su novio ibérico y sus antepasados históricos. Y como Ana, extraña el nuevo mundo: "Doña Ana no quería quedarse más en España. Ya había aprendido y visto suficiente" (133).

La habilidad de ver se encuentra mediada por muchos factores que ofuscan la visión y, por consecuencia, la comprensión. Por ejemplo, la visión auténtica se puede confundir con la visión onírica. Doña Beatriz, una de las personajes españolas, sueña con su corte en el Nuevo Mundo como la corte que conoce en España. Al cruzar el mar, no obstante, lo que ve en el Nuevo Mundo no llena sus expectativas: "¡Demasiado verde el nuevo mundo!" (95). Se da cuenta que será difícil seguir una vida como la que se había imaginado o como su esposo había prometido y que "ella la soñaba" (94). Su dependencia de la visión de su esposo y las visiones de sus sueños e imaginación limita su habilidad de ver por sí misma. Su apropiación de una visión y explicación masculina de su mundo implica que se quede ignorante no sólo del Otro sino también de sí misma: "No saber nada, no sospechar nada. Volver a estar con él" (101). El cuestionamiento de la autenticidad de su visión después de la muerte de su esposo resulta demasiado doloroso para Beatriz: "¿Ha sido todo solamente un espantoso sueño? ¿Qué hace ella aquí en esta extraña tierra? [...] no quisiera ver y mira..." (101). Como la protagonista que está temporalmente ciega, Beatriz pierde su habilidad de ver por miedo: "Sus ojos secos y asustados parecieran no mirar [...] y más bien delatan a la razón perdida" (104). Con la muerte de su esposo y su consecuente inhabilidad de apropiar más su visión, "su mirada perdida huye por la ventana" (91). La locura, un escape frecuente de la mujer atrapada, imposibilita toda visión y comprensión auténtica: "Doña Beatriz se quedaba horas enteras con la mirada fija" (102).

La visión no sólo puede resultar distorsionada por sueños y visiones de los demás, sino que también la familiaridad y las expectativas influyen en lo que vemos. Cuando los indios vieron a los españoles por primera vez, no pudieron entender lo que veían por no haberlo visto antes. Ver sin entender es la tragedia que subraya el mito de Tecún Umán, el guerrero indio que ataca al enemigo español matando al caballo pensando que es parte del jinete. Se ve otro ejemplo de la distorsión de una visión realista en los cuentos indios que siguen al personaje de doña Leonor, nieta de un jefe indio e hija del temible conquistador español Pedro de Alvarado. Los indios la perciben como una semidiosa acompañada siempre de pájaros sin pies (y por ende el título de la novela). El mito, que tiene un papel tan importante en la construcción de la historia, en este caso intenta explicar la visión —de otro modo incomprensible— que los indios tienen de la figura de la niña Leonor.

Parte de la confusión al ver el pasado refleja un problema central de las feministas latinoamericanas: ¿cuánto de la opresión de la mujer tiene sus raíces en condiciones socio-económicas y cuánto reside en la explotación exclusiva de la mujer? O sea, ¿son todos los españoles (hombres y mujeres) responsables de la explotación de los pueblos indígenas, o es el problema más bien el dominio de una cultura patriarcal en general sobre las mujeres, españolas e indias? Específicamente, ¿quién de los dos personajes históricos hiere más a la india doña Luisa? —¿su esposo español Pedro de Alvarado que rehúsa casarse legalmente con ella y finalmente la deja por una esposa legítima española, o su padre, el jefe Xicotenga, que se la da a los españoles como una táctica militar para infiltrar al enemigo y obtener información sobre los conquistadores?

Este cuadro de la mujer atrapada por múltiples opresores y conflictos emerge continuamente a través de la novela. Cada cuento de cada mujer, completo en sí mismo, está intencionalmente entrelazado con los demás cuentos y juntos, en última instancia, forman un vínculo con el presente: "Cada uno se sostenía por sí solo y podía constituir una historia separada, pero yo quería que estuvieran unidos en una sola" (84). Doña Isabel de Bobadilla, la primera personaje en la novela y esposa histórica del cruel gobernador de Nicaragua, Pedrarias Dávila, también es la madre de doña María de Peñalosa, la última personaje de la novela cuyos hijos son los primeros revolucionarios de América. Doña Luisa, la india compañera de Pedro de Alvarado, es la madre de doña Leonor (la mestiza y representante del título "la niña blanca"), que crece entre la cultura española, a pesar de que su madre es india, y es educada por su padre y su madrastra doña Beatriz (la esposa que quita el lugar a doña Luisa). Doña Ana es la india que pide del rey de España, la figura dominante patriarcal a través de la novela, que la deje volver al Nuevo Mundo. Cada una de estas "doñas" se encuentra atrapada en su papel de conquistadora o conquistada, esposa o compañera, madre o hija.

Cuando el cuento de doña Isabel empieza, ella "abrió los ojos" (15) pero los vuelve a cerrar cuando reza. Igual que la narradora, Isabel ve y no ve simultáneamente: experimenta momentos de claridad intuitiva pero está cegada por el dogmatismo de su cultura y religión patriarcal. Doña Leonor, la mestiza, está muy influenciada por lo que ve. Cuando compara su situación con la vida de las princesas de Europa, se da cuenta que aquellas no pueden entender ni simpatizar con su situación porque no han visto lo que ella ha vivido: "¿cómo iba a ser igual cuando había presenciado y oído la lucha entre dos mundos? [...] Las princesas de allá se educaban en sus palacios... No habían recorrido los territorios conquistados" (117). No haber visto es sinónimo de no saber o no entender, de mantenerse en un estado perpetuo de inocencia. Doña Leonor, al contrario, "había madurado prematuramente" (117). La única mestiza de la novela además de la narradora misma, doña Leonor ejemplifica la búsqueda de identidad de la protagonista: "¿Quién era ella? ¿A cuál de las dos razas pertenecía realmente? ¿Cuál de las dos sangres que corrían por sus venas la dominaba? ¿Era su raza tan nueva que ni siquiera existía?" (121). La imagen de Leonor en el espejo llega a ser una presencia transcendental que "surgía, se adelantaba, rompía el espacio y el tiempo" (121), formando un eslabón entre el pasado español/indio y el presente mestizo de la narradora.

Mientras que la facultad de ver es la representación física de la capacidad epistemológica del ser humano, también representa su poder y control. Isabel debe "vigilar constantemente" (19) a todas sus sirvientas. La Madre Superiora "la queda viendo [a María de niña] con ojos de reproche" (23). Más tarde en el Nuevo Mundo, ya esposa del gobernador de Nicaragua, María disfruta de su propio poder: "Extendía su mirada por el paisaje celeste del lago... Eran sus dominios y nadie se los arrebataría" (157). Los españoles en el Nuevo Mundo miran con lujuria a las indias semidesnudas. El deseo de doña Isabel de cubrirlas se motiva no tanto por pudor cristiano sino por el deseo de protegerlas de los ojos de los conquistadores (20). Juana, una esclava india, proclama orgullosamente que "a mí no me pican los alacranes. Al contrario, cuando los tengo en mi mano, los quedo viendo y ellos se duermen" (175). Y el dueño de doña Luisa, don Pedro, tiene ojos violentos "como de fuego... Terribles, azules... Cuando mira a un aliado rebelde que no quiere cooperar, producen escalofríos, una corriente helada... que paraliza" (67). Un odio horrible rojo brilla de sus ojos y doña Luisa evita "esa mirada tan fuerte, tan caliente" (67) por miedo a que pudiera herir al niño en su vientre. Mientras su enojo se ve reflejado en sus ojos, su falta de misericordia, comprensión y empatía se manifiestan en su ceguera simbólica: "Sus ojos no ven nada, ni a un niño, ni a una mujer preñada..." (68).

La ceguera genuina, por otro lado, indica la muerte o la derrota. Vasco de Balboa, el gran explorador del Nuevo Mundo y esposo de María, es a su vez el rival de su suegro, y en última instancia pierde ante el poderoso Pedrarias Dávila, quien lo decapita: "Sus ojos secos y rígidos no volverán a posarse sobre un nuevo y vasto mar, ni sobre isla, o tierra por descubrir para España... ¡Ay!, tampoco se posarán en ella, ni la descubrirán ni conquistarán..." (31). Y el Cacique Xicotenga que pierde todo su poder y sacrifica a su hija en una historia que "estaba condenada a un final infeliz" (46) está físicamente ciego (52).

Ya que las habilidades de ver, saber y dominar son poderes peligrosos, las mujeres requieren mucha vigilancia por parte de los hombres que deben asegurarse de que la vista femenina no traspase ciertos límites. Un método de ejercer su control es simplemente negar la validez de lo visto por las mujeres. Es una técnica que usan los indios en la novela cuando sus mujeres tratan de describir a los conquistadores españoles: "vieran visto, vieran visto, lo que acabamos de ver. Pero los hombres no nos creyeron hasta que los vieron con sus propios ojos" (135). Otro método es dirigir la visión de la mujer en una dirección predeterminada. Doña Luisa, por ejemplo, recibe instrucciones específicas de su padre sobre qué debería observar: su tarea es recolectar datos sobre los enemigos españoles. Con cuidado observa a su esposo para determinar si es un simple ser humano o un dios. Pero su visión es también controlada por los mismos españoles que limitan su capacidad de observar libremente: ella nos cuenta que "[t]odo lo observo de la orilla, en los campamentos, al margen de las batallas..." (67). Una sociedad patriarcal no puede permitir la visión auténtica y no obstruida por las mujeres. Les enseñan desde pequeñas que no tienen el derecho de ver. A María la castigan en el convento "por sostener la mirada. La obligaba a bajarla en señal de obediencia y humildad" (167). De hecho, el acto de ver es un acto subversivo.

En la búsqueda histórica de la identidad femenina, el laberinto de cultura y escritura patriarcal a menudo obstruye la visión. Como dice la crítica María Lugones, es difícil que una mujer pueda "encontrarse una misma en los símbolos y en la articulación de la expresión masculina" (citada en González y Ortega 15). Esta herencia masculina, de acuerdo a la novelista costarricense Carmen Naranjo, ha hecho mucho para limitar a la mujer latinoamericana "en el traspaso cultural de una generación a otra" (Naranjo 40). Consecuentemente, Naranjo aconseja que la mujer deconstruya los mitos históricos patriarcales que la mantienen presa: "hace falta profundizar, develar con fuerza, enseñar a descubrir y redescubrir, señalar la mentira y desterrar la mentira" (40). La protagonista de *La niña blanca y los pájaros sin pies* hace esto precisamente en su recreación de las mujeres de la Conquista, y por lo tanto, tiene éxito en su búsqueda de la identidad propia: "me había encontrado a mí misma de manera afirmativa, positiva. Sabía quién era... Ya nunca nadie me hará perder la identidad" (142).

Al final del texto, la narradora puede ver clara y auténticamente. Ya tiene firmes sus conexiones con sus antepasados —españoles e indios— y puede aceptarse como cualitativamente diferente, miembro de una nueva raza vinculada profundamente con el Nuevo Mundo: "¡Me encanta ver caer los aguaceros! ¡Ver resbalarse los chorros de agua cristalina y fresca por las ramas de los árboles!" (184). Su amigo español, ahora en Rusia, equivoca la complejidad y autenticidad de su visión por lo que él cree ser la vida fácil del tercer mundo: "Cuando en mis cartas le cuento estas cosas... él, desde Moscú, contesta que añoraba la vida simple de Nicaragua" (184). La ironía de esta última línea de la novela subraya la dificultad perpetua de ver y conocer al Otro, y enfatiza la tendencia de la cultura dominante de subestimar la totalidad de la experiencia centroamericana.

A través de la metáfora óptica que se extiende por toda la novela a varios niveles sociológicos y psicológicos, Rosario Aguilar presenta la tensión de todos los diferentes grupos que se encuentran en conflicto —los indios y los españoles, los hombres y las mujeres, las madres y sus hijas—, mientras imaginan lo que van a ver, o mientras ven por primera vez lo que nunca podrían haber imaginado, y mientras (mal) interpretan lo que ven por razones etnocéntricas. Nosotros, los lectores, participamos en la lucha introspectiva de la narradora nicaragüense por encontrarse e identificarse a través de las visiones de sus personajes históricos-novelísticos. En su obra celebramos los esfuerzos perpetuos de las mujeres por dar significado auténticamente femenino a lo que perciben, por revelar las varias perspectivas femeninas a través del tiempo y en consecuencia por revisar la narrativa que hemos dado en llamar "historia".

Referencias

Aguilar, Rosario. *La niña blanca y los pájaros sin pies*. Managua: Nueva Nicaragua, 1992.

Engelbert, Jo Anne. Introduction. *And We Sold the Rain: Contemporary Fiction from Central América*. Ed. Rosario Santos. New York: Four Walls Eight Windows, 1988. Pp. ix-xxiii.

Fuentes, Carlos. *La nueva novela hispanoamericana*. México: Joaquín Mortiz, 1969.

Gonzalez, Patricia Elena y Eliana Ortega, ed. *La sartén por el mango*. Río Piedras, PR: Huracán, 1984.

Naranjo, Carmen. *Mujer y cultura*. San José: EDUCA, 1990.

Oyarzún, Kemy. "Edipo, autogestión y producción textual: Notas sobre crítica literaria feminista". *Cultural and Historical Grounding for Hispanic and Luso-Brazilian Feminist Literary Criticism*. Ed. Hernán Vidal. Minneapolis: Institute for the Study of Ideologies and Literature, 1989. Pp. 487-623.

De: *Otros testimonios: voces de mujeres centroamericanas*. Ed. Amanda Castro. Guatemala: Letra Negra, 2001. Págs. 167-173. Ann González señala que este texto es una traducción de su "Historical (Re)visions of the Conquest: Rosario Aguilar's *La niña blanca y los pájaros sin pies*". *South Eastern Latin Americanist* 42.2-3 (Fall 1998-Winter 1999): 29-34.

"Una reescritura femenina ¿e indígena? de las crónicas en *La niña blanca y los pájaros sin pies*"

Ann Van Camp

> *Much has been said and written about the participation of men, horses, and even dogs in the encounter of the Americas. Very little has been written, however, on the participation of women and their extremely important contribution to all the circumstances involved in the discovery, clash, and colonization of the newly found lands.*
>
> —Juan Francisco Maura

Sin duda con motivo del quinto centenario del llamado "Descubrimiento", la escritora nicaragüense Rosario Aguilar (1938) publicó en 1992 *La niña blanca y los pájaros sin pies*. Esta obra novelesca enfoca los primeros tiempos coloniales en Centroamérica desde la perspectiva de seis mujeres que en las crónicas u otros documentos históricos, quedaron relegadas a la sombra de su padre, marido o amante. En particular, se trata de:

1. "Doña Isabel": Isabel de Bobadilla, la esposa de Pedrarias Dávila, el primer gobernador de Castilla del Oro;[1]
2. "Doña Luisa": la hija del cacique tlaxcalteco Xicotenga y amante de Pedro de Alvarado, el conquistador de México y Guatemala;
3. "Doña Beatriz": Beatriz de la Cueva, la segunda esposa de Pedro de Alvarado, la que falleció en la inundación de Santiago de los Caballeros de Guatemala en 1541;
4. "Doña Leonor": la hija mestiza de Pedro de Alvarado y Luisa;
5. "Doña Ana": la hija del cacique náhuatl Taugema;
6. "Doña María": María de Peñalosa, hija de Pedrarias e Isabel de Bobadilla, prometida de Vasco Núñez de Balboa y esposa de Rodrigo de Contreras.

---

[1]. Otras novelas más jocosas sobre la familia de los Pedrarias son *Réquiem en Castilla del Oro* (1996) de Julio Valle-Castillo y *El burdel de las Pedrarias* (1997) de Ricardo Pasos M.

La "escritura de la historia en el espejo"

Estos relatos históricos se entretejen con las vivencias de una periodista nicaragüense que, a la hora de escribirlos, recorre la región en compañía de un reportero español. De acuerdo con Carlos Pacheco, esta "escritura de la historia en el espejo" constituye una característica importante de las novelas históricas contemporáneas: "el carácter metadiscursivo [...] aparece reiterado en muchos de estos relatos, una autorreflexividad que no se interesa sólo por representar la producción ficcional en sí misma, sino también la investigación, la interpretación y la narración del pasado" (216).

La narradora busca no sólo imaginarse cómo las seis mujeres vivieron el choque entre el Viejo y el Nuevo Mundo, sino también encontrar su propia identidad. En este proceso de definirse a sí misma, resulta ser fundamental un viaje que emprende a la península "a la inversa [...] de mis protagonistas" (Aguilar 123). Allí, la nicaragüense ve desmentida la imagen mítica que se había formado de los peninsulares:

> Los españoles por las calles parecen comunes y corrientes. Los superhombres, la super-raza que recorrió a pie, desde Montana hasta Tierra de Fuego, subiendo y bajando montañas... empujados por un vigor indescriptible, aquí como en ninguna parte, parece solamente un mito. Los hombres de estatura corriente, las mujeres más bien pequeñas, de pelo negro o castaño —o descolorado, teñido—; la mayoría blancos con ojos negros o café... Absorbidos en lo cotidiano.... (125)

El que su concepto de los españoles siguiera basado en la idealización de los que casi cinco siglos atrás vinieron a sojuzgar el llamado Nuevo Continente, sugiere cuán profundamente ha repercutido el pasado colonial en la mentalidad de sus habitantes. La visita a la "madre patria" le permite a la periodista liberarse de cualquier sentimiento de inferioridad respecto a la antigua metrópoli y afirmarse a sí misma de manera contundente:

> Con el viaje me había encontrado a mí misma de manera afirmativa, positiva. Sabía quién era... Ya nunca nadie me hará perder la identidad.

Una especie de orgullo me invade desde entonces... Desde que sentí en lo más profundo, una fuerza, algo, que hace a mi raza única, nueva. [...]

En el aeropuerto de Managua, poseída de nuevos ímpetus, salí del avión. Aspiré el aire de mi nuevo mundo, mío y de cada una de mis células brotó la esencia de mi ser americano. Intrínseco, inamovible, para siempre. (140)

Ante todo, sorprende tal concepción esencialista y estática de la identidad, si bien es cierto que una a veces tiende a simplificar la innegable ambigüedad de la realidad a fin de protegerse a sí misma. Luego, llama la atención que la nicaragüense hable de su "ser americano" y retome el término "raza" que se originó en tiempos coloniales.[2] Al parecer, aunque hayan pasado quinientos años desde la Conquista, todavía se define a sí misma en contraste con la antigua metrópoli, identificándose implícitamente con todos los habitantes del continente americano (léase hispanoamericano). Curiosamente, no se establece ningún paralelo con la reciente injerencia neocolonial de EE.UU. en la región centroamericana. Con ocasión de las elecciones de 1990 en Nicaragua, la periodista apenas comenta la derrota del Frente Sandinista de Liberación Nacional y expresa ante todo el alivio de que la guerra fratricida llegue a su término con la victoria de Violeta Chamorro, la primera mujer en asumir la presidencia nicaragüense.

Una reescritura femenina

En cuanto a los relatos históricos que la nicaragüense va imaginando, resulta original que reescriban la Conquista desde una perspectiva femenina y en cierta medida indígena, puesto que "la mayoría de las nuevas novelas históricas que reescriben la conquista y la colonia tienden a privilegiar la perspectiva de los 'grandes hombres (europeos)' de la historia, borrando y silenciando las voces de las mujeres y de los amerindios".[3]

---

2. De acuerdo con Aníbal Quijano, "las diferencias entre conquistadores y conquistados" se codificaron "en la idea de raza, es decir, una supuesta diferente estructura biológica que ubicaba a los unos en situación natural de inferioridad respecto de los otros" (122).

3. "The majority of new historical novels that rewrite the conquest and colony still tend to privilege the perspective of the 'great (European) men' of history, erasing and silencing the voices of women and Amerindians" (López 11).

Aunque *La niña blanca* se inscribe fielmente en lo que las crónicas atestiguan como verdad,[4] reinventa los episodios más conocidos, problemáticos o borrosos del pasado con especial atención a las mujeres de esa época. A diferencia de los cronistas que se centraban en las hazañas de los conquistadores y en descripciones del supuesto "Nuevo Mundo", la narradora de *La niña blanca* se adentra en la vida interior de los personajes femeninos, todas ellas mujeres a las que saca de la sombra para convertirlas en protagonistas. Por ejemplo, en vez de detenerse en las intrigas fraguadas por Pedrarias en contra de Vasco Núñez de Balboa, *La niña blanca* narra cómo la noticia de la ejecución de Vasco Núñez deja a María de Peñalosa abatida, indignada y resentida:

¡Malo, malo! Su padre y el Adelantado han disputado de nuevo por apasionamientos y asuntos relacionados con los nuevos descubrimientos. Un terrible desacuerdo, un malentendido según doña Isabel, en una carta larga.

Y de nada sirve el compromiso ni las capitulaciones matrimoniales ya firmadas. De nada. Ni el corazón de María, su futuro, sus anhelos...

Ella no cuenta. No entra en la decisión paterna. Su padre no escucha a nadie y encausa proceso al Adelantado condenándole a una inmediata muerte.

¿Para qué las explicaciones? Si todo ha sido consumado cuando recibe las cartas...

Irreversiblemente...

¡Pero si le han degollado! ¡En el poblado de Acla en donde construía navíos para hacer más descubrimientos!

No puede comprenderlo ni aceptarlo... Un acto inhumano, cruel... ¿Por qué ordenó su padre que se expusiera la cabeza del Descubridor de la Mar del Sur a los cuatro vientos, clavada en una pica? ¿Por qué ensañarse en esa forma?

¿No era acaso él, el futuro, el amor de María? ¡Ensangrentar la historia de la familia en esa forma! Le repiten la noticia ¡pero no puede creerla!

¡No puede ser! (30).

---

4. Pensamos, por ejemplo, en *Título de la Casa Ixquín-Nehaíb* (crónica indígena), *Décadas del nuevo mundo* de Pedro Mártir de Anglería, *Historia general y natural de las Indias* de Gonzalo Fernández de Oviedo, *Brevísima relación de la destrucción de las Indias* e *Historia de las Indias* de Fray Bartolomé de las Casas, *Historia General de las Indias* y *Vida de Hernán Cortés* de Francisco López de Gómara e *Historia verdadera de la conquista de la Nueva España* de Bernal Díaz del Castillo.

Este enfoque distinto a la historia también entraña otro estilo narrativo. Abundan las oraciones exclamativas e interrogativas en estilo indirecto libre, de modo que se transmite con viveza los sentimientos de las protagonistas. Asimismo, saltan a la vista la brevedad y la sencillez de las frases. No se trata de referir minuciosamente los eventos públicos mediante periodos extensos, sino de comunicar retazos de experiencias individuales. La narración resulta muy sugerente tanto por el uso frecuente de puntos suspensivos como por las numerosas elipsis del verbo principal, que a nivel textual reflejan que no prevalecen las acciones.

Luego, en el plano ideológico, la novela contrapone a la realidad conflictiva de los hombres una alternativa más pacífica —aunque ilusoria— a través de la postura reconciliadora adoptada por varios personajes femeninos. Dado que las protagonistas ansían un buen entendimiento no solamente entre los propios españoles sino además con el otro grupo (indio o español), los relatos dejan claro que si hubiese sido por las mujeres, tal vez sí hubiera podido tratarse de un encuentro en vez de una "colisión entre dos mundos ajenos, distantes, totalmente extraños..." (12). En efecto, las actuaciones crueles de los conquistadores se denuncian en *La niña blanca* y contrastan fuertemente con el ambiente devoto que se respira en las historias de las mujeres, impregnadas de numerosos himnos y rezos a la Virgen María o a Coatlicue en el caso de Luisa. De esta manera, la narradora recalca la discrepancia entre, por un lado, la fe cristiana que sirvió de justificación a la empresa conquistadora y, por el otro, las prácticas cruentas que ésta conllevaba. En fin, con razón afirma Selena Millares que *La niña blanca* "se inscribe en un feminismo sin altisonancias, donde la religiosidad, lo confesional o lo mágico susurran una plegaria contra la violencia, asimilada al mundo masculino, en tanto que la mujer queda en la sombra para velar el fuego de la tradición y de la paz" (44).

Por último, lamentamos que *La niña blanca* únicamente llene los silencios acerca de figuras femeninas que gozaban de cierto prestigio, fuese gracias al estatus de un pariente masculino. Si bien la autora, a diferencia de los cronistas, quería darles importancia a "las vidas de las mujeres de esa época",[5] en realidad su obra se limita a poner en escena

---

5. En una entrevista con Rosario Aguilar en 2003, nos aclaró lo siguiente: "cuando investigaba para sacar mis propias deducciones o interpretaciones de los hechos históricos, me di cuenta, con gran sorpresa, que los más conocidos cronistas españoles e indígenas no le dieron importancia a las vidas de las mujeres de esa época. Se volvió para mí un reto entresacarlas de las crónicas y escribir la novela" (Van Camp).

a unos miembros de la élite hispánica e indígena. Por muy valiosa que sea esta reivindicación literaria de unas mujeres en la Centroamérica del siglo XVI, *La niña blanca y los pájaros sin pies* no ofrece en absoluto un cuadro tan abigarrado como lo hace *Entre Dios y el Diablo: mujeres de la colonia (crónicas)* de Tatiana Lobo para la Costa Rica del siglo XVIII. Esta obra de Lobo rescata del olvido a todo tipo de mujeres que dejaron una huella en los archivos —sea española, criolla, mestiza, india o mulata, sea esclava o libre, sea rica o pobre. Según observa Laura Barbas-Rhoden, cada uno de los once relatos pone de manifiesto la marginación que sufren las mujeres coloniales en la documentación histórica:

> Relato tras relato reiteran el mismo hecho: que los archivos coloniales sólo sugieren las historias de mujeres; nunca ofrecen una visión completa de la vida y las motivaciones de las mujeres. Entre los datos de archivos y genealogías no existe una historia coherente de las mujeres durante la colonia. En cambio, la historia ha quedado necesariamente fragmentada porque los escribas coloniales, amanuenses y cronistas siempre retrataban a las mujeres como actrices de apoyo en el drama androcéntrico de la historia, nunca como sujetos en sí. (144)[6]

¿Una reescritura indígena?

Pasemos ahora a analizar la manera cómo la novela incorpora la perspectiva indígena. *La niña blanca* pone en escena como personajes indígenas o mestizos a unas de las contadas figuras que los documentos históricos mencionan. Después de todo, se muestra muy limitada la presencia de mujeres indígenas en las crónicas:

> Si son pocas las mujeres europeas del período de la conquista y la colonización de las Américas cuyos nombres han sido documentados,

---

6. "Story after story reiterates the same fact: that the colonial records only hint at the stories of women; they never offer a complete vision of women's lives and motivations. In archival and genealogical data, there is no coherent history of women in the colony. Rather, the history is necessarily fragmented because colonial scribes, clerks and chroniclers always portrayed women as supporting actors in the male-centered drama of history, never as subjects in their own right" (Barbas-Rhoden 144). (Incluido en este tomo).

menos son las indígenas del siglo dieciséis cuyos nombres se han registrado para la posterioridad e inmortalizado en la literatura. En este caso, obviamente no fue porque las amerindias no estuviesen presentes en grandes números, sino porque los cronistas rara vez se molestaron en indicar sus nombres. (López 10)[7]

En primer lugar, nos habla la princesa tlaxcalteca bautizada "Luisa", que se presenta con orgullo como la hija del Cacique Xicotenga. Según podemos leer en la *Historia verdadera de la conquista de la Nueva España* de Bernal Díaz del Castillo, Xicotenga el Viejo se la dio en matrimonio a Hernán Cortés, quien la pasó a su lugarteniente Pedro de Alvarado, en palabras de doña Luisa, "¡El más hermoso de sus capitanes, al que llaman Tonatiuh —hijo del Sol—" (Aguilar 52).[8] Al igual que María de Peñalosa, la indígena resiente de su padre el haber sacrificado la dicha de su hija por sus intereses estratégicos, pero al inicio todavía ella se sentía "un instrumento para una noble causa" (57) y se entregaba voluntaria y apasionadamente a Pedro de Alvarado.

Esta unión amorosa entre una indígena y un conquistador, inevitablemente nos trae a la memoria la muy controvertida relación entre la Malinche y Hernán Cortés.[9] Como bien se sabe, en *El laberinto de la soledad,* Octavio Paz considera a los mexicanos como "hijos de la Malinche", o "hijos de la chingada", porque hubieran nacido de una madre indígena violada por un conquistador español y, además, pretende que "el mexicano no quiere ser ni indio, ni español" (Paz 105). En *La niña blanca,* en cambio, parece valorarse de manera mucho

---

7. "If there are few European women from the period of conquest and colonization of the Americas whose names have been documented, there are even fewer sixteenth-century indigenous women whose names have been recorded for posterity and immortalized in literature. In this case, clearly it was not because Amerindian women were not present in large numbers, but rather because the chroniclers rarely took the trouble to register their names" (López 10).
8. Bernal Díaz del Castillo: "Dijo el viejo Xicotenga: [...] nosotros os queremos dar nuestras hijas para que sean vuestras mujeres y hagáis generación, porque queremos teneros por hermanos, pues sois tan buenos y esforzados. Yo tengo una hija muy hermosa, e no ha sido casada, y quiérola para vos'" (Cap. 76, 177).
9. Por cierto, la misma Rosario Aguilar confirma: "hay muchas similitudes y diferencias entre la Malinche y doña Luisa. Ambas vivieron en ese preciso momento histórico, ambas eran mexicanas bajo el dominio del imperio azteca. Ambas contribuyeron a su caída en una u otra forma" (Van Camp). Esta asociación entre doña Luisa y la Malinche también la proponen Barbara Dröscher y Melody Nixon.

más positiva el mestizaje, sin callar por ello la ambigüedad del proceso.

De hecho, en uno de los intermedios metaficticios se da una discusión sobre la princesa tlaxcalteca: mientras que el reportero español hubiera preferido a una "india pura, auténtica" (84) que odiara a muerte a los españoles, a la nicaragüense le resultaba imposible imaginarse una figura llena de enemistad, porque "genéticamente nuestra raza americana no estaba hecha para el odio" (84). Esta expresión muy discutible nos parece cobrar sentido a la luz del ensayo *La raza cósmica* (1925) en el que José Vasconcelos situaba en la América española el nacimiento de una raza síntesis, "hecha con el genio y con la sangre de todos los pueblos y, por lo mismo, más capaz de verdadera fraternidad y de visión realmente universal" (30). El origen de lo que la periodista llama la raza americana se concreta, además, en los relatos: doña Luisa inicialmente se sentía halagada con "ser escogida para algo tan trascendental: la fusión de las dos razas, la de los dioses venidos del otro lado del mar y la nuestra" (61); y a doña Leonor, la hija de la tlaxcalteca con Pedro de Alvarado, le incumbe encarnar la raza mestiza, puesto que concluye en un momento dado: "¿Era su raza tan nueva que ni siquiera existía? [...] ¿abría acaso el camino de una raza?" (119).[10]

Sin embargo, a diferencia de Vasconcelos, que hace prevalecer la civilización blanca sobre la indígena al afirmar que aquella "puede ser la elegida para asimilar y convertir a un nuevo tipo a todos los hombres" (26), mientras que "el indio, por medio del injerto en la raza afín, daría el salto de los millares de años que medían de la Atlántida a nuestra época" (38), en *La niña blanca* la narradora, por lo general, no se expresa en términos despectivos respecto a la población india. De hecho, tras quedarse huérfana, Leonor piensa mucho en su madre y se arrepiente precisamente de "haberla considerado inferior por ser natural de estas partes…" (116). Con el tiempo, la princesa tlaxcalteca había ido descubriendo la trampa de la alianza con los españoles: "A medida que México va siendo conquistado, dominado, vencido… también… estoy siendo derrotada yo, porque ha comenzado a hundirse proporcionalmente el poder, el señorío de mi familia… la importancia que tiene para los extranjeros…" (66).

10. Interesa notar que si Rosario Aguilar pone en escena a Leonor como sujeto mestizo que sufre en persona los conflictos ocasionados por la Conquista, en *La hija del Adelantado* (1866) del guatemalteco José Milla no apareció sino como objeto de amores en un ambiente criollo y tampoco hubo "ningún intento de explorar novelísticamente su sangre india" (Menton 33).

Tras el matrimonio de Alvarado con doña Francisca de la Cueva, la prohibición de intervenir en la educación de su hija Leonor y el ahorcamiento de su hermano, no le queda sino el ansia de reintegrarse a su mundo tlaxcalteco donde le espera "un lecho nupcial digno de la hija de Xicotenga" y donde "nunca han venido los extranjeros" (79). En fin, pese a la valoración positiva del mestizaje, la historia de doña Luisa al mismo tiempo acaba por ilustrar que "la doble víctima del invasor ha sido la india, como madre y como esposa, como hembra y como amante. La conquista pasó sobre ella desplazándola de su posición antigua y, cuando sobrevivió, dejándola huérfana de un nuevo lugar bajo el sistema que imponía unilateralmente el varón extranjero" (Durán Luzio 148).

En la breve parte dedicada a doña Ana, la hija del cacique náhuatl Taugema nos ofrece un cuadro idílico de la vida de los indios antes de la intrusión de los españoles. En una carta ficticia a los reyes, esta figura histórica también denuncia la discrepancia entre la conducta de los conquistadores y la religión cristiana que predican pero, encantada con el Dios Misericordioso y la Virgen de los cristianos, le parece que éstos pueden convivir sin ningún problema con sus dioses.

Más interesante que doña Ana, nos parece un personaje secundario y ficticio que toma la palabra en el relato de María de Peñalosa: la india llamada doña Juana, que se presenta como hija de un curandero y antigua sirviente de Pedrarias. En el proceso de creación de *La niña blanca*, esta india primero fue concebida como un personaje que diera cohesión a los distintos relatos, pero finalmente pasó al segundo plano, según nos explicó la autora: "Surgió cuando buscaba una protagonista de ficción que enlazara las otras historias. Desde la primera fase supe que era un personaje difícil. Una especie de güegüense femenina. La periodista surgió en uno de mis tantos viajes que hice a León Viejo. Se ganó su lugar como narradora. [...] Me dio pesar desechar a Juana, cuya historia quisiera retomar un día. A última hora la dejé como personaje secundario como se dice en el cine" (Van Camp).

Interesa notar que la autora califica a Juana de "una especie de güegüense femenina" porque el güegüense simboliza la resistencia burlona del subordinado frente al poder y todavía hoy en día se considera como prototipo del "nica".[11] En *La niña blanca*, cuando Juana

---

11. Figura como protagonista en *El Güegüense* o *Baile del Macho Ratón*, un bailete dialogado que dataría del siglo XVII y que Pablo Antonio Cuadra considera "una

tiene que rendirle cuentas a María sobre una travesura suya, también la distrae con relatos: "Ay, doña María, no me regañe más… Me dice usted que es pecado lo que hice, pero no me vaya usted a castigar. Es verdad, se lo confieso, en lugar de gallina les cociné iguana a esos señores de la Audiencia de los Confines que vinieron a almorzar ayer. Pero es que a ratos me da por allí. He quedado medio tocada de la cabeza…" (169).

Como nota Nydia Palacios, "Juana se escuda en una falsa locura para reírse de los españoles" e incluso lamenta su llegada (226). Igualmente locuaz y campechana como el güegüense, aunque sin salpicar su lenguaje de dobles sentidos burlones, Juana termina aconsejándole sin reservas a doña María que vuelva a España y, de nuevo, alega excusas para su pequeña venganza: "Lo de la iguana solamente fue una broma. Los estirados de la Audiencia de los Confines me desairaron la última vez que vinieron, se rieron de mí. Tranquilícese… Ya usted verá, no les hará daño" (174). Al fin y al cabo, de todas las figuras con sangre india es la que menos presencia tiene en la novela —haciendo además de servidora—, y la que más independiente se muestra frente al poder colonial.

Una se podría preguntar por qué solamente entran en la novela protagonistas que adoptan una postura relativamente benévola frente a los españoles, sin por ello cerrar los ojos ante la violencia e hipocresía religiosa de los conquistadores. En opinión de Melody Nixon, "este deseo de borrar las tensiones raciales y reconciliar las culturas indígenas e hispanas en Centroamérica" refleja la posición de la propia autora como "miembro de la élite hispanizada". Ateniéndonos por nuestra parte a las posturas de los personajes literarios, recordamos que la periodista nicaragüense curiosamente define su identidad a nivel continental, como si su "ser americano" hubiera integrado y de cierta manera neutralizado la herencia de todos los pueblos llamados "precolombinos".[12] Con razón, observa Bárbara Dröscher que *La niña*

---

inapreciable radiografía del encuentro de la cultura española y de las culturas indias en Nicaragua" (77). En esta pieza, el Alguacil convoca al güegüense ante el Gobernador Tastuanes para que pague tributos por entrar en la provincia. Burlándose de las autoridades, este mercader se hace el desentendido y distrae al gobernador con historias tramposas sobre sus viajes y riquezas. Por medio de mentiras y artimañas, a fin de cuentas logra casar a uno de sus hijos con la hija del gobernador.

12. Según informa Elisabeth Fonseca, en la América Central en las vísperas de la Conquista confluían tanto grupos de ascendencia mesoamericana (mayas, nahua-pipiles, lencas, chorotegas, nahua-nicaraos) como grupos de tradición suramericana que hablaban una lengua de la familia misumalpa (sumus, misquitos, matagalpas) o chibcha (payas, ulvas, ramas, boruca, bribri, cuna). (Ver 44-46).

blanca pasa por alto la heterogeneidad que existe incluso dentro de las fronteras nicaragüenses:

> la solución del conflicto principal es cuestionable, por lo que despierta dudas (aunque fuera sin querer) respecto al real descubrimiento de la identidad. La posición de la mediadora se consolida en un mestizaje en el cual las relaciones de poder parecen borradas y las tensiones disueltas. Rosario Aguilar trata de conservar el concepto del mestizaje como fundamento de la nación nicaragüense [...]. Pero el mestizaje, como concepto de identidad basado en la unión sexual de indígenas (generalmente mujeres) con españoles (generalmente hombres), no toma en cuenta los diferentes grupos étnicos que existen en Nicaragua, especialmente en la Costa Atlántica. (83)

La novela presenta, por tanto, una contradicción que Enrique Luengo halla en numerosos discursos de identidad:

> Por un lado, se apropian del referente indígena con el objetivo de proponer una supuesta propiedad particular que define al colectivo latinoamericano; por otro, le niegan la condición de Sujeto al tratar de promover una supuesta identidad colectiva, lo cual suprime la heterogeneidad étnica en vista a promover una homogeneidad que olvida la Otredad interna. El mensaje que subyace en el proyecto fundacional de este tipo de discurso de identidad es que *todos los indígenas son iguales*....

¿Un homenaje a las literaturas indígenas?

Esta especie de homogeneización de los pueblos indígenas, se revela particularmente en la citación de literaturas indígenas, ya que en un contexto centroamericano se limita a los principales intertextos en quiché y en náhuatl. A juzgar por la portada y el título enigmático de la novela, una podría esperar que la novela quedara impregnada de cosmovisiones indígenas, pero durante la lectura una no tarda en defraudarse. La primera cita de una crónica indígena concierne un episodio famoso en la historia de Guatemala, que hoy en día todavía se representa a través del Baile de la Conquista: la muerte del legendario capitán Tecún Umán, declarado héroe nacional en 1960, a manos de

Pedro de Alvarado.[13] La princesa tlaxcalteca Luisa se detiene en citar el fragmento, presentándolo como si fuese relatado por prisioneros quichés. Proviene de un título de tierra que Adrián Recinos recogió en *Crónicas Indígenas de Guatemala* (89-90) y que se conoce como el *Título de la Casa Ixquín-Nehaíb, señora del territorio de Otzoya*. Es cierto que el pasaje viene al caso ya que "nos presenta la versión quiché de la expedición conquistadora de Pedro de Alvarado a Guatemala" (Acevedo 21), pero cabe preguntarse si *La niña blanca* no ha quedado atrapada de algún modo en la lógica colonial al citar precisamente una batalla entre los "héroes" de ambos grupos, que hasta hoy da lugar a representaciones folclóricas —a veces meramente superficiales y comerciales.

En lo que atañe al título *La niña blanca y los pájaros sin pies,* proviene de la misma crónica indígena (Recinos 88). Se cita en el relato sobre doña Leonor a la hora de recordar cómo su padre la "llevó con él en las expediciones y campañas de conquista" (112), "como un símbolo, un talismán para sus fines de conquista" (113):

> Todos creían que era una aparición, una pequeña diosa, algo divino ante lo que había que postrarse, adorar. La confundían con la Virgen, Madre de Dios. "A media noche fueron los indios y el capitán hecho águila de los indios llegó a querer matar al Adelantado Tonatiuh, y no pudo matarlo porque lo defendía una niña muy blanca; ellos harto querían entrar, y así que veían a esta niña luego caían en tierra y no se podían levantar del suelo, y luego venían muchos pájaros sin pies, y estos pájaros tenían rodeada a esta niña, y querían los indios matar a la niña y estos pájaros sin pies la defendían y les quitaban la vista. No podían matar a Tonatiuh que tenía la niña con los pájaros sin pies".
>
> Los campamentos llenos de cientos de pájaros y palomas que le regalaban a ella como presentes. Todos se acercaban a conocerla, a tocarla. De los confines venían... Porque no era tan sólo la hija de don Pedro, a quien todos temían, sino la nieta del Gran Señor de Tlaxcala. (112)

El fragmento alude a una imagen de la Virgen del Socorro que las

---

13. Para más información al respecto, véase Zavala y Araya, *Literaturas indígenas de Centroamérica*, páginas 149-160.

tropas españolas traían consigo como un símbolo de protección y que actualmente se guarda en la Catedral de Guatemala. Si la niña blanca puede identificarse con la Virgen y los pájaros sin pies con ángeles, en la novela de Rosario Aguilar parecen referirse a la propia Leonor y verdaderos pájaros suyos. Sea lo que fuere, el episodio muestra cómo la devoción por una figura femenina ayudó a las tropas españolas y facilitó la sumisión de los indios.

En el caso de otros intertextos indígenas que vienen a enriquecer la diégesis literaria, experimentamos un mismo afán por parte de la narradora de mostrar que los llamados pueblos "precolombinos" ya habían desarrollado una civilización gloriosa y avanzada —es decir, según criterios eurocéntricos como la literatura escrita. Así, en los relatos de doña Luisa y su hija Leonor se incluyen extractos de:

* los *huehuehtlahtolli*, que contienen "los principios y las normas vigentes en el orden social, político y religioso del mundo náhuatl" (León Portilla, *Huehuehtlahtolli* 31);
* un poema religioso dirigido a Coatlicue, conocido como el "Canto a la madre de los dioses" (Garibay K. 116-117);
* y unos poemas líricos recogidos en los *Cantares mexicanos*, como "He oído un canto" (León Portilla, *Quince poetas* 314-317) o "Yo lo pregunto" (León Portilla, *Quince poetas* 89 y Garibay K. 245).

Por muy laudable que sea este reconocimiento de las herencias culturales indígenas, a nuestro modo de ver el título de la novela no cumple del todo su promesa, puesto que *La niña blanca y los pájaros sin pies* no queda sino salpicada de unas letras indígenas. Narraciones indígenas más verosímiles, en cambio, las encontramos, por ejemplo, en:

* *Máscara segunda* (1991) de Alfonso Enrique Barrientos, una novela histórica sobre la invasión española a Gumarcaaj (la capital de los quichés);
* *Asalto al paraíso* (1992) de Tatiana Lobo, sobre la sublevación indígena de Pabrú Presbere en 1710 y la reconquista de Talamanca, Costa Rica;
* *El misterio de San Andrés* (1996) de Dante Liano que va de la dictadura de Ubico hasta la Revolución de 1944, para culminar con la masacre de San Andrés; y

* *Huracán corazón del cielo* (1995) de Franz Galich, que evoca el terremoto del 1976 y la terrible represión posterior de los revolucionarios.

Podemos concluir, por tanto, que la mayor contribución de *La niña blanca y los pájaros sin pies* estriba en reescribir la Conquista desde una perspectiva femenina. Además, al fragmentar su relato histórico en seis historias distintas, la narradora se abstiene de ofrecer una visión global sobre los primeros tiempos coloniales. La verdad histórica, si es que existe, se encuentra esparcida en múltiples puntos de vista...

Referencias

Acevedo, Ramón Luis. *La novela centroamericana: desde el Popol-Vuh hasta los umbrales de la novela actual*. Río Piedras, PR: Editorial Universitaria, 1982.

Aguilar, Rosario. *La niña blanca y los pájaros sin pies*. Managua: Anamá, 1992.

Barbas-Rhoden, Laura. *Writing Women in Central America: Gender and the Fictionalization of History*. Athens: Ohio University Press, 2003.

Barrientos, Alonso Enrique. *Máscara segunda*. Guatemala: Tipografía Nacional, 1991.

Cuadra, Pablo Antonio. *El nicaragüense*, 1969. 13ª ed. Managua: Hispamer, 1997.

Díaz del Castillo, Bernal. *Historia verdadera de la conquista de la Nueva España*. 1632. Madrid: Espasa-Calpe, 1992.

Dröscher, Bárbara. "Travesía, travestí y traducción. Posiciones *in-between* en la nueva novela historiográfica de América Central". *Revista de Estudios Sociales* [Bogotá] 13 (octubre 2002): 81-89

Durán Luzio, Juan. *Entre la espada y el falo: la mujer americana bajo el conquistador europeo*. Heredia, CR: Universidad Nacional, 1999.

Fonseca, Elisabeth. *Centroamérica: su historia*. 4ª ed. San José: Facultad Latinoamericana de Ciencias Sociales, Editorial Universitaria, 1998.

Galich, Franz. *Huracán corazón del cielo*. Managua: Signo, 1995.

Garibay K., Ángel María. *Historia de la literatura náhuatl*. 1953. 2ª ed. México: Porrúa, 1971.

León Portilla, Miguel. *Quince poetas del mundo náhuatl*. 3ª ed. México:

Diana, 1997.
León Portilla, Miguel, ed. *Huehuehtlahtolli: testimonios de la antigua palabra*. Tr. Librado Silva Galeana. México: Secretaría de Educación Pública, 1993.
Liano, Dante. *El misterio de San Andrés*. México: Praxis, 1996.
Lobo, Tatiana. *Asalto al paraíso*. 1992. 5ª ed. San José: Universidad de Costa Rica, 1998.
Lobo, Tatiana. *Entre Dios y el Diablo: mujeres de la colonia (crónicas)*. 1993. San José: Guayacán, 1999.
López, Kimberlie S. *Latin American Novels of the Conquest: Reinventing the New World*. Columbia: University of Missouri Press, 2002.
Luengo, Enrique. "La otredad indígena en los discursos sobre la identidad latinoamericana". *Anales*, Nueva época 1 (Genero, Poder, Etnicidad), Instituto Iberoamericano Universidad de Göteborg (1998).
Maura, Juan Francisco. *Women in the Conquest of the Americas*. Tr. John F. Deredita. New York: Peter Lang, 1997.
Menton, Seymour. *Historia crítica de la novela guatemalteca*. 1960. Ciudad de Guatemala: Editorial Universitaria, 1985.
Millares, Selena. *La maldición de Scheherazade. Actualidad de las letras centroamericanas (1980-1995)*. Roma: Bulzoni, 1997.
Nixon, Melody. "Ver y escuchar a la mujer indígena en la Centroamérica colonial: *Asalto al paraíso* de Tatiana Lobo y *La niña blanca y los pájaros sin pies* de Rosario Aguilar", ponencia presentada en el XI Congreso Internacional de Literatura Centroamericana, San José, Costa Rica. 6 de marzo de 2003. Inédita.
Pacheco, Carlos. "La historia en la ficción hispanoamericana contemporánea: perspectivas y problemas para una agenda crítica". *Estudios. Revista de Investigaciones Literarias y Culturales* [Caracas] 9.18 "Novelar contra el olvido" (julio-diciembre 2001): 205-224.
Palacios Vivas, Nydia. *Voces femeninas en la narrativa de Rosario Aguilar*. Managua: PAVSA, 1998.
Pasos M., Ricardo. *El burdel de las Pedrarias*. 1995. Hondarribia: Argitaletxe Hiru, 1997.
Paz, Octavio. *El laberinto de la soledad*. 1959. México, D.F.: Fondo de Cultura Económica, 1996.
Quijano, Aníbal. "Colonialidad del poder, eurocentrismo y América Latina". *La colonialidad del saber: eurocentrismo y ciencias sociales*.

Perspectivas latinoamericanas. Comp. Edgardo Lander. Buenos Aires: Consejo Latinoamericano de Ciencias Sociales, 2000. Págs. 122-151.

Recinos, Adrián. *Crónicas indígenas de Guatemala.* 1957. 2ª ed. Guatemala: Academia de Geografía e Historia, 1984.

Valle-Castillo, Julio. *Réquiem en Castilla del Oro.* Managua: Centro Nicaragüense de Escritores, 1996.

Van Camp, Ann. "Entrevista escrita a Rosario Aguilar", 26 de febrero de 2003. Inédita.

Vasconcelos, José. *La raza cósmica: misión de la raza iberoamericana.* 1925. México: Espasa-Calpe Mexicana, 1966.

Zavala, Magda y Seidy Araya. *Literaturas indígenas de Centroamérica.* Heredia, CR: Universidad Nacional, 2002.

De: *Centroamericana* [Milano] 14 (2008): 147-163.

"Una niña que, sin pies, volaba: crítica literaria feminista de una novela de Rosario Aguilar"

Isabel Gamboa

Resumen

La niña blanca y los pájaros sin pies, novela histórica de Rosario Aguilar, es analizada aquí desde la óptica de la crítica literaria feminista. Aguilar no parece haber escrito la novela en cumplimiento de un compromiso feminista, a pesar de lo cual, sus protagonistas y las situaciones en que están inmersas, nos arrojan a la cara un mundo que puede o no disgustarnos: uno que desprecia profundamente a las mujeres.

Abstract

This paper analyzes the novel *La niña blanca y los pájaros sin pies* (The white girl and the feetless birds) by Nicaraguan author Rosario Aguilar from a feminist nonessentialist perspective. It proposes that, despite the author's conscious intentions, its construction of different types of women who comply with, but also transcend, sexist stereotypes mandated for them, makes this novel a strong example of how to rewrite official historical discourse on the Spanish "conquest," not only by envisioning the role played in it by women, but also through the deconstruction of those female stereotypes into a variety of contradictory characters living in a world that despises them.

Introducción

Doña Luisa, doña María y doña Isabel, son algunas de las mujeres; Nicaragua, México y España, algunos de los países que aparecen en la novela de la cual presento una crítica literaria feminista en este trabajo: *La niña blanca y los pájaros sin pies*, de la escritora nicaragüense Rosario Aguilar.

No es exagerado afirmar que existen tantas modalidades de críticas literarias feministas como corrientes feministas hay; sin embargo, parece haber acuerdo en que este tipo de lectura se caracteriza por su denuncia del lugar de neutralidad en el que se ha colocado la crítica androcéntrica (Olivares 31), crítica que supone a los hombres como modelo de lo humano y en calidad de tal los presenta como universal.

En mi caso, he considerado como un aspecto fundamental del análisis las relaciones de poder que signan a las mujeres y a los hombres, situándoles en lugares simbólicos y materiales que, contradictorios y básicamente distintos, terminan por degradar a las primeras. Sin inscribirme con el feminismo esencial,[1] ni entrar a discutir —por no ser este el lugar para eso— sobre las posibilidades epistemológicas y éticas de lo que algunas personas llaman "escritura femenina", sí creo que, como afirma María-Milagros Rivera Garretas: "consideradas ya todas las especificidades, se puede afirmar que a lo largo de todos estos siglos, vivir en un cuerpo de mujer y escribir desde un cuerpo de mujer no ha sido ni ha significado lo mismo que vivir en y escribir desde un cuerpo de hombre" (210).

Ese hecho, que no es lo mismo ser una mujer que ser un hombre, ha sido negado por la crítica que se considera a sí misma como oficial y, cuando se ha aceptado, ha tenido como resultado el que se termina "mujereando" a las mujeres, es decir, "poniéndolas en su lugar", convirtiéndolas, como dice Celia Amorós, en un ser singular, como lo diferente del hombre que, como universal, es paradigma de lo humano (*Hacia una crítica* 47-51).

Esto es lo que sucede, por ejemplo, cuando un crítico literario presenta la biografía de alguna escritora y enfatiza su vida familiar por encima de sus producciones intelectuales. Pero existen muchísimas muestras más de cómo a las mujeres que piensan, dicen y hacen cosas que se supone no les corresponden, se las "mujerea"; de ellas deseo comentar una, siempre del campo de la literatura, que, a mi juicio, es un ejemplo dramático y burdo de lo que hablo. La escritora Virginia Woolf empezó a usar y a desarrollar la técnica conocida como "monólogo interior" años antes de que el escritor irlandés James Joyce lo hiciera; sin embargo, es a éste a quien, generalmente, la crítica ha atribuido el perfeccionamiento de dicha técnica en su novela *Ulises*. Virginia Woolf apenas si es mencionada al respecto,[2] porque, como afirma

---

1. Una discusión sobre el feminismo esencial puede verse en Osborne 324.
2. Resulta sugerente preguntarse por qué la crítica literaria toma a Joyce, y no a Woolf, como trascendente en la consolidación de dicha técnica, sobre todo si consideramos la abundancia y calidad magistral de las obras de esta.

Celia Amorós: "En cambio, las mujeres es como si tuviéramos dentro de nuestro status una degradación, una posibilidad, lo que ha llamado el sociólogo italiano Pizzorno, de 'las inmersiones de status'. Es decir, en cualquier momento se nos puede recordar que somos simplemente mujer [...]" ("Pactar" 8).

Ante esto, la ausencia de análisis feministas en la mayoría de la crítica literaria —o, en todo caso, el análisis sexista que se posiciona como universal— debería ser asumido como un problema a resolver. Como lo plantea Heloisa Buarque de Hollanda, la investigación literaria feminista en Brasil demostró que "la historia literaria tradicional no provee las categorías que permitirían analizar satisfactoriamente las acciones de las mujeres y, sobre todo, planteó la necesidad de realizar un cuestionamiento profundo de los presupuestos de la historiografía, sus puntos de partida, métodos, categorías y periodizaciones" (105).

Partiendo de ese cuestionamiento, a continuación presento la propuesta de análisis de la novela, a sabiendas de que: "La interpretación de una obra literaria es interminable. No hay ningún lugar seguro en el que se pueda detener. No se puede parar en el momento en que entra en conflicto con la manera que tiene el autor de ver su propia descripción de otros o de sí mismo" (Rose 57). Mi interés es discutir sobre la relación, voluntaria o irreflexiva, entre las producciones literarias y una cruel disciplina de géneros.[3]

Salirse de la horma

> *Y entonces pregunté, no sé si a mi padre o a mi madre, si había que ser siempre lo que ya se era, si siendo yo una niña no podría ser nunca un caballero, por ser una mujer. Y esto se me quedó en el alma, flotando, porque yo quería ser un caballero y quería no dejar de ser mujer, eso no; yo no quería rechazar, yo quería encontrar, no quería renegar y menos aún mi condición femenina, porque era la que se me había dado y yo la aceptaba, pero quería hacerla compatible con un caballero, y precisamente templario.* (Laurenzi 19)

La niña blanca y los pájaros sin pies es una novela que nos habla de una mujer —la protagonista/escritora— que, movida en su viejo interés por escribir un relato histórico, tras un viaje a León Viejo, Nicaragua, (re)

---

3. Agradezco a María Florez-Estrada Pimentel por sus agudas críticas a este trabajo.

construye la historia de seis mujeres, unas españolas, otras americanas, que en diferentes lugares —Nicaragua, Guatemala, España, México y Panamá— y durante una misma época —la Colonia— resisten, con resignación o desobediencia, ante acontecimientos históricos, ante los lugares determinados para ellas como mujeres, y ante sus propios actos y sentimientos, repletos de contradicciones.

En la obra están representadas mujeres "de carne y hueso": doña María, ambiciosa, apasionada, con gran apego al poder y capaz de rebelarse contra la autoridad eclesiástica. Doña Isabel, española sumisa, al tiempo que rebelde, arrogante, fuerte y con gusto por el poder; gobernó con su esposo, Pedrarias Dávila, en Santa María de la Antigua del Darién. Doña Luisa, objeto de pacto y reparto masculino, sumisa, maternal, sexual, espía, seductora, ambiciosa, noble, miedosa, valienta, lista, manipuladora, traicionera, vengativa y simuladora; hija del Cacique Xicotenga, madre de doña Leonor, amante de Pedro de Alvarado. Doña Beatriz, primera mujer española que ocupa un puesto de poder, es gobernadora, esposa de Pedro de Alvarado y madrastra de doña Leonor. Doña Leonor, "amazona-niña-diosa", confundida, sola, triste, amante de su tierra, denunciadora; hija de Pedro de Alvarado y doña Luisa, objeto de pacto entre su padre y los indígenas.

Así, en la novela de Rosario Aguilar las mujeres se salen del esquema maniqueo, que las sitúa de un bando o del otro, y son todo al mismo tiempo. De las protagonistas de *La niña*, puedo afirmar lo que describe Claudia Albarrán sobre los cuentos de Inés Arredondo: "no hay blancos ni negros, verdades absolutas, vidas y rostros definidos, creencias ni ideas fijas. La pureza y la impureza, el bien y el mal, la sombra y la luz, el orden y el caos son uno y lo mismo: la serpiente se ha mordido la cola y nadie puede decir cuándo comienza o termina el gris, los medios tonos" (96).

Al salirse del modelo judeocristiano que las relega al "mal" o al "bien", las mujeres en *La niña* dejan de ocupar el lugar de la "malignidad" o de la "piedad", únicas alternativas que la cultura sexista ofrece a las mujeres. Cuando crea mujeres que, igual que cumplen mandatos culturales, los desafían, Aguilar construye personajes femeninos con un carácter pocas veces concedido a las mujeres. Construye mujeres que no siempre ocupan "su lugar".

La espera como existencia

Pero Rosario Aguilar también dibuja mujeres-mientras-tanto, Penélopes contemporáneas que fundan sus relaciones de pareja con hombres a partir de una espera inútil, que las deja suspendidas en un aguardar constante por el hombre: porque regrese, ame, cambie, o se quede.

Doña Luisa, espera que Pedro de Alvarado la ame y se case con ella.

Doña Beatriz aguarda que su marido, el mismo Pedro de Alvarado, cumpla la promesa de no participar más en guerras, y cuando éste muere en una de ellas, doña Beatriz se queda: "Esperando, esperando al que sabe que no ha de volver" (Aguilar 107).

Doña María está a la expectativa de un marido prometido, Vasco Núñez de Balboa; muerto él, su espera es póstuma, desea llegar a tierras americanas por él, por su memoria.

Doña Ana también espera casarse al regresar desde España hasta su tierra, Nicaragua.

Y los hombres, en ese mientras tanto de las mujeres, se vuelven dioses que deciden sobre el tiempo y el cuerpo de estas, como si ellos fueran un medio para que ellas puedan vivir: doña Leonor, doña Luisa y doña María quedan un poco enajenadas ante la pérdida del referente masculino, pero es doña Beatriz la que expresa esa dependencia vital con mayor patetismo, cuando, ante la muerte de Pedro de Alvarado, se llama a sí misma "la infortunada, la sin ventura" (109).

Es que la construcción de la feminidad y la masculinidad, como explica Judith Butler, está relacionada con la "idealización de la unión heterosexual" (65). Es esa idealización la que sostiene la espera interminable que padece doña Beatriz.

Por su parte, la protagonista/escritora, también está sujeta a la espera: sabe que su novio español inevitablemente dejará ese lugar que comparte con ella para regresar a su país de origen. Pero, para ella, el fin de la espera, a diferencia de las otras protagonistas, tiene un sentido liberador que la deja con vida y arranque.

Ser en "la otra"

Sé que no puedo afirmar nada sobre la intencionalidad de Rosario Aguilar al escribir esta novela, pero independientemente de ello, pienso que logra plasmar de manera realista y creativa ese par con que el imaginario sexista ha pretendido cercar a las mujeres; la virgen y la puta, la buena y la mala, la "blanca" y la "otra", son magistralmente representadas, como oposiciones mediante varias imágenes. Detengámonos en cuatro relaciones culturalmente paradigmáticas.

La jerarquía étnica

En primer lugar, están las españolas y las "naturales" como antagonistas: "[...] aquellas naturales, las que a ella y sus damas, venidas de una corte de gran austeridad y recato, les parecían descaradas, sinvergüenzas, algunas ni siquiera se cubrían" (19-20). "Pensaba para distraerse en lo pronto que vería a sus hijas... ¡Blancas... y tan diferentes! a las morenas indígenas que dejaba atrás..." (37). "Nunca en su vida ha podido hacer cosas así, con la misma frescura que parecen hacerlas las naturales: correr, descalzarse... Ser irresponsable aunque fuera por un instante..." (159).

La relación entre españolas e indígenas está basada en las ideas que asocian a las mujeres con la naturaleza y a la naturaleza con la sexualidad.[4] Esta representación se ve reforzada cuando se trata de mujeres afrodescendientes o indígenas: desde el sentido común, se las considera más cercanas al sexo, al "instinto", al "descaro", a lo "salvaje" o no "domado" o "civilizado".

La jerarquía de clase, sexuada

En segundo lugar, vemos la relación de las señoras versus las sirvientas: "Sintió [doña Isabel] una gran responsabilidad por la integridad moral de sus damas de compañía a quienes tenía que aconsejar, proteger y vigilar constantemente" (19). En este caso, igual que en el anterior, la relación entre ambas está determinada por la sexualidad, en el sentido de que es ésta la que, finalmente y a diferencia de los hombres, aquilata y define a las mujeres. Precisamente se trata de eso, de que las mujeres culturalmente somos, por decirlo de alguna manera, "corruptibles" en términos sexuales, "corrupción" impensable en los hombres, de quienes más bien se espera y demanda ciertos niveles de lujuria.[5]

---

4. Sobre este tema, véase Amorós, *Hacia una crítica de la razón patriarcal*, especialmente las páginas 31-40.
5. La naturalización de esta idea se refleja claramente en diversas producciones dis-

La jerarquía entre mujeres que son "propiedad" de hombres

También se puede encontrar la oposición entre las concubinas y las esposas: "Me comencé a preguntar, que si la embarcaba [a la esposa], si la traía a estas tierras... ¿qué papel jugaría entonces yo? [. . .] En el momento mismo en que pusiera los pies en nuestra tierra, yo no sería más que la otra mujer" (75-76). Aquí la sexualidad, junto a la relación que se tenga con los hombres, son los ejes definidores del lugar que una mujer ocupe. En ese sentido, las esposas y las amantes compiten literalmente por eso, por el valor que su relación con ellos les pueda otorgar.

La legitimidad deseada

Finalmente, se da la relación de la hija "legítima", o de matrimonio, frente a la hijastra: "Solamente aquellas niñas rubias que le dicen: ¡madre! Y la hijastra, a quien teme un poco a pesar de sus rasgos, del semblante familiar parecido al de su padre" (103). Al tiempo que construye estas polaridades, Aguilar hace converger en una sola, doña Leonor, una dualidad contradictoria: "¡Cuánto, cómo habían pesado los dos mundos sobre su alma, las dos culturas en su corazón!" (117).

Cuando pone al descubierto uno de los axiomas que fundamente el pensamiento androcéntrico, la clasificación simbólica de las mujeres, Rosario Aguilar también hace una reivindicación de "la otra" pues todas las mujeres, aún las "malas", son construidas sin moralismos. De alguna manera, al describir mujeres más humanas, retratándolas dentro del modelo machista y revelándolas en toda su complejidad, la novela perturba los estereotipos de género.

La loca

Asimismo, Rosario Aguilar muestra a una "otra" paradigmática: la loca. La mayoría de las mujeres de la novela: la reina Juana la Loca, doña Luisa, doña Beatriz, doña Isabel y la esclava Juana, están, en algún momento de sus vidas, cerca de la locura. Sugiero que, para Aguilar, la

---

cursivas institucionales. Como una muestra de lo anterior, se puede ver el Código Penal de Costa Rica en lo que se refiere a las penas diferenciadas para hombres y mujeres que cometan contravenciones o delitos sexuales.

locura en las mujeres —ese estado que remite al mito androcéntrico de nuestra cercanía con la naturaleza, junto con lo instintivo y lo impulsivo— es una buena fórmula para acompañar —¿o justificar? — el ejercicio del poder, incluso del poder necesario para rebelarse, en quienes generalmente se presentan como carentes de este. Así, las locas de Rosario Aguilar son locas poderosas.

Seidy Araya, en su ensayo sobre algunos relatos de Rosario Aguilar, señala que la locura presente en las mujeres de esos escritos puede ser tomada "como reacción última de las mujeres ante la opresión" (156). Es decir, como un recurso desesperado por escaparse de la dominación. Lo mismo puede aplicarse a *La niña blanca*, porque sus protagonistas también están locas de dolor. La pregunta, entonces, es: ¿puede una escritora crear mujeres cuerdas, felices y con poder?

El sello de las alianzas

Queriéndolo o no, Rosario Aguilar desvela una de las principales funciones simbólicas reclamadas por la cultura a las mujeres: la de ser objetos para sellar pactos entre los hombres. En palabras de Celia Amorós: "Las mujeres somos el objeto transaccional de los pactos entre los varones, somos la materia de sus pactos. No tenemos por tanto ningún hábito histórico de hacer pactos, porque nunca se nos ha considerado sujetas de pacto" ("Pactar" 10).

Las monjas, las secretarias, las "damas de compañía" o "prostitutas finas" o *geishas*, las porristas, y una extensa lista de mujeres contemporáneas, que cumplen la función emblemática de mediar la relación entre los hombres, tienen su correspondencia con mujeres y experiencias que están presentes en la novela de Aguilar. Son doña María y doña Luisa el ejemplo más gráfico de cómo, para qué y con qué consecuencias, se estructuran los pactos entre varones: "Hay prisa, todos la tienen. Se ha concertado la boda [entre doña María y Vasco Núñez de Balboa] para ver si en esa forma se pone fin a la gran rivalidad existente entre Pedrarias [el padre] y Vasco [el futuro marido]. Ha sido idea del Obispo. [. . .] Su majestad, El Rey, se entusiasma al recibir la noticia y ofrece para los novios un regalo regio [. . .]" (25).

Sí, los pactos entre hombres buscan confirmar a cada uno de ellos en el lugar que el imaginario ha ligado a la masculinidad: uno de poder, que cada cual debe tener sin ser importunado por otro, poder que pasa por transar a una mujer que en nada cuenta: "Y de nada sirve el compromiso ni las capitulaciones matrimoniales ya firmadas. De nada. Ni el corazón de María, su futuro, sus anhelos... Ella no cuenta. No entra en la decisión paterna" (30).

Por su parte, doña Luisa, como garantía de una alianza, debe seducir al enemigo para ayudar en su derrota desde el mandato sexual otorgado por la cultura: "Inesperadamente fui escogida, con otras cuatro vírgenes, hijas de caciques todas, para una estrategia de guerra disfrazada de hospitalidad" (49). Para lo cual: "Se nos instruyó y recomendó conquistarlos por amor... Dejar la guerra para nuestros hombres..." (51). Esto forma parte de las fantasías masculinas: el lugar bravío para los hombres y la sexualización de las mujeres, ensueños que requieren ser confirmados una y otra vez, sea en tiempos de guerra, o en tiempos de paz, sea que se gane o que se pierda: "Mi padre Xicotenga y su aliado Maxicasa creyeron que era una manera cierta y segura de sellar las paces..." (50). Y las mujeres, como eneguecidas por los mandatos y sobrepasadas por los hechos, se lamentan y reclaman. Como doña Luisa, que dice: "Extraño destino el mío... Levanté los ojos al pasar de la mano de mi padre a la del Capitán General, y de la de él, a la de su lugarteniente don Pedro de Alvarado" (52). Y más conmovedor aún: "¡Dios mío! He sido usada por todos... Qué clase de amor el de mi padre [...]" (78). Pero, también, doña Leonor, es consciente de que: "Aunque su padre la había amado entrañablemente, también la había usado, al llevarla como un símbolo, un talismán para sus fines de conquista" (115). Las experiencias de estas mujeres, estrechamente ligadas con la feminidad, se explican en la medida en que consideramos que: "La feminidad no es, en consecuencia, el producto de una elección, sino la cita forzosa de una norma cuya compleja historicidad es inseparable de las relaciones de disciplina, regulación y castigo. En efecto, no hay 'nadie' que escoja una norma de género" (Butler 66). De ahí que su rebelión sea más significativa: implica salirse de la lógica disciplinar, de la obediencia, del miedo al castigo.

Liberación dolorosa

En la novela, todas las mujeres están conscientes de su situación de opresión, y cada una resuelve ese conocimiento de la manera en que puede. En todo caso, no parece que el saber siempre conlleve una liberación en el sentido ortodoxo del término. Una muestra de tal conciencia la ofrece doña Luisa, quien, entre enojo y tristeza, pero igualmente con una gran lucidez, evoca: "Las mujeres de Tlaxcala: mi madre, mi abuela, mis parientes, decían que era mala cosa que una mujer lo entregara todo por amor, que lo peor que nos podía pasar era depender de un hombre. Lo decían ellas y se guardaban de hacerlo" (78). También la protagonista/escritora, tiene conciencia de su situación, pero, a diferencia de las otras, a ella eso le sirve para reflexionar y actuar en propio beneficio, para librarse, de alguna manera, del dolor.

Si me dejo llevar por sus personajes, me atrevo a sugerir que, sin ser una feminista declarada, la propia Rosario Aguilar debe tener conciencia de las calamidades que puede conllevar una existencia como mujer en una sociedad misógina como la nuestra, saber que parece manifestar por intermedio de otras mujeres, sus personajes, mediante el otorgamiento de la palabra y la acción: "Quien escribe literatura tiene que situarse fuera de los límites. Pone en duda fronteras, desconoce las reglas, traspasa los bordes, está continuamente vulnerando las definiciones. Este salirse afecta la vida (o la vida ya estaba afectada y por eso recurre a la escritura)" (*Debate Feminista* xiii).

De todas maneras, es la conciencia una posibilidad de resolución de los lugares de género, de clase y de etnia que están problematizados en la novela. La forma en que los personajes de Aguilar enfrentan su propia conciencia va desde el cumplir con estereotipos sexistas, hasta transgredirlos.

Las mujeres como metáforas

En la novela de Aguilar, las mujeres son, como en la vida real, metáforas. Como aquella que las vuelve sinónimo de la naturaleza, expresada por doña Luisa: "Así repitiendo mi entrega: conquistada. Y amándole... ¡Como la tierra, debajo, temblando. Como un surco abierto. Como un campo fértil de tierra, oscura... cálida... ardiente!" (61); "A medida que México va siendo conquistado, dominado, vencido... también... estoy siendo derrotada yo [...]" (66).

También doña Beatriz es metaforizada por las personas del pueblo donde habita cuando, frente a la furia y la desolación de ella por la muerte del esposo, reaccionan haciendo "una procesión en rogativa para que a doña Beatriz llegara la resignación cristiana y para que cesaran las lluvias" (106). Como si los sentimientos de doña Beatriz ocasionaran los desastres naturales, como si el conformismo en ella apaciguara la lluvia. Pero una de las expresiones metafóricas más sorprendentes de la novela se refleja en la siguiente cita:

"A media noche fueron los indios y el capitán hecho águila de los indios llegó a querer matar al Adelantado Tonatiuh, y no pudo matarlo porque lo defendía una niña muy blanca; ellos harto querían entrar, y así que veían a esta niña luego caían en tierra y no se podían levantar del suelo, y luego veían muchos pájaros sin pies, y estos pájaros tenían rodeada a esta niña, y querían los indios matar a la niña y estos pájaros sin pies la defendían y les quitaba la vista. No podían matar a Tonatiuh que tenía la niña con los pájaros sin pies". (114)

El simbolismo anterior nos da el tema de la novela: la historia de las mujeres, como objetos de intercambio, como fetiches, como sostenedoras de los hombres, de sus cuerpos y de sus ideales.

La espera también es vuelta una metáfora, en este caso, de la existencia circular de las mujeres. La novela refleja circularidad en la medida en que las vidas de sus protagonistas giran alrededor de un hombre o de la idea de éste; concretamente, en la eterna espera de las mujeres con respecto a algún hombre. En esa dirección, Seidy Araya se refiere a la circularidad, en el relato *Aquel mar sin fondo ni playa* de Rosario Aguilar, como algo que se manifiesta en lo cotidiano doméstico, definido por las idas y venidas del esposo (165).

También la locura de algunas protagonistas expresa circularidad, en la medida en que muchas veces se manifiesta como una incapacidad para hacer diferenciaciones temporales y espaciales. Y ese espacio y tiempo que da vueltas se manifiesta en el dolor, como en doña Ana, que se lamenta en una carta que escribe a la reina: "Estoy muy sola. Mucho tiempo ha que vine y el barco que me trajo ya ha ido y vuelto muchas veces. Estoy triste. Todo es tristeza aquí. Me asomo por la ventana y veo frente a mí un campo árido, yermo, lleno de piedras" (134).

Aguilar escribe historias que se mueven en tiempos y espacios diferentes, en un ir y venir entre el pasado y el presente, y entre los diferentes países donde se escenifican las historias: Nicaragua, Guatemala, España, México y Panamá. De alguna manera es como si el pasado estuviera presente y como si decir Guatemala fuera como decir Nicaragua o Panamá...

El lugar de la escritora

Es difícil saber cuáles fueron las intenciones de Aguilar al escribir esta novela, si tenía, o no, un compromiso político con las mujeres, o si le interesaba contribuir a cuestionar la situación de éstas. Por ello, aunque parece posible afirmar que Aguilar tiene conciencia sobre algunas experiencias sexistas vividas por mujeres, no me atrevo a asegurar que la autora ha escrito un libro feminista.[6] El asunto se complica si la autora misma rechaza el calificativo de feminista.[7]

Lo que, según mi punto de vista, sí hace, es mostrar la existencia de mujeres "incómodas" por su carácter contradictorio: signadas por los hombres, sumisas al tiempo que trasgresoras. Al dibujarlas así, trasciende la manera en que han sido recobradas por la crítica historiográfica y literaria tradicionales.

En su empeño, Aguilar se vale de diversos recursos literarios, tales como el uso del yo protagonista, la metaficción, la heteroglosia (Menton 43), y la inclusión de diferentes formas expresivas (Aínsa 26-27) que la asisten en la creación tan compleja que se propuso.

Reflexiones finales

Las producciones literarias muchas veces facilitan un orden simbólico que degrada a un grupo para otorgar una existencia legítima a otro. Esto es lo que sucede, burda o sofisticadamente, con la manera en que las mujeres y los hombres se representan en novelas, poemas, cuentos y relatos. Las primeras son putas, histéricas, compasivas, crueles, asexuadas, voraces, "ninfómanas", maternales, si no todo al mismo tiempo; los segundos, son eternos niños, conquistadores, ambiciosos,

---

6. Por ejemplo, Mackenbach y Araya se inclinan por el feminismo de la autora. En todo caso y para decidir eso habría que discutir acerca de las distintas corrientes feministas, sus reivindicaciones y contradicciones. Un ensayo que aborda de manera provocativa el tema de los movimientos identitarios es el de Joshua Gamson.

7. Puede verse un texto al respecto en Helena Ramos. Con mucha frecuencia en nuestro medio se califica de feminista a una escritora por el hecho de que incluye personajes femeninos protagónicos. Esto más bien puede ser "mujerismo", aquella actitud escencialista que construye y reifica "lo femenino".

egoístas, gallardos, valerosos o indefensos frente a "los encantos femeninos". No estoy planteando que, frente a lo anterior, quienes escriban literatura deban emprender una lucha política que denuncie estos mecanismos de poder. Probablemente esto sería muy aburrido. Lo que deseo señalar es que, en mi opinión, una cosa es no denunciar y otra es consentir.

Pienso que la novela de Rosario Aguilar, independientemente del propósito de la escritora, y sin inscribirse en la denuncia política, posibilita que quienes "tengan ojos para ver" adviertan un mundo muy parecido al nuestro, donde las mujeres aún tenemos ese status degradado del que nos alerta Celia Amorós. Eso es posible gracias a que Aguilar es capaz de presentarnos a las mujeres como protagonistas de la historia, esas mismas mujeres que oficialmente han sido simplificadas, ridiculizadas o denegadas.

Referencias

Aguilar, Rosario. *La niña blanca y los pájaros sin pies*. Managua: Nueva Nicaragua, 1992.

Aínsa, Fernando. "La reescritura de la historia en la nueva narrativa latinoamericana". *Cuadernos Americanos,* nueva época [Costa Rica] 4.28 (1991): 13-31.

Albarrán, Claudia. "Las mujeres de los cuentos de Inés Arredondo". *Debate Feminista* [México] 15 (1997): 93-99.

Amorós, Celia. *Hacia una crítica de la razón patriarcal*. Barcelona: Anthropos, 1991.

Amorós, Celia. "Pactar entre mujeres es revolucionario". *Malavares. Revista Centroamericana de La Corriente* [Nicaragua] 4 (marzo 1996): 2-12.

Araya, Seidy. *6 narradoras de Centroamérica*. Heredia, CR: Universidad Nacional Autónoma, 2003.

Buarque de Hollanda, Heloisa. "El extraño horizonte de la crítica feminista en Brasil". *Debate Feminista* [México] 15 (1997): 100-114.

Butler, Judith. "Críticamente subversiva". *Sexualidades transgresoras. Una antología de estudios queer.* Ed. Rafael Mérida. Barcelona: Icaria, 2002. Págs. 55-79.

Debate Feminista [México] 15 (1997): ix-xiii.

Gamson, Joshua. "¿Deben autodestruirse los movimientos identitarios?

Un extraño dilema". *Sexualidades transgresoras. Una antología de estudios queer.* Ed. Rafael Mérida. Barcelona: Icaria, 2002. Págs.141-172.

Laurenzi, Elena. *María Zambrano. Nacer por sí misma.* Madrid: Horas y horas, 1995.

Mackenbach, Werner. "La historia como pretexto de literatura - la nueva novela histórica en Centroamérica". *Literaturas centroamericanas hoy. Desde la dolorosa cintura de América.* Ed. Karl Kohut y Werner Mackenbach. Frankfurt am Main: Vervuert Verlag (Americana Eystettensia), 2005. Págs. 179-200.

Menton, Seymour. *La nueva novela histórica de la América Latina. 1979-1992.* México: Fondo de Cultura Económica, 1993.

Olivares, Cecilia. *Glosario de términos de crítica literaria feminista.* México: El Colegio de México, 1997.

Osborne, Raquel. *La construcción sexual de la realidad.* Madrid: Cátedra, 1993.

Ramos, Helena. "Rosario Aguilar: subversiva y serena". *Semanario 7 Días* [Managua] 457 (21-27 febrero 2005). (También en este tomo.)

Rivera Garretas, María-Milagros. *Textos y espacios de mujeres (Europa, siglo IV-XV).* Barcelona: Icaria, 1995.

Rose, Jacqueline. "Sylvia Plath: un fantasma de la cultura". *Debate Feminista* [México] 15 (1997): 57-71.

De: *Diálogos. Revista Electrónica de Historia* (Escuela de Historia. Universidad de Costa Rica) 9.1 (febrero-agosto 2008): 159-175.

"La biografía como representación de una vida en *Soledad: tú eres el enlace* de Rosario Aguilar"

Nydia Palacios Vivas

> *A novel is in its broadest definition a personal,*
> *a direct impression of life.*
> –Henry James

> *Los géneros son las expresiones estéticas de las necesidades e intereses*
> *sentimentales, intelectuales, religiosas o sociales del hombre.*
> –Hipólito Taine

> *Cada periodo tiene su propia concepción de la*
> *escritura autobiográfica y, más precisamente,*
> *su propia concepción de la memoria, de las*
> *maneras de recordar que harán que*
> *la escritura del yo coincida con lo que*
> *la época espera del género.*
> –Silvia Molloy

Desde la época clásica, el intento de clasificar la producción literaria ha sufrido cambios sustanciales. Aristóteles en su *Poética* establece criterios que han servido por siglos como parámetros en la clasificación de los géneros literarios. Se designa con este nombre a las agrupaciones de las obras épicas, líricas y dramáticas, cuya relación con las formas mayores sólo puede precisarla una fenomenología con sentido histórico. Partimos de la idea de que la obra artística opera entre dos polos: uno se ajusta a la norma y otro la rechaza por obsoleta. Esta polaridad de aceptación y rebeldía es el péndulo de la creación literaria. Estamos insertos en una tradición, se obedezcan o no sus pautas. En la actualidad, la tradición literaria se ha desvanecido merced a cambios constantes y acelerados que cuestionan la fijeza de la noción de género y las líneas de demarcación se borran dando paso a la ambigüedad, como sucede con las obras de Jorge Luis Borges.

Concepto de género literario

De dicha ambigüedad, historiando un poco, diríamos que ya en la *Comedia de Calixto y Melibea* aparecen rasgos aparentemente irreconciliables. Primero, se llamó comedia, después tragicomedia y por último tomó el nombre del personaje clave de la trama, la célebre Celestina. Recordemos que en el Siglo de Oro el término *comedia* se refería a la producción teatral, independiente de si el fin era trágico o cómico o de la villanía o grandeza de los personajes. Es el genial Lope de Vega, quien con su *Arte nuevo de hacer comedias*, rompe con la tiranía de todas las poéticas, en contra de la tradición literaria, iniciando así una auténtica revolución que siglos más tarde, el romanticismo llevaría a su más alta expresión. Al respecto, esto nos indica los diversos intentos de ir más allá de la estrechez de los géneros. Paul Hernadi cita la pregunta formulada por Günther Müller: "¿Cómo puedo definir lo que es tragedia (o cualquier otro género) antes de saber en qué obras basar esa definición, pero cómo puedo saber en qué obras basar la definición antes de definir lo que es tragedia?" (*Beyond Genre* 2).[1]

El problema del género ha sido discutido ampliamente. En este trabajo, antes de demostrar las rupturas de límite de la novelista nicaragüense Rosario Aguilar, nos parece importante discutir los diversos planteamientos de teóricos que intentan esclarecer o definir el concepto de género literario, e.gr., Alistair Fowler, René Wellek, Paul Hernadi, Claudio Guillén y Mijail Bajtín. Tradicionalmente, la crítica literaria consideraba los géneros como discursos que parten del hecho de que las obras literarias pueden clasificarse o separarlas en grupos tomando en cuenta las similitudes encontradas en ellas. La definición de género es histórica y por lo tanto, móvil, pasajera, convencional; vacilaciones y discrepancias pueden ser observadas entre un nivel conceptual y la realidad literaria. Entre la esencia literaria de los géneros definida por nociones e ideas literarias y el fenómeno de los géneros expresados en forma literaria, la experiencia nos muestra flagrantes incompatibilidades. En nuestra opinión una clasificación abstracta de los géneros carece de significado.

En el clasicismo griego las formas de los géneros se redujeron a tres:

---

[1] "How can I define tragedy (or any other genre) before I know on which works to base the definition, yet how can I know on which works to base the definition before I have defined tragedy?" Las traducciones del inglés son mías.

verso, prosa y diálogo. Sin embargo, los versos se encuentran en diálogos dramáticos y la prosa en cuentos y novelas. Los géneros son estructuras en el sentido de ser modos de expresión literaria. Para Aristóteles al poeta no le era permitido aplicar la estructura épica a la tragedia. Para Fowler las reglas que regulan los géneros son indispensables; sin ellas la crítica normativa de cualquier clase no podría realizarse (29). No obstante, el escritor puede ir más allá del dominio de los géneros establecidos o puede realizar variaciones dentro de un género familiar. En el campo del género, la revolución o completa discontinuidad es imposible (Fowler 32). Una antinovela puede parecer algo nuevo, pero requiere la novela y otros géneros para su propia inteligibilidad. Los escritores deben saber qué géneros están transgrediendo. Wellek asevera: "En la praxis de casi todos los escritores de nuestro tiempo las distinciones entre géneros poco importan: los límites constantemente se transgreden, los géneros se combinan o se fusionan, viejos géneros son descartados o transformados y se crean otros nuevos, de tal manera que el concepto mismo de género se pone en duda" (*Discriminations* 225).[2]

De acuerdo con esta perspectiva, los géneros no son inmunes a los cambios. Las formas están para continuar mediando entre el flujo de la historia y el canon del arte. Están en constante transmutación. Para Ihab Hassan la forma prolifera tan rápidamente en la literatura posmoderna que la historia de los géneros artísticos viene a ser irrelevante (citado por Fowler 32). Por otra parte, en el siglo XVIII Boileau afirmaba en su *L'Art poetique* que cada género tiene sus propias leyes, ideales y belleza y su mezcla debería ser prohibida; también Horacio sostenía que la mezcla de elementos trágicos y cómicos estaba excluida. Según el gran poeta latino, la rigurosa separación de los géneros obligaba a cada poeta a mantenerse dentro de los límites estrictos del género adoptado para mantener su pureza, debiendo ajustarse a las normas internas de cada género para alcanzar el logro de la obra.

El dogmatismo de los géneros ha encontrado oposición en todas las épocas a través de la dialéctica acción-reacción, por ejemplo, el inconformismo de Voltaire con los preceptos estéticos del "Sturm und

---

[2] "In the practice of almost all writers of our time genre distinctions matter little: boundaries are being constantly transgressed, genres combined or fused, old genres discarded or transformed, new genres created to such an extent that the very concept has been called in doubt".

Drang". El romanticismo francés defendía la libertad de creación con pleno derecho a la iniciativa e invención. Víctor Hugo en el "Prefacio" a *Cromwell* aboga por derribar las paredes que separan los géneros. Desde el romanticismo, la hibridez de los géneros es notable. Adicionalmente, los hermanos Schlegel afirmaron que esta transformación no era una evolución, sino una metamorfosis.

Paul Hernadi, en "Entertaining Commitments: A Reception Theory of Literary Genres", mantiene que el concepto de género debería de ser empleado y trascendido tanto como ignorado, codificado o rechazado. Considerado un sistema de premisas convencionales, las distinciones entre géneros literarios se remontan a la poética y estilística antiguas, cuyos conceptos no se adaptan al concepto moderno de sistema literario, que aunque sincrónico, es sin embargo histórico y no abstractamente morfológico, dinámico y no estático. En lo que respecta a la discusión entre tradición e innovación de todo un periodo literario, el más influyente es el planteamiento de los formalistas rusos. Según ellos el sistema de normas en que se cifra un periodo es como un campo de batalla en que los géneros marginales, nuevos o no oficiales procuran proclamarse legítimos desconociendo los géneros establecidos. Esto se aplica a los grandes escritores rusos de los siglos XIX y XX (románticos y postrománticos) como también a los movimientos de vanguardia (Hernadi, "Entertaining Commitments" 195). Este concluye diciendo que los géneros literarios no son lo que las obras tengan en común, sino que constituyen el objeto cultural del cual ellas son parte.

Para Claudio Guillén el género es la afirmación descriptiva concerniente a un número de obras relacionadas. Los géneros son contingentes porque realizan una función de cambio histórico y de desarrollo de las naciones. Agrega que en el neoclasicismo, las clasificaciones genéricas no mostraron el sentido de la historia. Para Guillén, la confusión de la teoría moderna del género se debe al hecho de que lo que nosotros llamamos género fue considerado más específico que genérico y, en consecuencia, nos hemos quedado sin un término aceptado para *genus*. Por otra parte, las convenciones y tradiciones son campos o sistemas donde el principal factor unificante es la costumbre aceptada. Una constelación de convenciones determina el medio de expresión de una generación literaria. Nos referimos al repertorio de posibilidades que un escritor comparte con sus rivales vivos. Las tradiciones poéticas suponen la competencia de los escritores con sus antepasados: "La forma poética se transforma para Schiller en un arma contra las convenciones sociales: he aquí el gran paso dado por Schiller, el descubrimiento o el desenlace posible de tantos movimientos de vanguardia, desde el romanticismo hasta nuestros días" (*Teorías de la historia literaria* 109).

Para Guillén los géneros cambian y se afectan unos a otros, a la poética y al sistema al cual pertenecen. Desde nuestro punto de vista, los géneros representan al mismo tiempo el sistema de reglas artísticas (reglas o estrategias disponibles al artista y el horizonte de expectativas en un tiempo determinado) y las potenciales desviaciones e innovaciones relativas a estas construcciones por un tipo dado de expresión artística. Los géneros nunca son estáticos y deben estudiarse sincrónica y dialécticamente. El género es un problema de historia y de estructura sincrónica y de un sistema envolvente, lo cual es una combinación dialéctica de variantes e invariantes.

Soledad: **collage de géneros**

Como hemos observado, a la luz de los postulados de los teóricos antes mencionados, en todas las épocas se ha intentado derribar la estrechez de la camisa de fuerza de los géneros literarios. En este trabajo, clasificaremos la producción literaria de Rosario Aguilar, basándonos, por cuestiones metodológicas, en los criterios antes señalados. A pesar de las innovaciones que se han realizado desde Aristóteles, encontramos rasgos en los géneros que han resistido las innovaciones. No obstante, Aguilar en *Soledad: tú eres el enlace* transgrede los límites y lleva a cabo intrincadas combinaciones. El discurso narratológico, en este caso, la biografía de su madre, se nutre de otros discursos como la autobiografía, el testimonio, la epístola y la historia. Esta biografía que se lee como novela, tiene como sitio específico "La casa de los Fiallos", una especie de *locus amoenus*, un microcosmos, que constituye "el espacio feliz" de que habla el filósofo Gastón Bachelard, en oposición total a la casa prisión donde las novelistas del siglo XIX escribieron su propia reclusión, como en la novela *Jane Eyre* de Charlotte Brontë y *Sense and Sensibility* de la exitosa Jane Austen. Recordemos en *Jane Eyre*, cómo a la mujer, en el cambio de vida, considerándola loca, la encerraban en una buhardilla donde sufría los trastornos de esa edad.

En este trabajo, mi propósito es demostrar que la novelista leonesa incursiona en el género de la biografía enriqueciendo el discurso narratológico empleando una suerte de cámara fotográfica, cuyo lente capta los detalles cotidianos y otros acontecimientos relatados por Soledad, mientras la narradora toma notas en un cuaderno y las dos conversan sobre la vida de Soledad Oyanguren y López Aréchaga. Esta, mediante el filtro de la memoria, al surgir los recuerdos se remonta al pasado (lo que conocemos como analepsis de acuerdo con Gerard Genette) desde la venida de sus padres Micaela y Eugenio a Nicaragua, progenitores de Ernesto, el padre Benito, Piedad y Soledad, quien nunca conoció a su padre, su boda con Mariano Fiallos Gil y el nacimiento de sus cinco hijos. La escritora toma distancia de su relación familiar, uno de sus más grandes logros y amplía el relato hacia un macrocosmos, León de Nicaragua, con sus costumbres, las fiestas religiosas de la "Gritería", los viajes en tren o por mar saliendo de Corinto a España o Perú; describe las modas de ese tiempo y los bellos paisajes pictóricos de colorido y olores del trópico. El lente de la cámara se desplaza de Álava a Nicaragua, o viceversa, para que los descendientes conozcan sus raíces españolas.

La biografía se divide en dos partes: la vida de doña Micaela y su esposo a finales del siglo XIX y una segunda parte que se refiere a un presente muy cercano, focalizándose en la vida de Soledad al cumplir noventa años de edad en la última década del siglo XX. Cada sección se inicia con nombres diferentes: Micaela, Eugenio, Villarreal de Álava/ Legutiano, Ernesto, América, Nicaragua, Vitoria, Boda de Piedad, Benito, José, Revolución Liberal, Mariano, etc. La segunda contiene títulos como Boda de Soledad, la familia de Mariano, los hijos de Mariano, Exilio de Mariano, Mariano enfermo, Muerte de Benito, "Y se acabó el mundo para mí" y Los nietos. Esta estructura a manera de escenas nos recuerda la técnica cinética, que se focaliza en los diversos personajes del discurso narratológico compuesto por una gran variedad de lenguajes que se ensamblan originando una narración dialógica y heteroglósica al dar cabida a diversos tipos de habla en un tiempo y un espacio específico, lo que conocemos como cronotopo, según Bajtín.

La narradora no se identifica como hija, se autollama "la narradora", quien en determinado momento se involucra con el empleo del pronombre "yo" y "me": "Soledad miró el reloj. Eran las cinco de la tarde, hora en que ella acostumbra sentarse enfrente de la puerta de la calle a platicar. Me ofreció entonces un pedazo de pastel de piña hecho en casa para que yo descansara y guardara mi cuaderno" (40).

Se trata de una narradora que en el "Prólogo" nos explica que a instancia de su hermana Marisol, se propuso escribir la biografía de Soledad, por ser ella, según palabras de Marisol, "la narradora de la familia", una especie de confesión, de autodiégesis en términos de Genette. Vemos en la cita anterior cómo la entrevistadora comparte la rica repostería que se le ofrece. A esta estrategia narrativa la crítica literaria lo considera un metarelato que consiste en introducirse como parte de la historia o diégesis. Veamos otro ejemplo cuando la voz de Soledad, al cantar, ya no es la misma: "Soledad calló. Yo abrí los ojos que se habían llenado de lágrimas. Me dijo: 'He perdido la voz'. ¡Oh, Dios mío, su bella voz se había debilitado! Algo que todos creíamos eterno. Se le quebraba y ya no alcanzaba los tonos altos. Ella se había dado cuenta y yo también, y por eso, los ojos se me humedecieron más y tuve que cerrarlos de nuevo" (99).

Un recurso que debemos consignar es el de la entrevista que la cataloga como una escritora que necesita darnos un testimonio de esa vida rica en experiencias. De esta manera, conocemos el origen de los Oyanguren, que venidos de Álava, al unirse con los Fiallos por lazos de amor, formaron una familia de las más respetables de este país. Un cronotopo idílico con su espacio específico, León, donde transcurre la vida de los padres, hijos y nietos.

Por otra parte, respecto a la biografía, la escritora puertorriqueña Rosario Ferré, que goza de enorme prestigio como novelista y crítica literaria a nivel hispanoamericano, nos afirma en su celebrado libro *Sitio a Eros* lo siguiente:

Siempre me ha parecido que la crítica contemporánea le daba demasiada importancia al estudio de la vida de los escritores. La importancia que hoy han cobrado los estudios biográficos parece basarse en que la vida de estos hace de una manera más comprensibles sus obras. La obra de un escritor una vez terminada, adquiere una independencia absoluta de su creador, y sólo puede relacionarse con él, en la medida que le da un sentido profundo o superficial a su vida. (28)

Esto es lo que logra Aguilar gracias a su talento, hacer que la vida de Soledad adquiera significación profunda por ser riquísima en experiencias y en hechos que merecen ser conocidos por tener, como telón de fondo, la historia de la familia Oyanguren que emigró a Nicaragua y al unirse con los Fiallos, ha contribuido tanto a la cultura y desarrollo del país. *Soledad: tú eres el enlace* es un *collage* de géneros, que Heinrich Plett define de esta manera: "La última fase en la cual el desarrollo de un texto se logra es cuando está completamente compuesto por citas. [...] Así como hay una multiplicación de citas, así también hay una multiplicación de contextos. El resultado estructural de este procedimiento puede ser llamado *collage,* el procedimiento conocido como montaje" (11).

Soledad: tú eres el enlace constituye un gran texto dentro del gran texto de la cultura que nos permite apreciar la relación entre arte y vida, pero sobre todo, la perfecta conjunción de géneros, que la novelista leonesa ha manejado magistralmente. Adicionalmente, el discurso no es lineal, sino que conserva un movimiento anacrónico que se trasparenta hasta en los encabezados de ciertos capítulos: "América", "Regreso a España", "Vitoria", "Otra vez Nicaragua", etc.

Por otra parte, la entrevistadora hace gala de los célebres testimonios que se popularizaron en los años setenta al referir sucesos políticos. Destaca la dignísima posición del Dr. Mariano Fiallos Gil, ante la masacre del 23 de julio de 1956, sin apegarse a ningún partido ni ideología específica. Aguilar transcribe esos cruentos sucesos como escritora profesional:

> La muerte de los estudiantes pelones en un desfile de novatos marcó la Autonomía lograda por Mariano para la Universidad. 'Ante esa barbaridad —recuerda Soledad—, se acabó la alegría'. En los balcones de la Universidad Mariano dijo un discurso fuertísimo ante los ataúdes, que eran cuatro los muertos y cienes los heridos. Todo mundo donó sangre. (157)

El auge de los testimonios en esa época convulsa para Hispanoamérica produjo obras como *Me llamo Rigoberta Menchú*, entrevistada por Elizabeth Burgos, el más conocido de todos, *Biografía de un cimarrón* de Miguel Barnet y el de Claribel Alegría, *No me agarran viva,* relatos recogidos por escritores cultos de la viva voz de los protagonistas, por lo general analfabetos, para dejar constancia de un momento de emergencia, tal como sucedió en la literatura gauchesca, donde la voz del gaucho se asentó en las armas (obligado a pelear contra los indios en la frontera) como dice Josefina Ludmer en su seminario de estudio *El género gauchesco, un tratado sobre la patria* y cuyo formidable ejemplo lo tenemos con *Martin Fierro* de José Hernández, un escritor culto que toma la oralidad del gaucho apropiándose de su fonética. Dice John Beverly: "Debido a su situación vivencial, el modo de producción de un testimonio suele ser la grabación, transcripción y narración de un testimonio oral por un interlocutor que es un periodista o un escritor profesional" (9). Igual sucede con Soledad al referirle a su hija lo que dijo el Dr. Fiallos desde su posición de Rector de esa máxima Casa de Estudios, UNAN-León, poseedor de unos valores morales y una ética que muy pocos hombres practican hoy día, cuando se enfrentó a las fuerzas represoras de la Guardia Nacional.

El discurso histórico también está presente en *Soledad: tú eres el enlace* al asumir la narradora el papel de historiadora. De acuerdo con la canadiense Linda Hutcheon en la literatura posmoderna la historia se cuestiona, se reescribe por no considerarse ninguna fuente de verdad segura: "La parodia intertextual de la metaficción historiográfica[...] ofrece un sentido de la presencia del pasado, pero de un pasado que sólo puede ser reconocido a través de los textos, sus trazos, sean estos literarios o históricos" (226).[1] Adicionalmente, Aguilar enfoca otros sucesos como las dos guerras mundiales, la sempiterna lucha entre los partidos rivales de Nicaragua y sobre todo, el doloroso relato de su progenitora sobre la guerra civil española cuando la familia Fiallos acogía a los exiliados de su patria. Asimismo, sabemos de la revolución liberal y la guerra anti-intervencionista de Sandino en las Segovias que sirven de marco histórico a la vida de Soledad, quien vivió estos acontecimientos bélicos.

Ciertamente, desde las célebres confesiones de San Agustín, las memorias, las novelas autobiográficas y la biografía como género, desde Plutarco, ha sido considerada como un género histórico, ya que pone de relieve las acciones de grandes personalidades para ejemplo de las generaciones, "a tal grado que la historia sería como una gran suma de biografías" (Carlos Rama 31). No obstante, Marcel Schwob apuntala: "Los biógrafos han supuesto que sólo la vida de los grandes

---

1. "The intertextual parody of historiographic metafiction [...] offers a sense of the presence of the past, but a past that can be known only from its texts, its traces—be they literary or historical".

hombres puede interesarnos. El arte es ajeno a estas consideraciones" (en Rama 33).

Si tomamos en cuenta estas opiniones, en Hispanoamérica se han seleccionado personajes de la vida real como protagonistas de novelas históricas como *Los de abajo* del mexicano Mariano Azuela y todo el ciclo de la novela de la Revolución Mexicana; *Santa Evita* de Tomás Eloy Martínez y *La pasión según Eva* de Abel Posse, escritores argentinos que abordan la vida de una mujer muy controversial, Eva Perón, admirada por una gran mayoría del pueblo. Estas obras despuntan como ejemplos de realidad y ficción. Asimismo, en Nicaragua entre las novelas que tienen personajes históricos descuellan *La guerra de Sandino, o, Pueblo desnudo* de Salomón de la Selva, *Entre dos filos* de Pedro Joaquín Chamorro Zelaya, *Sangre santa* de Adolfo Calero Orozco, *Tormenta en el norte* de Madame Fleure, *Sangre en el trópico* de Hernán Robleto, *El incendio* de Bayardo Tijerino Molina, *Hubo una vez un general* de Róger Mendieta, *Doña Damiana* de Enrique Alvarado Martínez y *El chipote* de Clemente Guido, padre, enmarcadas dentro de sucesos conocidos por todos. Todas estas novelas escritas en el siglo XX por lo general son de carácter bélico. En cuanto a las memorias debemos mencionar las recientemente publicadas: *Vida perdida* de Ernesto Cardenal, *Adiós muchachos* de Sergio Ramírez y *El país bajo mi piel* de Gioconda Belli, reconocidos protagonistas, testigos o colaboradores de la guerra del Frente Sandinista contra Anastasio Somoza Debayle en 1979. Las biografías son muy pocas. La más excelente entre todas y difícil de igualar es *La dramática vida de Rubén Darío* de Edelberto Torres, *Mariano Fiallos Gil: biografía* de Sergio Ramírez, y las dos de Margarita López: *Una chontaleña en la educación nacional. Biografía de Josefa Toledo de Aguerrí* y *Biografía del Libertador Simón Bolívar*. No dudamos que la biografía se vincule con la historia, como las antes mencionadas, pero ¿qué sucede con personas que no participan en gestas históricas, ni en el arte y la política como Soledad? Es Rosario Aguilar quien cambia los parámetros al ofrecernos una biografía familiar: la de su madre, ama de casa, mujer sencilla, pero progenitora de una familia ejemplar. Agregamos lo que nos dice el ensayista mexicano Alfonso Reyes:

> La biografía es un género anómalo relativamente histórico. Algunos llegan a decir que es extra-histórico por excelencia. No exageremos:

es extra-histórico por definición convencional de la historia. El que quiera considerarlo virtualmente incorporado en la historia, no por eso invalidará las conclusiones a las que aspiramos. [...] Género comparable al retrato, es arte y también es documento histórico por el giro mental, pero prendido por su asunto a las vidas particulares como literatura. (en Rama 34)

En el caso que nos ocupa, Soledad no es escritora, pero su hija Rosario es pionera en el arte de la narrativa, cuya obra se estudia dentro y fuera de Nicaragua, sobre todo en las universidades de Estados Unidos y Europa por medio de artículos, congresos, tesis y seminarios en Alemania, Francia y otros países. En resumen, la biografía como género ha sufrido cambios, pero conserva su esencia: obedece a un vasto panorama de acontecimientos contados por una protagonista o un testigo, cuyos recuerdos emergen entre claroscuro para reconstruir unos sucesos personales o colectivos, por medio de entrevistas, cartas, conversaciones, anécdotas, sumamente enriquecidas por un "yo" o un "nosotros" que ansía colocar su propia voz antes de partir a su encuentro definitivo con la muerte. Nos dice Anna Caballé: "comprendí que en los recuerdos está el fundamento de nuestra identidad" (14). En *Soledad* escrita por Aguilar es esencial la memoria oral, la vuelta al pasado vivido desde la infancia hasta la senectud, "la historia de un yo y la historia de su mundo se vinculan inextricablemente" (Caballé 9). La narradora en *Soledad: tú eres el enlace* no puede evitar que parte de su vida se inserte realzando rasgos autobiográficos. Al respecto nos dice Pampa Olga Arán: "El relato central de la propia vida forma parte de los variados y antiguos géneros de la memoria, que funda su régimen de verdad en la íntima relación entre el sujeto de la escritura y el sujeto del discurso, como autobiografía, pulsión de la mano y de la voz en el deseo de lo que se quiere recordar y dejar como legado" (7).

Es inevitable que rasgos autobiográficos de la narradora suelen introducirse cuando la entrevistadora pregunta a Soledad a quién amó más, si a su hermano Ernesto, quien fue como su padre, o a su esposo Mariano y Soledad le responde que a Mariano y leemos: "Yo quedé sorprendida de su vehemencia" (119). Esta intromisión del "yo" se destaca cuando nos cuenta de la estadía de la familia Fiallos en Guatemala donde Mariano era embajador. Las impresiones de la narradora quedan al descubierto cuando visitaban las ruinas del palacio de doña Beatriz de la Cueva, ahogada por un torrente de lodo junto con sus once damas: "¡Ay, qué miedo! ¡Qué frío más extraño se sintió cuando comenzó a caer la tarde! ¡Y qué escalofrío experimentó la niña, que era la narradora entonces, cuando la neblina, silenciosa, comenzó a bajar del volcán de Agua y fue envolviendo, con gran misterio, la Ciudad Vieja! Vivían en el exilio. Somoza no los dejaba volver a Nicaragua..." (139).

Asimismo, la narradora hábilmente entre paréntesis, da su propio retrato y es cuando Mariano habla de cada uno de sus cinco hijos:

Mariano. Un niño de piel muy blanca [...]: "Lo presentíamos en el Alfa del Centauro en Arturo del Boyero". [...] Marisol: "Fina y alegre como su nombre" [...]. Del tercer parto de Soledad, nació Rosario (la narradora). "Formalita y hacendosa" cuando tenía cuatro años (y así ha sido toda su vida). "De ojos morunos y piel morena lavada", de acuerdo a los patrones de la madre. [...] Eugenio. Un niño muy robusto [...] "Fuerte, rubio y terrible". [...] Álvaro. Un niño rubio y ojos claros. [...] "Tranquilo y gracioso". (121-122)

En documentos de una vida, no podemos dejar de mencionar otros géneros menores como el epistolar. Conocidísimas son las epístolas de San Pablo de las Sagradas Escrituras y muchas obras literarias que se han escrito a base de cartas. Ejemplos notables los tenemos en *Pepita Jiménez* de Juan Valera, *Ifigenia* de la venezolana Teresa de la Parra, la "Epístola" en verso de Rubén dedicado a la Sra. de Leopoldo Lugones, entre otras. En *Soledad: tú eres el enlace,* la biografía se enriquece con las cartas de Mariano a su esposa cuando él se encontraba en Nueva York. Estas cartas no sólo revelan el amor entrañable de este hombre ilustre a su esposa, sino la faceta de un hombre sensible, profundamente enamorado:

Amor mío: [...] Estoy solo y con la terrible angustia de estar solo, casi no veo las letras porque sin querer se me vienen las lágrimas... [...] Quiero estar contigo, te tengo muy lejos. [...] El día que tú me faltes va a ser horrible. ¡Cuídate, amor! [...] somos el mismo cuerpo y la misma sangre y el mismo espíritu. Ya somos permanentes y definitivos para todo el resto de nuestras vidas. (133-134)

Empleando el discurso dialógico, esta biografía, pletórica de recursos intertextuales, agrega una graciosa anécdota como el momento en que el mandador de la finca "El infiernito", le cuenta a Soledad la muerte de una vaca:

Llegó el mandador de la finca —cuando estábamos todos reunidos— y les contó que la vaca pardo-suiza había muerto de parto. Soledad exclamó con tono de resignación: "Murió de amor la desdichada Elvira...". El mandador ingenuamente la interrumpió para aclararle. "No, doña Soledad, mi pobre Elvira no murió de amor, sino que la mató un chancho". Todos se quedaron en suspenso, Soledad le quedó viendo extrañada y el mandador añadió: "Venía la Elvira a vender el chancho más gordo y aseado que teníamos, al subirse la Elvira a la carreta, el animal la empujó, y ella al caer, del golpe, se murió, así que no murió de amor, doña Soledad, la mató un chancho". En ese momento todos se quedaron viendo sin saber qué hacer, si dar el pésame, o soltar la risa por la enorme coincidencia entre la realidad y la poesía. (151)

Esta expresión tan propia del lenguaje oral, rústico, de un campesino, aparece incluido entre textos de consagrados poetas clásicos como Santa Teresa, Fray Luis de León, García Lorca, Darío, Amado Nervo, Padre Palláis y canciones nicaragüenses y españolas.

Finalmente, Aguilar con su libreta de apuntes, hilvana retazos de los recuerdos de su madre, logrando así una obra en progreso, una biografía que confirma su talento de narradora. Rosario Aguilar con sus obras escritas desde 1964 (¡46 años de producción literaria!), descuella como experta en la narrativa de ficción y como pionera en este quehacer literario. Con *Soledad: tú eres el enlace,* demuestra el dominio de diversos discursos narratológicos.

Rosario Fiallos Oyanguren se consagra con esta biografía sobre su madre española que por medio de la magia del amor (ese extraño magnetismo), fundó una familia con uno de los más grandes humanistas de este país, el Dr. Mariano Fiallos Gil, quien de acuerdo con Soledad, "Era regio por todas partes".

Con las entrevistas hechas a Soledad, la autora se convierte en la "biógrafa oficial" de su madre, demostrando que el mestizaje da excelentes frutos, un enlace muy afortunado, todo un legado donde hay años felices, exilio, asimilación de otra cultura, años de duelo al morir los hermanos de Soledad y sobre todo al fallecer el Dr. Fiallos. La vida del Rector Magnífico, creador del lema "A la libertad por la Universidad" es un legado que debe prevalecer y respetarse por siempre en Nicaragua. Rosario Aguilar, sin afán de protagonismo, con la sencillez que le caracteriza, en su hogar de León, ilustrando su libro con fotos de dos siglos, estructura su obra como un *collage* en el que sobresalen la autobiografía, cartas, historia, canciones, poemas, anécdotas, el habla culta y la popular y el humor, en perfecto ensamblaje, en una lograda conjunción de intertextos magistralmente seleccionados por la escritora leonesa.

Referencias

Aguilar, Rosario. *Soledad: tú eres el enlace*. Managua: Editora de Arte, 1995.
Arán, Pampa Olga. Prólogo. *Auto(bio)grafías: la densidad de la memoria en nuevas novelas históricas argentinas de fin de siglo*. De: Stella María Benvenuti, et al. Córdoba: Ediciones del Boulevard, 2004.
Aristóteles. *La poética*. Ed. Juan David García Bacca. México: Mexicanos Unidos, 2005.
Bajtin, Mijail. *Teoría y estética de la novela*. Tr. Helena S. Kriúkova y Vicente Cazcarra. Madrid: Taurus, 1989.
Beverley, John. "Anatomía del testimonio". *Revista de Crítica Literaria Latinoamericana* 13.25 (1987): 7-16.
Caballé, Anna. *Narcisos de tinta: ensayos de literatura autobiográfica en lengua castellana, siglos XIX y XX*. Málaga: Megazul, 1995.
Ferré, Rosario. *Sitio a Eros*. México: Joaquín Mortiz, 1980.
Fowler, Alistair. *Kinds of Literature: An Introduction to the Theory of Genres and Modes*. 2nd ed. Oxford: Oxford University Press, 1985.
Genette, Gerard. "Structuralism and Literary Criticism". *Modern Criticism and Theory*. Ed. David Lodge. New York: Longman, 1988. Pp. 63-78.
Guillén, Claudio. *Teorías de la historia literaria. Ensayos de teoría*. Madrid: Espasa Calpe, 1989.
Hernadi, Paul. *Beyond Genre: New Directions in Literary Classification*. Ithaca: Cornell University Press, 1972.
Hernadi, Paul. "Entertaining Commitments: A Reception Theory of Literary Genres". *Poetics* 10.23 (1981): 195-211.

Horacio Flaco, Quinto. "Arte Poética". Tomás de Iriarte. *Colección de Obras en verso y prosa de D. Tomas de Iriarte*. Tomo IV. Madrid: Imprenta Real, 1805.
Hutcheon, Linda. *A Poetics of Postmodernism: History, Theory, Fiction*. New York: Routledge, 1988.
Molloy, Silvia. *Acto de presencia: la escritura autobiográfica en Hispanoamérica*. México: Fondo de Cultura Económica, 1996.
Palacios Vivas, Nydia. *Voces femeninas en la narrativa de Rosario Aguilar*. Managua: PAVSA, 1998.
Plett, Heinrich F. "Intertextualities". *Intertextuality*. Ed. Heinrich F. Plett. Berlín: Walter de Gruyter, 1991. Pp. 3-29.
Rama, Carlos. *La historia y la novela*. Buenos Aires: Nova, 1970.
Wellek, René. *Discriminations: Further Concepts of Criticism*. New Haven: Yale University Press, 1970.

23 de abril 2010

De: Palacios Vivas, Nydia. *Escritoras ejerciendo la palabra: una mirada crítica nicaragüense*. Managua: 400 Elefantes, 2014. Págs. 149-168.

"'Las mujeres de mi país': An Introduction to the Feminist Fiction of Rosario Aguilar"

Ann González

One of the difficulties in speaking about Latin American feminist texts, as Debra Castillo points out in her recent book *Talking Back: Toward a Latin American Feminist Literary Criticism* (1992), is that "for the critic, assertions about these texts must be accompanied by readings made cumbersome through the need to introduce, even to a knowledgeable audience, a group of works that barely circulate even (or especially) within their own countries" (29). This problem is particularly acute in any critical discussion of contemporary Nicaraguan novelist Rosario Fiallos de Aguilar (1938) who is little known both at home and abroad. In part limited resources for publishing in Central America are responsible for the lack of circulation of her texts. Aguilar's first novel, for example, had a printing of only 500 copies. In addition, the general critical tendency to ignore female writers has also restricted access to her work in other forums. For example, Aguilar's fiction receives only scant mention in the introduction to Sergio Ramírez's collection *Cuento nicaragüense* (1976, 1981, 1986), although he includes two stories written by her father, Mariano Fiallos Gil. In fact, no women writers are represented in the Ramírez collection. Aguilar's reputation as a novelist of merit, however, has grown among Central American scholars especially with the publication of her last novel which appears on the reading lists for contemporary Latin American fiction at the University of Costa Rica. Furthermore, she has been discovered by North American critic Raymond D. Souza of the University of Kansas who claims she is "one of the best-kept secrets in contemporary Spanish-American fiction" ("Novel and Context" 456).

The particular issue of Aguilar's feminism is further obscured by the fact that her critics do not identify the underlying feminist preoccupations in her work. Souza, for example, asserts that "Rosario Aguilar no escribe con intención política o propagandística" (*La historia* 156); yet she demonstrates an acute awareness of the power relationships which define women's experience. While denouncing the *status quo* may not be Aguilar's overt intention or primary aim, by voicing issues which are normally silenced in her culture she communicates, not universal human experience, as Souza contends, but women's particular experience, an experience which ultimately must be viewed in political terms.

Aguilar's own denial of herself as a feminist, not unusual in a culture which equates feminism with lesbianism, only complicates the issue. In a letter of May 6, 1983, to Souza she clearly makes an effort to distance herself from the entire issue of "feminism" which for Latin American women is more likely than not to be synonymous with Anglo-French bourgeois individualism: "Son las mujeres de mi país a las que quiero describir desde sus diferentes estratos sociales... Y no es que quiera denunciar nada. No se puede denunciar la vida" (*La historia* 156). Her rejection of the loaded term "feminist," however, does not obscure her overriding concerns for gender-specific issues. Despite her reticence to associate herself with feminist discourse, she clearly deserves study from a feminist perspective.

Thus far in her career, beginning at age twenty-six, she has written seven short novels, beginning with *Primavera sonámbula* (1964), followed by *Quince barrotes de izquierda a derecha* in 1965, *Aquel mar sin fondo ni playa* (1996/1970), *Rosa Sarmiento* in 1968, *Las doce y veintinueve* (1975), a collection of her first four novels under the title *Primavera sonámbula*, which also includes a previously unpublished novelette, *El guerrillero*, in 1976, and her most recent and regionally best known novel *Siete relatos sobre el amor y la guerra* in 1986. The majority of Aguilar's central characters are female, and their stories are narrated from first person point of view or focalized exclusively on a woman from the third person. In the few instances where she does focalize on a male perspective, she inserts the section into a fundamentally female narrative and uses the male perspective as a counterpart or foil to the woman's concern. She deals in a matter-of-fact tone with taboo subjects: birth control, abortion, the desire not to have children, giving up one's child, and the utter isolation of women who make socially unacceptable decisions, that is, who reject maternity. In a country where abortion is illegal, where birth control is opposed by the Church, and the social expectation of women is to become mothers (wives or not), Aguilar's exploration of these issues constitutes little less than a subversive act.

Her first novel *Primavera sonámbula* is a provocative story of a young girl in a psychiatric hospital. Part of her therapy is to write to her psychiatrist about her experience. Her attempts are confused: "Mi mente es como un atardecer. Las ideas no están claras en mí, huyen como la luz" (7). She has suffered since childhood from extreme fear of the dark and recurrent hallucinations. In and out of treatment, she recounts experiences from her youth and her awakening sexuality. She is not like other girls who approach growth in terms of marriage, family, and future; she is submerged in the present and in her constant struggle between sanity and insanity. It becomes increasingly apparent that while she fears the dark, associated with her mental distress, she fears more the light or the entrance into the world of normality and social prescriptions for behavior. At the same time that she feels the proximity of death or insanity, she yearns to fulfill what should be, in her culture at least, her normal and social destiny: "la maternidad" (28). Her doctor encourages her to move forward, that is, to risk "normality," i.e., marriage and motherhood. She accedes, not because she is convinced, but because of the doctor's authoritative and patriarchal position. Her final line, therefore, is ambiguously courageous and sacrificial: "Haré lo que se me pide, aunque naufrague" (35).

In this first novelette, Aguilar broaches one of her most consistent themes: the isolation of women, "sencillamente no podía decirle a nadie nada" (17). The woman who deviates from social norms even in her thoughts finds herself alone and unable to communicate with anyone. The character's weariness of her "soledad" and her contradictory desire to be left alone whenever she fears that her deepest desires are not normal place her always on the margin between normality and abnormality, loneliness and social imposition, darkness and light. She is constantly and metaphorically in the shadows of the "atardecer." The plight of Aguilar's first heroine is left unresolved, however. She is trapped between two unacceptable positions: insanity or the normality that society prescribes.

Aguilar's next novel, *Quince barrotes de izquierda a derecha* (1965), pursues the exploration of women's entrapment. The main character in this novel is in prison for murder. Because she has been forced into prostitution by her mother who runs a brothel, her lawyer and the press both argue that she acted in self-defense. The man she has murdered was her mother's lover who tried to rape her. The murder, however, is only superficially the center of this story. The underlying theme revolves around the ambiguities of motherhood. In this novel Aguilar looks from the child's point of view backwards to the mother and in turn to her mother in an attempt to understand how a mother can hate her child. The myth of maternity insists that a mother's love for her child is natural, hatred, unnatural. Aguilar deconstructs the myth, exposing maternal hatred and its isolating effects upon the child. Like the psychiatric hospital in the first novel, the prison in this narrative establishes boundaries and limits freedom. Before she is imprisoned for murder, the main character is captive of the brothel, dominated by the man she finally kills in an effort to liberate herself from him, from her mother, and from her past: "Me había libertado de él, de todos. Pero estaba aún más prisionera" (94). In Aguilar's previous novel, the main character is willing to take a risk, believing she may well drown; in this novel, the woman is unable to escape from her psychological prison, "Siempre me tiene cautiva" (94), even though it is likely she will be released from her actual confinement. She is isolated and imprisoned by more than bars; she is haunted and dominated by a patriarchy that cannot be eradicated through the symbolic murder of any one man.

Aguilar writes a haunting story of a newlywed who becomes the stepmother of an abnormal child in *Aquel mar sin fondo ni playa* (1966/1970). In this novel she confronts the taboo issues of abortion and contraception: two aspects of her persistent theme, the rejection of maternity. The unnamed wife cannot bring herself to like, much less love, the child of her husband's first marriage. The baby, repulsive, obese, untrainable, and prone to frequent spasms, requires constant medical intervention. The child so impresses the stepmother that she is terrified to become pregnant herself. Although she knows her husband would like children, she goes secretly to the health center for birth control pills. She agonizes over the question of abortion and wonders, "¿Cuál es el verdadero amor maternal? ¿Es valor dejar que nazca o no dejar?" (46). From both the Church and the State's perspective such a question is too insidious even to be verbalized. That Aguilar has the courage to ask it in public in 1966/1970 is in itself a "denuncia" of the assumption that Nicaraguans all agree that abortion is immoral and by consequence should be illegal. The wife's socially unacceptable decision not to have children, consistent with Aguilar's view of the feminist problematic, isolates her: "Era una decisión sólo mía, no sabida por nadie más, ni por Luis y tan sólo bajo mi responsabilidad" (47). Initially, Aguilar only poses the question of abortion, but as the novel continues, she moves into the even more taboo area of euthanasia: "Sabía que no tendría valor de dar a luz un niño así, en mi obsesión era capaz de todo. Y si lo tenía... estaba segura de tener el valor de no dejarle sobrevivir a mí" (48). The main character does, in fact, eventually become pregnant and have a normal little boy, but the child is tragically killed by the first child, the idiot. Yet, despite the tragedy, the ending of the story is ambiguously optimistic. The protagonist and her husband have separated, but she ultimately decides to return to him, less out of love, she claims, than out of duty: "Debo comprender e inclinarme a mi destino, a mi deber" (141). Despite her talk of duty, the underlying message is that she loves Luis and that she misses him, "Le tengo presente" (141).

Aguilar has asked her audience to swallow a bitter pill, to listen, at least, to the concerns of women, to the issues of contraception, abortion, even euthanasia, and so, it would seem, she sugarcoats the medicine by bowing to her audience's demand for a happy and romantic ending. She is skillful enough, however, to make it palatable. The ambiguous ending, like that of her first novel, indicates Aguilar's own dilemma as much as that of her central character. In all of her fiction up to this point Aguilar has shown a clear aversion to any kind of militant individualistic feminism. Yet she refuses meekly to succumb to patriarchy and acquiesce to the silencing of feminist issues. She clearly foregrounds the problematics in her culture surrounding maternity and depicts the psychologically devastating effects of women's isolation from each other and from their community. Yet she has not been able to free herself from the either/or dichotomy of whether or not to be a feminist (in the Anglo-French tradition) long enough to explore any alternative approach. In her last two novels, however she joins the chorus of Third World women who, as Jean Franco asserts in *Plotting Women* (1988), have insisted that "there are circumstances in which women's emancipation is bound up with the fate of the larger community" (xi).

Aguilar's next novelette, *Las doce y veintinueve,* was published in 1975 in *Cuadernos Universitarios,* a special edition dedicated to an "Homenaje a la Mujer Nicaragüense en el Año Internacional de la Mujer." The novel is a collection of perspectives immediately preceding and following the devastating earthquake in Managua on the morning of December 23, 1972. The narration focalizes on Vilma, whose husband, Manuel, is having an affair and has not come home the night of the earthquake. She is left alone to dig out her son and hunt for her baby, trapped somewhere beneath the caved-in roof. The perspectives switch back and forth from Vilma to Manuel (one of Aguilar's rare male perspectives), to Manuel's lover, to Vilma's maid. Here again, the fundamental theme is motherhood. The earthquake is measured in the number of babies born and babies dead: "¿Cómo es posible que en medio de aquel caos, un niño esté por nacer? Que una nueva vida surja cuando todo está acabando" (168). Strangely, pregnant women all over Managua, without water and without electricity, are bearing their children on that ill-fated morning: "sea porque les ha llegado la hora, o porque el terror o los golpes, las inducen a un parto prematuro" (169).

The lover whom Manuel has so callously left to die pinned beneath a building remembers her life in her delirium. Like the main characters in *Primavera sonámbula* and *Quince barrotes de izquierda a derecha*, she is both literally and metaphorically isolated and imprisoned. She is physically trapped by the earthquake and psychologically isolated by her guilt and her past. The earthquake which traps her, however, ironically releases Manuel. The cataclysm which turns everything upside down normalizes his world. He loses his lover and one of his children to the earthquake, but he ironically regains his control over himself and over his wife, Vilma. The chaos facilitates male domination in every sphere as women lose their integral places within the family and community. This perception of displacement/disempowerment is unusual in feminist discourse which tends to see patriarchal notions of "a woman's place" as inherently disempowering. The notion of place, however, in Aguilar's fiction is not synonymous with traditional, submissive female roles, but rather with a powerful sense of unity with family, community and environment.

The maid is the one character who sees the inherent power struggle which underlies this novel—not just the conflict between male and female, but also the conflict between rich and poor. While she is dominated by her husband, Lolo, she is also imprisoned by the class structure. After the quake, she comments wryly, "Ahora sí, al fin estamos parejos todos, ricos y pobres; todos sin nada" (174). She is mistaken, however; the rich have retained their power over the agents of social control. The police, supposedly protecting private property, begin to take by force what the poor have looted, only to keep it for themselves. Ultimately, the poor always lose: "hay que irse antes de que a los pobres les echen la culpa de todo, del fuego, del robo, del terremoto" (175). With the maid's perspective, Aguilar begins to experiment with a theme she picks up again in *El guerrillero* and *Siete relatos*, the relationship between individual feminist liberation and the struggle of all people to free themselves from political, social and economic oppression.

Aguilar's last two novels, *El guerrillero* and *Siete relatos*, should be treated together, then, not only because of their thematic similarity, but because the latter is apparently a continuation in plot line of the former. The heroine of *El guerrillero* appears again in *Siete relatos* and is finally able to resolve both her own personal conflicts and participate in the social conflicts which Aguilar takes up now in full force. In the first of the two narratives, *El guerrillero*, a young unmarried rural school teacher discovers a wounded Sandinista guerrilla hiding in a shed behind the school. Carefully at night, she takes him home and hides him there until he recovers and is able to rejoin his ranks. We never learn her politics; she is in no way outspoken against the Somoza regime, nor is she clearly in favor of it. Her political intuition and awareness, however, belie her apparent apathy. She cares for the guerrilla not because he is on the side of liberation but because he is a human being in pain. She falls in love with him, but he leaves without any commitment to her, never knowing she has become pregnant by him. Because she loves the father, she willingly has the child despite town gossip. Later, however, she allows herself to fall into a relationship with a married judge, and once again becomes pregnant. Because her relationship with the judge is based on material convenience, not love, she decides to abort. Like all of Aguilar's other female characters, she finds herself isolated by this rejection of mainstream values. She can confide in no one: "No puede aconsejarse de nadie. Ahogada en un silencio absoluto" (252).

The silence is broken, however, not for Aguilar's protagonist but for her readers by the narration itself. The character's internal deliberations over abortion allow us, the readers, to share an open forum about a taboo subject within the safety of a fictional encounter. Contrary to cultural expectations, the moral dilemma over abortion is not at issue. Rather, the illegality of the choice and the consequent danger are the focal points of the character's preoccupation: "Es un asunto muy peligroso. Comprende. Detrás de un delito así está la muerte aguardando. El castigo está en el riesgo en sí" (252). Defiance of social law implies grave risk, but Aguilar's character is determined to free herself from an oppressive relationship.

The emotional tension in the novel revolves around the protagonist's desire to know the whereabouts of her guerrilla lover whom she cannot forget and her awareness that for him to return would be to put himself in danger. In her obsession to know if he has already been killed, she travels to the morgue in the capital to see if a guerrilla killed matching his description is in reality the same one she knew. Again she takes a formidable risk. If she is connected in any way with the dead guerrilla, whether or not he is the one she seeks, her own life will be in danger. In the traumatic scene when she discovers that the dead and mutilated body is not her former lover, she finally realizes that she may never know what has happened to him, that she probably will never see him again, and that she must live with this uncertainty. She compares her plight to a pair of birds who have made their nest too low to the ground, too near to people and who are afraid: "Pero se sobreponen al terror, se exponen al peligro. Ir, venir, incubar. Y mientras uno de los pájaros va, el otro hace guardia en una ramita cercana o calienta el nido. Tienen que esperar sin remedio a que la espantosa pesadilla termine, a que los pichones nazcan y emplumen y se marchen y no vuelvan más" (268). The birds in Aguilar's image put themselves at risk because of the circumstances in which they find themselves. The parallel to Aguilar's women is plain. Society has already placed them in a disadvantageous position. There is no choice for them but to take risks: political, social, and psychological.

In this novel Aguilar links the issues of motherhood, independence and risk. She never implies a simplistic equation, however, between maternity and oppression, rejection of maternity and liberation. On the contrary, maternity is viewed both positively (the character's first experience) and negatively (her second experience). Abortion, for Aguilar's character, is the response to a particular pregnancy under particular circumstances and permits the female protagonist to free herself from a man who will oppress her. The issue is not one of morality but of politics and of personal risk. The struggle over whether and how to have an abortion in this novel, therefore, reflects a much larger political struggle for independence which transcends the individual's fight and mirrors the struggle of an entire nation to liberate itself from dictatorship. But in the Nicaragua of this novel, no one talks about these issues, not about politics, least of all about abortion. Every decision which goes against law or official morality, from sheltering a guerrilla to having an abortion, must be taken in solitude and silence with advice from no one. Yet the silence does not preclude action. Aguilar's female character in this novel, as opposed to the women in her earlier novels, is no longer trapped between two unacceptable positions; she finds a third route, individual defiance of social prescriptions. Yet she is still alone. Not until Aguilar's women join the Sandinista struggle for liberation as guerrillas themselves is the separation from others who are also participating by opposition erased.

In her last novel, *Siete relatos sobre el amor y la guerra*, the schoolteacher of the previous novel has become a guerrilla. Structured as a series of interrelated short stories, the action takes place during the final days of the Sandinista struggle to oust Somoza and revolves around issues of independence at all levels: political, social, and individual. Aguilar's persistent theme, however, now in a revolutionary setting, continues to center on maternity and the isolation of individual women in terms of their physical and psychological space. Each story revolves around a woman who focalizes the narration and views her participation or non-participation in the revolutionary struggle from different angles: a rich woman in Miami who has abandoned *la patria* for the safety of Miami at the request of her husband's parents, but who profoundly misses her home, who has lost the sense of the nest to which Aguilar metaphorically alluded in the previous novel; another woman who leaves her job after the revolution to live with her husband in the jungle, who can no longer make her nest in the natural world but needs the comfort of civilization and hospitals to bear her child; another woman, a compañera who gets pregnant in the mountains in the midst of the struggle and who is sent down to the city to have her baby, only to die traumatically shot by government soldiers at the moment of giving birth, so that the pain of labor and that of death are inseparable; a comrade in jail who no longer can see or hear after being tortured, who will ironically be killed by friendly fire as the Sandinistas march in and blow up government installations. The first half of the book dedicated to "el amor" and subtitled "Amándola en silencio" is a series of untitled interweaving stories in which the direct object of love "amándola" is the country itself, Nicaragua, feminine [la]. The second half, dedicated to "la guerra" and subtitled "Adiós para siempre" is composed of four stories each titled by a woman's name. The "adiós" is said variously to the country, to the revolution, to fellow revolutionaries, to impossible loves and lovers.

The men in the lives of all these women are central factors in terms of what happens to them and in determining what choices they make. Ultimately, however, their lives and deaths transcend the men with whom they interact, and instead, the stories revolve around the relationship each woman has with her country, "la madre tierra" and the revolution which affects them all. The underlying thread forms a picture of women who feel excluded, who are not where they need to be to make choices and to assume the responsibilities they feel they should have. Alienated in the extreme, each woman in very different circumstances experiences displacement, the sensation that the real world, the one where decisions are made, is elsewhere. In each case the exclusion is handled metaphorically in terms of geography; the actual location of power, values, responsibilities, and decisions is wherever the woman is not: for the woman in Miami, the real world is in Nicaragua; for the revolutionary forced into the city to have her baby, the action which will affect her life originates in the mountains; for the woman in the jungle, duty lies in the city; for the guerrilla in hiding choices are made outside the walls of her safehouse.

Not until the last story of the book is there some sense of resolution to the dilemma of displacement. Karla, a rural school teacher turned revolutionary guerrilla, has escaped the government raid which killed her pregnant comrade and has lived to see the Sandinistas march victoriously into Managua. As she watches the parade with her small son on her back, she sees her former lover (perhaps the guerrilla from the previous novel). He, however, gives no sign of recognition. Contrary to reader expectation, she is neither hurt nor surprised nor does she feel excluded yet again. Instead, in what is almost an epiphany she recognizes his independence at the same time that she celebrates her own. Her realization that her place is no longer with the revolutionaries prompts her to discard her guerrilla code name, Karla, as well as her anonymity from the previous novel. She is able to shed her fictional, revolutionary persona to become Margarita Maradiaga, a person with a complete name and a town to which she belongs. She no longer feels isolated or excluded but becomes an integral part of her reality. Her sense of belonging, however, has not been bought at the expense of her independence. Rather, "Recobró su legítima identidad" (154), that is, her identity as an individual integrated into her world. Margarita Maradiaga's response, that she belongs to her country (to the land itself not to the political construct), to her community, and to her child but that she also has a clear sense of self and of "identity," reflects a view which is not clearly identifiable within Anglo-French schools of feminist theory and which makes Aguilar's latest novel particularly interesting in any understanding of a distinctively Latin American feminist perspective.

Aguilar clearly participates in the highly visible current of Latin American feminism which sees women's liberation as inevitably linked to the greater social and political struggle of all people for freedom from oppression, but less obvious is her accompanying view that the struggle also implies the breaking down of barriers which isolate women —not only from each other, which is a fairly common theme in feminist discourse, but also from their communities and from the land itself. This social and almost ecological concept of integration — that is, how her characters belong in and to their world (both social and environmental)—is central to Aguilar's fiction and articulates a concern which is variously heard in other Latin American feminist texts (cf. for example the connection between the Guatemalan Indian and the natural environment in Rigoberta Menchu's testimonial or the metaphorical merger of women and nature in the poetry and fiction of fellow Nicaraguan Gioconda Belli).

Aguilar's narratives appeal eloquently to a sense of wholeness, of integration, which permits her finally to see feminist issues not as isolated political goals or individualistic acts of defiance, but as integral parts of women's lives as they interact in the world. Her female characters, unlike their Anglo-French counterparts, do not see themselves as women first but as Nicaraguans, not, however, as representatives of their country in any political sense of State or attachment to government, but rather as Nicaraguans in a fundamental gestalt comprised of their attachment to and association with the land, with the small town, with family, and with neighbors. This sense of integration and of unity in Aguilar's last novels mirrors the initial optimism after the 1979 Sandinista victory that Nicaraguan women would be able to resolve the internal divisions which have alienated, displaced and disempowered them. It remains to be seen, however, if such optimism is warranted in the face of increasing political repression in Latin America. Certainly, the fundamental struggle, which Aguilar so poignantly articulates, persists as Latin American women insist that the search for gendered identity be conducted within the broader spaces of family, community and ecology.

Bibliography

Aguilar, Rosario. *Aquel mar sin fondo ni playa*. León, Nicaragua: Editorial Universitaria de la UNAN, 1970.
Aguilar, Rosario. *Las doce y veintinueve*. Cuadernos Universitarios 15 (1975): 144-185.
Aguilar, Rosario. *Primavera sonámbula*. León: Ventana, 1964.
Aguilar, Rosario. *Primavera sonámbula* [cinco novelas]. San José: EDUCA, 1976. Also included in this edition are: *Quince barrotes de izquierda a derecha, Rosa Sarmiento, Aquel mar sin fondo ni playa*, and *El guerrillero*.
Aguilar, Rosario. *Quince barrotes de izquierda a derecha*. León. Ventana, 1965.
Aguilar, Rosario. *Siete relatos sobre el amor y la guerra*. San José: EDUCA, 1986.
Castillo, Debra A. *Talking Back: Toward a Latin American Feminist Literary Criticism*. Ithaca: Cornell University Press, 1992.
Franco, Jean. *Plotting Women: Gender and Representation in Mexico*. New York: Columbia University Press, 1989.
Ramírez, Sergio, ed. *Cuento nicaragüense*. 1976. 1981. Managua: Nueva Nicaragua, 1986.
Souza, Raymond D. *La historia en la novela hispanoamericana moderna*. Bogotá: Tercer Mundo Editores, 1988.
Souza, Raymond D. "Novel and Context in Costa Rica and Nicaragua". *Romance Quarterly* 33.4 (Nov. 1986): 453-462.

De: *Revista/Review Interamericana* 23.1-2 (Spring-Summer 1993): 63-72.

"Evolución de los personajes femeninos: del silencio e imaginación a la construcción de un sujeto beligerante"

Nydia Palacios Vivas

> *¡Oh mujer! el silencio es el adorno de tu sexo.*
> –Sófocles

> *Aristóteles dijo y es cosa verdadera que el hombre por dos cosas trabaja: la primera por el sustentamiento, y la segunda era por conseguir unión con hembra placentera.*
> –Arcipreste de Hita. *Libro de buen amor*

> *Mira, amigo, que la mujer es un animal imperfecto, y que no se le han de poner embarazos donde tropiece y caiga, sino quitárselos y despejarle el camino de cualquier inconveniente para que, sin pesadumbre, corra a alcanzar la perfección que le falta, que consiste en ser virtuosa.*
> –Miguel de Cervantes. *"El curioso impertinente". Don Quijote de la Mancha*

> *Las mujeres son seres inferiores porque, al entregarse, se abren. Su inferioridad es constitucional y radica en su sexo, en su "rajada", herida que nunca cicatriza.*
> –Octavio Paz. *El laberinto de la soledad*

Iniciamos este ensayo con epígrafes de célebres escritores de las literaturas griega, española e hispanoamericana separados por siglos de distancia, pero que coinciden en la representación de la mujer como ser inferior, cuya virtud está en callar y en ser "el otro", un complemento, el lado oscuro, irracional y misterioso, pensamiento que evidencia un prejuicio sexista. En la literatura se ha perpetuado la imagen de la mujer como ser débil, emotivo, dominado por las pasiones, frente al pensamiento racional de los hombres. Esto se interpreta como una manipulación de la realidad al servicio del hombre. Ya Sor Juana demostró que la mujer es capaz de especulaciones abstractas, al ser ella un ejemplo vivo. En el siglo pasado se encubría, se enmascaraba o se leía entre líneas el poder aniquilante del orden masculino tal y como lo indicara Gertrudis Gómez de Avellaneda en su novela *Sab* (1841). La escritora cubana no sólo denuncia la opresión de la mujer, sino que toma la figura del esclavo para simbolizar, mediante la escritura palimpséstica, la esclavitud de la mujer. También otras escritoras de Hispanoamérica en el siglo veinte incorporan a la mujer como sujeto de su propio discurso, desafiando el canon. Los ejemplos más notables son los de Delmira Agustini, quien hizo de lo erótico femenino la temática de su poética, y Alfonsina Storni con poemas como "Hombre pequeñito" y "Tú me quieres blanca" en los cuales ofrece una visión de la feminidad como problema individual y social.[1]

Hay en los poemas de la poeta argentina un resentimiento amargo de la voz poética que se niega a aceptar su condición femenina de subordinación y dependencia frente a lo masculino. El yo lírico se siente superior a los hombres pequeñitos, pero sabe que debe someterse a ellos: esta lucha se convierte en ironía. En la última etapa de la poesía de Storni se nota la transgresión vanguardista y la transgresión como mujer. Ella crea una poesía más atrevida y asume una posición política al desafiar los espacios del hogar y de la ciudad. Otro caso es el de María Luisa Bombal, quien en su novela *La última niebla* (1935) expresa por medio de lo fantástico el deseo de escapar de una situación intolerable. La niebla le permite a la protagonista huir de la realidad para sumergirse en la fantasía de un sueño, donde un amante imaginario la espera. La niebla marca el límite que ella no desea traspasar porque significa la muerte de su ilusión.

Por otra parte, en los últimos veinte años se ha operado un gran cambio en la literatura escrita por mujeres en América Latina. Las escritoras abordan temas que tienen que ver con asuntos públicos que atañen a una colectividad, como las guerrillas, dictaduras, revoluciones, en conjunción con aventuras amorosas, madres solteras, erotismo, infidelidades y maternidad no deseada. Los lazos familiares, antes muy fuertes, aparecen vulnerables debido a la situación represiva que viven las protagonistas. El mito de la maternidad se resquebraja. Las mujeres participan en otras funciones que las señaladas por la tradición. Ejemplos fehacientes de este cambio de perspectiva los

---

1. El poema "Hombre pequeñito" es uno de los más populares de Storni. En uno de sus versos dice así: "Hombre pequeñito, hombre pequeñito, / suelta a tu canario que quiere volar... / yo soy tu canario, hombre pequeñito, / déjame saltar" (*Poesía* 76).

podemos apreciar en la narrativa de Cristina Peri-Rossi, en *Estaba la pájara pinta* de Albalucía Ángel, en *De amor y de sombra* de Isabel Allende y muchas otras novelistas latinoamericanas.

Asimismo, las escritoras van mostrando nuevas experiencias en el campo de la creación femenina. La narradora del mundo ficticio, que al mismo tiempo es escritora del texto, revisa su quehacer escritural sobre la marcha de producirlo, como lo hace Rosario Aguilar en *La niña blanca y los pájaros sin pies* (1992), originándose así un nuevo tipo de personaje femenino enriquecido con nuevos intereses y perspectivas.

También en las escritoras latinoamericanas, encontramos un hábil manejo de las técnicas literarias, el cultivo de las letras como oficio y como praxis intelectual y profesional. Se rompen los moldes de viejas retóricas, se difuminan los límites de los géneros, como en *Siete relatos sobre el amor y la guerra* (1986), se multiplican los puntos de vista y se ensayan códigos lingüísticos que añaden gran calidad a la creación del lenguaje.

En suma, en el mundo de la creación literaria, el discurso minoritario de la mujer intenta desafiar las jerarquías vigentes. Las escritoras asignan a sus protagonistas papeles beligerantes, sus heroínas defienden y luchan por ocupar otras posiciones y asumen el liderazgo en asuntos que anteriormente se consideraban privativos de los hombres. Esta actitud se revela en la narrativa de Rosario Aguilar, al diseñar heroínas comprometidas con la lucha del pueblo nicaragüense y al enfocar el amor y la maternidad desde otra perspectiva diferente a la tradicional.

En este ensayo veremos cómo la escritora nicaragüense perfila personajes femeninos inmersos en sus dilemas existenciales que encajan dentro de los parámetros del discurso masculino en sus novelas *Primavera sonámbula* (1964), *Quince barrotes de izquierda a derecha* (1965), *Rosa Sarmiento* (1968) y *Aquel mar sin fondo ni playa* (1966/1970), pero que a partir de *El guerrillero* (1976) empieza a elaborar un sujeto beligerante, capaz de construir su propio destino. Este rasgo se acentúa en *Siete relatos sobre el amor y la guerra* (1986), donde las heroínas luchan y mueren por la revolución con la esperanza de hacer cambios y de participar en el quehacer histórico de su país. Aguilar evidencia así un notable cambio en el tratamiento de la figura femenina. Rescata a la mujer de su rol secundario y dependiente para convertirla en sujeto activo que moldea su propia vida. Si bien el amor es un elemento básico en la historia de sus protagonistas, el matrimonio y la maternidad no constituyen sus únicas metas. Estas heroínas comienzan a valorarse, a redefinirse, como dice Francine Masiello: "No en términos de la herencia o el acto procreador, sino en los términos del cuerpo propio y la identidad que éste produce. Son modos de producir una nueva identidad, de reclamar el cuerpo de la mujer como territorio independiente" ("Texto, ley, transgresión" 814).

Esta perspectiva evidencia las conquistas del feminismo y en materia literaria, la crítica feminista. El feminismo cuestiona el significado de lo femenino y lo masculino como mitos culturales en una relación antagónica jerarquizante. De allí que el decontruccionismo constituya una herramienta esencial al feminismo porque demuestra la dicotomía del pensamiento occidental que sitúa lo femenino dentro de la categoría de lo débil. Además, Derrida postula un examen de las instituciones que sustentan las jerarquías hegemónicas y cuestiona la ley del género, la cual para él no es más que un límite imaginario (Franco 33). Las feministas no ignoran el peso de la tradición. Revalúan los parámetros que se han impuesto para establecer una jerarquía de calidad y reexaminan los criterios para abordar las obras escritas por mujeres (Mora 11). La conocida feminista inglesa Elaine Showalter sugiere que se trabaje con los modelos masculinos en una dialéctica enriquecedora: "Actualmente lo que estamos demandando es una nueva historia universal y una crítica que combina las experiencias literarias de ambos, mujeres y hombres, una revolución completa en el entendimiento de nuestra herencia literaria" (16).[2]

Consideramos que esta estrategia es aplicable en el estudio de las novelas cortas de Aguilar, quien lejos de rechazar la herencia literaria de los grandes poetas latinoamericanos y nicaragüenses, ha asimilado y avalado sus discursos, produciendo una obra de indiscutible calidad.

Predominio de la fantasía y la imaginación

En las primeras novelas de Rosario Aguilar, las protagonistas sufren trastornos mentales y síquicos o se debaten en problemas existenciales. Estas heroínas se expresan por medio de monólogos interiores que nos descubren sus ilusiones, sus frustraciones, su soledad, la búsqueda

---

2. "It is now clear that what we are demanding is a new universal history and criticism that combines the literary experiences of both women and men, a complete revolution in the understanding of our literary heritage". Las traducciones del inglés son mías.

de un amor que dé sentido a sus vidas, condenadas a la pasividad, sin oportunidad de funcionar en un mundo pragmático. Esta óptica variará considerablemente en sus últimas novelas donde asistimos a la construcción de un sujeto beligerante, con plena conciencia de su participación en el momento histórico por el que atraviesa Nicaragua. Las protagonistas son mujeres divorciadas en unos casos, o madres solteras en otros, mujeres heroicas luchando más por su independencia que por su virtud. No se representan más las estoicas institutrices recluidas en las buhardillas, o huérfanas desamparadas de las novelas del siglo XIX. Los problemas frecuentemente abordados por Aguilar son los de la identidad personal y la búsqueda de las mujeres de un futuro que dé sentido a sus vidas.

Primavera sonámbula

En su primera novela *Primavera sonámbula*, el personaje femenino se debate entre un mundo de luz y sombra, lucidez y locura. La paciente sufre un serio trastorno en su esfera de percepción. Experimenta un miedo patológico a los espacios públicos, lo que se conoce con el nombre de agorafobia. Al respecto Sandra M. Gilbert y Susan Gubar, refiriéndose a las enfermedades consideradas femeninas en el siglo XIX, arguyen que: "Parece inevitable que las mujeres educadas y condicionadas para una vida doméstica de encierro y pasividad desarrollen un miedo patológico a los espacios abiertos. [...] Enfermedades como la anorexia y la agorafobia simplemente llevan las definiciones patriarcales de 'feminidad' hasta extremos absurdos y de esta manera funcionan como esencial, o al menos inescapable, parodia de las prescripciones sociales" (54).[3] La enfermedad como metáfora en la literatura del siglo XIX se repite con insistencia en *Primavera sonámbula*. En la novela es constante el miedo a los espacios abiertos que condiciona a la mujer a recluirse en las buhardillas, en un "cuarto propio", en una actitud pasiva y temerosa como lo revelaron las novelistas inglesas del siglo XIX. Romper la línea divisoria y salir a la calle es penetrar en el territorio de los hombres. La mujer se expone

---

3. "It seems inevitable that women reared for, and conditioned to, lives of privacy, reticence, domesticity, might develop pathological fears of unconfined spaces. [...] Such afflictions as anorexia and agoraphobia simply carry patriarchal definitions of 'femininity' to absurd extremes, and thus function as essential or at least inescapable parodies of social prescriptions".

a la mirada masculina, se hace pública. La protagonista de *Primavera sonámbula* tiene miedo a enfrentarse al mundo. La cultura patriarcal, que confunde sexo y género, y que define al hombre desde posturas esencialistas, parece ignorar que las diferencias son convencionales y que están culturalmente determinadas. En esta novela, el personaje femenino teme desarrollar su identidad en el interior de la sociedad, asumirse como agente social. Sin embargo, al final de la novela, ella lucha contra la agorafobia, en espera de vencer las convenciones que restringen la existencia de las mujeres.

En *Primavera sonámbula* la escritura es una válvula de escape y una forma liberadora que le permite a la protagonista desafiar un código moral que como una mordaza silencia su voz. Los recuerdos e impresiones danzan en su memoria y brota la palabra escrita. Así descubre sus zonas interiores, deja correr libremente la pluma sobre el papel. Escribir se convierte en una necesidad y una habilidad que desarrollará poco a poco para convertirse en escritora. La tinta es como una corriente de sangre que la impulsa a expresarse, sin riesgo de que su boca "se hiera constantemente con el freno" (24-25).

Su desahogo por medio de la palabra escrita nos permite conocer en sus páginas la visión de la mujer frente al mundo desde una perspectiva interior, una mujer atrapada que ansía la libertad, pero la teme. Frecuentemente en la narrativa femenina tradicional la falta de libertad se expresa a través de espacios cerrados: un cuarto, la casa, una celda o un monasterio.[4] En esta novela el espacio representado es una clínica siquiátrica. Sus ansias de abandonarla coinciden con el descubrimiento de la fuerza del sexo. Sentir las ansias del deseo, su sensualidad, la avergüenza y la atemoriza: "Estoy muy sola. Dios mío, que sola estoy… quiero ahogarme entre las sábanas, abrazarme a las almohadas, desnudarme… sí, desnudarme. Deseo ardientemente que

---

4. Gilbert y Gubar estudian las imágenes de encierro y escape con que las escritoras inglesas del siglo XIX dramatizaron su propia reclusión: "Dramatizations of imprisonment and escape are so all-pervasive in nineteenth-century literature by women that we believe they represent a uniquely female tradition in this period. Interestingly, though works in this tradition generally begin by using houses as prímary symbols ol female imprisonment, they also use much of the other paraphernalia of 'woman's place' to enact their central symbolic drama of enclosure and escape. Ladylike veils and costumes, mirrors, paintings, statues, locked cabinets, drawers, trunks, strongboxes, and other domestic furnishings appear and reappear in female novels and poems […]" (85).

alguien venga a acompañarme. Cualquiera... no cualquiera... preferiría que fuera un hombre" (18).

En la fantasía encuentra el placer de la satisfacción de los propios deseos. Esta fantasía le permite el desarrollo de la personalidad proporcionando una secreta esfera de posibilidades. La joven, separada por las restricciones sociales de expresarse libremente, deja constancia en su escritura de sus ansias, temores y sensaciones. El descubrimiento de su propio cuerpo significa el encuentro consigo misma, propiciando el trayecto hacia el logro de la libertad ontológica, por lo tanto, hacia la conquista de la propia identidad.

No obstante, todo un código moral la obliga a reprimir su erotismo y aparece la locura, que es la máscara que encubre la libido reprimida. La protagonista se siente atrapada por una sociedad hipócrita donde tiene que fingir todos sus actos, las fiestas la incomodan al tener que sonreír y saludar a mucha gente, se siente más tranquila en la clínica. En un proceso de autoconocimiento se refugia en la escritura de su expediente clínico, una especie de diario, forma que se ha considerado de escaso valor estético, inferior a la novela y que tradicionalmente fue considerado el género más apropiado para la escritura de las mujeres. El diario es un género que participa del sicoanálisis y de la ficción y que en el caso de la novela que nos ocupa, permite penetrar incisivamente en la siquis de la protagonista.

Para Rosario Ferré (*Sitio a Eros,* 1980) el diario es particularmente valioso como afirmación de una identidad, de la búsqueda del conocimiento de lo más recóndito del ser, de sumergirse en el laberinto síquico. El diario captura ese instante fugaz que puede desvanecerse, esfumarse de la memoria con el correr del tiempo. Es un género apremiante que busca dejar constancia del momento vivido cada día. En esta novela es sumamente importante que la paciente anote sus fobias y recónditos pensamientos. El expediente clínico es una variante del diario donde ella registra su pasado. Este tipo de escritura nos remite a uno de los rasgos del surrealismo: la escritura automática en la que el subconsciente aflora en los trazos que impregnan la página. El diario es una forma de catarsis, un medio de desahogo para las penas amorosas, las ilusiones frustradas y la insoportable soledad que aqueja a las protagonistas. Un ejemplo excelente de este género en la literatura escrita por mujeres en América Latina, lo constituye la novela *Ifigenia* (1924) de la escritora venezolana Teresa de la Parra, donde quedan registrados todos los pormenores y la tragedia íntima de Eugenia, la protagonista.

Por otra parte, se ha insistido por más de dos centurias que el diario ha sido el género más cultivado por las escritoras. Rosario Ferré proclama su excelencia: "Son textos que se vierten sobre sí mismos, a veces con una intensidad aterradora. Diarios como los de Dorothy Wordsworth, Alice James, Nelly Ptaschkina o Marie Bashkirtseff, comparten una atmósfera sobrenatural, casi onírica, comparable a los escritos de Kafka, o a ciertos relatos de Felisberto Hernández" (42).

Varios de estos rasgos señalados por la escritora puertorriqueña aparecen en *Primavera sonámbula*. La paciente, como en una película en la cual participa ella misma como espectadora, va pasando, a manera de instantáneas, los pasajes más ocultos en el archivo de su memoria. Frente a las fotografías evocadas mentalmente, desfilan sucesos y ella revive impresiones, retazos borrosos de su vida, sensaciones, temores y sus intentos de suicidio. Ferré afirma que el diarista puede compararse con un cineasta. Ambos muestran una realidad sin intervención de la cámara. Las imágenes se proyectan sobre una pantalla sin necesidad de lente, prescinde de toda forma y en ello radica la técnica de su arte. Su lente es invisible. Pero de esta manera logra comunicarnos la materialidad palpable de la carne y de los huesos (41).

Nuestra heroína, en el telón de fondo que le sirve para proyectar sus imágenes, muestra la perturbación de su siquis. En su mente, escenas del pasado surgen intermitentemente como lo harían en una máquina de cine. Los recuerdos más lejanos aparecen más nítidos, pero hay momentos en que se interrumpen. Encontramos escenas que se repiten, pero el fondo es diferente. Las imágenes oníricas aparecen en una atmósfera fantástica y toman cuerpo en una atmósfera irreal. En un pasaje surrealista, la enferma observa aterrorizada cómo el reloj del péndulo danza sobre su cabeza. Ve a un ser negro y peludo con rasgos monstruosos que le espantaría y perseguiría siempre, una sombra que la paraliza y la deja sin habla. Esta figura demoníaca que la perturba puede interpretarse como la lucha por reprimir su sensualidad, la lucha contra la satisfacción de sus instintos y el temor de caer en el pecado de pensamiento y obras. La subversión también se obtiene por medio del sueño y del ensueño, del uso de lo fantástico, que fractura la linealidad temporal del discurso patriarcal que en esta novela permea todo el mundo narrativo de Aguilar. De esta manera, vemos cómo el diario es ese amigo fiel al cual se le confían los secretos más íntimos, la complejidad de una vida, los conflictos emocionales llenos de prejuicios, al encuentro de la identidad femenina. La lucha contra estos prejuicios son revelados por la protagonista en sus monólogos donde se evidencia su desprecio por la sociedad a la que pertenece.

La novela es una metáfora del miedo de la joven de entrar en el mundo masculino. Ella se encuentra con la invencible barrera de las convenciones sociales que le imponen un comportamiento: "La sociedad ha comenzado a cansarme en un corto mes. Tengo que estar mudándome y arreglándome el cabello. Esto no es vida" (26). Surge el motivo del cabello arreglado que demuestra el sometimiento a un orden establecido. Encontramos un cuestionamiento de la condición de la mujer de clase alta sujeta a una estricta moral que la obliga a ser inauténtica, a vivir la vida de acuerdo con unos valores organizados. Por ello, el mar, como símbolo de libertad, constituye un motivo recurrente en esta novela. El mar es para ella como un imán poderoso, sueña con lanzarse desnuda y sentirse acariciada por la tibieza o frescura de la arena, dejarse acariciar en medio de un torbellino que la embriaga y le produce un placer insospechado. El contacto directo de su cuerpo con el agua del mar y la arena, como elementos eróticos, transparentan un deseo reprimido. Este sólo puede expresarse a través de símbolos que connotan libertad de los instintos y que confirman una constante en la representación de la mujer de unirse a los elementos naturales. Según la crítica chilena Lucía Guerra-Cunningham: "En la novela femenina de la primera mitad de este siglo, la mujer se concibe como un ser que infructuosamente busca la unión con los elementos naturales, intento que es refrenado por un orden social que le ha asignado el mundo artificial y limitado de la casa burguesa" ("Algunas reflexiones sobre la novela femenina" 35).

De esta manera, en toda la novela dialécticamente aparecen las imágenes de encierro y escape, ligadas al ámbito natural: "La naturaleza parece no existir para muchos. Sólo la toman en cuenta, seguramente, los pájaros enjaulados, que recobran su libertad" (22). Al final de la novela, la protagonista al abandonar su reclusión se enfrentará a esa sociedad en la que no encaja. La salida de la clínica significa la superación de su crisis para formar parte de esa sociedad que percibe como un inmenso mar profundo y tempestuoso. Le ha prometido al siquiatra lanzarse sin temor alguno, aunque se ahogue.

Hemos visto cómo Aguilar ha perfilado un personaje femenino que por medio de la invención y de la imaginación busca trascender dos espacios: el físico y el mental. El espacio doméstico burgués le asfixia, y al sumergirse en su espacio interior, poetiza su deseo erótico. Hay un amante que no sabemos si fue una experiencia vivida o solamente imaginada. La mente de la protagonista está en sombras. Es un personaje que fluctúa entre la vigilia y el sueño. Una primavera atormentada, sonámbula. En sus monólogos se trasluce el acicate del deseo y su lucha contra los principios morales. La joven quiere superar la imagen de la mujer tradicional sujeta a falsas iconografías y reglas de comportamiento. Su gran poder imaginativo, su abierta e intensa sensualidad se invalidan al tener que sujetarse a un orden riguroso, a un código social que la coarta. Por eso prefiere el refugio de la clínica, espacio reducido donde puede echar a volar su imaginación. Allí se sumerge en su espacio interior y de esta manera disfruta de ese espacio suyo, de esa zona secreta de su mente, de su "locura".

Este personaje responde en muchos aspectos a los parámetros de la mujer tradicional. Su realización como mujer radica en el encuentro con el hombre deseado y en el deseo de ser madre. Es una mujer sumisa que depende totalmente de los hombres que la rodean. Sin embargo, el mayor logro en la creación del personaje lo encontramos en la expresión de lo erótico, que si bien no se expresa abiertamente, sí aflora en el pensamiento de la protagonista, se manifiesta en lo más íntimo de su ser. Aguilar inicia la ruptura del viejo discurso que limitaba la representación del deseo femenino. Los novelistas nicaragüenses que la precedieron, hombres y mujeres, trataron a la mujer desde afuera, muy superficialmente. No sabemos de ninguna novela donde la mujer exprese sus deseos íntimos, su despertar a la fuerza del sexo, mucho menos que exprese abiertamente sus sensaciones corporales. En contraposición a esta perspectiva, en *Primavera sonámbula* son constantes las imágenes del cuerpo desnudo, el deseo de estar junto a un hombre, la sensualidad femenina expresada a través de los olores masculinos como colonias, tabacos, lociones. La escena imaginaria del cuerpo desnudo en la playa nos recuerda a la protagonista sumergida en el estanque en la novela de María Luisa Bombal *La última niebla* que escandalizara a los lectores de los años treinta.

Quince barrotes de izquierda a derecha

En la segunda novela de Aguilar, *Quince barrotes de izquierda a derecha*, al personaje femenino, una prostituta, se le acusa de matar a su padrastro. Si bien la trama gira alrededor del crimen, en esta novela se plantea con toda su crudeza el abuso infantil y la violencia contra la mujer, tema muy debatido en América Latina y en otras sociedades. Aunque la historia se enfoca desde la perspectiva de la prisionera, por medio de sus recuerdos sabemos que su madre, al igual que ella, fue víctima de la violencia desde la niñez, porque su padre la rechazó, culpándola de la muerte de su madre, la esposa de él. Esa culpa constituyó un estigma que la marcó durante su corta vida. La madre de la prisionera crece en un ambiente hostil. Huérfana de madre y convertido el padre en un juez implacable, en ella se va desarrollando un profundo rencor y una personalidad narcisista al usar su belleza para provocar escándalos (fue sorprendida a los catorce años de edad seduciendo a su primo que siempre había preferido a su hermana gemela). Con esta actitud abochorna a la familia mientras ella siente una gran satisfacción. De esta manera se venga del desamor del padre y del odio de la madrastra. El arma que utiliza es la risa, una carcajada burlona que irrita más a sus verdugos. Ante los castigos que no logran doblegarla (encerrarla en un cuarto, arrodillarla sobre granos de maíz y golpes en su cuerpo) su respuesta es la risa, la burla ante la autoridad paterna. Ella desafía el poder patriarcal al convertirse en la dueña de un burdel. Usa su mejor carta: la belleza de su cuerpo, pagado al mejor postor, una forma de desquite contra toda la familia por el desamor y el calvario sufrido y contra la sociedad que juzga implacablemente a la transgresora de las normas sociales.

Como una consecuencia lógica de ese ambiente de hostilidad y violencia, la madre de la protagonista, con su hija de padre desconocido, repite su misma historia. Sin embargo, en determinado momento, la niña parece despertarle un sentimiento reprimido: la ternura maternal que ella no recibió nunca, pero con resultado negativo: mientras la mece en sus brazos, la quema con un cigarro. Este daño físico es una imagen que refuerza la idea de venganza contra su hija tan parecida a su otra hermana a quien siempre prefirió su padre. La protagonista rememora este momento por medio de monólogos interiores que nos revelan un personaje femenino que ha perdido toda su autoestima.

Rosario Aguilar combina el presente de la diégesis: la muchacha en la cárcel, con el pasado: la vida de su madre. Por medio de constantes analepsis (evocación de recuerdos en el pasado) revive el maltrato de su madre y su desamor. La protagonista se aparta de todos; solitaria, tímida, insensible, desarrolla un mecanismo de defensa contra el dolor y el abandono.

La violencia contra la mujer siempre proviene del hombre. Las figuras del abuelo y el padrastro representan la autoridad patriarcal. Ambos controlan la vida de madre e hija. La narradora nos describe una escena muy importante que muestra la indefensión que sufre la protagonista a los seis años de edad. Su cuerpecito desnudo, expuesto a la mirada masculina es profanado por las manos que la sujetan para curarle la quemadura del cigarro en la cadera. Desde entonces, pese a su corta edad, comienza a incubarse en ella el deseo de vengarse. Esta agresión a su cuerpo alcanza ribetes de violencia extrema cuando después de morir su madre, su padrastro la viola a los doce años de edad. Luego de esta acción, el personaje se siente menospreciada, indigna y sucia. Su odio se va incrementando hasta culminar con el asesinato: hundirá el puñal en el lunar de pelota que veía palpitar desde niña en el cuello de su padrastro. La forma de ese lunar indica un desplazamiento metonímico de la virilidad, el símbolo del poder y la masculinidad que ella destruye y silencia para siempre.

Por otra parte, observamos en la muchacha una conducta edípica. La actitud hacia su madre es ambivalente. Sus sentimientos oscilan en la dialéctica amor-odio. Su comportamiento acusa un problema de identidad. De acuerdo con la teoría sicoanalítica, la actitud hacia la madre emerge en la más temprana diferenciación del yo en un proceso que ocurre de manera diferente para los niños y las niñas. Estas adquieren la identidad del género en forma positiva construyéndose en términos de igualdad, continuidad e identificación con la madre. Esta es la fase edípica que la protagonista no supera. Por eso quiere parecerse a ella: "Todavía, a veces, cuando me pongo a recordar, instintivamente deseo imitarla... Nunca logré imitar su sonrisa" (38).

Al repetirse en la muchacha la misma historia de la madre, colegimos que se trata del tema del doble. Cuando se mira en el espejo, surge la imagen de su madre, recurso que significa una identificación con el "otro". Intenta parecerse a ella, ensaya posturas y sonrisas, pero la suya es una mueca desagradable. Cuanto más trataba de sonreír, más distante estaba de parecerse a ella. Al respecto, Kristeva, basándose en Freud afirma: "La identificación es siempre ante todo elección de objeto [...], la primera elección que señala Freud es una identificación morbosa con la madre" (29). Por ello, matar al padrastro, su rival en el amor de la madre, es un caso evidente de celotipia, que confirma el complejo de Edipo.

Por otra parte, en el discurso se perfilan los dos estereotipos de mujer perpetuados en el discurso masculino: la pecadora que elige la senda torcida (la protagonista y su madre) y la virtuosa representada por la tía. Se establece la polaridad de la mujer paradigma frente al ángel caído. Estos personajes femeninos responden a los significados atribuidos a cada sexo en el código simbólico favorecido por la cultura patriarcal donde la mujer es marginada. Esta marginalidad es lo que permite a la cultura masculina ver a las mujeres representativas de lo oscuro y el caos y a veces también como madre de Dios. De allí que el feminismo liberal demanda el acceso al orden simbólico. De acuerdo con Lucía Guerra-Cunningham el personaje literario se fija: "a partir de un Deber-Ser como sinónimo de la pasividad, la inocencia y subordinación, concepto ético-social que se repite en su estructura ejemplificadora en un No-Deber-Ser representado por las imágenes deleznables de la pecadora, la bruja y la mujer fatal" ("El personaje literario femenino" 8).

En *Quince barrotes de izquierda a derecha*, desde el nacimiento, la mujer viene marcada por el destino. La conducta posterior de la madre se atribuye a la fatalidad, que se anuncia en el momento de nacer ella y su hermana gemela. Se trata de una moral convencional planteada en términos del Bien y del Mal. El parto de la tía fue suave, sin ningún dolor, con algunas horas de diferencia. Situación que prefigura el carácter de la tía, serena y sensata, es decir, buena. En cambio el parto de la madre fue traumático. Causó la muerte de la abuela por hemorragia: "Horas y horas de lucha. Desde el comienzo se trabó en la vida. No supo nacer correctamente. La abuela se desangró" (58). A la "perversa" de la historia, desde la Eva bíblica, se le sanciona por su participación en el ámbito despreciable de la Carne, que implica la transgresión de los límites convencionales de la "Virtud femenina" (Guerra-Cunningham, "El personaje literario femenino" 9). En esta novela habría que examinar los factores que incubaron "su mala conducta": el ser culpada por la muerte de la madre, la crueldad de la madrastra, el desprecio del padre y no su "mala semilla". Otro estereotipo que se pone de relieve es la animosidad de las hermanas, la imagen difundida de la rivalidad de las mujeres. Esto se confirma en los cuentos de hadas donde las madrastras, cuando son activas, lo son en el terreno de la maldad.

Es muy importante también señalar el cuestionamiento de Aguilar al problema social de la prostitución: La tragedia de la protagonista es la tragedia de estas mujeres que no encontraron una mano amiga que las sacara del abismo de perdición, miles de muchachas que no tienen un horizonte, una meta que alcanzar. Ante este callejón sin salida, la hija asume el papel de la mujer que se venga de esa sociedad que permite la explotación de su sexo. La voz narrativa reitera la imagen de la mujer objeto de placer, vejada y explotada ante la indiferencia de los demás. La anatomía la ata a su destino. Hay una marcada subvaloración de ella misma: "La risa debe ser, seguramente, atributo del ser humano. Como a mí no me criaron como a persona, sino como a un objeto, nadie me enseñó a sonreír" (38).

Por otra parte, vemos a una muchacha que no desea crecer porque las imágenes que tiene de la madurez están todas contaminadas. La sexualidad femenina parece significar más un peligro que un placer. No hay un mundo mejor a la vuelta de la esquina. El sitio de las jóvenes es el sufrimiento, careciendo de una conciencia de libre albedrío o de entera participación en los derechos de la humanidad. Aprenden a saber que sus sufrimientos derivan de su sexo, más que de su condición de seres humanos. Enfrentada a un ambiente destructivo donde es tratada como objeto, escapa por medio de la imaginación. Ese deseo se trasluce en el siguiente monólogo: "A veces era yo la reina de un país desconocido, lejano. De gente pequeñita donde todos me adoraban como a una reina. En un trono, con una corona… Nunca apareció la madrina buena, que de alguna forma salva a su ahijada, y la encamina hacia el príncipe soñado" (50-51).

En esta cita hay una clara alusión al primer condicionamiento cultural: los cuentos infantiles, que van formando la personalidad de los niños/as. Los cuentos de hadas refuerzan los estereotipos masculinos y femeninos del príncipe audaz y valiente que salva a la bella e ingenua que duerme o sueña, o que necesita de la magia para ser rescatada, porque ella misma es incapaz de hacerlo.[5] Vemos que la

---

5. Heléne Cixous analiza la imaginería del cuento infantil "Caperucita Roja" de esta manera: "The Big Bad Wolf represents, with his big teeth, his big eyes, and

única meta deseada es la consecución del amor, pero también notamos cómo la heroína, en la fantasía, expresa toda su impotencia, su condición de mujer y el sentimiento de que no hay salida. Asimismo, no encontramos ningún tipo de arrepentimiento en la conducta de la acusada, ni dudas al cometer el asesinato. Ella se resigna a su destino, se niega a luchar. Señala la degradación de los valores de la sociedad y adrede se margina, aceptando la irremediable fatalidad de un crimen planeado por años para desahogar su deseo de vengarse. ¿Es la acusada una heroína que trascendió su subordinación y el ultraje permanente a que estuvo sometida? ¿O es una víctima que quiso hacer el viaje de liberación a otro pueblo, y al impedírselo su padrastro, ella tuvo que matarlo? La protagonista no quiere que la declaren inocente, quiere permanecer en la cárcel como el espacio deseado donde ella pueda "ser" su verdadera dueña, y no seguir perteneciendo a todos los que la usaban como objeto de placer. La otra libertad de la que gozaba era una seudolibertad. Para ella la cárcel es una liberación. Se representa la prisión como el espacio deseado, como el espacio hermético de un presidio que le permite estar resguardada de la concupiscencia de los hombres.

La cárcel de mujeres puede ser un castigo para la mujer transgresora de las leyes prescritas por una sociedad patriarcal, en cambio para la protagonista es un triunfo. Ella desde su ínfima posición social se convierte en heroína, pero a la vez es un autocastigo, revela una actitud masoquista. Su crimen obedece a factores sicológicos como el complejo de Edipo y a una rebeldía contra el poder masculino, representado por el padrastro. Asimismo, en las hermanas gemelas se plantea el dilema teológico-ideológico-cristiano de Carne y Espíritu, que en su calidad de signos del orden patriarcal burgués, funcionan como modelos de lo que debe o no debe ser la mujer. Esta joven ha perdido su autoestima, pero su reacción final contradice esa pasividad. La narradora asume esa imagen de subordinación, propia del discurso masculino, pero con fines transgresores. Por eso legitima la reacción de la prostituta. Su venganza contra el posesor, su rebeldía contra ese poder enajenante que ha soportado desde niña, la sitúan más como una heroína que como una víctima.

---

his grandmolher's looks, that great Superego that threatens all the little female red riding hoods who try to go out and explore their forest without the psychoanalyst's permission. So, between two houses, between two beds, she is laid, ever caught in her chain of metaphors, metaphors that organize culture" ("Castration or Decapitation?" 44).

Rosa Sarmiento

En su tercera novela *Rosa Sarmiento*, Aguilar comienza a moldear un personaje rebelde. Notamos nuevos matices, un cambio sutil en la representación de la protagonista. La escritora interpreta y analiza la conducta de esta figura histórica que ha sido tan vilipendiada por los hacedores de la historia oficial. Las páginas que han llegado a nuestras manos la muestran como una madre que abandonó a su hijo de dos años de edad al enamorarse de otro hombre. La condena se hace más dura por ser Rubén Darío ese niño que fue criado por doña Bernarda Sarmiento, tía de la infeliz Rosa. La conducta de Rosa ha sido duramente juzgada por los jueces de ayer, preservadores de una férrea moral en una sociedad provinciana y conservadora. Rubén Darío se refiere a su madre de la siguiente manera:

> Un día una vecina me llamó a su casa. Estaba allí una señora vestida de negro, que me abrazó y me besó llorando, sin decirme una palabra. La vecina me dijo: "Esta es tu verdadera madre, se llama Rosa, y ha venido a verte desde muy lejos". No comprendí de pronto, como tampoco me di cuenta exacta de las mil palabras de ternura y consejos que me prodigara en la despedida que oía de aquella dama para mí extraña. Me dejó unos dulces, unos regalitos. Fue para mí una rara visión. Desapareció de nuevo. (33)

En este fragmento las expresiones "una señora vestida de negro", "aquella dama", "fue para mí una rara visión" y "desapareció de nuevo" imprimen al trozo un tono de indiferencia, de velado reproche revelando una actitud distante. Para Rosario Aguilar, rescatar la figura de Rosa y ofrecer una nueva imagen, desde una perspectiva femenina, significa una toma de posición a favor de la mujer que no tenía opciones en el estrecho horizonte de la sociedad de la segunda mitad del siglo XIX. El abordar un personaje histórico siempre significa un riesgo: o la escritora exalta en demasía al personaje o lo condena sin miramientos. En esta novela, Aguilar enfoca dos formas de comportamiento que en el caso de Rosa como en el de toda mujer, tanto en el contexto social como en el del personaje literario, fueron la causa de su censura: la infidelidad y el no responder al icono de madre abnegada. Aguilar recrea el episodio del nacimiento de Darío y su postrer abandono, como una consecuencia de los matrimonios arreglados por las familias. La identificación del padre con el marido, ya mayor, aparece como una forma simbólica de una condición opresiva para la mujer: Rosa no ama a don Manuel, le tiene temor, la intimida. Es viejo y no responde a la imagen del hombre soñado. La figura de su marido se enfoca como el hombre prototipo de la paternidad irresponsable que se aleja de Rosa apenas sabe que espera otro hijo. Darío nos ofrece en una página su opinión sobre su padre:

Y "Mi tío Manuel". Porque Don Manuel Darío figuraba como mi tío. Y mi verdadero padre para mí, tal como se me había enseñado, era el otro, el que me había criado desde los primeros años, el que había muerto, el Coronel Ramírez. No sé por qué, siempre tuve un desapego, una vaga inquietud separadora, con mi "tío Manuel". La voz de la sangre... ¡Qué flácida patraña romántica! La paternidad única es la costumbre del cariño y del cuidado. El que sufre, lucha y se desvela por un niño, aunque no lo haya engendrado, ése es su verdadero padre. (25)

En el discurso dariano, cargado de ironía ante falsas concepciones propagadas por la ideología romántica, aflora el resentimiento y la condena al comportamiento de su verdadero padre, amigo de los galanteos y del vino. Estos antecedentes familiares histórico-referenciales sustentan el discurso de Aguilar, quien diseña un personaje distinto, más humano. En la recreación de la figura de Rosa, Aguilar hace énfasis en la figura de la casa como una gran prisión. No se presenta la casa como elemento protector, como el lugar acogedor, sino el espacio doméstico que equivale a la muerte en vida y a la falta de libertad, donde no hay posibilidad de diálogo con el marido. La narradora reitera el encierro de la protagonista, su frustración y su soledad, en su lecho siempre vacío: "Es su cuerpo el que gime, no su alma. Es tan hermoso y permanece tan solo sobre el lecho..." (112). A solas, en su habitación privada, surge el deseo de Rosa como una actitud disidente contra el sistema ético de la sociedad del siglo XIX.

El adulterio de la protagonista se manifiesta en una forma ambigua que oscila entre el pecado y el derecho inalienable del cuerpo y el existir (Guerra-Cunningham, "Identidad cultural" 378). El conflicto de Rosa, su inconformidad y su rebeldía, tiene su origen en la falta de amor en la pareja. El matrimonio no llena las expectativas de la protagonista. De acuerdo con el canon, la meta ideal diseñada por el sistema patriarcal sólo concibe las relaciones sexuales dentro del matrimonio. Rosa se debate entre satisfacer sus impulsos vitales o arrastrar una relación que la condena a la enajenación. Es entonces que se decide a dar el gran paso desafiando los convencionalismos sociales. Quiere vivir a prisa porque la vida es breve, se niega a escuchar a los que tratan de salvarla. La voz narrativa avala el proceder de Rosa. Ve con simpatía al plantear la condición de la mujer, sometida, resignada, marchitándose cada día, condenada a servir como elemento reproductor:

> No puede ser como las otras mujeres de la familia que se resignan prematuramente a la renunciación. [...] Ella no puede como otras resignarse al abandono. Las mujeres de su época permanecen en sus casas, silenciosas, con las cabezas sumisas y sin rebelarse jamás. Biológicamente viviendo, pariendo hijos, sin saber cómo, ni para qué. (113)

Hay en esta cita un rechazo a la ideología patriarcal que consideraba la reproducción de la especie una obligación de la mujer. El abandono de la casa, como el sitio deseable, se aborda desde otra perspectiva, la de un espacio que coarta la libertad de la mujer y que la condena a la enajenación. No obstante, el triunfo de la protagonista aparece empequeñecido al desprenderse de su hijo genial. Lo cede a su tío político para aliviar un poco su conciencia. El pecado constituye el núcleo más conflictivo de la identidad femenina. Esa culpa la arrastrará por siempre. Es el castigo para la adúltera, por haber faltado a su deber de madre sacrificada, por su resistencia al poder, la desobediencia contra el "paterfamilias" simbolizado en el padre o el marido. Condenada por su infracción, a la rebelde Rosa la perseguirá el remordimiento, sufrirá por su pecado contra el orden establecido el cual, según Debra Castillo, "premia la abnegada maternidad como la única virtud válida en la mujer" (17).[6]

Aguilar ha diseñado un personaje profundamente humano. Penetra en la sicología de Rosa y este episodio tan trascendental en su vida, y la de Darío, lo ha recreado con gran habilidad afirmando su identidad

---

6 "prizes long-suffering motherhood as the only valid female virtue".

al rechazar una unión impuesta que la condenaba a perpetuar una vida completamente vacía, carente de sentido. Si bien en *Rosa Sarmiento*, la consecución del amor es la meta ideal para la protagonista (como en la novela tradicional), Aguilar aborda el tema de la maternidad, desmitificándola, al cuestionar el papel de la mujer en el siglo pasado, que no tenía más opciones que traer hijos al mundo, "sin saber cómo, ni por qué" (113).

Aquel mar sin fondo ni playa

En su cuarta novela *Aquel mar sin fondo ni playa* se presenta el drama de una mujer alcohólica de clase alta que ha sufrido la pérdida de su hijo, estrangulado por su hijastro anormal. La narración se focaliza, como en las novelas anteriores, a través de un único personaje femenino, en cuyos monólogos interiores, se transparenta su tragedia familiar. El tema nos recuerda "La gallina degollada" de Horacio Quiroga, no sólo en la acción, sino en la representación del anormal con sus ojos oblicuos, su mirada estúpida, su desmesurado tamaño y sus instintos bestiales.

La protagonista es una mujer cuyas únicas metas son el amor y la maternidad. El personaje responde al cliché de la mujer rica inmersa dentro del sitio deseable del hogar donde reina la felicidad, hasta que se ve amenazada por la presencia del hijastro anormal. Ella es una mujer que depende económica y sentimentalmente del marido. Su amor por Luis raya en la idolatría: "A veces me preocupaba pensar que él se había convertido en una especie de Dios" (126). En su enajenación amorosa, a pesar del miedo que la invade, se arriesga a concebir un hijo en el que pueda repetirse la anormalidad del primer hijo de Luis. Ella es el prototipo de la mujer que se sacrifica por amor. Julia Kristeva afirma:

> El enamorado es un narcisista que tiene un objeto. Para él hay un otro idealizable, que le remite su propia imagen (este es el momento narcisista ideal, pero que sin embargo, es otro). Para el enamorado es esencial mantener la existencia de ese otro ideal, y poderse imaginar parecido a él, fundiéndose con él, incluso indistinto de él. En la histeria amorosa, el Otro ideal es una realidad y no una metáfora. (29)

Su asco y desprecio por el anormal se explica en la medida que éste es una deformación caricaturesca de su marido a quien ha idealizado. La madre que ama, y no sólo cuida y castiga, tiene un objeto de deseo, pero "más allá se esconde un Otro con relación al cual el niño le servirá de intermediario" (Kristeva 29). La madre desplaza ese deseo y brindará a ese niño todo el amor que en el subconsciente sustituye a esa otra persona amada.

Convertida en una alcohólica e incapaz de valerse por sí misma, la protagonista contempla el suicidio como única salida. En su enajenación sentimental y existencial, no busca otras opciones. Descarta toda posibilidad de integrarse al mundo del trabajo después de separarse de Luis. Está segura que él siempre le pasará una pensión. Justifica su dependencia alegando haber olvidado lo que aprendió.

Por otra parte, como mujer que pertenece a una clase social privilegiada, y por ser católica, tampoco piensa en la posibilidad del divorcio. Prisionera de un código de valores estrictos no se atreve a enfrentarse al mundo. El divorcio significa una vergüenza para la familia. La iglesia católica impone la unión de la pareja hasta la muerte. Romper ese lazo atenta contra la moral cristiana. Debra Castillo, parafraseando a Nietzsche, afirma la posición de la mujer de la clase alta cuya educación la condiciona a sumergirse en el silencio: "Las mujeres tienden a aceptar el rol tradicional asignado a cambio de la seguridad económica y del estatus social que proviene del apellido del marido" (37). [7]

Otro aspecto que conviene resaltar es que la protagonista, no obstante su moral católica, toma anticonceptivos, negándose a la maternidad. Esta actitud no obedece a un desafío a la moral, ni de reclamar su cuerpo como territorio independiente. Cuando toma la decisión de interrumpirlos, no lo hace por convicción propia, sino por amor a Luis. Piensa en su descendencia, malograda en el primer matrimonio de su marido. Por otra parte, medita sobre la función de la mujer reproductora de la especie, ligada a la naturaleza. La mujer es como la tierra, que abre sus surcos para recoger en ellas las semillas, sin importarle dar frutos buenos o no. La esterilidad es una maldición para la mujer, de ahí que la protagonista se siente culpable al estar faltando al deber sagrado de la maternidad. La atormenta el dolor del vientre

---

7. "Women have tended to accept the traditional role alloted in exchange for the material comforts and social status accruing from a husband's name".

estéril. La protagonista responde al arquetipo de la Madre-Tierra. De allí que ella considere la maternidad como una misión primordial en la mujer. Negarse a ella es negar la esencia de lo femenino. Lucía Guerra-Cunningham mantiene que: "En todos los grupos culturales, el cuerpo de la mujer se ha concebido como un receptáculo en el cual se gesta la vida, puesto que la matriz es, en esencia, un espacio cerrado y cóncavo, en el cual no sólo surge la vida, sino que también se le protege y alimenta" (*La narrativa de María Luisa Bombal* 138).

Confirmando la opinión de Guerra-Cunningham, en toda la novela predominan las metáforas y comparaciones con lo telúrico, como en una asociación cósmica: "toda mujer como todo trozo de tierra tienen su finalidad, su función en la vida" (157); "Todo mi cuerpo tenía el mismo olor de fecundidad de la tierra" (158). En esta novela el personaje responde a las características de las protagonistas de sus primeras novelas, sumidas en sus dilemas existenciales, refugiadas en su mundo interior. La protagonista de *Aquel mar sin fondo ni playa* es una mujer dependiente e insegura, que se evade por medio del alcohol, impedida de funcionar en un mundo pragmático.

Las mujeres combatientes en la revolución nicaragüense:

La evolución en el tratamiento de la figura femenina, se comienza a perfilar en *El guerrillero*, donde Aguilar aborda el tema de la guerrilla que se ampliará más tarde en *Siete relatos sobre el amor y la guerra*.

El guerrillero

En *El guerrillero* los acontecimientos externos, y el mundo interior de la protagonista, una maestra rural, se mezclan en una perspectiva más abarcadora del contorno social. Hay una clara conciencia de parte de la narradora de la marginalización que sufre la clase desposeída y de la necesidad de un cambio que el pueblo de Nicaragua esperaba con ansiedad. La voz narrativa avala el proceder de la protagonista y el del guerrillero perseguido por sus ideales revolucionarios. También es notoria la presencia de una figura marginal, una pobre maestra rural (como anteriormente la prostituta de *Quince barrotes de izquierda a derecha*) en contraposición con las protagonistas pertenecientes a la clase privilegiada.[8]

Por otra parte, queremos enfatizar en la toma de posición de Rosario Aguilar, en este momento coyuntural, como narradora de eventos que la comprometían seriamente con el régimen de la familia Somoza. La escritura de esta novela fue un acto político. Pese a que la escritora no ha militado en ningún partido, es muy significativo que esta novela se publicara en un momento en que la represión alcanzaba límites intolerables. Al respecto, Francine Masiello, al referirse a la novela femenina latinoamericana en la década de los setenta, sostiene:

> A diferencia del proyecto post-modernista, en el sentido anglo-americano, donde se anuncia la muerte del sujeto, los textos de las escritoras latinoamericanas se preocupan marcadamente por la sobrevivencia. Dentro del contexto de las dictaduras militares de América Latina de la década de los setenta, las mujeres enfrentaban la tiranía del silencio, o lo que es peor, la constante amenaza de la liquidación total. Es así que les resultaba difícil dedicarse a los juegos gratuitos de la escritura; su propósito literario, su representación de sí misma, servía más bien para desafiar las instituciones del estado, además de utilizar el sujeto femenino como puente entre la vida privada y la vida pública. ("Discurso de mujeres" 57)

Aguilar propone un nuevo personaje femenino: una maestra soltera que pertenece a la clase baja, que por amor y solidaridad arriesga su vida por ocultar al joven perseguido por la Guardia Nacional. Ella sabe que tarde o temprano él tiene que marcharse, porque ningún revolucionario puede comprometerse con una mujer. Para él la lucha es la única meta, es el propósito de su existencia. Quedar ella embarazada hará su vida más difícil y complicada.

Una de las subversiones del discurso de Aguilar es la desmitificación de la maternidad. Para esta madre soltera, el hijo es una pesada carga y no una alegría. Se siente enferma y con una profunda tristeza ante el anuncio del hijo anónimo. Adicionalmente, el aborto se presenta como la única solución al problema íntimo del personaje cuando más tarde

---

8. Las mujeres de clase alta son las protagonistas de *Primavera sonámbula* y *Aquel mar sin fondo ni playa*. En las novelas posteriores de Aguilar aparecen mujeres pertenecientes a los diferentes sectores de la sociedad nicaragüense. Aguilar habla así de sus personajes: "Me ha preocupado siempre la situación de la mujer nicaragüense, entonces he tratado de describir de manera objetiva sus diferentes conflictos, los problemas que hay en el orden social, moral, sicológico" (Hood 16).

espera un hijo del juez de mesta del lugar. Pesan sobre la conciencia de la maestra sus creencias religiosas y sus principios morales, pero: "Para ella cada niño nace con una dosis de dolor a sus espaldas... y cada hijo no trae su pan debajo del brazo. Cada hijo acumula la dosis de su propio dolor a las espaldas de la madre" (237). A pesar de que es una dura decisión, se niega a gestar otro hijo. Para la maestra es una decisión vital. Ese descuido, lo pagaría muy caro. Está consciente que la criatura será el eslabón que la atará para siempre al despreciable juez de mesta. Con decisión firme, pero dolorosa, que le acarreará gran daño físico y sicológico, busca a una mujer para que le practique el aborto. Mientras imparte clases, su tormenta interior se transparenta en el siguiente monólogo:

> [...] no puedo tener ese hijo, no debo. [...] Me siento ciega, como una mula que se mete por su gusto en un terrible atolladero. [...] No puedo, tengo que hacer algo y pronto, con ese niño quedaría unida, atada a ese hombre. [...] Como un planeta quedaría yo si tengo ese hijo, girando a su persona mientas tenga vida, vida obscura, sin luz, a su disposición, a su voluntad, prostituida. [...] Niños por favor, silencio y pongan atención. (259)

En este monólogo se nos revela su vacilación y su angustia atroz. El aborto marcará un cambio súbito en el comportamiento del personaje, que no quiere encadenar su vida a un hombre sin escrúpulos. La tortura la idea de que ese hijo no deseado la ligue para siempre a él. En la cita anterior encontramos todo un cuestionamiento de las estructuras sociales, de la situación de la mujer luchando sola, abandonada; el cuestionamiento de la pobreza, como una de las causas que motivan la práctica del aborto en las clases marginadas y de la situación de la mujer en la sociedad nicaragüense, extensivo a todos los países del área centroamericana. También vemos una poderosa motivación de las clases desposeídas para comprometerse con ideologías que prometen el cambio de las estructuras sociales.

En esta novela, la narradora se funde con el personaje femenino solidarizándose en sus decisiones. El diseño de la protagonista es altamente positivo. Lejos de sentirse agobiada por sus fracasos sentimentales y su pobreza, en ese microcosmo que es su pequeño pueblo, tiene el firme propósito de integrarse a diferentes tareas de la comunidad junto con las demás mujeres. Decide entregarse a la tarea de enseñar a los niños de Nicaragua, de cuya educación se siente responsable. La maestra es una mujer de firmes decisiones. Quiere mantener su independencia a toda costa. Se niega a seguir a un sargento, quien al ser transferido a otro lugar, quiere llevársela. Ella sabe que puede salir de la pobreza, pero no quiere abandonar su casa, ni su profesión. La maestra ha sido víctima del juez como hombre y como autoridad, pero se niega a seguir viéndolo. Su gesto de cerrarle la puerta para no dejarlo entrar, significa un rompimiento con su pasado y un desafío al enfrentar sola su vida.

Para este personaje el trabajo es una forma de liberación. La independencia económica le da derechos sobre su vida y la de su hijo. Su trabajo es más que un medio de autonomía; le confiere una identidad conquistada por sí misma y le da la oportunidad de asumir un papel activo en su comunidad. Ella, con optimismo, decide romper todo lazo con el pasado para enfrentarse al futuro.

Siete relatos sobre el amor y la guerra

Con *Siete relatos sobre el amor y la guerra* culmina el tema de la revolución que se había iniciado con *El guerrillero*. Los personajes femeninos son conscientes del papel protagónico en la construcción del gran proyecto nacional acorde con los cambios sociales que se están dando en América Latina en esos años. Rosario Aguilar incorpora a seis mujeres de diferentes estratos sociales ideológicamente identificados con la izquierda revolucionaria. La séptima, María Elena, constituye una excepción. Las demás protagonistas combaten detrás de las trincheras no sólo por sus posiciones políticas, sino por la conciencia de tener un futuro mejor, una opción, un plan de vida individual y propio.

En *Siete relatos* Aguilar aborda los temas del amor y la muerte, Eros y Tánatos, desde una perspectiva en donde no hay heroínas románticas, sino mujeres valientes que han abandonado el espacio doméstico para tomar parte activa en la lucha armada. Estos personajes femeninos, cuya participación es otra clase de epicidad, se distinguen de las protagonistas anteriores por su arrojo, fidelidad a una causa y por tener conciencia de clase.

La novela está dividida en dos partes. La primera lleva por título "Sobre el amor" y como subtítulo "Amándola en silencio". La segunda parte se titula "Sobre la guerra" con el subtítulo "Adiós para siempre". La primera parte comprende la historia de María Elena, de extracción burguesa, y las de dos hermanas, Leticia y Paula. La vida de María Elena corre paralela a la de Paula, amante de Eddy, el esposo de María Elena. Las tres historias tienen el amor como eje común. Examinaremos cómo Aguilar presenta el tema del amor.

María Elena es una mujer frívola, coqueta y ambiciosa. Si nos ceñimos a los patrones tradicionales, ella ha fracasado como hija, esposa y madre. Como esposa el matrimonio no llenó sus expectativas de mujer enamorada. Se da cuenta que el bello cuento de hadas de final feliz no es más que una farsa, que en la práctica no funciona. La imagen del "príncipe azul" se resquebraja. María Elena, a nivel de la diégesis, desde un presente en Miami, rememora su luna de miel en Nicaragua. Esta analepsis nos permite aquilatar la actitud de muchas familias ricas, indiferentes a los acontecimientos, mientras el pueblo moría en las calles. En abierta oposición, la pareja de recién casados en una mansión de lujo en un reparto residencial muy exclusivo, disfruta de su amor en espera de que la guerra cese como si fuera un aguacero. En los barrios y asentamientos pobres "se combatía, se moría de verdad" (13).

Asilada en Miami, María Elena, ante los repetidos viajes de Eddy a Nicaragua, experimenta la sensación de fracaso como esposa. Se refuerza así otro código que se ha manejado en la cultura patriarcal: la del hombre como sombra protectora, el defensor y sostén económico y social de la mujer débil e indefensa. Por otra parte, como madre, María Elena no espera a su hijo con la ansiedad e ilusión que se supone en una mujer. Al deteriorarse la relación con su marido, un hijo no forma parte de su vida: "Yo había quedado embarazada y todos estaban felices, menos yo...; (54). "Al quinto mes de embarazo aborté" (61).

Superada esta crisis, María Elena se despoja de todo romanticismo y decide aprovechar la oportunidad que se le presenta en los Estados Unidos. Si bien es cierto que el triunfo de ella se debe a su belleza y personalidad, cualidades con las que suele representarse a las protagonistas, ella es una mujer decidida a tener un modo de vida independiente, a valerse por ella misma. Por ello sin consultar con nadie y por su propia iniciativa, toma la solución de cortar sus raíces con Nicaragua. Solicita asilo político, busca empleo y asume totalmente la responsabilidad.

El mundo del trabajo se le presenta como una meta que la llevará a la independencia total. Para María Elena la perspectiva del amor ya no es la misma: "Todos hemos cambiado. Los sueños de antes se quedaron atrás. Para siempre" (105). Esta mujer perteneciente a la clase privilegiada contempla otras opciones. Se divorcia, tiene un amante y se apresta a triunfar en un mundo tan competitivo como el del maquillaje en los Estados Unidos.

Por su parte, Paula, de extracción humilde, de ideas conservadoras, insegura, sueña con el príncipe azul, imagen estereotipada que denota una mujer con una concepción tradicional del amor. Cae en la trampa de Eddy, quien la corteja con la intención de conseguir la devolución de sus tierras confiscadas por el nuevo gobierno. La conducta de Paula, una excombatiente, deslumbrada por un chico burgués, demuestra la inconsistencia y la falta de coherencia con sus ideas revolucionarias. En su esfera privada, íntima, responde al esquema de la mujer tradicional. Pese a su participación activa en la guerra de liberación, este esquema no se ha modificado y demuestra la permanencia de una situación social homóloga, que afirma las contradicciones ideológicas femeninas. En ella se entabla una lucha entre razón y sentimientos: "Lloró y sufrió un shock emocional, un arrepentimiento.... no debía ser así: era como traicionar a los mártires de la revolución que tanto admiraba, con quienes luchó y sufrió" (47).

Esta madre soltera se verá abandonada con su hijita enferma. Su jefe le resuelve el problema facilitándole el viaje a un hospital de Cuba. La jerarquización es doble: es hombre y además, su jefe. Paula no ha cambiado su mentalidad. La idea que tiene del amor y del matrimonio se ajusta a los cánones burgueses, no tiene conciencia de clase. Sueña con un casamiento tradicional: la novia vestida de blanco, con velo y anillo. Pese a la revolución, de acuerdo con su criterio, los papeles de los hombres y los de las mujeres no admiten cambios. El territorio de ambos sexos está claramente demarcado.

Ante su fracaso sentimental, quienes no le fallan a Paula son sus compañeros de lucha. Hay un momento de anagnórisis, de saber que pertenece al pueblo, que ocupa un puesto importante en la nueva estructura burocrática. Entonces supo quién era en realidad. Paula llega a reconocerse a sí misma, ella es una revolucionaria y se debe a la revolución. En el diseño de Paula se muestra la subordinación cultural a que se ve sometida la mujer tanto en la realidad como en las representaciones literarias. Aguilar perfila un personaje que pasa por la mediación del repertorio de modelos estéticos dominantes, evidentemente tomados de la tradición patriarcal. Exhibir esta contradicción es una tarea de las escritoras. Paula es un ejemplo de este tipo de contradicciones: su pensamiento encaja dentro del canon patriarcal en lo referente al amor y el matrimonio, pero al mismo tiempo no vaciló en jugarse la vida durante la insurrección final.

Por su parte, su hermana Leticia, maestra normalista, participó en la Campaña Nacional de Alfabetización, un hermosísimo proyecto revolucionario. Ella partió a la Costa Atlántica para enseñar a leer y escribir. Ligada a la naturaleza, se dejó seducir por la belleza de aquel mundo paradisíaco. La unión de la maestra y el indio miskito obedece a la atracción física, al impulso de los sentidos: "No puedo calmar mi cuerpo que me urge, me suplica secretamente, misteriosamente... ¡Ah!, como pájaros locos revolotean mis urgencias, mis deseos" (44). Su relación con Cristy es absolutamente natural, ambos siguen sus impulsos vitales. Su arrebato pasional por él completó aquella celada y ahora intenta escapar de aquella "prisión bella y macabra" (86).

A un nivel íntimo, a esta joven el amor y la maternidad no le satisfacen. Cristy ve a Leticia en términos de posesión, de conservación de la especie. Para él, ella es su hembra y su hijo su cachorro. Aparece como el hombre protector, juega el papel con el que se ha representado al hombre primitivo. Practica !a caza y la pesca y procura los alimentos para su familia.

El origen de la insatisfacción de Leticia radica en que es maestra y la meta de su vida es enseñar en un país con más del cincuenta por ciento de analfabetos. Para ella esa es una misión social de la revolución a la que debe contribuir. Por esta razón poderosa, en la selva siente una enorme frustración. Piensa que está prisionera en una gigantesca cárcel: "Porque se ha vuelto prisionera de sus bellos colores. No, no puede quedarse allí, enterrada en vida... observa al hombre con rencor y él la observa a ella" (86). La imagen de encierro y escape se vuelve un *leitmotif* que contrasta con la libertad de la selva, donde no hay muros, ni vallas que le impidan huir de aquel lugar paradisíaco, pero que ella no comprende. De pronto, Leticia usa su cuerpo como un arma defensiva contra el macho: "Su cuerpo comenzó a negarse repentinamente al amor" (97). La insistencia en el cuerpo femenino es una constante en el discurso de Aguilar. Leticia reclama su cuerpo como su territorio personal y es un lenguaje de rechazo con el que inicia su resistencia, su insubordinación contra el poder masculino. Por eso, en un gesto de absoluta independencia, se marcha en vez de matar a Cristy.

Leticia, excombatiente como su hermana Paula, asume la tarea de enseñar, tarea prioritaria que la revolución demanda en ese momento coyuntural. La maestra se enfrenta a la lucha de los sexos que parece más difícil que la lucha armada. De esta manera, ante la negativa del padre de su hijo de integrarlo al mundo de la civilización, al verse en la encrucijada, opta por irse sola, para verse realizada como profesional: "Irse. No volverá ver atrás como lo hizo la esposa de Lot" (107). Leticia es una mujer escindida. Parte de ella se quedará con su hijo en esos lugares, pero avizora un futuro al que no puede renunciar, es parte de las paradojas de la revolución. Su ser hecho añicos, fragmentado, no vacila y se va. La utopía de la Campaña de Alfabetización significó para ella un reto. Convencida de sus ideales abandona la selva para siempre. Ella es más útil en la ciudad.

En esta primera parte de la novela, Aguilar representa a las mujeres como seres humanos fracasados por la fuerza de las convenciones. Su discurso enfatiza la experiencia de las protagonistas para ofrecer un antimodelo, una forma de subvertir, que surge de los intersticios del discurso. Esto es obvio en el diseño de las dos hermanas, Paula y Leticia. Frente a la imagen negativa de la primera, prisionera de sus sentimientos y emociones y de la idea idílica del amor, se antepone la imagen de Leticia, enérgica y decidida. Las constantes referencias al texto bíblico, en especial el Génesis, nos lleva a afirmar que en Leticia se repite el mito de la expulsión del Paraíso. La narradora la describe como Eva en varios pasajes de la novela. En el personaje se funden Eva y Luzbel. La primera por la desobediencia y el segundo por la rebeldía. Leticia contraviene el orden divino representado por el marido. Se rebela contra Cristy y se marcha aunque el precio sea muy alto. Perder el Paraíso, para ella incomprensible, es la vía para la penetración del hombre/mujer en el Mundo. Nuestra protagonista, el personaje más logrado de la novela, prefiere correr el riesgo de integrarse sola al mundo del desafío diario, del trabajo productivo. Su recompensa significa el encuentro consigo misma.

Desde el punto de vista narratológico, hay una ruptura en la línea temporal del relato, pues los sucesos narrados en la segunda parte corresponderían a hechos que cronológicamente fueron anteriores. Por medio de esta analepsis, nos remontamos a eventos sucedidos en septiembre de 1978, preludio de lo que vendría después, es decir, la insurrección final nicaragüense en los meses de junio y julio de 1979. La temática del horror de la guerra ocupa el espacio narrativo, donde Nicaragua es un gigantesco escenario de muerte. Aquí las heroínas no se ven envueltas en contradicciones ideológicas. Su opción por el pueblo las llevó a integrarse a la guerrilla revolucionaria. Ellas son María José, Lucía, Sonia y Karla, seudónimo de Margarita Maradiaga, la maestra rural protagonista de *El guerrillero*. A diferencia de las novelas anteriores, las heroínas por primera vez aparecen con sus nombres propios en un intento de que sus acciones heroicas no queden en el anonimato, y como un reconocimiento a la valiosa participación de las mujeres nicaragüenses en la construcción del gran proyecto de la nacionalidad.

La primera historia es la de María José, nacida en un hogar burgués. Incapaz de permanecer indiferente al hambre y la injusticia social que sufre su pueblo, se rebela contra sus padres y se marcha a la clandestinidad: "Discutiendo con sus padres se fue abriendo una gran brecha entre ellos y ella. Porque ella detestaba aquella comodidad. Aquella riqueza innecesaria y a veces escandalosa" (117). La rebeldía de María José, al abandonar su lujosa casa, constituye el primer paso hacia un cambio de conciencia. Su transformación ideológica comenzó cuando casi una niña se integró al Movimiento Cristiano. La lectura del Nuevo Testamento y la aplicación en la práctica del Evangelio corren paralelas a sus estudios marxistas: "Las inquietudes se le fueron despertando a medida que se daba cuenta, más y más, de lo que ocurría a su alrededor, a medida que maduraba en sus estudios políticos" (116).

El relato presenta un conjunto de oposiciones: militancia revolucionaria e insurrección final, frente a la maternidad no deseada. En una sociedad provinciana, los papeles sexuales están bien definidos, y la mujer se ve sujeta a la tradición religiosa y los principios morales que le impiden reconocer y asumir su cuerpo. De esta manera, lo que podría considerarse como una pérdida de valores, en *Siete relatos* adquiere un relieve muy especial. La heroína responde a esa clase de protagonista que lo abandona todo en aras de un ideal. Masiello afirma que en las novelas escritas por mujeres en los años setenta: "Predominan huérfanas, personajes solitarios y jóvenes adolescentes que se ven obligadas a abandonar sus casas y cambiar de vivienda" ("Texto, ley, transgresión" 810).

En el mundo representado, la protagonista hace de la revolución el propósito de su existencia. María José está muy lejos de encarnar lo femenino tradicional. Es un sujeto transformador, con una nueva conciencia de una problemática histórica que exige a la mujer dejar atrás las tareas y misiones perpetuadas como femeninas, para ser agente modificador de los procesos de cambio. María José nunca regresa a su casa. Su temple y su entrega a la causa revolucionaria convencieron a sus compañeros de lucha de la firmeza de sus convicciones. A la hora de la ofensiva final, una ráfaga de ametralladora termina con su vida y la de su hijo por nacer. Metafóricamente, ella y Nicaragua se desangran.

La protagonista del segundo relato es Karla, la maestra rural. Sirvió de correo durante cuatro años, tarea que desempeñó desde la clandestinidad. Protegió a riesgo de su vida la del guerrillero y la de María José en el último momento de su embarazo. Logra escapar de la masacre, pero aún oye a María José dando gritos "con su vientre reventado como un mango maduro. [...] Muriendo, pariendo por Nicaragua. Extraño compromiso" (128-129). Para Karla, la percepción de su propia realidad, su experiencia de madre soltera con un salario miserable, el contacto diario con sus alumnos, sucios, descalzos y hambrientos, fueron madurando a un nuevo tipo de mujer, dispuesta a jugarse la vida si su participación es un elemento clave para el fin de la opresión. Ella responde al momento coyuntural por el que atraviesa Nicaragua. Esto no se clarifica hasta en *Siete relatos* donde aparece con el seudónimo de Karla. La guerra ha terminado y la maestra está consciente de su papel en la Nicaragua postrevolucionaria. La escritora subraya que la lucha de la mujer-madre, la madre-maestra, apenas comienza. Así se despoja de su falso nombre y asume su verdadera identidad: Margarita Maradiaga, maestra rural: "Su lucha continuaría allá, con su propio prestigio, con las armas mejor conocidas por ella. [...] La causa por la que había expuesto su vida había triunfado. [...] Se dio cuenta que lo que más deseaba era un hogar para criar a su hijo. Paz para poder preparar los programas escolares. Enseñar" (154). Para la protagonista se avizora la tarea más dura: educar a la niñez nicaragüense en los nuevos valores, en los ideales de paz y de justicia social que regirán una nueva sociedad.

La tercera historia corresponde a Lucía, quien se enfrenta a una disyuntiva vital: la delación de sus compañeros o su propia muerte. Con gran estoicismo soportó las torturas y las violaciones: "No oyó los primeros combates ni se regocijó con el ataque guerrillero" (136). Con su silencio protegió a sus compañeros de escuadra y aunque no alcanzó a ver el triunfo, su muerte contribuyó a hacerlo posible: "Desnuda... totalmente desnuda... su cuerpo desprovisto de sus ropas... encogido, daba la sensación de desamparo, de un pájaro sin plumas..." (133).

La cuarta combatiente es Sonia. Casi una niña partió a la clandestinidad. Con fervor revolucionario, desde la secundaria participó en las huelgas estudiantiles y se entregó de lleno a la lucha desempeñando diferentes tareas. Ni su corta edad, ni el miedo le hacen retroceder un paso. Lo que le duele a Sonia es que su muerte sea estéril: "No quisiera que por siglos se quedaran nuestros gritos rodando inútilmente en las calles de las ciudades de Nicaragua" (146). (Desgraciadamente, fuera del mundo de ficción, los que vivimos esos momentos tan aciagos, sabemos que tantos jóvenes, como las protagonistas de estas novelas, derramaron su sangre inútilmente ante la ambición de poder y de riquezas de algunos dirigentes). Esta combatiente no se arredra en la batalla final y ahora yace en la calle con sus dos piernas destrozadas. Herida de muerte, Sonia es capaz de percibir, en su agonía, lo valioso de su participación: "mientras me transportan, siento una especie de embriaguez [...], el éxtasis total..., lo que he sentido forma parte de un solo grito rebelde y ansioso de libertad y de justicia" (148).

Estas bravas combatientes, Lucía, Sonia y María José son mujeres con un alto grado de conciencia política y de clase. El aparente fracaso personal, ilusiones truncadas y sus muertes en su propia juventud, es la cuota que demanda el ideal de un país libre, sin injusticia social, un hermoso proyecto colectivo, que al hacerlo posible, las mujeres han conquistado el derecho de constituirse como sujetos temáticos de un discurso histórico. De todas las combatientes, la única que sobrevive es Margarita Maradiaga, quien presencia la entrada triunfal de los vencedores. Su encuentro con el guerrillero se limitó a una simple mirada, sin nada especial. Ella por su parte, entierra junto con su ilusión su pasado: "Para disimular ante ella misma las lágrimas que involuntariamente se le han salido al comprender que ha llegado al término de su ilusionante y romántica búsqueda, le sonrió al niño, se sacó de la cartera un córdoba y le compró un moño hermoso y rosado de algodón de azúcar" (154).

Vemos en estos relatos de Aguilar una actitud que revalúa la figura femenina, como subraya Guerra-Cunningham: "El rechazo consciente de las imágenes y modelos impuestos por el Orden masculino, la reivindicación del Hacer femenino como praxis cultural y el proyecto ideológico de obtener un verdadero poder político, han modificado de manera significativa, el ideologema básico sobre el cual se construye literariamente la problemática del ser" ("Identidad cultural" 383).

Como afirma la crítica chilena encontramos en el quehacer literario de la novelista nicaragüense una nueva representación de la figura femenina. En estas dos novelas *El guerrillero* y *Siete relatos sobre el amor y la guerra* desmantela los estereotipos y las viejas imágenes de la novela tradicional y aun de sus primeras creaciones, para construir un sujeto beligerante, mujeres guerrilleras que han abandonado familia, bienestar y el espacio doméstico, superando así la categoría dicotómica que las consideraba como débiles, incapaces y sentimentales. Es un desafío al Logos, a la razón, al poder. Estas mujeres al unirse a la guerrilla están realizando la primera transgresión. Son mujeres audaces para las que la lucha es el objetivo de su existencia. La casa ha sido reemplazada por los campos de batalla. Masiello sostiene: "Símbolo de la propiedad privada, de los parámetros de lo legal, la casa en la novela tradicional es siempre un espacio deseable y objeto de envidia. Pero en la novela feminista, la casa se describe en etapas de 'deconstrucción' para señalar la potencial libertad de la mujer y su resistencia contra el estado" ("Texto, ley, transgresión" 813).

Sabemos que la familia, como microcosmo, es un reflejo del macrocosmo estatal, y que al hombre se le ha conferido el poder, y la mujer (como ser subordinado) se limita a los quehaceres domésticos. Pero aquí encontramos una insubordinación, una resistencia contra ese poder. Además, esta nueva estética de personajes femeninos que están en franca oposición contra el canon, obedece a una situación histórico-social concreta que Rosario Aguilar incorpora como intérprete de la revolución nicaragüense.

Otro enfoque muy interesante y que conviene discutir es la forma en que Rosario Aguilar aborda el tema de la maternidad, misión considerada como sublime y preconizada por la cultura patriarcal. Su visión es distinta a la de la novela tradicional y a la de sus primeras novelas. En *El guerrillero* la maestra rural no desea el embarazo y aborta. El embarazo no deseado que termina en aborto se trata hoy abierta y críticamente, pero en el contexto de estas novelas es una decisión muy dura. Para la maestra, la decisión no es fácil por la angustia de desear al hijo y por el riesgo de la operación clandestina. Pesan sobre ella sus principios religiosos fuertemente arraigados. Por otra parte, Leticia cede su hijo a Cristy porque el no ejercer su carrera es frustrarse para siempre. Ella sabe que en la selva de la Costa Atlántica no hay ningún futuro ni para ella, ni para su hijo. Quedarse es enterrar para siempre sus aspiraciones de mujer profesional, que tiene mucho que hacer por los niños de su país. María José odia su maternidad que le impide combatir en el momento crucial en que más la necesitan. Sus sentimientos son contradictorios: "A veces le odia, por haberse interpuesto en la realización de sus ideales [...]. Le preocupan estos sentimientos contradictorios ya que no son lógicos y naturales en una madre" (115).

Este modelo de mujer que ama más su causa, hubiera resultado una aberración en las novelas románticas. Esta representación está muy lejos del "ángel del hogar", de la "madre abnegada" preconizada por los discursos androcéntricos. En cambio, desde esta nueva óptica, para María José su misión es un proyecto malogrado por su avanzado estado de embarazo, algo que le impide luchar cuando están en la ofensiva final. La única alternativa es la guerra, mientras ella se lamenta: "Ella pariendo. Ocupada en algo tan primitivo. Cuando por toda Nicaragua la lucha hasta la muerte ha sido preparada. Ella, inútil" (114). Observamos en esta cita que la palabra "primitivo" entraña todo un cuestionamiento de la maternidad. Para la heroína existen otros propósitos más altos que el dar a luz. Esta perspectiva de la maternidad se aviene al rompimiento del estereotipo de la madre abnegada propuesto por la cultura patriarcal, como puntualiza Guerra-Cunningham: "Se ha comenzado a construir una teoría que rescata las vivencias de la maternidad hasta ahora generalmente presentada por una perspectiva masculina a través de un vasto repertorio simbólico, en el cual proliferan los signos de la madona, la madre abnegada y la madre terrible" ("Identidad cultural" 364).

La estética del cuerpo femenino

En estas novelas, Aguilar sienta las bases para una narrativa femenina y feminista que tendrá, dos décadas más tarde, una representante muy valiosa en Gioconda Belli. Por otra parte, Aguilar inicia la temática del cuerpo de la mujer con su propio lenguaje, que abre una amplia gama de posibilidades. En sus novelas lo erótico se trata abiertamente. Las protagonistas asumen el control de su propio cuerpo en rechazo al control del cuerpo social. Dice Foucault: "Es mi hipótesis que el individuo no es una entidad pre-dada que es subyugada por el ejercicio del poder. El individuo, con su identidad y características, es el producto de una relación de poder ejercitada sobre cuerpos, multiplicidades, movimientos, deseos, fuerzas" (74).[9]

En *Primavera sonámbula* se exalta el cuerpo como fuente de goce: "Estoy en un gran peligro. No puedo contenerme. En mí sólo existe una urgencia de entregarme. Abrirme como una flor, deshojarme... morir. [...] Mi imperativo deseo de desnudarme" (32-33). En la maestra beligerante de *El guerrillero* el deseo vence la honestidad tantos años defendida: "Jadeantes ruedan por el suelo. Es un hombre muy fuerte, vigoroso. Ella es una bella muchacha y en sus hermosos ojos se pinta el asombro. Tiemblan de miedo sus brillantes músculos de la espalda y los suaves de las piernas" (248); "llegar al pecado empujada por la fuerza urgente del deseo" (249).

En *Rosa Sarmiento*, la mirada febril del hombre joven, en oposición al anciano marido, inflaman el deseo de la protagonista: "Su carne se vuelve más y más inflamable ante los ojos que arden. [...] En el cuerpo de Rosa se opera un cambio. Reverdece; blandos retoños son sus brazos, sus piernas, su estrecha cintura" (112-113). En Leticia (*Siete relatos*) el cuerpo arde en pasión: "Nuestros cuerpos húmedos de lluvia y de pasión, y transparentes, las gotas resbalando en nuestros cuerpos desnudos" (109). Pero este lenguaje cambia para demostrar su inconformidad y sus ansias de libertad: "La mirada del hombre [...] la sigue sorprendida y dolida mientras va comprendiendo en el lenguaje silencioso y más que elocuente de aquel cuerpo, que algo se está muriendo, destrozando, entre ellos" (73). En su luna de miel, María Elena, disfrutando del amor de Eddy, recuerda: "Me restregué en su cuerpo toda la noche" (54) Estas escenas que exaltan el cuerpo femenino como fuente de placer, adquieren otro significado en la vida de la protagonista de *Quince barrotes de izquierda a derecha*. En esta novela se plantea la degradación del cuerpo femenino como objeto de uso para calmar los apetitos carnales de los hombres. Es la representación de un objeto, una cosa, un no-cuerpo: "No admitían más que mi cuerpo blando y redondo" (21); "Había otra manera de

---

[9] "It's my hypothesis that the individual is not a pre-given entity which is seized on by the exercise of power. The individual, with his identity and characteristics, is the product of a relation of power exercised over bodies, multiplicities, movements, desires, forces".

vivir, sin necesidad de todo aquello. Se podía vivir sin necesidad de estar continuamente desnudándose. Vestida por completo" (73).

En *Aquel mar sin fondo ni playa,* la mujer asume su cuerpo como vasija maternal que asegura la perpetuación de la especie, dando frutos malogrados o no: "Todo mi cuerpo tenía el mismo olor de fecundidad de la tierra. Todo en mí era un grito de florecer, de retoñar como un árbol" (158). En las heroínas de *Siete relatos,* el cuerpo torturado y violado de Lucía se representa como la imagen de la víctima ofrecida para el bien de otros. El cuerpo sacrificado de la niña-combatiente se asemeja a las vírgenes inmoladas en los altares de los dioses de las mitologías paganas: "Lucía se asemejaba a un frágil pájaro con sus alas rotas para siempre" (133); "Ya no le importaba más su cuerpo. Inexplicablemente no la conmovía más. Como si no le perteneciera. No le importaba después de todo lo que le habían hecho" (135).

En el caso de María José su constitución biológica le ha jugado una mala pasada. Rechaza con disgusto su estado que la convierte en una inútil a la hora de la ofensiva final. No puede disponer de su cuerpo por el avanzado estado de su preñez: "Porque ahora, en la inmensidad hinchada de su cuerpo no puede encontrar paz. Ni por fuera ni por dentro. Por dentro porque ya no caben los dos" (118).

Hemos podido apreciar, en todos estos pasajes con una prosa de gran aliento lírico, toda una estética del cuerpo femenino, desde la que se piensa que la función de la mujer como de la tierra, es la de dar frutos, hasta las que se niegan a aceptar esa forma de poder social que controla sus cuerpos, en las que el aborto es la única solución a sus problemas. En estas novelas, el deseo sexual, las ansias de libertad y la indefensión suelen representarse por medio de la metáfora de los pájaros, recurso de gran efecto estético.[10]

Evolución hacia el control del cuerpo y el activismo

Hemos visto a través de estas páginas mujeres nicaragüenses en sus distintos modos de ver la vida y de vivirla. En las cuatro primeras novelas de Rosario Aguilar persisten las imágenes de mujeres abrumadas por sus tragedias íntimas, enajenadas por el amor o en búsqueda del hombre

---

10. Raymond D. Souza opina así del estilo de Aguilar: "La tradición poética de Nicaragua ha ejercido una enorme influencia en la novelística de Rosario Aguilar, sobre todo en la forma como la realidad es concebida e interpretada, y su estilo es frecuentemente lírico" (151).

ideal, encerradas en espacios como la casa, la clínica, el prostíbulo o la prisión. Viven prisioneras de su laberinto interior, acosadas por la fatalidad, como la protagonista de *Aquel mar sin fondo ni playa,* o por su "locura", como el personaje femenino de *Primavera sonámbula,* o se prostituyen como la heroína de *Quince barrotes de izquierda a derecha.* Sólo en el caso de *Rosa Sarmiento* el proceder de la mujer observa una ligera variante al desafiar la sociedad de su tiempo. Todos estos personajes femeninos son dependientes, inseguros, víctimas de una naturaleza considerada como "femenina" y de la construcción cultural del género.

El cambio se inicia con *El guerrillero* que marca el comienzo de una evolución positiva de la mujer que encuentra en sus trabajos y en la colaboración colectiva a favor de la revolución otras opciones que la hacen partícipe de los cambios sociales. Esta perspectiva se acentúa en *Siete relatos,* cuyas protagonistas están conscientes que el amor es efímero, que una bala puede darle fin en cualquier momento y que no hay lugar para romanticismos. Ellas tienen un nuevo papel a desempeñar, durante y después de la revolución. Vemos que en estas novelas Aguilar ha diseñado diferentes tipos de heroínas. Desde la que renuncia a todo compromiso político, como en el caso de María Elena, hasta las que se liberan gracias a su participación activa en la lucha y el partido. No obstante, a pesar de los derechos conquistados, el triunfo fue hacia fuera, no hacia dentro, pues aparte del mundo de la ficción, la mujer nicaragüense continúa sometida al sistema falocéntrico. Los partidos revolucionarios no cambiaron en la práctica las actitudes sexistas arcaicas. Lo vemos en Paula que a pesar de la comprensión de los fenómenos sociales, de su participación activa en la guerra, sigue ajustándose a comportamientos de la mujer tradicional.

Asimismo, en *Siete relatos* la visión del amor es diferente. Los personajes viven encuentros ocasionales, nacidos de la solidaridad y del impulso vital. La mayoría de ellas son madres solteras. Si han fracasado sentimentalmente en sus papeles de esposas, madres e hijas, también tienen proyectos logrados: unas construyendo sus futuros basadas en la independencia que da el trabajo y otras muriendo, como Sonia, Lucía y María José, cuyas vidas sacrificadas hicieron posible la revolución. Finalmente, conviene destacar que Aguilar se incorpora con *Siete relatos* a esa nueva corriente que procura situar a la mujer en un nuevo espacio en el que pueda expresarse sin temor a la censura y, lo que es peor, a la autocensura, como dice Gabriela Mora parafraseando a Foucault: "Se trata ahora de poner de relieve los rasgos otorgados a cada sexo y su significado frente a las estrategias de conocimiento y de poder que ha permitido el dominio de un grupo sobre el otro" (9).

Con una absoluta independencia de criterio, Aguilar nos revela un personaje femenino en abierta oposición al canon, como lo hemos podido comprobar en este ensayo. Las protagonistas asumen el control de sus cuerpos, muestran abiertamente sus deseos eróticos, luchan y mueren por sus ideologías y participan activamente en la vida de su país. De esta manera, la escritora nicaragüense ha puesto de relieve la valentía y capacidad de la mujer y su valioso aporte en los procesos de cambio.

Referencias

Aguilar, Rosario. *Aquel mar sin fondo ni playa*. 1966/1970. En: *Primavera sonámbula* [cinco novelas].
Aguilar, Rosario. *El guerrillero*. 1976. En: *Primavera sonámbula* [cinco novelas].
Aguilar, Rosario. *Primavera sonámbula*. 1964. En: *Primavera sonámbula* [cinco novelas].
Aguilar, Rosario. *Primavera sonámbula* [cinco novelas]. San José: EDUCA, 1976.
Aguilar, Rosario. *Quince barrotes de izquierda a derecha*. 1965. En: *Primavera sonámbula* [cinco novelas].
Aguilar, Rosario. *Rosa Sarmiento*. 1968. En: *Primavera sonámbula* [cinco novelas].
Aguilar, Rosario. *Siete relatos sobre el amor y la guerra*. San José: EDUCA, 1986.
Castillo, Debra. *Talking Back*. Ithaca: Cornell University Press, 1992.
Cixous, Hélène. "Castration or Decapitation?" Tr. Annette Kuhn. *Signs* 7.1 (1981): 41-55.
Darío, Rubén. *Autobiografía*. 1912. San Salvador: Ministerio de Educación, 1962.
Ferré, Rosario. *Sitio a Eros*. 1980. México: Joaquín Mortiz, 1986.
Foucault, Michel. *Power/Knowledge*. Ed. Colin Gordon. New York: Pantheon, 1980.
Franco, Jean. "Apuntes sobre la crítica feminista y la literatura hispano-americana". *Hispamérica* 15.45 (1986): 31-43.
Gilbert, Sandra M. and Susan Gubar. *The Madwoman in the Attic: The Woman Writer and the Nineteenth-Century Literary Imagination*. New Haven: Yale University Press, 1984.

Guerra-Cunningham, Lucía. "Algunas reflexiones sobre la novela femenina". *Hispamérica* 10.28 (1981): 29-39.
Guerra-Cunningham, Lucía. "El personaje literario femenino y otras mutilaciones". *Hispamérica* 15.43 (1986): 5-19.
Guerra-Cunningham, Lucía. "Identidad cultural y la problemática del ser en la narrativa femenina latinoamericana". *Discurso Literario* 6.2 (1989): 361-389.
Guerra-Cunningham, Lucía. *La narrativa de María Luisa Bombal*. Madrid: Playor, 1980.
Hood, Edward. "Conversación con Rosario Aguilar". *South Eastern Latin Americanist* 27.2 (1993): 16-21.
Kristeva, Julia. *Historias de amor*. México: Siglo XXI, 1983.
Masiello, Francine. "Discurso de mujeres, lenguaje del poder: reflexiones sobre la crítica feminista a mediados de la década del 80". *Hispamérica* 15.45 (1986): 53-80.
Masiello, Francine. "Texto, ley, transgresión: especulación sobre la novela (feminista) de vanguardia". *Revista Iberoamericana* 132-133 (1985): 807-822.
Mora, Gabriela. "Crítica feminista. Apuntes sobre definiciones y problemas". *Theory and Practice of Feminist Literary Criticism*. Ed. Gabriela Mora and Karen S. Van Hooft. Ypsilanti, Michigan: Bilingual, 1982. Pp. 2-13.
Showalter, Elaine. "The Feminist Critical Revolution". *The New Feminist Criticism: Essays on Women, Literature and Theory*. Ed. Elaine Showalter. New York: Pantheon, 1986. Págs. 3-17.
Storni, Alfonsina. *Poesía*. México: Mexicanos Unidos, 1989.
Souza, Raymond D. "*El guerrillero* y la dinámica de cambio". *La historia en la novela hispanoamericana moderna*. Bogotá: Tercer Mundo Editores, 1988. Págs. 149-164. (También en este tomo.)

De: Palacios Vivas, Nydia. *Voces femeninas en la narrativa de Rosario Aguilar*. Managua: PAVSA, 1998. Págs. 153-200.

"Las imágenes femeninas en los relatos de Rosario Aguilar (Nicaragua)"

Seidy Araya

1. Introducción

El objeto de esta reflexión son los relatos que Rosario Aguilar (1938), escritora nicaragüense, publica en 1976, bajo el título de *Primavera sonámbula*. Los relatos de Aguilar tienen como eje común el estudio de la opresión femenina en la Nicaragua prerrevolucionaria. Se inscriben como una forma específica de la resistencia contra las diversas caras de la opresión social, antes ignoradas o no tomadas en cuenta, que se desarrolla durante los años sesenta en el país centroamericano. Este proceso culmina con el derrocamiento de la secular dictadura somocista y la toma del poder por el Frente Sandinista de Liberación Nacional (FSLN), el 19 de julio de 1979.

Según la definición de Judith Astelarra sobre el feminismo, la producción literaria de Rosario Aguilar puede calificarse como feminista: "La resistencia de las mujeres a aceptar roles, situaciones sociales y políticas, ideológicas y características psicológicas que tienen como fundamento que hay una jerarquía, entre hombres y mujeres que justifica la discriminación de la mujer" (citada en Navas 203).

El hecho de estudiar la literatura de las mujeres significa develar el énfasis de la crítica tradicional sobre la literatura escrita por varones. Significa sacar a la luz lo que ha estado oculto. No se trata, solamente, de añadir la producción femenina, sino de realizar un trabajo completo de reflexión y revaloración, sobre la base de los aportes de las ciencias humanas, sobre todo, la psicología y la sociología, como elementos indispensables del análisis literario. Este esfuerzo intelectual se une a la línea básica de reivindicación femenina, que se despierta desde los años sesenta en el mundo. Se solidariza con sus metas de mejoramiento del estatus de la mujer a corto plazo y con su objetivo de develar los prejuicios que rodean la creación cultural (y en este caso, sobre todo literaria) "del segundo sexo". Es probable que, a largo plazo, estudiar a la mujer y sus productos culturales sea perpetuar el estatus marcado de ésta (Shapiro).[1] Por ahora, resulta importante que se ponga de manifiesto que la pretendida objetividad de alguna crítica conlleva parcialidad. No es posible obviar el problema del género, como categoría y como un aspecto de identidad social. El vocablo género no es sinónimo de sexo; designa una serie de rasgos, conectados con las diferencias de sexo, pero que no son reductibles a la biología, sino que son arbitrarias y convencionales, cambiantes de una cultura a otra. A menudo la interpretación social del papel de la mujer se inmoviliza y trabaja para perpetuar la injusticia, y en el ámbito que nos ocupa, las desviaciones teóricas sobre la creación artística de la mujer. Sobre la base de estas consideraciones este trabajo tiene dos objetivos: valorar el relato de Rosario Aguilar en el seno de la sociología literaria y analizar las imágenes femeninas predominantes en los relatos.

El énfasis deliberado en la literatura femenina y aún más en la imagen que estas obras tienen sobre la mujer es parcializante en alguna medida, pero es más peligroso proclamar una pretendida neutralidad de la crítica.

Las obras mencionadas muestran como ley estructurante el enfrentamiento de dos ámbitos diversos en la psiquis femenina: el ser y el deber ser. Los textos se ocupan de las aspiraciones íntimas de las mujeres y lo que deben ser según expectativas sociales.

Aguilar pinta con maestría la interiorización del conflicto, ilustra sus variantes y busca opciones de salida. La perspectiva global de los relatos parte de la convicción de que el estatus subordinado de la mujer no es intrínsecamente natural, sino un producto cultural y político. Por ello, los personajes femeninos pretenden cambiar su situación vital en la relación de pareja, en la familia, en la condición de madre soltera. Los relatos destacan las reacciones psíquicas de las mujeres ante las circunstancias de opresión y subordinación. Ellas aparecen en conflicto con los roles que les ha asignado la sociedad de servir y cuidar a los otros, de velar por la armonía de las relaciones humanas, de otorgar cálido afecto y aceptar, sumisamente, la autoridad y la violencia varoniles. Desafían el valor supremo de la filosofía liberal, la racionalidad y tienden a revalorizar, en su autoimagen, los aspectos afectivos y sexuales, que las acercan a la naturaleza. Los relatos no

---

1. En semiología un término resulta marcado cuando constituye un elemento de una oposición complementaria dentro de una clase mayor, donde las relaciones entre el par de categorías son asimétricas. En este caso, hombre-mujer.

siguen la opinión general que devalúa las características consideradas femeninas, como la expresión de los sentimientos, la vida instintiva, la procreación, sino que las proponen como conductas positivas e ineludibles para un desarrollo pleno. Se alejan de la idea común que condena a la mujer a ser agradable, servicial y obediente, sacrificando sus propios anhelos.

Por otra parte, el tema de la salud mental femenina atrae la atención narrativa. Siempre se plantea especialmente en relación con la organización de la familia, como ente socializador y perpetuador de los valores dominantes en la sociedad. La enfermedad mental se evalúa, a menudo, como reacción última de las mujeres ante la opresión. Aparece, asimismo, el resultado de una equiparación del concepto de salud mental con el de ajuste al ambiente.

El asunto de la agresión patriarcal contra las mujeres es una preocupación básica de los textos. Investigan la deficiente organización familiar y social de la reproducción, del sexo y el afecto, que trae como resultado la índole de los caracteres femenino y masculino, socialmente diseñados. En esta labor, incorpora los descubrimientos del psicoanálisis, sin determinismos biológicos, valorando la incidencia de algunas prácticas sociales específicas. Por ende, examina las relaciones entre la vida interior y la manera en que la sociedad nicaragüense prerrevolucionaria organiza las actividades sexuales, la procreación y el cuidado de los niños. Estas relaciones son fundamentales en la estructuración del psiquismo masculino y femenino. Las narraciones hacen hincapié sobre la importancia del llamado "ámbito privado" en el diseño de los rasgos genéricos.

Los relatos tienden al análisis de la subordinación femenina y la agresión a las mujeres en el terreno privado de la familia, y en menor escala, se exploran las condiciones sociopolíticas del problema. Los conceptos de dignidad, libertad personal y plenitud son los valores que proponen los textos como metas femeninas.

El presente análisis se ocupa, centralmente, de las narraciones llamadas *Aquel mar sin fondo ni playa* (1966/1970) y *Quince barrotes de izquierda a derecha* (1965), que son los más representativos —en los enfoques y técnicas expresivas— y emplea los otros de manera comparativa. Los demás relatos se llaman *Primavera sonámbula* (1964), *Rosa Sarmiento* (1968) y *El guerrillero* (1976).

"Toda mujer como todo trozo de tierra tiene su finalidad, su función..."[2]

2. La mujer y la circularidad en *Aquel mar sin fondo ni playa*

La narradora protagonista es anónima. Su discurso constituye una reflexión sobre su vida, especialmente sus experiencias como esposa y madre. Luis, un viudo, padre de un niño anormal (probablemente mongoloide, con problemas mentales adicionales), se ha casado con ella, buscando el afecto de esposa, también, una madre para el niño enfermo y una madre para sus futuros hijos sanos.

Ella cree poder desempeñar la misión asignada. Sin embargo, al enfrentarse con la realidad del niño enfermo, se da cuenta de la repulsión que le causa y la imposibilidad de asumirlo como propio. Desarrolla, además, grandes temores hacia la maternidad y se niega por un tiempo a ella. Luego identificada con la fertilidad de la naturaleza, decide tener un hijo. Da a luz un niño sano, inteligente y hermoso. La madre descubre sentimientos agresivos hacia el bebé por parte del niño enfermo; constantemente vela por la seguridad del pequeño. No obstante, movido por los celos, el niño enfermo asesina al bebé. La mujer intenta suicidarse y luego se sumerge en un sopor alcohólico.

De acuerdo con las pautas de Lucien Goldman y Jacques Leenhardt, el texto *Aquel mar sin fondo ni playa* es novelesco en la medida que plantea el enfrentamiento de una heroína problemática con los cánones establecidos para el género femenino, percibidos como degradados. La búsqueda es degradada y degradante. Además, la escritora, con su trabajo sobre el lenguaje, conquista el derecho de desmitificar los valores culturales dominantes y se instaura como conciencia discursiva desdichada.

Esta novela se plantea desde la cosmovisión de la burguesía nicaragüense en la segunda mitad del siglo XX y anterior a la Revolución Popular Sandinista. Sin embargo, la reivindicación de los valores que se saben auténticos, no está ligada a los intereses de un sector de clase, sino más bien, al deseo de cambio de los valores eminentemente genéricos —los femeninos— que se sienten como injustos.

Aquel mar sin fondo ni playa propone, como valores auténticos que debe buscar el género femenino, el encuentro con la dimensión gozosa

---

2. Rosario Aguilar, *Aquel mar sin fondo ni playa* en *Primavera sonámbula* 157.

de la vida hasta ahora negada a las mujeres. Por eso la protagonista ansía la felicidad y pide respeto a su juventud y hermosura, que no le permiten inclinarse al sacrificio.

La novela se organiza a partir de una conciencia femenina que intenta pasar de un mundo regido por la autoridad masculina a un mundo definido por los sentimientos y juicios de la protagonista. Semejante itinerario implica cambios espirituales, tales como el cuestionamiento del dogma católico y la necesidad de construir una religiosidad alternativa; se hace necesaria una toma de conciencia sobre la situación de víctima y la carencia de poder que sufre la mujer. Estos cambios intelectuales y emocionales deberían preparar una estrategia para la toma del poder y suscitar transformaciones espirituales en el ser.

Sin embargo, la protagonista únicamente logra poner en tela de duda el rol femenino, signado por el sacrificio, pero no accede a la etapa final. Es incapaz de elaborar un nuevo sistema normativo y finalmente, termina plegándose a la tradición demasiado interiorizada para ser erradicada. El análisis plantea que la imagen de la circularidad estructura la novela *Aquel mar sin fondo ni playa*.[3]

Julia Kristeva afirma que respecto a la temporalidad, la subjetividad femenina es proclive a una medida del tiempo que encierra la noción de repetición y de eternidad. Este tiempo circular y mítico se asocia a los procesos cíclicos de la naturaleza y la vida humana: el eterno retorno de las estaciones, el ritmo biológico de la gestación, la muerte y la resurrección. Así toda acción sucede como etapa en la evolución de un proceso de transformaciones, que resulta siempre circular. Este tipo de pensamiento se da en muchas religiones, filosofías, y, además, es estructurante del pensamiento mítico. Según Michael Palencia-Roth, la imagen que representa la idea de la circularidad universal es la del UROBOROS, símbolo egipcio de la perfección, serpiente circular, dragón primordial, creador, comienzo de las cosas, dragón que se muerde la cola. En la tradición griega, este tiempo circular se conoce como el mito del eterno retorno.

En el relato *Aquel mar sin fondo ni playa*, el gran hallazgo técnico de la perspectiva femenina es la ley de la circularidad, que se refleja en el tiempo de la narración, en el proceso que determina la vida de la protagonista, e incluso, en el desarrollo de cada tema.

---

3. Nory Molina Quirós, profesora investigadora de la Universidad Nacional, colaboró en el comentario acerca de *Aquel mar sin fondo ni playa*. Mi gratitud a ella.

No sólo en *Aquel mar sin fondo ni playa*, sino también en *Quince barrotes de izquierda a derecha* y en *El guerrillero*, el tiempo de la narración describe un movimiento circular. Dichos textos sitúan la instancia narrativa en un presente, luego retroceden al pasado hasta que la línea temporal de la diégesis y el tiempo de la narración coinciden en el mismo presente. La dimensión retrospectiva no es cronológica, sino que admite las anticipaciones y las reiteraciones. En *Primavera sonámbula* y *Rosa Sarmiento* la circularidad no es absoluta. En el primer relato por la forma de diario, cuyo presente y final no coinciden. En *Rosa Sarmiento* hay un narrador omnisciente, cuya temporalidad es anterior a la historia.

El relato *Aquel mar sin fondo ni playa* permite el planteo, no de disquisiciones abstractas, sino de las consecuencias del rol femenino en el destino de un personaje concreto, una mujer, convertida no sólo en protagonista, sino en narradora de su propia historia. La percepción cíclica del tiempo necesita de la regresión temporal, que hace posible a esta mujer, tan anónima como representativa, redefinir su relación con los elementos de su pasado, proceso especialmente doloroso en un tipo de mujer acostumbrada a suprimir sus propios sentimientos para obedecer el sistema de valores masculinos.

Así, en muchos aspectos de la vida de la protagonista se observa este planteamiento mítico. Por ejemplo, en su identificación casi absoluta con la naturaleza: la maternidad es aceptada, por fin, como parte de una ley natural.

> Pensé en aquel instante, que toda mujer como todo trozo de tierra, tienen su finalidad, su función en la vida. Aquí árboles, allá malinches, por todos lados corteses. Y la hierba cubriendo hasta a las piedras más duras... Todo celebrando en una sola fiesta el germinar de la vida.
> Se sentía aquella tarde el perfume de la tierra fértil, oscura, abierta. Por todos lados los tractores con sus arados, y los bueyes, los hombres preparando como en una danza el inmenso vientre de la tierra; y ella... se abría con dulzura, y cumplía fielmente y cada año su propósito. Sin dudar, sin juzgar si su fruto era propio o no, si cada árbol crecería hermoso. Tenía una misión y la cumplía dulcemente y sin protesta. (157)

Y agrega más adelante:

> Me doblegué. Tendría a nuestro hijo como la tierra; sin dudar, sin juzgar, sin preocuparme porque mi fruto fuera o no hermoso. Para eso estaba la naturaleza como una ley sobre mí. (158)

Su maternidad es un proceso mágico, que participa del gozo cósmico de la fecundidad y la procreación. Genera un sentimiento de gratitud hacia el varón, que derrama su lluvia fecundante y su semilla en el vientre femenino, oscuro y abierto como la tierra. Persiste la noción de mujer como ser natural y primigenio, frente al varón que se asocia a la tecnología, y a la cultura en su acepción original de cultivo de trabajo agrícola. Además, esta imagen recrea el concepto del hombre como elemento activo, que en una especie de danza ritual, fecunda a la hembra pasiva.

También la protagonista adquiere la paz a través de la maternidad. Por un lado, la paz planteada como una consecuencia orgánica de la condición de embarazo y, por otro, una paz espiritual al reconciliarse con el dogma católico que le prohibía el uso de anticonceptivos orales. La maternidad posibilita la salida de un conflicto fundamental de la protagonista; ella se angustia constantemente por uno de los rasgos negativos de la imagen que tiene de sí misma: se considera una criminal. Aquí la narradora desmitifica la noción estereotipada de que la mujer es madre por antonomasia y a priori.

> Temblaba de pensar que me había convertido en criminal, ya que, por dos veces la vida me obligaba a pensar que una vida terminara. La primera vez había sido la vida de aquel niño ajeno y extraño a mí que me impedía ser feliz. Y la segunda... terminar con aquella vida tan amada por mí. Pero es... que a veces... una persona desea una mala acción, no por sí, sino impulsada por el ir y el venir de los destinos. (173)

Ella desea que el niño enfermo muera porque le parece una muerte terapéutica, más humana que su existencia anormal. Piensa en la muerte del nuevo bebé, por temor a que le afecte también una tara, ya que tiene el mismo padre.

El tema de la maternidad se explora en todos los relatos, asociada míticamente a la fertilidad de la naturaleza. Pero, la responsabilidad por el retoño en general aterra a las madres, no sólo en *Aquel mar sin fondo ni playa* y *Quince barrotes de izquierda a derecha*, sino también en *Rosa Sarmiento, Primavera sonámbula* y *El guerrillero*.

Rosa Sarmiento permite una original mirada, no a la concepción y primera infancia del genial Rubén Darío, sino a los conflictos de su madre, casada sin amor, atada a un marido despótico e irresponsable, y enfrentada a una prematura maternidad. La separación de Rubén —constante peregrino— y su madre, es aceptada con dolor por ésta a cambio del bienestar y las oportunidades para el infante en casa de sus protectores, doña Bernarda y el Coronel. A cambio, también, de una nueva oportunidad para la madre, de amar genuinamente a otro hombre y expresar los impulsos de su sexualidad, tan válidos como los de ser madre, desde la perspectiva de todos los relatos.

En el relato nunca se habla concretamente de Rubén Darío, pero el paralelismo es evidente. El relato es excelente por su coherencia al valorar la vida femenina instintiva (amor y maternidad) y la original mirada, no al genio, sino a su madre. En *Primavera sonámbula* se unen más felizmente para la protagonista la fuerza erótica y la reproductiva, pero siempre bajo el ojo vigilante de la conciencia, que ha interiorizado las represiones sociales a la expresión de la libido. En *El guerrillero*, único de los relatos que recrea las pugnas políticas, la maternidad se asume si es fruto del amor por el guerrillero —cálido amante, pero más comprometido con la causa política revolucionaria que con la paternidad o el amor— y se llega al aborto si es fruto del deseo sexual femenino o del abuso de hombres no amados, que han ejercido diversas formas de violencia en el proceso seductivo: la autoridad del juez de mesta, su superioridad financiera y de clase ante la empobrecida maestrita rural; el silencio cómplice del sargento de la Guardia Nacional, brazo armado de la dictadura somocista, respecto a la permanencia del guerrillero herido en la casucha de la maestra.

Se observa en la protagonista de *Aquel mar sin fondo ni playa* una tendencia hacia el fatalismo y el determinismo, en el temor obsesivo de que la desdicha y el mal la acechan constantemente y le forjan su destino. Esta predestinación está implícita en el mito de la circularidad, en la concepción circular del tiempo.

La perspectiva textual participa de la idea de que la maternidad la convierte en defensora de la vida:

Para entonces, mi corazón se abrió como una flor que había dormido, y su perfume maternal se expandía por todos los confines de la casa, y del universo.
Su perfume llegaba sin ningún esfuerzo al niño enfermo, que para entonces dependía para muchas cosas de mí. Comencé a dedicarme a su cuidado pero no en sacrificio, sino de manera natural. (166)

La decisión de aceptar o no la maternidad se presenta en los textos a la par de la idea de que la mujer, por imperativos biológicos, es la protectora de la vida, en términos amplios. El tema del asesinato por mano femenina como aborto en *El guerrillero*, como eugenesia en *Aquel mar sin fondo ni playa*, como defensa del honor en *Quince barrotes de izquierda a derecha*, resulta una fuente de contradicciones éticas para las protagonistas.

La experiencia de la maternidad enseña a la mujer un tipo especial de amor por los seres indefensos y pequeños. El amor hecho de ternura, de suavidad, despacioso y difícil, desinteresado y atento. Además, la protagonista de *Aquel mar sin fondo ni playa* es consciente de que su maternidad la acercará a su esposo, y le asegurará su protección y afecto, al transmitirle su fuerza varonil. Él espera que ella sea capaz de comportarse maternalmente hacia el niño enfermo. También espera un niño sano, que lo inmortalice y lo releve de su deber hacia el niño enfermo. Después de dar a luz, bajo la presión intransigente de Luis, ella intenta mostrarse cálida y atenta respecto al niño enfermo, pero su esposo la siente distinta, falsa y reconcentrada.

La pesada carga de sus deberes de enfermera hacia el niño anormal se aminora por sus posibilidades económicas; su posición de dama que pertenece a la burguesía terrateniente le permite pagar los servicios de otra mujer, una criada, que la sustituya. Sin embargo, este tipo de trabajo se mantiene dentro del rol femenino.

La maternidad está acompañada de una fantasía de totalidad, una identificación narcisista entre la madre y el niño, que se sienten como una unidad. Por esta razón, la muerte del hijo se experimenta como propia y la induce al suicidio. La identidad se desgarra ante la separación de ambos. Además, el texto presenta la idealización de la maternidad en la imagen fantasmagórica de la madre del niño enfermo, cuyo amor trasciende la vida terrenal, el tiempo, el espacio y aparece como infinito.

Se han señalado, hasta este momento, elementos estructurales en *Aquel mar sin fondo ni playa* que resemantizan el concepto de temporalidad cíclica, como eminentemente femenina. El texto refuerza esta interpretación en la medida que despliega varios símbolos que representan también la circularidad En esta línea, aparece el terror recóndito de la protagonista a la condenación eterna, evidenciado en la imagen del reloj infernal: "Dicen que un gran reloj, forma la puerta de entrada y que en lugar de hacer: 'Tic-tac, tic-tac', como hacen los relojes comunes, con sonidos mil veces más lúgubres dice: 'Para siempre-jamás, para siempre-jamás'. Interminablemente; sin necesidad de darle cuerda" (121-122). Hay una correspondencia de la imagen-reloj, en el ámbito doméstico, en una especie de especularidad, propia del mito. La circularidad está presente en la rutina del hogar, cuando ella queda enclaustrada y pendiente de las salidas y entradas del esposo, que marcan el ritmo cotidiano.

La imagen del torbellino confiere al texto el sentido totalizador e isotópico; es una imagen que cohesiona y da unidad. El torbellino es un espacio abismal entre los esposos, creado por el sentimiento obsesivo del deber, que experimenta el hombre hacia el hijo enfermo, por la crueldad en el uso de su autoridad y por la sumisión e impotencia femeninas. "En nuestra confusión, el abismo entre los dos separaba cada vez sus orillas. Nuestro hijo, en lugar de ser el puente, la unión inconmovible, parecía ahondar con el profundo amor que sentíamos cada cual aislado por él, aquel mar sin fondo ni playa" (190). La imagen del abismo, del torbellino, sirve para explicar la sensación de la protagonista de que su vida está gobernada por fuerzas ajenas a su voluntad: "Y sentía mi vida llevada de aquí para allá, por las olas, por aquella gran tempestad" (191).

Esta imagen se torna recurrente al enlazarse con las acciones psíquicas ante el asesinato del hijo. El bebé queda en el último lugar de las prioridades de todos los personajes, hasta en los de su propia madre que prefiere complacer los deseos del esposo y lo expone al peligro que representan los celos de un niño anormal. Así, el bebé aparece en las pesadillas de la madre engullido por un torbellino en medio del mar.

La muerte del hijo es la consecuencia trágica de la violencia psicológica que Luis le impone, y que ella acepta como víctima propiciatoria. La violencia se tolera por una ambivalencia en el sentimiento hacia Luis: lo considera bondadoso y cruel al mismo tiempo; además, lo coloca en un nivel de fantasía e idealización que le predispone a perdonar sus abusos en la medida en que se sienta amada. Cree que no lo conoce profundamente y por eso, no comprende sus motivaciones; lo odia y lo ama al mismo tiempo.

La imagen del torbellino, asimismo, explica la adicción alcohólica de la protagonista. El texto muestra una toma de conciencia de una mujer sobre su opresión: duda de los valores como normas de conducta y su sacrificio, que se convierte en tragedia, la conduce hacia la creación de un espacio defensivo mediante la bebida. El alcohol provee una realidad alternativa, transgresiva, que la protagonista percibe como insoslayable.

> Y a mí, no me pasa nada que otra persona extraña pueda curar. Sé perfectamente mi estado. Quiero permanecer en él. Quiero continuar sintiendo el mismo dolor sordo en mi alma. Más me dolería olvidarle, y mientras le recuerde, no podré hacer otra cosa que la que hago, ni sentirme mejor. No es un vicio. Es lo que quiero hacer y ningún poder externo podrá impedírmelo. Para mí se acabó la razón de vivir. Y sería una profanación volver a sonreír. (192)

La circularidad se nota no solo por el deseo de sufrir eternamente por el hijo perdido, sino también en la sensación alcohólica de vivir sumergida en una vorágine: "Sentía que toda mi vida se mecía como un bote en el mar... y un mareo, y un vértigo me obligaban a volverme a recostar" (203).

Es repetitiva la asociación de la muerte con la sensación de ahogo. Se observa en las constantes crisis de asfixia del niño enfermo, en el sueño del bebé ahogándose en el mar, la muerte del niño sano por estrangulamiento, y el afán desesperado de la mujer por ahogarse en el licor. Por eso, también el alcoholismo es una forma de resistencia y de expresión de la violencia aprendida y de la cólera oculta.[4]

---

[4]. J. Chassequet-Smirgel en "La culpabilidad femenina" explica: "El estudio de numerosos casos de fobias femeninas de engullimiento en el agua, de claustrofobias, de fobias, de impulsos de tirarse al agua o al vacío, de vértigo con fobia de caerse, me ha revelado la existencia de una significación que les es común. Se trata, creo, de la inversión del continente y del contenido; viviéndose el sujeto, por la vuelta de la agresividad, como el contenido amenazado por un continente peligroso".

Es decir, las mujeres rechazan la pulsión vaginal de dominio, la capacidad vaginal de "apresar" al pene. Invierten contra sí mismas la pulsión de dominio. Es una expresión del conflicto entre la tendencia a rebelarse y el sentimiento de culpa que cohíbe y somete a las mujeres. En el texto que se examina, las imágenes recurrentes del torbellino, que amenaza con engullir y destruir a la protagonista y su familia, tienen una relación indudable con su frustrado deseo de liberación personal. A la

La exégesis de la narración titulada *Aquel mar sin fondo ni playa* ha probado que la imagen de la circularidad estructura el universo ficticio. Este símbolo, que se asocia a la feminidad desde épocas ancestrales y la identifica con los procesos cíclicos de la naturaleza y de la vida humana, hace que se sacralice y determine la misión femenina en la sociedad, pero asimismo, perpetúa su vulnerabilidad y sujeción. En la medida en que la protagonista se instituye como madre universal, se siente también compelida a retomar el rol de mujer sacrificada. Las fronteras de su ego han permanecido flexibles. Aunque percibe la crueldad y la intransigencia de Luis, ella se acusa de egoísta ante el dolor paterno. Siente que su deber es continuar junto a él y entregarle un amor "maternal", nacido de la piedad y de la ternura. Tampoco logra crear una religiosidad alternativa a pesar de que ha roto con el símbolo de la cruz. El único resquicio que deja abierto es su adicción al alcohol, que responde a una forma de rebeldía, pero también es una forma lenta de suicidio.

La incapacidad de la protagonista de rechazar en forma absoluta el rol femenino prescrito por la sociedad podría tener una relación significativa con su visión burguesa del mundo. El hecho de que la narración únicamente examine la psiquis femenina agredida en el ámbito doméstico y omita las referencias a otras formas de relación y organización de la vida social puede ser una causa de la incapacidad para superar los roles estereotipados. Tendría que poner en tela de juicio los fundamentos del patriarcado en su variante nicaragüense prerrevolucionaria. Semejante actitud lesionaría los intereses de la protagonista, cuya perspectiva corresponde a la del texto como globalidad.

"Para algo tiene que haber servido toda mi tragedia; quizás toda mi vida. Algo, aunque sea una que se salve a tiempo".[5]

3. La mujer y la agresión en *Quince barrotes de izquierda a derecha*

3.1 El rechazo materno

El relato *Quince barrotes de izquierda a derecha* está narrado y

---

vez, otorgan la coherencia estética del relato.
5. *Quince barrotes* en *Primavera sonámbula* [cinco novelas] 44.

contemplado desde la perspectiva de una joven nicaragüense, anónima. Ella examina y reflexiona sobre sus relaciones familiares y sociales. El presente narrativo coincide con el final de la diégesis. Mediante retrospecciones, la mujer recrea su vida y sus antecedentes familiares. Busca el porqué de su destino con un método psicosociológico. Explora, sobre todo, el nexo que mantuvo durante la infancia con su madre y su padrastro. Las características negativas de la relación materno-infantil se inscriben en la historia de los conflictos maternos y aparecen como el medio de la degradación final de la protagonista.

La narradora nos plantea su monólogo interior desde la cárcel. Espera el juicio por haber asesinado a su padrastro, quien la ha violado en forma sostenida y la ha prostituido. La salida posible de la existencia de la protagonista se vincula al personaje del sacerdote, que le presenta la moral cristiana como liberadora. En el momento preciso en que la fuga de la protagonista está planeada, viene la tragedia final. La narración no incluye el veredicto del jurado.

Esta narración problematiza al lector respecto a un hecho social y sus repercusiones psíquicas: la agresión al género femenino en la sociedad nicaragüense prerrevolucionaria, y por extensión, en la sociedad latinoamericana. Es un estudio de la violencia contra una mujer que permite observar y acumular información en torno a la existencia de la protagonista durante un largo período de su vida. Sus vicisitudes son el espejo de lo que acontece a muchas otras mujeres, incluso como un fenómeno epidemiológico.

En *Quince barrotes de izquierda a derecha* hay un reto implícito al concepto de privacidad absoluta de la institución familiar, cómplice de la agresión a la mujer y a la infancia. La penetración del relato al seno familiar se hace en nombre de la ética cristiana y específicamente, católica, en pro de la justicia. El relato se dispone alrededor del núcleo semántico configurado por la agresión intrafamiliar y cultural al género femenino.

La protagonista de *Quince barrotes de izquierda a derecha* desea mantenerse afectivamente ligada a su madre —y a otras mujeres que la rodean—, depende de su amor y cuidados, necesita aprender de ella su rol social y definir su autoimagen por comparación: "No puedo negar que durante algún tiempo, hice todo lo posible por imitarla, por parecerme a ella. Durante algún tiempo constituyó mi ideal" (37).

La tragedia infantil empieza cuando su madre la rechaza de manera rotunda y total. ¿Por qué esa actitud? Hasta que se encuentra en la cárcel, puede entenderlo. Para la madre, la índole particular de la frustrada identificación con la protagonista, su hija, está íntimamente conectada con las relaciones con su propia mamá, padre y hermana. Las razones se remontan a las condiciones del nacimiento de la madre. Su hermana gemela nace primero, suave, serenamente y ella: "Horas y horas de lucha. Desde el comienzo se trabó en la vida. No supo nacer correctamente. La abuela se desangró. Ella, tuvo un bautizo de sangre. No era más que un presagio, definido, patente" (58).

La madre se sintió culpable de la muerte de la abuela y así se lo hizo sentir el abuelo. La niña, futura madre de la protagonista, desarrolla un sentimiento de minusvalía y abandono porque no es amada. El abuelo, egoísta, se siente privado del bien que representaba la esposa y es incapaz de satisfacer las necesidades espirituales de la huérfana. La carencia de afecto, el sentimiento de ser incapaz de que la tomen en cuenta, lleva a la muchacha al narcisismo. Los celos y envidias hacia su hermana son el fruto obligado de la competencia por el amor y la atención. Se venga de los que le mezquindaban el cariño: "La fórmula estaba patentada. Se obtenía el máximo de éxito. Si el abuelo o la madrastra la reprendían, ella sencillamente se reía" (60). De esta manera se siente más fuerte y poderosa que los adultos, quienes detentan la autoridad legítima y la dañan al ejercerla.

No hubo ayuda psiquiátrica, que en otros relatos de Rosario Aguilar aparece como un medio posible de mejoramiento. Sólo castigo corporal, tortura: la coyunda, el arrodillarse sobre granos de maíz, el internamiento en un colegio, el encierro en un cuarto oscuro y solitario. Encontró, adolescente, otra vía para ser preferida en algo y alcanzar una forma de poder: la seducción a los varones. Retó las normas de la moral hasta que el abuelo murió de dolor: "A los catorce años la encontraron con un primo que había preferido siempre a la otra hermana. Su primera victoria. El primer triunfo verdadero. Sí, era más deseada y preferida que la otra. Además... sabía que la había hecho sufrir terriblemente, con dolor" (63). Desamparada, la madre se prostituye. Únicamente durante el embarazo se llena de esperanza. Percibe a la bebé que ansía tener como una extensión o duplicado de sí misma; le atribuye sus características físicas; la espera como vehículo para autogratificarse y consumar sus propios anhelos.

Había soñado. Había soñado con una niña que viviera su (otra) vida.

Con una continuidad, una vuelta. Un desquite. Su sueño consistía en imaginar en la niña su vida de nuevo; llena de amor, de caprichos, de cosas nuevas.

Y en mí, surgieron los ojos tan odiados, el cabello, el carácter; hasta un camanance al lado izquierdo y un lunar sobre la ceja. Sí, la misma mirada de superioridad y de reproche. ¿Cómo iba a quererme?" (66)

La madre ve a la niña como un objeto de la que es dueña y como no colma sus necesidades, no puede quererla. El ego materno, de límites vagos, preso en sentimientos de culpa y frustrado en sus ansias de identificación con la hija parecida a la tía, resulta incapaz de asumir las responsabilidades maternales. Reproduce en la crianza de su hija el mismo trato de que fue víctima. La niña repite cíclicamente, un calvario semejante al de la madre. La pequeña nunca se percibe como parte de un grupo que la sostiene y coopera con ella. Solitaria, sin posibilidades de enraizar su autoimagen en la de otras mujeres queridas, no aprende a abrir su corazón a los otros ni a expresar sus sentimientos. La sensación de vulnerabilidad y la culpa vaga por no inspirar amor se van desarrollando en su personalidad infantil. La niña ha ido adquiriendo una apariencia de calma superficial y se ha vuelto insensible, para protegerse del sufrimiento. Los vecinos y las empleadas domésticas dirán luego, en el juicio, que parecía "una tonta": "A medida que perdía la fe en mí, en el mundo, en ella, me insensibilizaba" (51).

Deja de ver el mundo como significativo y comprensible. El mismo espacio geográfico —el barrio de una ciudad innominada— representa la trampa que cortará su desarrollo pleno y feliz. En ese espacio, no hay inhibiciones sociales para evitar el maltrato que experimenta. La privacidad de la institución familiar salvaguarda a los agresores y eso anticipa que el futuro de la niña no será halagüeño. El cielo azul deviene un símbolo de la dicha inalcanzable y ella estará siempre condenada a vivir a ras del suelo.

Abajo estaba la tierra. Arriba el cielo. Por el Este la calle se torcía y terminaba bruscamente con un tope. Por el Oeste, la calle bajaba, y bajaba, hasta que las casas se empequeñecían en perfecta perspectiva.

La vista se detenía al frente, por todas las casuchas que penosa y cansadamente se sostenían a lo largo de la acera vecina. Atrás, el mundo, el cielo azul, todo se cortaba por la tapia revestida de hiedra. (42)

3.2 Las relaciones incestuosas

La madre tiene un compañero, que actúa como padrastro de la pequeña. Es el ayudante, socio y amante de la madre. Controla la vida de ambas. Administra un burdel, en el cual la mujer ha invertido la herencia que su hermana ha compartido, en forma generosa, con ella. La pequeña, sin el soporte materno, es especialmente sensible a la posición dominante y poderosa del padrastro. Tiene ya conciencia de su vulnerabilidad personal, a partir del doloroso rechazo materno, y con facilidad se ve a sí misma en el rol de victima nuevamente. La ansiedad intensifica su autoimagen de indefensión. Además, la madre y el padrastro participan en una temprana experiencia de invasión de su cuerpo. En esa ocasión la niña confirma su incapacidad para defenderse. Ya no creerá en su eficacia. Un médico, cliente de la madre, viene en las noches a curarle una quemadura que esta le causó, estando adormecida. Tiene seis años. Su pudor humillado y su cólera trabajan inútilmente por evitar la invasión: "Cuando aquel hombre terrible, me sujetaba y me desnudaba, para que me curaran la cadera, temblaba. [...] Fue la última vez que me rebelé, que luché por algo" (49).

La niña se siente profanada y comienza, ya tan temprano, a incubar deseos de venganza. Sabe que no puede realizarla todavía. Se refugia en ensueños, donde la imagen de una madre tierna, un padre confiable y un ambiente de respeto y cuidado a la infancia son los temas más frecuentes.

La idea de que, además, es hija de una prostituta y las burlas de sus compañeros de escuela, por esa razón, acentúan su sensación de vergüenza. Se percibe estigmatizada, diferente a los otros, que la consideran un bien dañado. Su aislamiento es cada vez mayor y la pone en riesgo de ser víctima de nuevo.

Huérfana a los doce años, con una baja autoestima y una patente vulnerabilidad social, una fuerte pero insatisfecha necesidad de amor, aprobación y atención, se convierte en una víctima ideal para la violación del padrastro: "Cuando él entró fue el segundo principio. Se adueñó de la situación. Hizo su verdadera entrada en mi vida, inevitable" (67-68).

El perpetrador del incesto abusa de la niña de doce años, inmovilizada ante su poder. No tanto la fuerza como el poder y la autoridad indiscutida juegan un papel básico. La niña no tiene posibilidad de autodeterminación. Ni siquiera opone resistencia. Necesita de él por su corta edad y el contexto de su relación. El padrastro usa el sexo como una forma de mantener la supremacía. La falta de habilidad de la pequeña para resistirse a ser intimidada facilita el incesto. La niña, sujeta a la agresión psíquica materna y social —agresión incomprendida e incontrolable— ha aprendido a ser débil, resignada y a sentirse indigna. Aprende que no puede controlar la violencia de los encargados de su vida, que ellos pueden herirla y tiene que tolerarlo para sobrevivir. El proceso se autoperpetúa. Desemboca en depresión, paranoia y desórdenes pasivo-agresivos de su carácter. No es capaz de expresar enojo directamente, lo acumula y lo expresará años después con rapidez y tenacidad: asesinará al violador. Por ahora, él manipula su vulnerabilidad y de nuevo se siente traicionada por quien debe protegerla. El lunar palpitante en el cuello del padrastro representa la fuerza agresiva y por eso, allí, segará la jovencita su vida.

Queda presa en el burdel. A pesar de su conducta extremadamente modesta, no puede evitar las nuevas violaciones. La ventana, símbolo de su horizonte, de la libertad y la plenitud, es oscurecida, primero, por la silueta del padrastro y luego: "Cuando más seria y lejana se situaba, más ofrecían y más luchaban por alcanzarme. Uno tras otro ... y mi ventana oscurecida por completo por sombras desconocidas" (70).

Es una humillación continua que la destruye. Pero, aun entrevé el cielo azul, los pájaros, y siente nostalgia por un destino libremente elegido: "Mi ignorancia de la libertad era mi mayor verdugo: constituía las rejas de mi prisión" (72).

La prostitución aparece como una consecuencia de la violación incestuosa y el antecedente de agresión psíquica materna. Su sexualidad, despertada traumáticamente, no tiene desarrollo apropiado. La prostitución subsiguiente termina por afianzar una aversión al sexo y causa frigidez. Pierde la noción positiva de los otros. Desconfía, con razón, de todos y de sí misma.

Desde el ángulo social, la prostitución se muestra como trabajo forzado, cuyo producto no es controlado por la trabajadora explotada. Es una forma extrema de alienación generalizada respecto a su cuerpo y espíritu que ha conocido siempre la protagonista.[6]

---

6. Ver Alison M. Jaggar, "Socialist Feminism and Human Nature", en *Feminist Politics and Human Nature*. En 1979, un día después del triunfo del FSLN en Nicaragua,

3.3 Una religión liberadora

La protagonista ha logrado ajustarse a la vida exterior. Desecha la tentación del suicidio. Se ha resignado a su trabajo como prostituta. El padrastro ya no la viola, pues más rentable es dejarla para otros. Asume su rutina de encierro. Reprime adecuadamente los sentimientos y las emociones intensas. Sin embargo, continúa sintiéndose impura. Como concreción del ambiente nicaragüense, esa sensación se hace más fuerte el 7 de diciembre, día de la Inmaculada Concepción de María, fiesta tradicional.

Poco a poco, logra cierta libertad de acción. Empieza a dar cortos paseos durante el día. Llega hasta un parque, frente a una iglesia, a la que, finalmente, penetra. A pesar de sentirse atemorizada, estos desplazamientos geográficos van paralelos a las posibilidades de liberación personal, que se le presentarán en su trato con el sacerdote. De nuevo, los pájaros alegres y puros presagian una salida: "Y allí le encontré. Un día que a nadie más vi. No lo podría describir. [...]. Para mí solo estaban en aquel instante sus redondos ojos, serios, castos" (84).

La relación de la protagonista con el sacerdote, que ha vivido ya un proceso de formación prolongado, permite a la joven interiorizar ciertos contenidos de conciencia sobre el sentido de la vida y le proporciona elementos de juicio sobre su circunstancia de opresión. Las lecciones del sacerdote vuelven comprensible el mundo natural y social. Se despliegan las ventajas de asimilar ciertos valores de dignidad o personales y la necesidad de introducir modificaciones en su conducta pasiva, que estén de acuerdo con el sentido interiorizado. La joven arriba a una dimensión ética, centrada en la autovaloración y el rechazo de la opresión. El cura y la alumna interpretan el mensaje bíblico a partir de las condiciones lamentables de la chica y así se convierte en un mensaje liberador. El discurso religioso adquiere contenidos específicos. Comprende su situación presente y la evalúa como contraria a la voluntad divina, en tanto realidad pecaminosa, que no debe permitir. La reivindicación es un imperativo de supervivencia

---

se prohibió la prostitución y el uso de la mujer como objeto sexual en los medios de comunicación. Pero la prostitución no se puede acabar por decreto. Supone alternativas de trabajo y un cambio en las situaciones cotidianas de opresión. Supone una transformación en los hábitos, costumbres y prejuicios en los hombres y las mujeres. Cfr. María Candelaria Navas 221.

psicofísica.

Bajo la guía sacerdotal, la protagonista puede integrar sus experiencias y colocarlas en una perspectiva adecuada. Se identifica con los mártires y santos, que no se habían resignado a destinos vergonzosos, habían luchado por recuperar su dignidad y comunicación con Dios. La motivan a una acción transformadora.

El tópico estudiado no es la religión. La instrucción, en general, aparece como estimulante de la conciencia de sí y del deseo de superar limitaciones vitales. Ella recobra la autodeterminación y se siente más purificada. "Y ferozmente me despertaba. Sí, forzosamente. Mi odio por el culpable, que me había hecho insensible, indigna, inmerecedora de un hombre como aquel, que existía, que podía existir sin aquella impedimenta" (87-88).

Junto al odio que se expresa con dureza, estalla el amor por el sacerdote, en una sola llama. Sensibilizada afectivamente, se abre también al aprecio de la belleza natural y a la atracción carnal. El sacerdote no le responde en el plano sexual y ella no puede asimilar esta nueva frustración. Además, la relación de la pareja sigue siendo vertical: él enseña y, sobre todo, ella obedece. No es suficientemente democrática. De manera que la protagonista no logra deshacer el nexo desigual de poder que ha tenido con los personajes importantes de su vida. La meta de ayudarla a orientar su propia vida está en contradicción con el proceso controlador de la conversión y la búsqueda casi unilateral de salidas por parte del sacerdote. La misma situación de dueño protector-mujer indefensa se repetirá luego con el abogado defensor. El problema de esta consejería espiritual es que la joven permanece en situación de dirigida. Además, necesita más solidaridad y compañía.

El sacerdote obtiene para ella un empleo en otra ciudad. La decisión de marcharse, la precipita en una nueva crisis de soledad. Y el renovado asalto sexual del padrastro desata su hostilidad oculta y lo asesina. No ha podido encauzar su justa cólera. Precisamente, el estallido violento sorprende a los jueces, abogados, periodistas, público y los convence de su inestabilidad emocional. El texto sugiere que si la presión agresora no hubiera sido tan violenta, ella hubiera podido culminar exitosamente su recuperación.

El paso de la concientización de su experiencia vital mediante los valores religiosos es un avance, pero no es suficiente. Los resultados funestos de su crimen (la culpa y la cárcel) la conducen a enriquecer el proceso de comprensión de su vida y la curación psíquica. El discurso narrativo en sí mismo manifiesta que ha ascendido el nivel de la conciencia, pues ya tiene capacidad para expresar una evaluación compleja, profunda y justa de su destino. Desde la cárcel, a través de los quince barrotes de su ventana, sigue mirando el cielo azul, como promesa de vida digna para ella y otras mujeres agredidas: "Quisiera que en el país, alguien tuviera un lugar, un regreso, ... un pedazo de cielo azul" (45).

En *Quince barrotes de izquierda a derecha* hay un reto implícito al concepto de privacidad absoluta de la vida familiar en pro de la justicia. La penetración del texto al terreno de lo privado se hace posible porque la censura a la opresión de las mujeres y los niños se hace en términos ético-religiosos. A su vez, la ausencia casi absoluta —excepto en *El guerrillero*— de consideraciones políticas, no permite el enjuiciamiento de lo público.

En *Quince barrotes de izquierda a derecha* las familias son campos de entrenamiento para la violencia. En este relato —también en *Aquel mar sin fondo ni playa*— el uso del castigo físico y la agresión psíquica asocia en la mente de los personajes el amor con la violencia y les enseña que cuando algo es realmente importante, se justifica el uso de la fuerza. Se legitima el maltrato como norma intrafamiliar. La privación de un caluroso contacto físico-espiritual entre los miembros de las familias estimula las conductas agresivas. La ausencia de padres tiernos, responsables y amorosos incide en la generación de hijos violentos. De manera que la perspectiva de la narración critica la privacidad absoluta de la familia, que impide la intervención y ayuda de los extraños a las víctimas de abandono, agresión o incesto. Se critica, además, la idea de que los niños pertenecen a los padres y las mujeres son propiedad de los varones. Se promueve el respeto a la dignidad de la infancia y del género femenino.

El relato se interesa por mostrar cómo el grupo de los varones maltrata y degrada a las mujeres. También ausculta el maltrato que infligen los padres a los niños. Propone el mensaje axiológico católico, como forma de sentido de la vida, como una manera de organizar las categorías del bien y el mal y de configurar lo deseable para las personas. Detecta las relaciones en la familia como un principio organizado de la estructura de dominación de la mujer; el incesto y la prostitución como las formas extremas de un pecado social. El hincapié de la cosmovisión narrativa está en los aspectos emotivo-afectivos del pecado social. No se señalan los contextos políticos donde se inserta el patriarcado en la Nicaragua anterior a la revolución.

El volumen de relatos *Primavera sonámbula* muestra una progresiva toma de conciencia de los nexos que se dan entre la dominación patriarcal en la familia y la violencia institucionalizada en el aparato estatal a la dominación clasista. En la última narración, *El guerrillero*, se imbrica el dolor femenino con la tensión de clases y, sobre todo, con las luchas por la liberación política de Nicaragua.

Todos los relatos funcionan como medio de denuncia, protesta y defensa de las mujeres. Estudian la situación femenina y aportan varias soluciones a sus problemas. Se presenta la opción por una alienación "lúcidamente" elegida, en la negación entre las exigencias de la libido y la moral vigente, con resultados favorables en *Primavera sonámbula*, y con resultados lamentables en *Rosa Sarmiento*. La escisión entre el deber ser y el auténtico ser permanece trágicamente irresuelta en *Aquel mar sin fondo ni playa*. Una solución ético-cristiana se propone en *Quince barrotes de izquierda a derecha*.

En *El guerrillero* la cosmovisión del personaje de la maestra rural, madre soltera y cabeza de familia, hace posible el paso trascendental de lo privado al ámbito público de la agresión a las mujeres. Permanece siendo una historia privada de la búsqueda femenina de amor, pero en la medida que el amor auténtico de la protagonista es por el guerrillero, único varón tierno y cálido, su romance está inmerso en la represión de la dictadura somocista. El guerrillero está herido y perseguido. Tal vez torturado y asesinado. Tal vez se haya salvado. Las ambivalencias de la suerte final del guerrillero son las del destino de todo el movimiento revolucionario en los setenta. La mujer exhibe su respeto por el compromiso político del amado y la resignación —de todas maneras, típica— a vivir solitariamente su maternidad para permitir la actividad transformadora del varón. Su trabajo de maestra le permite contemplar de primera mano la injusticia que sufren mujeres y niños, los pobres en general, y cerca de ella, los humildes campesinos desposeídos. De manera que la perspectiva del texto es más amplia que en los otros relatos. Su denuncia, aunque centrada en el sufrimiento femenino, se extiende a otros sectores oprimidos. La esperanza de un mejoramiento individual y social se engarza en la esperanza de que el guerrillero esté vivo y logre triunfar.

El surgimiento del FSLN a comienzos de la década del sesenta, bajo la influencia inmediata de la Revolución Cubana, aporta el material inspirador del personaje. Otro personaje que inscribe el relato en lo político es el sargento de la Guardia Nacional, que aparece como cortejante, protector pero opresor en última instancia de la maestra. Lejos del maniqueísmo, el relato muestra algunas bondades del sargento, pero lo coloca como partícipe de represión estatal. Históricamente, la Guardia Nacional fue el instrumento que el imperialismo norteamericano concibió, en lugar del ejercicio directo del dominio de la sociedad nicaragüense (Barahona Portocarrero 387). En 1933, los infantes de marina estadounidenses abandonaron el territorio de Nicaragua, que habían ocupado intermitentemente desde 1909, y apoyaron al jefe del ejército Anastasio Somoza, quien funda la tiranía familiar en 1937, la que permaneció hasta el triunfo revolucionario de 1979. Los norteamericanos abandonaron Nicaragua por la presión mundial en contra de la ocupación, por el avizoramiento de la II Guerra Mundial —que obligaba a los Estados Unidos a resguardar su zona de influencia latinoamericana, frente a las pretensiones expansionistas de otras potencias, como Alemania y Japón— y, sobre todo, por la imposibilidad de dominar el movimiento guerrillero de Augusto César Sandino, antecedente del FSLN.

Otro personaje de *El guerrillero* es el juez de mesta, seductor de la maestra mediante la superioridad de clase y la autoridad política, ejemplo también de infidelidad conyugal. Es un retrato del trabajador estatal corrupto y abusivo de la tiranía.

El guerrillero continúa la temática feminista de los relatos anteriores, pero la enclava en la violencia gubernamental, orientada hacia la tortura, la desaparición o la muerte, legitimadas, además, por la prensa oficial. *El guerrillero* es, pues, un eslabón entre el volumen de narraciones que se analiza aquí y la siguiente novela de Rosario Aguilar, *Siete relatos sobre el amor y la guerra* (1986) que narra, desde diversas perspectivas femeninas, los roles de las mujeres en la sociedad nicaragüense revolucionaria.

3.4 Conclusiones

El volumen de relatos titulado *Primavera sonámbula*, de Rosario Aguilar, está constituido por cinco relatos: *Primavera sonámbula, Quince barrotes de izquierda a derecha, Rosa Sarmiento, Aquel mar sin fondo ni playa* y *El guerrillero*. La cosmovisión de todas las narraciones muestra como elemento estructurante una actitud de resistencia ante el patriarcado, en su variante nicaragüense prerrevolucionaria.

Los relatos proponen una explicación profunda y compleja de las causas de la agresión a las mujeres. Un conjunto de factores psicológicos, culturales, de organización social y política, combinados entre sí, estimulan y permiten la violencia contra el género, recreada en la obra de Aguilar. La visión del mundo de las narraciones pone de manifiesto que la agresión psíquica, física y antropológica contra las mujeres proviene de una ideología masculina dominante, en términos de poder, economía y control sobre los cuerpos y espíritus de las protagonistas. El abuso se basa en la desigualdad. La agresión es una forma de mantener la supremacía masculina.

La obra tiende una mirada crítica a una sociedad corrupta en lo más profundo: las relaciones familiares, espejo, germen y consecuencia de una sociedad que rinde culto a la violencia y legitima la agresión masculina.

La cosmovisión de las narraciones se detiene a subrayar que la posición subordinada de la mujer en la sociedad la induce a cultivar un bajo concepto de sí misma, a considerarse incapaz de defenderse y de ejercer la autodeterminación; que la conmina a ser resignada y a obedecer. Semejante actitud incide en la perpetuación de la injusticia. En ese aspecto, esta obra literaria cumple una función catártica para la perspectiva femenina de los relatos y, a la vez, cumple una importante labor de análisis integrador de las experiencias femeninas, que permite una progresiva toma de conciencia, no sólo de la índole de la dominación doméstica y del papel liberador o no de la ética cristiana, sino también de la inserción del patriarcado, en la violencia política institucionalizada.

Los textos de *Primavera sonámbula* son relativamente vagos respecto a los indicios de clase de los personajes, aunque la perspectiva global corresponde a la cultura de la resistencia de la burguesía (alta y media). No interesan las posibles diferencias en la existencia femenina en los diversos estamentos, sino que se hace hincapié en la susceptibilidad común al género de ser objeto de agresión emocional, sexual y física.

Los relatos presentan una invasión plena al mundo privado de la familia. La cosmovisión estructurante plantea que la abolición del dominio masculino requiere una transformación de las bases sociales de procreación y la sexualidad. Examina la función sometedora o liberadora que puede jugar el mensaje axiológico católico, como forma de organizar la ética de la familia y la nación. La trascendencia de la reflexión hasta el ámbito público (la organización del Estado) se logra, principalmente, en la última narración, que inserta la dominación patriarcal en la estructura de poder de la Nicaragua prerrevolucionaria.

El gran hallazgo técnico del volumen *Primavera sonámbula* está en el tiempo cíclico de la narración, que empieza en un presente y, mediante retrospecciones, cuenta la vida de las protagonistas hasta que, finalmente, se unen el presente narrativo y el diegético. El tratamiento circular del tiempo de la narración se asocia con un estilo de reflexión obsesiva, muy a propósito para el análisis y evaluación de los problemas que angustian la conciencia femenina. Los narradores son, generalmente, las mismas protagonistas, excepto en *Rosa Sarmiento* y *El guerrillero*, donde la omnisciencia narrativa participa también, como en los otros relatos, de una perspectiva feminista. Lo cíclico, que es la forma expresiva de los relatos, se asocia a una percepción mítica de la mujer íntimamente ligada a los fenómenos repetitivos de la naturaleza, a los ciclos de la renovación de la vida. Los conceptos de la mujer-tierra, generadora de la existencia, depositaria de las fuerzas cósmicas que tienden a la expresión de lo infinito, se respetan hondamente en los relatos. Y por eso, aparece la censura acre de las limitaciones o deformaciones que sufren estos nobles ideales en la sociedad. Así, *Primavera sonámbula* ubica a Rosario Aguilar como una escritora excelente, cuyas obras, de perfecta coherencia, constituyen también valiosos eslabones en la lucha por la libertad de las mujeres y otros grupos oprimidos en América Latina.

Heredia, Costa Rica, 1986

4. Bibliografía

Aguilar, Rosario. *Primavera sonámbula* [cinco novelas]. San José: EDUCA, 1976.

Aguilar, Rosario. *Siete relatos sobre el amor y la guerra*. San José: EDUCA, 1986.

Barahona Portocarrero, Amaru. "Breve estudio sobre la historia contemporánea de Nicaragua". *América Latina: historia de medio siglo*, Vol. II. *Centroamérica, México y el Caribe*. Coordinador Pablo González Casanova. México: Siglo XXI, 1981.

Bajtin, Mijail. "La palabra en la novela". *Ciencias Sociales* 1.31 [Moscú, Academia de Ciencias de la URSS] (1978).

Chassequet-Smirgel, J. *La sexualidad femenina*. Tr. Emilio Jiménez Martini. Barcelona: Laía, 1985.

Goldman, Lucien. *Para una sociología de la novela*. Madrid: Ciencia Nueva, 1967.

Jaggar, Alison M. *Feminist Politics and Human Nature*. Totowa, NJ: Rowman & Allanheld, 1983.

Kristeva, Julia. "Women's Time". Tr. Alice Jardine and Harry Blade. Signs 7.1 (1981): 13-35. Original: "Les Temps des Femmes". 34/44. *Cahiers de Recherche de Sciences des Textes et Documents* [Université de París VII] 5 (1979): 5-19.

Leenhardt, Jacques. *Lectura política de la novela*. México: Siglo XXI, 1975.

Navas, María Candelaria. "Los movimientos femeninos en Centroamérica: 1970-1983". *Movimientos populares en Centroamérica*. Ed. Daniel Camacho y Rafael Menjívar. San José: EDUCA, 1985. Págs. 200-237.

Palencia-Roth, Michael. *Gabriel García Márquez: la línea, el círculo y la metamorfosis del mito*. Madrid: Gredos, 1985.

Shapiro, Judith. "Anthropology and the Study of Gender". *A Feminist Perspective in the Academy: The Difference it Makes*. Ed. Elizabeth Langland and Walter R. Gove. Chicago: University of Chicago Press, 1983.

De: Araya, Seidy. *Seis narradoras de Centroamérica*. Heredia, CR: Universidad Nacional Autónoma, 2003. Págs. 151-189.

"Rosario Aguilar y sus aportes a la novela nicaragüense"

Nydia Palacios Vivas

En los primeros cincuenta años de este siglo la producción narrativa en Nicaragua se limitaba a unos cuantos títulos de reconocidos escritores, que siguiendo la línea de la novela de la tierra y de la explotación imperialista, se insertaban dentro de las coordenadas literarias de la novela latinoamericana del momento. Nos referimos a *Sangre en el trópico*, de Hernán Robleto, *Cosmapa* de José Román, *Sangre santa* de Adolfo Calero Orozco y *Bananos* de Emilio Quintana, entre otras. No corrieron la misma suerte otras obras como *El último filibustero* de Pedro Joaquín Chamorro Zelaya, *El incendio* de Bayardo Tijerino Molina, *Don Otto y la niña Margarita* y *Una mujer en la selva* de Hernán Robleto y *Ebano* de Alberto Ordóñez Argüello.

El crítico literario puertorriqueño Ramón Luis Acevedo, estudioso de la novela centroamericana, señala una serie de factores que han impedido la circulación y la falta de difusión de muchas novelas de alta calidad que apenas si se conocen dentro de los propios países de origen. Esto lo pude comprobar en una investigación que realicé en las universidades de Río Piedras, la Biblioteca del Congreso (Washington, DC) y en la Universidad de Austin, Texas, en 1986. Aquí me encontré con muchas novelas nicaragüenses cuya existencia desconocía. Durante mi investigación, tuve la oportunidad de leer algunas escritas por mujeres que eran un verdadero hallazgo bibliográfico. Dentro de los parámetros de un romanticismo cursi o de un costumbrismo muy a la moda, o sobre la gesta de Sandino, es necesario destacar la novela de Carmen Mantilla de Talavera, *Los piratas* (1935), y la de su hija Carmen Talavera Mantilla, *Tormenta en el norte* (1947); *Vendo mi vida* (1944) de Graciela González; y *Por almas y por mares* (1956) y *La bruja* (1958) de Margarita Gómez Espinoza.

Dentro de este panorama, ¿cuál es el sitio que ocupa Rosario Aguilar, hoy por hoy la mejor novelista nicaragüense, con ocho novelas y una biografía, con un quehacer literario de más de treinta años? ¿Cuáles son sus aportes al desarrollo de la novela nicaragüense, territorio que se ha considerado del dominio exclusivo de los hombres? ¿No ha sido acaso la lírica lo más apropiado para la mujer para expresar sus emociones y sentimientos de acuerdo con el canon?

Nuestro objetivo es demostrar la labor pionera de Rosario Aguilar que va más allá de lo anecdótico sentimental o de felices finales color de rosa. Ella abre el camino de una narrativa de gran calidad donde por primera vez la narradora, desde la perspectiva de una voz femenina, convierte a la mujer en sujeto del discurso, asumiendo el rol de arquitecta de su propio destino y combatiente ansiosa de participar en los cambios históricos. Señalaré las contribuciones temáticas y las estrategias narrativas que inicia desde su primera novela, *Primavera sonámbula* (1964), publicada cuando Aguilar tenía 26 años de edad.

Primavera sonámbula

Sabemos que durante los años sesenta y setenta, Nicaragua experimentó un súbito despertar de la creación femenina por razones históricas y político-sociales que todos conocemos. Les cupo a las poetas alcanzar el pedestal más alto en la producción literaria de la época por el compromiso político y por la alta calidad de sus poesías. Pero, ¿qué decir de la narrativa escrita por mujeres? En los años sesenta se publican sólo *Primavera sonámbula* en Nicaragua y *Viento armado* (1969), el famoso poemario de Michèle Najlis que ve la luz en Guatemala. En estas dos décadas no sabemos de ninguna otra novela publicada por mujeres. Destacan, sin duda alguna, las más representativas: *Trágame tierra* (1969) de Lizandro Chávez Alfaro y *Tiempo de fulgor* (1970) de Sergio Ramírez, con las que Nicaragua se incorpora a la gran corriente de lo que se llamó la nueva novela latinoamericana por la asimilación de las diversas técnicas del boom.

Pero confrontando fechas, quien les antecede en el uso del monólogo y otros recursos narrativos es Rosario Aguilar. La fecha de 1964 marca un hito en la historia de la novela nicaragüense porque con *Primavera sonámbula* se inicia la corriente sociológica en la novela, al diseñar una protagonista que sufre de la perturbación de su psiquis. En esta novela corta, de gran riqueza imaginativa, nos introduce en los pensamientos más íntimos del personaje que se siente confusa ante el despertar de su sexualidad y que reconoce su cuerpo como fuente de goce, temas jamás tratados y que por sí solos constituyen una transgresión de los tópicos tradicionales. Es necesario destacar que la manifestación de lo erótico se consideraba territorio prohibido en la escritura femenina. Si bien es cierto que la protagonista sublima el deseo y lo atribuye a su alienación, o a su perversidad, el fantasma erótico se le presenta con la figura de un enorme monstruo que la persigue. Atrapada ella en una clínica siquiátrica, su locura no es más que la máscara que oculta sus deseos reprimidos. Evita salir al mundo exterior, lleno de peligros representados por la metáfora del mar. Ella sufre de agorafobia, miedo a los espacios abiertos, como explicaran Sandra M. Gilbert y Susan Gubar en su análisis de las novelas decimonónicas: "Parece inevitable que las mujeres educadas y condicionadas para una vida doméstica de encierro y pasividad desarrollen un miedo a los espacios abiertos. La anorexia y la agorafobia simplemente llevan las definiciones patriarcales de 'feminidad' hasta extremos absurdos y de esta manera funcionan como esencial, o al menos inescapable, parodia de las prescripciones sociales" (295).[1] Por esta agorafobia la protagonista se refugia en la clínica con sus sueños y fantasías, en un "espacio propio", con palabras de Virginia Woolf.

El cuerpo de la mujer ya no es sólo el receptáculo para gestar una nueva vida, como vasija maternal que cumple una función biológica, sino que en *Primavera sonámbula* el eros femenino se manifiesta sin inhibiciones, rompiendo los interdictos que rigen una sociedad patriarcal. En las novelas de Rosario Aguilar encontramos toda una poética del cuerpo femenino a través de la metáfora de los pájaros, de la tierra y otros elementos naturales, línea que continuarán Gioconda Belli y Christian Santos, entre otras.

Asimismo, como recurso técnico narrativo, la escritora leonesa propone una heroína que cuenta su propia historia en las páginas de un expediente clínico. Constituye una especie de diario donde anota, por consejo de su siquiatra, retazos de su vida pasada: fobias, sensaciones, pesadillas. Aquí se conjugan varios géneros: autobiografía, el diario, la carta y el expediente clínico, un amplio registro de textos, pues el médico también agrega sus propias anotaciones convirtiendo el expediente en un documento del caso.

Conviene puntualizar que los historiadores de la literatura consideran

---

[1]. "It seems inevitable that women reared for, and conditioned to, lives of privacy, reticence, domesticity might develop fears of unconfined spaces. [...] Anorexia and agoraphobia simply carry patriarchal definitions of 'femininity' to absurd extremes, and thus function as essential or at least inescapable parodies of social prescriptions". Las traducciones son nuestras.

el género epistolar y el diario como técnicas muy apropiadas para la narrativa femenina, pero en el caso de *Primavera sonámbula*, aunque dentro de la tradición, la escritora subvierte el canon para legitimar el discurso de una paciente que ve en la escritura una válvula de escape para escribir lo inconfesable, lo que se considera tabú en una sociedad que la enajena:

> [...] quiero [...] abrazarme a las almohadas, desnudarme..., sí, desnudarme. Deseo ardientemente que alguien venga a acompañarme. Cualquiera... no cualquiera... preferiría que fuera un hombre. Deseo que ese alguien me acariciara, me besara... no, nunca me han besado ni me han acariciado. Es más bien el deseo de una fuerza mayor que me posea. ¿Qué es poseer? ¿Qué significan todas estas cosas? (18)

De allí el empleo del yo autobiográfico que Aguilar instaura por primera vez en la narrativa, rompiendo con el punto de vista del narrador en tercera persona que se constituía en autoridad. La autora rompe con el discurso lineal cronológico y da voz a una mujer que afirma su razón de ser por medio de la escritura, por ello, el acertadísimo uso del diario, del monólogo y de las cartas a su médico.

En la primera página de *Primavera sonámbula*, en una atmósfera irreal, leemos: "Al Dr. K. Para su archivo personal. [...] Las ideas no están claras en mí, huyen como la luz. [...] Flotan, están y no están, como si no han existido" (7). Y luego: "Insistió tanto para que me pusiera a escribir" (26). He aquí la importancia de la carta y del diario como medio de confesión de una vida, recurso genial que empleara el autor anónimo del *Lazarillo de Tormes* para justificar la autobiografía de un marginado social que escribe a una anónima autoridad, "Vuestra Merced", para darle cuenta de su pasado y su presente. Esta técnica narrativa del diario la inaugura en América Latina la venezolana Teresa de la Parra en su novela *Ifigenia* (1924), al contarnos del sacrificio de la aristócrata al tener que casarse para salvar a la familia de la ruina. Por medio de sus cartas desgarradoras a su antigua amiga de colegio nos enteramos que se ha convertido en la víctima, por el bien de los suyos, al igual que obligara Agamenón a su hija Ifigenia. Todos estos recursos permean el discurso de *Primavera sonámbula*, novela pionera por excelencia, donde por sus temas y sus estrategias narrativas se deja constancia del nacimiento de la escritura de la mujer, que al seguir las sugerencias de su médico se lanza al encuentro con el mundo exterior, a volar como un pájaro al que le han abierto las puertas de la jaula. Ante ella se extiende un mar profundo y tempestuoso. Ella no se detendrá, se lanzará al mar aunque naufrague. Esta novela inaugura el nacimiento de la escritura femenina en nuestro país. Asimismo, en León de Nicaragua, *Primavera sonámbula* constituye la metáfora del nacimiento de una gran novelista.

Quince barrotes de izquierda a derecha

En su segunda novela escrita en 1965, *Quince barrotes de izquierda a derecha*, Rosario Aguilar aborda temas muy actuales: la violencia doméstica, el abuso infantil, la prostitución y el incesto, problemas sociales que han dado origen a la fundación de instituciones que protegen a la niñez y a las mujeres. La protagonista de *Quince barrotes* se encuentra en la prisión por haber matado al padrastro que abusó de ella desde los doce años de edad. La novela comienza *in medias res* y nos vamos enterando, poco a poco por sus monólogos, de su tragedia y la de su madre, quienes por el maltrato de la familia y el desamor se prostituyeron. Los monólogos nos trasladan al pasado y al presente simultáneamente. Por medio de la analepsis Rosario Aguilar se convierte en la primera escritora que se adelanta a los grandes narradores de Nicaragua, al violentar el espacio y el tiempo.

El diseño de la madre y la tía de la protagonista responde a los estereotipos que suelen manejarse en los discursos androcéntricos: la santa y la pecadora, la abnegada y la perversa de la historia. A la madre de la prisionera le tocó cargar con la culpa y de allí el odio del padre y de la madrastra que la sometían a crueles castigos. Su rebeldía, y su desquite contra todos, fue escaparse de la casa y prostituirse para luego convertirse en la dueña de un burdel. En su hija, la acusada de asesinato, se repite la misma historia. Se trata del tema del doble. Odio y amor hacia su madre son los dos polos en que oscilan los sentimientos de la protagonista. Los rigores de la cárcel constituyen un acto de defensa de su cuerpo ultrajado, mancillado desde niña por el amante de su madre, manoseado y vendido al mejor postor. La prisión es preferible al lupanar.

En esta novela el cuerpo femenino no constituye una fuente de goce, como en *Primavera sonámbula*, sino que aparece como un objeto sexual. Por ello, la protagonista prefiere los quince barrotes de la cárcel, como una forma de defensa contra la lascivia de los hombres. Ella desea ser condenada por el asesinato. Lo planeó por años hasta que llegó el momento de la venganza: "Era un lunar de pelota en el cuello. Se volvió para mí como una obsesión. Observaba cómo palpitaba aquel lunar. Desde el principio y siendo muy niña, pensé que era un blanco perfecto... Pensaba que bastaría apretar muy fuerte el lunar o cortárselo, o pegarle un tiro. Soñaba con crecer, y comí con el único propósito de adquirir la fuerza suficiente" (47). Aunque menos lograda, esta novela es más abarcadora del entorno social. La protagonista acusa a una sociedad que ve con indiferencia el drama cotidiano de las jóvenes víctimas de la pobreza, el desamor y el maltrato en sus hogares. Lo novedoso de *Quince barrotes* no sólo está en el enfoque de un mal que nuestra sociedad parece ignorar, sino en la ruptura en el manejo del tiempo y del espacio que encaja perfectamente con la temática de la violencia contra la mujer en la novela.

Aquel mar sin fondo ni playa

En *Aquel mar sin fondo ni playa* (1966), el cuerpo femenino responde a la imagen de la mujer-naturaleza: la función biológica de la maternidad ligada a la tierra como productora de frutos. La tierra con sus aromas sensuales despierta en la protagonista sensaciones desconocidas. La unión con los elementos naturales, como el agua y la tierra, plasman una visión arquetípica de la mujer concebida como un ser en esencia ligado al ámbito natural que es símbolo de lo fértil. Pero en la novela encontramos un cambio de perspectiva. La mujer controla su cuerpo por medio de píldoras anticonceptivas ante el temor de concebir un hijo anormal como el primer hijo de su marido de un matrimonio anterior. Sus principios morales y su fe católica no le impiden tomar esa decisión. Su tormenta interior se disipa en su viaje a la finca. Observa cómo la tierra, fecundada por la lluvia, se abre como un inmenso vientre para acoger a las semillas, sin importarle si dará frutos malogrados o no.

Posteriormente, su hijastro estrangula a su hijo de ocho meses. Pocas veces hemos leído una novela tan impactante en la que la narradora nos sumerge en una atmósfera de angustia y dolor ante la pérdida de un hijo. En sus intensos monólogos se transparenta la tragedia de una madre convertida en una alcohólica, que busca el suicidio como alivio a su dolor. De nuevo, la novela se aparta de la narración cronológica. La historia comienza con una pregunta: "¿Y si tuviera que romper mi juramento? Realmente no comprendo por qué lo he hecho si ya sabía de antemano que no tenía fuerza de voluntad suficiente. [...] Y yo aquí. Inútilmente viviendo impotente. Y el niño seguramente llorando sin que nadie le escuche, de frío, de solo, de obscuro. ¡Tanta tierra que le pusieron encima!" (121). En este momento desconocemos la causa de la muerte de su hijo. Posteriormente en otros apartados sabemos cómo ocurrió la desgracia. Las continuas analepsis y prolepsis responden a una estructura compleja, con una prosa llena de puntos suspensivos, frases muy cortas, frecuentes interjecciones y signos de interrogación y admiración, elementos gramaticales cuyo uso responde a las frases incoherentes de una alcohólica que se corta las venas.

La descripción de la naturaleza, antes esplendorosa y vital, es reemplazada por una tierra seca y polvosa, donde no se ve ni una sola brizna de algo verde. Los árboles mustios y desnudos. El panorama es desolador: "En enormes montones estaban los arbustos muertos, sin hojas, y eran quemados en ardientes piras funerarias. No había maíz ni frutas" (207). El paisaje lúgubre, en íntima comunión con el dolor de la madre, revela que su espíritu no encontró la paz ni la respuesta.

Rosa Sarmiento

En *Rosa Sarmiento* (1968) nuestra escritora comienza a incursionar en la historia. Darle un nuevo perfil a un personaje histórico conlleva una serie de riesgos: caer en la exaltación excesiva, convertirlo en un mito o desmitificarlo. En el caso que nos ocupa se trata nada menos que de la madre de Rubén Darío, cuya figura ha sido tan maltratada por la historia oficial. Rosario Aguilar no cayó en los excesos. Ella redondea un personaje mucho más humano. Comprende el dilema de esta mujer casada por conveniencia en una relación que la condena a la enajenación. La voz narrativa avala el proceder de Rosa. Plantea la eterna condición de la mujer resignada, marchitándose cada día: "No puede ser como las otras mujeres de la familia que se resignan prematuramente a la renunciación. [...] Ella no puede como otras resignarse al abandono. Las mujeres de su época permanecen en sus casas, silenciosas, con las cabezas sumisas y sin rebelarse jamás.

Biológicamente viviendo, pariendo hijos sin saber cómo ni para qué" (113).

En la recreación de la figura de Rosa, Aguilar hace énfasis en la casa como una gran prisión. La concibe en etapa de deconstrucción según la teoría de Derrida. Rompe con el discurso hegemónico que ve en la casa el espacio ideal y acogedor. Para la madre de Darío es una verdadera cárcel. En la intimidad de su cuarto Rosa, siempre sola y con una gran frustración, no se conforma con aquel lecho vacío. Sabe que para don Manuel es sólo un objeto y nada más, sin saber lo que en ella arde, todo lo que ella ansía: "Es su cuerpo el que gime, no su alma. Es tan hermoso y permanece tan solo sobre el lecho..." (112). A solas, surge el deseo de la mujer joven como una actitud disidente contra el sistema de la sociedad del siglo XIX. Si bien en *Rosa Sarmiento* la realización amorosa constituye la meta ideal para la heroína, Aguilar aborda el tema de la maternidad desmitificándola, al cuestionar el papel de la mujer del siglo XIX que sólo servía como elemento reproductor.

El guerrillero

En su novela corta *El guerrillero* (1976) el cambio de perspectiva es total. Este salto cualitativo se intensificará en *Siete relatos sobre el amor y la guerra* (1986) y en *La niña blanca y los pájaros sin pies* (1992). Es notable la evolución en la temática y en el tratamiento de los personajes femeninos en un período en que la represión alcanzaba límites intolerables. Siempre desde la óptica de las mujeres, la historia es elemento esencial en estas novelas. Además, los acontecimientos históricos de este período son una respuesta a las circunstancias por las que atravesaba América Latina y sobre todo, Nicaragua. *El guerrillero* es otro logro de la escritora, por ser la primera mujer que aborda el tema de la guerrilla a nivel centroamericano. Un año más tarde, la panameña Gloria Guardia de Alfaro, nieta de nuestro compatriota Benjamín Zeledón, publicó *El último juego* (1977). En este mismo año también Sergio Ramírez escribió ¿*Te dio miedo la sangre?*, la novela de la dictadura somocista. Pero es Rosario Aguilar la única mujer que se atrevió a escribir sobre un tema que constituía un desafío al sistema en momentos de increíble represión.

Si bien es cierto que la figura central no es el guerrillero, es más valioso todavía que sea una maestra rural la que le da refugio y desafía a la Guardia Nacional. Ella sabe que protegerlo puede costarle la vida y la de su madre paralítica. Aunque su relación con el guerrillero es efímera, la protagonista justifica su partida porque está consciente que un hombre como él sólo tiene compromiso con la revolución. El tema es novedoso porque plantea la toma de conciencia de una pobre maestra rural que siente que debe ser solidaria con los que defienden la causa de los oprimidos. Francine Masiello, al referirse a la novela femenina latinoamericana en la década de los setenta, sostiene:

> A diferencia del proyecto postmodernista, en el sentido anglo-americano, donde se anuncia la muerte del sujeto, los textos de las escritoras latinoamericanas se preocupaban marcadamente por la sobrevivencia. Dentro del contexto de las dictaduras militares de América Latina de la década de los setenta, las mujeres enfrentaban la tiranía del silencio, o lo que es peor, la constante amenaza de la liquidación total. Es así que les resultaba difícil dedicarse a los juegos gratuitos de la escritura; su propósito literario, su representación de sí misma, servía más bien para desafiar las instituciones del estado, además de utilizar el sujeto femenino como puente entre la vida privada y la vida pública. (57)

Por ello, la escritura de *El guerrillero* fue un acto político, en un momento coyuntural.

Ahora bien, el discurso está permeado de silencios y violencia. Sin decirle nada a nadie, la maestra viaja a la morgue de Managua para reconocer el probable cadáver del guerrillero. La violencia se trasparenta en la descripción del cuerpo deforme de la víctima torturado por algún verdugo inhumano. Su cuerpo se asemeja a un Cristo sin cruz. Otro momento lleno de silencio es cuando, llevada por la fuerza irresistible del deseo, usa la violencia en su propio cuerpo después de salir embarazada de una relación posterior con el juez de mesta del pueblo.

Antes de practicarse el aborto ella libra una verdadera batalla interior entre sus principios morales y su religión. De nuevo el viaje a Managua parece ser una cita con la muerte. Mientras imparte clases, palpamos en el siguiente monólogo su tormenta interior:

> no puedo tener ese hijo, no debo. [...] Me siento ciega, como una

mula que se mete por su gusto en un terrible atolladero. [...] No puedo tenerlo, tengo que hacer algo y pronto, con ese niño quedaría unida, atada a ese hombre. [...] Como un planeta quedaría yo si tengo este hijo, girando a su persona mientras tenga vida, vida obscura, sin luz, a su disposición, a su voluntad, prostituida. [...] Niños por favor, silencio y pongan atención. (259)

En la cita encontramos todo un cuestionamiento de las estructuras sociales, de la mujer abandonada, luchando sola, la denuncia de la pobreza como una de las causas que motivan la práctica del aborto en las clases marginadas. La narradora se funde con el personaje solidarizándose con sus decisiones porque ella sabe que "cada niño nace con una dosis de dolor a sus espaldas... y cada hijo no trae su pan debajo del brazo. Cada hijo acumula la dosis de su propio dolor a las espaldas de la madre" (237).

He aquí otro tema que Rosario Aguilar es la primera en tratar: el del aborto y la paternidad irresponsable, acciones que no justifica, sino que plantea como una situación muy común en las clases desposeídas. Al final de la novela, la maestra termina destrozada sicológicamente, pero toma la decisión de mantener el control de su cuerpo y no enredarse con otro hombre. Se dedica a educar a los niños de su pueblo y a criar al hijo del guerrillero anónimo a quien ha idealizado con los versos de Neruda: "Cómo no haber amado sus grandes ojos fijos".

Siete relatos sobre el amor y la guerra

El tema de la guerrilla alcanzará su máximo desarrollo con *Siete relatos sobre el amor y la guerra*. Las heroínas son siete mujeres de diferentes estratos sociales. Unas sirven como correo, como Karla, la maestra de *El guerrillero*, que aquí abandona su seudónimo para adquirir nombre propio, Margarita Maradiaga, maestra rural; otras no delatan a sus compañeros pese a las torturas y las violaciones, como Lucía, o mueren acribilladas en las calles como Sonia y María José, la joven burguesa que abandonó su casa por sus ideales. La primera parte de la novela nos sitúa en un presente, los primeros meses de 1979, y en Leticia y Paula. En cambio, María Elena, la bella joven de clase alta, encarna el drama doloroso del exilio, una de las mayores tragedias que sufrió el pueblo de Nicaragua: la separación de las familias y la dura adaptación a otro suelo. El exiliado siempre será considerado un extranjero y podrá ser víctima del racismo y de la xenofobia. Rosario Aguilar ha sabido interpretar la situación de todos aquellos que no pueden retornar a sus raíces. Este es otro valioso aporte de Rosario Aguilar: nadie como ella ha descrito ese desgarre, ese viaje sin regreso a la tierra que los vio nacer.

El dolor de María Elena en su exilio de Miami se intensifica cada día. Los versos de Salomón de la Selva que a continuación cito recogen esa nostalgia por Nicaragua, genial recurso intertextual que Rosario Aguilar ha intercalado en las páginas de su novela: "Por la noche he recitado inconscientemente aquel poema de Salomón de la Selva y que desde que estoy aquí en el exilio conmueve mi corazón: "When the Winter comes I will take you to Nicaragua. / You will love it there! / You will love my home, my house in Nicaragua" (106). Estos versos de *Tropical Town and Other Poems* traducen el dolor y la añoranza de la protagonista por la patria lejana.

Su amor por su país es tal que hasta en el lecho conyugal, Nicaragua y sus bellezas naturales poseen su cuerpo. Nicaragua es su amado. Con el pensamiento la acaricia una imagen poética del más delicado erotismo: "Me restregué en su cuerpo toda la noche. Al juntarme a su piel, me parecía que me restregaba en la piel de Nicaragua... en su zacate verde... que me revolcaba en su arena... me zambullía en sus aguas... porque sentía en su pelo, en su ropa, en cada pliegue de su cuerpo... el olor inconfundible de mi patria... de océano a océano..." (54).

Por otra parte, en la historia de Leticia, la maestra que fue a alfabetizar a la Costa Atlántica, encontramos una perspectiva diferente de la maternidad. Se siente prisionera del misquito con el que ha procreado un hijo. Él insiste en criarlo en la selva, ella, en educarlo en la ciudad. Acabado el deslumbramiento por aquellos paisajes de Ebo Lagoon, se siente como una Eva bíblica prisionera en una inmensa cárcel. Todo se ha enfriado entre los amantes. El cuerpo de Leticia se niega al amor. En ella comienza a germinar el rencor contra aquel hombre que no le permite regresar a su casa de Managua. Ante su intransigencia ella toma una dura decisión, le cede al niño y no vuelve a ver atrás como lo hizo la mujer de Lot.

En María José sus sentimientos ante el hijo que espera, son ambivalentes. Lo quiere y lo odia al mismo tiempo. Su inmenso vientre le impide tomar parte en la insurrección final. María José abandonó la casa paterna escandalizada por aquella riqueza que la rodeaba, e ingresó a la clandestinidad. Desconfiaban de ella por su origen burgués. Ahora en el momento crucial ella está imposibilitada de participar. La narradora nos dice: "Ella pariendo. Ocupada en algo tan primitivo. Cuando por toda Nicaragua la lucha hasta la muerte ha sido preparada. Ella, inútil" (114). Una ráfaga de ametralladora acaba con su vida y la de su hijo en el momento del alumbramiento. María José se desangra, su muerte es una metáfora del baño de sangre que cubre a toda Nicaragua.

En esta novela la técnica narrativa se torna más compleja. En una misma página, separado por cortos espacios en blanco se entrelazan tres espacios y tres tiempos. Leticia en la Costa Atlántica, su hermana Paula en Managua y María Elena en Miami. En primera persona Leticia expresa su erotismo: "No puedo calmar mi cuerpo que me urge, me suplica secretamente, misteriosamente... ¡Ah! como pájaros locos revolotean mis urgencias, mis deseos. Quiero ser amada por él" (44). Mientras tanto el estilo indirecto libre es el punto de vista narrativo en la historia de Paula. Así se narra en tercera persona lo que sólo la primera persona puede saber: "¡Cómo no iba a enamorarse de él... tan bello!, ¡tan tierno!" (46). Hemos citado estas escenas simultáneas con sus protagonistas que enfrentan nuevos retos en sus vidas, mujeres independientes, activas y beligerantes. El juego de los discursos se funde y se confunde con el pensamiento en estilística ambigüedad, lo que demuestra el perfecto manejo del quehacer narrativo.

La niña blanca y los pájaros sin pies

Pero es con *La niña blanca y los pájaros sin pies*, su última novela publicada en 1992, en ocasión del quinto centenario del descubrimiento de América, que Rosario Aguilar hace alarde de múltiples estrategias discursivas a tono con la gran corriente de la postmodernidad literaria. En su discurso, la narradora ventila uno de los temas más recurrentes de la narrativa de este continente: el de la identidad latinoamericana.

El personaje principal, una periodista que está cubriendo los eventos de las elecciones del noventa, es al mismo tiempo la escritora de la novela que estamos leyendo que abarca los primeros cincuenta años de la conquista. Ella nos narra en los intermedios los hechos que corresponden al presente, es decir, su propia historia y su relación con el moderno cronista español. La reportera es también la investigadora que ha visitado ruinas y escudriñado en los archivos de México, Guatemala, España, y las páginas de la historia de Nicaragua. A ella nada le satisface. No encuentra las voces de las mujeres silenciadas en los textos. A medida que vamos leyendo, estamos asistiendo al proceso escritural del texto. Aguilar utiliza con suma destreza la estrategia narrativa llamada metaficción historiográfica al poner en evidencia cómo se construye el discurso narrativo: "Había logrado dos capítulos muy importantes. [...] Discutíamos... El me sugería una protagonista sin mezcla de culturas. Una india, pura, autentica. [...] Extrañamente, él insistía en que ese personaje debería odiar a muerte a los españoles" (206).

Hemos observado cómo nos va indicando el génesis de la novela misma y su oposición al punto de vista de su novio español en la concepción de sus personajes: tres indígenas, tres españolas y una mestiza. En esta última, doña Leonor, la hija de Pedro de Alvarado con la princesa india doña Luisa, ejemplifica su propio drama, su identidad. Cuando Leonor se contempla en los espejos de su madrastra, al ver su piel más blanca que morena y su extraña belleza, se pregunta a cuál de las dos razas pertenece. Esta duda desaparece para siempre en la periodista cuando, después de perder la vista en un accidente, la recobra a su llegada a España, lo que le permite comprobar que los españoles no tienen nada especial. Afirma su ser mestizo, lo mejor del enlace de dos mundos, y proclama con orgullo su identidad. Con los hallazgos de documentos y con la certeza de que la superioridad de los españoles no es más que un mito, se propone reescribir la historia desde la perspectiva de una mujer de la última década del siglo XX. La periodista de La niña blanca examina los textos y busca, como una antropóloga, en los archivos, el depósito de los textos, el espacio de la intertextualidad que Aguilar ha privilegiado en su novela.

El crítico cubano Roberto González Echeverría postula que la técnica del archivo, desde las famosas relaciones de los conquistadores, cartas y cronistas de Indias, pasando por los discursos científicos de los viajeros del siglo XIX hasta llegar a *Los pasos perdidos* de Capentier, se asienta en documentos legales, en papeles de carácter oficial. Rosario Aguilar maneja la técnica del archivo a través de las investigaciones que ella misma realizara antes de publicar su novela. En la infinita red de textos que forman el entramado de *La niña blanca* la escritora intercala múltiples citas, no solo tomadas de las crónicas, sino de cédulas reales, cartas de funcionarios, párrafos de la historia de Nicaragua y de la *Brevísima relación de la destrucción de las Indias,* oraciones en latín, cantos y poesías en lengua náhuatl: una riqueza increíble de citas que confieren al discurso lo que se ha llamado la técnica del *collage*: "Así como hay una multiplicación de citas, así hay también una multiplicación de contextos. El resultado estructural de este procedimiento puede ser llamado *collage*, el procedimiento llamado montaje" (Plett 11).

Por otra parte, la parodia y la ironía permean el discurso de Aguilar, quien, sufriendo de la "ansiedad de la influencia", como la llamara Harold Bloom, y con la intención de sabotear, rechazar y subvertir el discurso hegemónico, intercala cédulas falsas, ridiculiza la representación casi divina de los españoles en la figura de Pedro de Alvarado, quien sin sus pasados atuendos de guerrero, parece un ave desplumada. Dice Linda Hutcheon que el pasado realmente existió, pero que hoy nosotros lo conocemos solamente a través de sus textos y de esa manera pertenece su conexión a lo literario. La metaficción historiográfica es abiertamente histórica aunque admite y reconoce, en una forma irónica, que la historia no es un récord trasparente de ninguna verdad segura (128-129).

Como podemos colegir, la verdad histórica es cuestionable y de ahí que la periodista, narradora, escritora, investigadora escudriñe en los depósitos de los textos para rechazarlos y deconstruirlos. Las teorías de Derrida sostienen que: "La deconstrucción es una doble estrategia, por una parte deja al descubierto y deshace la racionalidad logocéntrica, y por otra, llama la atención al lenguaje del texto, a sus gestos figurativos y retóricos, y señala la existencia del texto dentro de un tejido de textualidad, en una red de significantes en la cual ningún significado final o trascendente puede ser fijado" (Rice y Waugh 148).[2]

En este concepto como en el de Julia Kristeva, vemos que se desvanece la concepción del autor considerado genio y creador. La productividad se desplaza al texto y así, la autoridad resulta eliminada. De esta manera, Kristeva y su semiótica rechaza toda terminología subjetiva y humanística. Adicionalmente, en el texto pluritextual de *La niña*

---

2. "Deconstruction is a twofold strategy of, on the one hand, uncovering and undoing logocentric rationality and on the other, drawing attention to the language of the text, to its figurative and rhetorical gestures, pointing up the text's existence in a web of textuality, in a network of signifiers where no final and transcendental signified can be fixed".

blanca se entrecruzan las voces marginadas de la sirvienta Juana, de las indias doña Ana y doña Luisa y de las gobernadoras españolas doña Isabel de Bobadilla, doña Beatriz de la Cueva y su hija doña María, compartiendo los espacios textuales en los que afloran las fuerzas centrípetas y centrífugas del discurso dialógico que borra las fronteras de amas y súbditas. De esta manera, la sirvienta de doña María de Peñaloza le dice a su señora: "Le voy a contar mis presentimientos, mis adivinaciones... No hay corazón traicionero. Un día desde que me levanté sentí algo feo, como si me iba a enfermar... ya ve, doñita, y era la venida de ustedes a nuestra tierra" (176). Más adelante, las expresiones y modismos nicaragüenses usados por la Juana, confirman la ruptura de los límites de jerarquía entre la dama y la criada. Le aconseja que se vaya por donde vino.

Otro elemento de que hace gala la escritura de Aguilar en su novela es la presencia de lo real maravilloso americano que tiene sus raíces en el Popol Vuh. Aguilar transcribe dos escenas que vale la pena consignar: el misterio de los pájaros sin pies que rodean a la mestiza hija de Alvarado, crónica que dio origen al título de su novela, y la muerte del Cacique Tecum Umán que se convierte en quetzal cuando muere luchando cuerpo a cuerpo con el conquistador español. La siguiente cita corrobora la existencia de lo real maravilloso: "... y así que veían a esta niña blanca luego caían en tierra y no se podían levantar del suelo, y luego venían muchos pájaros sin pies, y estos pájaros sin pies tenían rodeada a esta niña..." (Aguilar citando Recinos, *Crónicas indígenas de Guatemala* 87). Para los indígenas, doña Leonor simbolizaba el misterio, expresado en los pájaros sin pies, fenómeno nunca visto, lo indescifrable, lo que para la mente de los indios solo encuentra explicación en el campo del mito. Un impedimento físico, la carencia de pies, se asocia metonímicamente a estos seres fragmentados, incompletos, sin identidad, representados por las aves imperfectas que rodean a Leonor.

La estructura de la novela puede leerse de dos maneras: la introducción, los intermedios y el epílogo corresponden a un presente, 1990-91, durante la campaña electoral de doña Violeta de Chamorro y los eventos que cubren la periodista y el reportero español, además del afán de escribir su novela, el accidente en que pierde la vista, su viaje a España donde la recobra, la afirmación de su identidad mestiza, el triunfo de Chamorro y la despedida del moderno cronista. Las secciones restantes llevan el nombre de cada una de las protagonistas de su novela y explayan sus dilemas existenciales, el trauma de la transculturación y las gobernaciones que asumen las damas españolas a la muerte de sus maridos, Pedrarias Dávila y Pedro de Alvarado. Todos estos apartados abarcan los primeros cincuenta años del siglo XVI.

En cuanto a la prosa, encontramos elementos líricos de gran belleza poética en las descripciones del paisaje de Nicaragua combinados artísticamente con modismos nicaragüenses, y con el estilo propio de la crónica periodística y del reportaje, sobre todo al relatar el júbilo del pueblo nicaragüense cuando los sandinistas pierden las elecciones.

Soledad: tú eres el enlace

Finalmente, quiero referirme a la biografía de su madre que Rosario Aguilar tituló *Soledad: tú eres en enlace* (1995), donde combina certeramente varios géneros: la biografía novelada, las cartas de amor de sus padres, el testimonio cuando transcribe exactamente las palabras de su madre, retazos de la historia de España y especialmente de León de Nicaragua de los primeros años del siglo XX, la autobiografía, la entrevista y las interesantes y divertidas anécdotas. Este libro sobre la historia de la familia Fiallos Oyanguren centrada en doña Soledad constituye una de las biografías más valiosas que se han escrito en Nicaragua.

En conclusión, hemos visto en la escritura de Rosario Aguilar, la gran variedad de temas, géneros y recursos narrativos que ella inaugura en el desarrollo de la novela nicaragüense. Hemos encontrado en cada una de sus creaciones el rompimiento de esquemas y de imágenes que se han perpetuado en la historia de la literatura. Considero *Primavera sonámbula* una novela pionera en la narrativa de este país por el uso de la voz femenina en primera persona y por la variedad de géneros de que hace gala: el epistolar, el diario, la autobiografía y el archivo, que por primera vez aparecen en la novela nicaragüense. Además, destaqué el cambio de perspectiva al inaugurar la corriente sicológica en la novela. Con *Primavera sonámbula* Rosario Aguilar abrió el camino para el estudio de la mujer desde una visión interior, al tratar el tema de la sensualidad y el erotismo femenino.

En sus novelas posteriores hice énfasis en el tema de la maternidad. Desde una óptica diferente, describe el dilema de las mujeres cuando tienen que tomar decisiones muy duras, motivadas por la pobreza, el miedo, el abandono, la paternidad irresponsable y la entrega a un ideal revolucionario. Asimismo, Aguilar diseña un nuevo tipo de mujer que toma conciencia de los problemas políticos sociales de Nicaragua para convertirse en protagonista activa en las acciones bélicas de la historia reciente de nuestra patria. Este cambio se inicia con *El guerrillero* y continúa con *Siete relatos sobre el amor y la guerra*.

Me concentré más en *La niña blanca y los pájaros sin pies* por considerar esta obra la más lograda y con la cual Rosario Aguilar se consagra como una gran novelista. Si en sus primeras creaciones privilegiaba el discurso monológico, con *La niña blanca* introduce la polifonía en la novela al intercalar las voces autorizadas y las marginadas de las criadas indias al servicio de las damas españolas. Por otra parte, al asimilar las estrategias narrativas como la metaficción historiográfica, la intertextualidad, el deconstruccionismo, la ironía y la parodia, se incorpora con gran suceso a la corriente de la postmodernidad.

Por lo antes expuesto, Rosario Aguilar ocupa un primerísimo lugar en el panorama de la novela nicaragüense y de allí la distinción que le hiciera la Academia Nicaragüense de la Lengua al incorporarla como miembro de número en julio de 1999. Cabe señalar que es la primera y única mujer del siglo XX que termina en ocupar un sillón a la par de los señores académicos. Tal honor es un reconocimiento a su talento y a su labor como escritora que hizo de la mujer sujeto y no objeto del discurso.

Referencias

Acevedo, Ramón Luis. *La novela centroamericana*. Río Piedras, PR: Editorial Universitaria, 1982.

Aguilar, Rosario. *La niña blanca v los pájaros sin pies*. Managua: Nueva Nicaragua, 1992.

Aguilar, Rosario. *Primavera sonámbula*. San José: Educa, 1976. (Esta edición comprende cinco novelas: *Primavera sonámbula, Quince barrotes de izquierda a derecha, Aquel mar sin fondo ni playa, Rosa Sarmiento* y *El guerrillero*).

Aguilar, Rosario. *Siete relatos sobre el amor y la guerra*. San José:

EDUCA, 1986.

Aguilar, Rosario. *Soledad: tú eres el enlace*. Managua: Editora de Arte, 1995.

Gilbert, Sandra M. and Susan Gubar. *The Madwoman in the Attic: The Woman Writer and the Nineteenth-Century Literary Imagination*. New Haven: Yale University Press, 1984.

Hutcheon, Linda. *A Poetics of Postmodernism: History, Theory, Fiction*. New York: Routledge, 1988.

Masiello, Francine. "Discurso de mujeres, lenguaje del poder: reflexiones sobre la crítica feminista a mediados de la década del 80". *Hispamérica* 15.45 (1986): 53-80.

Plett Heinrich F. "Intertextualities". *Intertextuality*. Ed. Heinrich F. Plett. Berlín: Walter de Gruyter, 1993. Pp. 3-29.

Recinos, Adrián. *Crónicas indígenas de Guatemala*. Guatemala: Academia de Geografía e Historia, 1984.

Rice, Philip and Patricia Waugh, ed. *Modern Literarv Theory*. 2nd ed. New York: Routledge, 1992.

De: Palacios Vivas, Nydia. *Estudios de literatura hispanoamericana y nicaragüense*. Managua: CIRA, 2000. Págs. 141-159.

"Asking Other Questions: Personal Stories and Historical Events in the Fiction of Rosario Aguilar"

Laura Barbas-Rhoden

> *To be woman-centered means: asking if women were central to this argument, how would it be defined? [...] Women cannot be put into the empty spaces of patriarchal thought and systems—in moving to the center, they transform the system.*
> –Gerda Lerner, *The Creation of Patriarchy*

The stories of most women cannot be found in the public accounts valorized by a male-centered historical record. Rather, as the novels of Claribel Alegría and Gioconda Belli intimate, they must be discovered between the lines of texts, in oral traditions and in private writings such as diaries. Among those Central American writers who have given voice to alternative histories is Rosario Aguilar. In much of her writing, Aguilar takes the stories of empires, nations, and men—those fictions about "the powerful and their doings," in Anna Davin's words—and posits questions about women (60). This chapter critically examines the way in which Aguilar reinscribes the story of both women and the nation. It also considers Aguilar's interrogation of the notions of the private and the public, which she questions through the narration of historical events and personal stories.

Rosario Aguilar's narrative relates intimate stories that are fundamentally interconnected with major cultural and historical events in Central America, particularly Nicaragua. Though not overtly feminist texts, the fictions are certainly woman-centered, presenting individual female experiences at crucial historical junctures in Central America. In her interrogation of textual and oral traditions from colonial times to the 1990 Sandinista electoral defeat, Aguilar imagines women's lives at particularly significant moments of national history, writing them into a story that their presence there transforms.

Rosario Aguilar in Central American Literature

In Nicaraguan society, more apt to recognize a *poetisa* (poetess) than an *autora* (author), Rosario Aguilar stands out as one of the most prolific and accomplished Nicaraguan novelists, predating the surge in women's writing associated with the revolution. She wrote her first novel, *Primavera sonámbula* (1964), in her twenties and has continued to publish regularly since. She is also author of *Quince barrotes de izquierda a derecha* (1965), *Rosa Sarmiento* (1968), *Aquel mar sin fondo ni playa* (1970), *Las doce y veintinueve* (1975), *El guerrillero* (1976), *Siete relatos sobre el amor y la guerra* (1986), and *La niña blanca y los pájaros sin pies* (1992).

In the 1990s interest in Aguilar's work increased within Nicaragua and internationally, and in 1999 she became the first woman elected to the Academia Nicaragüense de la Lengua. A 1996 article by Raymond Souza referred to her as "the best writer of prose fiction in Nicaragua" (454), and both Ann González and Nydia Palacios have used feminist theory to study Aguilar's representation of women. Additionally, the translation of *La niña blanca y los pájaros sin pies* published by White Pine Press (under the title *The Lost Chronicles of Terra Firma*) made her work available to English-speaking audiences, particularly in the United States; the novel also was translated into French.

In many of her fictions, especially the later ones, Aguilar directs attention to the stories of women in the Spanish colonies and the nation. In doing so, she breaks centuries of silence and stereotypes about women's roles in these spaces. The dramatis personae of Central American history is overwhelmingly male; women, along with indigenous people and Africans, occupy the peripheries of canonical texts.

In Nicaragua in particular, power has long been associated with politicians and the military, and lack of minority access to these offices has meant textual obscurity for considerable portions of the population. The traditional connection between literature and nation building, coupled with the exclusion of women from the public square, virtually eliminated women's presence from historical memory. Furthermore, though some women did write, the public has not viewed their texts as pertinent to national life, relegating them to second-class status. Elizabeth Marchant observes, "Literary traditions that favor national works over those with supposedly personal themes have undoubtedly contributed to the inferior status of writings by women" (7-8). This explains the Nicaraguan acceptance of *poetisas*, since they work in a genre associated with personal expression rather than the important task of nation building, a topic more appropriate for men to elaborate in epics and novels.

That Rosario Aguilar should write narrative rather than poetry is significant; more so is that she explore precisely those institutionalized biases that have excluded women from the story of the nation. In particular, Aguilar questions a national history that reflects and promotes prejudices against women. As Davin asserts, "The dominant version of history in any society will be one which bolsters the existing situation. […] Such history will also reflect the general assumptions and concerns of the dominant group. It will embody belief in their superiority. [...] Of course there are other histories [...], but to let them be heard is not always easy" (60). The dominant version of history in Latin America has long been promulgated by literature as well as historiography. The treatment of historical moments in woman-centered fictions, such as those of Aguilar, makes other histories heard in a way that challenges both history and fiction.

Women's Space, National History: Identity, Family, and Crisis

Aguilar's texts focus on issues of identity, sexuality, and maternity, connecting seemingly personal dilemmas to historical moments of rupture and change. All her protagonists are women, and though most are young, she includes several older women in her stories. She also gives representation to different socioeconomic classes. Constant in the stories are questions about identity and place, as well as the frustrations and suffering that result from social injustice, especially that linked to gender or economic position.

Also recurrent in the historical novels is the focus on certain turning points of Central American history—the birth of Rubén Darío in *Rosa Sarmiento*, the 1972 Managua earthquake in *Las doce y veintinueve*, or the Conquest in *La niña blanca y los pájaros sin pies*.[1] In each of these periods of social, cultural, political, and even physical rupture, the

---

1. The title *La niña blanca y los pájaros sin pies* literally means "the white girl and the birds without feet." The reference is to indigenous perceptions of Catholic religious symbols during the time of the Conquest. The "white girl" is the Virgin Mary; the birds without feet are the doves of the Holy Spirit, depicted in religious iconography without their feet visible.

veneer of normalcy in society is broken and the inconsistencies of its sustaining myths are made visible. The radical change in society may be accompanied by a shift in women's roles, though a perseverance of their unequal status is equally likely and perhaps more glaringly obvious, given the generalized social disturbance. During each culturally or historically significant moment, however, women's traditional identities as wives, mothers, and daughters face challenges as the patriarchal social structures that dictate their roles experience upheaval. In these moments of crisis, the protagonists of Aguilar's fictional worlds are caught between conformity and desire, complicity and resistance. The novels center about the tension provoked by competing claims on their loyalties and also show the impossibility of women's fulfillment in the societies in which they find themselves. Aguilar's stories link the "grand events" of history, traditionally concerned with political, military, and economic struggles, to issues generally understood as personal, such as sexuality, marriage, and maternity.

Aguilar's historical fiction is strikingly nonlinear, dominated by analepsis, prolepsis, and ambiguous "endings." They are not self-consciously innovative in terms of narrative structure, but they deftly employ focalization and ellipsis. And, unlike many fictions of the same period by well-known authors, the texts do not show the inevitable integration of protagonists into new revolutionary identities in a call to action against injustice. Rather, they use particular strategies to show the small, interior spaces in which the protagonists find themselves and emphasize the continual isolation and internal conflicts felt by each.

My interest here is specifically in the way in which Aguilar reconfigures and transforms the "system" of history as she moves women to the foreground of the narrative. I also examine the spaces inhabited by the female protagonists of Aguilar's historical fiction and especially the problematization of the public/private binary in the telling of woman-centered stories. Recent theories of women's self-representation in texts shed light on the narrative strategies Rosario Aguilar employs to construct her fictions. Julia Kristeva's definition of intertextuality is useful for understanding the manipulation of national discourse in these texts, which Aguilar appropriates and adapts to create her woman-centered vision of history and culture in Central America.

Contested Spaces and the "Maternal Possibility"

In her later fiction, especially *Rosa Sarmiento, Las doce y veintinueve, El guerrillero, Siete relatos sobre el amor y la guerra* and *La niña blanca*, Aguilar tells historically based stories that happen on the supposed frontier between the public and private in women's lives. She consistently depicts women's bodies as contested spaces, sites of struggle for power and expression by individual women and by society in general. Her fictions thus show the imbrication of the erotic and the familial in larger social structures. Furthermore, they bring to the foreground the political realities that determine the options of women's self-expression.

The focus on women's experiences and limitations in Central America necessarily introduces previously overlooked elements into literary discourse. Thus, in Aguilar's novels there are what Ann González calls "taboo subjects" (64), such as abortion, marital infidelity, and the rejection of maternity. González rightly points out that Aguilar's writing is significant for its inclusion of these elements. What is most interesting for the purposes of my study, however, is the manner in which Aguilar broaches these subjects in the context of wars, revolutions, exiles, and other national tragedies. She underscores the indivisibility of the public and the private in the story of the past.

The question of motherhood and maternity is of central importance in many of Aguilar's works, both historical and otherwise. Like nothing else, maternity brings into focus the contest over women's bodies and lives. As I consider the particular way in which Aguilar portrays maternity and motherhood, I find it useful to cite Marilyn Yalom's studies on the subject. Yalom makes a distinction between maternity and motherhood, describing maternity in biological terms as "conception, pregnancy, parturition, lactation, and the nurturing of infants" and motherhood as a social construct involving "the daily care of children and the ensuing lifelong lien on the mother" (5). Based on her reading of European and American women's writing, Yalom asserts that the maternal possibility, as she calls it, is frequently associated in literature with a personal crisis or mental breakdown. The maternal possibility, she says, "forces upon each woman an anguishing confrontation with the most elemental aspects of existence, even if one chooses not to exercise the power of reproduction or if one is physically unable to reproduce" (106). In Aguilar's novels, each woman's reckoning with the maternal possibility occurs in the midst of economic inequality and revolution, and the options available to her link her personal struggles with national concerns "outside" her body. Besides the fundamentally biological challenge with which she is confronted, the protagonist faces a social construction of motherhood proposed by a patriarchal society with little concern for women's subjectivities. Furthermore, a situation of general social upheaval often exacerbates the difficulties faced by the protagonists in the small world of Aguilar's fictions.

Aguilar's depiction of women's struggles with the maternal possibility emphasizes the injustices of both patriarchal expectations and a generally repressive political and economic system. Maternity becomes the space where the public imposition upon women's private desires is realized most dramatically. For numerous protagonists in Aguilar's novels, including Rosa in *Rosa Sarmiento,* the teacher in *El guerrillero,* and María José in *Siete relatos,* maternity provokes a crisis that is both personal and political. In particular, Aguilar's representation of the claims of maternity or motherhood (or both) on bodies and lives reveals the political realities that inform and condition women's choices. And through the presentation of their stories, she deconstructs the public/private binary that has separated the world of women's experience from the male arena of "history."

Aguilar's texts promote a view of maternity similar to that posited by Julia Kristeva. Kristeva has asserted that maternity locates women in an ambiguous position in which they are both a threat to and an assurance of social stability: "If pregnancy is the threshold between nature and culture, maternity is the bridge between singularity and ethics. Through the events of her life, a woman thus finds herself at the pivot of sociality—she is at once the guarantee and the threat to its stability" (297). Because of the potential disorder maternity and motherhood represent for male-dominated society, this "state" of women has historically been highly regulated in social and political terms. Furthermore, Kristeva's interpretation of maternity has a new resonance when applied to Central American reality, where the exertion of individual wills, especially those of women, has been carefully guarded by colonial and national patriarchies apprehensive of any destabilizing forces. The regulation of women's sexuality for reasons of national priority continues to be evident in discussions such as Daniel Ortega's attacks on abortion. In these, the Sandinista leader voiced concerns about "depleting our youth" and provoking a labor shortage (Whisnant 425). In this and other instances, many male Sandinista leaders were resistant when it came to women's options, not only in the morally controversial area of abortion but also with regard to women's legal rights in the civil and criminal codes specified in the constitution (Whisnant 430-31).

Aguilar's fiction reveals an acute awareness of women's inequality. She consistently emphasizes that their denial or realization of the maternal possibility is both a personal and a public concern. Though women's participation in national life has been minimized, Aguilar's fictions affirm that they have been present and active in history. Women might have been relegated to the peripheries, as in the Conquest, or to the mythical past of a cultural icon like Darío, but they are intimately involved in the politics of the family and nation.

Moments of rupture, when the often hidden contests over familial and national power are most readily visible, dominate the plots of nearly all her historical novels and novellas. This prompts a couple of questions: If the state is in disarray, as it is in nearly all of Aguilar's historical fiction, how does the family look? What implications does this have for women? As Lerner observes, "the family not merely mirrors the order in the state and educates its children to follow it, it also creates and constantly reinforces that order" (217). When the family ceases to reinforce that order, what is the result? In moments of national crisis, what are the boundaries of the home, a space most frequently associated with women? What implications do these ruptures have on the identity of individual women? Aguilar's imaginations of particular historical moments allow for the exploration of these issues.

Ensilios and Ellipses: Desires and Limits in Aguilar's Fictions

Interestingly, none of the families in *Rosa Sarmiento, El guerrillero, Las doce y veintinueve, Siete relatos sobre el amor y la guerra,* and *La niña blanca* are integral units. They have no clearly delimited borders. Their boundaries are violated by war and natural disasters, and the women who belong to them live in widely varying circumstances. Aguilar consistently associates women with restricted spaces that frustrate their desires for freedom, self-expression, and happiness, despite their social, economic, and political differences. Why is this? How do her novels fictionalize moments of historical significance to emphasize again and again the hindrances to female mobility and expression?

Like Jean Franco's *Plotting Women*, Aguilar's texts tell of the "solitary struggle of isolated women," contextualizing their stories within a larger national history to emphasize women's marginality and resistance. Her novels consistently emphasize women's *ensilios*, the psychological and physical confinement felt by women in their own societies. Feminist critic Margaret Higonnet uses the term to refer to "interior exiles": "The repressive force of the family in many societies makes [*ensilio*] a particularly endemic condition" (13). As in political exile, in the *ensilio* the individual is kept from participation in the politics and society of her culture, not through any personal volition but rather as a result of repressive forces. What differentiates *ensilios* from *exilios* is that women experience interior exiles in their own cultures, which deny them access to political process within the family as well as the nation.

Women who suffer *ensilios* abound in Aguilar's fictions. Aguilar presents her protagonists as individuals cast in roles they would not have chosen themselves; they are unhappy wives, coerced lovers, reluctant mothers. Consistently denied the agency that would allow them to contribute to the political and cultural world, the women imagine insurrections that would allow them to achieve fulfillment, though most of their plots never reach fruition. That Aguilar locates their dilemmas within historically crucial moments serves to bring into focus the alienation of women within the dramas of national life.

The recurrence of small spaces and internal dialogues in Aguilar's narrative points to the confinement and isolation that limit women's mobility and their possibilities for fulfillment. Aguilar depicts women in enclosed patios; small, dark rooms; clandestine safe houses; and private chapels, all of which are spaces in which their movement is monitored and restricted. Furthermore, the women who venture from the confines of home fear danger outside these spaces, though the implicit threat varies from story to story. Whether or not the danger is imminent, Aguilar's women feel their vulnerability. Such a representation reveals the degree of psychological control exercised upon women in a male-centered culture that makes them objects of desire rather than subjects.

The women in Aguilar's stories must weigh the suffocation and psychological death they experience within the enclosure against the threat to life (social or physical) without. The result is a constant tension that remains unresolved in each of the works. Extensive focalized passages communicate disappointed expectations, anxiety, and frustrations; the frequent ellipses that punctuate these passages signal the hesitance of women to imagine and articulate longings that are prohibited. These narrative techniques reiterate the message of the plots: that there is no space for expression for many women within political and social structures configured to limit their potential. The ambiguous endings avoid closure in terms of plot, stressing not only the inconclusive nature of women's experiences, but also the structural impossibility of a satisfactory resolution.

Rosa Sarmiento: Prehistory of a National Icon

The story of Rosa Sarmiento and Rubén Darío provides Aguilar with an opportunity to explore the implications of women's marginalization and to dialogue with a textual tradition that seems to take that marginalization as a given. As Joan Scott notes in "The Problem of Invisibility," "The story of the development of human society has been told largely through male agency; and the identification of men with 'humanity' has resulted for the most part in the disappearance of women from the record of the past" (5). Nowhere is this more obvious, perhaps, than in the trajectory of the cultural development in Latin America, where this narrative is intimately linked to nation formation and the forging of a collective identity. Texts that contributed to the development of the "imagined community" of the nation have traditionally comprised the historical (and literary) canon. These cast historical events in epic terms of crises, triumph, and progress. In Nicaragua, the story of cultural achievement centers around the figure of Rubén Darío, modernist poet *par excellence*, frequently depicted as the gift of Nicaragua to the world of arts and letters.

In *Rosa Sarmiento* Aguilar appropriates a set of past events, namely the birth and early childhood of Darío, but she recasts them to reveal a plot strikingly different from that commonly detailed in both biographies and literary histories. Theorist and historian Hayden White has presented a number of critical premises that are particularly useful in understanding Aguilar's appropriation of history. According to White, the ideology of historiography is evident in the superimposition of different plot structures on past events. He writes that it is "in what appears to be the projection of a given generic plot type onto a given set of historical events, [...] that the question of the ideological nature of historical storytelling can be said to arise" (68). Though specifically addressing the question of the ideological bias of narrative itself, the comment posits an interesting variation on the idea that history is written by the victors. As Miguel León Portilla's *Vision de los vencidos* (1959) demonstrates with regard to the Spanish Conquest, it is possible for peoples and cultures to discern entirely different plot structures in the same set of events. What was for Hernán Cortés a deftly maneuvered triumph gained by military strategy was for the Aztecs an epic defeat augured by portents and abetted by rulers and gods.

By retelling Darío's story in *Rosa Sarmiento*, Aguilar confronts the projection of the epic plot type onto the set of events surrounding the national hero Darío. Her version of the past engages the nationalist textual tradition about Darío in a way that emphasizes women's marginality and exclusion from the national plot. Rather than following the trajectory of Darío's life from childhood to international glory, Aguilar's novel centers on the world of Rosa Sarmiento, a woman who usually makes a brief entrance in biographies to give birth to the hero and then disappears.

Rosario Aguilar is not the first person to include Rubén Darío in the pages of literature. Indeed, Darío has long been a cultural icon in Nicaragua and an object of appropriation by groups from left to right. As Whisnant notes, when it comes to Darío, there are so many layers of interpretation and appropriation that contemporary critics may best approximate him if they view him as a cultural construct: "Darío in particular, because he never cast himself as an easily definable partisan figure, has been singled out as the repository of much of the country's most domestically and internationally negotiable cultural capital. [...] So protracted and convoluted has this process [of interpretation and appropriation] become that 'Rubén Darío' may now more usefully be understood as a political-cultural construct than as any identifiable historical personage" (440). The story of Darío's life is recounted in numerous biographies and in the oral traditions of Nicaragua, where school children have for years learned to recite his poetry and life story at an early age.

Many texts actively allegorize the story of Darío's life. Most biographies are constructed in epic terms, beginning with portents of the hero's birth and proceeding to early glimmers of genius in childhood, then concluding with his international success and untimely demise. They also mention Darío's desire for fame and acceptance by the elite of Europe, as well as his insecurity about the physical traits that belied an indigenous ancestry.

Like so many other biographies of nineteenth- and twentieth-century politicians and writers, Darío's becomes equated with the story of the nation. Biographical writers represent his life in a way that transcends the personal. This is not uncommon, according to Marchant: "In a move that equates personal experience with the life/history of the nation, the personal when marked as masculine is often seen to be representative in terms of the nation and therefore public. By contrast, the personal when marked as feminine is seen as private" (8). When the story of Darío is plotted according to a masculinist perspective, Rosa Sarmiento is a marginal figure, noticed only for her supporting role as biological mother. Her life supports no plot of progress and has no overtones of glory; her personal is private, not public.

While Rosa's personal trials are private, Darío's struggles represent the pretensions to grandeur of nineteenth-century Latin American states. Histories of literature consistently associate Darío's poetry and the modernist movement with the cultural coming of age of Latin America. His life—from troubled origins to international accolades—suggests to biographers the potential and promise of Latin America on the world scene. In contrast, *Rosa Sarmiento* intimates that modernism and nineteenth-century notions of progress did not necessarily have the same repercussions for women as they did for men. The question posed by feminists studying European history surfaces again. Just as they asked whether or not women had a Renaissance, Aguilar inquires about the extent of women's participation in the formation of Latin American cultural identity.

Like other texts, *Rosa Sarmiento* takes Darío's birth as the starting point for the story, though Aguilar chooses to focus on the mother (even prior to the moment) and not the child. The overwhelming majority of Darío biographies begin with his birth, which is generally recounted in messianic terms, but they quickly move past prodigious events of his childhood to the publication of *Azul* in 1888. Aguilar instead lingers on the earlier years of Darío's life, in which his mother Rosa struggled with maternity and marital discontent, as well as her peripheral position in her extended family.

To show the overlooked life of Rosa Sarmiento, Aguilar recasts the same set of historical facts according to a different interpretative perspective. Her novel is thus fundamentally an intertextual work, informed by other biographies as well as Darío's own writings. However, it differs from these because in telling the story of Rosa, Aguilar does not plot events in epic terms.

From the inception of the novel, Aguilar makes clear both her dependence on tradition and her divergence from it. While most biographies delicately allude to the marital discontent of Rosa Sarmiento and her husband, Manuel García, Aguilar offers a different point of view. She confronts the difficulties of Rosa overtly, linking these not just to the lack of "moral character" of the husband but more especially to the precarious social position of the orphaned young woman dependent on her relatives. The first two pages of the novel mention "the relatives who want her to go far away" and "those who love her" (*Colección* 1: 145, 146).[2] The remainder of the text gradually reveals the extent of their power over her.

In contrast, in the biography *Nacimiento y primera infancia de Rubén Darío* by Juan Vanegas and Alfonso Valle, the authors note that Manuel "seemed to need a wife who would control his excesses and cure him of the disease of politics" (12).[3] The allusion to women as bastions of moral uprightness and good antidotes to politics stands out immediately, as does the insinuation that Rosa's husband was a less-than-perfect candidate for a prodigious union. Aguilar's text emphasizes the impossibility of Rosa serving as the moral guardian of her husband, exploding the myth that women economically, socially, and sexually subordinate might somehow reform the behavior of uncooperative spouses, even if the women were willing to take on such a role. Another biographer, Valentín de Pedro, puzzles that "it does not cease to be singularly curious that the marriage breaks apart just when a child is about to be born of the union, an event that, it seems, ought

---

2. "los parientes que quieren que se marche lejos"; "quienes la quieren." Translations from the Spanish are mine.
3. "parecía necesitar una compañera que controlara sus excesos y lo curara de la enfermedad de la política."

to have helped bring the couple together" (9).[4] Aguilar elaborates at length on such speculations, beginning her novel with Rosa's thoughts as she awaits the arrival of the baby, intertwining her marital discontent with an overwhelming fear of maternity.

Rosa's pregnancy emphasizes even more her position as an object in society, steered toward conformity by the men and women of her adoptive family. However, her anxiety is about both maternity and motherhood, about the social and biological implications of having a child. Significantly, the novel suggests that both reduce her to an object at the mercy of forces she cannot control: "In her carefree, svelte body, change after change has occurred and broken the harmony" (*Colección* 1: 145).[5] Her desire is to flee, to escape the situation in which she finds herself: "She wants to flee, but flee from maternity. [...] Those who love her have proposed the trip. It is an opportunity for a person who waits in fear. For one who [...] longs for events to happen quickly, very quickly. To leave the crossroads by any of its paths... and at the same time... would that it not happen... to repent, to go back in time and erase that moment" (146).[6] The imperative and impossibility of escape recurs in the evocation of the female protagonists of Aguilar; they appear as the inevitable response to a repressive society and stifled will.

In the case of *Rosa Sarmiento*, the novel emphasizes the protagonist's dependence on her male protectors, namely her uncle and her spouse. As long as she carries this child or accepts the role of mother, she is subject to their authority. If she denies their authority, she loses her child; he is not hers and never has been, because her sexuality and reproductive capacity do not belong to her. They are commodities to be guarded, regulated, and enjoyed by male authorities.

Aguilar highlights Rosa's position as object rather than subject of history in the scene of Rubén's baptism. In a passage focalized through Manuel, Rosa's estranged husband, the young woman appears as an

---

4. "no deja de resultar singularmente curioso, que el matrimonio se separe cuando está a punto de nacerles un hijo, lo que parece que debía contribuir a unirlos."
5. "En su cuerpo alegre y esbelto, se han sucedido fenómenos tras fenómenos que han quebrado la armonía."
6. "Quiere huir, pero huir de la maternidad. [...] Quienes la quieren le han propuesto el viaje. Es una oportunidad para la que espera y teme. Para quien ansía que los acontecimientos sucedan pronto, muy pronto. Salir de la encrucijada por cualquiera de sus caminos... y al mismo tiempo... que no suceda... arrepentirse, volverse en el tiempo y borrar el instante."

object of desire: "Rosa is no longer the silly girl to whom they've married him. All of a sudden he feels the desire to love her again. It is as if a new women has arisen from her... and besides, he has the right..." (159).[7] Here, the pleasure of the gaze is coupled with power; Manuel desires and has the power to act upon desire. The male gaze again converts the female into an object he wishes to possess: "Don Manuel has hardly seen his own son, for all his looking at her. She is radiant" (159).[8] In the lines that follow, Aguilar continues to show the young woman through the male gaze, a sharp contrast to the rest of the text, where the passages are focalized through Rosa, who appears as a human subject in search of happiness, affirmation, and freedom.

As the novel depicts Rosa's frustrated search for fulfillment, it becomes increasingly obvious that she moves in a world with a rhythm different from that of her family. She does not participate in the epic plot of Darío's life. She does not apprehend any of the significance bestowed upon her by later writers. Aguilar makes reference to this frequently, employing phrases such as "she does not know" (146), "Rosa doesn't suspect" (147), "Rosa does not sense" (148).[9] Such phrases emphasize the constructedness of Darío's biographies, as well as Rosa's unawareness of her role in their grandiose plots.

After the birth of the child, Rosa definitively passes to a peripheral position in the family. Frustrated and alone, she subsequently rebels against the confinement of the house she shares with Manuel. She rejects both the protection of matrimony and the solace of religion, the two options pushed upon her by the women of the family: "She cannot be like the other women of the family, who resign themselves prematurely to being resigned. Life passes them by as they watch their children grow, praying, never knowing what there is inside them, and without knowing it, it withers away. [...] The women of her time stay in their houses, silent, with heads bowed, never rebelling. Living biologically, birthing children without knowing how or why" (167).[10]

---

7. "Rosa ya no es la niña atolondrada con quien le han casado. Siente de pronto el deseo de volver a amarla. Es como que una mujer nueva ha surgido de ella... y además, él tiene derecho...."
8. "Don Manuel, por verla, casi no ha visto a su propio hijo. Ella está radiante."
9. "ella no lo sabe"; "no sospecha Rosa"; "no presiente Rosa."
10. "No puede ser como las otras mujeres de la familia que se resignan prematuramente a la resignación. La vida se les pasa viendo crecer a los hijos, rezando, sin saber nunca lo que hay dentro de ellas mismas y que sin conocerlo se marchita. [...] Las mujeres de

What is particularly interesting in this focalized passage is the depiction of maternity and motherhood as possibilities that can be disliked or rejected by women. Maternity and motherhood are identified with the submissiveness and subjugation prescribed by church and state. The passage emphasizes the psychological repercussions of the *encierro* (confinement) and *ensilio* of women in a culture that mythologizes and idealizes their position as mothers but denies them any space for the realization of their desires. There is no room for fulfillment within the confines of motherhood as it is constructed in Rosa's culture, and its rejection means ostracism as well, as Aguilar emphasizes in the novel's conclusion.

The last pages of the novel show Rosa's definitive divorce from the glory of Rubén Darío. Having opted for personal satisfaction in the form of an illicit union with another man, she is separated from her child. The last lines of the novel reveal the implications of the decision Rosa has made: "The wind has pushed the door of the house shut. When she arrives, she feels the need to rest against the wall, feels an enormous weight upon her body... a dense and strange darkness that envelops her, that isolates her and leaves her out forever..." (180; ellipses in original).[11] According to this representation, Rosa appears as the object of forces that determine her fate. The sentence structure makes clear that she does not act, but rather is acted upon by something larger than herself. Even the door is shut on her by the wind. As in other novels, the net effect of these events is the isolation and estrangement of the female protagonist from society, in this case, the grandiose success of Latin America's poet laureate Rubén Darío.

Las doce y veintinueve: The (De)Construction of Small Worlds

Like *Rosa Sarmiento*, *Las doce y veintinueve* appropriates a particularly dramatic moment in Nicaraguan history, exploring Nicaraguan society at the moment of the 1972 earthquake that shook Managua. The novel is an example of novelistic polyphony in Bakhtinian

---

su época permanecen en sus casas, silenciosas, con las cabezas sumisas y sin rebelarse jamás. Biológicamente viviendo, pariendo hijos sin saber cómo ni para qué."

11. "La puerta de la casa se ha cerrado al empujarla el viento. Al llegar, siente la necesidad de recostarse contra la pared, siente un inmenso peso sobre su cuerpo... una densa y extraña obscuridad que la envuelve, que la aísla y la deja fuera para siempre...."

terms, though it is interesting to note that, as in *Rosa*, the underlying insistence of the narrative is on the isolation of the individuals and their inability to communicate and interact. While historiographic and journalistic representations emphasize the political repercussions of the earthquake and the immense human tragedy, Aguilar's novel relates the tragedy as it acts upon the life of one person. In telling the story of Vilma, a young, upper-class mother of two, Aguilar constructs a cross-section of Nicaraguan life at the moment of the 1972 temblor. In ever-expanding circles of social interaction, she incorporates more individuals and voices: Vilma; Vilma's husband, Manuel; Manuel's lover; the family maid; the maid's *compañero*; the maid's former employers; and so on. This particular sort of heteroglossia is common in Aguilar's historical writing, in whose plots an individual's life story is implicated in ever-larger spheres of human relationships. As in other stories, the polyphony gives shape to a singularly devastating event (such as conquest or revolution) and also highlights social and economic injustices prevalent within the region.

The image that emerges from *Las doce y veintinueve* is of a family in ruins and a nation absolutely devastated not only by the earthquake but also by an underlying structure of inequity and injustice. Although the present of the text is the time immediately preceding and following the 1972 earthquake, the focalized analepses take the text beyond 1972 to broaden the temporal scope of the novel. These flashbacks present personal histories of rural-urban migration, internal colonization, political injustice, and sexual and racial hierarchies in Nicaragua. As the polyphonic narrative moves around the figure of Vilma, it uncovers often invisible social problems, including domestic abuse, racism, snobbery, and the persistence of violence and political corruption.

As in other texts by Rosario Aguilar, the narrative technique of focalization plays a particularly important role in *Las doce y veintinueve*. In this case, the frequent depiction of the interior worlds of the protagonists emphasizes their isolation and inability to communicate. The differences between Vilma and Manuel's interior worlds reveal glaring contrasts in the social options of men and women, and other passages highlight their family's isolation from the troubling social reality that exists in Nicaragua.

Various textual clues indicate that problems plague the relationship between Vilma and her husband, but it is the focalization that reveals the degree of separation brought about by their unquestioning assumption of the traditional roles society offers them. The passages focalized through Vilma underscore the lingering questions about the future of the couple. They also reveal Vilma's distance from her husband and his world of business and an extramarital affair. At the beginning of the novel, a focalized passage expresses Vilma's doubts about her marriage: "She was coming to the conclusion, at that precise moment, that her marriage was a failure, that it was sinking without any apparent remedy. […] If everything fell apart…, what to do?" (*Colección* 1: 66).[12] The text presents the boredom of the upper-class woman, her internalization of feelings of blame and guilt, and the limited options available to her. The only alternative to marriage that she has is a return to her hometown, and she opts for a short-term solution by taking pills for her nerves.

For Manuel, Vilma is a necessary fixture in his world, in part because she lends meaning to his existence and assures his good standing in society. This is especially obvious in a passage in which he ponders his own infidelity to her: "And if she decides to leave him and she takes the children? No, no he will not let them go for anything in the world because if that happens, it would be like a death sentence for him. His world would immediately collapse. That whole world he himself has built so that Vilma and his children may live in it" (76).[13] Vilma is necessary to preserve his self-image; he professes to be unable to live without her because she justifies the existence of that "whole world he himself has built."

Interestingly enough, as Ann González notes, the quake momentarily restores the social order in the family and the nation. In the novel, tragedy pushes both individuals and the Somoza regime to their logical extremes. The guards protect private property, shooting anyone associated with looters while the guards themselves steal for personal gain at the expense of the devastated nation. In actuality in Nicaragua, law and order disintegrated during three days of looting by National Guard troops, and Somoza established the National Emergency

---

12. "Estaba llegando al convencimiento, en aquel preciso instante, de que su matrimonio fracasaba, se hundía sin remedio aparente. […] Si todo fracasaba… ¿Qué hacer?"

13. "Y, ¿si ella decide dejarlo y se lleva a los niños? No, no los dejará irse por nada del mundo, porque si eso sucede sería para él casi como una sentencia de muerte. Inmediatamente su mundo se derrumbaría. Todo ese mundo construido por él mismo para que en él vivan Vilma y sus hijos."

Committee, which allowed him eventually to misuse relief funds and regain control of the government (Bulmer-Thomas 257). In Vilma and Manuel's household, Manuel returns to his house and family to reassert control, using violence to impose order.

The scene of Manuel's return is particularly significant because of the way in which it presents Vilma's reaction when Manuel appears in front of the ruins of the house: "The woman hurls herself on him, but not to embrace him, no. [...] With closed fists she beats him and screams at him incomprehensible, terrible things never before uttered by her mouth. Words in which she appears to accuse him, to say that because he has been absent, far from them, the whole world has perished. As if she wanted to blame him for everything that is happening in the world, for its destruction, its ruin" (83).[14] Vilma's only sphere of action has been within the family, the symbol of which was their home. When this is absolutely devastated, she reacts with violence against Manuel, who had provided her with the house that was at once refuge and prison. The reaction is telling; Vilma recognizes that her husband is responsible for the construction of her peaceful world, and she blames his marital failures for the crumbling of it.

For Manuel, the destruction creates an escape from his involvement with the young woman from the Atlantic coast, and he restores his position of power in the family by force. Hence, the apparent resolution to the story: the absent and unfaithful husband returns, the wife acquiesces after he strikes her, and the family leaves town. Manuel reclaims his place as the head of the family unit, and Vilma resumes the role of wife and mother. However, Aguilar implies that the family, like the nation, has been rent too deeply to be so easily "healed" and that a restoration of order does not imply that old grievances have been addressed.

Images of desolation permeate the text, and fissures at all social levels become visible. Vilma and Manuel are isolated in their own worlds, and the biological bridge between them, "el *baby*," perishes in the quake. Additionally, the distinction between public and private is quite literally destroyed, leaving each to negotiate reality on his or her own

---

14. "La mujer se le lanza encima, pero no para abrazarlo, no. [...] Con los puños cerrados le golpea y le grita cosas incomprensibles, terribles, jamás antes moduladas por su boca. Palabras en las que parece acusarlo de que, por el hecho de estar ausente, lejos de ellos, todo el mundo ha perecido. Como si quisiera culparle, por todo lo que está sucediendo en el mundo, su destrucción, su hundimiento."

terms. Vilma is lost in a world that is suddenly too big, the poor take advantage of chaos to seek material goods they have always lacked, and the National Guard uses the moment to assert supremacy and enrich their ranks.

In showing the collapse of the country and the reassertion of control by powerful males (Manuel, the Guard), the novel interrogates the nature of the social system in place and points to the latent resistance beneath the surface. The world that collapsed was constructed to protect the integrity of male property (sexual, material, political) at the level of the family and the nation. The brute force employed in the reimposition of this system uncovers the violence that long existed beneath the surface of society. No facile resolution exists in *Las doce y veintinueve*, and there is an implication of future rupture in both family and nation. As Vilma returns to her parents' home, she wonders if she and Manuel will ever repair their relationship. In terms of the nation, it is possible to see clearly the seeds of rebellion sown in the days following the quake.

Women and Revolution: Intimate-National Conflicts

The growing resistance to political oppression erupted in Nicaraguan society in the revolutionary movements that eventually toppled the Somoza dictatorship. Aguilar's novels of the Nicaraguan revolution emphasize women's actions as citizens, "a position that had been difficult for them to assume as long as the public sphere was assumed to be a masculine domain" (Franco, "Going Public" 66). As Franco and others have noted, the state-sponsored violence of the 1970s in Latin America produced a radical change in society that affected not only the political but also the gender order. The stories of *El guerrillero* and *Siete relatos sobre el amor y la guerra* concern women during a particularly traumatic period of Nicaraguan history, namely the period of guerrilla activity, revolution, and counterrevolution. During this time the distinctions maintained between private and public were questioned, and Aguilar's novels show the effects wrought by these changes in women's lives.

As in other texts by Aguilar, the narrative polyphony of the two novels is again readily apparent. Both *El guerrillero* and *Siete relatos* are narratively complex, incorporating focalization, analepsis, and numerous intertextual references to relate the story of the revolution. The polyphony of the texts constructs a world that describes the diversity of Nicaraguan cultures at that particular moment, while the recurrence to focalization insists on personal interpretations of reality and denies any authoritative account of the revolution. Furthermore, these techniques fictionalize history in such a way as to recast the tumultuous events of the past through individual women's experiences. Aguilar thus incorporates into the texts multiple interpretations of revolution, family structure, economic realities, and social obligations. *El guerrillero*, for instance, offers a view of revolutionary activity through the life of an arguably apolitical individual, the rural primary school teacher who is the protagonist. It also probes the human repercussions of economic hardship, women's sexual inequality, and political violence. I am especially concerned here with Aguilar's incorporation of other texts into the novel, a technique that widens the scope of the story and locates the struggle of the female protagonist within a larger cultural context of national politics, the Latin American Left, and revolutionary struggle.

The intertextuality of *El guerrillero*, coupled with the frequent focalization through the protagonist, demonstrates the effects of women's discursive entry into the national culture. The narrative frequently shows the interpenetration of national discourse in the thoughts of the teacher, as well as her adaptation of this rhetoric according to her personal circumstances. Her access to public discourse is a product of nineteenth-century liberal programs of public education, initiated to consolidate national identity and promote progress. However, the teacher manipulates these programs according to her present reality of economic injustice and revolutionary activity. As she claims that discourse for her own ends, the teacher questions the ideological underpinnings of the nation and the policies that defend it.

The appropriation of texts by the teacher in *El guerrillero* represents a significant instance of intertextuality, especially since the majority of the references are to schoolbooks and Latin American poetry. Aguilar's representation of one woman's manipulation of language reveals the processes by which people receive and engage the rhetoric of the state. As Bakhtin points out, "For any individual consciousness living in it, language is not an abstract system of normative forms but rather a concrete heteroglot conception of the world" (293). *El guerrillero* shows what happens when particular women take hold of this conception of the world and place themselves into it by speaking and writing. Aguilar's fictionalization of Central America's recent past thus dramatizes women's increasing appropriation of the symbolic currency of the nation. As Lerner intuits in the epigraph to this chapter, as women make a space for their own speaking and acting, they change the configuration of the entire system. Again, Bakhtin states, "Consciousness finds itself inevitably facing the necessity of *having to choose a language*. With each literary-verbal performance, consciousness must actively orient itself amidst heteroglossia, it must move in and occupy a position for itself within it, it chooses, in other words, a 'language'" (295; emphasis in original). In this case, the discourse the novel incorporates is important because it signals the erasure of lines between public and private. It also reveals the politicization of personal life. Aguilar shows the increasing penetration of the public discourse of the nation in the private world of the teacher, but she also emphasizes that the teacher is not a passive recipient and transmitter of the education and messages of the state. Rather, as the teacher's personal life becomes intermingled with the public discourse and national conflict, she becomes more active in public events and more assertive in pursuit of her desires.

The incorporation of the language of schoolbooks into the text shows the woman's interaction with one of the principal tools mobilized in the establishment of national identity. The rural teacher takes the lessons in mathematics, national history, and geography as a palimpsest upon which she inscribes her own story, emotions, and experiences. Explanations of mathematical problems, geography, and climate become transformed in focalized passages in the text where the teacher inserts her daily reality into the narrative of the curriculum.

This incorporation and manipulation of pedagogical discourse in a woman-centered novel is significant, especially in light of Jean Franco's observation of the importance of pedagogical discourse in the legitimation of the state. In "The Nation as Imagined Community," Franco discusses the exposure of state legitimation in a passage from *El otoño del patriarca* (1975) by Gabriel García Márquez. She emphasizes that in García Márquez's novel certain passages "expose the way the nation state is legitimized through pedagogical discourse—for example, the geography text book" (206). In a similar way, Aguilar reveals the constructedness of pedagogical discourse, as well as its distance from the physical and psychological realities of the state's inhabitants.

The insertion of the rural teacher in the subject position of these texts reconfigures discourse on science, geography, and math. Her reinterpretation of seemingly innocuous, objective texts reveals the "fictional" (constructed) nature of the world that they propose and offers a counterimagination of the state. Consider, for example, this passage, in which a basic geography lesson is changed to incorporate the reality of armed struggle, fear, and maternity:

> the climate of Nicaragua is hot, but cool in the mountains. The seasons of Nicaragua are winter, or rainy season, and summer, or dry season. Oh, my love, it would have been better if you'd not gone on those roads that likely are full of mud. [...] The principal products are: coffee, you probably went to the mountains, to the coffee fields, there is your tiny light lost amid the lights of the torches [...]. In Nicaragua, there are gold and silver mines. Your child, deep within me, very deep like the mines. I am sad, the little one will be born sad. From the mines of Nicaragua, only sorrows are extracted. (*Colección* 3: 46-47)[15]

In this passage, Aguilar combines the languages of nationalist primary school texts, social revolution, and a consciousness of maternity. Similar passages interspersed throughout texts serve to emphasize the distance of this woman from the material she teaches. They also disclose the social reality that demands that these lessons be subverted.

Not only passages from school texts but also fragments from Pablo Neruda's poetry surface in the pages of the novel. The repetition by the protagonist of a line from one of Neruda's love poems affects a subtle change in the interpretation of the poem in that it locates the woman in the position of the lover rather than the beloved. The teacher's refrain

---

15. "el clima de Nicaragua es cálido, pero fresco en las sierras. Las estaciones de Nicaragua son: invierno o época de lluvias y verano o época seca. Ay, amor, mejor no te hubieras ido por esos caminos que deben estar llenos de lodo. [...] Los productos principales son: café, a lo mejor te fuiste para el lado de las sierras, a los campamentos de café, allí tu lucecita confundida entre las lucecitas de los hachones [...]. En Nicaragua hay minas de oro y plata. Adentro de mí, tu hijo, hondo, muy hondo, como las minas. Estoy triste, el muchachito nacerá triste. De las minas de Nicaragua solo se extraen tristezas."

throughout the story is "how could one not have loved his large, steady eyes."[16] In taking hold of this line to explain her relationship with the guerrillero, she locates herself in the subject position of desiring. It is her gaze that admires the captivating "steady eyes."

The intertextuality and the spatial configurations of this novel reveal both the possibilities and the limitations of women's participation in the cultural and social life of the nation. As Higonnet notes, the analysis of space is a concern for those interested in gender studies, particularly feminists: "Feminist literary critics have begun to [...] trace the ways writers inscribe gender onto the symbolic representations of space within texts, whether through images of physical confinement, of exile and exclusions, of property and territoriality, or of the body as the interface between individual and communal identities" (2). Aguilar's works highlight the spatial limitations imposed upon women, connecting the restrictions to the women's feelings of confinement, isolation, and discontent. As discussed earlier, her works show a heightened awareness of the female body as the "interface between individual and communal identities," especially with regard to maternity.

Aguilar frequently depicts women rebelling against the small enclosures to which they have been relegated. In *El guerrillero*, the teacher moves in small spaces: her house, the hiding place of the revolutionary fighter, the classroom. When the text depicts her activities outside these spaces, her movement is insistently associated with her fear of reprisals against her life. In two instances, Aguilar shows the protagonist far beyond the village, once when she seeks an illegal abortion and again when she goes to ascertain if her lover's body is among those of fallen revolutionaries. Her fear in open spaces suggests a culture that has prescribed confinement for women and visits violence upon their persons if they trespass its borders.

The anguish of the teacher's decision to seek an abortion emphasizes both the moral dilemma she faces and the political nature of her sexuality. In this way, Aguilar's story gives literary representation not only to the abortion issue but also to the underlying abuse suffered by many Latin American women. The teacher finds herself pregnant after

---

16. "cómo no haber amado sus grandes ojos fijos." The quote is from Neruda's collection *Veinte poemas de amor y una canción desesperada*.

acquiescing to the coercion of a local judge, who pursues an exploitative and implicitly violent sexual relationship with her. She resolves to end the pregnancy because she sees this as the only way to maintain her independence and sever the relationship.

As in the story of the young woman from the Atlantic coast in *Las doce y veintinueve*, *El guerrillero* points to the commodification of women's sexuality in a patriarchal culture predicated upon women's inferior social and economic position. Here it is useful to cite Lerner's observation in *Creation of Patriarchy*: "Since their sexuality, an aspect of their body, was controlled by others, women were not only actually disadvantaged but psychologically restrained in a very special way. For women, as for men of subordinate and oppressed groups, history consisted of their struggle for emancipation and freedom from necessity. But women struggled against different forms of oppression and domination than did men" (214).

Aguilar's novels of the revolution very effectively integrate a representation of the "different forms of oppression and domination" against which women struggle, locating the search for their emancipation within a context of generalized turmoil. Though women's struggle is generally depicted as a personal one for individual rights, Aguilar shows that it is a political challenge as well. For instance, after finding out she is pregnant by the judge, the teacher is faced with the impossibility of seeking advice or help, the difficulty of raising her first child in poverty, and her reluctance to end the pregnancy for moral or ethical reasons. The promise she makes to herself while having the abortion seals her political commitment: "She promises to dedicate herself fully to that interminable line of endless faces of children. [...] To give everything that as a mother she is capable of giving and doing for a child" (77).[17] In this way, the maternal question is transposed to another level, and the teacher resolves her personal moral dilemma by making a promise at once political and personal: to do all in her power to secure the well-being of her pupils.

The conclusion of the novel finds the woman surrounded by her pupils, engaged in a soliloquy that is part school text, part benediction and call to resistance. As she bids farewell to her infatuation with the guerrillero, she affirms her commitment to continued resistance,

---

17. "Promete entregarse de lleno a aquella fila interminable de rostros infinitos de niños. [...] Repartir todo lo que como madre es capaz de dar y hacer por un hijo...."

ending with the words, "don't let yourself get caught... [...] don't let yourself get caught, my love" (104).[18] This particular fictionalization of Central American history, then, shows the psychological and political maturation of a female protagonist who, coincidentally, resurfaces in *Siete relatos* in a much more radical role.

Like *El guerrillero*, *Siete relatos sobre el amor y la guerra* is a fictionalized account of the revolutionary years in Nicaragua, incorporating images of the revolution before and after its triumph. However, the novel is unique because it is fundamentally decentralized; it reveals various sides of the revolutionary regime by presenting multiple female protagonists. The women are martyrs, exiles, literacy volunteers, and bureaucrats from all social classes. Though the novel has no clear protagonist, the revolution is the common denominator for each of the stories of the women whose lives are affected by the struggle.

The "siete relatos" of the title are the stories of seven different women. The title significantly links the idea of love, associated with private life, and war, a political phenomenon, though the entirety of the text deconstructs this binary through the vignettes about women's experiences in love and war. The first part of the book, "On Love" ("Sobre el amor") concerns three women whose lives are strangely intertwined by the revolution and their amorous relationships. Leticia lives in the Atlantic coast region with her possessive Miskito spouse, while her sister, Paula, has an affair with Eddy. Eddy, in turn, is María Elena's attractive, bourgeois husband who jets between Miami and Managua to lobby on behalf of his family in hopes of recovering their confiscated property. In the segment supposedly "On Love," the disappointments of the three women dominate the stories. Each finds herself alone and isolated, whether in exile or not.

The second part of the book, "On War" ("Sobre la Guerra"), presents María José, Margarita (alias Karla, the teacher from *El guerrillero*), Lucía, and Sonia, four young revolutionaries inextricably caught in the fight for national liberation. This fictionalization of Nicaragua's past portrays women's active participation in the revolution, in this case in the final offensive in León. Again, it shows the inseparability of political and gender issues. More linear than the first part of the book, the stories form a bricolage of images that culminate on July 19,

---

18. "no te dejés atrapar... [...] no te dejés atrapar, amor."

1979, with the victory celebration in Managua.[19] Despite the optimistic conclusion, it is impossible to disregard the earlier portion of the book, which insists that social injustice, especially in the arena of gender relations, persisted in the years of the revolutionary regime.

What are the implications of such a decentralized, polyphonic novel about "love and war"? The text not only provides a vision of the revolution different from testimonials and memoirs, it also participates in what Nelly Richard posits as a vital process for cultural criticism. Richard sees selection, recombination, and resemantization as essential operations for "any textual operation (feminine or Latin American) that confronts a supposedly closed system [...] of hegemonic categories that symbolize the authority of the Whole as a metaphor for universal knowledge" (25).[20] In Nicaragua, the revolution in many ways became a "Whole" to explain, justify, and control, increasingly so as the nation suffered under the U.S. embargo and threats of military intervention. It is possible to see a critical response to revolutionary authority in the texts of both Gioconda Belli and Rosario Aguilar. Both authors were sympathetic to the revolutionary ideals but also especially aware of the persistence of inequities in gender relations during and after the Sandinista period in Nicaragua. In Aguilar there is a tendency toward a fragmented, decentralized discourse that stymies any fixed interpretation of the cultural referent, whether that is the revolution, Conquest, or the life of Rubén Darío. It is seen most obviously in *Siete relatos,* which multiplies interpretations of the revolution and of women's experiences in that culture.

Though Aguilar depicts women in various circumstances, it is significant that she highlights their actual or perceived entrapment in all but the last vignette on Margarita, alias Karla. The feeling of psychological confinement associated with maternity surfaces several times, especially in the stories of María Elena, Leticia, and María José. Each laments the fact that her biological state as expectant mother limits her mobility and impedes her desires. This frustration is exacerbated by the fact that none can rely on a sympathetic partner with whom she shares an egalitarian relationship. María Elena, for instance, finds

---

19. On that date the triumphant Sandinista-led opposition took possession of Managua and united in an enormous celebration of Somoza's defeat.
20. "cualquier operatoria textual (femenina o latinoamericana) que se enfrenta al sistema presuntamente clausurado [...] de las categorizaciones hegemónicas que simbolizan la autoridad del Todo como metáfora del saber universal."

that her pregnancy will keep her from accompanying her husband to Nicaragua: "I had gotten pregnant and everyone was happy but me... because it was obvious that in my rather delicate state that I could not travel. Return" (54).[21] Under the watchful eye of her wealthy in-laws, María Elena remains in Miami while her husband Eddy has an affair in Nicaragua with Paula, who also becomes pregnant. Paula's sister Leticia similarly finds herself isolated and trapped far from the city, since her possessive husband will not permit her to leave the Atlantic coast with "his" child: "The woman takes each little piece of love that she feels for the man and substitutes it with a kind of resentment. [...] Because she has become a prisoner of the lagoon's beautiful colors. No, she cannot stay here, buried alive... [...]. If she manages to flee, Cristy will follow her by all roads. [...] What wouldn't he do to find his son?" (86).[22] In each of these stories, Aguilar again reveals women's bodies as an "interface between individual and communal identities," and probes the physical and psychological repercussions of this reality for women.

Aguilar also frequently shows women limited by their economic and psychological dependence on men in her novels. In *Siete relatos* various protagonists come to terms with their lack of autonomy as they begin to take action in society and politics. For instance, María Elena becomes involved with a Cuban exile, takes a job, requests political asylum, and confronts her husband with a request for divorce. Though she is astutely aware of the limitations placed upon her in the new world of North American capitalism, María Elena takes the benefits it affords her in order to negotiate a space for herself in the world of exile: "Those people only think about business, they're not interested in my personal problems or my immigration status. They evaluate me in a single glance, all at once; my figure, my personality, my attributes. If they are useful or not, to show their products. Nothing more" (34).[23]

---

21. "yo había quedado embarazada y todos estaban felices, menos yo... porque era obvio que en mi estado un poco delicado no podía viajar. Volver."
22. "La mujer va sustituyendo cada pedacito de amor que siente por el hombre por una especie de rencor. [...] Porque se ha vuelto una prisionera de sus bellos colores. No, no puede quedarse allí, enterrada en vida... [...]. Si ella lograra huir, Cristy la perseguiría por todos los caminos. [...] ¿Qué no haría para encontrar a su hijo?"
23. "[...] esas personas tan sólo piensan en el negocio, no les interesan mis problemas personales ni mi status migratorio. Me valorarán de una sola ojeada, de un solo golpe; mi figura, mi personalidad, mis atributos. Si sirven o no para demostrar los productos. Nada más."

Though in an entirely different political context, Paula takes much the same action. She finally gives up on Eddy and asks her supervisor at work for help in getting medical attention for her sick child. Lerner offers an explanation that can account for the attraction of Eddy for both María Elena and Paula: "It was a rational choice for women, under conditions of powerlessness and economic dependency, to choose strong protectors for themselves and their children" (218). Eddy is perceived as a "strong protector" because he has all the physical trappings of such a person; he is athletic and rich, with a fair complexion and upper-class background. Other men are also coded as protectors: the virile Cristy in *Siete relatos* and the faithful sergeant in *El guerrillero*. In the particular historical context of revolution, Aguilar's fictions explore the possibilities for women who turn from these strong protectors. In particular, Aguilar depicts the continued limitations on women's freedom and also the spaces they create for the pursuit of their own desires.

The story of Margarita represents Aguilar's most complete elaboration of the process of coming to consciousness in political and personal terms. Margarita Maradiaga, alias Karla, is the rural schoolteacher from *El guerrillero*. She resurfaces in *Siete relatos* as a member of the revolutionary organization responsible for securing safe houses for clandestine members of the struggle. After surviving the last days of violence before the triumph, she takes her child to Managua to witness the victory celebration and there spots her former guerrillero lover in the crowd. Through this scene, Aguilar proposes a significant resolution that binds together many of the different issues that have appeared in the narrative. In seeing the guerrillero again, Margarita confronts her own romantic notions of love and war, takes pride in her contribution to the victory, and anticipates her continued participation in the life of the nation: "She realized that what she wanted most at that time was simply a home in which to raise her child. Peace to be able to prepare lesson plans conscientiously. To teach. [...] From that moment on she ceased to be 'Karla.' She recovered her legitimate identity. Margarita Maradiaga. Rural schoolteacher" (154).[24] These last lines of the novel

---

24. "Se dio cuenta de que lo que más deseaba en ese instante eran [sic] tan sólo un hogar para criar a su hijo. Paz para poder preparar, concienzudamente, los programas escolares. Enseñar. [...] Desde ese mismo instante dejó de ser 'Karla.' Recobró su legítima identidad. Margarita Maradiaga. Maestra rural."

reveal the complete dissolution of the distinction between the public and private endeavors and associate Margarita's recuperation of her identity with the realization of her purpose in society as both a mother and teacher.

The Colony and the Present: *La niña blanca y los pájaros sin pies*

Though it is relatively easy to offer fictionalized histories of the recent past, the task of inserting women into the colonial and national past is a difficult undertaking. However, it has proven attractive to numerous Central American women writers, most notably Gioconda Belli and Tatiana Lobo. Aguilar offers a twist in *La niña blanca y los pájaros sin pies,* a metafictional text about one woman's desire to conjure up her predecessors in a novel.

Responding to a comment by Stephen Greenblatt in which he cited the "desire to speak with the dead" as an origin of his New Historicist practice, Helen Buss observed, "Feminist scholars interested in finding the silenced voices of history and literature cannot begin merely with an effort to speak with the famous 'dead' of men's historical and literary traditions. We hardly know who our dead are" (86). In her own studies of women's history in literature, Buss examines women's private writing to approximate "women's cultural and personal development" (86). However, there are few such examples from colonial Latin America, with the notable exception of nuns' texts, such as those studied by Electa Arenal and Stacey Schlau.

In the absence of a corpus of private writing by colonial women, Aguilar recurs to another strategy of historical recuperation. Like Tatiana Lobo would do in *Entre Dios y el Diablo*, she imagines their experiences through an interrogation of male-authored texts. In *La niña blanca,* Aguilar creates an author-protagonist who moves from the same premise as feminist scholar Joan Scott, that women have not been "inactive or absent from events that made history, but that they have systematically been left out of the official record" (5). Scott has noted that "in the evaluation of what is important, women as individuals or as a definable group rarely receive mention" (5). This is certainly the case in colonial Latin America, where the story of the Spanish Conquest is that of the conquerors, and little mention is made of the women that peopled the world they left and the continent they sought to dominate. Imagining the other side of the events that changed the world, as

Aguilar does in *La niña blanca*, alters our perception of history and provides background for modern political and social developments.

The metafictional nature of *La niña blanca* makes it a unique text in Central American women's literature produced in the late twentieth century. It is a text that participates fully in the contemporary discourse of transnational politics, globalization, and Latin American cultural identity. The protagonist is a woman writing about women. She is prompted to think of the past by a visit she makes to León Viejo with a Spanish reporter who comes to Nicaragua to cover the 1990 elections.[25] The protagonist's imaginations of women's reality during the years of conquest comprise chapters that carry the names of women from that period. These segments alternate with chapters in the voice of the protagonist as she writes about her experiences and the writing process.

The presentation of the colonial past in a metafictional text creates an alternative vision of colonial personalities through their incorporation into a different plot. As Bakhtin has noted, "New images in literature are very often created through a re-accentuating of old images, by translating them from one accentual register to another" (421). In *La niña blanca*, the technique at once presents new images of the colonial past and points to the fictionality of these renderings. The novel takes the tropes of the conqueror and barbarian from colonial texts and reworks them in a metafictional novel that straddles Nicaragua's colonial past and democratic transition in 1990.

The protagonist-author draws comparisons and contrasts between the reality in which she moves and the world of her own protagonists, linking together two moments of rupture in Central American society. Numerous references compare the Spanish reporter she meets during the electoral campaign with the Spanish scribes of the Conquest; "He was every bit the chronicler, Spanish…" and "he hired me as his assistant and guide" are the two phrases that introduce him in the text (43).[26] Like his predecessors, the reporter comes to the Americas, gathers information on behalf of European superiors, and takes on a local woman to serve as guide. Like her American antecedents, the woman accompanies him on journeys throughout Central America. There the similarities end, for in this fictional world it is the woman

---

25. León Viejo is an abandoned colonial city in Nicaragua, located at the foot of the Momotombo volcano. The structures of León Viejo were destroyed in the early seventeenth century by earthquakes and frequent volcanic eruptions.

26. "Era todo un cronista, español…"; "me contrató como su asistente y guía."

who tells the story.

The dispute between the reporter and the Nicaraguan protagonist-author over the sort of characters the novel should include is a metafictional moment of some import. The protagonist-author remarks that she had written two chapters: "Each one stood alone and could constitute a separate story, but I wanted them to come together in a single narrative" (84).[27] When her Spanish companion suggests an indigenous protagonist with a mortal hatred of the Spanish, she responds that she cannot find a satisfactory one "in the history books, in the streets." She continues, noting that perhaps she cannot envision such a protagonist "because she has been subjugated. [...] Or because so much time has passed that her traces have been erased" (84).[28] The awareness of the erasure of women's presence is common throughout the works of Rosario Aguilar and other Central American writers interested in the history of women. The author-protagonist's statement is an acknowledgment of reality and of the frustration it presents for women who want to produce a coherent history of their antecedents.

Within the colonial-era vignettes supposedly penned by the protagonist, the technique Aguilar adopts to approximate women's fragmented history is similar to that of Tatiana Lobo's *Asalto al paraíso*, published in the same year in Costa Rica. Lobo presents an indigenous woman who cannot speak, making use of an auditory metaphor that emphasizes silence and muteness. In *La niña blanca*, a visual rather than an auditory metaphor pervades the text. Words like "silhouette" (*silueta*) and "profile" (*perfil*) are used frequently in the stories and suggest not only the incomprehensibility of the American continent for the colonizing Europeans but also the inability of modern writers to access a detailed vision of the past. What remains from the colonial past are only silhouettes, outlines, and shells of lives and structures, which fascinate Aguilar's contemporary protagonist. *La niña blanca* is the story of their reconstruction in fiction.

The episodes about colonial Central American women—Isabel, Luisa, Beatriz, María—signal the difficulties of colonial women, including indigenous, mestiza, and Spanish women. The chapters center not on physical challenges but rather on the isolation, frustration, and

---

27. "Cada uno se sostenía por sí solo y podía constituir una historia separada, pero yo quería que estuvieran unidos en una sola."
28. "en los libros de historia, en las calles"; "porque la habían sometido. [...] O había pasado tanto tiempo que había sido borrada su huella."

sense of powerlessness that each woman encountered and against which some rebelled. Whether Spanish or Indian, wives, mistresses, or daughters, according to Aguilar's presentation, each woman suffered the subordination of her own desires in the patriarchal world that defined her role. For instance, Isabel is portrayed as the reluctant defender of her husband, Pedrarias. Aguilar evokes her predicament as she is caught between her personal loathing of her husband, the accusations of his enemies, and the mistrust her own daughters have of her. Because of the patriarchal social structure of imperial Spain, Isabel has no choice but to stand by Pedrarias in order to protect her daughters, for whom she may procure suitable marriages only with the wealth her husband has acquired through brutality in the Indies. Her complicity, however, comes at a high cost; it leaves her unable to act on her own conscience with impunity and causes a breach between her and her daughters.

Similarly, Luisa, the indigenous noblewoman who is the subject of the second colonial vignette, has an extremely limited sphere of action. Unlike Isabel, though, Luisa is trapped by the competing demands of two patriarchal systems, the indigenous and the Spanish. In Aguilar's story, Luisa's body is depicted as the site of inscription of masculinist desires of conquest and dominance by both groups. The growing tensions between the cultures push the woman from privilege to subalternity in a matter of a few years.

A figure much like La Malinche in the Mexican Conquest, Luisa is given to Pedro de Alvarado as a wife, but she is quickly relegated to the status of a concubine after the tumult of conquest. Throughout the section on Luisa, Aguilar employs both focalization and the passive voice; the former communicates Luisa's interior world, while the latter emphasizes her object status, even within her own thoughts. Consider, for example, the following passage: "Let it hereby be recorded and summarized: I was chosen, along with four other young women, as a strategy of war. A deal between chieftains and powerful foreign lords. This fortune falls to me because I am noble and a virgin [...]. My father has destined me to become the wife of the Great Lord [...]. And I have accepted, of course!" (51).[29] Aguilar's nuanced presentation of Luisa at

---

29. "Así que quede constancia y resumido: fui escogida junto a otras cuatro doncellas como una estrategia de guerra. Un pacto entre los caciques y los poderosos señores extranjeros. Me toca esa suerte por ser noble y virgen [...]. Mi padre me ha destinado para esposa del Gran Señor [...]. Y yo he consentido ¡por supuesto!"

once highlights her position as a pawn of powerful men ("chieftains and powerful lords") and her awareness—and acceptance—of that role ("I have accepted"). However, that her declaration of consent is followed by the phrase "of course!" is significant, for it reveals that Luisa's assent is a mere formality expected by those who request it. Rebellion is unthinkable for Luisa, who identifies with her father's logic despite her fears.

As the vignette progresses, the indigenous woman gradually realizes that not even perfect obedience will bring her approval. Luisa will never be able to please either her family or the conquerors; favor depends not on her actions but rather on the interpretive lenses through which they perceive her. Throughout her story, Aguilar foregrounds the fundamental conflict between a woman's desire for community and the priorities of patriarchal agendas that deny them subjectivity. That there is no plausible resolution means that most of the episodes find narrative closure only with tragic endings. In the case of Luisa, the indigenous woman's alternative world of the imagination remains alive to the end, transforming reality to create a place of resistance and affirmation. As she dies, Luisa hears the celebratory songs of Tlaxcala, though those around her chant Christian prayers, and she leaves a troubling legacy that will haunt her mestiza daughter Leonor. The frequent mention of this daughter in the last pages of Luisa's story suggests a memory of resistance that persists in the colonized consciousness, troubling the next generation's recollection of the past.

The modern-day protagonist ultimately inherits this legacy. She writes to recover a knowledge of her antecedents, which cannot easily be captured in a single protagonist (as her Spanish friend wishes). Rather, their voices are distinct, contradictory, complicit, and resistant. In order to reconstruct their history, then, she must compose a fiction that is polyphonic, decentralized, one that weaves together the personal and political of her own life in the evocation of that past.

In telling the stories of these Central American women, both colonial and modern, Aguilar, like her protagonist, weaves together events of global importance and personal stories, showing their inseparability in the history of the isthmus. Aguilar consistently deconstructs the grandiose ambitions of men and focuses on the petty, personal motivations that influenced their decisions. In the retelling of history proffered by *La niña blanca*, the public/private distinction disappears from the lives of both men and women. Consequently, the imagination of what is missing in history does not just fill gaping silences in canonical Central American chronicles; it also questions the very legitimacy of the story the chronicles present as true.

Going Public

La niña blanca y los pájaros sin pies offers a fictionalized representation not only of the colonial past but also of the present reality of women writers. It describes what happens when women enter into dialogue with their present circumstances and the past that has shaped them. In this move to the speaking center fictionalized in this novel, the woman writer begins to account for her presence and thus "transforms the system," as suggested in the epigraph for this chapter. Aguilar's fictionalizations of history, like those of her contemporaries included in this study, emphasize women's participation in events of the past. In particular, Aguilar juxtaposes historical events with private stories to blur the lines between these domains for both men and women.

In depicting women's frustration and rebellion at being marginalized in all contexts, Aguilar points to the structural flaws of a patriarchal society that leaves little or no space for women's expression or fulfillment. Whether in her fictionalizations of conquest, colonization, the early modem state, or revolutionary society, she consistently foregrounds the conflicts and restrictions felt by women. Her protagonists resist objectification, but the assertion of their wills often means the loss of either social identity (in the case of Rosa Sarmiento) or physical security (in the case of the schoolteacher). The recurrent image is one of women emerging from the small spaces to which they had been confined, seeking fulfillment, and continuing to negotiate the competing claims upon their persons and affections. As in the protagonist-author of *La niña blanca y los pájaros sin pies*, the search for an understanding of their selves prompts an urgency to recover their past, in order that they might have lives that are both publicly and privately meaningful.

Bibliography

Aguilar, Rosario. *Colección Primavera sonámbula*. 3 vols. Managua: Editora de Arte, 1999.

Aguilar, Rosario. *La niña blanca y los pájaros sin pies*. Managua: Nueva

Nicaragua, 1992.
Aguilar, Rosario. *The Lost Chronicles of Terra Firma.* Tr. Edward Waters Hood. Secret Weavers Series 10. Fredonia, NY: White Pine, 1997.
Aguilar, Rosario. *Siete relatos sobre el amor y la guerra.* San José: EDUCA, 1986.
Arenal, Electa and Stacey Schlau, ed. *Untold Sisters: Hispanic Nuns in Their Own Works.* Tr. Amanda Powell. Albuquerque: University of New Mexico Press, 1989.
Bakhtin, M. M. *The Dialogic Imagination.* Ed. Michael Holquist. Tr. Caryl Emerson and Michael Holquist. Austin: University of Texas Press, 1981.
Bulmer-Thomas, Victor. "Nicaragua since 1930." *Central America since Independence.* Ed. Leslie Bethell. New York: Cambridge University Press, 1991. Pp. 227-276.
Buss, Helen M. "A Feminist Revision of New Historicism to Give Fuller Readings of Women's Private Writing." *Inscribing the Daily.* Ed. Suzanne L. Bunkers and Cynthia A. Huff. Amherst: University of Massachusetts Press, 1996. Pp. 86-103.
Davin, Anna. "Redressing the Balance or Transforming the Art? The British Experience." *Retrieving Women's History.* Ed. S. Jay Kleinberg. New York: UNESCO, 1988. Pp. 60-78.
Franco, Jean. "Going Public: Reinhabiting the Private." *On Edge: The Crisis of Contemporary Latin American Culture.* Ed. George Yúdice, Jean Franco and Ángel Flores. Minneapolis: University of Minnesota Press, 1992. Pp. 65-83.
Franco, Jean. *Plotting Women: Gender and Representation in Mexico.* New York: Columbia University Press, 1989.
Franco, Jean. "The Nation as Imagined Community." *The New Historicism.* Ed. H. Aram Veeser. New York: Routledge, 1989. Pp. 204-212.
González, Ann. "'Las mujeres de mi país': An Introduction to the Feminist Fiction of Rosario Aguilar." *Revista/Review Interamericana* 23.1-2 (Spring-Summer 1993): 63-72. (Included in this anthology.)
Higonnet, Margaret R. "New Cartographies, an Introduction." *Reconfigured Spheres: Feminist Explorations of Literary Space.* Ed. Margaret R. Higonnet and Joan Templeton. Amherst: University of Massachusetts Press, 1994. Pp. 1-19.
Kristeva, Julia. *The Kristeva Reader.* Ed. Toril Moi. New York: Columbia University Press, 1986.

León Portilla, Miguel. *Visión de los vencidos*. México: Universidad Nacional Autónoma, 1959.
Lerner, Gerda. *The Creation of Patriarchy*. New York: Oxford University Press, 1986.
Lobo, Tatiana. *Asalto al paraíso*. San José: Universidad de Costa Rica, 1992.
Lobo, Tatiana. *Entre Dios y el Diablo*. San José: Universidad de Costa Rica, 1993.
Marchant, Elizabeth A. *Critical Acts: Latin American Women and Cultural Criticism*. Gainesville: University Press of Florida, 1999.
Palacios Vivas, Nydia. *Voces femeninas en la narrativa de Rosario Aguilar*. Managua: PAVSA, 1998.
Pedro, Valentín de. *Vida de Rubén Darío*. Buenos Aires: Los Libros del Mirasol, 1961.
Richard, Nelly. *Masculino/femenino: prácticas de la diferencia y cultura democrática*. Santiago: Francisco Zegers, 1993.
Scott, Joan Wallach. "The Problem of Invisibility." *Retrieving Women's History*. Ed. S. Jay Kleinberg. New York: UNESCO, 1988. Pp. 5-29.
Souza, Raymond. "Novel and Context in Costa Rica and Nicaragua." *Romance Quarterly* 33.4 (Nov. 1996): 453-462.
Vanegas, Juan de Dios y Alfonso Valle. *Nacimiento y primera infancia de Rubén Darío*. Managua: Club del Libro Nicaragüense, 1962.
Whisnant, David. *Rascally Signs in Sacred Places*. Chapel Hill: University of North Carolina Press, 1995.
White, Hayden. "Storytelling: Historical and Ideological." *Centuries' Ends, Narrative Means*. Ed. Robert Newman. Stanford: Stanford University Press, 1996. Pp. 58-78.
Yalom, Marilyn. *Maternity, Mortality, and the Literature of Madness*. University Park: Pennsylvania State University Press, 1985.

De: Barbas-Rhoden, Laura. *Writing Women in Central America. Gender and the Fictionalization of History*. Ohio University Research in International Studies, Latin America Series 41. Athens, Ohio: Ohio University Press, 2003. Pp. 80-120.

ns de autoras
"Transculturación en narraciones de autoras centroamericanas: Rosario Aguilar"[1]

Bárbara Dröscher

1. Las cruzafronteras en narraciones de autoras centroamericanas[2]

En las novelas de Centroamérica escritas por mujeres en el último tercio del siglo XX a menudo aparecen personajes femeninos en calidad de cruzafronteras culturales, figuras que se mueven en el espacio que Homi Bhabha en *Location of Culture* llama "in-between", a las que se atribuyen experiencias de transculturación. Algunas actúan como traductoras interculturales, otras se hallan marginadas por razones de género y etnicidad. En una región tan marginada y marcada por guerras civiles los enfoques poscoloniales para tratar la diferencia y para resolver las diferencias se muestran claramente como cuestiones de poder.

Mis trabajos anteriores sobre la literatura escrita por mujeres centroamericanas han analizado la correspondencia entre el posicionamiento de los personajes mujeres y el desarrollo del movimiento femenino, así como los interdiscursos feministas;[3] ahora quisiera enfocar las cualidades de las protagonistas que las convierten en cruzafronteras y estudiar las representaciones de procesos de transculturación. Allí donde los textos lo permitan quisiera establecer además una relación con uno de los importantes mitos del ámbito centroamericano, La Malinche, porque a partir de las distintas reconfiguraciones del mito y su figura se ventilan posiciones y las condiciones de intermediación cultural así como se vislumbra el espacio fronterizo como lugar donde acontecen procesos transculturales.[4]

1. Esta es una versión del ensayo más abarcador publicado en *Istmo: Revista Virtual de Estudios Literarios y Culturales Centroamericanos* 22 (enero-junio 2011), "Transculturación y género en narraciones de autoras centroamericanas al final del siglo XX".

2. En tanto aquí se hable de autoras centroamericanas se refiere a aquellas que viven en la región y su lengua es el español. Las de origen centroamericano que se sitúan en la *Latina Literature* de Norteamérica no están incluidas en los análisis que siguen.

3. Vease "Huérfanas" y "Orfandad".

4. La descripción amplia de los mitos y discursos alrededor de La Malinche en los que aquí me apoyaré, puede leerse en Dröscher y Rincón.

Primero, se repasarán distintas concepciones del proceso transcultural que permitan comentar dos textos de Rosario Aguilar.

2. Posiciones en el discurso transcultural y principios teóricos para entrecruzar género y transculturalidad

El concepto de "transculturación", que introdujo originalmente Fernando Ortiz en Cuba en 1940,[5] ha experimentado distintas acentuaciones en América Latina como resultado del desarrollo del discurso teórico-cultural. Fernando Ortiz lo utilizó para diferenciarlo de cierto concepto de aculturación (véase Spitta 3), que él adjudicaba a la antropología anglosajona. Con el nuevo prefijo pretendía marcar el carácter de doble vía de los procesos culturales, en los cuales tanto la cultura dominante como la dominada se transforman.[6]

Sin embargo, no fue hasta 1982 que el concepto se convirtió en palabra clave de la latinoamericanística, a partir del estudio de Ángel Rama publicado ese año: *Transculturación narrativa en América Latina*. Rama especificó en el concepto el sentido de lo procesal, donde la selección desempeña un papel fundamental. Reconoce en el proceso de transculturación latinoamericana una dinámica progresiva, y si por un lado se aferra al episteme del progreso en la historia cultural europea, por otro presenta la energía creativa de la comunidad latinoamericana.

---

5. "Entendemos que el vocablo *transculturación* expresa mejor las diferentes fases del proceso transitivo de una cultura a otra, porque éste no consiste solamente en adquirir una cultura, que es lo que en rigor indica la voz anglo-americana *aculturación*, sino que el proceso implica también necesariamente la pérdida o desarraigo de una cultura precedente, lo que pudiera decirse una parcial *desculturación*, y además, significa la consiguiente creación de nuevos fenómenos culturales que pudieran denominarse *neoculturación*. Al fin, como bien sostiene la escuela de Malinovski, en todo abrazo de culturas sucede lo que en la cópula genética de los individuos: la criatura siempre tiene algo de ambos progenitores, pero también siempre es distinta de cada uno de los dos. En conjunto, el proceso es una transculturación, y este vocablo comprende todas las frases de su parábola" (Ortiz 83).

6. Schmidt-Welle señala que con ello Ortiz se refiere a un proceso mutuo en el que también la cultura dominante cambia. Evidentemente esta es también la interpretación del autor del prólogo, Bronislav Malinovski, quien subraya el carácter de doble vía: "Es un proceso en el cual ambas partes de la ecuación resultan modificadas. Un proceso en el cual emerge una nueva realidad, compuesta y compleja; una realidad que no es una aglomeración mecánica de caracteres, ni siquiera un mosaico, sino un fenómeno nuevo, original e independiente" (en Ortiz 5).

Esta concepción de las transformaciones [...] revela resistencia a considerar la cultura propia, tradicional, que recibe el impacto externo que habrá de modificarla, como una entidad meramente pasiva o incluso inferior, destinada a las mayores pérdidas, sin ninguna clase de respuesta creadora. Al contrario, el concepto se elabora sobre una doble comprobación: por una parte registra que la cultura presente de la comunidad latinoamericana (que es un producto largamente transculturado y en permanente evolución) está compuesta de valores idiosincrásicos, los que pueden reconocerse actuando desde fechas remotas; por otra parte corrobora la energía creadora que la mueve, haciéndola muy distinta de un simple agregado de normas, comportamientos, creencias y objetos culturales, pues se trata de una fuerza que actúa con desenvoltura tanto sobre su herencia particular, según las situaciones propias de su desarrollo, como sobre las aportaciones provenientes de afuera. *Es justamente esa capacidad para elaborar con originalidad, aun en difíciles circunstancias históricas, la que demuestra que pertenece a una sociedad viva y creadora, rasgos que pueden manifestarse en cualquier punto del territorio* que ocupa, aunque preferentemente se los encuentre nítidos en las capas recónditas de las regiones internas. (Rama 33; subrayado de B.D.)

En su interés cognoscitivo de carácter sociológico-literario orientado hacia el surgimiento de una opinión pública nacional y en el sentido de autorizar posiciones latinoamericanas, de lo que se trataba era de describir el proceso de apropiación cultural como un proceso de creación que diferencia y asimila las múltiples ofertas existentes.[7]

Debido a su fijación en una parte del proceso, es decir, en la apropiación de la cultura europea por parte de los escritores latinoamericanos, la concepción de Rama de transculturalidad en el sentido de

---

7. Schmidt-Welle critica la fijación de Rama en un solo lado del proceso. No obstante, en el contexto de los discursos identitarios de los años ochenta la concentración sobre la dinámica cultural en América Latina puede entenderse también como estrategia de autoafirmación/de autorización. A la definición del concepto sigue inmediatamente en el texto la presentación del desarrollo colombiano y la descripción, atada a García Márquez, de la modernización de la literatura y, unido a ello, el desplazamiento de la relación periferia/centro en el país, que se explica por el intenso contacto con la moderna literatura mundial, sobre todo con Kafka, Proust, Woolf. (Véase García Márquez, Gabriel. *El Heraldo* 24 de abril de 1950. *Obra periodística Vol. I: Textos costeños*). Indirectamente tiene lugar así el posicionamiento en la literatura mundial.

apropiación cultural por parte de los latinoamericanos se podía vincular relativamente sin problemas con la concepción del mestizaje, basada en la mezcla de tradiciones culturales binarias. Rama tenía que prescindir de las rupturas, diferencias y paradojismos, que no podían ser superados, a diferencia de Cornejo-Polar, que buscaba subrayar el concepto de heterogeneidad (véase *Escribir* y "Una heterogeneidad"). Sobre todo a través de la recepción del debate andino en torno a la heterogeneidad cultural, marcado por Arguedas y Cornejo-Polar, los procesos transculturales dentro de la diferencia étnica en determinadas sociedades pasaron a un primer plano del interés en la ciencia literaria y en la teoría de la cultura de América Latina. Nuevamente recibió atención la doble vía del proceso. Desde mediados de los años ochenta la transculturación en el discurso latinoamericano fue observada además desde el punto de vista de las ciencias sociales en el contexto de la dinámica vinculada a la globalización en la esfera de la cultura (en sentido estrecho) y se la relacionó con el concepto de hibridación (véase García Canclini).

Como constata Carlos Rincón, tiene lugar en los años noventa un desplazamiento de la epistemología en relación con el análisis de la transculturalidad como consecuencia de los debates teórico-culturales sobre posmodernidad y poscolonialismo en el contexto latinoamericano, bajo influencia posestructuralista y de un "anthropological turn". El análisis de la transculturación en el actual proceso de globalización se concentra ahora en los procedimientos de apropiación cultural:

> No hay para qué engañarse: el cambio epistemológico en la teorización de los procesos culturales tiene que recurrir hoy a conceptos como desterritorialización, al paradigma de la heterogeneidad y como parte de él a la hibridación, a metáforas como las del *recycling* o *cultural translation*, cuando se propone dar cuenta de aspectos *inter-* o *transculturales* de la globalización cultural contemporánea. Apuntan no sólo a una acción permanente de erosión de los límites que definieron hasta ayer los espacios culturales, de modo que abordan la cuestión del "lugar de la cultura" (location of culture). (Rincón 263-264)

Con motivo del quinto centenario del desembarco de Colón en las Antillas se revaluó el concepto de transculturación en estudios que empezaron a ocuparse de los procesos culturales de globalización desde la temprana Edad Moderna y de sus correspondientes representaciones discursivas e iconográficas. En la perspectiva que adquirió el tratamiento de la transculturación con la ampliación del horizonte histórico bajo su influencia, cobraron mayor visibilidad cuestiones en torno a las relaciones de poder y la violencia:

> La transculturación puede entenderse entonces como el conjunto de complejos procesos de ajuste y re-creación —culturales, literarios, lingüísticos y personales— que resulta en el surgimiento de nuevas configuraciones vitales y viables del choque entre culturas y la violencia de las apropiaciones coloniales y neocoloniales. Aquí es clave la comprensión de Arguedas de la dinámica intercultural que surge a raíz de la Conquista. Como él y otros han puntualizado, las influencias culturales, aún sin equivalencia en fuerza, no fluyen de modo unidireccional. (Spitta 2)[8]

El enfoque intercultural de Spitta insiste en la frontera entre las culturas y lleva implícita una comprensión binaria de la constelación en que se realiza la transculturación. Habla de *double-bind* para indicar la continuidad de las fronteras culturales en el individuo. La posible respuesta a esta situación la ve, por un lado, en una construcción de sujeto más allá de la tradición occidental de la filosofía idealista, y del otro, en la negación de cualquier individualizada posición de sujeto del deconstructivismo, la cual está concebida como *subject in process* en un contexto latinoamericano específico.[9] En correspondencia con ello el

---

8. "Transculturation can thus be understood as the complex processes of adjustment and re-creation – cultural, literary, linguistic, and personal – that allow for new, vital, and viable configurations to arise out of the clash of cultures and the violence of colonial and neo-colonial appropriations. Crucial here is the Arguedian understanding of the intercultural dynamics that have arisen because of the Conquest. As Arguedas and others have pointed out, cultural influences, even if not equivalent in force, nevertheless do not flow unidirectionally." (Spitta 2. Traducciones de la editora de las citas directas del inglés.)

9. "The discursive and visual representations [...] evidence the multiple readings that the heterogeneity of Latin American cultures gives rise to. Given that two codes, at least, are operative in any one text, it follows that the Latin American subject is also split: bilingual and bi-, if not multi-, cultural. Since the different processes of transculturation have been at work since the Conquest, the Latin American subject is always 'in process' [...] and situated along what I have called a 'continuum of mestizaje'" (Spitta 23).

verbo "transculturar" (to transculturate) se usa desde esta perspectiva tanto transitiva como intransitivamente (véase Spitta 24). Así se activa en el verbo la condición de actividad y la de agente y el discurso de la transculturación se aproxima al feminismo posestructuralista, en el que se discuten género y transgénero como praxis social.

Desde un punto de vista radicalmente constructivista género y etnicidad no pueden ser separados ni en la teoría de la cultura ni en la teoría feminista. Las construcciones de género y etnicidad constituyen los momentos fundamentales de la constitución de las sociedades modernas y desempeñan un papel central en la dinámica cultural de los procesos de transformación dentro de una modernidad fragmentada. El rebasamiento y la deconstrucción de roles de género y fronteras culturales representan en esta dinámica procesos que se colocan "transversalmente" de manera muy especial con respecto a factores supuestamente naturales de la identidad, como por ejemplo los órganos sexuales externos, el color de la piel, la nacionalidad, la pertenencia a un grupo lingüístico. En el caso de posiciones en la esfera límite es evidentemente más fácil de percibir el proceso de negociación, de formación de tradiciones y de distinción, o sea la performatividad, de la construcción de sujeto.

Para analizar la dinámica cultural en la que deben concebirse género y etnicidad conjuntamente, parece razonable apelar a la concepción de performatividad de Judith Butler, porque permite discutir la construcción de género y etnicidad en el contexto de procesos de transculturación, atendiendo al nexo entre poder y diferencia. Butler vincula la teoría de los actos del habla de J. L. Austin, sobre todo su análisis de los actos ilocucionarios del habla, con cuestiones acerca del poder que en el acto del habla se entiende como fuerza aglutinante.[10] De la vinculación del concepto de discurso con el de performatividad resulta la definición de Butler en la que el poder actúa como discurso:

> Si el poder de los discursos para producir lo que nombran se vincula con la cuestión de performatividad, entonces en el campo

---

10. "Performative acts are forms of authoritative speech [...]. Implicated in a network of authorization and punishment, performatives tend to include legal sentences, baptism, inaugurations, declarations of ownership, statements which not only perform an action, but confer a binding power on the action performed" (Butler 225).

performativo el poder actúa *como* los discursos. Es importante reconocer, no obstante, que no existe un poder (entendido como sujeto) que actúe, sino sólo [...] un acto reiterado que es el poder en su persistencia e inestabilidad. Esto es menos un "acto" único e intencional que un nexo entre poder y discursos que repite o imita los gestos discursivos del poder. (Butler 225)[11]

El poder del discurso se basa en la cita.[12] Solo al citar se genera la figura de la voluntad y se erige la "prioridad" de la autoridad textual. Butler, siguiendo aquí a Derrida, no reconoce el poder formado en el acto ilocucionario como expresión de la intención del hablante sino como efecto de la fuerza en forma de cita del habla, de la repetibilidad que, si bien produce la autoridad del acto del habla, también fundamenta el carácter no singular del acto.[13]

Al igual que en la disputa sobre la diferencia, aquí Butler se distancia de una comprensión del poder que estaría constituida en el sujeto y se mantiene dentro del concepto de discurso de Foucault, pero lo pone en práctica en relación con la constitución del "yo" no solo como sujeto del enunciado sino también como sujeto individual del acto concreto de habla:

> Donde hay un "yo" que dice o habla, y así produce un efecto en discurso, primero hay un discurso que precede y permite ese "yo" y forma en la lengua la trayectoria restrictiva de su voluntad. Así que no hay un "yo" que exista *detrás* del discurso y ejecute su volición o voluntad *mediante* el discurso. Al contrario, el "yo" llega a existir solo al ser llamado, nombrado, interpelado [...], y esta constitución discursiva toma lugar antes del "yo"; es la invocación transitiva del "yo". De hecho, sólo puedo decir "yo" en la medida en que antes se me

---

11. "If the power of discourses to produce that which it names is linked with the question of performativity, then the performative is one domain in which power acts *as* discourses. Importantly, however, there is no power, construed as a subject, that acts, but only [...] a reiterated acting that is power in its persistence and instability. This is less an 'act,' singular and deliberate, than a nexus of power and discourses that repeats or mimes the discursive gestures of power" (Butler 225).
12. "[...] it is the power of this citation that gives the performative its binding or conferring power" (Butler 225).
13. "the iterability that establishes the authority of the speech act, but which establishes the non-singular character of the act" (Butler 282).

ha dirigido la atención y esa atención ha movilizado mi lugar en el habla; paradójicamente, la condición discursiva del reconocimiento social *precede y condiciona* la formación del sujeto: el reconocimiento no es conferido al sujeto sino que lo forma. Además, la imposibilidad de pleno reconocimiento, esto es, de habitar plenamente el nombre por el cual la identidad social de uno se inaugura y moviliza, implica la inestabilidad y el carácter incompleto de la formación del sujeto. El "yo" es, entonces, la cita del lugar de un "yo" en el habla, donde ese lugar tiene cierta prioridad y anonimidad respecto a la vida que anima: es la posibilidad históricamente revisable de un nombre que me precede y excede, pero sin el cual no puedo hablar. (Butler 225-226)[14]

El efecto violatorio del discurso se vuelve fuerza impulsora no solo de la pregunta sino también de la resignificación.[15] Al vincular la teoría de los actos del habla y el análisis del discurso Butler logra establecer un vínculo entre individuo y cultura que no es ni determinista ni arbitrario. La performatividad describe esta relación de hallarse envuelto en aquello que uno resiste, ese giro del poder contra sí mismo

---

14. "Where there is an 'I', who utters or speaks and thereby produces an effect in discourse, there is first a discourse which precedes and enables that 'I' and forms in language the constraining trajectory of its will. Thus there is no 'I' who stands *behind* discourse and executes its volition or will *through* discourse. On the contrary, the 'I' only comes into being through being called, named, interpellated [...], and this discursive constitution takes place prior to the 'I'; it is the transitive invocation of the 'I'. Indeed, I can only say 'I' to the extent that I have first been addressed, and that address has mobilized my place in speech; paradoxically, the discursive condition of social recognition *precedes and conditions* the formation of the subject: recognition is not conferred on a subject, but forms that subject. Further, the impossibility of a full recognition, that is, of ever fully inhabiting the name by which one's social identity is inaugurated and mobilized, implies the instability and incompleteness of subject-formation. The 'I' is thus a citation of the place of 'I' in speech, where that place has a certain priority and anonymity with respect to the life it animates: it is the historically revisable possibility of a name that precedes and exceeds me, but without which I cannot speak" (Butler 225-226).

15. "How is it that the apparently injurious effects of discourse become the painful resources by which a resignifying practice is wrought? Here it is not only a question of how discourse injures bodies, but how certain injuries establish certain bodies at the limits of available ontologies, available schemes of intelligibility. And further, how is it that the abjected come to make their claim through and against the discourses that have sought their repudiation?" (Butler 224).

para generar modalidades alternativas de poder y para fundamentar una especie de enfrentamiento político que no es "pura" oposición, una "trascendencia" de las actuales relaciones de poder, sino un duro y difícil esfuerzo en la forja de un futuro a partir de recursos que inevitablemente son impuros (véase Butler 225). [16]

Al igual que en la teoría feminista, en la discusión científico-cultural sobre la transculturación se plantea también la cuestión del poder y la diferencia, sobre la que llaman la atención los representantes de las teorías poscoloniales, como Stuart Hall. La condición de agente en el proceso de transculturación exige la construcción de identidad como medio de un interés común y base en la lucha contra las discriminaciones y jerarquizaciones existentes. Pero al mismo tiempo existe la necesidad de contrarrestar el endurecimiento y la renovación de la exclusión que resulta a partir de ello (véase Bhabha). Así pasan a un primer plano las estrategias de autorización, "los más eficaces actos del habla", que ponen a nuestra disposición el material de la representación medial para su reconstrucción.

3. Mujeres letradas en el proceso de transculturación

En las novelas centroamericanas escritas por mujeres en el último tercio del siglo XX encontramos una y otra vez personajes femeninos que, por la socialización dentro de otros espacios culturales o a causa de su origen, de alguna manera no se sienten "en casa" en el espacio en que actúan. Los espacios límite en que se mueven estas mujeres y las experiencias de transculturación son variados. Estos personajes femeninos o aportan experiencia cultural "ajena" al espacio nacional y/o se salen del espacio acostumbrado y se mueven hacia otra constelación cultural y de espacio vital, y no pocas veces el personaje de la cruzafronteras se relaciona con la orfandad.[17]

---

16. El hecho de que en la diferencia siempre se trata de poder, resulta claro en la argumentación de Butler en relación con el SIDA.

17. Sobre el personaje de la huérfana en la literatura centroamericana escrita por mujeres véase Dröscher, "Huérfanas", *Mujeres* y "Orfandad". Mientras la huérfana, tal y como lo muestra su aparición en períodos de transformación social, se ofrece evidentemente como la figura apropiada para tratar masivos procesos de modernización, su especificación como cruzafronteras en América Central puede observarse mejor allí donde las autoras tratan en sus narraciones los límites de los proyectos nacionales, sobre todo de los movimientos de liberación revolucionarios.

Tradicionalmente en la región se responde a la experiencia de transculturación y diferencia étnica con una homogenizadora concepción de mestizaje. Si bien las autoras se aferran en parte a esta concepción, también sus narraciones muestran dinámicas culturales opuestas al discurso homogenizador, vinculadas a los procesos de modernización y transformación en la región. La marginalidad y la fragmentación remiten a la heterogeneidad de las sociedades y a la desterritorialización. El descentramiento y la deconstrucción de concepciones de identidad marcan las rupturas y los límites de las construcciones de identidad nacional. La relación entre poder y diferencia se hace visible. Al mismo tiempo las narraciones muestran procesos de reterritorialización, lucha por el poder discursivo e institucional así como el surgimiento de nuevas posiciones, sobre todo de posiciones de género. Casi todas las protagonistas de las novelas centroamericanas escritas por mujeres en el último tercio del siglo XX son mujeres que debido a su orfandad disponen de seguro bienestar material y de una educación correspondiente a la capa media alta o a la capa alta de su cultura de origen, así como de experiencias transculturales.

4. En territorio ajeno. Transculturación y género: Rosario Aguilar

4.1 *Cross-culture* **y el problema de la diferencia étnica y el género en época de revolución**

En contraste con las novelas contemporáneas de otras escritoras centroamericanas, dos libros de la nicaragüense Rosario Aguilar incorporan la transculturación como tema central: *Siete relatos sobre el amor y la guerra* (1986) y *La niña blanca y los pájaros sin pies* (1992).[18] En una de las narraciones de *Siete relatos* el amor a un indígena miskito hace que la maestra nicaragüense Leticia se traslade a la selva en la costa caribeña durante la campaña de alfabetización realizada en los primeros años de la Revolución Sandinista. Leticia se ha enamorado del guía miskito Cristy y ahora vive allí a la orilla de una laguna. La narración se inicia cuando, al final de un embarazo, llena de miedo, agotada y sola delante de su choza, está esperando el regreso de Cristy. Siente que no está a la altura de las exigencias de la vida en la selva

---

18. Como también en la novela *Libertad en llamas* (1999) de Gloria Guardia y la novela *María la noche* (1985) de la costarricense Anacristina Rossi.

tropical, que la muerte la amenaza. Cristy regresa pero, gravemente herido él mismo, no puede devolverle la sensación de seguridad que ella necesitaría. Su sueño de vivir en la selva caribeña no es capaz de hacerse realidad. El alumbramiento sin ayuda se convierte en pesadilla y la experiencia de desamparo en vista de los peligros mortales que acechan en esa naturaleza extraña, así como la sensación de estar perdida dentro de una cultura incomprensible para ella, desatan una crisis que acentúa tanto el deseo de un entorno "civilizado" que desea marcharse. La diferencia cultural se le aparece como un abismo infranqueable. Los recuerdos de la felicidad de la primera época en ese paradisíaco estado primigenio de la vida junto a la laguna agudizan el dolor y la desesperación por la alternativa ante la que se halla. Cristy insiste en quedarse con el niño. Finalmente, para poder hacer realidad sus ideas sobre la vida, decide dejar al hijo bajo la custodia del padre y abandonar a ambos. Tiene que salir del "natural" papel de madre para salvar su propia existencia, no solo la vida.

En correspondencia con las historias de esta novela, la revolución ha transformado las tradicionales condiciones de vida de las mujeres. Los límites del margen de acción y deseo los ha ampliado tanto que la libertad de los personajes femeninos trae aparejada para cada una de ellas la experiencia de situaciones existenciales. Pero al mismo tiempo ha dinamizado la relación entre los seres humanos provenientes de distintos espacios culturales en Nicaragua y lo ha hecho no sin problemas.

El sufrimiento de Leticia por las condiciones de vida de los miskitos y la agudización de las contradicciones en la situación del nacimiento de un niño se pueden leer como alegoría de la problemática de la heterogeneidad étnica durante el surgimiento de la nueva sociedad. En relación con la transculturalidad hay que señalar al respecto una barrera existencial que se agudiza extremadamente a través de la tradicional binariedad de los roles de género: la mujer que pare y está atada a la choza y el padre que pesca, caza y provee. Una solución harmónica de la constelación heterogénea, por ejemplo dentro del mestizaje simbolizado en el niño, no es posible en esta narración. Como en el caso de La Malinche, que pierde a su hijo procreado por Cortés, se produce la separación del hijo de la madre, aunque Leticia, a diferencia de La Malinche, pertenece a la cultura dominante. Pero desde la posición de Leticia no se da ni un proceso de adaptación ni uno de apropiación; para ello las condiciones materiales no están dadas, los procesos de negociación intercultural están bloqueados.[19]

4.2 Exilio y transculturación

Otro personaje de los *Siete relatos sobre el amor y la guerra* de Rosario Aguilar se lanza hacia lo desconocido. Desde su huída ante la triunfante Revolución Sandinista, María Elena mantiene entretanto una nueva relación y vive en el exilio norteamericano, donde profesionalmente tiene éxito. La añoranza por Nicaragua ensombrece su vida en Miami y determina el tono melancólico de la narración. El sueño de María Elena de un amor feliz y absoluto y matrimonio con el atractivo Eddy, joven proveniente de las capas altas de la sociedad nicaragüense, se ha roto después de los regresos constantes de él a Managua para lograr la devolución de las propiedades confiscadas a su familia, a la vez que esa misma familia impide a María Elena regresar a Nicaragua. La narración retrospectiva en primera persona está situada en el exilio y temporalmente al final de una etapa de unos tres años, o sea 1982/83. Este modo narrativo posibilita contar la historia de amor entre María Elena y Eddy, así como la pérdida de la patria, desde la distancia y sobre el trasfondo de una más fuerte conciencia del problema. A la vez se tematiza la ignorancia de una parte de la juventud de las capas altas nicaragüenses sobre los conflictos sociales durante la dictadura de Somoza. De una secuencia de recuerdos a otra se hace más claro que la huída de María Elena al exilio se ha convertido en una ruptura decisiva en su vida, con la que pierde no solo a Eddy sino también a su patria. Un embarazo no querido que no llega a término porque pierde al niño, y la muerte de la madre, que se ha quedado en Nicaragua, llevan a una crisis física y psíquica y la decisión de abandonar no solo a Eddy sino también la ciudadanía nicaragüense. María Elena solicita asilo en los EE.UU. La decisión de huir de Nicaragua y de la revolución le resulta *a posteriori* una gran equivocación pero irrevocable. Una vez tomada no le queda otro camino que la integración. Al final, sin embargo, queda

---

19. La política chovinista de los sandinistas con respecto a los miskitos de la costa caribeña nicaragüense durante los primeros años tras el triunfo de la revolución contribuyó a fortalecer al movimiento de la Contra. Solo a partir de 1985 tuvo lugar una revisión de esta política y se reconocieron las diferencias culturales así como las aspiraciones autonómicas de la región.

abierta la cuestión de si la resistencia de Eddy al divorcio llevará a revivir el matrimonio o si la ruptura en todos los niveles está vinculada a un recomienzo desde el principio.

Los procesos de transculturación en el exilio miamense de María Elena están determinados por la pertenencia, debido al matrimonio, a las ricas capas altas de Nicaragua y por un capital específicamente personal: la belleza de su cuerpo, en el que el "color translúcido y dorado" de la piel mestiza protegida del sol se une a la elegancia y el *styling* de una modelo cosmopolita. Con este capital asciende sin problemas de vendedora a representante regional de una firma cosmética. No parece que ni el idioma ni el color de su piel constituyan barreras.[20] Encuentra en un acaudalado cubano del exilio con pasaporte norteamericano un mediador para integrarse a esa sociedad, un protector que trata de ganársela pacientemente, no la presiona. Exceptuando al marido, hacia quien se siente todavía unida debido al origen común, y que le niega el divorcio como católico que es, no parece que cuestiones de poder desempeñen un papel en las relaciones con los hombres. El sufrimiento de María Elena se origina en la pérdida de la patria, que se une a la pérdida de la madre y del hijo. Añora Nicaragua y el Mar Pacífico, ni siquiera las azules aguas caribeñas de Miami logran hacerla feliz.[21] Una imagen nostálgica de una Nicaragua de "carácter abierto y espontaneidad" se enfrenta a la de unos EE.UU. dominados por el principio de la competencia.[22] Una transformación que habría que

---

20. "Viviendo entre todos estos seres que con gran prisa compiten entre sí y aún así. [...] Sin violar mi integridad.
Consiguiendo un trabajo tan súper como el que he conseguido... sintiendo como si nuevas plumas surgen en mis alas... y como consecuencia lógica... la tentación... la invitación a entrar a este mundo de luces de colores, que gira, que bulle, que permanece en continua efervescencia.
Como diría Rubén: 'moderno, audaz, cosmopolita'. Pero detrás del brillo, de las luces... la encrucijada de nuevo." (91)
21. "¡El mar de la Florida es tan bello! Es como un mar de postal, verde-agua, con arena blanca.
Pero extrañamente no habla a mi corazón como el mar de allá, en Poneloya, Pochomil, San Juan del Sur. Aquel es un mar que pareciera gemir, sufrir. De un gris dramático o de un azul pasional.
Un mar que tiene un lenguaje, miles de secretos, que le canta con cada romperse de ola a mi corazón... canciones de gran pasión, amor. Con su arena gris". (90)
22. "¡Es tan alegre en Nicaragua! La vida más fácil, sin tantas presiones. Todo el mundo cariñoso, generoso, comunicativo. Los paseos al mar, alegrísimos, con guitarras, cantos.
Las visitas a los parientes en los departamentos. Los jocotes, los mangos, los nancites y mamones... al alcance de la mano.

valorar en el sentido de la transculturación, se muestra en el gusto. El modo de vida de los mimados hijos de la aristocracia nicaragüense ya no atrae a María Elena. Pero sí está impresionada por la elegancia del apartamento de su amigo cubano en la costa floridana.[23] En esta narración al personaje femenino le crece conciencia de sí misma y una mayor medida de autodeterminación a la par del proceso de transculturación. La decisión de solicitar asilo la toma María Elena sola pero obligada por las circunstancias, como estrategia de sobrevivencia.[24]

Rosario Aguilar deja abierta la cuestión de qué parte habrá de determinar más a María Elena en última instancia. La ganancia de independencia mediante la integración exitosa parece por un lado irrelevante, porque no puede compensar el dolor. Por otro lado las experiencias de extraterritorialidad no se agudizan al extremo a pesar del dolor: ni se rompe la red ni fracasa la capacidad lingüística. Por el contrario, la joven de clase alta demuestra que puede ser capaz de aprovechar su patrimonio cultural si no para entender las condiciones en Nicaragua y la revolución, sí para articular su melancolía. Es capaz de aprovechar para sí la fuerza del cambio de código en un poema de Salomón de la Selva (véase 106). Sin embargo, la desterritorialización legible en el anhelo de María Elena por una identidad como la de Peter Pan, que es capaz de volar por sobre su hogar, no está trazada de manera radical. La situación en el exilio permanece determinada por la ambivalencia y solo parcialmente se convierte en sitio en que podría generarse una subjetividad "autodeterminada". No surge un espacio límite en el que un sujeto híbrido pueda sostenerse en distintas posiciones culturales.

Un proceso de transculturación de muy distinto tipo se cuenta a partir de los cruces de frontera de Eddy. En el curso de la revolución en

---

¡Qué recuerdos tan cálidos me ha traído el olor a mar!"
¡Qué imagen más llena de ternura para encerrar una simple palabra: Patria!" (90)
23. "Todos hemos cambiado.
Los sueños de antes se quedaron atrás. Para siempre.
Ya no me interesa una casa como la habíamos planeado en Las Colinas, el reparto más elegante de Managua después del terremoto. En donde vivían mis suegros. Ya no quiero una piscina, ni una cancha de tenis.
Qué remoto parece todo aquello". (105-106)
24. "Si yo hubiera seguido evadiendo la responsabilidad de decidir de una vez por todas mi futuro, mi vida, me pasaría lo mismo que si me descuido al conducir en esas gigantescas autopistas. Moriría o me perdería para siempre" (77-78).

Nicaragua él cambia, por lo menos en la percepción de María Elena lo hace de manera fundamental, y la transformación va desde el lenguaje hasta el peinado y el olor de su cuerpo.[25] A través de esta narración el verdadero límite en el mundo de *Siete relatos sobre el amor y la guerra* —y en el contexto de la discusión sobre la situación en América Central esto parece de gran importancia— no está marcado en un sitio cultural sino en la esfera política.

4.3 Colonización, género y el lugar de la cultura

En el entorno de los preparativos y discusiones sobre el quinto centenario del arribo de Colón surge en México y América Central una serie de novelas que tematizan la Conquista como encuentro violento entre las culturas. En la novela de Rosario Aguilar *La niña blanca y los pájaros sin pies* se entrecruza la dinámica de las culturas con la cuestión del género. El objetivo de la metaficción histórica es la investigación de una base histórica de la identidad nacional de Nicaragua que incluye a las mujeres.

En la acción marco de la novela Rosario Aguilar se lanza junto con su protagonista, una joven periodista nicaragüense, tras las huellas de los orígenes históricos de la actual Nicaragua. Desde la perspectiva de este personaje de actualidad están trazados seis retratos de mujeres junto a los conquistadores y a sus propias hijas. De especial importancia en relación con el discurso de transculturación son los retratos de: doña Isabel, esposa de Pedrarias Dávila, conquistador sin escrúpulos; doña Luisa, hija del cacique tlaxquelteano Xicotenga, entregada como regalo y prenda de alianza al monstruo de Pedro de Alvarado; la mestiza doña Leonor, hija de esta relación; doña Ana, hija de un cacique, luego educada en la corte de Castilla; y, por último, doña María, hija de Isabel y Pedrarias, rica y consciente de su poder. El relato se puede leer como *double exposure* (véase Mieke Bal), en el que la representación de narraciones e imágenes se observa como *performance* del autor, de modo que corresponde prestar atención a su agencia cultural y a su

---

25. "El cambiaba visiblemente con cada viaje. Pero también cambiaba yo. [...] Cuando él regresaba, volvía de cada viaje... En cierta forma la revolución le envolvía, y le influía también su lenguaje, le denunciaba, aunque él tratara de ocultarlo. [...] Le costaba cada vez más, dependiendo de lo que duraba su ausencia, superar el shock cultural que le producía regresar a Miami. [...] Hasta su olor fue cambiando. El olor de su cuerpo, su pelo... era distinto" (76).

posición de sujeto como expositora. Sin embargo, por la estructura metatextual, en la que a un personaje se le adjudica la autoría de los retratos, estamos aquí incluso ante una doble *performance*. Se nos presenta, por así decir, el acto discursivo de una joven nicaragüense, la cual realza esta reconstrucción a su vez historiográfico-ficcional de posiciones femeninas y, en el sentido del concepto de performatividad de Butler, traspasa encasillamientos tradicionales.

El primer capítulo está dedicado a doña Isabel de Bobadilla y a su hija María. La metaficción histórica se refiere al periodo entre la llegada de Isabel y Pedrarias a Darién en 1514 y el regreso de Isabel a España en 1517, es decir al periodo de tránsito de la conquista al dominio colonial. Doña Isabel, "la primera mujer que vino acompañando a su esposo a tierra firme para poblar y gobernar" (15), es una mujer llena de ambiciones y consciente de su poder. En la esfera de la política colonial Isabel representa el polo contrario de Pedrarias, el cual es caracterizado como un hombre ambicioso, despótico y violento. Mientras que sus atrocidades, ampliamente conocidas por el público lector centroamericano, apenas se esbozan en el libro, la política de adaptación y de cuidadosa intervención de doña Isabel se reconstruye hasta el detalle. A pesar de las dificultades a las que se halla expuesta en el nuevo mundo, ella se decide a involucrarse en lo nuevo y a aprovechar la relación intercultural para sus intereses.

En ese proceso de transculturación el poder y la jerarquización de diferencia desempeñan un papel central. Pues esa flexibilidad y disposición para la improvisación no significan para nada que Isabel quiera aventurarse realmente en la cultura de la población indígena. Lo que intenta es manipular las formas culturales para imponer las normas sexuales de la Iglesia Católica y mantener el estatus de su corte. El catolicismo de Isabel y María no limita a las mujeres en su propio deseo de poder, sino que sirve más bien como espacio de protección ante las intrusiones de hombres "no virtuosos", para refrenar a los españoles, además de lograr la dominación cultural con respecto a la población autóctona. El texto de Rosario Aguilar advierte así un aspecto reprimido por la historiografía dominante de la Conquista: las delimitaciones morales y normativas contra el "salvajismo de los indios" sirvieron también para excluir determinados comportamientos de la propia cultura. Pero la moderada política de colonización de Isabel en alianza con Vasco Núñez perdió su base existencial debido a la política de terror de Pedrarias. En el último capítulo encontramos nuevamente a Isabel de Bobadilla, esta vez al final de sus días, en su palacio en León, tras la muerte de su esposo y la recuperación de sus bienes en Nicaragua. En España se había sentido extraña y aislada porque ella misma había cambiado bajo la influencia de la vida en la colonia. Pero tampoco en Nicaragua puede sentirse como en casa. Las atrocidades de Pedrarias, quien hizo despedazar por perros a los príncipes indígenas y decapitar a sus rivales, no se pueden reprimir en la conciencia. La propia actitud de Isabel con respecto a los indígenas no pasa de ser una mezcla de inclinación y desprecio. La hija de Isabel, doña María de Peñalosa, la mujer española más rica y poderosa en las colonias, es un ser ambicioso y consciente de su poder. Se apropia del trópico, el cual se le ofrece lleno de sensualidad y de misterio, de una manera que recuerda el discurso humanístico sobre América (véase Greenblatt).[26]

Cuando observa a las criadas indígenas desnudas bañándose, piensa que no puede seguir tolerando este comportamiento, pues la Iglesia Católica lo prohíbe, pero siente en sí misma un ansia de libertad sensual.[27] Se da cuenta de que un régimen colonial exitoso requiere una transformación de las instituciones del dominio colonial y que esta transformación será llevada a cabo por los indígenas mismos.[28] María se libera del corsé de las costumbres españolas y concede a sus hijos una libertad de movimiento dentro de la que ellos se adaptan a las condiciones de vida del trópico. Pero cuando los privilegios de los colonialistas resultan restringidos por el rey de España a través de las leyes de limitación de las encomiendas, el afán de dominio y riqueza de María tropieza con límites. Su posición de poder decae. Para salvar a sus hijos abandona Nicaragua. Sobre el trasfondo del concepto de transculturación de Fernando Ortiz se produce un desplazamiento específico de género: son en primer lugar las mujeres las que del lado del poder colonial resultan abarcadas por la transculturación y se aprovechan de la experiencia intercultural. Pero en última instancia

---

26. "¡Aquella incomprensible sensualidad que se respiraba a este lado del océano! ¡El trópico! ¡Una extraña sensación, como ansiedad inexplicable y pecaminosa! Un como llamado de la carne más que del espíritu" (157).
27. "[...] siente el deseo de bañarse también así, sin cuidados ni remordimientos... Gozar la tibieza del agua..." (159).
28. "Con el tiempo, el modo de ser de esas criaturas tiene que cambiar las normas de la Iglesia y las costumbres de Europa, porque cómo ser severos con seres que se ríen de todo" (159).

esta experiencia, debido a las relaciones de poder existentes, conduce también a la extraterritorialidad.

En la figura de doña Luisa se cuenta el destino de una mujer de la Casa de los Tlaxcaltecas, que con su política de alianza posibilita el triunfo de los españoles sobre el poder imperial de los mexicas, pero que pierde así su propio poder. En el marco de esta política de alianza Luisa es entregada a Pedro de Alvarado como mujer indígena. En un monólogo interior nos vemos ante las esperanzas, ilusiones y el amor de Luisa a Pedro de Alvarado y ante su sufrimiento al ver cómo se hunde su cultura de origen. Su propia familia estimula sus apetitos sexuales para poder aprovecharlos con fines políticos de alianza y espionaje, convirtiéndola así en víctima. Ni sus palabras ni sus servicios amorosos y artes de seducción son capaces de establecer un verdadero vínculo entre los españoles y su pueblo. Su posición en tanto poderosa heredera y representante de su pueblo revela su impotencia en vista de las brutalidades de Pedro de Alvarado. Por el amor ella se le entrega plenamente y acepta el sometimiento de su pueblo. Finalmente pierde no solo a Pedro de Alvarado sino también a sus hijos, cuya educación dentro de la tradición cultural autóctona le había sido prohibida. Presa del delirio regresa al lenguaje de su pueblo, que se le ha vuelto incomprensible, y muere sola y miserable.

Aquí cabe hacer una comparación con la figura de La Malinche, a la que en el discurso sobre la nación y la identidad mexicanas se le adjudica un papel mucho más importante pero comparable. Así, la representación de Luisa recuerda la figura de La Malinche-Chingada de Octavio Paz, en la que se unen apetito sexual y traición. La representación de Paz ejerce desde los años cincuenta una enorme influencia en las ideas sobre La Malinche no solo en México sino también en América Central. El paradigma de la traición trazado por Paz forma al mismo tiempo una referencia fundamental de las refiguraciones y críticas feministas del mito de Malinche en la literatura chicana y en América Central. Al igual que La Malinche en la literatura chicana temprana el personaje de Luisa aparece como víctima en la representación atribuida a la periodista en Nicaragua en 1990. Su discurso conserva elementos de la cultura indígena, pero también porta claros signos de aculturación. A diferencia de las representaciones de La Malinche en la literatura chicana más reciente y en la teoría cultural poscolonial, donde se la sitúa como traductora entre las culturas y es capaz de ocupar una posición propia al mismo tiempo que negociar intereses propios, aquí no se percibe ningún movimiento y dinámica intercultural que proporcione espacio a una tercera posición entre las culturas. Le han quitado el nombre indígena e impuesto otro español. Así Luisa representa la cultura vencida, destinada a desaparecer.

En el retrato de doña Leonor, hija de Luisa y Pedro de Alvarado, el mestizaje aparece como unificación biológicamente fundida de dos tradiciones culturales dentro de relaciones de poder jerárquicas. En estas relaciones de poder la diferencia étnica conduce a una situación de *double bind*. Leonor sobrevive como única heredera de los conquistadores pero los españoles le disputan a ella, la mestiza, el derecho al poder. Recuerda cómo cuando era niña acompañó al amado padre a sus campañas de conquista y fue educada por este en el catolicismo y como amazona. Sabe que él la usó como escudo protector en la guerra contra el pueblo de su abuelo, quien la idolatraba. Ahora, tras la muerte del padre, la católica creyente y adulta teme por el alma de él. Debido a esa muerte ella misma, en tanto símbolo de la unión de las tradiciones de dominio de dos mundos, ha perdido en prestigio y significado. Aparejado con la conciencia de la propia marginalización y desgarro viene el remordimiento por el desprecio con que ella misma trató a su madre, solo porque esta permaneció atada a la cultura indígena. Ahora Leonor entiende a la madre y su tristeza por el paraíso perdido y busca una vía de acceso a esa cultura.

Con la cambiada percepción de la situación de la madre indígena le resulta entonces posible un giro hacia ella. La acentuación de la posición de víctima, a diferencia del reproche de traición, tal y como está desarrollado en la identificación que hace Paz entre Malinche y la Chingada, posibilita que la mujer indígena al lado del conquistador, en tanto madre del mestizaje, pueda asumir desde el punto de vista de sus hijas un papel generador de identidad. El intento de Leonor por entender a Luisa y comprender la situación en la que aquella se hallaba, se asemeja a la relación de las "hijas de La Malinche" con el mito: el reproche de traición y la reconciliación con una posición entre las culturas, condiciones de partida para la búsqueda de identidad. El monólogo interior de Leonor termina con las preguntas: "¿Quién era ella? ¿A cuál de las dos razas pertenecía realmente? ¿Cuál de las dos sangres que corrían por sus venas la dominaban? ¿Era su raza tan nueva que ni siquiera existía?" (121). Mira a un espejo importado de España y esa mirada le da una respuesta que apunta al futuro: "Devolvía la imagen el espejo... Surgía, se adelantaba, rompía el espacio y el tiempo, ¿abría acaso el camino de una raza?" (121). El reflejo en la madre —y en la metrópoli española simbolizada en el espejo (en correspondencia con el efecto de espejo de Lacan)— no conduce inmediatamente a la constitución de un sujeto, pero señala el origen de una identidad propia que se abre camino sobre la apertura de tiempo y espacio. Leonor se convierte en la figura primigenia de la "nueva raza", de la que se habla, y no solo en México, desde la publicación de *La raza cósmica* de José Vasconcelos en 1925. Mientras en los discursos de identidad nacionalistas sobre el mestizaje, las diferencias culturales —definidas a través de la etnicidad— en una sociedad heterogénea se reprimen a favor de una identidad nacional con la idea de la creación de una nueva raza, al concepto de "raza" aquí se le inscribe diferencia con respecto a género así como una experiencia de dolor.

En correspondencia con el rebasamiento de tiempo y espacio en la escena del espejo, la novela misma produce un entrecruzamiento de pasado y presente en el que la historia aparece como (re)construcción de realidad pasada en el presente y referida a este.[29] Aunque en las narraciones sobre las mujeres en la época de la conquista (todavía) no se puede estabilizar ninguna identidad cultural en la que también las mujeres estuvieran integradas con sus intereses y experiencias, y al final todas ellas resultan extraterritorializadas como La Malinche, en la actualidad la búsqueda de identidad parece exitosa.

En los pasajes de la novela entre los retratos —titulados *Intermedios*— se desarrolla una forma contemporánea de relaciones interculturales. En este encuentro entre un español y una nicaragüense en el año 1990 Rosario Aguilar crea una analogía de la colisión acontecida quinientos años antes, pero al mismo tiempo evita el conflicto Norte-Sur concreto entre EE.UU. y Nicaragua en la época del sandinismo, que también determinó fundamentalmente el resultado de las elecciones descritas en el libro. De este modo se produce una constelación asimétrica pero relativamente libre de las relaciones de poder reales: la joven nicaragüense cumple algo así como la función de una guía turística

---

29. Werner Mackenbach lee la novela en el contexto del desarrollo de la nueva novela histórica en Nicaragua y constata en su estudio que la novela histórica en Nicaragua al final de los años ochenta y en los noventa solo puede ser escrita en referencia al presente (véase 325-329).

y se ve a sí misma como mediadora entre el mundo nicaragüense y las expectativas europeas. A través de la construcción de un clímax dramático se lleva catárticamente a vías de éxito la búsqueda de identidad relacionada con este proyecto: en un accidente automovilístico la protagonista pierde temporalmente la visión. En un viaje a España realizado a continuación se recupera no solo del accidente sino que también encuentra su propia identidad.

En la figura de la joven nicaragüense el paradigma de traición de Paz parece finalmente superado. La posición de la mediación intercultural se solidifica en el discurso de la periodista para formar una construcción de identidad de una raza americana (véase 84), en la que las relaciones de poder parecen borradas y las tensiones disueltas. Rosario Aguilar intenta mantener en su novela la concepción del mestizaje como fundamento de la nación nicaragüense, pero con una nueva fuerza por la integración del factor femenino, y llamar la atención sobre el progreso mediante la transformación de las relaciones de poder. Sin embargo, el mestizaje en tanto concepción de identidad fundada en la unificación sexual de la población indígena (casi siempre mujeres) con la española (casi siempre hombres) no solo deja a un lado varios otros grupos étnicos (sobre todo en el Caribe) que contribuyen a la diversidad cultural nicaragüense sino que necesariamente también excluye los reales conflictos de intereses entre Norte y Sur.

El hecho de que la propia Rosario Aguilar no quedara del todo satisfecha con la contundencia de su concepción de identidad se ve en dos narraciones fragmentarias que se hallan aisladas en el contexto de la novela y de este modo incorporan a la exposición de los destinos una cierta porfía contra el discurso del mestizaje. Así resulta en el capítulo en el que se presenta a doña Ana, la hija de un cacique nicaragüense educada en España en un convento. En tres cartas puede leerse su visión de la colonización así como la reacción positiva del rey de España a su deseo de regresar y evangelizar de otra manera. A pesar de toda la deferencia hacia el rey de España la carta de la joven indígena muestra seguridad en sí misma. Doña Ana no cuestiona la dominancia cultural del catolicismo, por el contrario, se apropia de esta religión reinterpretándola. Mediante este acto de apropiación cultural puede reafirmarse como representante de un pueblo culto y amante de la paz. En su discurso se vislumbra así la visión de una cultura sincrética. La colonización y la pérdida de un pasado más feliz relacionado con esta se aceptan como realidad. Partiendo de saber que existe transculturación en ambos lados, doña Ana aboga por una revisión de las reglas que establecen la diferencia entre españoles e indígenas.

En este capítulo se trata sin duda de la negociación de intereses en un contexto intercultural determinado por relaciones de poder, pero es extraño que precisamente este tema no encuentre un vínculo con la trama que sirve de marco en la actualidad. Igualmente aislado se halla un pasaje en el capítulo sobre doña María, en el que una criada indígena llamada Juana recibe voz. En este monólogo Juana enfrenta a su perpleja señora española con su historia y le demuestra el secreto poder que posee debido a sus capacidades curanderas en el mundo colonial (también entre los españoles). Es notable que tampoco en el discurso de Juana las diferencias étnicas desempeñen un papel importante. Su historia trata tanto de poder como de esclavización. Como hija del cacique y curandero Nicoya, Juana ha logrado ganarse el respeto de los conquistadores españoles tras haber salvado a uno de ellos. Así accede al estrecho círculo de los íntimos de Pedrarias y se preocupa por el bienestar de él y de muchos españoles e indígenas. Aunque ha sido esclavizada y marcada por el hierro candente, Juana no teme a los españoles. Ante María actúa con seguridad en sí misma y se defiende del trato discriminatorio. Esta seguridad se fundamenta en el poder de que dispone en tanto curandera y adivina. Juana alerta a doña María del fracaso y la exhorta a regresar a España.

Las estrategias de autoafirmación de las mujeres españolas e indígenas en la Conquista, si uno se guía por las narraciones de Rosario Aguilar, no funcionaron en su época. El proceso de transculturación significa un alto costo para los colonizados y a las señoras coloniales solo en parte les ofrece una base de autoafirmación. Rosario Aguilar busca la solución en la mezcla de las culturas y para ello tiene que prescindir de las reales relaciones de poder y los límites existentes en la actualidad. Su narración sobre mediación intercultural, apropiación cultural y procesos de negociación, por el contrario, abre un espacio en el que es posible el empoderamiento.

5. Conclusión

Se plantea entonces la cuestión de hasta qué punto las narraciones de las autoras centroamericanas corresponden al actual discurso de transculturación en las ciencias de la cultura. Me parece claro que la concentración del análisis de la transculturación en el actual proceso de globalización abre, a través de los conceptos propuestos por Rincón de desterritorialización, heterogeneidad e hibridez y reciclaje, así como de la orientación a cuestiones relacionadas con las formas de apropiación cultural desde la antropofagia hasta la mediación cultural y con la *location of culture*, una lectura que abarca la virulencia del tema en la literatura centroamericana escrita por mujeres. La heterogeneidad se revela como evidente constelación base no solo en relación con la cultura y la etnicidad sino también en relación con el género. Al ocuparse de las constelaciones concretas se muestran sin embargo, sobre todo en la cuestión de las posiciones de sujeto híbridas, diferencias fundamentales entre los discursos de la *Latina Literature* y el discurso de las centroamericanas. Mientras que en las centroamericanas la extraterritorialidad desempeña un papel central, apenas se trata de desterritorialización en el sentido de deconstrucción de la nación, a pesar de toda la crítica a los límites de los proyectos nacionales, tal y como sucede en discursos sobre doble estatalidad y transnacionalidad que parten de las relaciones mexicano-norteamericanas.

Las autoras tratan en sus textos distintas concepciones de transculturación, como la "ciudad letrada", el "mestizaje", la "antropología cultural" y la "mediación cultural". Al hacerlo apelan a los más disímiles discursos de transculturalidad y se posicionan así también en el campo de los enfrentamientos sociales. La metáfora del reciclaje es correcta sobre todo en relación con la novela histórica, donde a través del modo de escritura de la metaficción histórica se citan asignaciones sexuales y étnicas, burlándolas y sobrepasándolas de esta manera, y así en el acto performativo se construyen posiciones de sujeto. Las narraciones advierten, sin embargo, casi exclusivamente la precariedad de los correspondientes posicionamientos y la dificultad de la construcción de un sujeto poderoso y emancipado. Al respecto la cuestión de género desempeña un papel decisivo. La transculturación no se puede separar de la transformación de los roles de género y de los desplazamientos en las relaciones de género en América Central. El lugar de la cultura sigue estando determinado regionalmente en estas narraciones, pero está poseído de una dinámica en la que el poder y la diferencia en cada caso tienen que ser negociados de nuevo.

Bibliografía

Aguilar, Rosario. *La niña blanca y los pájaros sin pies*. Managua: Nueva Nicaragua, 1992.

Aguilar, Rosario. *Siete relatos sobre el amor y la guerra*. San José: EDUCA, 1986.

Bal, Mieke. *Double Exposures: The Subject of Cultural Analysis*. New York: Routledge, 1996.

Bhabha, Homi. *The Location of Culture*. London: Routledge, 1994.

Butler, Judith. *Bodies that Matter. On the Discursive Limits of "Sex"*. New York: Routledge, 1993.

Cornejo-Polar, Antonio. *Escribir en el aire. Ensayo sobre la heterogeneidad socio-cultural en las literaturas andinas*. Lima: Horizonte, 1994.

Cornejo-Polar, Antonio. "Una heterogeneidad no dialéctica: sujeto y discurso migrantes en el Perú moderno". *Revista Iberoamericana. Crítica cultural y teoría latinoamericana* 62.176-177 (julio-diciembre 1996): 837-844.

Dröscher, Bárbara. "Huérfanas y otras sin madre en la novela centroamericana". *Revista de crítica literaria latinoamericana* 30.59 (1er semestre 2004): 267-296.

Dröscher, Bárbara. *Mujeres letradas. Fünf zentralamerikanische Autorinnen und ihr Beitrag zur modernen Literatur: –Carmen Naranjo, Ana María Rodas, Gioconda Belli, Rosario Aguilar und Gloria Guardia im Portrait*. Berlin: Tranvía-Verlag Walter Frey, 2004.

Dröscher, Bárbara. "Orfandad. Configuraciones de una figura en la literatura escrita por mujeres en Centroamérica (1975-2000)". *Revista Iberoamericana. Volumen especial. Imaginarios Femeninos en Latinoamérica*. Ed. Alicia Ortega y Susana Rosano. 71.210 (2005): 145-164.

Dröscher, Bárbara. "Transculturación y género en narraciones de autoras centroamericanas al final del siglo XX". *Istmo: Revista Virtual de Estudios Literarios y Culturales Centroamericanos* 22 (enero-junio 2011).

Dröscher, Bárbara y Carlos Rincón. *La Malinche. Übersetzung, Interkulturalität und Geschlecht*. Berlin: Tranvía-Verlag Walter Frey, 2001.

García Canclini, Néstor. *Culturas híbridas. Estrategias para entrar y salir de la modernidad*. México: Grijalbo, 1989.

Greenblatt, Stephen. *Marvelous Possessions. The Wonder of the New World*. Chicago: University of Chicago Press, 1991.

Hall, Stuart. "Who Needs Identity? Introduction". *Questions of Cultural Identity*. Ed. Stuart Hall and Paul du Gray. London: Sage, 1996. Pp. 1-17.

Mackenbach, Werner. *Die unbewohnte Utopie. Der nicarguanische Roman der achtziger und neunziger Jahre*. Frankfurt am Main: Vervuert, 2004.

Ortiz, Fernando. 1940. *Contrapunteo cubano del tabaco y el azúcar*. Madrid: EditoCubaEspaña, 1999.

Rama, Ángel. 1982. *Transculturación narrativa en América Latina*. México: Siglo XXI, 1987.

Rincón, Carlos. "Antropofagia. Sobre las vicisitudes de la métafora de Oswald de Anrade". *Zwischen Literatur und Philosophie. Suche nach dem Menschlichen*. Ed. David Schidlowsky, Olaf Gaudig y Peter Veit. Berlin: Wissenschaftlicher Verlag Berlin, 2000. Págs. 253-269.

Schmidt-Welle, Friedhelm. "Literaturas heterogéneas o la literatura de la transculturación". *Asedios a la heterogeneidad cultural*. Ed. José Antonio Mazzotti y Ulises Juan Zevallos Aguilar. Philadephia: Asociación Internacional de Peruanistas, 1996. Págs. 37-45.

Spitta, Silvia. *Between Two Waters. Narratives of Transculturation in Latin America*. Houston: Rice University Press, 1995.

Adaptación de la traducción del alemán de Orestes Sandoval López del ensayo más extenso publicado en *Istmo: Revista Virtual de Estudios Literarios y Culturales Centroamericanos* 22 (enero-junio 2011), "Transculturación y género en narraciones de autoras centroamericanas al final del siglo XX".

IX. Bibliografía sobre Rosario Aguilar
El asterisco (*) indica un texto incluido en este tomo.

Aguilar, Rosario. "Cómo escribí *La niña blanca y los pájaros sin pies*" *Arte y Letras*, Suplemento Cultural de *La Noticia* 17 feb. 2001.
* Aguilar, Rosario. "Leer o escribir novelas nos vuelve más humanos". Discurso al recibir el Doctorado *Honoris Causa* conferido por la Universidad Nacional Autónoma de Nicaragua, León, el 27 de abril del 2001. Manuscrito. Publicado bajo el título "La literatura nos hace más humanos", *Nuevo Amanecer Cultural, El Nuevo Diario* 21.1070 (5 mayo 2001): 1 y 4.
* Aguilar, Rosario. "Lenguaje y novela". Discurso de incorporación a la Academia Nicaragüense de la Lengua, 1999. *Lengua. Boletín de la Academia Nicaragüense de la Lengua* 20 (septiembre 1999): 76-88.
* Alemán Ocampo, Carlos. "Rosario Aguilar: la búsqueda del ser interior". Ensayo de recepción de Rosario Aguilar en la Academia Nicaragüense de la Lengua, 1999. *Lengua. Boletín de la Academia Nicaragüense de la Lengua* 20 (septiembre 1999): 89-97.

Anievas Gamallo, Isabel C. "Historias de la conquista: los proyectos narrativos de Carlos Fuentes y Rosario Aguilar". *Cuadernos Americanos* n.e. 20 (2006): 121-133.

Araya, Seidy. "La mujer y la agresión en *Quince barrotes de izquierda a derecha*, de Rosario Aguilar". *Letras* (Costa Rica) 29-30 (1994). *Casa de la mujer* 2.3 (marzo 1992): 15-22.
* Araya, Seidy. "Las imágenes femeninas en los relatos de Rosario Aguilar (Nicaragua)". *Seis narradoras de Centroamérica*. Heredia, CR: Universidad Nacional Autónoma, 2003. Págs. 151-189.
* Arellano, Jorge Eduardo. "En el cincuentenario de *Primavera sonámbula*". *El Nuevo Diario* 15 marzo 2014.
* Arellano Oviedo, Francisco. "Miraflores, como Macondo o Comala: la nueva novela de Rosario Aguilar". *El Nuevo Diario* 26 octubre 2012.
* Barbas-Rhoden, Laura. "Asking Other Questions: Personal Stories and Historical Events in the Fiction of Rosario Aguilar". *Writing Women in Central America. Gender and the Fictionalization of History*. Ohio University Research in International Studies, Latin America Series 41. Athens, Ohio: Ohio University Press, 2003. Pp. 80-120.

Bautista Lara, Francisco Javier. "Miraflores, pueblo que cambia sin dejar de ser". *El Nuevo Diario* 12 octubre 2012.

Biasetti, Giada. "El poder subversivo de *La casa de la laguna* [Rosario Ferré] y *La niña blanca y los pájaros sin pies* [Rosario Aguilar]: La centralización de la periferia". *Hispania* 94.1 (2011): 35-49.

Biasetti, Giada. "El poder subversivo de la nueva novela histórica femenina sobre la conquista y la colonización: la centralización de la periferia". Tesis doctoral, University of Florida, dir. Andrés O. Avellaneda, 2009.

Boxwell, Regan Amanda. "Re-centering Central America: Women Writers Undisplaced". Tesis doctoral, The University of Texas at Austin, dir. Arturo Arias, 2013.

Burns, Erik. "*The Lost Chronicles of Terra Firma* by Rosario Aguilar". Books in Brief: Fiction. *The New York Times* 2 marzo 1997.

* Chen Sham, Jorge. "El fracaso del mutuo entendimiento y de la revolución en *Siete relatos sobre el amor y la guerra*". *Revista de Filología y Lingüística de la Universidad de Costa Rica* 31.1 (2005): 9-22.

* Chen Sham, Jorge. "*Quince barrotes de izquierda a derecha*: novela de liberación de la conciencia opresora". Ensayo especial para esta antología.

* Chen Sham, Jorge. "Repercusiones de la Revolución Sandinista en la novela nicaragüense: Rosario Aguilar y Conny Palacios". *Études Romanes de Brno* 33.2 (2012): 121-132.

Christiansen, Rupert. "'The Indian Queen', ENO, review: 'a success'". *The Telegraph* [UK] 27 febrero 2015.

Chumpitaz-Furlan, Pamela Milagros. "Diferentes mujeres para diferentes entornos: voz y rol femenino en *7 relatos sobre el amor y la guerra* de Rosario Aguilar". Tesis de maestría, Miami University (Ohio), dir. Mario A. Ortiz, 2003.

Dröscher, Barbara. *Mujeres letradas. Fünf zentralamerikanische Autorinnen und ihr Beitrag zur modernen Literatur: –Carmen Naranjo, Ana María Rodas, Gioconda Belli, Rosario Aguilar und Gloria Guardia im Portrait*. Berlín: Tranvía-Verlag Walter Frey, 2004.

* Dröscher, Bárbara. "Transculturación en narraciones de autoras centroamericanas: Rosario Aguilar". Ensayo especial para esta antología basado en su "Transculturación y género en narraciones de autoras centroamericanas al final del siglo XX". Tr. Orestes Sandoval López. *Istmo: Revista Virtual de Estudios Literarios y Culturales Centroamericanos* 22 (enero-junio 2011).

"Escritoras y poetisas". *Ventana* (9 marzo 1984): 10.

Fernández-Santos, Elsa. "El mito de la Malinche sobrevuela el Real". *El País* 31 oct. 2013.

* Fiallos, Doris M. "La poética del espacio asociada al sujeto femenino en *Siete relatos sobre el amor y la guerra* de Rosario Aguilar". Ensayo especial para esta antología.

* Gaitán, Karly. "Crónica de un día histórico: a propósito del sensible fallecimiento de Iván Aguilar, esposo de la escritora Rosario Aguilar". *Nuevo Amanecer Cultural, El Nuevo Diario* 23 junio 2007.

* Gaitán, Karly. "La Malinche o doña Luisa de Rosario Aguilar en la ópera en el Teatro Real de Madrid". *Carátula* 17 (dic. 2013-enero 2014).

Gaitán Morales, Karly. "Magistral belleza". *El Nuevo Diario* 13 oct. 2006.

Gaitán Morales, Karly. "*Quince barrotes de izquierda a derecha* al cine: Novela de Rosario Aguilar será llevada a la pantalla grande por la cineasta Rossana Lacayo". *La Prensa Literaria* 14 marzo 2009.

* Gamboa, Isabel. "Una niña que, sin pies, volaba: crítica literaria feminista de una novela de Rosario Aguilar". *Diálogos. Revista Electrónica de Historia* (Escuela de Historia. Universidad de Costa Rica) 9.1 (febrero-agosto 2008): 159-175.

González, Ann. Afterword. *The Lost Chronicles of Terra Firma*. Rosario Aguilar. Tr. Edward Waters Hood. Secret Weavers Series 10. Fredonia, NY: White Pine, 1997.

González, Ann. "Historical (Re)visions of the Conquest: Rosario Aguilar's *La niña blanca y los pájaros sin pies*". *South Eastern Latin Americanist* 42.2-3 (Fall 1998-Winter 1999): 29-34. (En traducción en este tomo: "(Re)visiones de la conquista...").

González, Ann. "La presence de l'absence: La lecture des espaces dans 'Le guérillero' de Rosario Aguilar". *Livres Ouverts/Libros Abiertos* 4 (juillet/décembre 1996): 13-20.

* González, Ann. "'Las mujeres de mi país': An Introduction to the Feminist Fiction of Rosario Aguilar". *Revista/Review Interamericana* 23.1-2 (Spring-Summer 1993): 63-72.

González, Ann. "Leyendo los espacios en 'El Guerrillero' de Rosario Aguilar". *La Prensa Literaria* 16 diciembre 1995: 2-3.

* González, Ann. "(Re)Visiones de la conquista: *La niña blanca y los pájaros sin pies* de Rosario Aguilar". *Otros testimonios: voces de mujeres centroamericanas*. Ed. Amanda Castro. Guatemala: Letra Negra, 2001. Págs. 167-173.

González, Ann. "The Presence of Absence: Reading the Spaces in Rosario Aguilar's *El guerrillero*". *Letras Femeninas*. Número Extraordinario Conmemorativo 1974-1994 (1994): 79-85.

* González, Marta Leonor. "Novelista de dramas". *La Prensa Literaria* 24 abril 2010.

* Gutiérrez, Ernesto. "Carta sobre Rosario Aguilar". *Ventana/Cuadernos Universitarios* 1 (2º trimestre 1964): 127-131.

"Homenaje a Rosario Aguilar, narradora pionera". *El hilo azul* 2.3 (2011): 31-58.

Hood, Edward. "Conversación con Rosario Aguilar". *South Eastern Latin Americanist* 27.2 (1993): 16-21.

Hood, Edward Waters. Review of *La niña blanca y los pájaros sin pies* by Rosario Aguilar. *World Literature Today* 67.4 (1993): 780.

Hooper, Brad. Review of *The Lost Chronicles of Terra Firma* by Rosario Aguilar. *Booklist* 93.8 (15 Dec. 1996): 707.

"Javier del Real". Fotografías del estreno de *The Indian Queen*. http://www.teatro-real.com/es/prensa/fotografias

* Juárez Polanco, Ulises. "Hoja de presentación de Rosario Aguilar al estilo libre del Cuestionario Proust" y "Simplemente me tocó ser escritora". *El hilo azul* 2.3 (2011): 34-42.

Mantero, José María. "Hacia la interculturalidad: Rosario Aguilar y *La niña blanca y los pájaros sin pies*". *Romance Studies* 28.4 (nov. 2010): 259-267.

Mayorga Fiallos, Doris. "Por una poética femenina del espacio en *7 relatos sobre el amor y la guerra*, de Rosario Aguilar". Tesis de maestría, Université Laval, dir. Jorge Vargas de Luna, 2015. (Ver arriba "Fiallos, Doris M.").

Meza Márquez, Consuelo. "La evolución de una tradición escritural femenina en la narrativa centroamericana: textos paradigmáticos". *Istmo: Revista Virtual de Estudios Literarios y Culturales Centroamericanos* 10 (2005).

Minder, Raphael. "Reliving Spain's America Conquest; Peter Sellars Adapts Purcell's 'Indian Queen' 'To Challenge Society.'" *International New York Times* 21 Nov. 2013.

* Palacios Vivas, Nydia. "Evolución de los personajes femeninos: del silencio e imaginación a la construcción de un sujeto beligerante". *Voces femeninas en la narrativa de Rosario Aguilar*. Págs. 153-200.

* Palacios Vivas, Nydia. "La biografía como representación de una vida en *Soledad: tú eres el enlace* de Rosario Aguilar". *Escritoras*

ejerciendo la palabra: una mirada crítica nicaragüense. Managua: 400 Elefantes, 2014. Págs. 149-168.
* Palacios Vivas, Nydia. "*Miraflores*, novela de Rosario Aguilar: un *western* nicaragüense". *Nuevo Amanecer Cultural. El Nuevo Diario* 8 diciembre 2012.
* Palacios Vivas, Nydia. "(Re)Visión de la historia en *La niña blanca y los pájaros sin pies*: mujeres notables en la conquista". *Voces femeninas en la narrativa de Rosario Aguilar*. Págs. 203-245.
* Palacios Vivas, Nydia. "Rosario Aguilar y sus aportes a la novela nicaragüense". *Estudios de literatura hispanoamericana y nicaragüense*. Managua: CIRA, 2000. Págs. 141-159.
Palacios Vivas, Nydia. *Voces femeninas en la narrativa de Rosario Aguilar*. Managua: PAVSA, 1998.
* Palma, Milagros. "La manifestación del deseo: locura y género en la novela *Primavera sonámbula* (1964) de Rosario Aguilar (Nicaragua, 1938)". *Le texte et ses liens II*. Ed. Milagros Ezquerro y Julien Roger. *Les Ateliers du Séminaire Amérique Latine* 1 (París: Université París-Sorbonne, 2007).
Patiño, Julia E. "Conversación con Rosario Aguilar sobre su labor como escritora". *Alba de América: Revista Literaria* 16.30-31 (julio 1996): 527-32.
* Ramírez, Sergio. "Narradora de primera línea". *El hilo azul* 2.3 (2011): 4-5.
* Ramos, Helena. "Rosario Aguilar, la feminidad y sus circunstancias". *Revista El País* [Managua] (diciembre 1997-enero 1998): 66-70.
* Ramos, Helena. "Rosario Aguilar: subversiva y serena". *Semanario 7 Días* [Managua] 457 (21-27 febrero 2005). También en *El hilo azul* 2.3 (2011): 43-47.
Ramos, Helena. "Vida y obra: Rosaio Aguilar". ANIDE. www.escritorasnicaragua.org/biografias/rosario. (Reimpresión de "Rosario Aguilar: subversiva y serena".)
* Rodríguez Rosales, Isolda. "Elementos históricos en *La niña blanca y los pájaros sin pies* de Rosario Aguilar". *Una década en la narrativa nicaragüense y otros ensayos*. Managua: Centro Nicaragüense de Escritores, 1999. Págs. 91-104.
* Rodríguez Rosales, Isolda. "*La promesante*: novela y género". *En el país de las alegorías: ensayos sobre literatura nicaragüense*. Managua: Centro Nicaragüense de Escritores, 2006. Págs. 177-183
Rolland-Mills, Frédérique. "Evolución de los modelos femeninos

nicaragüenses en la novela de Rosario Aguilar, Gioconda Belli y Mónica Zalaquett". Tesis doctoral, University of Kentucky, dir. Susan Carvalho, 2000.
* Roof, María. "'Así fue cambiando mi narrativa': Rosario Aguilar en su 50º aniversario como novelista". Entrevista. 2015. Publicada por primera vez aquí.
* Saballos, Ángela. "Un relámpago de desafío en los ojos de su marido". *ANIDE, Revista de la Asociación Nicaragüense de Escritoras* 9.22 (2010): 27-31.
* Sansón, Mariana. "*Primavera sonámbula* de Rosario Aguilar". *La Prensa*, Sección "Libros de Nicaragua", Página Literaria, 14 junio 1964.
Sellars, Peter. Entrevista, "La conquista vista por las mujeres: 'The Indian Queen'". *La Revista del Real* (Madrid) 17 (sept-nov. 2013): 1, 7.
* Sevilla Bolaños, Letzira. "Rosario Aguilar, primera novelista de Nicaragua: su nueva obra huele a flores". *El Nuevo Diario* 16 octubre 2012.
* Souza, Raymond D. "*El guerrillero* y la dinámica del cambio". *La historia en la novela hispanoamericana moderna*. Bogotá: Tercer Mundo Editores, 1988. Págs. 149-164.
Urbina, Nicasio. *La estructura de la novela nicaragüense*. Managua: Anamá, 1995.
* Valle-Castillo, Julio. "El mundo narrativo de Rosario Aguilar". *Nuevo Amanecer Cultural, El Nuevo Diario* 17 diciembre 2010.
* Van Camp, Ann. "Una reescritura femenina ¿e indígena? de las crónicas en *La niña blanca y los pájaros sin pies*". *Centroamericana* [Milano] 14 (2008): 147-163.
Varela-Ibarra, José L. Reseña de *Quince barrotes de izquierda a derecha* de Rosario Aguilar. *Hispania* 49.3 (sept. 1966): 546.
Werner, Patrick S. "Dos versiones de los tiempos tempranos de Nicaragua en comparación con la Colección Somoza". *Istmo: Revista Virtual de Estudios Literarios y Culturales Centroamericanos* 4 (2002).

X. Fotografías

Todas las fotografías proceden de la colección de la familia Aguilar Fiallos, con las excepciones indicadas.

Familia de Mariano Fiallos Gil y Soledad Oyanguren y López de Aréchaga: Rosario, Soledad, Marisol, Mariano hijo, Mariano padre, Álvaro y Eugenio. 1953.

Rosario Aguilar, 1957.

Rosario Aguilar hacia 1966.

Rosario Aguilar con cuatro de sus hijos en León Viejo, con el Volcán Momotombo al fondo, 1968.

Rosario Aguilar con su marido, Iván Aguilar Cassar, y sus hijos: Iván, Leonel, Yolanda. Ximena y Piedad. 1970.

Distintos viajes de Rosario con Iván y los hijos en los años 70 y después, mientras escribía *Siete relatos sobre el amor y la guerra* (1986).

Rosario Aguilar es distinguida con el Doctorado *Honoris Causa* de la Universidad Nacional Autónoma de Nicaragua, León. En la foto, la autora con el Consejo Universitario. 27 abril 2001

Wilmor López, historiador cultural, y su asistente filman a Rosario Aguilar leyendo de su novela, *Rosa Sarmiento*, para un documental. Casa de Rosario Aguilar, León. 18 marzo 2007. (Cortesía Karly Gaitán. Ver su "Crónica de un día histórico".)

En reconocimiento a su labor literaria, Rosario Aguilar recibe la Orden de la Independencia Cultural Rubén Darío de manos de Daniel Ortega, Presidente de la República de Nicaragua. León Viejo, 16 enero 2010.

Karly Gaitán, periodista, escritora e historiadora de cine, entrevista a Rosario Aguilar, Playa de los 400 Elefantes, 2011. (Cortesía Karly Gaitán)

The Indian Queen, estreno en el Teatro Real de Madrid, noviembre 2013. Cortesía Javier del Real ©.

Rosario Aguilar con el director musical Teodor Currentzis y el director escénico Peter Sellars, *The Indian Queen*, Teatro Real de Madrid, noviembre 2013.

Celebración del 50º aniversario de la publicación de la primera novela de Rosario Aguilar, *Primavera sonámbula*, durante el Festival de Literatura de la Universidad Centroamericana (UCA), coordinado por Rodrigo González, director del Departamento de Cultura. En la foto, participantes de la Asociación Nicaragüense de Escritoras (ANIDE): Vidaluz Meneses, Margarita López Miranda, María del Carmen Pérez Cuadra, Martha Cecilia Ruiz, Ángela Saballos, Christian Santos, Daisy Zamora, Yolanda Rossman Tejada, Rosario Aguilar con la placa entregada por ANIDE, Isolda Hurtado, Marianela Corriols, Isolda Rodríguez Rosales, Ninoska Chacón, Karly Gaitán Morales. 2014. (Cortesía Karly Gaitán)

Rosario Aguilar con su sobrina, Doris M. Fiallos, quien hizo la tesis de maestría sobre *Siete relatos sobre el amor y la guerra*, septiembre 2016. Ver su ensayo en este tomo, "La poética del espacio…". (Cortesía Doris M. Fiallos).

Impreso en Estados Unidos
para Casasola LLC
Primera Edición
MMXVII ©